Kindheit und Jugend
Band 1

Fee Schlapper

L. Joseph Stone und Joseph Church:

Kindheit und Jugend
Einführung in die Entwicklungspsychologie

Herausgegeben und bearbeitet
von Peter Potthoff und Hans Peter Rosemeier

Band 1

Deutscher
Taschenbuch
Verlag

Georg Thieme
Verlag
Stuttgart

Übersetzt von Maria Gerdes

Titel der Originalausgabe: Childhood and Adolescence.
A Psychology of the Growing Person. New York, Random House,
3. Aufl. 1973.

Mai 1978

Printed in Germany

Satz: Allgäuer Zeitungsverlag GmbH, Kempten, gesetzt auf Linotronic

Druck: Clausen & Bosse, Leck

ISBN 3 13 555201 2 (Thieme)
ISBN 3 423 04299 0 (dtv)

Vorwort der Herausgeber

Eine Bearbeitung des Werkes von L. J. Stone und J. Church für den deutschsprachigen Leserkreis führt eine entwicklungspsychologische Tradition in den deutschen Sprachraum zurück, die sich an bedeutende Vertreter unserer Gestaltspsychologie und Vergleichenden Entwicklungslehre knüpft. Diese hatten vor vierzig Jahren, nach ihrer erzwungenen Emigration, in den amerikanischen Entwicklungspsychologen und Kulturanthropologen aufnahmebereite Partner und Schüler gefunden. Ganz im Geiste dieser amerikanisch-europäischen Zusammenarbeit sind in der Entwicklungspsychologie von Stone und Church das menschliche Individuum als biologisches und soziales Wesen, seine Entwicklung und Reifung als Zusammenwirken von Organismus und sozialer Lebensumgebung und die humanistisch-psychologische Grundauffassung vom *Wachstum der menschlichen Persönlichkeit* Leitthemen, die sich durch die gesamte Darstellung ziehen. Einer der besonderen Vorzüge dieses Buches liegt dabei in seiner lebendigen, erfahrungsnahen und konkreten Schilderung der Lebenssituation des Kindes und des Jugendlichen.

Allerdings hat gerade die Nähe der Darstellung an der Lebensrealität des – amerikanischen – Kindes einige Bearbeitungen notwendig gemacht. Für typisch amerikanische Situationen im Leben des Kindes mußten Äquivalente gefunden werden, die dem deutschen Leser vertraut sind. Die prägnanten Sprachbeispiele mußten so übersetzt oder ersetzt werden, daß sie ihren Reiz nicht verloren. Der pointierte – oft gar polemisierende – Stil der wissenschaftlichen Auseinandersetzung, der für die Autoren typisch ist, und ihre vorbehaltlosen Stellungnahmen zu heiklen und aktuellen Zeitproblemen mußte für den deutschen Leser verständlich gemacht werden. Für ihre Unterstützung bei diesen Vorhaben muß hier der Übersetzerin, Frau Maria Gerdes, für ihre einfühlsame und phantasievolle Übertragung des Textes in die deutsche Sprache gedankt werden. Die Herausgeber haben bei der Bearbeitung folgende Änderungen und Ergänzungen eingeführt: Abschnitte, die ausschließlich für amerikanische Leser verständlich und interessant sind, wurden gestrichen und gegebenenfalls durch die Schilderung deutscher Situationen ersetzt. Die entsprechenden Passagen sind im Text kenntlich gemacht. In Anmerkungen wurden vor allem Verweise auf deutschsprachige Literatur zusammengefaßt, um dem interessierten Leser Hinweise auf die deutschsprachige Entwicklungspsychologie zu geben. Anmerkungen und deutsche Literatur sind jeweils am

Ende der beiden Bände zusammengefaßt. Die Bebilderung des Originals wurde durch Ersetzung und Neueinfügung von Fotografien den deutschen Verhältnissen angeglichen. Für ihre wertvolle Kooperation in dieser Sache danken wir Frau Fee Schlapper.

Bei allen Bearbeitungen waren wir bemüht, an der Aussage und Grundkonzeption des Originals weder im Detail noch im Stil Veränderungen vorzunehmen. Sollten trotzdem Abweichungen der deutschen Fassung vom ursprünglichen Text auftreten, tragen wir dafür die Verantwortung.

Berlin, Februar 1978

Peter Potthoff
Hans Peter Rosemeier

Vorwort der Verfasser zur 3. Auflage

Ein Buch ist ein Produkt, an dem neben den Verfassern viele andere Anteil haben. In der ersten Auflage dieses Buches, die 1957 erschien, dankten wir unseren Lehrern und Kollegen, die viel zu unseren Gedanken beigesteuert haben. Heute, 15 Jahre später, stehen wir nach wie vor in der Schuld bei HEINZ WERNER, GARDNER und LOIS MURPHY, OTTO KLINEBERG, L. K. FRANK, K. M. DALLENBACH, R. B. MACLEOD, MAX WERTHEIMER, BRUNO KLOPFER, MARGRET MEAD, BENJAMIN SPOCK, MARY ESSEX, EVELINE OMWAKE, BARBARA BIBER und EUGENE LERNER, die alle mitgearbeitet haben an unserem Ansatz zum Studium der menschlichen psychischen Entwicklung, von dem wir hoffen, daß es ein humanistischer wissenschaftlicher Ansatz ist. Die erste Anregung zu diesem Buch kam von unserem früheren Herausgeber, CHARLES D. LIEBER, der uns die ganzen Jahre über manchen weisen Rat gab. Unser heutiger Herausgeber, RICHARD KENNEDY, und unsere Manuskriptredakteurin, SUSAN ROTHSTEIN, haben unerschütterlich mit zwei Autoren zusammengearbeitet, die gelegentlich recht bockig waren. OLIVIA BUEHL hat ihre Rolle als Bildredakteur mit großem Einfühlungsvermögen und Hingabe ausgefüllt.
Wir glauben, daß es unseren Lehrern und Mitarbeitern gegenüber nicht undankbar ist, wenn wir betonen, daß wir am meisten von den Kindern gelernt haben, die wir in unterschiedlichen Situationen auf der ganzen Welt kennengelernt haben. Jeder von uns schuldet seinen eigenen Kindern besonderen Dank für das Stück ihres Lebens, das wir beobachtet haben, an dem wir uns erfreut haben und das wir in die Seiten dieses Buches eingeschmuggelt haben.
Unsere Studenten haben uns eine kontinuierliche Rückmeldung gegeben, und wir haben uns bemüht, aus ihren Kommentaren zu lernen. Zahlreiche Leser haben uns im Verlauf der Jahre geschrieben, und wir sind dankbar für ihre Anregungen. Die 3. amerikanische Auflage ist besonders Dr. ROY GENDRON, Psychologe an der Poughkeepsie Public School, und Prof. EMMA MCCONNELL, Direktor des Teacher Education Vassar College, für ihre kritische Lektüre der Kapitel 10 und 11 zu Dank verpflichtet.
Auf den folgenden Seiten zollen wir zahlreichen Denkern und Forschern Tribut, deren fruchtbare Arbeit eine Überarbeitung des Buches ermöglichte. Die hohe Qualität der Forschung macht uns stolz, am Unternehmen der Entwicklungspsychologie mitzuarbeiten.

L. JOSEPH STONE
JOSEPH CHURCH

Inhaltsverzeichnis

Inhaltsübersicht von Band 2

1

Die Geburt des Säuglings

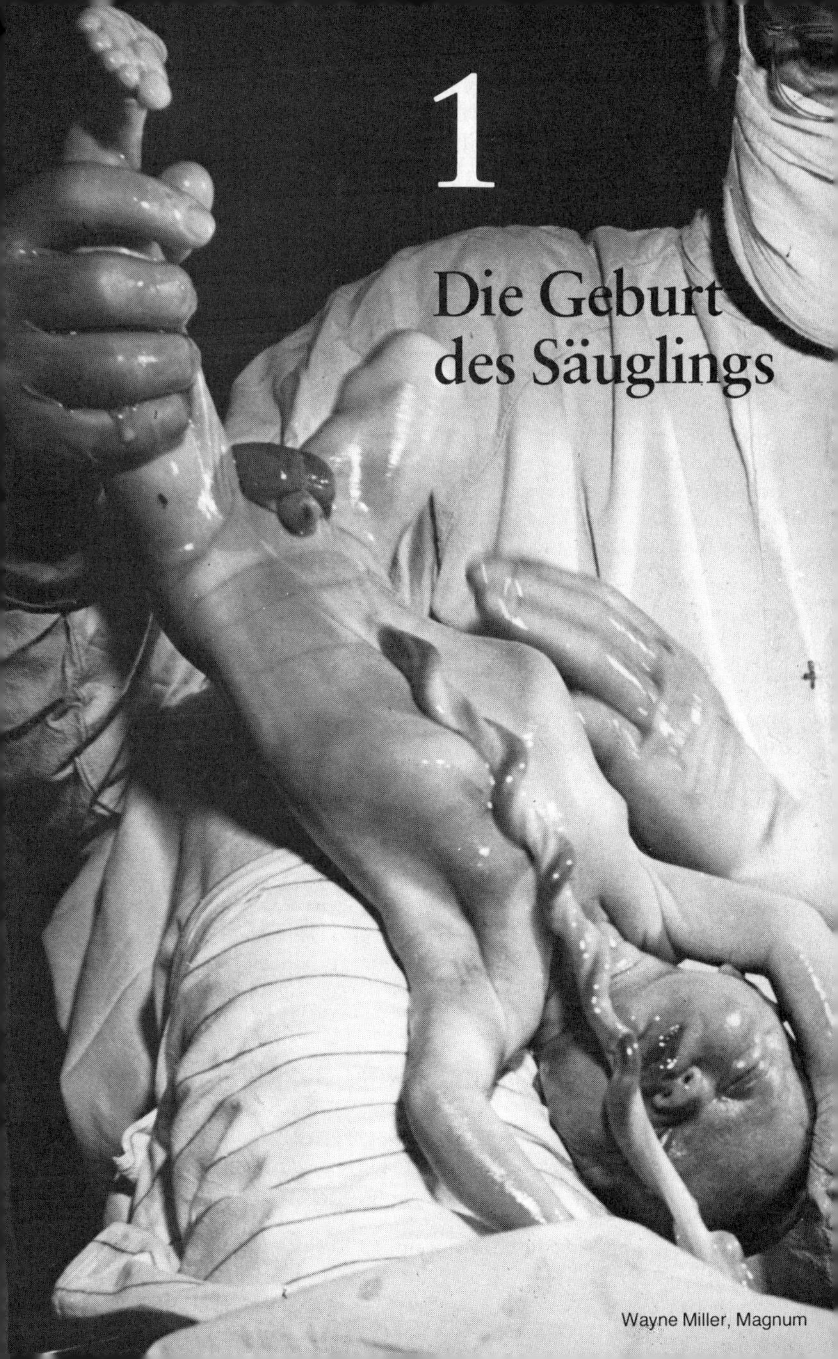

Wayne Miller, Magnum

Sofort, nachdem das Neugeborene aus dem Mutterleib hervorgetreten ist, hält der Arzt es an den Fersen hoch, wobei eine Flüssigkeit aus dem Mund des Kindes und seiner Nase fließt. Ein kurzer Klaps auf das Gesäß, und es ertönt ein dünner, schwacher Klagelaut. Der Geburtsschrei kündigt den ersten Atemzug des Neugeborenen an und markiert die Grenze zwischen seiner vorherigen flüssigkeitsumspülten, parasitären Existenzform und seinem Dasein als atmender, eigenständiger Organismus. Noch ist das Kind durch die Nabelschnur mit der Mutter verbunden, doch hat sie aufgehört, als lebenserhaltende Leitung zu fungieren und wird gleich abgeklammert und durchschnitten werden – ein schmerzloser Vorgang. Nach weiteren 15–20 Minuten wird die Plazenta, in der die Nabelschnur endet und die sich aus dem Inneren der mütterlichen Gebärmutter gelöst hat, mit den angeschlossenen Schleimhäuten als Nachgeburt austreten. Dem *Neugeborenen* wird zum Schutz gegen Infektionen sofort eine Silbernitratlösung in die Augen getropft (oder Penizillinsalbe eingestrichen), es erhält ein Schildchen mit seinem Familiennamen, wird kurz untersucht – und ein neuer Mensch hat den weiten Weg zur Reife angetreten.

Eine sonderbare Nebenerscheinung unserer verstädterten Zivilisation ist es, daß viele Westeuropäer noch nie ein neugeborenes Kind gesehen haben, bevor sie mit ihrem eigenen konfrontiert werden. Viele junge Eltern, deren Vorstellungen sich an den idealisierten, „neugeborenen" Babys auf Reklamefotos orientieren (diese sind meistens 2–3 Monate alt), sind beim ersten Anblick ihres winzigen, nassen, klebrigen und möglicherweise roten und runzeligen Babys bestürzt. Und gerade, weil so viele Leute nichts über das Neugeborene wissen, müssen wir mit einer Beschreibung seines Äußeren beginnen. Später werden wir viel über die biologische und psychologische Individualität zu sagen haben, die von Geburt – und sogar von der Empfängnis an – besteht, doch wollen wir erst über den Zustand des Neugeborenen im allgemeinen reden, den immer noch etwas fetalen Charakter, der allen Neugeborenen gemeinsam ist. Dabei bezeichnen wir das Baby nicht nur während der ersten paar Minuten nach seiner Geburt als Neugeborenes, sondern auch während der ersten paar Wochen seines nachgeburtlichen Lebens.

Die physische Erscheinung des Neugeborenen

Das Neugeborene scheint unglaublich klein zu sein: sein Durchschnittsgewicht beträgt etwas über 3 kg und die Durchschnittsgröße 51 cm. Da das Kind normalerweise seine Beinchen hochgezogen hat, sieht es eher noch kleiner aus. Seine Proportionen unterscheiden sich wesentlich von denen im späteren Leben: sein Kopf mißt 1/4 seiner Gesamtlänge (man stelle sich dieses bei einem Erwachsenen vor) und scheint unmittelbar auf den winzigen Schultern zu sitzen, denn der Hals ist so gut wie unsichtbar. Die fast funktionslosen Beinchen machen etwa $1/3$ seiner Gesamtlänge aus. Hält man das Baby unter den Armen fest, fällt sein Kopf kraftlos zurück, und seine gebogenen Beinchen hängen hilflos herunter. Seine Füße, die unverhältnismäßig lang erscheinen, sind an den Knöcheln nach innen gebogen, so daß die Sohlen fast parallel stehen. Auch seine Gesichtsproportionen werden sich noch häufig verändern; das Schädeldach ist gut entwickelt, aber das Gesicht ist klein und unausgeprägt und praktisch ohne Kinn. Oft wird die Nase beim Durchgang durch die Geburtswege flachgedrückt und der Kopf verformt. Diese Verformung verschwindet innerhalb von 1–2 Wochen nach der Geburt. Manche Neugeborene zeigen noch die dunkle und grobe Fetusbehaarung, nicht nur auf dem Scheitel, sondern auch an anderen Körperstellen, z.B. bis tief in die Stirn oder bis weit über den Nacken. Dieses Haar wird später durch den normalen Haarwuchs ersetzt, entweder allmählich oder nach vorübergehender Haarlosigkeit. Bei der Geburt ist das Baby noch naß vom *Fruchtwasser*, von dem es vor der Geburt umgeben war, und seine Haut ist von einer käsigen Gleitsubstanz bedeckt, der *Vernix caseosa*, nach deren Trocknung die Haut kreidig gefärbt erscheint. Je nachdem, wieweit das Baby ausgetragen ist, kann die Hautfarbe zwischen fahl und rosig schwanken und möglicherweise auch durch die sog. normale physiologische Gelbsucht der Neugeborenen verfärbt sein (siehe unten, S. 9). Die Pigmente in Augen und Haut bilden sich nur langsam, so daß praktisch alle Kinder mit hellblauen Augen geboren werden und sogar neugeborene Negerkinder während der ersten paar Tage eine helle Haut haben können. Der Schädel des Neugeborenen weist 6 weiche Stellen oder *Fontanellen* auf – Öffnungen, die von einer widerstandsfähigen, elastischen Membran bedeckt sind. Die auffallendste befindet sich ganz oben am Kopf und schließt sich oft erst im Alter von $1^1/_2$ Jahren.

Die Genitalien des Neugeborenen sind zuerst erstaunlich groß und auffällig. Viele Neugeborene – Knaben und Mädchen – haben vergrößerte Brüste, die eine milchartige Substanz, die sog. Hexenmilch, absondern, und viele Mädchen haben kurz nach der Geburt eine kurze „Menstruation". Diese Erscheinungen sind auf die Wirkung von Hormonen zurückzuführen, die aus dem mütterlichen Kreislauf absorbiert wurden, und verschwinden bald nach der Geburt.

Das Neugeborene erweckt leicht den Eindruck der Magerkeit, weil die Fettschichten seines Körpers, mit Ausnahme der Fettpölsterchen der Wangen, noch nicht voll entwickelt sind. Die Fettpölsterchen spielen beim Saugen eine wichtige Rolle und verhindern, daß der zahnlose Mund des Babys das für den alten Menschen typische verwelkte Aussehen zeigt. Bei Frühgeburten (die nicht durch ihr Alter seit dem Zeitpunkt der Empfängnis, sondern durch ein Geburtsgewicht von weniger als $2^1/_2$ kg definiert werden) sind diese Fettpölsterchen unterentwickelt, und das Aussehen ist dadurch ausgesprochen greisenhaft. Andererseits sind übertragene Neugeborene oft gut mit Körperfett gepolstert und daher ähnlich rosig und drall wie die auf den Reklamefotos gezeigten.

Wir dürfen uns durch das wenig einnehmende, beinahe larvenhafte Aussehen des durchschnittlichen Neugeborenen nicht irreführen lassen. Es ist bis zur letzten Wimper und bis zu den winzigen Finger- und Fußnägeln ein menschliches Wesen. Alle Nervenzellen sind bei der Geburt vorhanden, wenn auch noch unausgereift. Das Gehirn ist nach

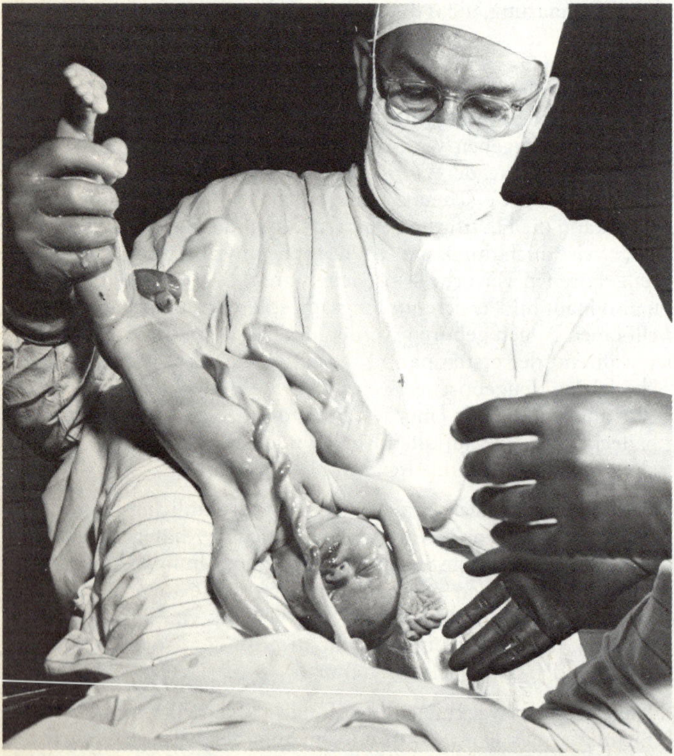

Wayne Miller, Magnum

Abb. 1 Der Augenblick der Geburt. Beachtenswert ist die Größe des Babys im Verhältnis zur Hand des Erwachsenen, die vergrößerten Genitalien und Brüste sowie das Fehlen mütterlichen Bluts

einem Jahr mehr als doppelt so groß wie bei der Geburt (es wächst von 350 auf 750 ccm), und seine Größe verdoppelt sich bis zum Alter von 6 Jahren noch einmal. In den Kiefern des Neugeborenen liegen die Wurzeln für zwei Gebisse. Die Eierstöcke neugeborener Mädchen enthalten nach Ansicht einiger Autoren einen Vorrat an Eiern, der für ihr ganzes Leben ausreicht. Reife Samenzellen werden in den Hoden der Knaben allerdings erst während der mittleren Kindheitsjahre gebildet.

Wie sich ein Neugeborenes anfühlt, muß man erlebt haben. Ein geübter Erwachsener kann es mit einer Hand halten, wobei die Fingerspitzen den Hinterkopf abstützen, der körpernahe Teil der Handfläche seine Schultern hält und der Unterarm sein gering ausgebildetes Hinterteil trägt. Aber nicht alle Neugeborenen vermitteln das gleiche Gefühl, wenn man sie hält. Manche bleiben fest und behaglich zusammengerollt wie kleine Kätzchen, andere fallen auseinander wie ein Bündel lose zusammengehaltener Stäbe, andere sind angespannt und steif und wiederum andere krümmen und winden sich und schlagen um sich. Bereits in diesem Alter sehen wir also die Anfänge betont individueller Verhaltensunterschiede.

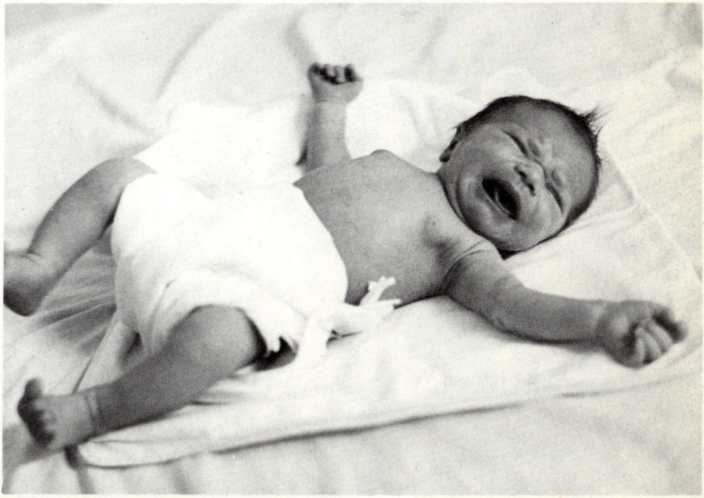

Hana Hoban, DPI

Abb. 2 Ein schreiendes Neugeborenes. Das Baby zeigt die Moro-Reaktion. Bemerkenswert sind die großen Brüste und das Fehlen der Tränen beim Schreien

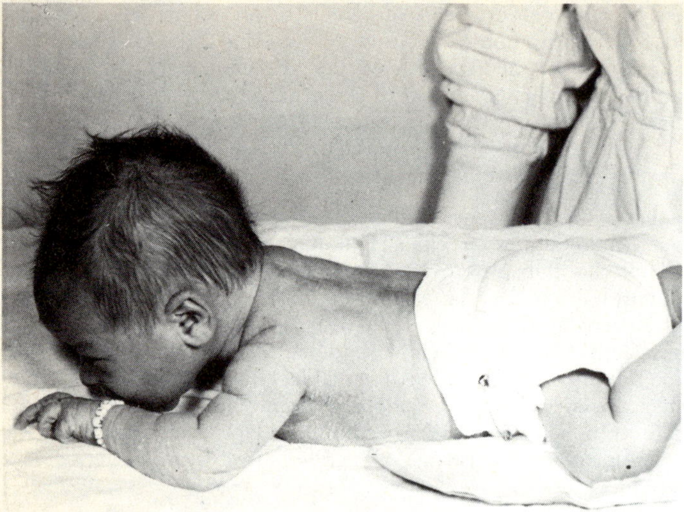

3

Abb. 3–6 Der Unterschied zwischen einem ausgetragenen (Abb. 3–4) und einem frühgeborenen Baby. Auffällig sind der Ausschlag auf den Lippen (Abb. 6) und die Unfähigkeit, durch Anheben des Kopfes Mund und Nase freizumachen

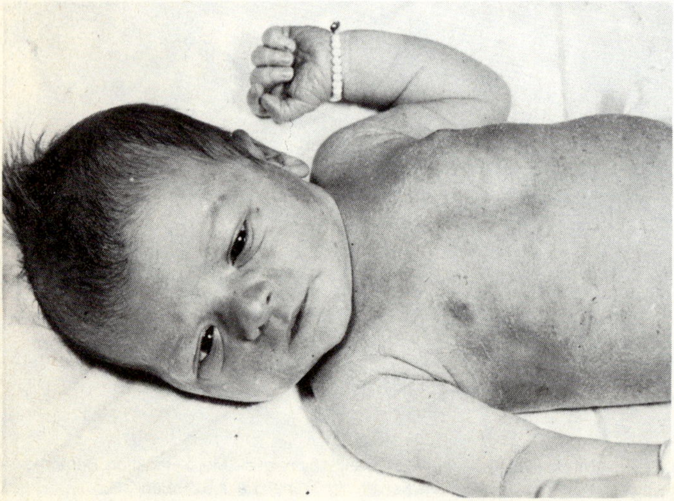

4

5

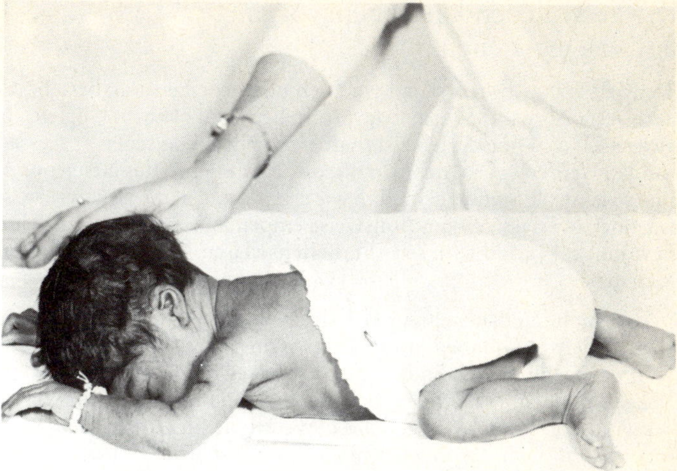

Abb. 3–6: Dr. Frances K. Graham, courtesy of Journal of Pediatrics

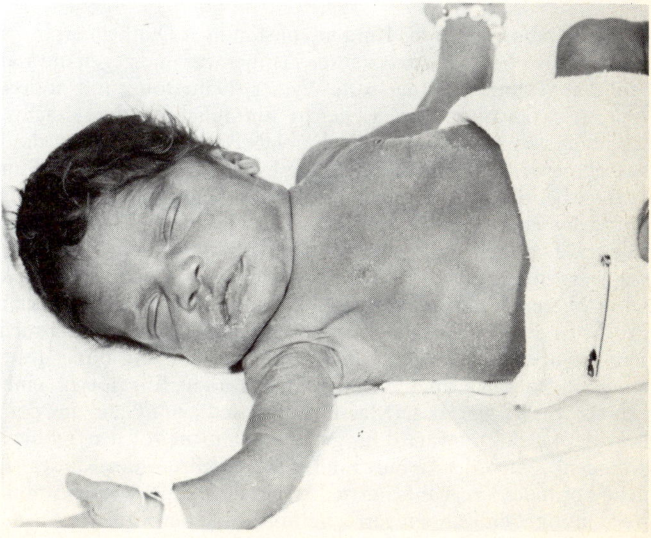

6

Die grundlegenden Lebensvorgänge im Neugeborenen

Wenn das neugeborene Kind wachsen und gedeihen soll, besteht seine wichtigste Aufgabe zunächst darin, am Leben zu bleiben. Obgleich hier nicht in erster Linie die lebenserhaltenden physiologischen Prozesse behandelt werden sollen, nehmen diese doch im Leben des Neugeborenen eine so zentrale Stellung ein, daß wir erst verfolgen müssen, wie sie sich auf eine zuverlässige Funktionsweise einpendeln, bevor wir zur Untersuchung der rudimentären Verhaltensweisen beim Neugeborenen schreiten.

Die vollständige Umstellung von der vorgeburtlichen auf die postnatalen Lebensgewohnheiten erfolgt zwischen 2 Wochen und 1 Monat nach der Geburt. Das Ende dieses Prozesses bezeichnet das Ende des Neugeborenenalters und den Beginn der Säuglingszeit (Anmerkung 1). Der Auftakt ist der Geburtsschrei. Wenn wir die drastischen Milieuänderungen nach der Geburt in Rechnung stellen, von der dunklen, flüssigkeitsumspülten Passivität in der Gebärmutter zum autonomen Leben in Luft und Licht, wird deutlich, daß das Neugeborene einen außerordentlich bemerkenswerten Akt der Anpassung vollbringen muß. Seine verschiedenen körperlichen Mechanismen mögen ungleichmäßig und unharmonisch arbeiten, aber sie arbeiten dennoch, und das Neugeborene ist wesentlich widerstandsfähiger, als es den ängstlichen Eltern erscheinen mag.

Vor der Geburt lebte das Kind in vollständiger Dunkelheit, im Fruchtwasser schwebend, bei konstanter Temperatur und gegen mechanische Stöße abgeschirmt. Sauerstoff, Wasser, Nährstoffe und andere Substanzen (manche davon vielleicht zuträglich, andere nachweisbar schädlich) wurden ihm durch die Nabelschnur zugeführt, die seinen Nabel mit der Plazenta und über diese mit dem mütterlichen Blutkreislauf verband (siehe Seite 37). Seine Ausscheidungen und sonstigen im Blut gelösten Stoffe wurden in den zur Plazenta fließenden Blutstrom geleitet. Die meisten vorgeburtlichen Abfallprodukte des Stoffwechsels werden auf diese Weise beseitigt, doch scheidet der Fetus, sobald seine Nieren funktionieren, auch kleine Harnmengen direkt in das Fruchtwasser aus. Zusätzlich schluckt er auch Schleim und Fruchtwasser, das abgestoßene Haut und Haare enthält, und bildet feste Ausscheidungen im Darm, das *Mekonium* (das sog. Kindspech), eine grünlich-schwarze, teerartige Masse, in der sich auch Galle aus der Leber befindet (Mekonium wird für gewöhnlich nicht vor der Geburt ausgeschieden). Nach der Geburt muß sich der Körper des Kindes auf eine neue Form des Kreislaufs umstellen und die Aufgaben der Atmung, der Verdauung, der Temperaturregulation selbst bewältigen.

Atmung

Das Atmen ist eine Tätigkeit, die dem Neugeborenen ungewohnt ist. Sein erster Atemzug kann durch das bloße Vorhandensein von Luft angeregt werden, durch Niesen oder Gähnen oder durch den (in unserer Gesellschaft) traditionellen Klaps auf das Gesäß, der den Geburtsschrei auslöst. Dieser bringt seinerseits die Kettenreaktion des gesamten komplizierten Reflexvorgangs des lebenslangen Ein- und Ausatmens in Gang. Fast jeder Reiz ist geeignet, die Atmung des Kindes anzuregen, so z.B. Massage, Eintauchen in warmes oder kaltes Wasser, Wechselbäder, Mund-zu-Mund-Beatmung oder diverse drastischere Maßnahmen, die manchmal notwendig werden. Die Lunge des Neugeborenen ist zunächst durch Schleim und vielleicht auch Fruchtwasser verstopft, und es kann nötig werden, einige Tage lang seine Füße höher zu lagern als den Kopf, um das Abfließen zu erleichtern. Für einige Wochen nach der Geburt sind die bei der Atmung aktiven Muskelgruppen schlecht koordiniert, und die Atmung des Neugeborenen ist oft geräuschvoll, flach und unregelmäßig. Da der weiche Gaumen noch nicht in die Atmungstätigkeit eingeschaltet ist, kann der Atem im Hals auf beängstigende, jedoch in Wirklichkeit harmlose Weise rasseln.

Kreislauf

Der Wechsel vom vor- zum nachgeburtlichen Kreislauf beginnt mit dem ersten Atemzug. Die Unterleibsmuskeln in der Umgebung der Blutgefäße der Nabelschnur ziehen sich zusammen, und der Kreislauf durch die Nabelschnur verlangsamt sich sofort und kommt innerhalb weniger Minuten zum Erliegen, so daß die Nabelschnur abgeklammert und durchgeschnitten werden kann. Die Nabelöffnung verheilt innerhalb einiger Tage, und der ausgetrocknete, verkümmerte Stumpf fällt in ein paar Wochen ab. Durch den erhöhten Druck im linken Herzvorhof bedeckt ein Lappen, das *Foramen ovale,* die Öffnung zwischen der linken und rechten Herzkammer, und das Foramen schließt sich innerhalb von 10 Tagen für immer. Durch den Verschluß der Arterien der Nabelschnur wird Blut in die Lunge gepreßt, die jetzt die Aufgabe der Sauerstoffversorgung übernimmt, welche früher durch das mütterliche Blut erfüllt wurde, das die Kapillaren des Kindes auf seiner Seite des Plazenta-Kreislaufsystems umspülte. Innerhalb von 3 Stunden nach der Geburt erreicht der Sauerstoffgehalt des Blutes 90% der Normalwerte. Der Säure-Basen-Haushalt (pH-Wert) des Blutes normalisiert sich in ca. 1 Woche und der Blutdruck innerhalb von 10 Tagen.

Ungefähr einen Tag nach der Geburt stellt sich bei manchen Neugeborenen die sog. normale physiologische Neugeborenengelbsucht ein (in der Fachsprache: *Icterus neonatorum*). Die Gelbsucht wird durch einen Stoff namens Bilirubin im Blut hervorgerufen, der durch Zerfall roter

Blutkörperchen bei möglicher Beteiligung der Leber entsteht. Über die Ursache dieses Zerfalls gehen die Meinungen auseinander. Einige Autoren behaupten, das Kind besitze einen Überschuß, der beseitigt werden muß, während andere vermuten, daß zwischen Mutter und Kind eine Unverträglichkeit der AB0-Blutgruppen besteht, die, wie es jetzt scheint, manchmal zu Erkrankungen führt, welche den auf eine Rhesus-Unverträglichkeit folgenden Störungen (siehe Seite 47) vergleichbar sind. Auf jeden Fall scheint ein mäßiger Ikterus von kurzer Dauer von selbst abzuklingen und für das Kind keine ernsten Folgen zu haben. Trotzdem muß er sorgfältig beobachtet werden, um ihn gegen die viel seltenere schwere Gelbsucht und den Kern-Ikterus abzugrenzen. Beide können zu Hirnschäden führen. Bei manchen dieser Zustände wird zunehmend die Beteiligung spezifischer genetischer Faktoren vermutet, die zu Enzymmangel und ungenügendem Stoffwechsel verschiedener Substanzen führen. Bei einer letzten Zählung wurden ca. 12 erbliche Enzymdefekte identifiziert (Knox 1969), darunter Phenylketonurie, Albinismus und G-6-TP (Doxiades u. Mitarb. 1964), welche mit einer Empfindlichkeit gegen gewöhnliche Mottenkugeln einhergeht und das Kind auch gegen Bleivergiftungen anfälliger machen kann. Die *Amniozentese*, die Entnahme von Fruchtwasser mit kindlichem Gewebe durch die Bauchwand der Mutter zwischen der 17. und 22. Schwangerschaftswoche, ermöglicht eine vorgeburtliche Diagnose der schweren Schäden. Ein solcher ist die Tay-Sachs-Krankheit, die zu Gehirndegeneration und frühem Tod führt (O'Brian u. Mitarb. 1971), und das Fabry-Syndrom, das durch einen gestörten Galaktosestoffwechsel entsteht (Brady u. Mitarb. 1971).

Verdauung

Im Gegensatz zum Fetus muß das Neugeborene die Nahrung durch den Mund aufnehmen, sie im Verdauungstrakt verarbeiten und Abfallprodukte im Harn und durch den Darm ausscheiden (das Schwitzen, das Abschuppen der Haut, der Ausfall toter Haare und das Entfernen toten oder überflüssigen Gewebes, z.B. beim Nägel- oder Haareschneiden, werden hier außer acht gelassen. Ebenso bleibt die Aufnahme und Verdauung von Körperausscheidungen aus dem Fruchtwasser durch den Fetus und seine Ausscheidungen kleiner Harnmengen unberücksichtigt). Die Verdauungswege des normalen Kindes sind von Geburt an mit Enzymen ausgestattet, durch die die Grundnahrungsmittel mit Ausnahme einiger Stärkearten zersetzt werden, und innerhalb kurzer Zeit nimmt das Neugeborene die für die Verdauung erforderlichen zuträglichen Bakterien aus seiner Umgebung auf. Da das für die Blutgerinnung wichtige Vitamin K erst von den Darmbakterien erzeugt wird, bringen Verletzungen während der ersten Tage nach der Geburt die Gefahr schwerer Blutungen mit sich. In vielen westeuropäischen Kliniken ist man der Auffassung, daß Neugeborene am ersten oder zweiten Tag nach der Geburt noch nicht gefüttert werden können. Zwar „schießt" die Muttermilch erst 18 oder 24 Stunden nach der Geburt ein, doch kann die Brust zwischenzeitlich *Kolostrum,* eine milchartige Substanz, absondern, der von manchen Leuten ein Nährwert zugeschrieben wird. Beobachtungen an Neugeborenen primitiver Kulturen, die direkt nach der Geburt durch Ammen gestillt wurden, deuten jedoch darauf hin, daß Neugeborene tatsächlich in der Lage sind, beinahe sofort Nahrung aufzunehmen. Immerhin ist das Neugeborene beim Trinken anfangs ungeschickt. Zunächst nimmt es Flüssigkeit in Mengen von 30–60 Gramm auf, von denen möglicherweise ein Großteil sofort wieder ausgewürgt wird, und die meisten Neugeborenen nehmen während der ersten Lebenstage ab. Dieser Gewichtsverlust wird durch die Ausscheidung von Mekonium und die Abgabe von Schleim und anderen Abfallprodukten noch verstärkt. Eine beträchtliche Anzahl von Kindern leidet von der zweiten bis dritten Woche unter schweren Koliken mit starken Magenschmerzen. Die Ursache der Koliken ist unbekannt. Sie enden gewöhnlich spontan im Alter von 3 Monaten.

Temperaturregulation

Die Mechanismen zur Erhaltung einer gleichmäßigen Körpertemperatur entwickeln sich nur langsam, so daß das Neugeborene den Schwankungen der Umgebungstemperatur wehrlos ausgeliefert ist und leicht unterkühlt oder überhitzt werden kann. Die Schweißdrüsenfunktion setzt erst im Alter von ungefähr einem Monat ein. Durch den Mangel an Schweißabsonderung kommt es beim Neugeborenen leicht zu Wärme- und Flüssigkeitsstauungen. Eltern neigen bei der Abstimmung der Zimmertemperatur auf die kindlichen Bedürfnisse zu übermäßiger Warmhaltung, wodurch die normale Entwicklung der Mechanismen für die Regulation der Körpertemperatur beim Kind beeinträchtigt werden kann.

Immunität und Anfälligkeit gegenüber Krankheiten

Unter den Substanzen, die der Fetus durch die Plazenta aus dem mütterlichen Blut absorbiert, sind Antikörper, die ihm gegen verschiedene Infektionen einen mehrmonatigen Schutz verleihen. Es ist sogar wahrscheinlich, daß die beim sog. „Zahnen" vom 6. Lebensmonat an auftretenden Beschwerden lediglich auf den gleichzeitigen Zerfall früherer, von der Mutter übernommener Immunstoffe zurückzuführen sind. Nach medizinischer Erfahrung, die von vielen Beobachtern bestätigt wird, erhält das Baby auch Antikörper mit der Muttermilch. Soviel wir wissen, wird diese Meinung allein durch Untersuchungen des verstärkten Widerstandes gegen Staphylokokken-Infektionen bei Mäusen, die mit Frauenmilch gefüttert wurden (Gyorgy u. Mitarb. 1962), experimentell bestätigt. Ungeachtet seiner entliehenen Antikörper ist das Neugeborene sehr anfällig gegen Infektionen des Magen-Darm-Traktes, der Atemwege und der Haut. (Eine beträchtliche Anzahl von Kindern wird auch früh von Allergien, wie Heufieber und Ekzemen, befallen.) Das Kind braucht Jahre, um sein eigenes Abwehrsystem auszubilden, und es ist Aufgabe der Eltern, es in der Zwischenzeit vor Infektionen zu schützen. Natürlich wird dies von manchen überfürsorglichen Eltern bis zur weitgehenden Einschränkung jeder kindlichen Erfahrungsmöglichkeit hin übertrieben. Solche übertriebenen Schutzmaßnahmen verzögern überdies die notwendige Ausbildung der kindeseigenen Immunität und können somit den paradoxen Effekt haben, daß das Kind eher mehr als weniger anfällig wird. In den meisten entwickelten Ländern werden die Kinder während der ersten beiden Lebensmonate durch eine Reihe von Impfungen immunisiert, wodurch ihre Abwehr noch untermauert wird. Allerdings wird von einigen Kinderärzten vermutet, daß diese Maßnahmen oft übertrieben werden.

Das Verhaltensinventar des Neugeborenen

Das Studium und das Verständnis der Psychologie des Neugeborenen hat sich während der letzten 15 Jahre revolutioniert. Angesichts der Tatsache, daß seit Beginn der Menschheit Kinder geboren und großgezogen werden, ist es erstaunlich, wie wenig wir über die Fähigkeiten des Neugeborenen mit Sicherheit wissen. Vor kurzer Zeit setzte jedoch ein Strom von Forschungsergebnissen ein, die zu zahlreich sind, um hier aufgeführt zu werden. Ein genauer Überblick ist der Zusammenfassung von Stone u. Mitarb. (1972) zu entnehmen (Anm. 2). Diese Forschungen haben unsere Denkweise über das Neugeborene vollständig verändert und in uns eine neue Achtung vor seinen Fähigkeiten geweckt. Die Umwälzung ist auf mehrere Faktoren zurückzuführen: zunächst ein gesteigertes Bewußtsein, daß ein Verständnis der Entwicklung ohne die Kenntnis ihrer Ursprünge nicht möglich ist; genauere Beobachtung, sinnvolle Verfahren und ausgereiftes Instrumentarium; die scharfsinnige Auswertung von sog. „Indikator"-Reaktionen, jener physiologischen Veränderungen (z. B. Veränderung der Pulszahl, der Gehirnwellen oder des Hautwiderstandes), die anzeigen, daß das Kind einen Sinnesreiz aufgenommen hat; die Erkenntnis, daß der jeweilige *Aktivationszustand* des Kindes – Wachheit, Schlaf oder ein Zwischenstadium, Gemütsruhe oder Beunruhigung, Hunger oder Sättigung – eine große Rolle bei der Beurteilung seines Verhaltens spielt; schließlich die Auswertung der begrenzten Reaktionsmöglichkeiten des

Kindes auf die Umwelt, durch die es uns mitteilen kann, wie es Ereignisse wahrnimmt und in Zusammenhang bringt. Wir haben gelernt, bei den Versuchen gedämpfte Reize anzuwenden und mit dem Neugeborenen sanft umzugehen, weil seine tatsächlichen Fähigkeiten verwischt werden, wenn übereifrige Beobachter es allzu starken Reizen aussetzen. Wir haben die Tatsache wiederentdeckt, daß es für die menschliche Entwicklung eine Anzahl tierischer Analogien gibt, so daß die Arbeit mit Tieren experimentelle Manipulationen erlaubt, die beim Menschen nicht durchführbar sind. Die meisten Forscher sind jetzt der übereinstimmenden Meinung, daß sich beim menschlichen Neugeborenen schnell *Habituationen* ausbilden, d. h. daß es auf Reize in dem Maße zu reagieren aufhört, in dem ihre Neuartigkeit abnimmt. Wir müssen daher bei unseren Messungen berücksichtigen, ob eine Reaktion am Anfang oder am Ende einer Versuchsreihe steht. Wie wir gleich sehen werden, hat man sich bei der Untersuchung der Unterscheidungsfähigkeit für Reize die Tatsache der Habituation gut zunutze machen können.

Neugeborene Kinder schlafen viel – in manchen Fällen 20 Stunden am Tag. In Untersuchungen über den Aktivationszustand von Neugeborenen (vgl. den Überblick von KORNER 1971) werden zwei Arten des Neugeborenenschlafes unterschieden. Der *Tiefschlaf* ist durch langsames, gleichmäßiges Atmen, geringe Mimik und wenige Körperbewegungen gekennzeichnet, während der *paradoxe Schlaf* durch schnelles, unregelmäßiges Atmen, häufige Körperbewegungen und Veränderungen des Gesichtsausdrucks und durch die Lider sichtbare rasche Augenbewegungen (*REM – Rapid Eye Movements,* die auch die Träume der Erwachsenen begleiten) erkennbar wird. Zwischen Schlafen und Wachen liegt das *Dösen,* wobei das Kind die Augen abwechselnd öffnet und schließt und sich wenig bewegt. Im *munteren, inaktiven Stadium* leuchten und glänzen die Augen des Kindes, doch ist es weitgehend inaktiv. Dieses Stadium tritt meistens direkt nach dem Füttern ein (oder nach einer Darmentleerung, die häufig dem Füttern folgt). Das inaktive, aber muntere Neugeborene starrt oft ein Gesicht oder einen Lichtfleck an, die sich zufällig in seinem Blickfeld befinden, und wird versuchen, einem langsam vorbeiziehenden Gegenstand mit den Blicken zu folgen. (BOWER u. Mitarb. 1971, behaupten dagegen, daß die Kinder anfangs Bewegungsmuster statt Gegenstände selbst mit den Augen verfolgen). Das *aktive Wachstadium* zeichnet sich durch diffuse Körperbewegungen, blicklose Augen und unregelmäßige Atmung aus, während das *Erregungsstadium* von wilden Bewegungen begleitet ist.

Ein schreiendes Neugeborenes, das von einem Erwachsenen aufgenommen wird, ist gewöhnlich sofort, wenn auch nur vorübergehend, still, was seine Ansprechbarkeit durch Empfindungen, die mit dem Gehalten-, Gehätschelt- und Gewiegtwerden verbunden sind, demonstriert.

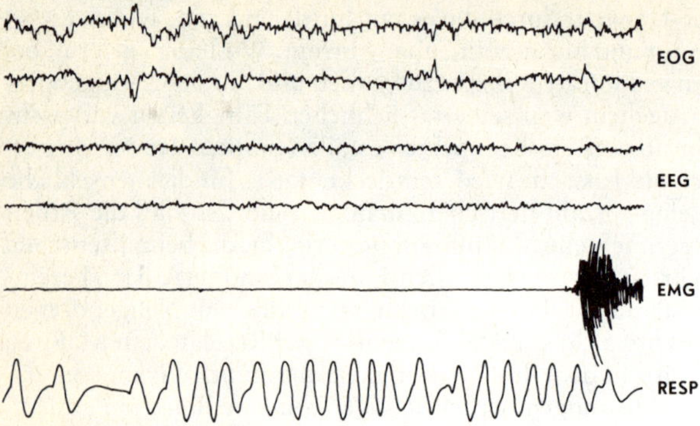

7

University of Colorado Medical Center

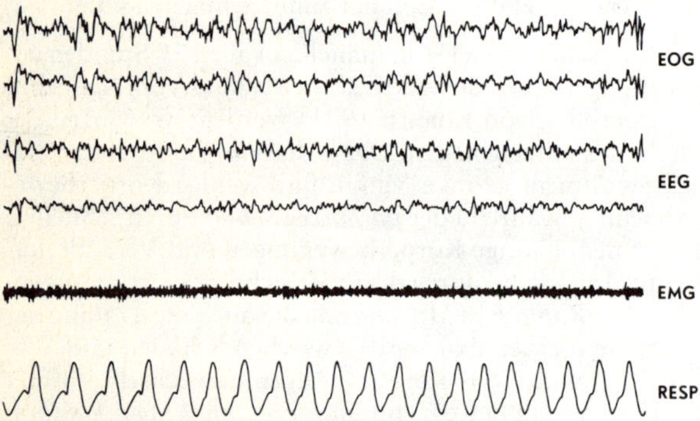

8

Abb. 7–8 Die polygraphische Kurve auf Abb. 7 zeigt die schnellen Augenbewegungen (REM) in den Kurven, die mit EOG bezeichnet sind. Der Ausschlag der EMG-Kurve (Elektromyogramm, registriert die Muskelspannung) zeigt eine Körperbewegung an. Die Atmungskurve (RESP) weist Unregelmäßigkeiten auf. Der Kurvenverlauf von Abb. 8 hat den für den gewöhnlichen Tiefschlaf bezeichnenden ausgeglichenen Charakter

Ambrose (1969) konnte nachweisen, daß die durch die Bogengänge des Innenohrs empfundene Bewegung als wesentlicher Faktor bei der Beruhigung des Kindes wirkt. Er hat einen „Vestibulator" konstruiert, indem er ein gefedertes Körbchen, wie es normalerweise zur Messung der Bewegungen des Kindes verwendet wird, mit einem Motor austattete, der für ca. 60–70 Auf- und Abbewegungen pro Minute von ungefähr 7 cm Höhe sorgt. Schreiende Kinder wurden damit wirksam be-

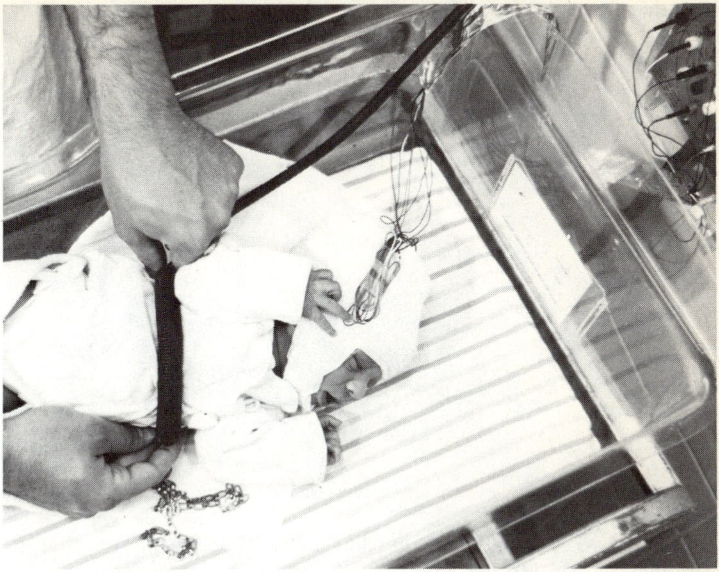

Dr. Kenneth L. Koenig

Abb. 9 Ein Neugeborenes wird für die Aufzeichnung der „Indikator"-Reaktion fertiggemacht

ruhigt. Daß Bewegung allein natürlich nicht ausschlaggebend für die Beruhigung des Kindes ist, geht aus der beruhigenden Wirkung des Wickelns hervor (s. S. 21). Nach Korner u. Thoman (1970) ist die Vestibular-Reizung wichtig für die Erregung der visuellen Aufmerksamkeit und Betrachtung und gewinnt an Wirksamkeit, wenn das Kind dabei aufrecht an den Körper eines Erwachsenen gehalten wird. Auch junge Ratten werden durch Wiegen beruhigt (Thoman u. Korner 1971). Sowohl im Schlafen als auch im Wachen hat das Neugeborene Anfälle, schrickt zusammen oder zittert, als Begleiterscheinung der Reizausbreitung in seinem unreifen Nervensystem. Korner (1969) berichtet jedoch, daß Zusammenfahren und rhythmische Mundbewegungen am häufigsten im Tiefschlaf auftreten, daß reflektorisches Lächeln und Peniserektionen meistens im paradoxen Schlaf vorkommen und daß alle diese Erscheinungen im Stadium des Dösens abklingen. Sie beobachtete ferner Geschlechtsunterschiede, wobei Lächeln und Saugbewegungen mehr bei weiblichen als bei männlichen Neugeborenen vorkommen und Knaben häufiger zusammenschrecken. Diese Geschlechtsunterschiede werden jedoch anscheinend durch individuelle Unterschiede der „bevorzugten" Ableitungswege bald wieder ausgelöscht.

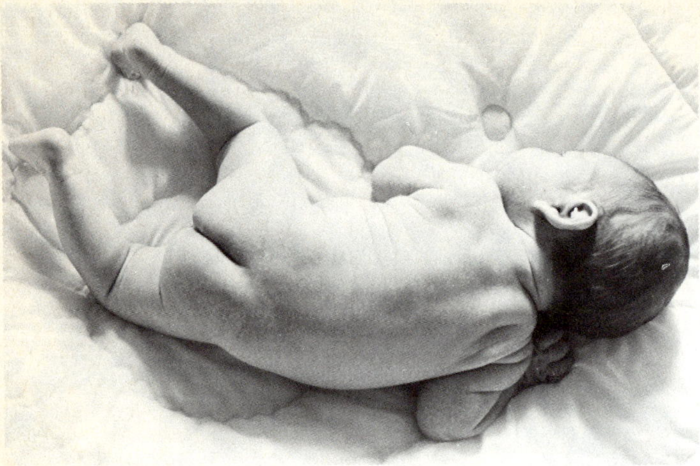

Abb. 10 Die ausgestreckte Schlafhaltung eines Neugeborenen

Über REM bei Neugeborenen und die damit verbundenen, Traumtätigkeit anzeigenden Hirnstrommuster wurde erstmalig von Roffwarg u. Mitarb. (1966) berichtet. Die Bedeutung des REM-Schlafes beim Neugeborenen ist bisher unbekannt, und es scheint, als ob die physiologische Möglichkeit des Traumes von Anfang an vorhanden ist und darauf wartet, daß sich ein Inhalt zum Träumen einstellt. Jedenfalls ist der REM-Schlaf im Neugeborenenalter häufiger als später. Emde und Koenig (1969) haben REM in verschiedenen Stadien beobachtet. Das Lächeln ist von schnellen Augenbewegungen beim Schlafen und Dösen begleitet, und in allen Stadien – im Schlaf, beim Dösen, Saugen, Schreien und beim erregten Verhalten – geht Stirnrunzeln mit raschen Augenbewegungen einher.

Körperhaltung und Fortbewegung

Die meisten Kinder bilden früh eine Bevorzugung entweder der Rükken- oder der Bauchlage beim Liegen aus. Dies wird durch erregte Bewegungen oder Schreien angedeutet, wenn man sie in die weniger erwünschte Lage bringt und durch Entspannung in der Lieblingslage. Die zunehmende Empfindsamkeit der Mutter für derartige Fingerzeige ist ein wichtiger Bestandteil des Lernvorganges, der sie befähigen soll, sich mit ihrem Kind zu verständigen. Egal, ob auf dem Rücken oder auf dem Bauch liegend, hält das Kind Arme und Beine gebeugt, die Finger mehr oder weniger fest zur Faust geballt und den Kopf nach der bevorzugten Seite gewendet. Bei Kindern, die immer auf dem Rücken liegen, bildet sich meist auf dem Schädel eine kahle flachgedrückte Stelle, dort, wo der Kopf die Matratze berührt. Diese Abflachung ist harmlos und verschwindet wieder – wenn auch nicht immer vollständig –, sobald das Kind im Alter von ungefähr 6 Monaten seine Schlafstellung zu variieren beginnt. Ist das Neugeborene unzufrieden, so windet es sich, dreht den Kopf von einer Seite zur anderen und schlägt mit Armen und Beinen – nicht willkürlich, sondern nach einem hochgradig stereotypen Muster, wie Filmaufnahmen mit hoher Geschwindigkeit zeigen. Alleingelassen auf dem Tisch oder im Körbchen, ist das Neugeborene praktisch hilflos, verwandelt sich aber im Kontakt mit einem verständnisvollen Erwachsenen in ein völlig anderes Wesen. Das heißt, daß sich sein Zustand und damit seine Fähigkeiten auf den Kontext seines Verhaltens einstellen. Dieses ist am auffälligsten, wenn das Kind hungrig ist und ein kompliziertes *Suchverhalten* an den Tag legt: Gleich anderen neugeborenen Säugetieren sucht es den Körper eines Erwachsenen mit dem Munde ab, gleichsam nach einer Brust. Es klammert sich an allem fest, an Kleidern, Haaren, Hautfalten und dreht sich, wenn ihm nicht Einhalt geboten wird, so heftig mit Rumpf, Armen und Beinen, daß der Erwachsene sich fragt, ob es nicht gerade dabei ist, sich wie das Baby der Herzogin in „Alice im Wunderland" in ein kleines Schweinchen zu verwandeln. Dort, wo für Mütter von Erstgeborenen wenig Gelegenheit besteht, die traditionelle Kinderpflege durch Beobachtung anderer Mütter zu erlernen, muß ihnen oft erst gezeigt werden, sich und das Kind in die richtige Körperhaltung zum Stillen und die Brust in den Mund des Kindes zu bringen. Sobald jedoch die Mutter sich richtig verhält, paßt sich das Kind sofort an. Filme von H. Blauvelt zeigen, wie das Neugeborene seine Wange gegen die des Erwachsenen drückt, wenn es aufgenommen wird, um an der Schulter des Erwachsenen getragen zu werden. Der Erwachsene erwidert meist den Druck, wobei der Kopf des Kindes nach der anderen Seite gedrängt wird. Beugt nun der oder die Erwachsene statt dessen den Kopf nach der anderen Seite, so rutscht der Kopf des Kindes zum Halsansatz des Erwachsenen hinunter, und wenn der Erwachsene den Kopf wieder hebt, sind die beiden ganz aneinander geschmiegt. Blauvelt u. McKenna (1961) haben eine ganze Anzahl von Interaktionsmustern von Mutter und Kind beschrieben und sie mit denen von Schafen und Ziegen verglichen. Bei diesen Tieren spielen solche gegenseitigen Verhaltensanpassungen, die so gleichförmig sind, daß sie fast rituell erscheinen, für die sofortige Herstellung einer innigen Mutter-Kind-Bindung, die für das Überleben und die geistige Gesundheit des Jungen wesentlich ist, eine wichtige Rolle. Fehlt diese Bindung, so zeigt das junge Tier meist Verhaltensstörungen. Im gleichen Sinne hat Spitz (1966) von einem „komplizierten Ballett" der frühen Verhaltensangleichung in der Dyade von Mutter und Kind gesprochen.

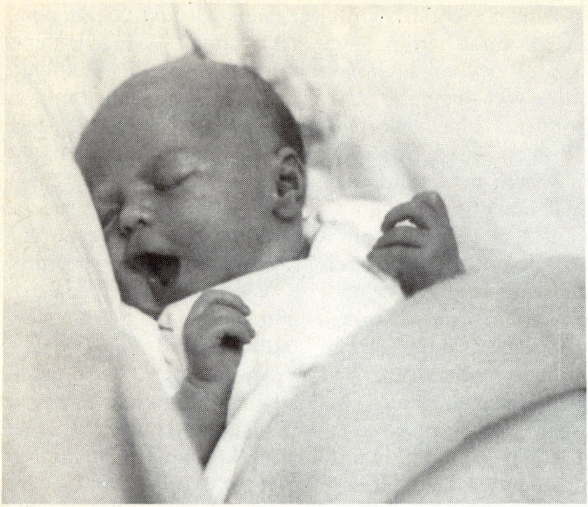

11

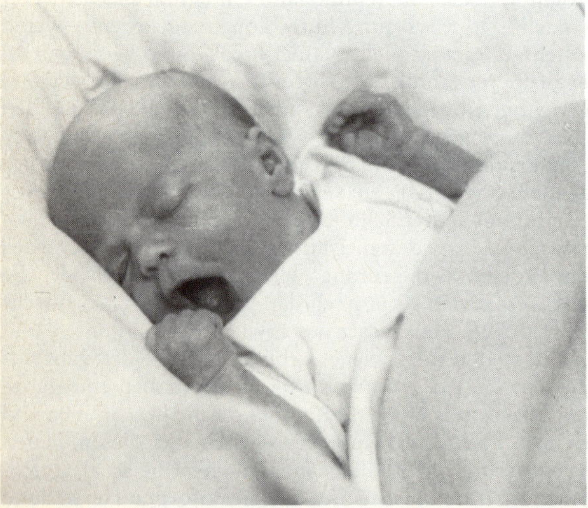

12

Abb. 11–14 Das Neugeborene bringt den Daumen und den Mund miteinander in Berührung

13

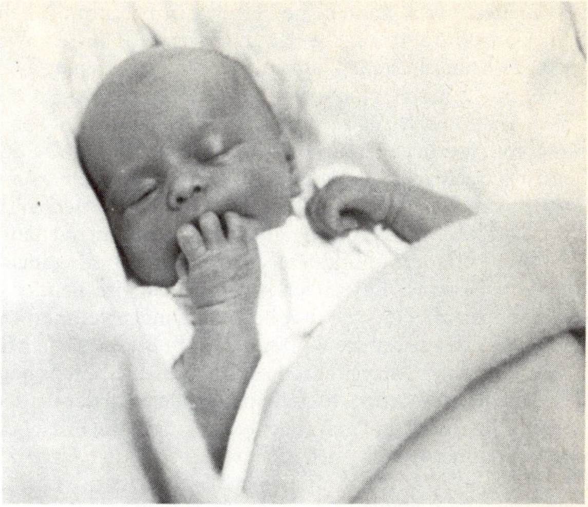

14

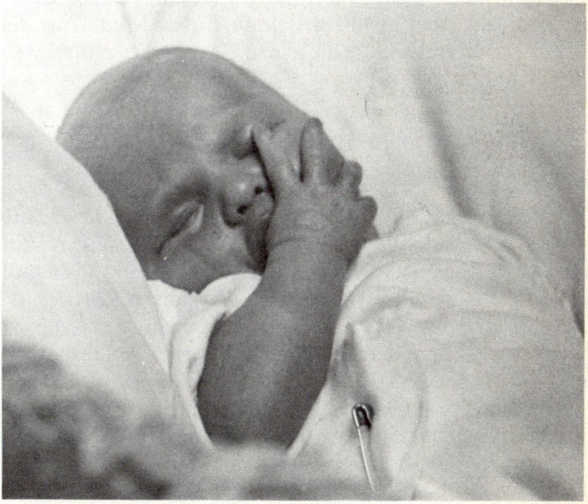

Abb. 11–14: Dr. Lois B. Murphy

Das Neugeborene kann seine Hände nur beschränkt beherrschen und ballt sie, wenn es sie nicht benutzt, gern zu Fäusten. Wie wir wissen, lernt der Mensch, seine Hände auf die verschiedenste Weise zu gebrauchen – zum Essen, zum Lesen und Schreiben, zum Nasebohren, zum Taschendiebstahl, zur Liebe, zum Modellieren von Ton, zur Handhabung von Werkzeugen und so weiter. Das Repertoire des Neugeborenen ist jedoch rasch hergesagt. Es kann beim Umherschlagen mit den Armen sein Gesicht mit seinen Fingernägeln verletzen, weshalb seine Ärmel oft über die Hände gefaltet oder zusammengenäht werden müssen, aber es dauert mindestens einen Monat, bis es einen Insektenstich oder eine Ekzemstelle kratzen kann. Bei entsprechender Reizung greift die Hand zu, aber das bloße Sehen von Dingen veranlaßt das Kind noch nicht, danach zu greifen. WHITE, B. L. (1963), BOWER u. Mitarb. (1970 a) haben allerdings Anzeichen eines gerichteten Greifens bereits nach einigen Lebenstagen beobachtet. Beim Suchen nach der Brust klammert das Kind sich an, und bald umfaßt es beim Saugen die Brust oder die Flasche, doch klammert es sich noch nicht wie ein Äffchen an den Erwachsenen, wenn dieser es aufrecht an seinen Körper hält. Manche Kinder sind schon nach der Geburt imstande, am Daumen zu lutschen – manche Feten tun dies sogar schon im Mutterleib –, aber viele Neugeborene können auch bei größtem Bemühen den Mund mit der Hand nicht finden, während andere die ganze Hand in den Mund stecken, wenn sie hungrig sind.

Gefühlsäußerungen

Der emotionale Ausdruck des Neugeborenen ist zwar oft lebhaft, aber wenig abwechslungsreich. Unlust, ob durch Hunger, Schmerzen, Wärme, Kälte oder was auch immer, äußert sich in tränenlosem Schreien, Umherschlagen und Rotanlaufen des ganzen Körpers (die Tränendrüsen spielen beim Weinen des Neugeborenen zwar keine Rolle, benetzen aber fortwährend den Augapfel und verstärken ihre Aktivität, wenn es gilt, Reizstoffe wegzuspülen.) CROWELL u. Mitarb. (1965) haben gezeigt, daß Neugeborene eine galvanische Hautreaktion zeigen, die bei Erwachsenen eines der vegetativen Anzeichen von Gefühlserregung ist. Wie bereits erwähnt, zeigen Neugeborene ein *reflektorisches Lächeln* (P. H. WOLFF 1959, CHASTAING 1957, AMBROSE 1961), das vom *sozialen Lächeln,* mit dem das Kind im zweiten Monat auf menschliche Gesichter oder Stimmen reagiert, und vom *„Lächeln nach dem Aufstoßen“*, dem verzerrten Vorläufer des Rülpsens, unterschieden werden muß. (P. H. WOLFF [1963] berichtet allerdings über ein Lächeln im Alter von 3 Wochen als Reaktion auf eine hohe Stimme.) Meistens ist das Neugeborene jedoch schlicht gefühllos.

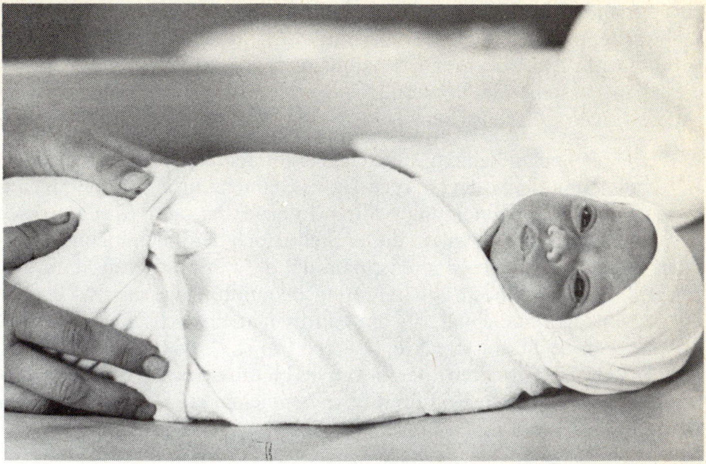

Eve Arnold, Magnum

Abb. 15 Ein stramm gewickeltes russisches Neugeborenes. Bemerkenswerterweise zeigt das Baby im Gegensatz zu westeuropäischen oder amerikanischen Vermutungen kein Unbehagen über die feste Einwickelung

Vor mehr als 50 Jahren nahm der berühmte Behaviorist J. B. WATSON (1919) drei grundlegende und bereits bei der Geburt vorhandene Emotionen an, die zuverlässig auf angeborene Reize hin auftreten sollten: Furcht, erzeugt durch Verlust der festen Unterlage; Wut, bewirkt durch Einengung; Liebe, hervorgerufen durch Liebkosung. Er behauptete, diese Emotionen würden sich später durch klassisches Konditionieren an neue Reize knüpfen (zur Konditionierungstheorie vgl. S. 223). WATSONS Hypothese wurde durch spätere Beobachtungen nicht mehr bestätigt. Obwohl der Verlust der festen Unterlage (wie auch ein lautes Geräusch oder ein helles Licht) den Moro-Reflex auslöst (vgl. S. 32), haben sorgfältige Beobachtungen durch SHERMAN (1927), BRIDGES (1932) und andere gezeigt, daß man beim Neugeborenen zwischen den Unlustgefühlen nicht weiter unterscheiden kann. Man kann zwar durch teilweise Einschränkung seiner Bewegungsfreiheit das Neugeborene zu heftigem Schreien und Strampeln veranlassen, aber ein vernünftiges Wickeln wird das Schreien und Strampeln verhindern, und das Kind beruhigt sich (WOLFF P. H., 1959; LIPTON u. a., 1965).

Eine wiegende Bewegung hat, wie bereits gesagt, auf neugeborene Ratten eine beruhigende Wirkung. Das Wickeln jedoch nicht (THOMAN **u.** KORNER, 1971). Ein interessanter Kulturunterschied spiegelt sich in der Reaktion amerikanischer Frauen wider, die in sowjetischen Kliniken entbunden haben. Während russische Mütter das Wickeln als Routinesache akzeptieren, berichten amerikanische Mütter immer über Schreckgefühle beim Anblick ihrer wie Mumien eingewickelten Säuglinge und die dann entstehende Verwunderung, wenn das Kind dieses als angenehm zu empfinden scheint.

Endlich läßt sich an keinem Anzeichen erkennen, daß das Neugeborene zu irgend jemandem oder zu irgend etwas Zuneigung empfindet, wenngleich sich solche Zuneigung während der ersten paar Monate rasch entwickelt. Wir erwähnen an dieser Stelle noch den Beginn einer wichtigen Form des Sozialverhaltens, nämlich die Imitation von Handlungen anderer. Die früheste Nachahmungsbehandlung wurde am 10. oder 20. Lebenstag verzeichnet, als ein Kind einen Erwachsenen imitierte, der die Zunge herausstreckte (ZAZZO 1957). J. GARDNER u. H. A. GARDNER (1970) berichten über imitatives Herausstrecken der Zunge bei einem 6 Wochen alten Kind und über Anzeichen eines nachahmenden Öffnens des Mundes.

Sinneskapazität und Wahrnehmung

Die Sinnesorgane des Neugeborenen sind funktionstüchtig, aber es dauert noch lange, bis es sich die Informationen, die sie ihm liefern, nutzbar machen kann. Wir dürfen auch nicht vergessen, daß es in der Empfindsamkeit für verschiedenartige Reize und der Intensität der durch sie hervorgebrachten Reaktionen eindeutige individuelle Unterschiede gibt. Einige wenige Anzeichen deuten darauf hin, daß manche Neugeborene bereits innerhalb einiger Minuten nach der Geburt den Kopf drehen, um in die Richtung eines Geräusches zu blicken (WERTHEIMER 1961). TURKEWITZ u. Mitarb. (1966) berichten über eine wenig gesicherte reflexartige Augenbewegung in die Richtung eines Geräusches. Ein von ARONSON u. ROSENBLOOM (1971) durchgeführter Versuch deutet auf eine primitive Koordination des visuellen und auditiven Raumes hin. Wenn ein Kind im Alter von 4–8 Wochen seine Mutter oder eine andere Person an einer Stelle sieht, ihre Stimme jedoch aus einer anderen Richtung (z. B. über einen Lautsprecher) hört, zeigt es Anzeichen äußersten Unbehagens.

Nach ein oder zwei Tagen kann das Neugeborene einem bewegten Gegenstand mit den Augen folgen, wenn auch nicht mit sehr großer Sicherheit. Manche Kinder können sofort nach der Geburt den Kopf drehen, um einen beweglichen Gegenstand zu verfolgen, und die meisten erlangen diese Fähigkeit innerhalb einiger Wochen. SCHIFF (1965) zeigte, daß Affensäuglinge mit großer Erregung auf die schnelle Annäherung eines großen Gegenstandes reagieren (es handelte sich in

Wirklichkeit um einen größer werdenden Schatten, der vor dem Versuchstier auf einen Schirm projiziert wurde und so den Eindruck eines unmittelbar bevorstehenden Aufpralls erweckte). In jüngerer Zeit haben Ball u. Tronick (1971) sowie auch Bower u. Mitarb. (1970 b) die gleiche *Schreckreaktion* bei 2 Monate alten menschlichen Neugeborenen beobachtet. Die Kinder werfen den Kopf zurück, heben die Arme und schreien in vielen Fällen. Schien der projizierte Schatten jedoch an dem Kind vorbeizufahren, verfolgte es seine Bewegung ohne Erregung.

Fantz (1963) hat gezeigt, daß das Neugeborene Muster unterscheiden kann. So blickt es länger auf schwarz-weiße Formen als auf ungemusterte Farbflächen. Formen, die so angeordnet sind, daß sie in groben Zügen ein menschliches Gesicht darstellen, werden wesentlich länger betrachtet als die gleichen Formen in unregelmäßiger Anordnung. Salapatek u. Kessen (1966) bestreiten die Interpretation von Fantz. Bei ihren eingehenderen Untersuchungen über die Augenbewegungen („scanning"), mit denen das Kind einfache Formen, z. B. Dreiecke, abtastet, fanden sie, daß es immer ein isoliertes Merkmal, z. B. eine Kante oder eine Ecke, fixiert und nicht die Form als Ganzes untersucht. Der Einwand ist zumindest in zwei Punkten strittig. Erstens wissen wir, daß wir mehr sehen, als nur den Punkt, auf den unser Auge gerichtet ist. Zweitens kann das Abtastmuster der visuellen Wahrnehmung verschieden sein, je nachdem, ob man eine weniger interessante Figur, z. B. ein Dreieck, oder eine viel interessantere, an ein Gesicht erinnernde, betrachtet. Beobachtungen von Carpenter u. Mitarb. (1970) und Friedmann u. Mitarb. (1970 a, 1970 b) erbrachten Beweise für die Unterscheidungsfähigkeit zwischen Mustern bei Neugeborenen. Jirari (1970) findet ebenfalls eine Vorliebe für Formen bei Neugeborenen. Haith (1969) u. a. berichten, daß die Augen der Neugeborenen ihre Umgebung mehr in horizontaler als in vertikaler Richtung untersuchen. Treffen die Augen des Kindes auf eine vertikale Kante, wo z. B. eine schwarze Fläche an eine weiße grenzt, so bleibt sein Blick an dieser Kante haften, während horizontale Kanten unberücksichtigt bleiben. Haith hat unter Verwendung von infrarotem Licht überdies festgestellt, daß das Neugeborene, auch wenn es schlafen sollte, bei Erlöschen des sichtbaren Lichtes die Augen öffnet und die Dunkelheit absucht. Die Augen des Neugeborenen sind auf eine Entfernung von ungefähr 19 cm fest akkommodiert, so daß sie möglicherweise entferntere Objekte verschwommen sehen (Haynes u. Mitarb. 1965). Eine ähnliche Feststellung von Bruner werden wir gleich beschreiben. Wie gesagt, kann die rasche Habituation des Neugeborenen an wiederholt auftretende Reize bei der Untersuchung der perzeptuellen Diskriminationsfähigkeit genutzt werden. Die Untersuchungen zur Habituation werden aus später ersichtlichen Gründen im Abschnitt über das Lernen besprochen.

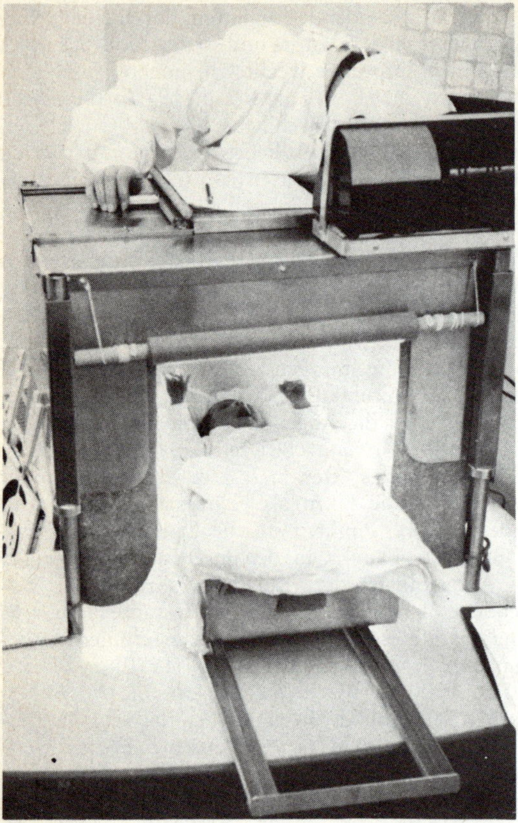

Dr. Robert Fantz

Abb. 16 Fantz-Apparat für das Studium der visuellen Bevorzugung von Neugeborenen

Der Tastsinn des Kindes ist offenbar für seine Beruhigung von besonderer Bedeutung. Er leitet das Suchverhalten nach der Mutterbrust, bei dem wahrscheinlich auch Geruchswahrnehmungen eine Rolle spielen. Verhaltensbiologen berichten über *Duftstoffe,* d.h. in der Luft schwebende und von dem einen oder anderen Organ eines pflanzlichen oder tierischen Organismus ausgeschiedene chemische „Nachrichten". Die am besten bekannten *Duftstoffe* sind die Sexuallockstoffe von Insekten (Küchenschabe, großer Schwammspinner). Die Verwendung von Sexuallockstoffen auf dem Gebiet der Schädlingsbekämpfung ist vielversprechend, weil sie synthetisch hergestellt werden können, um Insekten

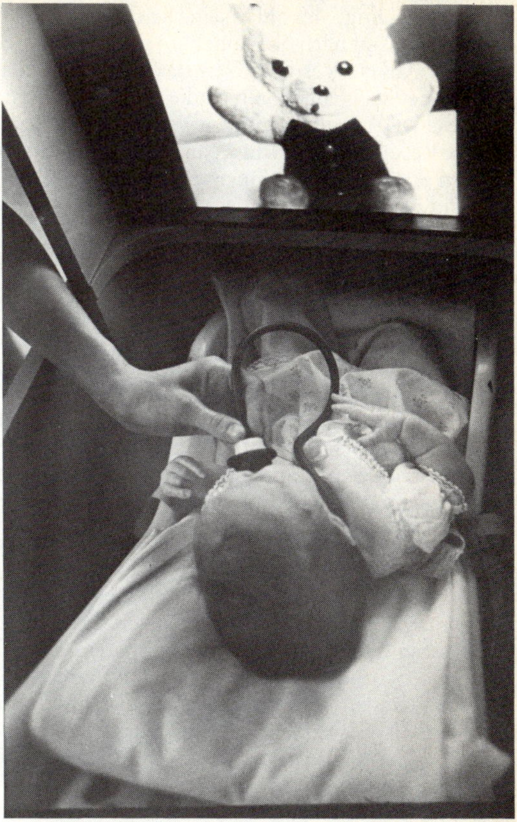

Jason Lauré, courtesy Dr. Lewis P. Lipsitt

Abb. 17 Siqueland-Apparat, der es dem Baby erlaubt, einen Bildbetrachter durch die Variation seines Saugverhaltens zu steuern

in Fallen zu locken. Leon u. Moltz (1971) haben festgestellt, daß Rattenmütter, sobald ihre Jungen 16 Tage alt sind und beginnen, selbständig umherzulaufen, einen Duftstoff hervorbringen, der die Jungen zu ihnen zurückführt. Um auf das Menschenkind zurückzukommen, so zeigt es Unbehagen bei unangenehmen Gerüchen, z. B. bei Ammoniak (Engen u. Mitarb. 1963, Lipsitt u. Mitarb. 1963). Es hat auch Widerwillen gegen eine unangenehme Geschmacksempfindung, z. B. Chinin (Pratt 1954). Nach Dubignon u. Campbell (1969) zeigt das Neugeborene eine deutliche Vorliebe für Milch gegenüber einer 5%igen Traubenzuckerlösung. Der Vestibulärapparat im Innenohr des Neugeborenen ist funktionstüchtig, obwohl es seine Körperhaltung nicht korrigiert, wenn es mit dem Kopf nach oben oder unten gehalten wird. Wir haben bereits gesehen, daß ein Vestibulärreiz das schreiende Neugeborene beruhigt. Man findet bei Neugeborenen, die in eine Umdrehung versetzt werden, die gleichen Augenbewegungen wie bei Erwachsenen *(Nystagmus)*. Das gleiche Resultat ergibt sich, wenn sich um das Kind herum eine mit senkrechten Streifen auf der Innenseite versehene Trommel dreht oder, wie eine Untersuchung von TAUBER und KOFFLER (1966) zeigt, wenn Lichter so an- und ausgeschaltet werden, daß der Eindruck einer Drehung erweckt wird. Die Schmerzempfindlichkeit des Neugeborenen, gemessen an seinen Reaktionen auf Nadelstiche oder leichten Elektroschock, nimmt während der ersten Tage rasch zu (LIPSITT u. LEVY 1959). Noch augenfälliger ist die kindliche Reaktion auf innere Schmerzen, wie Koliken oder Hungerkrämpfe. Ob das Kind Dinge wegstößt, die seine Atmung behindern, ist noch ungeklärt. Wenn es so sein sollte, so ist die Abwehr aber schwach und wenig erfolgreich. Beobachtungen haben erwiesen, daß es sich von einem über sein Gesicht gelegtes Papiertaschentuch nicht befreien kann, und die kinderärztliche Erfahrung besagt, daß Kissen eine tödliche Bedrohung für Kinder darstellen können.

Es besteht Grund zu der Annahme, daß die für das Kind schädlichen Reize nicht wegen ihrer vom Erwachsenen registrierten spezifischen Eigenschaften, sondern wegen ihrer hohen Intensität schädlich sind. Bis weit in das Säuglingsalter hinein reagiert das Kind mit Abwehr auf starkes Licht und starke Geräusche und später auf stark gewürzte Speisen. Andererseits sind Säuglinge oft unempfindlich gegen Reize, die von größeren Kindern und Erwachsenen als sehr eindrucksvoll empfunden werden. Beispielsweise reagiert der junge Säugling auf Donner, Feuerwehrsirenen oder den Lärm beim Entleeren von Mülltonnen oft überhaupt nicht und ebenso wenig auf die Gerüche von Körperausscheidungen, die auf den Erwachsenen abstoßend wirken. Andererseits kann das Kind beispielsweise durch Geräusche aus der Fassung gebracht werden, die den Erwachsenen nicht stören, z. B. durch das Knistern von steifem Papier.

Die Verwendung physiologischer Reaktionen als Indikatoren, wie z. B. veränderte Pulszahl und Atmung, ermöglichen die gezielte Untersuchung des Gehörs des Neugeborenen. BARTOSHUK (1964) hat gezeigt, daß die Pulszahl zur Lautstärke in direkter Beziehung steht (wobei beide natürlich in einem vernünftigen Bereich liegen müssen). R. B. EISENBERG (1969) und CONNOLLY (1970) haben in einem sehr frühen Stadium die Diskrimination verschiedener Tonhöhen und Lautstärken nachgewiesen, und EISENBERG hat bei Kindern im Alter von einigen Wochen eine besondere Antwortbereitschaft gegenüber der menschlichen Stimme, sowohl in Form von Alarmierung als auch Beruhigung, demonstriert. Wie wir gleich sehen werden, kann das Kind innerhalb des ersten Monats sogar künstliche Silben unterscheiden. Diese und ähnliche psychophysiologische Untersuchungen liefern die für die Frühdiagnose von Seh- und Hörstörungen notwendigen Angaben.

Lernvorgänge

Bis vor einigen Jahren wußte man noch nicht mit Sicherheit, ob das Neugeborene schon zu lernen imstande ist. Untersuchungen über das Lernen der Neugeborenen beschränkten sich größtenteils auf die Methode des klassischen Konditionierens (vgl. S. 223). Versuche, bestimmte Reize (wie z. B. einen Lichtblitz oder das Geräusch eines Summers) mit bestimmten Reaktionen, wie z. B. Saugen, oder vegetative Reaktionen mit Elektroschocks zu assoziieren, erbrachten keine eindeutigen Ergebnisse, genauso wenig wie ähnliche Versuche, die Bewegungen des Fetus zu konditionieren. Dann, nach langer Pause, konnten Siqueland u. Lipsitt (1966) sowie Papousek (1967) durch Kombination von klassischem und instrumentellem Konditionieren (vgl. S. 223) zeigen, daß das Wenden des Kopfes auf gewisse Geräusche hin konditioniert werden konnte, wenn das Neugeborene durch Einspritzen von Milch oder Traubenzucker in den Mund sofort eine Verstärkung erhielt. In letzter Zeit ist es möglich geworden, sowohl ohne den Hinweisreiz, daß eine Handlung verstärkt werden wird, als auch ohne materiellen Verstärker (wie z. B. Milch oder Traubenzuckerlösung) auszukommen und an deren Stelle kognitive Verstärker, z. B. ein interessantes Ereignis, anzuwenden. Die zur Zeit bei den Forschern beliebteste konditionierte Reaktion besteht darin, das Baby durch Saugbewegungen an einem leeren Schnuller einen Bildbetrachter anschalten zu lassen.

Bruner (Center for Cognitive Studies, 1968–1969) hat beispielsweise gezeigt, daß Kinder lernen, entweder schneller oder langsamer zu saugen, um ein Bild schärfer einzustellen, so als ob die Schärfe der Wahrnehmung von Geburt an ein starkes Motiv wäre. Siqueland (1969) bediente sich in einem ganz ähnlichen Versuch ebenfalls einer sog. „gekoppelten Verstärkung", wobei die Intensität des Verstärkers in direkter Beziehung zur Intensität der Reaktion stand, so daß z. B. das Kind durch intensiveres Saugen die Beleuchtung eines Bildes oder die Klangfülle eines Plattenspielers vergrößern konnte. Auch hier sind die Lernvorgänge abhängig von einem Wahrnehmungsangebot. Forscher wie Siqueland bestreiten sogar jedes Interesse an den Lernvorgängen selbst, sondern benutzen das Lernen als einen Maßstab für die Wahrnehmung, Aufmerksamkeit und Motivation. Von diesem Gesichtspunkt aus kann man die sog. Verstärkung als eine Rückkopplung betrachten, die dem Kind die Wirksamkeit seines eigenen Verhaltens zurückmeldet. Wir können nicht genug betonen, daß Menschen, die sich mit ihm beschäftigen, für das Kind eine besonders reiche Quelle für Rückmeldungen sind. Dieser frühe zwischenmenschliche Austausch, der für die gesamte Entwicklung des Kindes so wichtig zu sein scheint und den es bald selbst einzuleiten und zu lenken lernt, wurde von J. S. WATSON (1970) „das Spiel“ genannt und veranlaßte STONE u. Mitarb. (1972), von einer frühen „Sucht nach Gesellschaft“ beim Kinde zu sprechen.

Die *Habituation,* gleichgültig, ob durch nachlassende Aufmerksamkeit, Fehlen der Pulsbeschleunigung oder an der Wiederaufnahme des Saugens, gemessen, bedeutet, daß das Kind gemerkt hat, was es mit dem Reiz auf sich hat und daß es das weitere Interesse daran verloren hat. Wie fast überall bestehen auch hinsichtlich der Habituationsgeschwindigkeit individuelle Unterschiede (EISENBERG u. Mitarb. 1966). Einige Forscher haben vorsichtig angedeutet, daß schneller habituierende Kinder aufgeweckter sein könnten als langsam habituierende. Sollte sich diese Annahme bestätigen, so wäre dies eine Ausweitung älterer Erkenntnisse, wonach intelligente Schulkinder durch langweilige, ständig wiederkehrende Aufgaben, wie das Füllen vieler Seiten mit kurzen Bleistiftstrichen, schneller gesättigt sind als weniger intelligente (LEWIN 1954), auf frühere Lebensjahre. Das wirklich Fesselnde an den Erkenntnissen über die Habituation ist die Tatsache, daß ein neuer Reiz nur minimal von dem alten, gewohnten abweichen muß, um das Kind zu einer erneuten Reaktion zu veranlassen. Daraus geht hervor, daß Kinder im Alter von nur einem Monat sehr feine Wahrnehmungsunterscheidungen treffen können, z. B. zwischen den Silben „buh“ und „puh“ (EIMAS u. Mitarb. 1971).

Diese Erkenntnisse über die Lernmöglichkeit des Neugeborenen sind kaum überraschend. Ihnen scheint bisher hauptsächlich die einseitige Beschäftigung der Psychologen mit dem klassischen Konditionieren als Modell für alles Lernen entgegengestanden zu haben. Jetzt, da das Wahrnehmungslernen zum gesellschaftsfähigen Thema avanciert ist, ist ein rascher Fortschritt zu erwarten. Gewisse Dinge hätten natürlich durch einfache Beobachtungen in der natürlichen Umgebung des Kindes festgestellt werden können. Selbstverständlich lernt das Kind vor Ende des Neugeborenenalters, seine Flasche zu identifizieren, wie es durch Öffnen des Mundes und Drängen nach der Flasche andeutet. Seit langem wissen wir, daß es junge Enten und Gänse, Lämmer und Zicklein lernen, ihre Mutter innerhalb einiger Stunden nach dem Schlüpfen bzw. der Geburt zu erkennen. In jüngerer Zeit haben STANLEY u. Mitarb. (1970) gezeigt, daß wenige Tage alte Hunde, die für die richtige Entscheidung mit einem milchgefüllten Schnuller belohnt wurden, zwischen Drahtnetz- und Frottéflächen unterscheiden lernten. (Sie ziehen anfänglich Frotté vor, überwinden diese Vorliebe jedoch durch Verknüpfung von Milch mit dem Drahtnetz.)

Reflexe

Beim Neugeborenen lassen sich eine ganze Reihe von Reaktionen zuverlässig auslösen, die oft *Reflexe* genannt werden. Einige von ihnen haben nur geringe Bedeutung für das Verhalten, können jedoch für den Arzt von großem diagnostischen Wert sein, wie beispielsweise der bekannte Kniesehnen-(Patellar-)Reflex. Einer dieser Reflexe, der *Plantarreflex* (Fußsohlenreflex), ist deshalb von Interesse, weil er sich mit fortschreitender Entwicklung verändert. Streichelt man die Fußsohle des Neugeborenen, spreizt es die Zehen auseinander und aufwärts zur *Babinski-Reaktion*. Später, im Säuglingsalter und das ganze Leben hindurch, verhalten sich die Zehen gegensätzlich und werden eingerollt, außer bei Hirnschädigungen oder Stupor. Die *Babkinsche Reaktion* (Babkin 1956) wird durch Druck auf die Handfläche des Neugeborenen in Rückenlage ausgelöst. Das Kind macht den Mund weit auf, dreht den Kopf nach der Mitte (sonst ist der Kopf des Neugeborenen zur Seite gewandt) und hebt manchmal den Kopf. Andere Reflexe besitzen wohl praktischen adaptiven Wert, jedoch sind sie primär vegetativ, d.h. automatisch und gewöhnlich unwillkürlich. Hierzu gehört das Zusammenziehen der Pupillen bei verstärkter Lichteinwirkung und die Speichelabsonderung, wenn etwas in den Mund gesteckt wird. Außerdem kennen wir noch jene „Reflexe“, die ein kompliziertes motorisches Verhalten darstellen, z.B. die Suchreaktion. Für diese ist jedoch der Ausdruck „Reflex“ nicht ganz zutreffend (wenn man unter „Reflex“ eine starre Reiz-Reaktionseinheit versteht), weil sie nicht einem starren Muster folgen, sondern adaptiv abgewandelt werden können, weil sie nur dann auslösbar sind, wenn das Kind sich in einem geeigneten Motivationszustand befindet, und weil sie später durch neue und reifere Handlungsweisen ersetzt werden.

Besonders wichtig für das Überleben des Neugeborenen ist die *Saugreaktion,* die bereits zur Zeit der Geburt oder kurz danach in Erscheinung tritt. Zwar kann sie auch isoliert ausgelöst werden, doch stellt sie gewöhnlich eine Komponente des oben beschriebenen, komplexeren *Suchverhaltens* dar. Werden die Lippen oder Wangen des Kindes berührt, so dreht es den Kopf der Reizquelle zu (meist kommt der Reiz von der Brustwarze, doch erfüllen die Finger des Experimentators den gleichen Zweck), versucht den Finger in den Mund zu bekommen und beginnt zu saugen (Prechtl 1958). War die Reizquelle wirklich eine milchspendende Brust, so erfolgt das Saugen, Schlucken und Atmen in ziemlich gut koordinierter Aufeinanderfolge. Die Saugreaktion wird wahrscheinlich nicht eintreten, wenn das Kind nicht hungrig ist, doch ist dies selten der Fall. Kron u. Mitarb. (1968) berichten über auffallende und konsequent beibehaltene individuelle Unterschiede in der Geschwindigkeit und Intensität des Saugens sowie über eine auf-

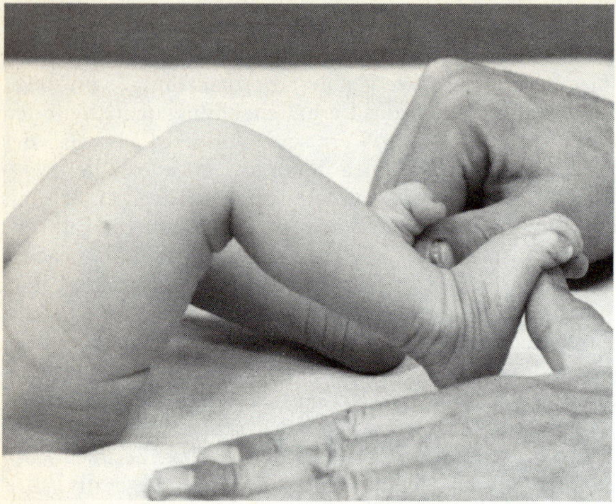

18

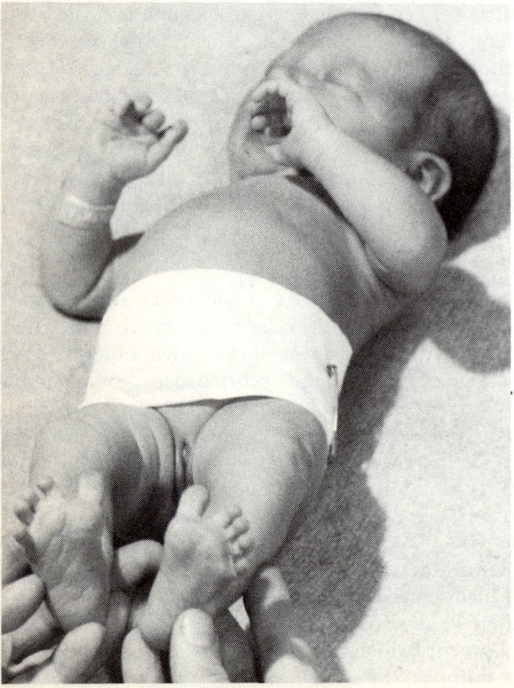

19

20
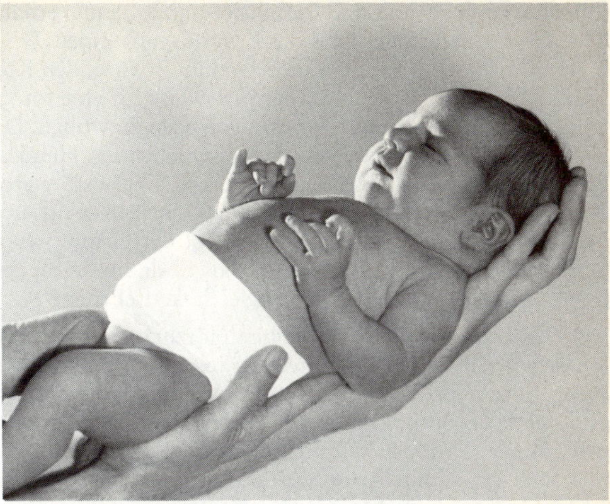

21
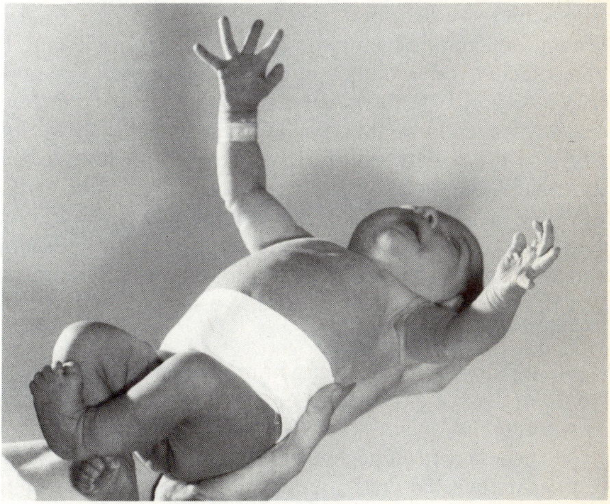

Abb. 18–21: Dr. Heinz Prechtl and David Beintema, *The Neurological Examination of the Fullterm Newborn Infant*

Abb. 18–21 Reflexe des Neugeborenen. Abb. 18: Greifreflex der Zehen. Abb. 19: Babinski-Reaktion. Abb. 20–21: Die Moro-Reaktion als Folge eines Verlustes der festen Unterlage

fallende Veränderung und Stabilisierung des Saugverhaltens während der ersten Lebenstage. Daß die Kopfdrehung einen Teil des Saugverhaltens ausmacht, bedeutet, daß es sinnlos wäre, den Kopf des Kindes durch Druck auf die Wange, beispielsweise für eine fotografische Aufnahme, in eine bestimmte Richtung drehen zu wollen. Das Kind dreht den Kopf eher in die Richtung der schiebenden Hand als in die entgegengesetzte. Daher sollte jene Wange berührt werden, in deren Richtung die Drehung erfolgen soll. Wenn ein Kind unwillig auf das Festhalten des Kopfes reagiert, so liegt der Grund, wie J. S. WATSON annimmt, möglicherweise darin, daß es dadurch angeregt wird, den Kopf nach beiden Richtungen zugleich zu drehen.

Der *Moro-Reflex,* der durch einen plötzlichen, intensiven Reiz ausgelöst wird, z.B. durch ein lautes Geräusch, wurde bereits erwähnt. Das Neugeborene reagiert durch Ausspreizen und Zurückziehen der Arme und Beine, oft unter gleichzeitigem Schreien. Die Anspannung läßt binnen einiger Sekunden sichtlich nach. Wie bei vielen anderen Reaktionen folgt gewöhnlich eine Refraktärphase, in der die Reaktion nicht auslösbar ist. Wiederholte Reizung führt dann zur Habituation.

Abgesehen von dem bereits erwähnten seltenen – willkürlichen – Gebrauch der Hände beantwortet das Neugeborene eine Reizung seiner Handflächen oder Finger mit dem *Greifreflex.* Es umklammert den reizauslösenden Stab oder Finger so fest, daß manche Kinder bis zu einer Minute daran hängen können (PRATT 1954). Im dritten oder vierten Monat tritt willkürliches Greifen an die Stelle des reflektorischen, aber der immer noch vorhandene Greifreflex verhindert, daß das Kind Dinge loslassen kann, die es einmal in der Hand hat. Einen rudimentären Greifreflex kann man auch durch Stimulierung der Fußsohle am Ansatz der Zehen auslösen (die Babinski-Reaktion wird hingegen durch Streicheln des Mittelfußes, wo sich später das Fußgewölbe ausbildet, hervorgerufen).

Manche Kinder führen Schwimmbewegungen aus *(Schwimmreflex),* wenn sie in horizontaler Lage auf dem Bauch gehalten werden. Behauptungen, wonach Neugeborene „instinktiv" schwimmen können, stehen wir skeptisch gegenüber. Wird das Kind aufrecht gehalten, bewegt es manchmal die Füße, wenn diese eine feste Unterlage leicht berühren, wie beim Gehen auf und ab *(Schreitreflex).* Diese beiden Reaktionen verschwinden kurz nach der Geburt, um sich später in reiferer Form wieder einzustellen. In der Bauchlage stemmt sich das Kind gegen Flächen, die seine Fußsohlen berühren, manchmal mit ausreichender Kraft, um seinen ganzen Körper vorwärts zu schieben. Berichte über ein „Kriechen" bei Neugeborenen werden wahrscheinlich durch diese sog. *Bauer-Reaktion* erklärt. Etwas später stößt sich das Kind auch in der Rückenlage ab.

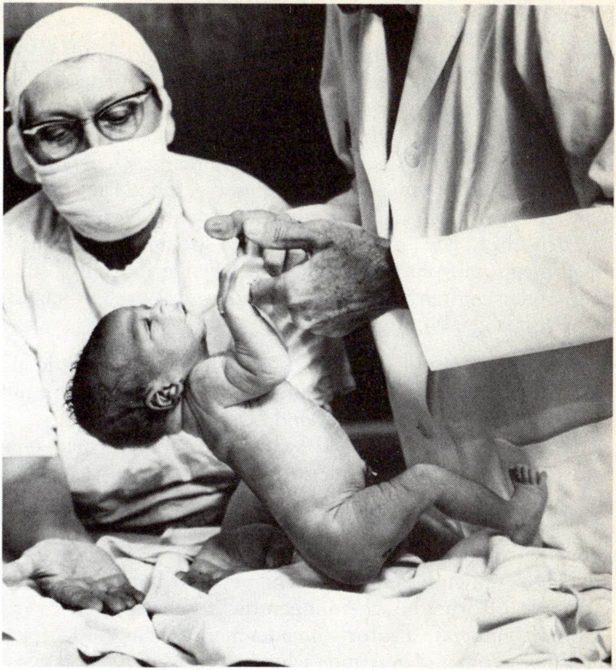

Lew Merrim, Monkmeyer

Abb. 22 Der Greifreflex des Neugeborenen ist stark genug, dessen eigenes Gewicht zu tragen, obwohl der Erwachsene auf der rechten Seite des Bildes keine Unterstützung leistet

Unter geeigneten Reizverhältnissen zeigt das Kind bereits kurz nach der Geburt wichtige vegetative Reflexe, wie Erbrechen, Niesen, Schluckauf, Gähnen und Blinzeln. Männliche Kinder haben, wie bereits erwähnt, Penis-Erektionen. Meist finden diese kurz vor dem Urinieren statt und treten auch regelmäßig im Schlaf auf (P. H., WOLFF 1959, KORNER 1969), insbesondere im paradoxen Schlaf mit besonders ausgeprägtem REM. Das Gesamtbild dieser Erektionen im Schlaf ähnelt weitgehend dem von männlichen Erwachsenen aller Altersgruppen (FISHER u. Mitarb. 1965). Versuche, analoge Zyklen der Klitoris-Erektion bei weiblichen Personen zu identifizieren, waren bisher ergebnislos (a. a. O.).

Grenzen des Neugeborenenverhaltens

Unsere Ausführungen haben vielleicht beim Leser den Eindruck erweckt, jeder Kontakt mit dem Neugeborenen würde große reflektorische Ausbrüche hervorrufen. Dies ist aber nicht so. Vielmehr sind die meisten Kinder während der ersten paar Monate bei der routinemäßigen Pflege, wie An- und Ausziehen, Baden und ärztlichen Untersuchungen, ausgesprochen passiv, phlegmatisch und gefügig. Die einzigen Reaktionen, zu denen das Neugeborene imstande ist, werden wahrscheinlich von den Eltern gar nicht bemerkt. Ebenso kann es sein, daß die Eltern auf anthropomorphe Weise dem Kind geistige, moralische und absichtsvolle Eigenschaften zuschreiben, die der wissenschaftliche Beobachter nicht bestätigen könnte.

Trotz all seiner rudimentären Menschlichkeit fehlen dem Neugeborenen jedoch noch sehr viele Fähigkeiten. Die einzigen stimmhaften Geräusche, die es hervorbringt, sind Schreie und jene Laute, die mit der Verdauung oder mit Magenbeschwerden einhergehen. Neugeborene sind noch nicht imstande, mit wenigen Ausnahmen, den Kopf zu heben, den Körper zu drehen (außer zufällig) oder Daumen und Finger getrennt zu bewegen. Ihre Hände strecken sich nicht nach entfernten Dingen aus, obwohl Bower u. Mitarb. (1970 a), wie bereits gesagt, Anzeichen beginnender Greifversuche bemerkt haben. Das Neugeborene kann seine Körperausscheidungen nicht beherrschen. Es richtet seine Aufmerksamkeit fast sofort auf jedes menschliche Gesicht, kann jedoch eines nicht vom anderen unterscheiden. Es weiß nicht, daß es Füße hat. Es hat nichts, woran es sich erinnern könnte, und es behält nichts. Untersuchungen über frühes Lernen zeigen allerdings, daß sich Erfahrungen fast sofort nach der Geburt festsetzen. Sein Leben wird größtenteils vom Rhythmus seiner Verdauung und anderer physiologischer Prozesse, dem Anstieg und Verebben seiner Wachheit, reflexauslösenden Reizen und den liebevollen Diensten seiner Pflegepersonen beherrscht.

Individuelle Unterschiede und Individualität

Wie bereits gesagt, zeigt das Kind von Geburt an eine individuelle Einzigartigkeit, die das Produkt seines besonderen genetischen Aufbaus und der Umweltverhältnisse im Uterus darstellt. Neugeborene Kinder unterscheiden sich eindeutig voneinander im Tonus ihres Körpers, in der Vehemenz oder Langsamkeit ihrer Reaktionen, der Geschwindigkeit, mit der sie ihre Glieder bewegen, durch den Eifer und die Energie, mit der sie auf die Brust losgehen, den Rhythmus ihrer Saugattacken, die Empfindlichkeit gegen Licht, Geräusche oder Berührung und ihren Schlafrhythmus. Sie unterscheiden sich in Form und der absoluten und relativen Größe ihrer Organe, durch ihre chemische

Blutzusammensetzung und ihren Hormonhaushalt. Binnen kurzer Zeit sind die Körpereiweiße so weit individualisiert, daß sie eingepflanztes fremdes Gewebe abstoßen. Natürlich kann man Menschen aufgrund dieser einzelnen Unterschiede lediglich innerhalb einer jeweiligen Dimension zwischen den entgegengesetzten Polen einer Skala, z. B. schnell-langsam, einstufen. Daß viele Menschen innerhalb jeder einzelnen Dimension die gleiche Position auf der Skala einnehmen können, ist klar, aber Kombinationen von Skalenpositionen in vielen Dimensionen erzeugen eine Kombination charakteristischer Eigenschaften, die jeden Menschen einmalig gestaltet und von allen anderen Menschen der Welt unterscheidet. Birns (1965) hat individuelle Unterschiede in den Reaktionen auf vier verschiedene Reize aufgezeigt: einen leisen Ton, einen lauten Ton, eine auf die Haut gelegte kalte Scheibe und einen Schnuller. Wie erwähnt, haben Kron u. Mitarb. (1968) Unterschiede in der Heftigkeit und Geschwindigkeit des Saugens festgestellt. Eisenberg u. Mitarb. (1966) fanden Unterschiede in der Habituationsgeschwindigkeit. Korner u. Thoman (1970) stellten einen Zusammenhang zwischen Unterschieden in der visuellen Aufmerksamkeit und der mütterlichen Pflege fest usw.

An dieser Stelle soll eine offensichtliche und doch oft außer acht gelassene Tatsache betont werden. Der Mensch ändert sich mit fortschreitendem Wachstum und behält dennoch seine Individualität. Bis jetzt wissen wir sehr wenig über die Bedeutung der bei der Geburt erkennbaren anatomischen, physiologischen und psychischen Unterschiede für die spätere Entwicklung. Voraussagen des späteren Verhaltens aufgrund früheren Verhaltens erweisen sich zwar richtiger als Zufallsprognosen, aber es gibt so viele Ausnahmen und sogar drastische Umkehrungen, daß wir in den prognostischen Wert der Neugeboreneneigenschaften nicht viel Vertrauen setzen können (Escalona u. Heider 1959, Kagan u. Moss 1962, A. Thomas u. Mitarb. 1963).

Trotzdem ist es wahrscheinlich, daß die zwischen zwei Neugeborenen bestehenden Unterschiede zu unterschiedlicher Aufnahme, Verarbeitung und Beantwortung sehr ähnlich gearteter Lebensumstände führen. Im Zuge unserer weiteren Ausführungen werden wir einige der Beweise für die grundlegende Rolle der psychischen Umwelt bei der Bestimmung des Entwicklungsverlaufs aufzeigen, doch kann die Erfahrung die Individualität nur ändern, keineswegs aber beseitigen. Auch ein Ereignis, wie etwa Sauerstoffmangel bei der Geburt, das in einer signifikanten Zahl von Fällen mit späteren Intelligenzbehinderungen verbunden ist, führt bei verschiedenen Individuen zu unterschiedlichen Folgen. Wie Graham u. Mitarb. (1962) ausführen, entgehen so viele Menschen den vorausgesagten Folgen einer traumatischen Geburt, daß wir in keinem spezifischen Fall Voraussagen machen können.

Vorgeburtliche Entwicklung

Das Kind ist jetzt glücklich zur Welt gekommen, und der Leser wurde mit seinen Eigenarten bekannt gemacht. Bevor wir jedoch das Neugeborene auf seinem weiteren Weg hin zum Erwachsenenalter verfolgen, müssen wir zurückschauen und seinen Ursprung betrachten. Denn das Kind ist bei der Geburt bereits 9 Monate alt und nach der Zeitrechnung mancher orientalischer Kulturen sogar schon über ein Jahr. Seine genetische Vorgeschichte verbindet es überdies mit einer großen Anzahl von Ahnen bis zurück zum Urbeginn des Lebens. Unsere Gewohnheit, einen Familienstammbaum so zu zeichnen, daß er von einem einzelnen Gründerpaar ausgeht, ist hochgradig irreführend. Ein Elternpaar kann nicht nur eine große Schar von Nachkommen haben, sondern ein Kind hat auch viele Vorfahren, deren Zahl sich mit jeder früheren Generation verdoppelt – zwei Eltern, vier Großeltern, acht Urgroßeltern usw. Wir wollen zuerst die kindliche Entwicklung von der Empfängnis bis zur Geburt skizzieren und dann einen kurzen Blick noch weiter zurück auf die genetische Erbschaft werfen.

Die gesamte Schwangerschaftszeit wird auf durchschnittlich 266 Tage geschätzt. Da es aber ungewöhnlich ist, den Tag der Empfängnis genau zu bestimmen, rechnet man die Schwangerschaft vom Beginn der letzten Menstruation, und der normale Zeitraum wird mit 40 Wochen festgesetzt.

Die aufeinanderfolgenden Metamorphosen, durch die aus einer Eizelle ein menschliches Wesen entsteht, stellen eine bedeutsame Vorgeschichte dar, und der Leser sollte einen genauen Bericht darüber einem Buch über die menschliche Embryologie oder Schwangerschaft entnehmen (Anm. 3). Hier können wir nur auf einige hervorstechende Punkte eingehen, die für das Verständnis der späteren Entwicklung von Bedeutung sind. Die Eizelle selbst, aus der das Kind hervorgeht, entsteht durch Verschmelzung zweier Keimzellen, eines mütterlichen *Eies* (Ovum) und einer männlichen *Samenzelle*. Die so gebildete Zelle wird *Zygote* genannt und durch eine Reihe von Zellteilungen innerhalb von zwei Wochen in eine *Blastozyste*, eine hohle Kugel mit einer Zellschicht an der Innenseite, verwandelt. Aus dieser Zellschicht entwickelt sich das Kind. Die Blastozyste dient größtenteils dem Schutz und der Lebenserhaltung des Kindes. Die wichtigsten Gewebeteile, die sich bilden, sind die *Plazenta*, durch die das Kind mit der Mutter in Verbindung steht, und die doppelwandige, ballonartige Eihülle, die mit Fruchtwasser gefüllt ist und in der das Kind schwimmt. Die innere Membran dieser Hülle ist das *Amnion* und die äußere das *Chorion*.

Es ist wichtig, die Struktur und die Funktion der Plazenta richtig zu verstehen. Die vollentwickelte menschliche Plazenta ist eine scheibenförmige, fleischige Platte von 15–20 cm Durchmesser, kaum mehr als

25 mm Dicke und einem Gewicht von etwas weniger als einem halben Kilogramm. An der der Mutter zugekehrten Seite befindet sich eine in der Auskleidung des Uterus oder der Gebärmutter implantierte Masse von Blutgefäßen mit schwammiger Oberfläche. Die Blutgefäße schwimmen im mütterlichen Blut und können mit diesem verschiedene Substanzen austauschen. An der Seite, an der sie die Nabelschnur mit dem Kind verbindet, ist die Plazenta glatt. Die Nabelschnur ist ein gummiartiger Schlauch und enthält eine Vene, die dem Kind frisches Blut aus der Plazenta zuführt, und zwei Arterien, die mit Abfallstoffen beladenes Blut zur Plazenta befördern. Innerhalb der Plazenta verzweigen sich die Nabelschnurvene und die Nabelschnurarterien zu zahllosen Verästelungen, die im mütterlichen Blut schwimmen. Das Herz des Kindes, das drei bis vier Wochen nach der Empfängnis zu schlagen beginnt, pumpt Blut durch seinen Körper, die Nabelschnur und die Plazenta. Abfallstoffe, wie Kohlendioxid, werden durch die Wände der Plazentagefäße vom mütterlichen Blut absorbiert, und das gereinigte Blut entnimmt dem mütterlichen Blut Nährstoffe – Sauerstoff, Wasser, Zucker, Fette, Aminosäuren, Mineralien usw. – sowie andere Substanzen, wie Hormone, Antikörper, Viren und Blutteilchen, über die wir später sprechen werden, und bringt sie dem Kind zu. Wir sehen also, daß sich das kindliche Blut normalerweise niemals mit dem mütterlichen mischt und daß jeder Austausch durch die Plazentaschranke hindurch erfolgt. Das mütterliche Blut liefert alle nährenden Rohstoffe für das Wachstum des Kindes, aber die Blastozyste beginnt, auch während sie sich in die Auskleidung der Gebärmutter hineingräbt, komplexe Aminosäuren und Kohlehydrate zu synthetisieren. Die Plazenta dient nicht nur als Hilfe für den Austausch ausgewählter Stoffe zwischen mütterlichem und kindlichem Blut, sondern auch als eine endokrine Drüse, deren Hormone zu einem wesentlichen Bestandteil der mütterlichen Physiologie werden und wahrscheinlich zur Regulation des kindlichen Wachstums beitragen. Manche Forscher sind der Meinung, daß die Verlangsamung der Hormonsekretion der Plazenta mithilft, die Geburt einzuleiten. Das Chorion und das Amnion wachsen aus den Rändern der Plazenta heraus und umschließen das Kind.

Das Kind selbst geht aus der in den ersten beiden Wochen in der Blastozyste gebildeten Zellmasse hervor. Zwischen diesem Zeitpunkt und 8 Wochen nach Empfängnis entwickelt sich die gesamte rudimentäre Anatomie des Kindes. Während dieser 6 Wochen wird der in Entwicklung stehende Organismus als *Embryo* bezeichnet, und in diesem Embryonalstadium ist das Kind am anfälligsten gegen Umweltschädigungen, die wir später noch besprechen werden.

Die Abbildungen 24–30 vermitteln einen Eindruck von der äußeren Erscheinung des Embryos.

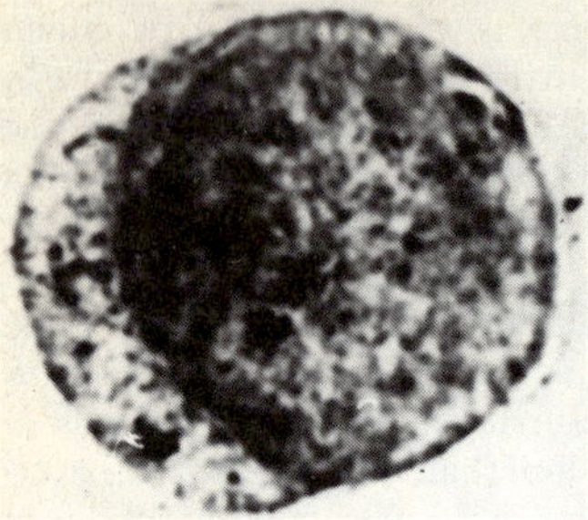

23

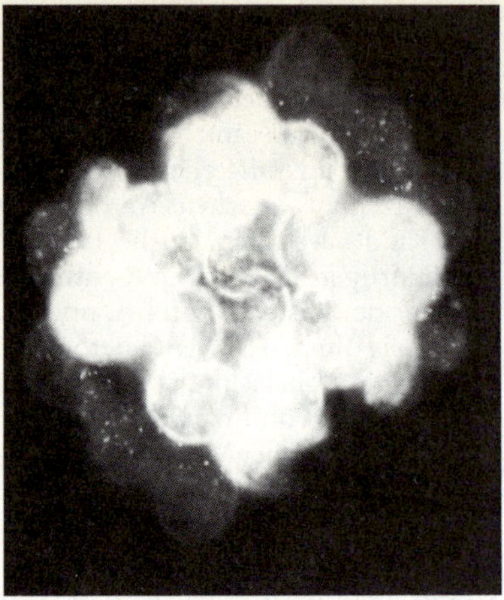

24

25

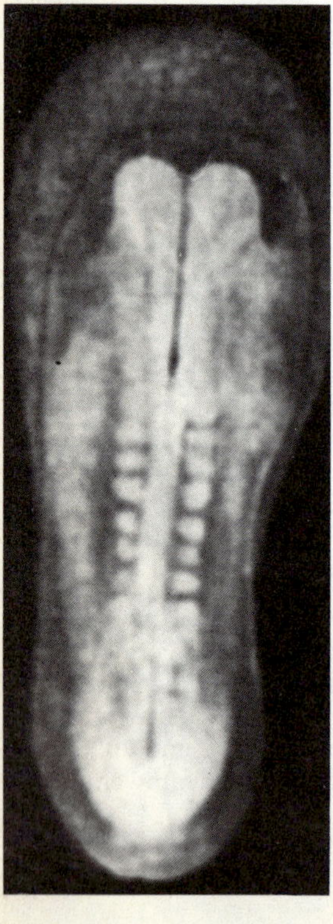

Abb. 23–29 Stadien der pränatalen Entwicklung. Abb. 23: Ein zweizelliger Organismus 30 Stunden nach der Befruchtung. Abb. 24: Eine lebende dreieinhalb Tage alte menschliche Morula. Abb. 25: Ein 24 Tage alter Embryo. Abb. 26: Ein Embryo mit viereinhalb Wochen. Abb. 27: Ein 14 Wochen alter Fetus. Man sieht die Fruchthülle, die Nabelschnur und die Plazenta. Abb. 28: Ein Fetus mit 16 Wochen. Abb. 29: Ein Fetus mit 22 Wochen; trotz der scheinbaren Reife könnte dieser Fetus außerhalb des Mutterleibes nicht überleben

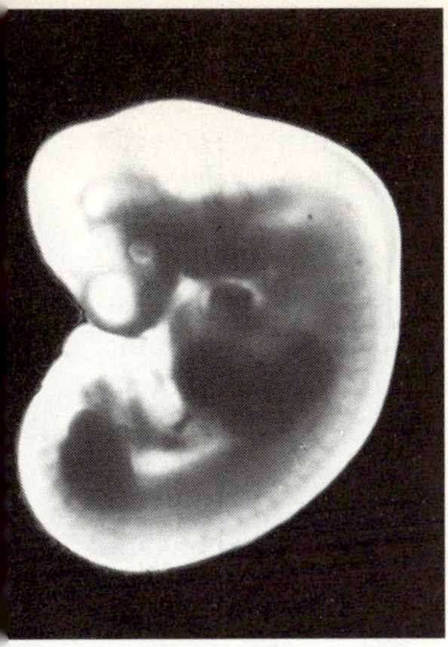

26

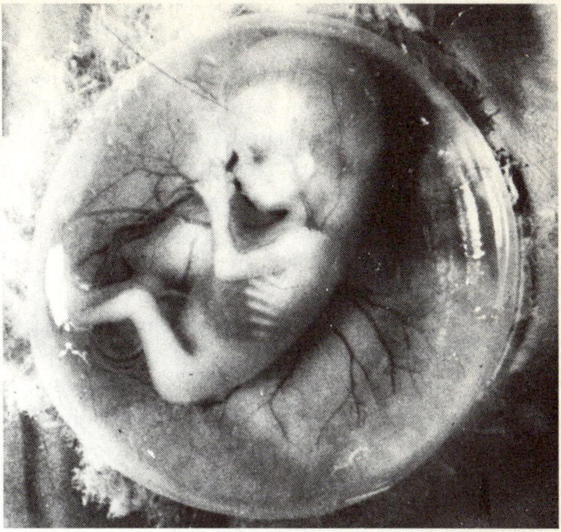

27

Abb. 23–27: Dr. Landrum, B. Shettles

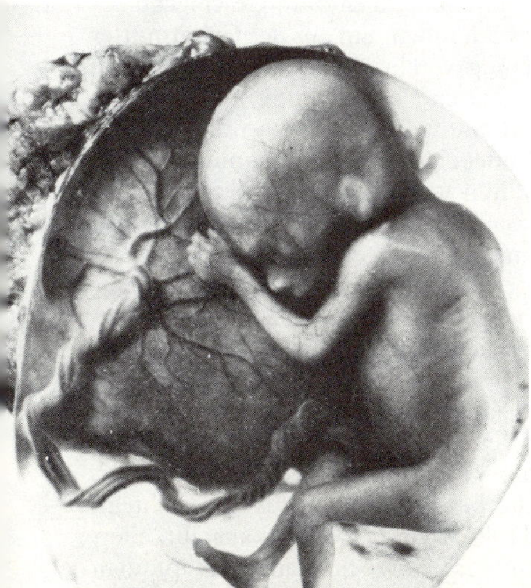

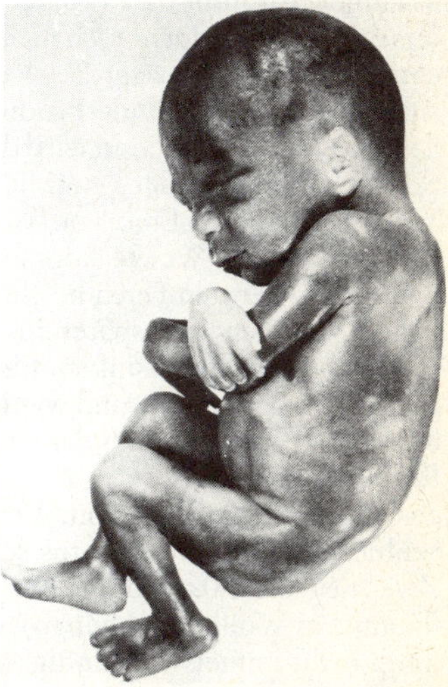

29

28

Abb. 28 u. 29: Edith L. Potter, *Fundamentals of Human Reproduction*

Ungefähr 2 Wochen nach Beginn der Embryonalperiode oder etwa 4 Wochen nach der Empfängnis wird die Mutter gewahr, daß sie schwanger ist. Das auffälligste Anzeichen ist die 2wöchige Überfälligkeit der Menstruation. Auch werden sich vielleicht die Brüste schwer und voll anfühlen und die Brustwarzen und ihre Höfe dunkel verfärbt sein. Die Schwangere wird häufiger urinieren müssen als sonst, und sie wird unter morgendlicher Übelkeit leiden, wie sie etwa 2/3 der Frauen in den ersten Wochen oder Monaten der Schwangerschaft befällt. Es gibt verschiedene emotionale Einstellungen zur Schwangerschaft – vom Jubel bis zur Panik. Das Erlebnis der Schwangerschaft kann als Folge besonderer Einstellungen im Verein mit körperlichen Symptomen und vielleicht auch psychosomatischen Reaktionen durch große individuelle Unterschiede gekennzeichnet sein. Ist die Schwangerschaft gewollt, so empfinden jedoch die meisten Frauen eine Mischung aus Unbehagen und Befriedigung, Hoffnung und Angst, Schmerz und Freude. Viele Frauen bezeichnen die späteren Stadien der Schwangerschaft als eine Zeit unvergleichlichen körperlichen Wohlbefindens.
Gegen Ende der Embryonalperiode ist das werdende Kind etwa 3 cm lang. Es besitzt Gliedmaßen, Finger, Zehen und menschliche Gesichtszüge. Das endokrine System hat sich ausgebildet, und die Hoden des männlichen Embryos erzeugen Androgene. Sichtbare Geschlechtsunterschiede sind jedoch noch nicht vorhanden. Ein aus der Gebärmutter entfernter Embryo zeigt bei Reizung vereinzelte Reflexbewegungen, Anzeichen einer zumindest rudimentären Nervenleitung.
Etwa von der 8. Woche an wird das heranwachsende Wesen als *Fetus* bezeichnet. Während der Fetalzeit findet eine Vervollkommnung und ein Wachstum der im Embryonalstadium vorgebildeten Strukturen statt. Etwa in der 12. Woche können Sachverständige das Geschlecht von operativ entfernten Feten bestimmen, obwohl die Hoden erst im Alter von 28 Wochen oder später aus der Bauchhöhle des männlichen Fetus in das Skrotum herabsinken. Ein nur 10 Wochen alter Fetus, der weniger als 7 1/2 cm lang ist und weniger als 29 Gramm wiegt, macht Atembewegungen, wenn er aus dem mütterlichen Körper entfernt wird. Nach Reizung macht er mit den Lippen Saugbewegungen, und die Füße zeigen die Babinski-Reaktion. Vor der 16. Woche setzt reflektorisches Schlucken ein, und der Fetus schluckt geringe Mengen Fruchtwasser. Zwischen der 20. und 28. Woche bewächst der Fetus mit dichtem, flaumigem Wollhaar *(Lanugo)*, das kurz vor der Geburt ausfällt, allerdings nicht immer vollständig. Vor der 20. Woche kann man mit dem Stethoskop seinen Herzschlag hören, und ungefähr zur gleichen Zeit erlebt die Mutter die „Tritte", fühlbare fetale Bewegungen. Diese Tritte werden zunächst als schwaches Flattern empfunden, in der späteren Schwangerschaft als ein kräftiges Stoßen. Nach 20 Wochen ist die Halbzeit der Schwangerschaft erreicht, und der Zustand der Mutter

ist meist für ihre Angehörigen äußerlich erkennbar. Die morgendliche Übelkeit ist jetzt wahrscheinlich vorbei, und die Mutter tritt in die angenehmste Phase der Schwangerschaft ein. Ein zu dieser Zeit geborener Fetus stirbt fast immer, wenn es auch vorgekommen ist, daß Kinder von nicht mehr als 340 Gramm Körpergewicht und einem erkennbaren Alter von etwas über 20 Wochen überlebt haben.

Gegen die 24. Woche hin trennen sich die vorher verschmolzenen Glieder, und der Fetus öffnet und schließt die Augen. Die Talgdrüsen beginnen zu arbeiten und *Vernix caseosa* (Fruchtschmiere) hervorzubringen. Ein 28 Wochen alter Fetus von etwa 38 cm Länge und etwas über einem Kilogramm Gewicht hat eine ziemlich gute Chance, die Geburt zu überleben. Um ihn aber am Leben zu erhalten, werden große Sauerstoffmengen erforderlich sein, und es besteht die – wenn auch geringe – Gefahr einer Blindheit infolge retrolentaler Fibroplasie. Weitere Gefahren und Anfälligkeiten sind mit der Frühgeburt verbunden (Braine u. a. 1966). Eine Gefahr, die erst kürzlich erkannt wurde, besteht darin, daß mit der Isolierung der Frühgeburt zum Schutz gegen Infektionen auch das Fehlen menschlicher Kontakte verbunden ist. Siqueland (1970) berichtet über gute Ergebnisse, wenn Frühgeburten Stimulationen von anderen Menschen (Hätscheln, Wiegen, Ansprechen, leises Singen) angeboten wurden. Freedman (1969) hat das Problem gelöst, indem er die Isolierkammer des Frühgeborenen 12mal pro Minute in einem Bogen von 12° schaukeln ließ. Diese Schaukelbewegung beruhigt Frühgeburten und regt lächelnde Kinder zu verstärktem Lächeln an. Während der letzten paar Wochen der Schwangerschaft setzt das Kind so rasch Gewicht an, daß Altersunterschiede von nur wenigen Tagen sein Aussehen entscheidend verändern können.

In diesen Wochen fühlen sich die meisten Mütter ganz wohl, haben aber einige mechanische Beschwerden. Ihre inneren Organe leiden durch die Ausdehnung des Fetus unter Platzmangel. Die Mutter muß ihre Körperhaltung einer geänderten Gewichtsverteilung anpassen – dadurch entsteht die nach rückwärts geneigte Haltung vieler Frauen im letzten Stadium der Schwangerschaft. In den letzten Wochen haben viele Frauen ein so unbeholfenes und schwerfälliges Körpergefühl, daß sie sich der Geburt als einer willkommenen Befreiung entgegensehnen.

Vorgeburtliche Umwelteinflüsse auf das Kind

Der normale Verlauf der vorgeburtlichen Entwicklung ist etwas so Selbstverständliches, daß wir ihn als gegeben hinnehmen. Wir dürfen aber nicht vergessen, daß die Zygote nicht etwa ein kleines Modell des zukünftigen Menschen ist, das lediglich größer werden muß, sondern eine Fülle in molekularer Form verschlüsselter Informationen enthält, durch die die Evolution des Organismus in ihren einzelnen Stadien gelenkt wird. Auch der genetische Code hört nicht nach der Geburt auf, zu wirken. Der gesamte Verlauf des Heranwachsens und Alterns stellt zusammen mit der vorgeburtlichen Entwicklung einen einzigen, kontinuierlichen Vorgang dar. Wir werden bald noch mehr über Genetik sprechen, hier sind zunächst zwei Formen zu erwähnen, in denen sich die genetische Anlage auf die Entwicklung auswirkt. Erstens enthalten alle Zellen eines bestimmten Organismus genau die gleiche genetische Information, aber diese Information wird von verschiedenen Zellen in jedem Entwicklungsstadium auf andere Weise verwertet. Mit anderen Worten: Es wird ein und dieselbe Information zur Hervorbringung verschiedener Gewebearten – Haut, Knochen, Blut, Muskeln – und auch verschiedener Organe – Augen, Zähne, Leber, Gehirn usw. – verwendet. Zweitens ändern die einzelnen Elemente des genetischen Codes ihre Bedeutung wie Wörter in einem Satz, je nach dem Zusammenhang, in dem sie stehen. Wir können diese beiden Feststellungen zusammenfassen, indem wir sagen, daß die genetischen Mechanismen je nach dem umgebenden Kontext auf verschiedene Weise wirksam werden. Es gibt viele verschiedene Ebenen relevanter Kontexte, von denen sich manche innerhalb und andere außerhalb des Organismus befinden. Das Gen erfüllt seine Aufgabe in Abhängigkeit von seiner Lage im Chromosom, welches wieder im Zusammenhang mit anderen Chromosomen tätig wird. Der Zellkern wirkt im Zusammenhang mit dem umgebenden Zellkörper, und die Einzelzelle wirkt je nach ihrer Lage im Zellverband. Die Vorgänge im Zellverband als ganzem (sogar in der Zygote im Eileiter) unterliegen Umgebungsbedingungen, wie Temperatur, elektrisches Potential, chemischer Haushalt, Orientierung in bezug auf die Gebärmutterwand, Schwerkraft und Luftdruck. Wir dürfen auch die Rolle der Nährstoffe nicht übersehen, die dem Aufbau des Organismus dienen, und schließlich wirken natürlich auch persönliche, soziale und Gefühlseinflüsse direkt auf die biologische Funktionsweise des Organismus ein.

Glücklicherweise sind die intrauterinen Umweltverhältnisse gewöhnlich sehr konstant und schwanken nur innerhalb sehr enger Grenzen. Versuche, die pränatale Umwelt von Tierembryos künstlich zu verändern, haben gezeigt, daß bereits geringe Veränderungen schwere Mißbildungen zur Folge haben können. Neben den oben genannten allgemeinen Verhältnissen können u.a. die folgenden Faktoren die Entwicklung des Embryos in der einen oder anderen Gattung beeinflussen: Gifte, Drogen, Viren, Röntgen- und andere ionisierende Strahlen, Anomalien des mütterlichen Blutes (gestörter Hormonhaushalt, Anämie oder die Anwesenheit anomaler Proteine), Überfluß oder

Mangel an gewissen Vitaminen, Sauerstoff-, Eiweiß- und Jodmangel (MINTZ 1958, MONTAGU 1962).

Zu den durch Umweltfaktoren hervorgebrachten Mißbildungen gehören Anenzephalitis (Fehlen des Gehirns), Hasenscharte, Phokomelie (Hände und Füße sitzen unmittelbar an Schultern und Hüften) verursacht u. a. durch Contergan, Wolfsrachen, Syndaktilie (seitliche Verwachsung der Finger und Zehen), zusätzliche oder fehlende Gliedmaßen, geschlechtliche Invertiertheit oder Doppelgeschlechtlichkeit und viele andere Zustände, die geringfügig sein können oder so schwerer Art, daß sie zum spontanen Abort führen. Seit kurzem werden die Ursachen gewisser Geburtsanomalien bei Haustieren, die von den Züchtern früher auf schlechte Erbmasse zurückgeführt wurden, darin gesehen, daß trächtige Tiere vergiftetes Gras fressen (RIPLEY 1971). Wenn auch die Anzahl der Schwangerschaften, die in solchen Entwicklungskatastrophen enden, nur relativ gering ist, muß neuen Untersuchungen fetaler Mißbildungen wegen des Einblicks, den sie in die allgemeinen Wachstumsregeln gewähren, Beachtung geschenkt werden. Überdies ist zu erwarten, daß diese Forschungen viele der neuerkannten Faktoren unter Kontrolle bringen und vage Befürchtungen über „Erbschäden" aufheben werden. Sehr wenig wissen wir bisher über die Möglichkeiten der Beeinflussung der vorgeburtlichen Umwelt zum Zwecke einer besseren somatischen Entwicklung. Vorläufig ist es am besten, zu sagen, daß die normale Umwelt die ideale ist. Untersuchungen an Ratten haben jedoch gezeigt, daß Injektionen von Hypophysen-Wachstumshormonen bei trächtigen Tieren die Gehirnentwicklung der Jungen günstig beeinflussen (ZAMENHOF u. Mitarb. 1966). Des weiteren verdient auch die unausweichliche Wechselseitigkeit der Einflüsse Beachtung: Die Mutter beeinflußt nicht nur die Entwicklung des Kindes, sondern es stellen auch die Zygote, der Embryo und der Fetus einen Teil der Umwelt der Mutter dar und bewirken vom Augenblick der Empfängnis an eine Veränderung ihrer Physiologie.

Ob vorgeburtliche Einflußfaktoren einen Effekt ausüben und worin dieser bestehen wird, richtet sich nach gewissen Bedingungen: dem *zeitlichen Stadium* der Entwicklung, in dem die Noxe auftritt, dem *betroffenen Teil des Organismus*, der *Dosis*, der *Belastung* und den *individuellen Unterschieden* zwischen den Organismen. Auch ist zu beachten, daß schädigende Faktoren den Embryo auf zwei verschiedene Arten beeinflussen können: direkt, wie der Rubeola-Virus (Röteln) oder Röntgen-Strahlen, und indirekt, durch Veränderung des physiologischen Zustandes der Mutter, der sich dann auf das entstehende Baby auswirkt. Wir wollen nun die herausragenden Variablen der vorgeburtlichen Umgebungseinflüsse näher betrachten. Weil im allgemeinen alles so glatt geht, können wir die Wirkung wichtiger Schädigungen erst dann richtig erkennen, wenn die Entwicklung gestört verläuft. Dies soll aber unseren Bericht nicht als ein Panorama von Katastrophen erscheinen lassen.

Der Zeitpunkt der Schädigung

Es ist ein Prinzip der Embryonalentwicklung, daß sich die Organe und Organsysteme in festgesetzter Aufeinanderfolge ausbilden, wobei für jedes ein gewisser Zeitraum vorgesehen ist und sich diese Zeiträume natürlich überschneiden. Das bedeutet, daß jedes Organsystem innerhalb dieses gesamten zeitlichen Wachstumsplanes seine eigene *kritische Periode* hat. Innerhalb dieser kritischen Periode spricht das Organsystem auf wachstumsfördernde Einflüsse besonders stark an und ist andererseits gegen schädigende Einflüsse besonders anfällig. Mit anderen Worten: Der im stärksten Wachstum befindliche Teil des Organismus ist gegen schädigende Einflüsse besonders empfindlich. Entwickelt sich das Organsystem während dieser kritischen Periode nicht normal, so wird ihm zu einem späteren Ausgleich keine weitere Gelegenheit gegeben, und das Wachstum konzentriert sich auf das nächst folgende System.

Die Wichtigkeit des Zeitablaufs wird durch die unterschiedlichen Auswirkungen äußerst hoher Vitamin-A-Dosen veranschaulicht, die weißen Ratten zu verschiedenen Zeiten der Trächtigkeit verabreicht wurden: Zwischen dem 8. und 10. Tag kommt es am häufigsten zu Anenzephalie; zwischen dem 11. und 17. Tag zu Wolfsrachen; zwischen dem 18. und 20. Tag zu grauem Star (Mintz 1958). Andere schädigende Substanzen, z.B. Contergan, scheinen lediglich in einem Entwicklungsstadium wirksam und in anderen unschädlich zu sein. Wieder andere (wie der erwähnte Vitaminüberschuß) sind in allen Stadien wirksam, doch ist die Wirkung je nach Entwicklungsstadium verschieden. So können Röteln der Mutter beim Kind während der Embryonalzeit Gehirnschädigungen, Blindheit, Taubheit oder periphere Mißbildungen hervorrufen, je nach dem Zeitpunkt der Infektion. Schätzungen zufolge hat die in den USA von 1963 bis 1965 herrschende Rötelepidemie in 30000 Fällen zu Schäden und in 20000 Fällen zum Absterben des Fetus geführt. Da die Röteln, abgesehen von ihren Auswirkungen in den frühen Monaten der Schwangerschaft, eine leichte, folgenlose Krankheit sind, empfehlen viele Ärzte, den Mädchen im Kindesalter jede Gelegenheit zur Ansteckung zu geben. Es gibt wohl einen Impfstoff, doch bestehen Zweifel, ob die erreichte Immunität von langer Dauer ist. Aus dem Gesagten ist ferner zu schließen, daß ein und dieselbe Anomalie durch verschiedene Schädigungsfaktoren hervorgebracht werden kann.

Es muß betont werden, daß diese Einflüsse, die den grundlegenden Aufbau des Organismus – seine *Morphologie* – verändern, nur während der Zeit der Keimung und im Embryonalstadium auftreten, wenn die kindliche Anatomie anfängt, Gestalt anzunehmen. Auch beim Fetus können verschiedene Faktoren irreversible Schäden verursachen, die grundlegende Struktur jedoch nicht mehr verändern. Der Fetus reagiert auf Krankheiten der Mutter, auf Gifte, auf Ermüdungszustände der Mutter, die im Blutkreislauf ihren chemischen Niederschlag finden, auf Nikotin und Alkohol. Drogenkranke Mütter werden wahrscheinlich drogenkranke Kinder zur Welt bringen. (Einen Literaturüberblick zu diesem Thema geben Bowes u. Mitarb. 1970.)
Ein Thema, dem seit einiger Zeit viel Aufmerksamkeit gewidmet wird (z.B. Cravioto 1968, Scrimshaw 1969), ist der Zusammenhang zwischen der mütterlichen Ernährung und der physischen Entwicklung des Kindes. Aufgrund neuerer Forschungsergebnisse wurden zwei liebgewonnene Hypothesen verworfen, von denen eine vor etwa 15 Jahren an die Stelle eines noch älteren Ammenmärchens getreten war, wonach jedes Kind die Mutter einen Zahn kostet. Nach der ersten überlieferten Hypothese werden zunächst die Ansprüche des ungeborenen Kindes aus den mütterlichen Nährstoffvorräten erfüllt und erst dann die mütterlichen Bedürfnisse befriedigt. Es hat sich jedoch gezeigt, daß der mütterliche Körper sich selbst zuerst ernährt und das Kind die Überbleibsel bekommt. Deshalb haben die Ärzte aufgehört, den schwangeren Frauen jede vermeidbare Gewichtszunahme zu untersagen. Die zweite veraltete Hypothese ist die „Lehre von der Schonung des Gehirns", wonach das Gehirn denjenigen Teil des Körpers darstellt, der durch Ernährungsmängel am wenigsten beeinflußt wird. Tatsächlich gibt es kritische Perioden in der Gehirnentwicklung, und falsche Ernährung, insbesondere Eiweißmangel während dieser Zeit, kann die Bildung von Gehirngewebe stören. Die Gehirnentwicklung hält während der ersten 3 Jahre nach der Geburt mit großer Geschwindigkeit an, aber aus den Fähigkeiten des Neugeborenen ist abzuleiten, daß auch schon vor der Geburt eine wesentliche Entwicklung stattgefunden hat. Nach Dayton (1969) erfolgt die Ausbildung des Körper- und auch des Gehirngewebes in drei Stadien. Das erste, hier interessierende, ist die Hyperplasie, die Zellwucherung, die im menschlichen Gehirn in der Fetalzeit und im frühen nachgeburtlichen Stadium stattfindet. Eine Fehlernährung in diesen Stadien bewirkt eine irreversible Verminderung der Gehirnzellen, was natürlich bedeutet, daß Kinder falsch ernährter Mütter und solche, die im frühen Lebensstadium selbst falsch ernährt werden, von dieser Zeit an unter dauernden psychischen Schäden leiden können. Die Fehlernährung scheint bei solchen Kindern eine Rolle zu spielen, die zwar nicht zu früh geboren werden, aber bei der Geburt ungewöhnlich klein sind.

Wirkungsort und Stärke schädigender Faktoren und körperliche Unterschiede

Manche Teile des Organismus sind strukturell für seine Gesamtfunktion bedeutsamer als andere. Wenn diese zentralen Systeme deformiert werden, folgen andere, sekundäre und oft sehr ausgedehnte Fehlbildungen nach. Ist aber eines der peripheren Systeme betroffen, kann der Schaden sehr umschrieben sein. Natürlich kann uns äußerlich das auffallendste Merkmal einer Anomalie verwirren, so daß wir übersehen, daß es sich lediglich um den Teil eines Syndroms handelt. Die verkümmerten Gliedmaßen z. B. nach denen die Phokomelie benannt ist, stellen lediglich eine einzelne Wirkung von Contergan dar. Weitere Merkmale des „Contergan-Syndroms" sind ein zeitlich begrenztes Muttermal, das Stirn, Nase und Oberlippe bedeckt, oder in manchen Fällen eine Sattel- oder Flachnase, eine fehlende Ohrmuschel und ein nach unten verschobener Gehörgang (bei normaler Hörfähigkeit) sowie Mißbildungen des Verdauungsapparates, des Herzens und des Kreislaufsystems (Taussig, 1962).

Manche Schädigungsfaktoren werden erst dann wirksam, wenn eine gewisse Mindestdosis überschritten wird. Manchmal existieren zwei Schwellenwerte, z. B. kann zu wenig oder zu viel Vitamin A bedrohlich werden. Gegenwärtig findet eine Auseinandersetzung darüber statt, ob es bei der Ionisationsstrahlung einen Schwelleneffekt gibt. Sternglass (1963) und andere behaupten, daß es keine solche Schwelle gibt und daß starke Bestrahlung sowohl für ungeborene Kinder als auch für Erwachsene gefährlich sein kann. Eine Dosiserhöhung hat demnach lediglich eine höhere Wahrscheinlichkeit der Schädigung eines Gens, eines Chromosoms oder eines anderen empfindlichen Gebildes zur Folge. Ein und derselbe Schädigungsfaktor kann je nach Art der betroffenen Gattung verschiedene Wirkungen haben oder auch wirkungslos bleiben. Auch eng verwandte Familien können auf die gleiche Substanz verschieden reagieren, und die einzelnen Mitglieder ein und derselben Familie – auch Tiere aus einem Wurf – können unterschiedliche Reaktionen zeigen.

Obwohl wir über umweltbedingte Anomalien der physischen Entwicklung gesprochen haben, gelten gleiche Prinzipien des Umwelteinflusses auch für die normale Entwicklung. Die Erbanlage des Organismus ist nicht eine einzelne starre Einheit, die sich einfach nach einem Zeitplan entfaltet. Sie schließt viele Erscheinungsformen ein, die je nach ihren Zusammenhängen unterschiedlich sind. So sind z. B. die Arbeitsbienen und die Bienenkönigin beide genetisch weiblich, doch sind es nur die Königinnen, die in der Jugend ausschließlich mit *Gelée Royale* gefüttert worden sind und zu fruchtbaren Weibchen heranwachsen. Die Arbeitsbienen, die mit Blütenstaub und Nektaren großgezogen wurden, werden zu geschlechtslosen Erwachsenen.

Alte und neue Theorien über vorgeburtliche Einflüsse

Die vorgeburtlichen Umwelteinflüsse, die uns hier interessieren, sind natürlich nicht die aus den alten Ammenmärchen: Eine schwangere Frau, die sieht, wie der Blitz in einen Baum einschlägt, wird ein Kind mit einer weißen Haarsträhne zur Welt bringen. Eine Frau, die während der ganzen Schwangerschaft gute Musik hört, bringt ein musikalisch talentiertes Kind zur Welt. Freudige Gedanken während der Schwangerschaft geben dem Kind eine fröhliche Natur. Im Gegensatz zu diesen Zauberwirkungen stellen die von uns erwähnten Einflüsse eine unmittelbare physikalische Einwirkung auf das Gewebe des Embryos dar, z. B. durch Röntgenstrahlen, durch die Übertragung biologischer Stoffe vom mütterlichen in das kindliche Blut oder durch Fehlen der für das normale Wachstum erforderlichen Substanzen. Ebenso ist aber durch Tierversuche (MONTAGU 1962) klar bewiesen und aus Untersuchungen am Menschen abzuleiten (a. a. O.), daß der Gemütszustand der Mutter die Entwicklung ihres ungeborenen Kindes beeinflussen kann. Gefühlserregungen rufen physiologische Veränderungen hervor, und die durch die Erregung erzeugten endokrinen und neurohumoralen Produkte können aus dem mütterlichen Blut in das kindliche gelangen. Die genauen Zusammenhänge sind noch nicht klar, aber bei Ratten und Mäusen wurde nachgewiesen, daß schwere oder ausgedehnte Belastungen der Muttertiere, meistens durch Elektroschocks, Eintauchen in Eiswasser oder Einengung des Lebensraumes hervorgerufen, die Körpergröße, die Größe und Funktion der Nebenniere, die Angstbereitschaft, die Lernfähigkeit und die Lebenserwartung der Jungen beeinflussen können.

Unverträglichkeit der Rhesus-Faktoren

Ein wichtiger vorgeburtlicher Einfluß, der die Wechselwirkung zwischen den genetischen und den Umweltfaktoren veranschaulicht, ist die Blutgruppenverträglichkeit zwischen dem Blut einer Rh-negativen Mutter (das Blut enthält keinen Rhesusfaktor) und dem eines Rh-positiven Kindes. Der Rhesus-Faktor (Rh) ist ein genetisch festgelegter Blutbestandteil, der bei allen Rhesusaffen (daher „Rh") und bei 85% der Angehörigen weißer Bevölkerungsgruppen auftritt (im Vergleich zu fast 100% bei allen anderen Rassen). Gelangt der Rh-Faktor in Rh-negatives Blut, wie dies manchmal bei Bluttransfusionen vorkam, bevor die Existenz eines Rh-Faktors bekannt war, so werden Antikörper zur Bekämpfung des Rh-Faktors erzeugt. Wenn eine Rh-negative Frau mit einem Rh-positiven Mann Geschlechtsverkehr hat (dies ist die einzige möglicherweise gefährliche Kombination), so kann sie ein Rh-positives Kind empfangen. Hat der Vater 2 Rh-positive Gene, ist das Kind auf jeden Fall Rh-positiv. Hat er ein Rh-positives und ein Rh-negatives Gen, ist die Auftretenswahrscheinlichkeit beider Gruppen gleich groß. Ist das ungeborene Kind Rh-positiv und besteht auch nur eine geringfügige Verletzung der plazentaren Kapillarstruktur, durch die sein Blut sich mit dem seiner Mutter mischen kann, so kann dies, wie bei Transfusionen, bei der Mutter zur Entstehung von Rh-Antikörpern führen. Die Bildung dieser Antikörper geht aber meist so langsam vor sich, daß der erste Rh-positive Fetus nicht nachteilig beeinflußt wird. Empfängt die Mutter jedoch noch weitere Rh-positive Kinder und enthält sie zusätzliches Rh-positives Blut, wird die Erzeugung von Antikörpern durch ihr jetzt sensibilisiertes Blut beschleunigt. Die Antikörper können in das Blut des Fetus gelangen und dort die Rh-positiven roten Blutkörperchen zerstören. Die Schädigung des Rh-positiven kindlichen Blutes durch Rh-Antikörper führt manchmal zur Fehlgeburt oder aber während oder kurz nach der Geburt zum Tod oder zu Hirnschäden. Glücklicherweise stehen Methoden für einen Austausch des gesamten Blutes des Neugeborenen zur Verfügung, durch die eine Schädigung durch Rh-Unverträglichkeit verhütet werden kann. Darüber hinaus wurden sogar Methoden der vorgeburtlichen Transfusion entwickelt. Aus unbekannten Gründen sind die tatsächlich auftretenden Rh-Reaktionen etwas seltener als nach rein statistischen Überlegungen zu erwarten wäre. Außerdem hofft man, die Erzeugung von Rh-Antikörpern durch Behandlung der Mutter mit Gammaglobulin blockieren zu können (FREDA u. a. 1966).

Die Produktion von Antikörpern durch eine Rh-negative Mutter ist nur ein spezifischer Fall einer sog. *Immunreaktion,* durch die der Körper Fremdgewebe abwehrt. Als interessante, aber furchterregende Vermutung wurde kürzlich angenommen, wenngleich nicht bewiesen, daß das kindliche Plazentagewebe gelegentlich als Antigen wirken und eine Immunreaktion bei der Mutter auslösen könnte (BILLINGTON 1970, CURRIE 1970, CURZEN 1970, KIRBY 1970).

Ungeachtet der Vielfalt der möglichen unerwünschten Umgebungseinflüsse wächst der Embryo meist unter normalen Verhältnissen heran, und es werden körperlich gesunde Kinder geboren. Für unsere Zwecke sollte die Wirkung der vorgeburtlichen Einflüsse das lebenslange Zusammenspiel genetischer und umweltbedingter Kräfte veranschaulichen. Die wichtigste Aussage, die HEBB (1953) erstmals in dieser Form aussprach, ist die, daß alle Aspekte der Entwicklung zu 100% durch die Vererbung und zu 100% durch die Umwelt bestimmt werden, da weder die eine noch die andere allein wirksam werden können – eine Überlegung, die häufig übersehen wird. So gesehen ist jeder Versuch, die

„relativen Beiträge" zu quantifizieren, bedeutungslos. Nach ANASTASI (1958) ist die interessantere Frage vielmehr diejenige nach der Art und Weise des Zusammenspiels. Wir werden später noch auf diese Frage zurückkommen (vgl. S. 277).

Das biologische Erbgut

Ein vollständiger Bericht über die moderne Genetik, der zeigt, wie biologische Merkmale von einer Generation an die andere weitergegeben werden, würde den Rahmen der vorliegenden Arbeit ganz wesentlich überschreiten, und wiederum müssen wir den Lesern nahelegen, ein geeignetes Buch über dieses Thema zu Rate zu ziehen (Anm. 4). Wir werden hier über Gene und Chromosomen sprechen, die Behandlung der zugrunde liegenden DNS- und RNS-Strukturen jedoch dem Spezialisten überlassen. Zunächst stellen wir kurz einige genetische Fachbegriffe vor und besprechen dann einige der jüngsten Erkenntnisse auf diesem Gebiet sowie einige Gesetzmäßigkeiten, die das Nachdenken über die Erscheinungsformen der Erbeigenschaften erleichtern.

Eugenik

Die Genetik hat mehrere nützliche Anwendungsgebiete. Das wichtigste ist wohl die *Eugenik,* die Verbesserung einer Art – Mensch, Tier oder Pflanze – durch selektive Zuchtwahl, d.h. durch Auswahl geeigneter Elternteile zur Hervorbringung gewisser erwünschter Eigenschaften der Nachkommen und durch Verhinderung von Verbindungen, durch die möglicherweise ungünstige Eigenschaften herbeigeführt werden könnten. Eugenische Maßnahmen werden in der Tierhaltung und Landwirtschaft laufend durchgeführt, wenn auch viele der von den Bauern angewandten Methoden der selektiven Zuchtwahl um Jahrhunderte älter sind als der von G. MENDEL begründete Wissenschaftszweig der Genetik. Aber auch die selektive Zuchtwahl nach modernen Erkenntnissen kann zu sehr negativen Ergebnissen führen. Der Getreidebrand, der vor kurzem die amerikanische Ernte bedrohte, konnte sich deshalb so rasch ausbreiten, weil die Resistenz gegen ihn bei den verbreitetsten Getreidearten durch die Zucht verlorengegangen war.

Beim Menschen stellten Kindesmorde zur Beseitigung unerwünschter oder mißliebiger Rassenmitglieder zu verschiedenen Zeiten und verschiedenen Orten eine rohe eugenische Maßnahme dar. Weitere Beispiele hierfür sind die irrsinnigen Maßnahmen zur Rassenreinhaltung unter Hitler, für die es einige unerfreuliche zeitgenössische Parallelen gibt, und die verstreuten, selten angewandten Gesetze, die die Sterilisation von Verbrechern, geistig Behinderten, Geisteskranken, Epileptikern und anderen Menschen verlangen, die von einer bestimmten Gesellschaft als unwert abgestempelt werden. Die meisten Genetiker würden statt restriktiver eugenischer Maßnahmen eher Kreuzungen über möglichst viele geographische und soziale Schranken hinweg empfehlen, um die menschliche Heterogenität zu verstärken. Die Kombinationsergebnisse wären in manchen Fällen schlecht und in anderen gut, immerhin aber wäre die Wahrscheinlichkeit guter Kombinationen größer als jetzt, und die Fortpflanzung von Fehlschlägen würde durch die selektiven Faktoren eingeschränkt werden. Dies entspricht nicht ganz dem Begriff der *Heterosis* oder der Dominanz von Hybriden, nach dem die aus Mischkreuzungen hervorgehenden Nachkommen jenen aus Inzuchtlinien im Durchschnitt überlegen sind. Nach unserer Meinung sind die Beweise hierfür jedoch nicht ganz überzeugend.

Eine genetische Beratung zukünftiger Eltern ist immer ein begrenztes Unternehmen. Der Berater müßte nach bestem Vermögen versuchen, die Ahnentafel seiner Klienten zu rekonstruieren und auf dieser Basis die Wahrscheinlichkeit des Auftretens von Eigenschaftskombinationen in einem gewissen Anteil der Nachkommenschaft voraussagen. Seit 1964 besteht die Möglichkeit, die Chromosomen lebender Menschen zu untersuchen und gewisse Anomalien nachzuweisen, die gegen eine Fortpflanzung bestimmter Ehepaare sprechen. Die Amniozentese gestattet, wie bereits erwähnt, die vorgeburtliche Diagnose einiger genetischer Schäden, so daß eine genetische Beratung auch auf die Zeit nach der Empfängnis ausgedehnt werden kann.

Die Eugenik wird oft als Gegensatz zur Verbesserung der Art durch Umweltveränderung angesehen. Anhänger der Eugenik und der Umweltvariation lagen oft im Streit miteinander, obwohl beide Maßnahmen offensichtlich Hand in Hand gehen können. Beide Vorgehensweisen rufen ungeheuren emotionalen Widerstand hervor: die eugenischen, weil die Menschen sich gegen die leiseste Andeutung einer programmierten Paarung auflehnen, und die anderen, weil die Nutznießer des Status quo keine Änderung wünschen.

Endlich zeichnet sich als ferne Zukunftsmöglichkeit ab, das genetische Material selbst zu verändern. Es ist jetzt möglich, einzelne Gene zu isolieren, man kann das menschliche Ei im Reagenzglas befruchten und bis zur Blastozyste gedeihen lassen, und tierische Eier wurden im Laboratorium bis zum Embryonalstadium gezüchtet. Die Methoden sind weit vorangeschritten, aber die Auseinandersetzungen um die gesellschaftlichen Konsequenzen stehen noch am Anfang.

Die Quellen genetischer Erkenntnisse

Ungeachtet der neuen Methoden zum Studium der menschlichen Chromosomen stammen unsere meisten Kenntnisse der genetischen Mechanismen, ebenso wie unsere Kenntnis der vorgeburtlichen Entwicklung, aus Tieruntersuchungen. Menschen können nicht wie Obstfliegen oder Mäuse unter kontrollierten Laboratoriumsbedingungen aufgezogen werden. Dies bedeutet, daß wir weder Kreuzungen regulieren können, worüber wir glücklich sein sollten, noch die Umwelt konstant halten, was zur Sicherung des genetischen Ursprungs beobachteter Abweichungen erforderlich wäre. Eine bevorzugte Methode der menschlichen Genetik, der Vergleich gemeinsam großgezogener eineiiger Zwillinge mit getrennt aufgewachsenen Zwillingen (auch zweieiigen Zwillingen, Geschwistern und nicht miteinander verwandten Personen) unterliegt mehreren Schwierigkeiten. Erstens kommt es nicht oft vor, daß eineiige Zwillinge getrennt aufwachsen. Zweitens sind unsere methodischen Ansätze, signifikante Umweltaspekte einander gegenüberzustellen, höchst unvollkommen. Drittens können wir meist nicht im voraus wissen, daß ein Zwillingspaar getrennt wird, so daß derartige Fälle erst nach der Trennung entdeckt werden und wir ihre Vorgeschichte oft aufgrund fraglicher Angaben rekonstruieren müssen. Weiterhin besteht in der menschlichen Genetik die Schwierigkeit, daß die Menschen zu lange leben und sich zu spät fortpflanzen, um selbst für Forschungen außerhalb des Laboratoriums gute Beobachtungsobjekte abgeben zu können. Der Humangenetiker ist oft weniger ein experimentierender Wissenschaftler als ein Archivar, der bestimmten Merkmalen auf dem Wege über die Vorgeschichte, Familiendokumente und Krankenhauskarteikarten nachspüren muß.

Vererbungsmechanismen

Als Träger der Erbeigenschaften stellen wir uns die *Gene* vor, Riesenmoleküle innerhalb der *Chromosomen:* das sind im Zellkern gelegene und zu Zeiten der Zellteilung unter dem Mikroskop sichtbare Stäbchen. Alle durch geschlechtliche Fortpflanzung entstandenen Organismen besitzen zwei paarweise angeordnete Chromosomensätze, wobei von jedem Elternteil ein Satz – die Hälfte jedes Paares – ererbt wird. Der Mensch hat normalerweise 23 Chromosomenpaare oder 46 einzelne Chromosomen. Bei der Zellteilung spalten sich die Chromosomen gewöhnlich einmal der Länge nach, also in insgesamt 92 Teile, die sodann zwischen den beiden neuen Zellen je zur Hälfte aufgeteilt werden. Die Keimzellen, also die Spermatozoen und das Ovum, besitzen jedoch eine besondere Eigenschaft. In einem bestimmten Entwicklungsstadium (der *Meiose* oder *Reduktionsteilung*) tritt an die Stelle der Spaltung einzelner Chromosomen eine einfache Aufteilung der Chromosomenpaare, wobei ein Satz zu der einen neuen Zelle geht und der zweite zur anderen. Das bedeutet, daß die reife menschliche Keimzelle nur 23 Chromosomen statt 46 enthält. Wenn eine Samenzelle und ein Ovum sich vereinigen, bringen beide ihre je 23 Chromosomen mit, so daß die Zygote die übliche Zahl von 46 besitzt. Da manche Menschen immer noch der Meinung sind, entweder der Vater oder die Mutter seien allein für die Erbmasse des Kindes verantwortlich, ist es wichtig, darauf hinzuweisen, daß das Kind von jedem Elternteil die Hälfte seiner Chromosomen bekommt. Welchem Elternteil das Kind „nachschlägt", entweder was das Aussehen oder das Verhalten betrifft, ist eine komplizierte Frage, die sich nicht durch Hinweise wie: „Das kommt aus deiner Familie!" klären läßt. Auch wenn das Kind in einigen Merkmalen einem Elternteil ähnelt, kann es in anderer Beziehung dem anderen Elternteil nachgeraten. Bei der Meiose trennen sich die Chromosomen nicht schön säuberlich je nach (Groß-)mütterlichem und (Groß-)väterlichem Ursprung. Mit anderen Worten: der Satz von 23 Chromosomen, den jeder Elternteil an das Kind weitergibt, ist eine Mischung von Chromosomen des Vaters und der Mutter des betreffenden Elternteiles. Überdies bleiben zwar die zahlreichen Gene, aus denen sich im allgemeinen jedes einzelne Chromosom aufbaut, als eine Einheit zusammen, doch hat sich gezeigt, daß entsprechende Gene innerhalb eines Chromosomenpaares manchmal den Platz tauschen, so daß die Chromosomen selbst ihren Charakter verändern können. Daher kann ein Elternteil nicht nur zwei, sondern eine große Anzahl verschiedener Arten von Keimzellen haben, wobei jede Samenzelle und jedes Ovum eine verschiedenartige Auswahl und Mischung der vorhandenen Kombinationsmöglichkeiten darstellt. Diese Tatsachen erklären zum Teil, warum Mitglieder derselben Familie einander einerseits ähnlich sind, nämlich weil jedes der Kinder 46 Chromosomen aus einer Gesamtzahl von nur 92 besitzt, und warum sie sich gleichzeitig stark voneinander unterscheiden können, nämlich weil ihre Chromosomenausstattung eine Auswahl aus einer ungeheuren Zahl möglicher Genkombinationen darstellt.

Wir verstehen immer noch nicht ganz die feinen Unterschiede in der Zusammensetzung der Gene, durch die die Ausbildung verschiedenen Gewebes oder verschiedener Gewebeformen gesteuert wird. Es gibt gerade, hakenförmige und Stupsnasen; blondes, braunes, rotes und schwarzes, glattes, welliges und krauses Haar und so weiter durch alle Spielarten der menschlichen Konstitution. Nichtsdestoweniger zeigen viele Körpermerkmale ein unveränderliches Erbmuster. Mit einer Ausnahme, auf die wir gleich eingehen werden, gibt es für jedes Merkmal zwei Gene. Gewisse Merkmale stellen sich aufgrund des Vorhandenseins eines einzelnen Gens ein, ohne Mitwirkung eines zweiten, zugehörigen Gens. Solche Merkmale werden als *dominant* bezeichnet. Unter den dominanten menschlichen Merkmalen sind braune oder gelbbraune Augen, die Blutgruppen A, B und AB, hoher Blutdruck, positiver Rhesusfaktor und Allergien. Andere Merkmale treten nur dann auf, wenn zwei gleiche Gene vorhanden sind, und diese werden *rezessive* Erbeigenschaften genannt: blaue Augen, angewachsene Ohrläppchen, Normalsichtigkeit usw. Bildet ein dominantes Gen mit einem rezessiven ein Paar, so kommt nur das dominante Merkmal zur Erscheinung. Hier unterscheiden wir zwischen *Phänotypen*, den augenscheinlichen oder sichtbaren Eigenschaften, und *Genotypen* der zugrunde liegenden genetischen Konstellation, die nicht notwendigerweise dem Phänotypus entspricht. So sieht eine phänotypisch braunäugige Person, die genotypisch ein Paar aus Braunaugen- und Blauaugengenen besitzt, genauso aus wie eine, die zwei Gene für die braune Augenfarbe besitzt. Hieraus folgt, daß ein phänotypisch braunäugiges Elternpaar mit je einem rezessiven Blauaugengen blauäugige Kinder haben kann. Die gleiche Genotyp-Phänotyp-Terminologie kann auf umweltbedingte Modifikationen angewandt werden. Wie bereits gesagt, sind die Bienenkönigin und die Arbeiterbiene genotypisch gleich, aber phänotypisch sehr verschieden. Eine Anzahl von Merkmalen ist zum Teil dominant, so daß ein einzelnes Gen einen Zwischeneffekt hervorbringt, z. B. mittlere Hautpigmentierung oder welliges Haar. Manche Gene können in einem biologischen Kontext dominant sein, im anderen hingegen nicht. Die Kahlköpfigkeit ist z. B. beim Mann dominant, bei der Frau jedoch rezessiv (wenn es auch mehr kahlköpfige Frauen, d. h. Frauen mit zwei Genen für Kahlköpfigkeit, gibt, als der Leser vielleicht annehmen mag).

Das Beispiel der Kahlköpfigkeit sollte uns daran erinnern, daß nicht unsere gesamte genetische Ausstattung schon bei der Geburt voll zur Geltung kommt, z. B. bei solchen genetisch bestimmten Eigenschaften, wie Wachstumsgeschwindigkeit, Statur des Erwachsenen, Alter des Einsetzens der Pubertät und Form des Bartwuchses. Die *Huntingtonsche Chorea,* eine erbliche, schwere degenerative Erkrankung des Nervensystems, manifestiert sich gewöhnlich erst im Erwachsenenalter, und der Kranke kann zur Zeit ihrer Erkennung schon eigene Kinder haben. Andere Merkmale zeigen sich nur unter besonderen Umständen. Die Neigung zur Bildung von Sichelzellen, einer anomalen Form von Hämoglobin, die zu gefährlichen Blutgerinnseln führen kann und bei westafrikanischen und nordamerikanischen Negern vorkommt (selten bei manchen Angehörigen der Mittelmeerländer), ist normalerweise eine rezessive Erbeigenschaft. Menschen, die zwei Sichelzellengene haben, leiden unter schwerer und manchmal tödlicher Anämie. Auch der Träger eines einzelnen Gens kann eine Anämie entwickeln, wenn die Sauerstoffzufuhr herabgesetzt wird, wie dies bei großer Anstrengung, in Höhenlagen, bei Infektionen der Atemwege oder bei Genuß von Alkohol der Fall ist. Kürzlich starben mehrere farbige amerikanische Soldaten nach angestrengtem Exerzieren in einem Trainingslager im Gebirge, wahrscheinlich aufgrund ihrer Sichelzellengene. Die Sichelzelle hat, so glaubt man, in Afrika überlebt, weil sie eine Resistenz gegen Malaria bewirkt. Ihr Vorkommen in den Vereinigten

Staaten, wo ihre Anti-Malaria-Wirkung nur gering ist, scheint auf ein Minimum abzusinken (PORTER 1968, S. 324).

Die genetische Festlegung des Geschlechts

Mit einer wichtigen Ausnahme sind die beiden Teile eines normalen Chromosomenpaares einander sehr ähnlich. Beim Mann ist ein Chromosom, das mit X bezeichnet wird, mit einem kleineren, mit Y bezeichneten, gepaart. Das Y-Chromosom legt beim Menschen (und bei Säugetieren) die Männlichkeit fest. Bei manchen Nicht-Säugetieren ist dies umgekehrt. Bei ihnen kann die Fortpflanzung ganz oder teilweise durch *Parthenogenese* oder Jungfrauenzeugung erfolgen. Manche parthenogenetischen Fische sind ausschließlich weiblich. Bei den Bienen sind die Königinnen und die Arbeiter genetisch weiblich, haben jedoch Väter, während die männliche Drohne parthenogenetisch hervorgebracht wird. Bei menschlichen Keimzellen werden zwei Arten unterschieden. Die eine hat ein X-Chromosom und die andere ein Y-Chromosom. Alle weiblichen Eier sind X. Wenn sich eine Samenzelle mit einem X-Chromosom und den zugehörigen Genen mit einem Ovum vereinigt, ergibt sich daraus eine XX-Kombination, und ein weibliches Kind wurde gezeugt. Wenn eine Y-Samenzelle ein Ovum befruchtet, woraus sich XY ergibt, so wird eine männliche Zygote gebildet. Das Y-Chromosom macht aus den Primordialgonaden die männlichen Hoden statt der weiblichen Ovarien, und die Testikelhormone bestimmen die weitere Ausbildung der primären und sekundären männlichen Geschlechtsmerkmale.

Die normalen Kombinationen sind zwar XX und XY, doch können durch Fehler bei der Chromosomenreplikation auch andere Kombinationen auftreten: XXY, XXX, XXXX, XXXXY oder ein einzelnes nichtgepaartes X-Chromosom (XO). Im letzteren Fall entsteht ein unterentwickeltes weibliches Kind. Jede Kombination, die ein Y enthält, bringt irgendeine männliche Version hervor. Ein Typus, der viel von sich reden gemacht hat, ist XYY, eine Kombination mit ungewöhnlicher Körpergröße, Akne und manchmal mit Genitalanomalien. Der Genotyp XYY wurde mit kriminellem Verhalten in Zusammenhang gebracht (TELFER u. Mitarb. 1967). Bevor wir jedoch voreilige Schlüsse über die Erblichkeit der Kriminalität ziehen, sollten wir drei Dinge überlegen. Erstens wissen wir trotz einiger finsterer Beispiele nicht, wie groß der Anteil der XYY-Männer ist, die sich asozial verhalten. Wohl aber wissen wir, daß manche XYY-Männer ein ganz gewöhnliches Leben führen. Zweitens sind manche Leute mit absolut normalen geschlechtlichen Genotypen chronische Verbrecher, woraus hervorgeht, daß noch andere Faktoren am Werk sein müssen. Drittens müssen wir, auch wenn mehr XYY-Typen als andere kriminell werden, eine mögliche soziale und psychische Komponente in Betracht ziehen, weil ihre irgendwie anomale körperliche Erscheinung zur Entfremdung von ihren Mitmenschen und zu Feindseligkeit Anlaß geben könnte. In Verbindung mit diesen Abweichungen von der normalen Geschlechtsentscheidung sollten wir die Existenz von „Mosaik"-Typen in Betracht ziehen, deren Zellen aus zwei verschiedenen Arten bestehen, z.B. XX/XO oder XX/XY. Niemand versteht dieses Phänomen, doch wurde angenommen, daß vielleicht zwei weibliche Eier befruchtet wurden, die sich dann zu einer doppelten Zygote verbunden haben. Schließlich ist zumindest bei manchen Frauen eines der beiden X-Chromosomen z. T. inaktiv, so daß die Entwicklung größtenteils von einem einzelnen X gesteuert wird (LYON 1966).

Das Y-Chromosom hat weniger Gene als das X-Chromosom, so daß Gene im X-Chromosom keine zugehörigen Gene im Y-Chromosom haben. Gewisse dieser Gene sind für die Ausbildung von *geschlechtsgebundenen rezessiven Merkmalen* verantwortlich. Sie werden durch Gene des X-Chromosoms hervorgebracht, die dann rezessiv sind, wenn sie bei der XX-Frau mit einem gegensätzlich normalen Gen gepaart werden, sich beim Mann jedoch voll ausprägen, wenn dessen Y-Chromosom nicht das zugehörige Gen mit dem gegensätzlichen Effekt besitzt. Die bekanntesten geschlechtsgebundenen Rezessive sind wohl die Rot-Grün-Farbenblindheit (andere Formen sind nur teilweise geschlechtsgebunden) und die Hämophilie oder Bluter-Erkrankung, bei der das Blut nicht gerinnt, so daß eine kleine Wunde eine tödliche Blutung zur Folge haben kann. Die Fabrysche Krankheit, die wir im Zusammenhang mit den „angeborenen Stoffwechselfehlern" erwähnt haben, ist eine geschlechtsgebundene rezessive Erbeigenschaft. Obwohl geschlechtsgebundene rezessive Merkmale nicht auf Männer beschränkt sind, treten sie bei Frauen nur selten auf und zwar nur dann, wenn beide X-Chromosomen das für die Erbeigenschaft verantwortliche Gen tragen. Die Rot-Grün-Farbenblindheit beispielsweise findet sich bei etwa 8% der Männer und nur bei 0,4% der Frauen. Männer erben ihre geschlechtsgebundenen rezessiven Eigenschaften immer von der Mutter, von der sie das X-Chromosom bekommen.

Wir haben bereits erwähnt, daß sich die eine Hälfte der Samenzellen aus X- und die andere aus Y-Zellen zusammensetzt, aber diese Feststellung muß noch etwas näher erläutert werden. Bei vielen Arten, der Mensch mit eingeschlossen, werden mehr männliche Kinder als weibliche gezeugt. Das *Geschlechterverhältnis,* d. h. die Anzahl der Männer pro 100 Frauen, schwankt bei menschlichen Populationen bei der Geburt zwischen 103 und 107. Im späteren Alter verschiebt sich das Geschlechterverhältnis (in die entgegengesetzte Richtung) aufgrund der höheren Sterblichkeit der Männer in den meisten Populationen. Entweder werden mehr Y-Zellen als X-Zellen produziert oder die Y-Zellen werden bei der Befruchtung auf irgendeine Weise bevorzugt.

Wie wir bereits gesehen haben, teilt sich bei der Zellteilung auch der Zellkern, so daß jede Tochterzelle die volle Anzahl von Chromosomen und Genen besitzt. Normalerweise reproduziert sich ein Gen in vollkommen gleichartige Teile, so daß die Gene eines bestimmten Menschen die genauen Ebenbilder der elterlichen Gene sind, aus denen seinerzeit die Zygote entstand. Gelegentlich findet jedoch eine *Mutation* statt, eine Veränderung der Struktur des Gens, durch die auch die physische Konstitution mehr oder weniger stark verändert wird.

Das Auftreten von Mutationen soll das Rohmaterial produzieren, an dem die natürliche Auswahl beim Evolutionsprozeß stattfindet. Mutationen treten immer wieder auf, fast als handle es sich um einen geplanten Versuch, wobei die schlecht adaptierten Mutanden sich nicht reproduzieren und die für eine bestimmte Umwelt besser geeigneten sich vermehren. Wir müssen betonen, daß die biologische Tüchtigkeit streng im Sinne der Fähigkeit der Arterhaltung und nicht im Sinne eines persönlichen Überlebens verstanden wird. Diese Betonung ist notwendig, weil viele Leute versuchen, die Begriffe DARWINS auf gesellschaftliche Dinge zu beziehen und die Lebenstüchtigkeit als biologisches Merkmal zu definieren, wie z. B. überlegene Durchsetzungsfähigkeit. Während die Lebenstüchtigkeit offenbar die Fähigkeit einschließt, sich Angreifern zu erwehren und Beute zu machen, ist sie auch von sexueller Anziehung und Fruchtbarkeit abhängig, von der Verfügbarkeit über Nahrungsmittel und den richtigen Enzymen für ihre Verdauung, von elterlicher Fürsorgebereitschaft, die ein Überleben der Jungen gewährleistet, sowie von physiologischen Mechanismen, die an die physischen Eigenschaften der Lebensumgebung gut angepaßt sind. Lebenstüchtigkeit ist immer auf die spezifische Umwelt bezogen. So können stabile nichtmutierende Mechanismen, die einer Art gut dienen, sich sehr schnell als ungeeignet erweisen, wenn der ökologische Lebenszusammenhang sich zu stark verändert. Natürliche und künstliche Veränderungen, hervorgerufen durch Überschwemmung, Trockenheit, Feuer, Häuser- und Straßenbau und Verunreinigungen aller Art können ganze ökologische Systeme durcheinanderbringen oder zerstören. Man setzt sich erst jetzt mit der unausweichbaren Tatsache auseinander, daß das Gleichgewicht der Natur ein kompliziertes und eng verkoppeltes System darstellt, und daß jeder leichtsinnige Eingriff in dieses Gleichgewicht unvorhergesehene und möglicherweise katastrophale Folgen haben kann.

Aus den im Laufe von Generationen angesammelten lebensfähigen Mutationen entstehen neue Arten. Früher dachte man, Mutationen treten spontan auf oder vielleicht sogar als Folge eines *élan vital,* einer auf die Arterhaltung gerichteten mystischen evolutionären Triebkraft. Heutzutage ist man der Ansicht, daß die meisten Mutationen das Produkt einer natürlichen Strahlung aus irdischen und kosmischen Quellen sind. Die gegenwärtige Empörung über das Freisetzen von Kernenergie gründet sich zumindest teilweise auf die Furcht, daß wir vielleicht ein riesiges, aber planloses evolutionäres Experiment anstellen. Natürlich gibt es noch andere Quellen der Mutation. Manche Chemikalien rufen Mutationen hervor, wie wir aus der Kontroverse über Nahrungsmittelzusätze, Schädlings- und Unkrautvertilgungsmittel gelernt haben. Manchmal kann ein Virus die Stelle eines Gens einnehmen und als solches wirken, und dies könnte vielleicht ein Entstehungsmechanismus von Krebs sein.

Neue Denkweisen in der Genetik

Obgleich das oben skizzierte einfache Gen-Chromosomen-Modell bisher zur Veranschaulichung ausreichte, sind doch für die Erläuterung der gesamten Probleme der Genetik weitere Konzepte notwendig. Den Merkmalen, die von einzelnen Genen gesteuert werden, wurde bisher viel Aufmerksamkeit gewidmet: der Augenfarbe, der Blutgruppe, freien im Gegensatz zu angewachsenen Ohrläppchen und was sonst noch im einzelnen kategorisiert werden kann. Für den Psychologen sind jedoch die sog. *distributiven Merkmale* viel interessanter, die, wie z.B. die Körpergröße, durch die quantitative Ausprägung eines Merkmals bestimmt sind. Sie beruhen auf einer *Wechselwirkung* zwischen den Genen, d.h. sie werden von mehr als einem Gen bestimmt und daher *polygen* genannt (Medawar 1959). Jene psychischen Merkmale, die wichtige genetische Determinanten haben könnten, sind immer distributiv und daher polygen – so die Intelligenz, das Temperament, die Schizophrenie, die Neigung zur Gewalttätigkeit. Die Kontroverse über ihre genetische Grundlage wird dadurch in einigen Belangen überflüssig, denn es scheint so zu sein, daß die polygenen Eigenschaften sehr empfindlich gegen Umwelteinflüsse sind. Früher dachte man, die Körpergröße werde weitgehend von den Genen bestimmt. Wir aber haben uns an die Tatsache eines drastischen Körperwachstums bei steigendem Lebensstandard gewöhnen müssen. Es besteht weiterhin die Schwierigkeit, daß Merkmale, wie die Intelligenz, wahrscheinlich nicht kontinuierlich verteilt sind. Von einer angenäherten Normalverteilung können wir zwar dann sprechen, wenn wir alle die verschiedenen bei einem Intelligenztest gemessenen Einzelfähigkeiten zu einem einheitlichen Intelligenzquotienten zusammenfassen. Unglücklicherweise könnte diese Verteilungskurve aber ein sehr schlechtes Bild der Realität vermitteln (vgl. Kapitel 7, Bd. II). Bevor wir daher über die genetischen Grundlagen einer Verhaltensweise feste Aussagen machen, müssen wir zu einem besseren Verständnis der Merkmale selbst gelangen. Wir sollten auch angeben können, welches die konkrete organische Grundlage der Verhaltensvariation ist. Denn es sind nicht die Gene, die sich verhalten, sondern der Organismus.

Nebenbei sei noch das Gesetz der *Pleiotropie* erwähnt, das besagt, daß ein Gen, möglicherweise im Verein mit untergeordneten Genen, eine Vielzahl von Merkmalen steuern kann. Andererseits kann ein und dasselbe Gen bei verschiedenen Personen zu verschiedenen Erscheinungsformen eines bestimmten Merkmals führen. Beispielsweise kann sich die Allergie, soweit sie erblich ist, bei einer Person als Heufieber und bei einer anderen als Ekzem manifestieren. Das Vorhandensein eines Gens kann sich bei einem Menschen durch eine Empfindlichkeit gegen Blütenstaub und bei einem anderen durch eine gegen Paranüsse äußern.

Wir kehren nun zu der Erscheinung zurück, die wir in Verbindung mit der Geschlechtsfestlegung angesprochen haben. Ein Fehler bei der Zellteilung kann zur Ausbildung eines zusätzlichen Chromosoms, dem Verlust eines Teils eines Chromosoms oder aber zum völligen Verlust eines Chromosoms führen. Die meisten derartigen Abweichungen von der *Diploidie* (dem Vorhandensein eines doppelten Chromosomensatzes im Zellkern) sind tödlich, aber es gibt vier Arten von Chromosomen, von denen der Mensch drei, und eine andere Art, das X-Chromosom, von dem der Mensch nur eines haben kann, und dennoch am Leben bleibt. Diese Anomalien der Chromosomenzahl führen zum Downschen Syndrom (Mongolismus), zu Skelettanomalien, zu Leukämie und zu den bereits erwähnten Geschlechtsbildern.

Eine Untersuchung an 4500 in New Haven geborenen Kindern (Lubs u. Ruddle 1970) zeigte Chromosomenanomalien bei 22 (0,5%) der Kinder. Mit zunehmendem Alter der Mutter stieg die Häufigkeit von 0,2% bei der Altersgruppe der 15- bis 19jährigen, auf 1,6% bei den 40- bis 44jährigen. (14 der 22 Kinder waren phänotypisch normal.) Das Interessante an diesen Zuständen ist, daß sie, ebenso wie die Mutationen, erblich bedingt sind, aber nicht unbedingt vererbt werden. Eine hitzige Auseinandersetzung findet darüber statt, wie es zu diesen Anomalien kommt. Es herrscht Übereinstimmung über ihr gehäuftes Auftreten bei den Kindern älterer Mütter und, da die Frauen von einem frühen Alter an einen lebenslangen Vorrat von Eiern mit sich tragen, haben ältere Mütter eben ältere Eier. Die endogene Schule (German 1970) glaubt, daß der

Abb. 30–31 Menschliche Chromosomen. Die Einblendung (links unten) zeigt das Bild der Chromosomen während der Zellteilung. Der andere Teil der Abbildung zeigt die Chromosomen paarweise in Reihen geordnet. Abb. 30: Normale männliche Chromosomen. Abb. 31: Chromosomen eines männlichen Opfers des Down-Syndroms. Dabei sieht man deutlich die drei Exemplare des Chromosoms 21

30

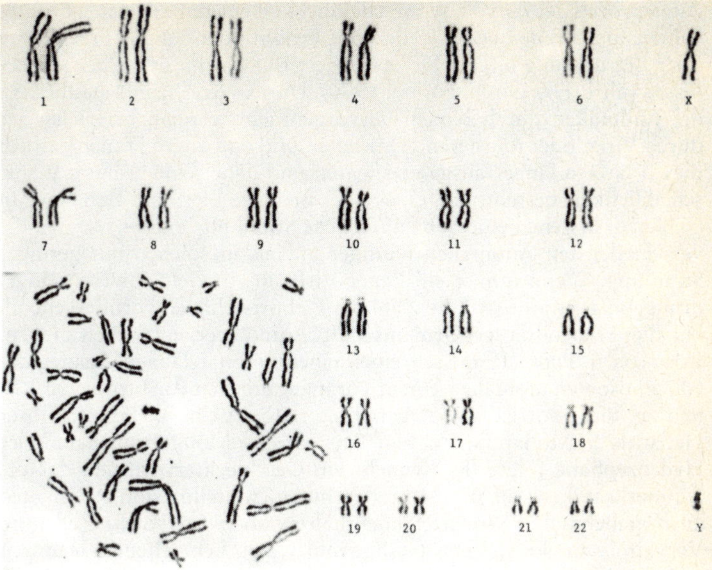

Dr. James L. German

31

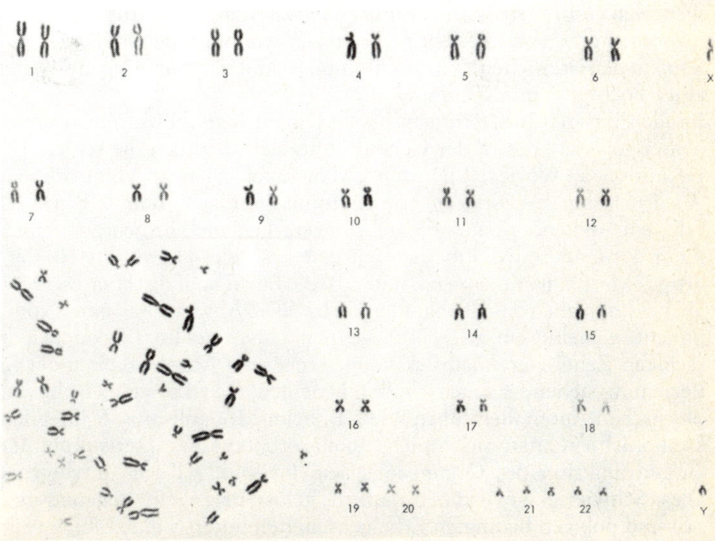

Altersprozeß des Eies die Wahrscheinlichkeit einer abnormen Chromosomenaufspaltung bei der Zellteilung erhöht oder daß die Freisetzung oder Befruchtung älterer Eier verzögert ist, was zu denselben Ergebnissen führt (Edwards u. Fowler 1970). Die exogene Schule glaubt, daß die Anomalien durch Noxen hervorgebracht werden, beispielsweise durch Viren oder ionisierende Strahlen, und daß ältere Frauen einfach diesen Noxen länger ausgesetzt waren und daher eine größere Wahrscheinlichkeit besteht, daß eines oder mehrere Eier betroffen sind. In Gebieten, in denen eine hohe natürliche Strahlung existiert, treten die verschiedensten Anomalien häufiger auf als in solchen mit geringer Strahlung. Wann immer ein neuer Virus in ein Gemeinwesen eingedrungen ist, erhöht sich die Zahl der Geburtsschäden vorübergehend, bis die Frauen dieser Gemeinschaft Antikörper entwickelt haben. Robinson u. Puck (1965) schreiben einen 5monatelangen Anstieg der Chromosomenanomalien einem vorangegangenen Ausbruch von Röteln zu, und Stoller (1968) berichtet, daß auf eine Welle infektiöser Hepatitis 9 Monate später ein Anstieg des Mongolismus und der Hydrozephalie folgte. Es ist nicht ein Geschlechtervorurteil, das die Aufmerksamkeit auf die Mutter richtet: Zweifellos sind Anomalien auch manchmal in Samenzellen enthalten, doch sind solche Zellen im Verhältnis zu der riesigen Gesamtzahl wesentlich seltener. Dadurch wird die Wahrscheinlichkeit, daß sie bei der Fortpflanzung eine Rolle spielen, verringert, und die wenigen derartigen Zellen werden bald ausgeschieden. Ferner gibt es mehrere Formen von Mongolismus. Die am weitesten verbreitete Form, die mit einem zusätzlichen dritten 21. Chromosom einhergeht, überlebt nur eine Generation. Eine seltenere Form kann in den elterlichen Zellen schlummern und sich nur gelegentlich bei einer Tochter manifestieren.

In allen unseren Erörterungen haben wir ein logisches Problem unbeachtet gelassen, das in der Genetik auftaucht, nämlich die schwierige Definition des Wortes „Merkmal". Manchmal benennen wir mit diesem Ausdruck eine hervorstechende anatomische Eigenschaft, z. B. Flügel oder ein Auge oder einen Finger, die verschiedene Formen annehmen kann. Ein anderes Mal meinen wir eine besondere Form, die ein derartiges Merkmal annehmen kann, z. B. die Lockigkeit des Haares. Oder aber es kann auch das Vorhandensein bzw. die Abwesenheit einer Komponente gemeint sein, z. B. des Augenpigments, eines Enzyms oder einer sechsten Zehe. Der Ausdruck kann ferner eine Anzahl zueinander in Beziehung stehender Eigenschaften bedeuten, die zu einer Vielzahl von physischen Anomalien führt, wie z. B. beim Mongolismus. Schließlich kann auch ein anatomisch nicht lokalisierbares Charakteristikum der Gesamtfunktion des Organismus gemeint sein, z. B. die Intelligenz. Diese Schwierigkeit wird z. T. dadurch gelöst, daß wir zwischen monogen und polygen bedingten Erbeigenschaften unterscheiden. Eine restliche Schwierigkeit verbleibt jedoch, weil wir nicht wissen, auf welche Weise und wo die Gesamtmorphologie des Organismus bzw. die Abfolge morphologischer Veränderungen, die der Organismus auf seinem Weg zur Reife durchläuft, im Kern der Zygote kodiert sind.

Biologie und Psychologie – die Rolle der Genetik

Wenn es in den folgenden Kapiteln den Anschein hat, daß wir den Erbfaktoren wenig Aufmerksamkeit schenken, so geschieht dies nicht, weil wir sie für unbedeutend halten, sondern weil fast alles, was hierüber zu sagen ist, bereits gesagt wurde. Was wir in der Hauptsache klarmachen wollten, ist, daß die genetische Ausstattung eines Menschen keineswegs seine gesamte persönliche Entwicklung bestimmt, obwohl es gesellschaftliche Vorurteile über den Zusammenhang physischer und psychischer Merkmale geben mag, die die Voraussetzung für eine selbsterfüllende Prophezeiung schaffen. Dies bedeutet nicht, daß wir den Menschen ohne Rücksicht auf seine körperliche Konstitution beliebig formen können, sondern daß jeder einzigartige Organismus seine Erfahrungen anders verwertet und so sein eigenes Selbst entwickelt. Wir wissen natürlich, daß manche Erfahrungen wahrscheinlich wichtiger sind als andere und ebenso, daß manche konstitutionelle Merkmale mit größerer Wahrscheinlichkeit eine Rolle spielen werden als andere. Wo immer die Konstitution des Individuums auf seine persönlichen Beziehungen einen wesentlichen Einfluß hat, z.B. im Falle von Geschlechtsunterschieden, extremer Schönheit oder Häßlichkeit, Reaktionsbereitschaft, Mißbildungen oder Bewegungsbeeinträchtigungen, Sinnesbehinderungen oder organische Lern-, Verständnis- oder Denkbehinderungen, werden wir dies entsprechend berücksichtigen. Auf einen genetischen Zusammenhang, die Rassenzugehörigkeit, werden wir immer wieder zurückkommen müssen, weil er ungeheuer aufgebauscht wurde. Wir müssen rundweg sagen, daß alle psychologischen Untersuchungen über Rassenunterschiede durch kulturelle, wirtschaftliche und soziale Faktoren hoffnungslos durcheinandergebracht worden sind und daß dies auch weiter so bleiben wird, solange die Rassenzugehörigkeit in den Köpfen unserer Mitmenschen einen so wichtigen Platz einnimmt. In den USA sind sowohl diese Forschungen als auch die öffentliche Meinung ein trauriger Witz, weil die Rassenzugehörigkeit als dichotom („schwarz" oder „weiß") behandelt wird, während sie in Wirklichkeit distributiv ist und die Rassenmischung die Regel und nicht eine Ausnahme ist. Wir müssen auch die vorgeburtlichen Einflüsse in Rechnung stellen und daß auch angeborene konstitutionelle Eigenschaften nicht unbedingt ererbt sein müssen, selbst wenn sie bei Geburt vorhanden sind. Wir wissen zwar etwas von den psychischen Korrelaten bestimmter genetischer Pathologien (aber selbst unter Mongoloiden gibt es eine weite Streuung der Intelligenz), doch wissen wir so gut wie nichts über die psychischen Implikationen der normalen physischen Unterschiede.

Die Betonung, die in den folgenden Kapiteln auf die Umwelterfahrung gelegt wird, sollte daher nicht als Antibiologismus der Autoren mißverstanden werden. Im Gegenteil: Was wir wünschen, ist eine Ausweitung der biologischen Fachbegriffe, so daß sie auf die Behandlung des Verhaltens und der psychischen Entwicklung angewandt werden können. Bisher haben wir lediglich Bruchstücke einer organismisch-ökologischen Biologie der Wechselwirkung zwischen dem Menschen und seiner Umgebung. Eine vollständige Biologie reicht natürlich weit über die Genetik hinaus und sollte einen integrierten Denkansatz von allen jenen Funktionen enthalten, die jetzt als isolierte physiologische Untersysteme behandelt werden, nämlich das Verdauungs-, Atmungs-, Fortpflanzungssystem usw. Wir brauchen eine Ganzheitsbiologie, die die Neuentdeckungen aus den Grenzbereichen der Biochemie zu assimilieren imstande ist und uns gleichzeitig die Möglichkeit gibt, höhere Tätigkeiten, wie die sensomotorischen Handlungen, das Spiel, die Einfühlung, die Sprache, das Lernen, das Wissen und die Phantasie biologisch zu formulieren. Bis zu diesem glücklichen Tag müssen sich die Verfasser auf die psychologische Untersuchung des Verhaltens beschränken.

Der Geburtsvorgang

Wir haben nun den Leser mit dem Neugeborenen bekanntgemacht und dann in umgekehrter Reihenfolge auf die vorgeburtlichen Eigenschaften des Kindes und seines Stammbaums zurückgegriffen. Jetzt müssen wir das Kind nochmals „zur Welt bringen". Gegen Ende der Schwangerschaft dreht sich der Fetus, so daß sein Kopf im unteren Teil der Gebärmutter zu liegen kommt, die sich jetzt ziemlich weit unten im Becken der Mutter befindet. Das Kind ist jetzt in der richtigen Lage für den Eintritt in das Licht und die Luft der Welt, der gewöhnlich mit dem Kopf voran erfolgt. Wenn der Fetus sich mit dem Kopf nach unten dreht, sackt das hochgewölbte Profil der Schwangeren durch, der Druck im Oberbauch nimmt ab, und sie atmet freier. Nach dieser Druckabnahme wird die Lageveränderung des Fetus als *„Senkung"* bezeichnet. Die Senkung kann schon vier Wochen vor der Geburt eintreten oder auch erst bei Einsetzen der *Geburtswehen,* durch die das Kind aus dem mütterlichen Körper ausgetrieben wird. Durch welchen Mechanismus (oder welche Mechanismen) der Beginn der Wehen ausgelöst wird, ist nicht bekannt, obwohl wir einige der hormonellen Komponenten kennen. Die Wehen, wenn sie einmal eingesetzt haben, umfassen spontane, rhythmische Kontraktionen der glatten, längsgestreiften Gebärmuttermuskeln, unterstützt durch die willkürliche Bauchmuskulatur und die Entspannung der runden Muskeln am Gebärmutterhals. Durch die Muskelkontraktionen wird das Kind allmählich aus der Gebärmutter in die Vagina und schließlich nach außen gedrückt.

Das Einsetzen der Geburt kann die Mutter an drei verschiedenen Anzeichen erkennen. Das erste Anzeichen sind die Wehen, die durch die sich ständig wiederholenden Kontraktionen der Gebärmutter entstehen. Gewöhnlich sind sie zuerst schwach und treten in Abständen von 15–20 Minuten auf, gewinnen dann aber immer mehr an Dauer, Häufigkeit und Heftigkeit. Manchmal beginnen die Wehenschmerzen im Rücken, wandern jedoch im weiteren Verlauf nach vorn. Falsche Wehen, die nicht immer von den echten unterscheidbar sind, haben schon manche Mutter vergeblich die Klinik aufsuchen lassen. Ein weiteres erstes Vorzeichen kann der Austritt eines kleinen, mit hellem Blut gesprenkelten Gerinnsels aus der Vagina sein. Dabei handelt es sich um einen im Gebärmutterhals gebildeten Pfropfen, der jetzt durch die Muskelentspannung und -dehnung freigesetzt wird. Ein drittes Anzeichen ist das Ausfließen einer klaren Flüssigkeit aus der Vagina. Dies zeigt den Riß der Fruchtblase an, die den Fetus umgeben hat und aus der nun das Fruchtwasser austritt.

Die Geburtshelfer unterscheiden *drei Stadien der Wehen*. Das erste und längste ist jenes, in welchem sich der Gebärmutterhals dehnt, um den Kopf des Kindes hindurchzulassen. (Der Beckengürtel hat sich bereits während der Schwangerschaft gedehnt, um die Geburt zu erleichtern.) Die Mutter wird während dieses ersten Stadiums meist zur Aktivität angehalten, weil sie wegen der alleinigen Beteiligung der glatten Muskulatur nicht selbst mithelfen kann und ihre Beschwerden durch Aktivität erleichtert werden können. Dieses einleitende Stadium dauert bei Erstgebärenden durchschnittlich 14 Stunden – es bestehen große individuelle Schwankungen –, ist jedoch bei Frauen, die bereits ein- oder mehrmals geboren haben, wesentlich kürzer, wovon Polizisten und Taxifahrer ein Lied zu singen wissen.

Im zweiten Stadium der Wehen passiert das Kind bereits die Vagina und kommt zur Welt. Die Dauer dieses Stadiums kann weniger als 20 Minuten, aber auch bis zu 1½ Stunden betragen. Die Mutter kann jetzt den Geburtsvorgang durch Pressen und Anspannen der willkürlichen Bauchmuskulatur im Einklang mit den Gebärmutterkontraktionen aktiv beschleunigen. Durch diesen Beitrag der Mutter scheinen auch die Schmerzen geringer zu werden. Der Kopf des Kindes dreht sich so, daß zuerst die Rückseite seines Schädels hervortritt. Die Gewebe der Vagina und ihrer Umgebung sind bereits während der Schwangerschaft weich geworden und sind nun außerordentlich dehnbar. Besteht die Gefahr eines Geweberisses, so macht der Arzt einen kleinen seitlichen Dammschnitt *(Episiotomie)*, um die Öffnung zu vergrößern. Ein solcher Schnitt verheilt gut, was bei einem Riß nicht sicher ist. Sobald der Hinterkopf des Kindes ausgetrieben wurde, kommt der flüssigkeitstriefende restliche Kopf mit dem Gesicht nach unten rasch nach. Der Arzt oder die Hebamme stützt den Kopf mit einer Hand und hilft weiter durch sanftes Ziehen. Der restliche Teil des Kindes schlüpft schnell und leicht heraus, wobei die Schultern vertikal und parallel zur Längsachse der Vulva aufgerichtet sind. Der Arzt hält das Kind an den Knöcheln hoch und gibt ihm, wenn die Atmung nicht spontan eingesetzt hat, einen Klaps auf das Gesäß, um sie einzuleiten. Sobald das Pulsieren der Blutgefäße in der Nabelschnur aufgehört hat, wird diese abgeklammert und durchschnitten. Zur Vorbeugung gegen Gonokokkeninfektion werden Silbernitrattropfen in die Augen des Kindes geträufelt. Gegenwärtig wird auch oft Penizillin verwendet, aber es kann sein, daß penizillinresistente Tripperstämme hier eine Umstellung erforderlich machen werden. Am Hand- oder Fußgelenk des Kindes wird ein Identitätsstreifen befestigt. In vielen amerikanischen Kliniken wird auch sein Fußsohlenabdruck auf einer Kennkarte angebracht, die den Daumenabdruck der Mutter trägt. Diese Maßnahmen sollen natürlich eine mögliche Verwechslung von Kindern verhindern. Wenn dann der Muskeltonus des Kindes, seine Farbe und seine Atmung auf normale Körperfunktionen schließen lassen, wird es beiseitegelegt, während der Arzt und die Pflegerin die Mutter versorgen. Diese erste Beurteilung des Kindes erfolgt systematisch nach dem Punktsystem von Apgar (APGAR 1965), der Summe der Bewertung von 5 dreistelligen Skalen: Atemleistung, Muskeltonus, Pulszahl, reflektorische Reizbarkeit und Farbe (zwischen gräulichverfärbt und rosig). Dieses Punktsystem eignet sich gut für die grobe Voraussage der Überlebenswahrscheinlichkeit sowie für die Identifizierung von Neugeborenen, die besondere Pflege brauchen. Noch kompliziertere und genauere Methoden der Neugeborenenbeurteilung werden jetzt von ROSENBLITH (1961) und BRAZELTON (1970) auf der Grundlage der Arbeiten von GRAHAM und seinen Mitarbeitern (GRAHAM 1956) experimentell erprobt. PRECHTL (1968) arbeitet an physiologisch orientierten Meßmethoden, die die pränatale Bestimmung mütterlicher Faktoren mit einschließen.

Das dritte und letzte Stadium des Geburtsprozesses besteht in der Austreibung der *Nachgeburt*, der Plazenta mit den anhängenden Amnion- und Chorionmembranen und der restlichen Nabelschnur. Das dritte Stadium erfordert weniger als 20 Minuten und ist praktisch schmerzlos. Die Nachgeburt wird vom Arzt sorgfältig auf Vollständigkeit und Anomalien untersucht. Die Mutter erhält Hormoninjektionen, die die Schrumpfung der Gebärmutter beschleunigen, so daß zerrissene Blutgefäße abgeklemmt werden, und die für den Fall, daß die Mutter das Kind stillen will, die Milchproduktion anregen. Diese Hormonspritzen stellen das menschliche Äquivalent für ein Verhalten anderer Säugetiere dar – auch pflanzenfressende Muttertiere, z. B. Schafe und Ziegen, verwandeln sich in Fleischfresser und verzehren die hormonreiche Plazenta. Das Ablecken der neugeborenen Jungen durch die Muttertiere, das sowohl für das Überleben der Jungen als auch für die Herstellung einer Bindung zwischen ihnen und den Muttertieren so wesentlich ist, wird wahrscheinlich durch Hormone des Fruchtwassers angeregt, das die Haut des Neugeborenen noch bedeckt. Zurück zur menschlichen Mutter: Wenn erforderlich, knetet der Arzt oder die Pflegerin ihren Leib, um den Tonus der Gebärmuttermuskulatur wiederherzustellen. Die Mutter verliert bei der Geburt etwa einen knappen 1/2 Liter Blut, so viel, wie sie einer Blutbank spenden würde. In den darauffolgenden 10–14 Tagen zersetzt sich die Innenwand der Gebärmutter und wird durch einen menstruationsähnlichen Vorgang (*Lochia*, Wochenfluß) ausgeschieden.

Wir haben den gewöhnlichen Geburtsvorgang beschrieben, bei dem zuerst der Kopf des Kindes austritt, d. h. die sog. *Scheitellage*. Gelegentlich kommt es vor, daß ein Kind sich in der Gebärmutter nicht mit dem Kopf nach unten dreht und das Gesäß zuerst austritt, also eine sog. *Steißgeburt* stattfindet. Manche Kinder müssen wegen des körperlichen Zustandes der Mutter, wegen ihrer eigenen ungewöhnlichen Körpergröße oder weil die Folgen einer Rhesus-Unverträglichkeit verhütet werden müssen, auf operativem Wege, d. h. durch *Kaiserschnitt*, zur Welt gebracht werden. Wenn die Gebärmutterkontraktionen während des Geburtsvorganges schwächer werden oder ganz aufhören, kann eine *Zangengeburt* notwendig werden, wobei der Arzt eine um den Kopf des Kindes passende Zange verwendet, um es aus dem Körper der Mutter herauszuziehen. Wird die Zange während des ersten oder zu Anfang des zweiten Wehenstadiums angewendet, so sprechen wir von einer „hohen Zange". Diese Methode ist gefährlich, weil ein unrichtiger Ansatz der Zange und die größere Kraft, mit der das Kind herausgezogen werden muß, Entstellungen oder Hirnschäden zur Folge haben könnte. Eine Zeitlang wurde die hohe Zange häufig angewendet, weil sie die Leiden der Mutter sowie die Mühen des Arztes verkürzte. Seit jedoch die damit verbundenen Gefahren erkannt wurden, sehen die meisten Ärzte diese Methode als eine Notlösung an. Wie leicht zu erraten ist, bedeutet eine „niedrige Zange" eine Anwendung der Zange im Stadium des Austritts. Diese ist weniger gefährlich, weil die Zange ganz präzise angesetzt werden kann. In manchen Kliniken wird die Zange routinemäßig verwendet, und in anderen fast gänzlich vermieden.

Friedberg u. Hiersche (1975) berichten, daß bei uns in den letzten 10 Jahren die Zahl der Kaiserschnittentbindungen von 2–3% auf 8–12% aller Klinikentbindungen anstieg, seit die Fortschritte der Chirurgie und Anästhesie das

Operationsrisiko gegenüber den gefährlichen Belastungen von Mutter und Kind bei der Zangengeburt zurücktreten ließen. [D. Herausgeber]

Die „natürliche" Geburt

Die Einstellungen zum Geburtsvorgang schwanken beträchtlich von Zeit zu Zeit und von Ort zu Ort. Lange Jahre hindurch wurde es als angemessen angesehen, daß die Frau als Strafe für die Erbsünde bei der Geburt Schmerzen erleidet. Anfangs wurde die Betäubung bei der Geburt von der Kanzel aus als ein Affront gegen den Willen Gottes verdammt. Aber schließlich wurde bekanntlich der gesamte Geburtsvorgang doch dem Arzt und seinem Instrumentarium überlassen, und die Mutter erhielt, teilweise für eine völlige Schmerzfreiheit, eine Vollnarkose. In letzter Zeit haben sich sowohl die Mütter als auch die Ärzte zu einer ausgewogeneren Haltung bekehrt.

Entschließt sich die Mutter, während der Wehen keine Betäubungsmittel zu nehmen oder nur in geringen Mengen beim tatsächlichen Austritt des Kindes, dem schmerzhaftesten Endstadium der Geburt, sprechen wir von einer „natürlichen" Geburt. Möglicherweise hat die Mutter auch während der Schwangerschaft einen Gymnastikkurs besucht, um ihren Körper geschmeidig zu machen, oder gelernt, wie man bei der Geburt mitarbeiten kann. Ein bewußtes Miterleben der Geburt ihres Kindes und eine Mithilfe beim Geburtsakt kann für eine Mutter in vieler Hinsicht eine Befriedigung bedeuten. Wir glauben auch, daß die Wahrscheinlichkeit von Geburtskomplikationen beim Kind um so

32

Gregory Bateson and Margaret Mead

33

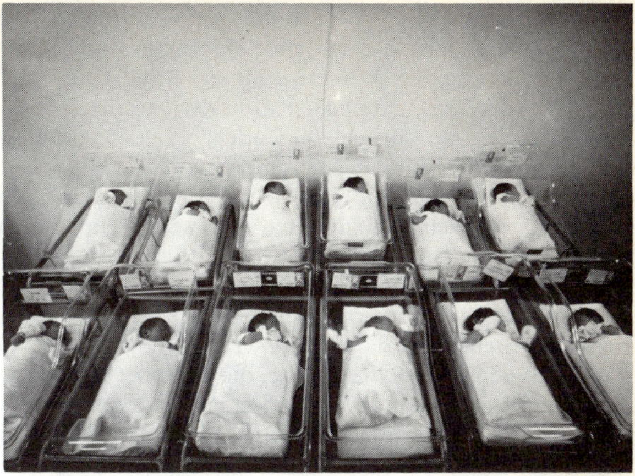

Farrell Grehan, Photo Researchers

Abb. 32–34 Formen der Babypflege. Abb. 32: Ein 20 Minuten altes Baby aus Neuguinea. Die Mutter sitzt links mit einem älteren Geschwister. Die Frau rechts ist die Amme, die das Kind stillt, bis die Milch bei der Mutter auftritt. Die Hautpigmentierung des Kindes entwickelt sich in den nächsten Tagen. Es wird bald mit Schlamm eingerieben, um es vor Insektenstichen zu schützen. Abb. 33: Eine normale amerikanische Klinik in Honolulu. Abb. 34: Rooming-in

34

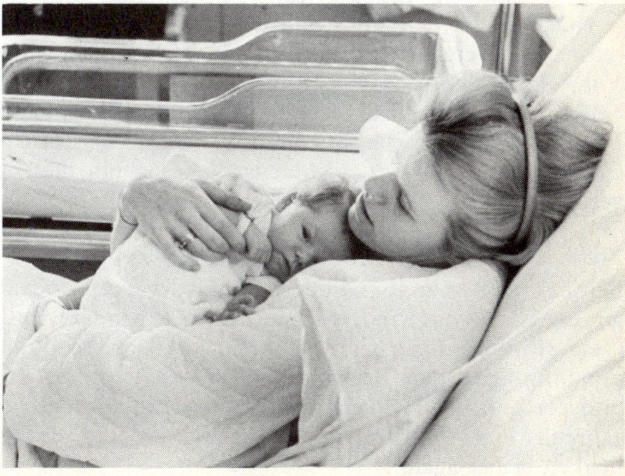

Suzanne Szasz

geringer ist, je weniger Narkotika gegeben werden. Viele Anzeichen sprechen dafür, daß die meisten Betäubungsmittel Stunden und Tage nach der Geburt die Aktivität, Munterkeit und die allgemeinen Funktionen des Kindes nachteilig beeinflussen (Stechler 1964, Bowes u. Mitarb. 1970). Wie „natürlich" die Geburt bei jeder Mutter sein soll, richtet sich nach ihrem individuellen Temperament. Und wenn die „Natürlichkeit" der Geburt auch die Anwesenheit des Vaters im Entbindungsraum erfordert, muß selbstverständlich auch sein Temperament berücksichtigt werden.

Die Vorteile einer natürlichen Geburt sind manchmal durch ihre fanatischen Verfechter verzerrt dargestellt worden. Sie verkünden mit dogmatischer Sicherheit, die Geburt sei an sich gar nicht schmerzhaft und werde lediglich durch die Ängste, die aus einer kulturellen Mythologie entspringen, so gestaltet. Mit größerer Sicherheit kann gesagt werden, daß der aktive Beitrag zum Geburtsakt die Schmerzen der Mutter erleichtert, daß der Geburtsschmerz durch seinen betäubenden Effekt auf die mütterlichen Gewebe sich selbst einschränkt und daß er schnell aus der Erinnerung schwindet. Wie wir später noch des öfteren betonen werden, kann eine gesunde Entwicklung nur in einem gesellschaftlichen Milieu stattfinden, und es ist sinnlos, von „natürlichen" im Gegensatz zu „künstlichen" menschlichen Gebräuchen zu sprechen, wie etwa von dem Tier „in der Wildnis". Der „edle Wilde" ist ein Geschöpf der Phantasie. Alle Völker der Welt und auch die „primitivsten" Kulturen, denen Lesen und Schreiben noch unbekannt sind, zeigen bei ihren Geburtsgepflogenheiten ebenso viele Unterschiedlichkeiten und „Künstlichkeit", wie in allen anderen Lebenssituationen auch. Und wer dem glücklichen Wilden ganz und gar nacheifern will, sollte erst die Zahlen über Gesundheit, Lebenserwartung, Säuglings- und Wöchnerinnensterblichkeit bei den industrialisierten und nicht-industrialisierten Gesellschaften vergleichen. Wir dürfen natürlich nicht vergessen, daß der Volksglaube über die Geburt, einschließlich der Meinung, das Wochenbett sei eine Strafe für die Erbsünde, noch fortbesteht und bei manchen Frauen übertriebene und grundlose Ängste verursachen kann. Die Chirurgenatmosphäre der Klinik ist dazu angetan, diese Ängste noch zu verschlimmern.

Die Entbindung in der Klinik

Bei unserer Beschreibung des Geburtsvorganges sind wir davon ausgegangen, daß das Kind, wie heute fast alle Kinder in industrialisierten Gesellschaften, in der Klinik geboren wird. Der Trend zur Klinikentbindung mit ärztlichem Beistand hat, im Verein mit besserer öffentlicher und persönlicher Hygiene und besserer Ernährung in den letzten 50 Jahren zu einem starken Abfall der Säuglings- und Wöchnerinnensterblichkeit beigetragen.

In der Bundesrepublik betrug die Säuglingssterblichkeit während des ersten Lebensjahres im Jahre 1969 2,3%. Damit war es zwar gelungen, eine drastische Verminderung im Vergleich zu den Zahlen in Deutschland um die Jahrhundertwende (etwa 20%) und auch noch eine Verringerung im Vergleich zu 1964 (2,5%) herbeizuführen. Im internationalen Vergleich schneidet die BRD aber nichtsdestoweniger schlecht ab: 1969 lag die vergleichbare Säuglingssterblichkeit in Schweden und den Niederlanden etwa bei 1,7–1,9%, in der DDR bei 2,0%. Die gleiche Situation treffen wir bei der Müttersterblichkeit an: In der BRD gelang es, die Zahl der Todesfälle von Müttern von 206,2 auf 100 000 Geburten im Jahre 1950 auf 51,8 im Jahre 1970 zu senken. Im letztgenannten Zeitraum lagen die internationalen Vergleichswerte bei: DDR 43, USA 25, Schweden 10 und Dänemark 8,5 Todesfällen der Mütter bei 100 000 Geburten (G.-W. SCHMIDT 1967, STÜRZBECHER 1974, LEUTNER 1974). (D. Hrsg.

Lebenswichtig sind die ärztliche Hilfe und die Einrichtungen einer Klinik jedoch nur in den außergewöhnlichen Fällen, in denen etwas schiefgeht. Daß eine normale Geburt keine besondere Umgebung oder Hilfe erfordert, wird durch die vielen erfolgreichen Geburten in Taxis demonstriert, wo der Fahrer oder ein Polizist als Hebamme fungierten, oder auch zu Hause, wenn die Mutter allein ist.
Wie dies so oft der Fall ist, müssen die echten Vorteile einer Klinikumgebung durch gewisse psychologische Nachteile erkauft werden. Vor allem ist das Klinikpersonal auf die Behandlung schwer Erkrankter eingestellt und vergißt manchmal, daß Wöchnerinnen und ihre Säuglinge zumeist normale, gesunde Menschen sind. In ihrem lobenswerten Streben nach medizinischer Sterilität haben die Kliniken auch eine gewisse Gefühlssterilität erzeugt. Väter und Geschwister werden als Brutstätten von Infektionserregern angesehen und dem Kind bis zu seiner Entlassung aus der Klinik rigoros ferngehalten. Die Wöchnerin kann zwar nicht gänzlich vom Kind isoliert werden, steht jedoch ebenfalls unter Verdacht und wird nach Möglichkeit vom Kind getrennt gehalten. Außerhalb der Still- und Trinkzeiten liegen alle Kinder zusammen in einem Raum. Vor einigen Jahren, als in vielen Kliniken die psychologische Notwendigkeit einer Lockerung der hygienischen Vorschriften erkannt wurde, ergab sich eine ernste – und für Neugeborene tödliche – Bedrohung durch antibiotikaresistente Staphylokokkenstämme, und so mußten noch strengere hygienische Maßnahmen ergriffen werden. Die Krankenhaushierarchie, in der sich die Entscheidungsgewalt auf den Arzt konzentriert und auf dem Weg über die Schwestern und Hilfskräfte nach unten weitergeleitet wird, begünstigt die Ausbildung starrer Vorgehensweisen und Routineverfahren, die mit den psychischen Bedürfnissen einzelner Wöchnerinnen und ihrer Kinder nicht immer vereinbar sind und die von der Atmosphäre der ärztlichen Allwissenheit und Allmacht bereits überwältigte Patientin noch weiter einschüchtern. Ärzte und Schwestern sind knapp. Sie können ihre Handlungsanweisungen nicht ohne weiteres ändern und sind möglicher-

weise gezwungen, zeitsparende Routineverfahren durchzuführen. An den Geburtshelfer tritt die Versuchung heran, der Mutter hohe Dosen von Betäubungsmitteln zu geben, oder Medikamente und Zange einzusetzen, um die Entbindung zu beschleunigen. Die Wöchnerin kann hinsichtlich des Stillens bewußt oder unbewußt entmutigt werden, da ein erfolgreiches Stillen nur dann möglich ist, wenn das Kind der Mutter rund um die Uhr zu jeder Fütterung gebracht wird und sie beim ersten Kind Anweisungen für richtiges Stillen erhält. Alles in allem können die Klinikpraktiken den Eltern das unangenehme Gefühl geben, ihr Kind gehöre gar nicht ihnen, sondern der Klinik. Wir möchten jedoch darauf hinweisen, daß sich der Einfluß der Klinik heutzutage

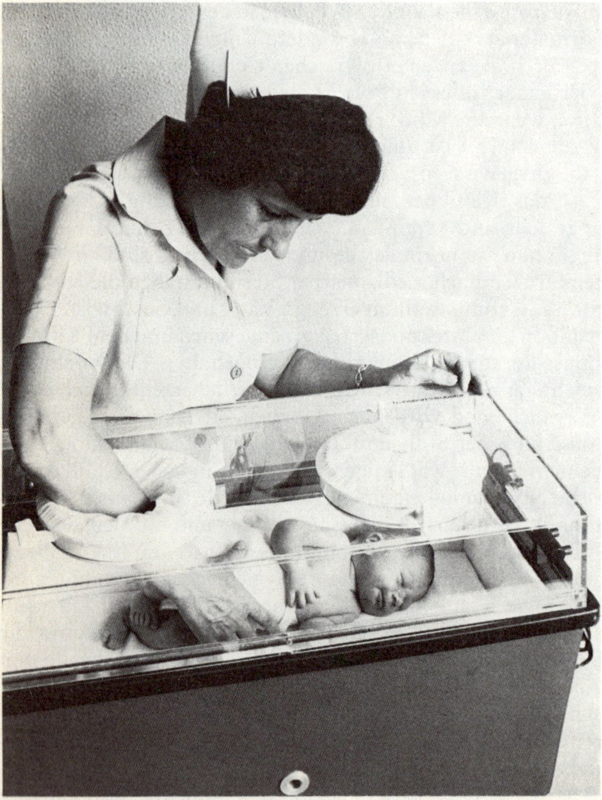

Fee Schlapper

Abb. 35 Eine Frühgeburt

auf eine viel kürzere Zeit beschränkt – gewöhnlich auf 3, 4 oder 5 Tage – als dies noch in der Zeit der zweiwöchigen Hospitalisierung der Fall war, als die Wöchnerinnen 10 Tage stilliegen mußten und ihnen erst dann erlaubt wurde, kurz auf dem Bett zu sitzen und die Beine baumeln zu lassen.

Rooming-In. Eine Einrichtung, bei der die Vorteile der Klinikentbindung ohne Vernachlässigung der engen Beziehung zwischen Mutter und Kind wahrgenommen werden können, ist das *Rooming-In.* Das Kind liegt dabei im Zimmer der Mutter, die bald seine Pflege übernehmen kann. Unter Beachtung der nötigen hygienischen Vorsichtsmaßnahmen kann der Vater Mutter und Kind besuchen. Diese Bedingungen haben sich für alle drei als sehr förderlich erwiesen. Einmal wird eine generell gesunde Wöchnerin nicht mehr zur Untätigkeit gezwungen und braucht sich nicht mehr den Kopf darüber zu zerbrechen, ob es ihr Kind ist, das sie im Kindersaal schreien hört. Die Mutter gewinnt schon einige Übung in der Kinderpflege, bevor sie das Kind nach Hause nehmen und plötzlich ohne sachverständige Hilfe die alleinige Verantwortung übernehmen muß. Mutter und Kind lernen einander früh kennen und können sich rasch aufeinander einstellen. Und vor allem empfinden die Eltern, daß das Kind wirklich ganz ihnen gehört. Interessanterweise wird durch das Zusammenleben von Mutter und Kind in einem Zimmer die Klinikverwaltung vereinfacht, und die Kosten werden gesenkt, denn ein Zusammenlegen der Kinder in einem zentralen Kindersaal ist nur dann zweckmäßig, wenn dort ein Fließbandverfahren zu ihrer Versorgung praktiziert wird. Müssen die Kinder den Wöchnerinnen zur Fütterung gebracht und dann wieder eingesammelt werden, ist das Kommen und Gehen sehr unrationell, insbesondere dann, wenn die Kinder nicht hungrig werden und auch in den nicht seltenen Fällen, wo einer Mutter ein falsches Kind gebracht wird und dadurch ein wahres Feuerwerk entfesselt wird. (Da alle Kinder mit Namen gekennzeichnet sind, werden solche Irrtümer rasch aufgeklärt. Dennoch rufen sie oft Gefühlsausbrüche hervor.) Eine weitere angenehme Nebenerscheinung des Rooming-In ist die Verringerung von Epidemien im Kindersaal, eben durch die Trennung der Neugeborenen voneinander.

Wie bei der natürlichen Geburt gibt es kein einfaches Entweder-Oder. So wie die „Natürlichkeit" der Geburt sich nach dem mütterlichen und väterlichen Temperament richten muß (und auch dem des Geburtshelfers), kann das Rooming-In in Übereinstimmung mit individuellen Wünschen abgewandelt werden. Mütter mit mehreren Kindern begrüßen vielleicht den Aufenthalt in der Klinik als eine seltene Gelegenheit für entspannte Tage, fern von den alltäglichen Verantwortlichkeiten. Auch die Verkürzung der Bettlägerigkeit infolge neuer medizinischer Erkenntnisse mag den Interessen der Mütter entgegenstehen, einige Tage länger die Bettruhe genießen zu können. Viele von ihnen verlangen deshalb aus gutem Grund, nicht zu rasch auf die Beine gestellt und aus der Klinik geschickt zu werden.

2 Der Säugling I

Fee Schlapper

Die Entwicklung während der Säuglingszeit (vgl. Anm. 1), vom Alter von einigen Wochen an bis zu dem Stadium, in dem das Kind eine gewisse Sicherheit beim Laufen gewonnen hat und zu sprechen anfängt, ist beeindruckend. Innerhalb dieses relativ kurzen Zeitraumes finden auffallende und radikale Veränderungen statt. In diesen ersten 15 Monaten außerhalb des mütterlichen Körpers wird aus einem hilflosen, wenn auch manchmal lärmenden Neugeborenen, das nicht einmal seine Körperlage selbst verändern kann, ein höchst energischer, eigensinniger Spaziergänger, der mit größtmöglicher Aktivität alles in seiner Reichweite untersucht und, wenn möglich, durch Schmecken, Kauen, Liebkosen, Sondieren, Ziehen, Stoßen, Schlagen und Reißen erforscht. Mit zunehmender kindlicher Aktivität nimmt die Dauer der Schlafperioden ab. Während manche Neugeborene außerhalb der Mahlzeiten und des Schreiens ständig schlafen, wird das Kind am Ende der Säuglingszeit möglicherweise nachts nur 10 Stunden schlafen und am Tage ein oder zwei Nickerchen halten. Wie in jeder anderen Beziehung bestehen auch hier große individuelle Unterschiede. Im ersten Jahr zeigt das Baby ein Längenwachstum von etwas über 20 cm und eine Gewichtszunahme von 7 kg, wodurch sich das Geburtsgewicht verdreifacht. Es wachsen ihm ein Dutzend Milchzähne, und sein Kopf bedeckt sich mit Haar. Im ganz frühen Säuglingsalter verliert das Kind das Aussehen des Neugeborenen, und es ensteht das glatte, pausbäckige Babygesichtchen.

In sozialer Hinsicht geht das Baby von einem leeren, blinzellosen Anstarren der Gesichter dazu über, Menschen anzulächeln, Gesellschaft zu fordern, zu lachen und sich aktiv an sozialen Spielen zu beteiligen. Nach einem halben Jahr weiß der Säugling, daß manche Leute Fremde sind, und er wird sein Gesicht verstecken oder vor Entsetzen aufschreien, wenn ihm Fremde nahekommen. So sehr der Säugling während dieses Zeitraumes auch Laute bildet oder seine Lautbildungen verändert, sein Lallen ist immer noch kein wirkliches Sprechen. Im Alter von einem Jahr kann er jedoch viele Wörter und Sätze verstehen, er horcht aufmerksam auf solche, die er nicht versteht und kann vielleicht auch einige eigene Worte sagen. Das beschränkte Gefühlsrepertoire, mit dem er sein Leben begann, erweitert sich zu etwa einem halben Dutzend erkennbarer Gefühlszustände: Schmerz, Abneigung, Ärger, Angst, Zuneigung, Freude und einige andere.

Aus einem Neugeborenen, dessen Dasein von seinen eigenen flüchtigen inneren Prozessen beherrscht wird und dessen Umweltbewußtsein nur rudimentär ist, entwickelt sich der Säugling in diesem Zeitraum zu einem Wesen, das seine Umgebung, Personen und Objekte sowie ihre Eigenschaften, den Raum und räumliche Beziehungen, kausale Zusammenhänge, seinen eigenen Körper und seine Funktionen und unzählige

Betätigungsmöglichkeiten recht gut erkennt. Aber all sein Leben, Lernen und Handeln in der Welt ist nur möglich auf der Grundlage emotionaler Bindungen und Bedeutungen, die sich in dieser Zeit entwickeln, vor allem auf der Basis eines grundlegenden Optimismus oder Pessimismus und von Vertrauen oder Mißtrauen.

In diesem Kapitel beginnen wir die genaue Beschreibung des Säuglingsalters mit einem Bericht über die Marksteine der Entwicklung, die auffälligen Wandlungen des Verhaltens (und dem, was sie uns über die Wahrnehmungen, die Gefühle und das Denken des Babys sagen können), die innerhalb des ersten Jahres in ziemlich feststehender Reihenfolge in Erscheinung treten. Wir könnten diese Marksteine auch unter Überschriften wie Körperhaltung und Fortbewegung, Emotionen und ihre Differenzierung, soziale Beziehungen, Wahrnehmung und Erkennen, Geschmack und Vorlieben sowie Lernen behandeln. Hieraus würde sich jedoch eine zwar logische, aber künstliche Parallelität ergeben. Statt dessen ziehen wir es vor, die gesamte Entwicklung des Babys chronologisch zu untersuchen und die verschiedenen ungefähr gleichzeitig entwickelten Verhaltensweisen zu beschreiben. Hierdurch hoffen wir, dem Leser eine Vorstellung vom Zusammenwirken der Fähigkeiten des Babys zu vermitteln. Trotzdem werden wir nicht das Baby in seiner Ganzheit beschreiben, sondern lediglich einige Abstraktionen aus der Gesamtheit seines Daseins. Wir hoffen, daß dies relevante und bedeutungsvolle Abstraktionen sind und daß sie die Organisation des Verhaltens und die Entwicklung wirklicher Babys wiedergeben werden, während es dem Leser überlassen bleiben muß, das Baby als ein Geschöpf aus Fleisch und Blut im Auge zu behalten, das zu Hause mit seinen vernarrten, aber zweifellos auch zerquälten Eltern lebt und manchmal auch noch mit Geschwistern, Onkeln, Tanten und Großeltern.

Marksteine in der Verhaltensentwicklung des Säuglings

Hier muß darauf hingewiesen werden, daß die Altersangaben für das Auftauchen von Verhaltensweisen lediglich angenäherten Charakter haben. Die sog. *Entwicklungsskalen* (Bayley 1969, Cattell 1940, Gesell 1925, Griffiths 1954), von denen viele Angaben übernommen werden, haben als Richtschnur für den normalen Verlauf der kindlichen Entwicklung einige ernst zu nehmende Mängel (Anm. 5). Sie nehmen wenig Rücksicht auf den weiten, aber vollkommen normalen Altersspielraum, in dem ein bestimmtes Verhalten auftauchen kann. Sie basieren auf der Annahme, daß die Verhaltensentwicklung während der frühesten Kindheit zum größten Teil *endogen gesteuert* ist, d. h. einfach ein Produkt aus Wachstum und Reifung, während wir schon viel über die Einflüsse der sozialen und kulturellen Umgebung auf die Entwicklung und vor allem auch auf Wachstum und Reifung gelernt haben und wissen, daß diese Einflüsse schon im Säuglingsalter wirksam sind. Es scheint sogar, daß sich in den letzten 25 Jahren die Säuglingszeit selbst verändert hat, so daß sich die heutigen Babys – zumindest jene, die in amerikanischen Forschungszentren untersucht und beobachtet wurden – auffallend von den gestrigen unterscheiden und sich wesentlich rascher entwickeln. Diese offensichtliche Akzeleration spielt bei der Kontroverse um eine berichtete Frühreife mancher afrikanischer Babys eine Rolle.

Die Veränderungen, die wir glauben beobachtet zu haben, lassen sich z. T. auf bessere ärztliche Betreuung, Hygiene und Ernährung zurückführen, wodurch die Babys gesünder und kräftiger sind als früher. Ebenso wichtig ist die Veränderung in der Einstellung und den Gewohnheiten der Eltern, die in den USA beispielsweise durch ein viel gelesenes Buch über Kinderpflege von B. Spock verursacht wurden (Anm. 6). Man zeigt größeres Vertrauen in die Fähigkeit der Babys und läßt ihnen mehr Freiheit bei der Ausübung ihres Forschungs- und Betätigungsdranges. Bei allen diesen Dingen spielt natürlich auch der Wohlstand eine Rolle. Den Kindern wird heute mehr Spielzeug angeboten, und sie erhalten eine ständig wachsende Auswahl an Anregungen.

Ganz allgemein sind die Babys in ihrer Funktionstüchtigkeit weiter fortgeschritten als früher, und wenn die Autoren von der beobachteten Förderung der Frühreife auch nicht immer begeistert sind, so scheint es doch zu stimmen, daß die Fähigkeiten dieser begünstigt aufgewachsenen Babys nach den früheren Skalen zur Bestimmung der kindlichen Entwicklung unterschätzt werden. Ein weiterer Nachteil der Säuglingsskalen ist ihre Tendenz, die leicht meßbare körperliche Seite der Entwicklung übermäßig zu betonen und die des Denkens und der Intelligenz zu vernachlässigen, wodurch ihre gelegentliche Verwendung als Intelligenztests von Säuglingen doppelt unlogisch erscheint. Solche Tests können wohl grobe Behinderungen aufzeigen und sind von Wert bei Gruppenvergleichen, besitzen aber im individuellen Fall nur sehr geringe Fähigkeit, die spätere Intelligenz vorauszusagen. Sowohl die Skalen als auch die Verfasser unterliegen dem Ethnozentrismus – der Annahme, daß die Entwicklung in einer Umgebung der westlichen Zivilisation im wesentlichen ebenso vor sich geht, wie in allen anderen Teilen der Welt. Wir wissen jedoch, daß die Entwicklung in einem andersartigen kulturellen Milieu nach einem ganz anderen Muster und mit unterschiedlicher Geschwindigkeit erfolgt. Wir werden später noch auf einige dieser Unterschiede zurückkommen, doch wissen wir noch zu wenig, um einen zusammenhängenden Bericht über die Unterschiede auf der ganzen Welt oder auch nur in allen Schichten der amerikanischen oder westeuropäischen Gesellschaft geben zu können. Auch hinsichtlich des Körperwachstums gewinnen wir erst jetzt langsam einen weltweiten Überblick (MEREDITH 1969 a, 1969 b). Ironischerweise veralten solche Angaben fast ebenso schnell, wie sie gesammelt und veröffentlicht werden, weil das Körperwachstum in hohem Maße der Veränderung des Lebensstandards unterliegt. Unsere Beschreibung beschränkt sich notwendigerweise meist auf die westliche Entwicklung, womit nicht gesagt werden soll, daß dies die einzig angemessene Art ist, in der Säuglinge heranwachsen können.

Unser Wissen über das Säuglingsalter hat sich ebenso wie unsere Kenntnis der Neugeborenenperiode innerhalb der letzten 15 Jahre revolutioniert (STONE u. Mitarb. 1972). Unsere frühere Unwissenheit ist teilweise unerklärlich. Babys gibt es seit langem und sogar in den Familien von Psychologen, und doch haben nur sehr wenige Menschen herausgefunden, was es mit ihnen auf sich hat. Zum Teil haben vielleicht die endlosen mechanischen Verrichtungen im Umgang mit diesen unreifen, anspruchsvollen Geschöpfen die interessanteren Aspekte ihrer Entwicklung in den Schatten gestellt. Andererseits war es vielleicht auch der Mangel an einer größeren Zahl von zugänglichen Forschungsobjekten. Das Kind verschwindet ja im Schoß der Familie von dem Zeitpunkt an, in dem es im Alter von einigen Tagen die Klinik verläßt, bis zu seinem Erscheinen im Kindergarten einige Jahre später. Selbst wenn sich Psychologen die Mühe machten, Babys zu untersuchen, beschränkten sich – wie bereits gesagt – diese Untersuchungen auf die auffälligsten und leicht meßbaren körperlichen Aspekte ihrer Entwicklung. Heute, bei der wachsenden Erkenntnis, daß das Kind schon von Geburt an psychisch aktiv ist, wächst bei den Psychologen eine neue Bereitschaft, die Babys in ihren verschiedenen Lebensumgebungen aufzusuchen – zu Hause, in Mütterberatungsstellen und in der Praxis der Kinderärzte. Auch Kinderärzte, Angestellte des Gesundheitswesens und Psychiater zeigen sich jetzt aufgeschlossener. Sie interessieren sich mehr als bisher für die Forschung, d.h. sowohl für die Forschung bei normalen und gesunden Babys als auch bei kranken. Es sollte nicht vergessen werden, daß die Praxis des Kinderarztes heute mehr auf die Prophylaxe und die Erziehung der Eltern ausgerichtet sein sollte, als auf die Behandlung kranker Kinder. Auch den Eltern muß zugute gehalten werden, daß ihre Bereitschaft und sogar Begeisterung, an der Forschung mitzuarbeiten, immer stärker anwächst.

Die Zeit vom ersten bis zum dritten Lebensmonat

Im ersten Kapitel haben wir die Verhaltensfähigkeiten des Neugeborenen bis zu einem Zeitpunkt von ungefähr einem Monat nach der Geburt beschrieben. Im zweiten Monat bleibt das Baby länger wach als im Neugeborenenalter und zeigt länger andauernde Reaktionen auf eine zunehmende Anzahl verschiedener Sinneseindrücke des Auges und des Ohrs. Im Alter von einem Monat können viele Babys in Bauchlage den Kopf etwas heben, um etwas anzusehen (manche besonders reife Babys können dies schon bei der Geburt), oder sie können sich in der Fütterungslage der Mutterbrust entgegenrecken. Andererseits lernen manche völlig gesunde Babys erst im Alter von 2 Monaten oder später, den Kopf zu heben. Das Heben des Kopfes und das Öffnen des Mundes bei Sichtbarwerden des Saugers an der Flasche zeigen an, daß das Baby jetzt die Flasche visuell aus der Entfernung erkennen kann und nicht mehr auf die Berührung des Mundes mit dem Sauger warten muß. Es bestehen sogar immer mehr Anzeichen dafür, daß das Baby schon im Alter von einigen Wochen Gesichter unterscheiden kann. Im Alter von einem Monat wird es aber in der Fütterungslage auf alles, was ihm vor Augen gehalten wird, ebenso reagieren, wie auf die Flasche, z.B. auf einen grauen oder weißen Würfel, eine Kugel, einen Zylinder, einen Kegel oder auch ein lose zusammengerafftes Papiertaschentuch. Hier haben wir ein Beispiel der *physiognomischen* Wahrnehmung des Babys, das mehr auf die Gesamteigenschaften der Dinge reagiert, als auf spezifische Attribute (dies ist auch der Ausgangspunkt der Wahrnehmung neuer Situationen beim Erwachsenen). Wir erwarten, daß sich der Äquivalenzbereich (Anm. 7) einengen wird, bis das Baby nurmehr auf einen der wirklichen Flasche sehr ähnlichen Gegenstand reagiert, sobald es die wesentlichen Merkmale der Flasche unterscheiden lernt und irrelevante Eigenschaften ausschließt.

Im zweiten Monat hört das Baby auf zu schreien, wenn es die Mutter sieht, oder auch, wenn es von anderen Leuten liebkost wird. Viele Babys halten schon vor dem 2. Lebensmonat im Schreien an, wenn sich die Schritte der Mutter nähern. Etwa in der 6. oder 8. Woche reagieren die meisten Babys mit einem Lächeln auf ein bewegtes frontales menschliches Gesicht oder (die physiognomische Wahrnehmung vorausgesetzt) auf eine grobe Ähnlichkeit mit einem Gesicht (Spitz 1946, Ambrose 1961). Emde u. Harmon (1972) stellten schon im Alter von zwei Wochen schwache Anzeichen eines sozialen Lächelns fest. Mit 6 Wochen zeigt das Baby eine gewisse Fähigkeit, durch Abwenden des Blickes unangenehme oder übermäßig stimulierende Menschen zu vermeiden. In diesem Alter vergießt das Baby beim Schreien auch schon Tränen. Sein früheres Schreien war zwar echt und laut, aber gewöhnlich tränenlos. Zusätzlich zum Schreien und den Verdauungsgeräuschen bringt es jetzt Laute hervor, die von Gesell (Gesell u. Mitarb. 1938) als „kleine kehlige Töne“ beschrieben wurden. Der Säugling ist immer noch nicht imstande, seine Körperlage wirklich selbständig zu verändern (zumindest nicht in unserer von Körbchen und Gitterbetten beherrschten Kultur), aber er kann schon den Rücken durchbiegen und, wenn es ihm unbehaglich ist, um sich schlagen. Manchmal strampelt er mit den Beinen, die er jedoch gewöhnlich gebogen hält, wobei er, wie in der Hockstellung, die Knie spreizt. Er verlangt häufig nach Nahrung und nimmt noch zwei oder mehr nächtliche Mahlzeiten ein. Das Hungergeheul endet jetzt, sobald das Kind in die Fütterungslage gebracht wird und sogar schon, bevor die Flasche in das Gesichtsfeld tritt. Das Baby kann eine bewegte Person oder ein Spielzeug über einen Bogen von 100° oder mehr verfolgen (manche Babys drehen dabei den Kopf und schauen über ihre Schulter). Verliert es aber einen bewegten Gegenstand aus den Augen, so sucht es nicht weiter danach. Im Alter von 2 Monaten beginnen auf dem Rücken liegende Babys zu zwinkern, wenn sich etwas rasch ihrem Auge nähert (WHITE 1963). Die Schreckreaktion (vgl. S. 23) tritt bei kleineren Babys nur dann auf, wenn sie in sitzender Lage gehalten werden.

Ungefähr mit 2 Monaten windet sich das Baby hin und her, und sein Mund arbeitet, als ob es sich bemühen würde zu antworten, wenn ein Erwachsener sich über das Kind beugt und zu ihm spricht, wobei es keine Rolle spielt, was gesagt wird, und ein Kauderwelsch erfüllt den-

Abb. 36 Eine „Unterhaltung" mit einem 2 Monate alten Kind — Robert Leavitt

selben Zweck wie richtiges Sprechen. Manche Babys bringen sogar einige erstickte Laute hervor. Später entwickelt sich dieses Verhalten zu gelallten Unterhaltungen zwischen dem Erwachsenen und dem Kind.

Zu Anfang des 3. Monats beginnt das Baby nach baumelnden Objekten zu fassen und zu schlagen, aber es öffnet noch nicht die Finger, um Dinge zu ergreifen. Sein erstes Greifen nach Dingen kann der Beginn des allmählichen Übergangs von einer trägen, passiven Weltorientierung zu einer aktiven, manipulativen und exploratorischen Phase anzeigen. Interessanterweise stellt das Greifen nach Objekten eine Form des Verhaltens dar, die sehr stark von Umwelt- und Erfahrungseinflüssen beherrscht wird. White und seine Mitarbeiter (White u. Held 1966) haben gezeigt, daß Babys unter den uninteressanten und reizlosen Verhältnissen mancher Anstalten bis zum Alter von fast 5 Monaten nicht die Arme ausstreckten, um etwas zu ergreifen. Wurde diesen Babys jedoch nur ein geringer zusätzlicher Anreiz in Form von interessantem beweglichen Spielzeug zum Anschauen gegeben oder nahmen sich Erwachsene tagsüber auch nur einige Minuten Zeit, um sich mit den Babys zu beschäftigen, mit ihnen zu spielen, zu sprechen und sie zu liebkosen, so griffen auch diese im Alter von etwas über 3 Monaten nach Gegenständen, was einen enormen Fortschritt darstellt. Die Akkomodationsfähigkeit des Auges ist im Alter von 3 Monaten im wesentlichen vollkommen, und die Augen konvergieren, wenn ein Gegenstand sich der Nase des Kindes nähert.

Das Baby wird kontaktfreudig, sogar so sehr, daß es ein sanftes Gerangel mit Freude begrüßt. Die Vokalisationen werden nun gurgelnde und gurrende Laute, die das Baby sowohl spontan als auch als Reaktion auf menschliche Kontakte hin ausstößt. In diesem Alter lächelt das Baby vergnügt, wenn der Erwachsene sich zornig stellt, wogegen ein echter Zorn Schreie der Bestürzung auslöst. Manche Babys beginnen im Alter von 3 Monaten bei Musik zu summen. Diejenigen, die in den ersten Lebenswochen Koliken gehabt haben, sind im Alter von 3 Monaten von diesen wahrscheinlich befreit, zum Segen ihrer eigenen Laune und der ihrer Eltern.

Die Zeit vom dritten bis zum sechsten Lebensmonat

Das Alter von 3 Lebensmonaten stellt in vieler Hinsicht einen Wendepunkt dar. Die Veränderungen im Kinde werden oft dahingehend zusammengefaßt, daß man sagt: „Es wird ein Mensch“. Die subtilen Ausdrucksweisen der beginnenden „Menschwerdung“ sind schwer zu definieren. Aber das Baby hat sein Neugeborenenaussehen verloren und ist physisch ein hochgradig individualisierter Säugling geworden. Es erscheint auf eine neue Weise munter und aufgeschlossen und macht den Eindruck, als hätte es ein beginnendes Innenleben. In diesem Alter zeichnet sich auch eine Änderung im Verlauf der Hirnstrommuster ab. Dieser neue Zustand des Babys kann zum Teil mit seiner unterschiedlichen Reaktion auf bekannte und unbekannte Menschen zu tun haben. Es begrüßt Familienmitglieder mit einem Lächeln, windet sich und gurgelt, während es oft Fremden mit ernstem, reserviertem und wachsamem Gesichtsausdruck begegnet. In diesem Stadium entwickelt es feststehende Erwartungen in bezug auf die Regelmäßigkeit des Tagesablaufs und das Verhalten anderer Menschen. Wie immer sich der Wandel auch äußern mag, er wird von den Eltern ohne Schwierigkeiten erkannt, sobald er sich bemerkbar macht (CHURCH 1968). Wie bereits erwähnt, fassen die Babys in diesem Alter nach Dingen, die sie sehen, und ergreifen sie, vorausgesetzt, daß sie die richtige Stimulation erhalten. Das visuell gesteuerte Greifen scheint den Beginn einer allgemeineren Veränderung von einer trägen, passiven Orientierung in der Welt zu einer aktiveren zu symbolisieren.

Im Alter von 3 Monaten – und manchmal früher – schlafen viele Babys vom Zeitpunkt einer abendlichen Fütterung an bis 5, 6 oder 7 Uhr morgens durch. In welchem Alter ein Baby beginnt, die Nacht durchzuschlafen, scheint sowohl von seiner körperlichen Reife als auch von der Erfahrung der Eltern abhängig zu sein, denn nach einer Untersuchung von MOORE, T. u. UCKO (1957) schlafen die zweiten und nachfolgenden Kinder früher durch als die Erstgeborenen. Die Bereitschaft des Babys, durchzuschlafen, deutet sich gewöhnlich dadurch an, daß es tagsüber größere Mahlzeiten zu sich nimmt, bei nächtlichem Erwachen weniger heftig schreit und bei einer nächtlichen Fütterung der Flasche gegenüber relativ ungerührt ist. Manche Babys erwachen in der Nacht nicht in erster Linie, weil sie hungrig sind, sondern weil sie eine Zeitlang spielen und Gesellschaft haben möchten. Diese Episoden gehen gewöhnlich bald vorüber. Die Fähigkeit des Babys, durchzuschlafen, steht meist mit einer im Säuglingsalter stattfindenden allgemeinen Stabilisierung der physiologischen Rhythmen in Zusammenhang.

Ungefähr zur gleichen Zeit, in der das Baby anfängt, die Nacht durchzuschlafen, kann man eine interessante Änderung in seinem Verhalten zur abendlichen Schlafenszeit beobachten. Früher hat es, wenn es schläfrig war und zu Bett gebracht wurde, sich wohl kurz erregt gezeigt und gewimmert, ist jedoch dann eingeschlafen. Jetzt aber beginnt eine Zeit, in der viele Babys mit Weh- und Ärgergeschrei reagieren, so als ob sie erkennen würden, daß das Schlafengehen der Geselligkeit und Aktivität ein Ende setzt. Dieses Geschrei zur Schlafenszeit kann der erstmalige Gebrauch der Stimme für eine gewollte Kommunikation sein. Das Baby schreit nämlich nicht kontinuierlich in einem fort, sondern nur kurz in gewissen Abständen, so als ob es zwischendurch horche, ob jemand kommt. Wir haben die Erfahrung gemacht, daß das Baby bei

Herannahen der elterlichen Schritte so lange ruhig bleibt, wie sich der Vater oder die Mutter in seine Richtung weiterbewegen. Halten Vater oder Mutter, durch die Stille ermutigt und in der Hoffnung, daß das Baby eingeschlafen ist, horchend inne, so tönt eine Reihe wiederholter, immer wieder durch Stille unterbrochener Heullaute, jeder kräftiger und länger als der vorhergehende, als Forderung an die Eltern.

Der Widerstand des Babys gegen das Einschlafen bedeutet einige qualvolle Tage für die Eltern, die die Verzweiflung des Kindes mitempfinden und fürchten, es könne ohne ihr Entgegenkommen dauernden Schaden erleiden, die aber zusätzlich zu allen anderen Belastungen durch die Kinderpflege erschöpft und ermüdet sind und dringend der Ruhe bedürfen. Auch die nachsichtigsten Eltern werden schließlich erkennen, daß zwischen den Stunden der Geselligkeit und jenen des Schlafens eine Grenze gezogen werden muß und das Baby sich einfach in den Schlaf schreien sollte. Nach den Angaben von Spock (1957), die durch Erfahrung bestätigt wurden, wird das Baby, sobald sich die Eltern dazu durchgerungen haben, auf sein abendliches Geschrei nicht mehr zu reagieren, am ersten Abend etwa 20 Minuten lang (für die ängstlichen Eltern eine kleine Ewigkeit), die nächsten 2 oder 3 Abende weniger lang und schließlich überhaupt nicht mehr schreien. Zur Überraschung und Erleichterung der von Schuldgefühlen gequälten Eltern wird das Baby am nächsten Morgen frisch und ohne die geringste Spur von Groll oder Verstimmung erwachen. Die Angelegenheit kann auch dadurch erleichtert werden, daß man ein kleines Licht im Zimmer des Babys anläßt oder ihm sogar erlaubt, in einem Körbchen oder einer Wiege im Kreise der Familie einzuschlafen.

Wir legen auf die Darstellung der Schlafzeiten und des Durchschlafens deshalb so großen Wert, weil sie ein neues Stadium des kindlichen Bewußtseins anzeigen und weil sie den Zeitpunkt bezeichnen, an dem die Eltern mehr Zeit für sich bekommen und ebenfalls durchschlafen können und so am Kinde und aneinander mehr Freude haben können. Darüber hinaus stellen sie ein sehr wichtiges allgemeines Phänomen dar: die Ausbildung einer halbautomatischen inneren *„biologischen Uhr"*. Das heißt, das Baby verfügt über eine Anzahl täglicher periodischer, sog. *zirkadianer* Rhythmen, z. B. des Wechsels von Aktivität und Ruhe, des Hungers, des Essens, der Darmentleerung und damit einhergehenden physiologischen Schwankungen, wie etwa Veränderungen in der Körpertemperatur. Diese Rhythmen werden anscheinend in Gang gesetzt von wiederkehrenden Ereignissen in der Umgebung, speziell den Zeitplänen und Routinetätigkeiten in der Familie. Sander (1969) hat festgestellt, daß ein Wechsel der Bezugsperson im frühen Alter von 10 Tagen dem Baby beträchtliches Unbehagen verursacht. Sander sieht die Unterschiede in den Rhythmen der Pflegepersonen als eine wesentliche

Ursache der Belastung an. Innerhalb eines Zeitraumes von mehreren Monaten erlangen die kindlichen Rhythmen Eigenständigkeit (wenn sie auch offenbar nicht unveränderlich sind) und werden durch gelegentliche Abweichungen von der gewohnten Routine kaum beeinflußt.

Wenn wir hier auch etwas vom Thema abweichen, so möchten wir doch darauf hinweisen, daß biologische Uhren praktisch allen Arten, Menschen, Bienen, Austern und blühende Erbsen eingeschlossen, gemeinsam sind (Brown 1959). Die Umweltbedingtheit der Zyklen scheint überdies nicht nur auf so offenkundige Regelmäßigkeiten wie Fütterung oder Wechsel zwischen Tageslicht und Dunkelheit zurückzuführen sein, sondern auch auf so unwahrscheinlich anmutende Kräfte wie den Schwerkrafteinfluß des Mondes. Austern an der Ostküste der USA öffnen und schließen sich beispielsweise je nach Ebbe oder Flut. Bringt man diese Austern in den Mittelwesten und legt sie in ein seichtes Gefäß mit Wasser, so öffnen und schließen sie sich noch eine Zeitlang nach den Gezeiten ihrer heimatlichen Gewässer. Allmählich stellen sie sich aber auf die nicht vorhandenen Gezeiten ihrer neuen Umgebung um. Dies zeigt, daß ihr Rhythmus nicht so sehr durch die Gezeiten als solche verursacht wurde, sondern vielmehr direkt durch die für die Gezeiten verantwortlichen Kräfte. Dies deutet darauf hin, daß einiges, was gemeinhin als Aberglauben abgetan wird, z. B. der Wunsch der Bauern, bei Neumond zu säen, oder die vermutete Beziehung zwischen den Mondphasen und dem Monatszyklus der Frauen, sich doch als begründet erweisen könnte.

Das große Gewicht, das unsere Gesellschaft der Zeit und den Zeitplänen beimißt, erscheint oft absurd. Trotzdem bringt die Stabilisierung der physiologischen Rhythmen des Babys einige Vorteile mit sich. Für die Eltern, weil sie die Kinderpflege vereinfacht, und für das Baby, weil sie ihm für das Spiel, die Erforschung der Dinge und das Lernen Zeit gibt und die Grundlage für seine spätere Beherrschung der Zeit bildet.

Im Alter von 3 oder 4 Monaten wird sich das Baby vielleicht an dem spielerischen Schrecken erfreuen, wenn die Eltern „buh!“ sagen und dann lächeln und es kitzeln. Vielleicht bekommt es davon auch Schluckauf, aber oft freut es sich dann auch darüber. Ungefähr im 4. Monat wird das Baby vielleicht zum ersten Male lachen, wobei es ein herzliches Kichern ausstößt (anstelle eines Lächelns oder Gurgelns), möglicherweise wenn man mit der Nase seinen Bauch berührt oder den Bauch leicht anstößt. Zu dieser Zeit, wenn nicht schon früher, freut sich das Baby beim Baden und nimmt aktiv daran teil. Ungefähr vom 3. Monat an hält es, wenn es wach ist und auf dem Rücken liegt, nicht mehr den Kopf zur bevorzugten Seite gedreht, sondern in der Mittellage, und sein Blick ist gerade nach oben gerichtet, obschon es den Kopf und die Augen immer wieder nach der Richtung bewegt, aus der es eine

Stimme zu hören glaubt. Wie wir bereits in Kapitel I gesagt haben, kommt es vor, daß schon Neugeborene nach einer Geräuschquelle suchen, aber in der Regel wendet das Baby erst im Alter von 2 oder 3 Monaten den Kopf oder die Augen in die Richtung einer bekannten Stimme und sucht erst im 4. oder 5. Monat nach der Quelle anderer Geräusche. Es hört also wohl auch schon im früheren Alter die Geräusche, wie eine Veränderung seines Gesamtzustandes zeigt, aber es dreht sich nicht unbedingt der Geräuschquelle zu. Im Alter von 4 Monaten kann man das Baby für kürzere Zeit in einer sitzenden Haltung stützen, und beliebig lange kann es eine halb liegende Stellung in einem Liegestühlchen einnehmen. Es wird jetzt auch beginnen, feste Nahrung zu sich zu nehmen, oder, genauer gesagt, durchgerührte, breiartige Nahrung. Am Anfang gibt es beim Essen großes Getue, häufiges Verschlucken, Husten und Spucken und sogar Würgen und Erbrechen. Gewöhnlich kann man aber bei jedem Versuch gut erkennen, ob das Baby Nahrung in dieser neuen Form gern hat. In manchen Kulturen wird weniger Rücksicht genommen, und große Mengen von Brei werden unbarmherzig in den Mund des Kindes gestopft. Übrigens können es die Erwachsenen nicht lassen, bei der Löffelfütterung kleiner Kinder mit

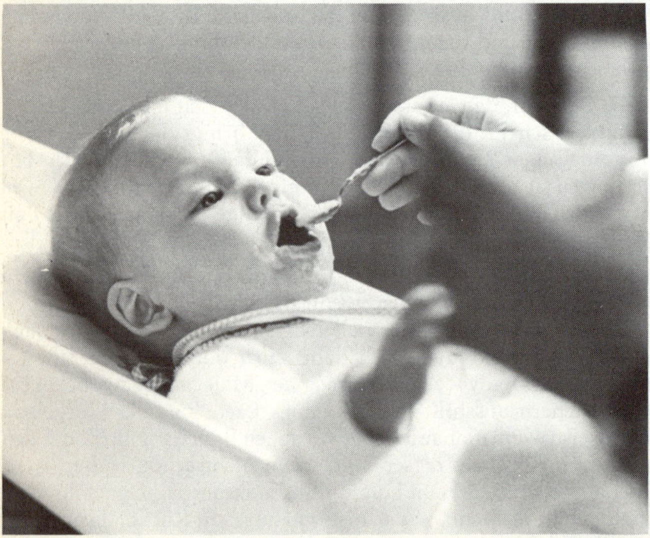

Suzanne Szasz

Abb. 37 Das Baby ißt „feste" Nahrung. Bemerkenswert ist dabei, wie sich die Augen des Babys auf die Hand des Erwachsenen richten und wie es seinen Mund in Erwartung des Löffels öffnet

dem eigenen Mund betonte Eßbewegungen nachzuahmen, als wollten sie magisch, aber unbewußt das Baby veranlassen, sie ihnen nachzumachen.

Wie bereits gesagt, langt das Baby, das bei normaler Stimulation aufwächst im Alter von 3 oder 4 Monaten nach visuell wahrgenommenen Dingen. Wenn der Gegenstand sich in der Körpermitte befindet, wird das Baby wahrscheinlich beide Hände gebrauchen, um danach zu greifen (Bruner 1968). Es breitet seine Finger aus, um zu greifen, doch ist dabei der Daumen noch nicht den Fingern gegenübergestellt (manche Babys zeigen von Anfang an eine Oppositionsstellung des Daumens) und die Hand biegt sich im Gelenk angespannt und spastisch nach rückwärts, worüber manche Eltern erschrecken. Wenn es Gegenstände vom Fußboden oder von einer Tischplatte aufheben will, gelingt es am besten, wenn es sie mit dem Unterarm umklammert und an den Körper herandrückt. Das Baby ist zwar imstande, Gegenstände mit der Hand aufzuheben, aber es kann sie nicht willkürlich wieder loslassen. Entweder wird ihm der Gegenstand bei einer neuerlichen Handbewegung aus der Hand geschlagen, oder er entfällt unbemerkt, wenn das Kind seine Aufmerksamkeit einer neuen Sache zuwendet und sich seine Finger entspannen. Wenn es wirklich die Absicht hat, etwas aus der Hand loszuwerden, dann reibt es diesen Gegenstand an seinem Körper, bis er sich aus seinem Griff gelöst hat. Eine Neuentwicklung, die in diesen Zeitraum fällt, und die wahrscheinlich sowohl mit der neu erworbenen Fähigkeit des Greifens als auch mit seinem wachsenden Selbstbewußtsein in Verbindung steht, ist die Fähigkeit, hochzulangen und ein über sein Gesicht gebreitetes Taschentuch wegzunehmen. Mit 3 Monaten schwingt das Baby seine Arme wirkungslos in der Nähe des Kopfes, den es dabei von einer Seite zur anderen schüttelt. Mit 4 Monaten kann es das Taschentuch mit der Hand oder mit dem Arm wegwischen, und vor dem 5. Monat langt es einfach hinauf, ergreift es und zieht es weg, wobei allerdings eine Verzögerung von mehreren Sekunden eintreten kann, in denen das Baby sich die richtige Handlungsweise zu überlegen scheint. Vom 5. Monat an entfernen viele Kinder das Taschentuch und legen es dann wieder zurück, als ob sie Versteck spielen wollten.

Wenn man ein 4 Monate altes Baby während der Vorbereitung für eine Mahlzeit trägt, so wartet es ruhig, bis es soweit ist, und dies ist ein weiteres klares Anzeichen dafür, daß es ein bevorstehendes Ereignis voraussehen kann. Es ist dies ein gespanntes Abwarten, bei dem leise Wimmerlaute auftreten und das Baby nach der Flasche, die eben angewärmt wird, oder nach dem Zimmer, in dem es gewöhnlich gefüttert wird, hinstrebt. Irgendwann in diesem Zeitraum beginnt das Baby, statt beim morgendlichen Erwachen zu heulen, in seinem Bettchen leise zu summen, zu jauchzen und zu lallen, bevor es danach schreit, aufgenommen zu werden. Den Eltern kommt dies manchmal so vor, als wäre etwas nicht in Ordnung. Statt von dem Schreien des Kindes rücksichtslos geweckt zu werden, wachen sie nun von selbst in einer etwas unheimlichen Stille auf, in der die neuen frohgemuten Laute des Kindes kaum zu hören sind.

Wenn sich das Baby dem Alter von 5 Monaten nähert, kann es 4–5 Stunden (in der Nacht natürlich länger) ohne Nahrung bleiben, und es nimmt bei jeder Mahlzeit reichliche Mengen an Milch und fester Nahrung zu sich. Es pendelt sich ein auf zwei oder drei wohlbegrenzte Nickerchen während des Tages, ganz anders als früher, als es immer wieder von neuem eingenickt und aufgewacht ist. Es untersucht seine Finger und spielt damit, wobei die eine Hand die andere zum Zwecke der visuellen Untersuchung an die Augen und zur Geschmacksprobe an den Mund führt. Alles, was das Kind aufnimmt, wandert zum Prüfen in den Mund, und dies wird sich wahrscheinlich noch über ein Jahr oder länger fortsetzen. Wenn es nicht imstande ist, etwas mit der Hand aufzuheben, wird es den Mund heranführen. Im Sitzen muß es immer noch abgestützt werden, doch kann es immer länger in dieser Lage verharren, bevor sein Kopf zu hängen und sein Körper zusammenzusinken beginnt. Wichtig ist, wie sich sein Blickfeld ausweitet, wenn es vom Liegen in die aufrechte Stellung gebracht wird. Die Schutzvorkehrungen, die in verschiedenen Familien oder verschiedenen Kulturen für die Babys eingerichtet werden, können einen ungeheuren Einfluß auf den Wahrnehmungsbereich haben. In der Bauchlage kann das 4 oder 5 Monate alte Baby Brust und Schultern heben und den Kopf aufrecht halten, wie auf dem klassischen Bild des nackten Babys auf dem Bärenfell im Familienalbum. Während der Wachperioden kann das Baby ohne Unzufriedenheit allein gelassen werden, zumindest so lange, daß die Mutter einige Hausarbeiten ohne Unterbrechung verrichten kann. Um es bei guter Laune zu halten, kann man ihm etwas zum Ansehen geben, z.B. ein Mobile, oder etwas, was es mit den Fingern greifen kann, wie z.B. eine herunterhängende Puppe oder Rassel, oder etwas zum Anhören, z.B. Musik oder ein Gespräch der Familienmitglieder. Das 5 Monate alte Baby, das verschiedenfarbige Karten zum Ansehen bekommt, zeigt starke Vorlieben, wobei die „warmen" Farben (rot, orange, gelb) länger angesehen werden als die „kalten" (grün, blau, violett) und intensive und satte Farben den schwachen und gedeckten Tönen vorgezogen werden (Spears 1964, Staples 1932, Valentine 1913/14). Die Fußknöchel des Babys richten sich jetzt gerade, so daß seine Fußsohlen nicht mehr einander gegenüberliegen.

Zwischen dem 5. und 6. Monat lernt das Baby nicht nur, nach Dingen zu greifen, sondern auch Ringe, Rasseln und Stoff-Fetzen festzuhalten, mit ihnen zu spielen und sie wieder loszulassen. Die Bewegungen beider

Hände sind bei Handhabung der Dinge koordiniert. Das Baby kann ein Stück Stoff ausbreiten und dabei seine Feinheiten untersuchen und auch Dinge von einer Hand in die andere nehmen. Anscheinend dreht das Baby jetzt jeden neuen Gegenstand um, um die entgegengesetzte Seite zu inspizieren, was genauso wie das Greifen nach Dingen darauf hindeutet, daß die Gegenstände für das Baby keine flachen Projektionen sind, sondern daß es auch ihre nicht wahrnehmbaren Teile empfindet, wie es richtigen und festen Gegenständen entspricht (PIAGET 1932). Dies gilt auch für Muster, die in Wahrheit zweidimensional sind, wie z.B. das Muster auf seiner Laufstalleinlage, die das Baby aufzuheben versucht. Etwas später, nachdem es ihm nicht gelungen ist, ein Muster oder ein Bild aufzuheben, wird das Baby vielleicht die Augen nahe an die Fläche heranbringen, um die versteckte Seite zu entdecken. Dieses Phänomen der *impliziten Wahrnehmung,* des Bewußtseins, daß auch solche Dinge oder Teile vorhanden sind, die nicht direkt wahrgenommen werden, stellt einen wichtigen Teil der Wahrnehmung des Erwachsenen dar. Später werden wir den Wahrnehmungsinhalt des Babys mit dem des Erwachsenen vergleichen. Es scheint zwei verschiedene Gründe dafür zu geben, daß das Baby einen Gegenstand von mehreren Winkeln aus betrachtet. Der erste und primitivere scheint zu sein, daß das Baby nach der besten Orientierung sucht, um den Gegenstand in seinen Mund zu bringen. Der zweite kompliziertere Grund scheint die Neugierde zu sein, wie die abgelegene Seite aussieht und welche Überraschungen sich vielleicht hinter einer Kante verstecken. Wenn das Kind die Gegenstände in den Mund nimmt, dann eher zum Zwecke des Kauens, als zum einfachen Befühlen, Schmecken oder Saugen. Die Milchzähne beginnen durch das Zahnfleisch zu stoßen, und das Kauen beseitigt die Beschwerden. Dies ist die Zeit, in der viele Babys, die bisher gestillt worden sind, auf die Flasche oder die Tasse umgewöhnt werden, um die Mutter gegen den neuen Beißdrang des Babys zu schützen.

Das mittlere Säuglingsalter

Wir geben von hier an unsere Monatseinteilung auf, um der wachsenden individuellen Unterschiedlichkeit in den Entwicklungsraten der Kinder Rechnung zu tragen. Das „mittlere Säuglingsalter" ist ein Entwicklungsabschnitt, in dem das Kind bequem sitzen, aber noch nicht kriechen kann. Ungefähr im Alter von 6 Monaten wird das Kind wahrscheinlich seine Füße entdecken (vgl. Abb. 41). Bei manchen Babys kommt diese Entdeckung bereits früher im Alter von 4 Monaten zustande. Zunächst erkennt das Baby die Füße nicht als Teile seines Körpers, sondern sieht sie als sonderbare Gegenstände an, die gelegentlich über den Horizont seines Bäuchleins hinweg in sein Gesichtsfeld treten (die meisten 6 Monate alten Babys sind ziemlich beleibt) und

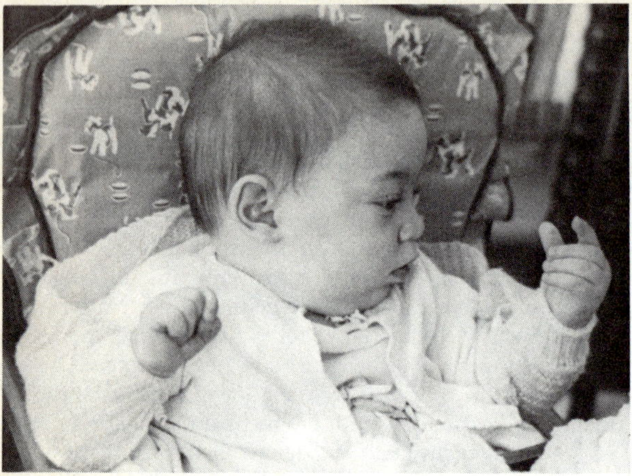

L. Joseph Stone

38

Abb. 38: Die Entdeckung des eigenen Körpers. Ein 5 Monate altes Baby untersucht seine Finger
Abb. 39: Das Baby kann seine Brust und seine Schultern aufrichten und hält den Kopf erhoben, wie auf den klassischen Fotos in Familienalben
Abb. 40: Die Untersuchung von Gegenständen. Bemerkenswert ist, wie die Finger der rechten Hand die Umrisse des Spielzeugs nachtasten, während die linke Hand es festhält
Abb. 41: Die Entdeckung des eigenen Körpers. Ein 6 Monate altes Baby spielt mit seinen Füßen

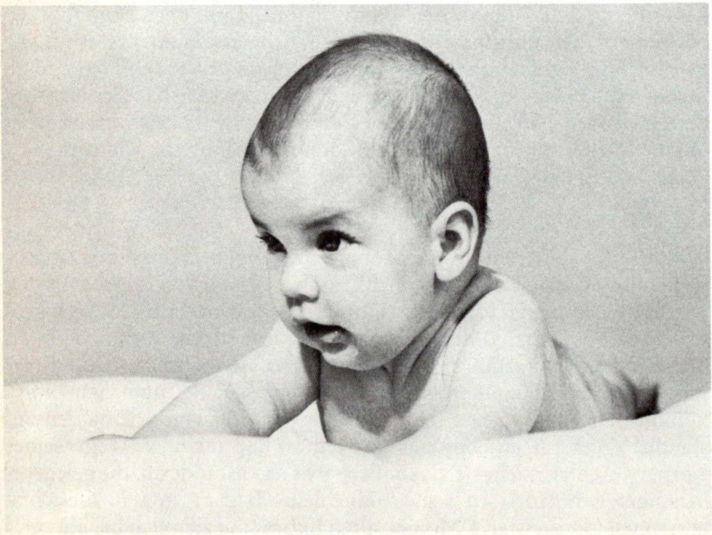

Fee Schlapper

39

Lew Merrim, Monkmeyer

40

Vivienne

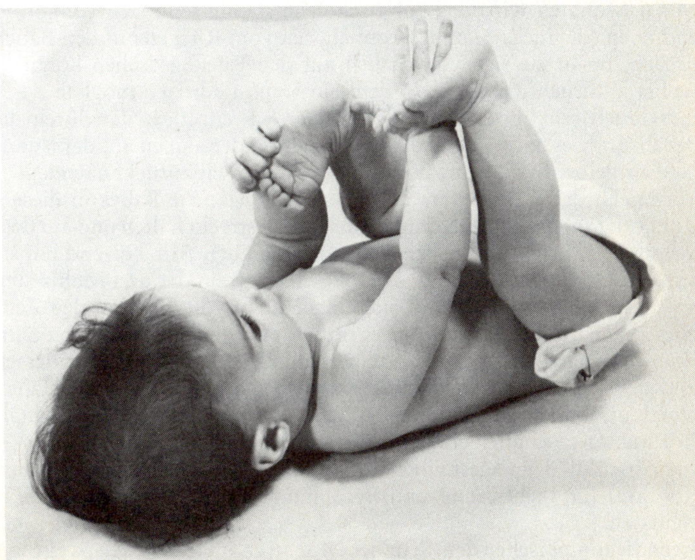

41

die es mit seinen Händen ergreifen und festhalten kann, um sie zur Besichtigung vor die Augen und – innerhalb etwa eines Monats – zum Schmecken und Kauen in den Mund führen kann. Wir greifen hier unserem Entwicklungsbericht einen Augenblick lang vor: Die schmerzliche Überraschung des Babys, wenn es sich selbst in den Fuß beißt, so als hätte es nicht erwartet, daß dies wehtun würde (oder zumindest nicht ihm selbst), ist eines der vielen Anzeichen dafür, daß das Baby nicht von Geburt an einfach in seiner Eigenschaft als funktionsfähiges biologisches Wesen seinen eigenen Körper erkennt, sondern daß der Körper, sein Ausmaß und seine Fähigkeiten, zu fühlen und zu handeln, während einer langen Lehrzeit durch eine Reihe von Entdeckungen erfahren werden müssen. Die Erfahrungen mit seinem Körper erfolgen jedoch auf verschiedenen Ebenen. Es kann z.B. verschiedene Teile seines Körpers gebrauchen, bevor es sie erst richtig entdeckt hat. Zum Beispiel könnte es seine strampelnden Füße nicht ergreifen und mit der Hand bearbeiten, wenn die Füße nicht zumindest dadurch mithelfen würden, daß sie zu strampeln aufhörten. Etwas später heben sich die Füße von selbst, um eingefangen zu werden. Und noch später, aber bevor sie ihre Hauptaufgabe, das Laufen, wahrnehmen, erfüllen sie die Funktion von Greifwerkzeugen, werden also zu „Hilfshänden“, die Dinge außerhalb der Reichweite der Hände heranholen oder einen Gegenstand halten können, während die Hände damit spielen.
Mit 6 Monaten wird das Baby schon imstande sein, sich völlig umzudrehen (die meisten Babys können sich vom Rücken auf den Bauch drehen, bevor sie sich vom Bauch auf den Rücken drehen können), wobei natürlich das Alter, in dem ein Rundumdrehen möglich wird, individuell sehr unterschiedlich ist. Der Schreitreflex, der durch die Berührung des aufrechtgehaltenen Babys mit den Füßen auf der Unterlage ausgelöst wird, kehrt ungefähr zu dieser Zeit zurück, nachdem er kurz nach der Geburt verschwunden war. Manche Babys in diesem Alter oder sogar jüngere können ihre Knie gestreckt halten und auf dem Schoß eines Erwachsenen stehen, wenn man den Arm stüzend um sie legt. Die meisten Babys in unserer Gesellschaft, in der drei Mahlzeiten am Tag üblich sind, pendeln sich ungefähr um die Zeit auf den Zeitplan dreier Mahlzeiten ein, gelegentlich mit einem zusätzlichen Saft, einer Nascherei und – im Falle einer Pause zwischen dem Abendessen und dem Schlafengehen – einer Flasche direkt vor dem Einschlafen. Durch die Flasche zur Schlafenszeit wird der Hungerschmerz als Schlafstörung ausgeschaltet und es bietet sich – dies ist ebenso wichtig – vor Abschluß der Tagesmühen noch einmal Zeit für den menschlichen Kontakt, für Liebkosung und Beruhigung nach den erregenden Ereignissen.
Irgendwann zwischen dem 5. und 8. Monat, charakteristischerweise mit 6 Monaten, zeigt ungefähr die Hälfte aller Babys eine ausgesprochene

Angst vor Fremden, das sog. *Fremdeln* (SCHAFFER u. EMMERSON 1964). (Anm. 8.) Wir haben bereits die Zurückhaltung erwähnt, die das 3monatige Baby Fremden gegenüber an den Tag legt. Jetzt besteht eine Neigung zum Schreien, sich an die Eltern zu klammern und so weit wie möglich von den Fremden wegzustreben. Für das Familienleben ist die Angst vor Fremden deshalb wichtig, weil die Möglichkeit eingeschränkt wird, daß die Mutter ausgehen und das Kind einer anderen Pflegeperson überlassen kann und weil oft die auf Besuch kommenden Großeltern, Tanten oder Onkel von einem abweisenden Baby gekränkt werden, mit dem sie sich rasch anfreunden wollten. Der kluge Fremde bleibt dem Kind fern, weil er weiß, daß die Reaktion des Babys auf einen neuen Reiz sowohl Furcht als auch Neugier einschließt. Mit etwas Geduld von seiten des Besuchers wird die Neugier des Babys die Furcht überwinden und seine Abneigung wird sich bald in Freundlichkeit verwandeln. Die Angst vor Fremden ist zu berücksichtigen, wenn sich Wissenschaftler zu Forschungszwecken mit Säuglingen beschäftigen. Man kann nicht ein Baby untersuchen, wenn es sich in tränenreicher Panik befindet. Weiterhin erstreckt sich die Angst vor Fremden nicht nur auf Menschen, sondern auch auf fremde Gegenstände und Räumlichkeiten. Und das Testmaterial kann anfangs ebenso bedrohlich erscheinen wie der unbekannte Forscher selbst. RHEINGOLD (1969b) hat die verschiedenen Reaktionen von Babys untersucht, die sich allein oder mit ihren Müttern in einer unbekannten Umgebung befanden. Sie hat auch gezeigt (RHEINGOLD u. ECKERMAN 1969), daß Spielzeug das Baby verlocken kann, von seiner Mutter weg in ein fremdes Zimmer zu gehen, besonders dann, wenn man ihm Zeit läßt, sich auf die neue Situation einzustellen.

Die Angst vor Fremden ist auch im Hinblick auf die Entwicklungsprinzipien interessant. Sie zeigt an, daß das Baby in den ersten 6 Monaten seines Lebens ein Schema des Vertrauten (und für gewöhnlich auch starke emotionale Bindungen daran) entwickelt hat, wodurch der Kontrast des Fremden erst möglich geworden ist. Die Bindungen des Babys an seine Familie – sowie auch an Wohnung und Garten, sein Bettchen und Spielzeug – haben, obwohl entscheidend andere Prozesse beteiligt sind, Analogien im tierischen Bereich. (Diese Analogien werden wir im nächsten Kapitel unter dem Tigel „*Prägung*" besprechen.)

Ob beim Baby eine Angst vor Fremden eintritt und wie groß sie ist, richtet sich nach der Anzahl und Unterschiedlichkeit seiner sozialen Bezugspersonen. Babys, die nur wenige Erwachsene kennen, werden wahrscheinlich eine sehr ausgeprägte Angst vor Fremden zeigen (SCHAFFER u. EMMERSON 1964). Andere, die – wie im israelischen Kibbuz – von vielen Erwachsenen versorgt worden sind, werden kaum Angst haben (SPIRO 1958, CADWELL 1963). Nach Berichten von ROBSON

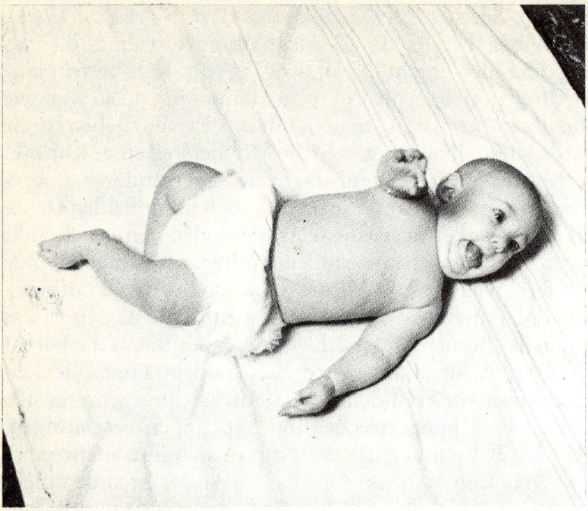

42

Abb. 42–45 Das Baby rollt sich vom Rücken auf den Bauch

43

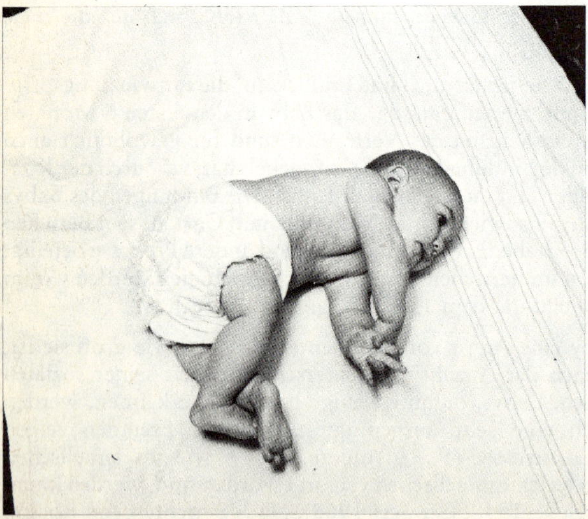

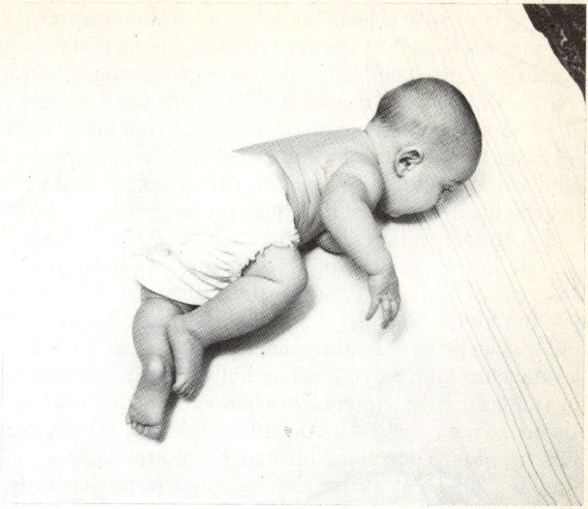

44

Abb. 42–45: Lew Merrim, Monkmeyer

45

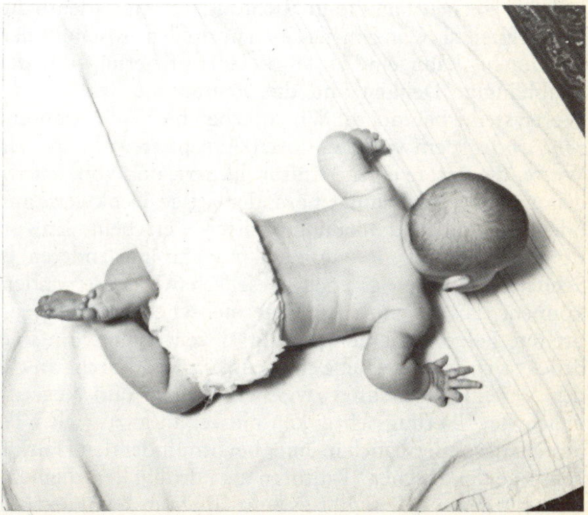

u. Mitarb. (1969) zeigen Mädchen im früheren Alter mehr Angst vor Fremden als Knaben. COLLARD (1968) hat gezeigt, daß junge Katzen, die von einem einzelnen Experimentator großgezogen wurden, Angst vor Fremden haben, nicht jedoch diejenigen, die von verschiedenen Personen versorgt wurden. Soweit wir wissen, hat bisher niemand ernstlich die Frage untersucht, ob Kinder, die vom Säuglingsalter an von einem Kindermädchen betreut wurden, eine primäre Bindung an dieses und nicht an die Eltern ausbilden, doch führen gelegentliche Beobachtungen zu der Annahme, daß dies manchmal der Fall sein kann. Weiter erhebt sich die Frage, ob die Angst vor Fremden günstig oder ungünstig ist. Unserem Gefühl nach ist sie insofern günstig, als sie eine starke emotionale Bindung widerspiegelt, die das kulturelle Lernen erleichtern sollte und vielleicht eine spätere generelle Fähigkeit zu starker Zuneigung voraussehen läßt. Sie ist auch deshalb günstig, weil sie eine klare Wahrnehmungsunterscheidung zwischen verschiedenen Menschen beweist. Als negativer Aspekt der Angst vor Fremden könnte eine übermäßige Einschränkung der menschlichen Kontakte entstehen oder aber eine Bindung, die so stark ist, daß sie einer normalen Entwöhnung vom Säuglingsverhalten entgegensteht. Im allgemeinen bedeutet Entwicklung sowohl die Aufgabe alter Bindungen, als auch die Bildung neuer – in späteren Stadien solche wie Freundschaft, erotische Liebe, Elternliebe, Hingabe an eine Zielsetzung, Loyalität für Einrichtungen und Prinzipien sowie Gefühle für Kunst.

Wenn wir weiterhin das Wegstreben des Kindes von der Identifizierung mit der eigenen Familie in Richtung auf eine Identifizierung mit der Menschheit als Ganzem als einen normalen Abschnitt der Entwicklung annehmen, kann eine zu starke Identifizierung mit der Familie das unabhängige Denken und die Übernahme neuer und andersartiger Wertsysteme behindern. Wir sprechen hier vom Phänomen des *Ethnozentrismus,* dem vorbehaltlosen Akzeptieren der Anschauungen und Werte, die unsere eigene Kultur diktiert, und von denen wir so durchdrungen sind, daß uns eine andersartige Denkweise unbegreiflich – oder sogar verrückt oder unmoralisch – erscheint. Daß uns Angehörige fremder Kulturen – wie auch manche aus anderen Bereichen und Schichten unserer eigenen Gesellschaft – so sonderbar anmuten können, daß sie uns als „Untermenschen“ erscheinen, ist eine verbreitete Folgeerscheinung des Ethnozentrismus. Ein solches Vorurteil drückt sich nicht nur in Feindseligkeit und Furcht aus, wie sie z. B. in den Vereinigten Staaten zwischen Weißen und Negern und bei ähnlichen Bevölkerungsschranken hinweg in allzu vielen Teilen der Welt bestehen, sondern auch in einer bevormundenden Haltung, die uns Angehörige „exotischer“ Kulturen als „drollig“ erscheinen läßt. Wie wir später sehen werden, gibt es zum Glück in komplexen Gesellschaften einige innere Mechanismen, die dem Ethnozentrismus bis zu einem gewissen Grad entgegenwirken.

Während das Fremde oft als bedrohlich empfunden wird, kann das Neue als Unterbrechung der Eintönigkeit des Gewohnten auch anziehend wirken. Andererseits erzeugt Neues auch oft Furchtreaktionen, wie bei der Angst vor Fremden oder beim Anblick des teilweise mit Rasierschaum bedeckten väterlichen Gesichts. Im tierischen Bereich entdeckte BRUCE (1960), daß ein Zusammensein frisch befruchteter weiblicher Mäuse mit fremden männlichen Tieren einen blockierenden Einfluß auf die Trächtigkeit ausübt. Eine weitere von ELEFTHERIOU u. Mitarb. (1962) durchgeführte Analyse zeigt jedoch, daß derselbe Effekt durch eine Vielzahl unbekannter Reize hervorgebracht werden kann, was darauf hindeutet, daß die Neuheit als solche den beeinträchtigenden Reiz darstellt. Wie wir wissen, erzeugt Neuheit andererseits oft Faszination und Vergnügen. EHRMAN (1966) entdeckte, daß fremde männliche Obstfliegen, im Gegensatz zu den obigen Feststellungen, Weibchen erfolgreicher begatten als solche, die dem gleichen Stamm angehören wie die Weibchen selbst. Wir haben bereits gesehen, daß das Neugeborene an einen wiederholten Reiz habituiert, aber durch eine geringfügige Abänderung sofort wieder aufmerksam wird.

Forscher, wie MORGAN u. RICCIUTI (1969) und AINSWORTH u. Mitarb. (1971), haben viel zu einem besseren Verständnis der Angst vor Fremden beigetragen. Der Unterscheidung der Fremdheitsgrade wurde jedoch wenig Aufmerksamkeit gewidmet. Wir unterscheiden hier vier Grade: das intim Bekannte, das Vertraute, das Unvertraute und das gänzlich Fremde, wie ein Angehöriger einer gänzlich unbekannten fremden Rasse. MELSON u. MCCALL (1970) fanden einen komplexen Zusammenhang zwischen der Habituation an neue visuelle und akustische Reize, aber es besteht Grund zu der Annahme, daß es die aufgeweckteren Kinder sind, bei denen am raschesten eine Habituation eintritt. KAGAN, LEWIS und MCCALL (KAGAN 1970, LEWIS 1967, MCCALL u. KAGAN 1967) stellten die Diskrepanzhypothese auf, die mit HEBB u. RIESEN's (1943) Beobachtungen über Störungen im Vertrauten eng verwandt ist und erklären kann, warum Babys auf einen neuen Reiz positiv oder negativ reagieren. Die Diskrepanzhypothese besagt, daß eine geringe Abweichung vom Vertrauten anziehend ist, eine größere jedoch Unlust erzeugt. Leider läßt sich insbesondere im Falle qualitativer Unterschiedlichkeiten, z. B. bei menschlichen Gesichtern, eine geringfügige Abweichung nicht genau von einer starken abgrenzen. RHEINGOLD u. ECKERMAN (1969) ziehen eine Grenze zwischen dem Neuen, Anziehenden und dem Fremden, Beunruhigenden. Auch hier können wir jedoch nicht von vornherein eine Zuordnung vornehmen.

Um auf die Marksteine der Entwicklung zurückzukommen: Manche

Babys beginnen im Alter von 6–9 Monaten die Arme auszustrecken, in der Erwartung, aufgenommen zu werden, andere tun dies erst im Alter von einem Jahr und manche vollständig normale Babys überhaupt nie. Andererseits läßt aber ein fast völliges Vermeiden menschlicher Kontakte auf eine Störung schließen. Ist das Baby 6 Monate alt geworden, reagiert es sehr stark auf die Launen und Gefühle der Eltern und kann nach M. M. Lewis (1959) sogar nach sachlich ausgesprochenen tadelnden Worten Unglücksgefühle zeigen. Das Baby hat Freude daran, sein Gesicht hinter einem Deckenzipfel zu verbergen, wobei es gelegentlich hervorspäht, um zu sehen, ob sich etwas verändert hat. Seine Lautverbindungen werden immer reifer und differenzierter, und zwischen den Vokalen sind Konsonanten zu hören. Anstelle der Gurrlaute tritt das Gurgeln und diesem folgt das Lallen, wobei das Kind die verschiedensten Sprechlaute ausprobiert, die anscheinend bei allen Völkern der Welt gleich sind. Der Austausch sinnloser Laute zwischen Eltern und Kind, der im Alter von 2–3 Monaten anfängt, ist jetzt ein festes Spielschema geworden, das für die emotionale und sprachliche Entwicklung des Kindes von zentraler Bedeutung ist.
Die ersten Zähnchen – meist die unteren mittleren Schneidezähne – brechen wahrscheinlich im 7. Monat durch. Dem Zahnen kann eine gewisse Unpäßlichkeit vorangehen, und es ist meist von einem zwingenden Drang begleitet, auf allem herumzukauen. Sind die Zähne einmal da, beginnt das Baby sogar, Milch und Brei zu kauen. Der Speichelfluß nimmt zu, und das Kind, das noch nicht gelernt hat, den Mund geschlossen zu halten und Speichel zu schlucken, wird von nun an bis zum Alter von 2 Jahren und später, also bis das Milchzahngebiß vollständig ist, stark sabbern. Wie wir bereits gesehen haben, schwinden ungefähr gleichzeitig die vor der Geburt aus dem Mutterblut absorbierten Antikörper und die dadurch verursachten Immunitäten, so daß das Zahnen mit einer neuen Anfälligkeit gegen Krankheiten zwar zusammenfällt, aber nicht, wie in den Ammenmärchen behauptet, deren Ursache ist. Darüber hinaus kommt das Kind mit zunehmendem Alter mit mehr Menschen zusammen und wird an verschiedene Orte mitgenommen, so daß mehr Gelegenheiten für Infektionen bestehen. Krankheit im Säuglings- und Kleinkindalter kann hohes Fieber bis zu 41°C erzeugen, das von Krämpfen, Delirien und sogar Halluzinationen begleitet sein kann. Wie erschreckend diese Symptome auch sein mögen, allgemein gesunde Kinder erholen sich bei guter ärztlicher Behandlung sehr rasch, und es bleiben keine merklichen Nachwirkungen zurück. An der Brust genährte Babys können zusätzlich Antikörper auch aus der Muttermilch erhalten haben, aber auch das Abstillen fällt meist zeitlich mit dem Zahnen zusammen, weil das Baby beginnt, in die Brustwarze zu beißen, und so werden auch die mit Muttermilch ernährten Babys anfällig gegen Krankheiten.

Im 7. Monat können die meisten Babys schon ohne Stütze sitzen, sich aber noch nicht ohne fremde Hilfe aufsetzen. Sie nehmen die für das Babyalter charakteristische buddhaartige Stellung ein, und es kann passieren, daß sie beim Spielen mit einem Gegenstand, der vor ihnen auf dem Fußboden liegt, nach vorne sinken, bis sie hilflos mit der Nase auf dem Boden liegen. Das Kind spielt zufrieden im Laufstall, vorausgesetzt, daß es dort nicht zu lange bleiben muß und besonders, daß die Mutter in Seh- oder Rufweite ist. Die frühe Selbständigkeit, die in europäischen Kulturen von den Kindern erwartet wird, wird in manchen anderen Gesellschaften als unmenschlich angesehen, wo kleine Kinder während des Tages fast ununterbrochen von den Müttern oder größeren Kindern getragen werden. Manche Kulturen halten das Spielen oder Kriechen der Kinder auf dem Boden überdies für tierisch und degradierend.
In den Kulturen, in denen ein Füttertisch oder ein hoher Kinderstuhl verwendet wird, vergnügt sich das Baby durch Aufeinanderschlagen von Gegenständen auf der Tischplatte oder dem Tablett. Möglicherweise entdeckt es auch das herrliche Spiel, Dinge hinunterzuwerfen. Irgendwann wird hieraus ein noch herrlicheres Gesellschaftsspiel, wobei die Eltern die Rolle der Apportierhunde spielen. Aber zunächst, abgesehen vom versehentlichen Fallenlassen, scheint es sich hier um eine Art Erforschung der räumlichen Beziehungen zu handeln, wobei das Kind auf den Aufschlag des fallengelassenen Gegenstandes horcht. Später verbindet sich die Fähigkeit des Kindes, Dinge im Raum loszulassen, mit seinem Wissen, um das, was mit ihnen geschieht, zu dem höchst wichtigen gesellschaftlichen Austausch des Fallenlassen-Aufheben-Spiels.
Hier zeigt sich früh die große Freude des Kindes am ständig wiederholten Spiel mit neuen Entdeckungen, bis es sie vollkommen meistert. Der Erwachsene wird diese Wiederholungen so lange ermüdend, dumm oder sogar pervers finden, bis er die Ähnlichkeit mit seiner eigenen Faszination von neuen technischen Spielzeugen erkennt. Der Erwachsene, der so vieles als gegeben annimmt, kann nur schwer erkennen, wie neu die Welt für das Baby ist und wie groß die Zahl der Dinge, die es entdecken, mit denen es experimentieren und die es assimilieren muß. Vielleicht hilft dem Erwachsenen die Erinnerung an seine eigene Entdeckung, wie Regentropfen eine Fensterscheibe herunterlaufen, verschmelzen, feststehen, sich sammeln und verzweigen und wie er selbst in seiner Kindheit den Großteil eines Regentages damit verbringen konnte, die Bewegungen der Regentropfen mit der Hand zu verfolgen; oder daran, wie er herausgefunden hat, daß man ein Fenster oder einen Spiegel durch Anhauchen beschlagen lassen und dann Muster darauf zeichnen kann.
Die Eltern, die des Fallenlassen- und Aufhebenspiels müde wurden, haben verschiedene Lösungen erprobt. Es hat keinen Sinn, das Spiel-

zeug mit einer Schnur am Tisch zu befestigen. Erstens verdirbt das den Zweck des Spiels, nämlich eine vom Kind selbst gelenkte soziale Interaktion. Zweitens erkennt das Kind noch nicht die räumliche Beziehung, durch die die Schnur ein Instrument zum Heranziehen des Spielzeugs wird. Ein klein wenig später wird es vielleicht beim Spielen mit der Schnur entdecken, daß das angebundene Spielzeug sich mit der Schnur bewegt und daß ein Ziehen an der Schnur das Spielzeug näher heranbringt. Zunächst aber kann es sein Wissen nur benutzen, indem es den Arm einmal weit schwingt, wodurch das Spielzeug entweder in Reichweite gebracht oder aber weggeschleudert wird. Noch länger dauert es, bis das Kind die Schnur sicher ergreifen kann und noch länger, bis es die Schnur Stück für Stück mit beiden Händen einziehen kann.

Ein weiteres Nebenprodukt der neuentwickelten manuellen Geschicklichkeit des Kindes ist die Möglichkeit, ihm während der Fütterung mit fester Nahrung einen Löffel in die Hand zu geben, denn sobald der

46

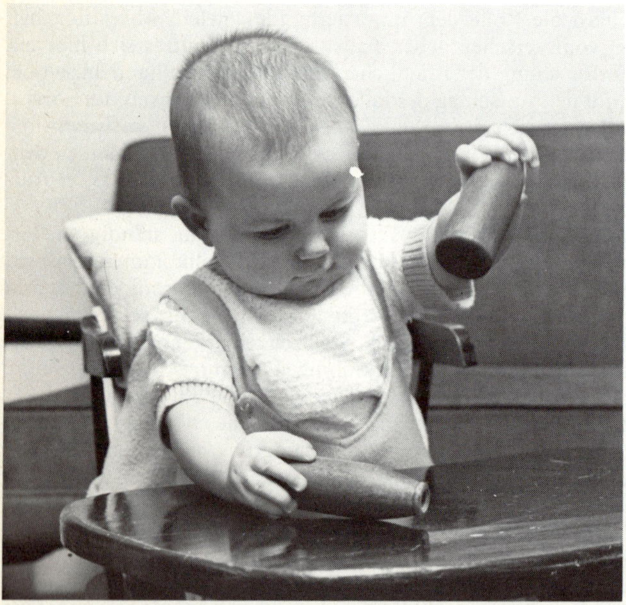

Lew Merrim, Monkmeyer

Abb. 46 Ein älterer Säugling spielt mit 2 Dingen gleichzeitig

Abb. 47 Das Baby ist wahrscheinlich stärker an dem Löffel als an der Nahrung interessiert, die der Löffel enthält

erste große Hunger gestillt ist, zeigt es größeres Interesse an dem Löffel in der Hand der Mutter als an der Nahrung. In diesem Alter haben Kinder schon eine ausgeprägte Vorliebe für bestimmte Speisen und pressen die Lippen und Kiefer fest zusammen, wenn ihnen etwas gereicht wird, was sie nicht mögen. Manche Babys halten die Nase an unbekannte Speisen, so als ob vom Geruch ein Probieren abhängig wäre. Die meisten Kinder scheinen gegen alltägliche Gerüche, z. B. beim Kochen, von Menschen, Exkrementen usw., unempfindlich zu sein, riechen aber gern an Blumen und anderen Quellen neuer Geruchsempfindungen.

In diesem Alter findet das Baby Vergnügen an einem passiven Versteckspiel, wobei der Erwachsene ein Stück Stoff über den Kopf und das Gesicht des Kindes legt und es im richtigen Augenblick wegreißt und „da!" sagt. Allerdings wird die Belastung für das Baby unerträglich, wenn es mehr als einige Sekunden von der Welt abgeschlossen wird,

47

Raimondo Borea

und es reißt dann wie außer sich am Tuch. In dieser einfachen Beobachtung verbergen sich zwei wichtige Regeln. Die erste ist die, daß das von der Welt abgeschlossene Baby auch gegen sich selbst abgeschlossen ist. Wir alle brauchen zur Erhaltung unseres Identitätsgefühls Sinnesreize von außen, wie in Versuchen über sensorische Deprivation demonstriert wurde (Bexton u. Mitarb. 1954). Witkin u. Mitarb. (1954) haben gezeigt, daß die visuelle Information für die Aufrechterhaltung der Orientierung um so wichtiger ist, je jünger der Mensch ist. Die zweite Regel betrifft die Gefühlserregung und leitet sich aus der Gefühlstheorie von Dumas (1923) ab. Nach dieser Regel ist jede leichte Gefühlserregung angenehm. Natürlich werden wir gern geherzt und gekost, und auch die sprachlichen Äquivalente, Worte der Zärtlichkeit oder Komplimente, sind angenehm. Wir gewinnen aber auch dem scheinbaren Schrecken einer Geistergeschichte und dem im Bewußtsein der Sicherheit empfundenen Entsetzen bei einer Fahrt mit der Berg- und Talbahn Vergnügen ab. Beim Anwachsen der Gefühlsintensität scheiden diese sich mehr und mehr in angenehme und unangenehme Gefühle. Bei noch stärkerer Erregung der Gefühle werden diese zunehmend unangenehmer, und was bei mittlerer Intensität angenehm war, wird nun schmerzlich. Um das Bild zu vervollständigen: Auf der von Dumas beschriebenen höchsten Stufe der Erregung wird jede geordnete Verhaltensweise entweder aufgelöst oder gelähmt. Sehr leicht kann das lustige Gefühl des scheinbaren Verschwindens beim Versteckspiel beim Kind in Panik umschlagen – in ein Gefühl, daß es selbst und die Welt wirklich zu existieren aufhört. Das Baby braucht viel mehr Zeit und eine umfangreiche Erprobung der Dauerhaftigkeit der Welt, bevor es sich wohlfühlen kann, wenn es von ihr ausgeschlossen ist. In einem späteren Alter kann das Baby selbst mit dem Tuch beim Versteckspiel umgehen.

Obwohl bestimmte begrenzte Formen von Nachahmungsverhalten schon kurz nach der Geburt ausgelöst werden können, sehen wir erst vom 6. Monat an provozierte und auch nicht provozierte Nachahmungen im Überfluß (Uzgiris 1971). Auch hier gibt es wiederum große individuelle Unterschiede. Das Baby ahmt Bewegungen nach, wie z. B. das Aufschlagen eines Eies in eine Schüssel oder das Verjagen einer Fliege. Nach kurzer Zeit macht es solche funktionellen Tätigkeiten nach, wie das Wegwischen verschütteter Flüssigkeit mit einem Schwamm oder einem Reinigungstuch. Spiele mit den Eltern entstehen meist durch die Nachahmung ihrer Tätigkeiten durch das Kind, wie auch aus der Nachahmung des Kindes durch die Eltern, insbesondere der Geräusche, die es beim Lallen macht. Schnell lernt das Baby die Verhaltensweise, durch die die Eltern zur Teilnahme an Spielen angeregt werden: Klatschen auf die Platte des Stühlchens, künstliches Husten, Schnüffeln, Aufblasen der Wangen, um sich die Luft herausdrücken zu lassen, oder

Spitzen der Lippen wie beim Pfeifen (manche Babys stecken gern den Zeigefinger zwischen die Lippen der Eltern, um so ein elterliches Pfeifen abzuschalten). Mit ungefähr 6 Monaten stimmt das Baby herzlich in das Lachen der Eltern ein, obwohl es nicht weiß, was eigentlich so komisch ist, und etwas später versucht es, durch eigene angestrengte Lachlaute, neue Heiterkeitsausbrüche auszulösen. Noch lange bevor es sprechen kann, findet es Mittel und Wege, anderen mitzuteilen, was es möchte, und seine Wünsche gehen weit über die Befriedigung körperlicher Bedürfnisse hinaus.

Mit annähernd 7 Monaten macht das Baby Kriechbewegungen, wenn es auf dem Bauch liegt. Sie sind zwar meist erfolglos, aber es kann ihm gelingen, sich über kurze Entfernungen nach vorwärts, nach der Seite oder nach rückwärts zu bewegen, mehr zufällig als aus eigener Absicht. In diesem Alter legen viele Babys kurze Entfernungen zurück, indem sie sich immer wieder um sich selbst rollen. Irgendwann zwischen dem Alter von 6 und 8 Monaten ist das Baby imstande, sich am Finger eines Erwachsenen festzuhalten und sich teilweise selbst in die Sitzstellung zu ziehen und teils gezogen zu werden. Etwas später kann es sich selbst aufsetzen, wobei verschiedene Babys dies auf unterschiedliche Weise tun. Manche Babys stemmen sich aus der Bauchlage mit den Händen unter der Brust hoch, bis der Rumpf fast aufrecht ist und schwingen gleichzeitig die Beine rundum nach vorn. Oder aber das Baby liegt mit angezogenen Knien auf einer Seite und bringt den Körper seitlich halb durch Schwingen und halb durch Stoßen in die vertikale Lage, wobei das Gesäß als Drehpunkt dient und der Kopf einen Bogen von 90° beschreiben mag. Der Leser darf nicht vergessen, wie sehr die Proportionen des Babys von denen des Erwachsenen abweichen. Wie bereits gesagt, sitzen Säuglinge mit an den Körper gezogenen, aneinanderliegenden Fußsohlen, wobei manchmal die Knöchel gekreuzt werden. Kleinkinder hingegen hocken oder knien oder sitzen mit nach vorne ausgestreckten Beinen. Im Vorschulalter hat das Kind beim Sitzen die Knie leicht gespeizt, und die Waden sind wie Flügel nach rückwärts gefaltet, so daß die Fersen an den Hüften liegen.

Wenn sich das Baby dem Alter von 8 Monaten nähert, wird es wahrscheinlich beginnen, zu kriechen. Das Kriechen unterscheidet sich vom Krabbeln dadurch, daß es beim Kriechen auf dem Bauch liegt, wogegen beim Krabbeln der Rumpf nicht den Boden berührt. Typischerweise kriecht das Baby, indem es sich mit seinen Unterarmen nach vorne zieht und mit den Beinen und Füßen nach rückwärts stößt (was immer auch sonst noch für schlängelnde und windende Bewegungen dazukommen), aber es gibt viele individuelle Spielarten. Manche Babys kriechen zunächst mit den Füßen, andere benutzen nur ihre Arme, manche bewegen sich durch Kreiseln auf ihren vorgestreckten Bäuchen weiter

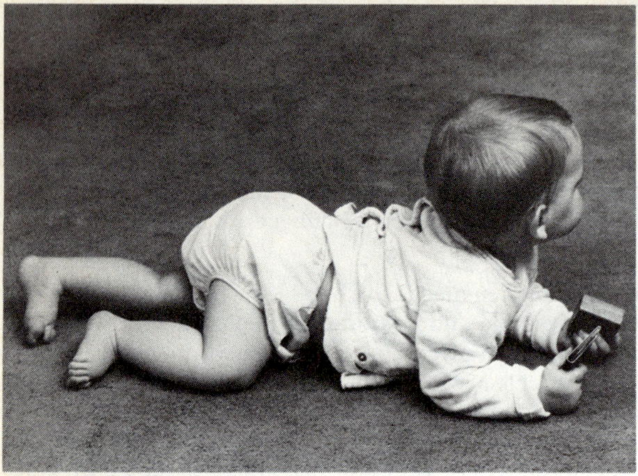

Suzanne Szasz

Abb. 48 Kriechen

und manche rollen sich, wie gesagt, von einer Stelle zur anderen. Wir werden gleich auch einige Spielarten des Krabbelns beschreiben. Manche Babys schaukeln gern auf dem Bauch, eine Bewegung, die übrigens zu geringfügigem Erbrechen führen kann. Im allgemeinen erbrechen sich die Säuglinge ziemlich häufig auf derart mechanische Weise, die nicht mit Darm-Magen-Infektionen oder Schwindelgefühlen in Verbindung steht. Manche Babys lernen weder Krabbeln noch Kriechen, bevor sie Laufen lernen, sondern bleiben dort liegen, wo sie hingelegt werden.

Ungefähr im selben Alter versucht das Baby erstmals, selbst mit dem Löffel zu essen, wobei es die Mahlzeit, sich selbst und seine Umgebung in einen chaotischen Zustand versetzt. Dies liegt z. T. aber auch daran, daß das Kind nicht genau weiß, wo sein Mund ist. Wir müssen hier auf einen Unterschied hinweisen: Obwohl das Baby in diesem Alter ohne Schwierigkeit den Daumen in den Mund stecken kann, ist das Einführen eines Löffels etwas anderes, wobei man vor allem die Größe und die Lage dieses Gegenstandes berücksichtigen muß, der sich zwischen der Hand und dem Mund befindet. Selbst bei einfacheren Aufgaben, z. B. ein Stück Toast oder ein Stück Apfel zu essen, kann man beobachten, daß das Baby herumsuchen muß, um den Mund zu finden. Dann wird es beim Essen eines Kekses vielleicht versuchen, ihn im rechten Winkel in den Mund zu stecken und sich wundern, daß es nicht hineingeht. Bei einem Löffel besteht noch die zusätzliche Schwierigkeit, daß er richtig gezielt und richtig herumgehalten werden muß, damit nicht die Ladung herunterfällt. Der Leser, der sich schwer vorstellen kann, warum das

Wil Blanche, DPI

Abb. 49 Krabbeln

Baby seine Körperteile so ungenau finden kann, mag sich an den Routinetest für Trunkenheit erinnern, wobei eine Fingerspitze bei geschlossenen Augen die Nase berühren muß oder den neurologischen Test, wobei die Augen geschlossen und die Spitzen der Zeigefinger zusammengebracht werden, oder aber das Spiel, bei dem bei gekreuzten Armen und ineinander verschlungenen Fingern mit einem bestimmten Finger gewackelt wird.

John Fay

Abb. 50 „Bärengang"

Mit 8 Monaten hat das Baby schon ein oder zwei zusätzliche Zähne, und in jedem weiteren Monat des Säuglingsalters wird ein neues Paar hinzukommen. Zwischen 8 und 9 Monaten wird der Daumen des Kindes den anderen Fingern völlig gegenübergestellt, und es kann mit großer Genauigkeit wie eine Kneifzange greifen (Zangengriff). Dies bedeutet, daß es sich jetzt selbst mit Nahrungsbrocken, z. B. mit grünen Erbsen oder Fleischstücken füttern und seine Finger ablecken kann, wenn es sie in Brei oder Suppe getaucht hat. Es kann an großen Stücken nagen, die es in der ganzen Hand hält, und mit der flachen Hand Nahrung in seinen Mund stopfen. Wie bereits gesagt, übt das Baby unermüdlich neue Fertigkeiten, bis sie vollkommen in sein Repertoire eingegliedert sind. So auch das zangenartige Greifen. Das Baby übt sich darin, mit Daumen und Zeigefinger kleine Staubflocken, Stoff- oder Fadenstückchen, Staubteilchen, Sandkörner oder Schmutz aufzuheben – je kleiner desto lieber, anscheinend. Mit der ganzen Hand greift es nach Schatten, Sonnenstrahlen und Tabakrauch. Später, im ersten Lebensjahr, wird es sich darin üben, imaginäre Körnchen aufzuheben, die es sorgfältig in die andere hohle Hand oder auf ein Bord legt oder einem mitspielenden Erwachsenen gibt. Im Alter von 8 oder 9 Monaten wird dem Baby die Gummiwanne, die Geschirrschüssel oder die Küchenspüle zu klein, und es siedelt in die Badewanne der Familie um. Hier ergeben sich endlose Gelegenheiten zum Forschen und Experimentieren, insbesondere wenn das Baby einen größeren Vorrat von Waschlappen, Plastikbechern, schwimmendem Spielzeug usw. hat. Das Wasser muß seicht sein, oder das Baby, dessen Gleichgewicht durch den Auftrieb gestört wird, kann fallen. Es ist schon mehr als ein Baby ertrunken, das allein in der Badewanne gelassen wurde.

Auf dem Trockenen kann sich das Baby auf Hände und Knie stützen, indem es sich entweder aus der Bauchlage hochstemmt oder aus der Sitzstellung nach vorne kippt. Zuerst kann es auf Händen und Knien nur vor- und rückwärtsschaukeln. Etwas später lernt es, sein Gewicht so zu verlagern, daß eine Extremität nach der anderen zum Krabbeln frei wird. Das Krabbeln erfordert eine gewisse bewußte Überlegung – das Baby muß nämlich herausfinden, wie seine augenblickliche Lage gerade ist und was es als nächstes tun muß. Hat es diese Kombination einmal entdeckt, wird das Krabbeln natürlich bald ein glatter, automatisierter Bewegungsablauf und in vielen Fällen unglaublich schnell. Wie gesagt, es gibt zahlreiche Krabbelstile. Manche Babys bewegen sich durch „Froschhüpfen" nach vorne, indem sie erst beide Hände und dann beide Beine zugleich bewegen. Der „Bärengang" mit durchgestreckten Beinen stellt manchmal die erste Form des Krabbelns dar, bei manchen Babys hingegen eine fortgeschrittene Form zwischen Krabbeln und Laufen. Ein kleines Mädchen, das wir persönlich kennen, verwendete einfach ein Bein als Stütze und stieß sich mit dem anderen weiter wie ein Gondoliere. Andere wieder bewegen sich sitzend vorwärts, indem sie entweder rutschen oder mit den Händen ziehen oder stoßen. Ein Baby verwendete die Füße als Ruder, indem es sie nach vorne brachte und sie dann seitlich nach auswärts gleiten ließ, wodurch sein Rumpf auf dem Fußboden vorwärtsgeschoben wurde. In einem fortgeschritteneren Stadium des Krabbelns wird das Baby sich mit den Füßen weiterstoßen und seine Hände auf einem Blatt Papier oder auf einem Tuch gleiten lassen. Das krabbelnde Baby versucht auf verschiedene Weise, etwas mit sich herumzuschleppen. Manchmal zieht es einen Gegenstand einfach mit einer Hand nach oder hält ihn hoch und bewegt sich mit drei Gliedmaßen vorwärts oder trägt ihn wie ein Hund im Mund.

Das krabbelnde Baby

Sobald sich das Baby leicht fortbewegen kann, kann man die „*visuelle Klippe*" demonstrieren. Wenn ein Baby beispielsweise auf einer Tischplatte bis an die Kante gekrabbelt ist, so macht es dort halt, auch wenn die Tiefe mit einer Glasplatte überbrückt worden wäre, so daß es nicht abstürzen würde. (White u. Gibson 1961)

Forschungen von Campos u. Mitarb. (1970) haben anhand der veränderten Pulszahl bewiesen, daß die Babys auf die visuelle Klippe schon ziemlich früh vor dem Beginn des Krabbelns reagieren. Die Reaktion auf die visuelle Klippe ist wichtig, weil sie zeigt, daß die Tiefenwahrnehmung entweder angeboren ist oder sich sehr früh entwickelt. Allerdings können wir die Tiefenwahrnehmung ebenso gut aus den ersten Versuchen des Babys ableiten, nach einem baumelnden Spielzeug zu schlagen. Die Reaktion auf eine visuelle Klippe wurde auch bei neu ausgebrüteten Hühnern und weißen Ratten beobachtet, deren Augen sich gerade geöffnet hatten. Ihr Vorhandensein bei verschiedenen anderen Arten zeigt ihre weite Verbreitung bei Tieren an, für die sie eine bedeutsame Verhaltensweise darstellt. Man sollte nun aber nicht denken, daß man einen Säugling unbeaufsichtigt auf einem Bett oder einem Tisch liegenlassen darf. Das Baby muß die Klippe sehen, um sie berücksichtigen zu können, es könnte aber vielleicht mit dem Rücken zum Bettrand sein geliebtes Spiel des Zurückfallens spielen. Wenn es nun auf den Rand zurollt, kann es ihn nicht sehen, bevor es zu spät ist. Außerdem gibt es einige Babys, auf die Abgründe eher anziehend als abstoßend wirken und die man davon zurückhalten muß, sich einfach in den freien Raum fallen zu lassen. Manche Babys – und auch einige junge Hunde – haben einen so starken Drang, auf den Boden hinunterzukommen, daß sie anscheinend die Gefahr des Fallens nicht beachten, wenn sie sich verzweifelt bemühen, nach unten zu gelangen. Krabbelnde Babys lernen sehr schnell, Treppen hinaufzukrabbeln, aber das Herunterkrabbeln liegt noch längere Zeit außerhalb ihrer Möglichkeiten. Die visuelle Klippe hält sie meist davon zurück, mit dem Kopf nach vorn die Treppe hinunterzukrabbeln, und ihr Körperschema hat noch nicht das Stadium erreicht, wo es ihnen einfällt, es umgekehrt, mit den Füßen voraus, zu versuchen. Erst im Alter von 11 Monaten kann man einem Baby beibringen, daß es die Treppe rückwärts nach unten krab-

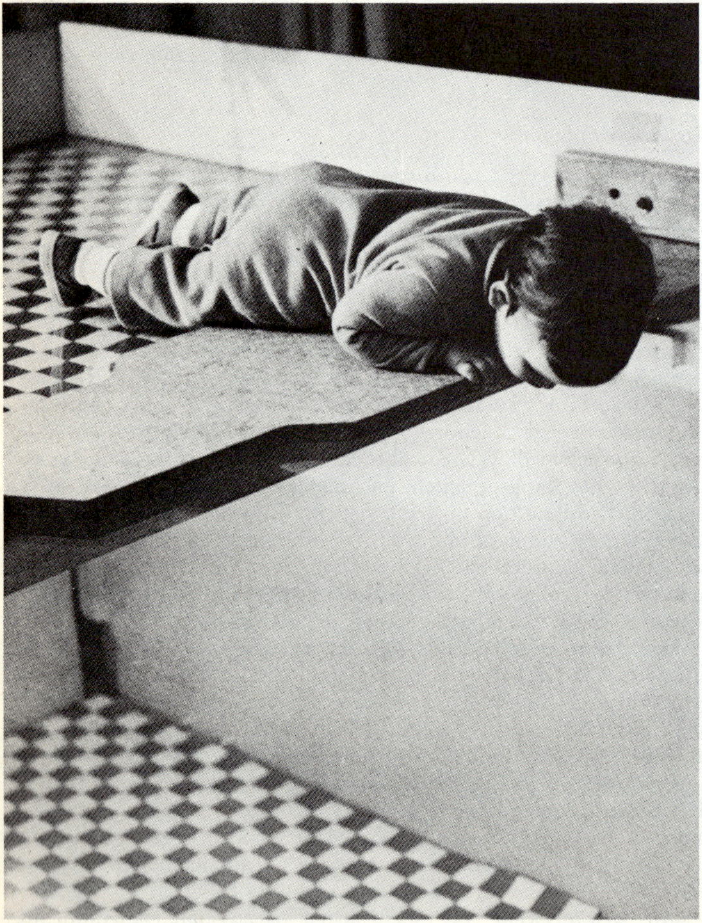

Dr. Richard Walk

Abb. 51 Ein Kind blickt vorsichtig auf die tiefe Seite der visuellen Klippe

beln oder mit den Füßen voraus von einem Bett oder einer Couch heruntergleiten soll. Man nimmt an, daß die Grundlage für die Wahrnehmung einer visuellen Klippe in der *Parallaxe* liegt, der Tatsache, daß Gegenstände, die sich in verschiedener Entfernung vom Beobachter befinden, eine Abweichung der Netzhautbilder aufweisen. Die Bedeutung der Parallaxe auf die Tiefenwahrnehmung des Babys wurde weiter durch eine Untersuchung von BOWER (1965) bestätigt. Zusätzlich haben WALK u. DODGE(1962) gezeigt, daß ein $10^{1}/_{2}$ Monate altes Kind, das seit dem Alter von $5^{1}/_{2}$ Monaten auf einem Auge blind war, den Abgrund mied, wodurch die Ansicht bestätigt wird, daß doppeläugiges Sehen für die Tiefenwahrnehmung nicht erforderlich ist.

Das Krabbeln verhilft überdies dem Baby dazu, einen Umweg um Hindernisse zu machen, um an etwas zu gelangen, was es haben will. Die Fähigkeit, einen Umweg einzuschlagen, erfordert eine reifere Wahrnehmung der räumlichen Beziehungen, als es den Anschein haben mag. Ein Huhn, das durch einen kurzen Drahtzaun von Körnern getrennt ist, verhungert, bevor es dahinterkommt, daß es nur um den Zaun herumgehen muß, um an die Nahrung zu kommen. Wird dem Baby die Aufgabe gestellt, eine Puppe zu holen, die durch einen durchsichtigen Schirm von ihm getrennt ist, wird es gewöhnlich erst im Alter von einem Jahr um den Schirm herumgreifen, statt immer wieder zu versuchen, durch ihn hindurch an die Puppe zu kommen. Forschungen von K. KAY (1971) zeigen jedoch, daß die Lösung dieser Aufgabe dem Baby bereits im Alter von 6 Monaten geleistet werden kann. KAY identifizierte drei spontane Lehrstrategien, mit den Mütter die Babys unterstützen: *Schieben,* der Versuch, die Hand des Kindes an den Gegenstand heranzuführen, erwies sich als völlig nutzlos. *Langsame Ausformung des Verhaltens* durch schrittweises Verbergen des Gegenstandes hinter der Barriere, ergab nur sehr wenig dauerhafte Lernerfolge. *Vorführen,* ein Vormachen der Handlung, die das Baby nachmachen sollte, erwies sich als äußerst hilfreich. Diese Feststellung steht in enger Beziehung zu einem Befund von P. CHESLER (1969), nämlich daß kleine Kätzchen durch Beobachtung der Mutter bei der Lösung eines Problems besser lernen als durch Beobachten anderer erwachsener Katzen. CHURCH (1970) hat festgestellt, daß Babys durch Nachahmung lernen können, etwas von einer Tasse in eine andere zu gießen und einen Stock zu verwenden, um einen erwünschten Gegenstand heranzuholen, der sich außerhalb der Reichweite ihrer Hände befindet. Bald nachdem es zu krabbeln beginnt, windet sich das Baby schlangenartig zwischen den Stuhlbeinen, unter Couchtischen und im allgemeinen durch alles hindurch und um alles herum, je nachdem, welche Art des Durchgangs ihm für seine Forschungsreise offensteht.

Wir haben bereits einige Gesellschaftsspiele erwähnt. Andere sind das Nehmen und Geben, das Hin- und Herreichen eines Spielzeugs mit einem Erwachsenen. Hier wird für die Eltern erneut die Vorliebe ihres Babys für sich wiederholende Tätigkeiten sichtbar, wobei sich das Interesse des Kindes noch lange fortsetzt, nachdem der Erwachsene begonnen hat, sich zu langweilen. Obwohl der Säugling gerne einem Erwachsenen beim „Gib- und Nimm-Spiel" Dinge in die Hand gibt, zeigt es sich nun zum ersten Mal enttäuscht oder sogar verärgert, wenn ihm etwas weggenommen wird. Früher war diese Reaktion, wenn sie überhaupt vorkam, nichts als eine leichte momentane Verwirrung. Ein wichtiger Bestandteil der Enttäuschungserlebnisse des Babys besteht darin, daß jetzt die Gegenstände *erhalten* bleiben. Das heißt, sie bestehen für das Baby auch dann fort, wenn sie aus seinem Wahrnehmungsbereich verschwinden, während es sich in den früheren Stadien so verhielt, als ob die Gegenstände, die es aus seinem Gesichtsfeld verlor, auch aufhörten, zu existieren. Diese neue *Dingkonstanz* ermöglicht auch das Spiel, Gegenstände aufzufinden, die die Eltern versteckt haben. Obwohl das Baby ein Spielzeug wiederfindet, das vor seinen Augen unter einer Schachtel versteckt wurde, weiß es nicht, unter welcher Schachtel es nachsehen soll, wenn zwei ähnliche Schachteln vorhanden sind. Es kann dies zwar durch wiederholte Versuche lernen, aber niemand hat unseres Wissens bisher systematisch erforscht, auf welche Hinweise das Baby zu reagieren lernen kann – die Lage (rechts oder links), farbliche Unterschiede, unterschiedliche Größe, verschiedene Muster auf der Schachtel oder was sonst immer. Versteckt man einen kleinen Gegenstand immer wieder in derselben Hand, wird das Baby nach mehreren Versuchen lernen, nach der richtigen Hand zu langen. Wenn man die Hände wechselt, wird es endlos weiterversuchen, die früher richtige Hand zu fassen, letztlich noch in Form einer rituellen, andeutungsweisen Berührung, bevor es auf die jetzt wichtige Hand übergeht. Wir werden auf die Konstanzphänomene später noch zurückkommen.

Das Baby hat großen Spaß an Fingerspielen („Das ist der Daumen, der schüttelt die Pflaumen ...") und ähnlichen Spielen oder daran, daß man nur zu ihm spricht oder singt oder es unter den Achselhöhlen faßt und zwischen den Beinen eines Erwachsenen hindurch oder hoch in die Luft schwingt, auf einem Bett herumwälzt oder aus der sitzenden Stellung umwirft. Gegen Ende dieser Periode wird das krabbelnde Baby sich freuen, wenn es von einem Erwachsenen gejagt wird, der so tut als sei er wütend, und wird dieses Spiel selbst einleiten, indem es wegkrabbelt und über die Schulter schaut, ob der Erwachsene ihm folgt. Vielleicht ahmt es auch die Schreie des Erwachsenen, der es gejagt hat, nach. Bei diesen Spielen ist es zwar wichtig, daß das Baby nicht zu schnell gefangen wird, doch es ist auch hier, wie beim Versteckspielen, so, daß das Fangen nicht zu weit hinausgeschoben werden und die Unsicherheit nicht zu lange andauern darf. Oft beginnt das Baby jetzt mit einem Lieblingszeitvertreib der späten Säuglingszeit, nämlich mit Weglaufen und Verstecken vor seinen Eltern, wenn sie versuchen, es ins Bad, ins Bett oder sonst irgendwohin zu bringen. Auch wenn sich der Säugling noch nicht fortbewegen und daher nicht in einem Schrank oder hinter einer Tür verstecken kann, wird er vielleicht eine ganz vertiefte Beschäftigung vortäuschen, wenn seine Eltern nach ihm rufen. Ebenso freut er sich sehr, wenn die Eltern vortäuschen, daß sie ihn nicht sehen, wenn sie in allen möglichen unwahrscheinlichen Verstecken nach ihm suchen und rufen: „Wo ist denn bloß das Baby!". Auch hier darf man die Spannung nicht zu lange aufrechterhalten, sonst verwandelt sich die freudige Erregung in Enttäuschung und Schrecken. Erst im Alter von fast 3 Jahren begreift das Kind, daß ein erfolgreiches Verstecken auch Stillsein erfordert. Wenn es sich versteckt, quietscht und kichert es mit großer Hingabe und scheint nicht zu bemerken, daß es dadurch seinen Aufenthalt verrät. Im Alter von 9 Monaten ärgern sich die Babys über ein längeres Eingesperrtsein im Laufstall. Das Baby, das sich jetzt frei bewegen kann, möchte heraus und die Geheimnisse des Hauses, des Gartens oder des Parks erforschen, die Eltern müssen es erstmals von gefährlichen oder leicht zu beschädigenden Gegenständen bzw. Örtlichkeiten fernhalten.

In den USA ist es üblich, Mittelschichtbabys einmal im Monat von einem Arzt untersuchen zu lassen, und im Zuge dieser Untersuchungen erhalten sie eine Anzahl Impfungen. D. Levy (1960) hat darauf hingewiesen, daß diese Gewohnheit gleichzeitig auf ein natürliches Experiment zur Untersuchung einer spezifischen, neu entwickelten Furcht hinausläuft. Was sich hier erwarten läßt, ist eine zunehmende Vorahnung des Schmerzes: Zunächst reagiert das Kind auf den Nadelstich, dann bereits auf das Herankommen des Arztes oder der Schwester. Später beim Ausziehen für die Untersuchung, dann schon beim Eintritt in den Untersuchungsraum, dann im Wartezimmer und schließlich aufgrund irgendeines intuitiven Gefühls bereits beim Verlassen des Hauses auf dem Weg zum Arzt. Eine Mutter schildert dies so: „Wir fahren immer mit dem Taxi zum Arzt. Jetzt beginnt mein Kind schon zu schreien, wenn es nur ein Taxi vor dem Haus halten sieht." (Bemerkenswert ist, daß dieses einjährige Kind bereits ein Taxi von anderen Wagen unterscheiden kann, und zwar wahrscheinlich aufgrund besonderer Merkmale.) Erst im Alter von 2 Jahren, wenn die Impfungen weniger häufig stattfinden, können sich viele Babys mit Ärzten und Schwestern anfreunden. Während die oben beschriebene Reihenfolge der Reaktionen bei manchen Babys tatsächlich zu beobachten ist, empfinden andere die Injektionen nicht als besonders unangenehm, wieder andere scheinen die Injektionen nicht vorher zu ahnen und reagieren erst, wenn sie erfolgt ist. Einige entwickeln einen stumpfen Gleichmut und lassen die ärztliche Behandlung ohne mit der Wimper zu zucken über sich ergehen. Wir sind nicht imstande, für diese so verschiedenartigen individuellen Verhaltensweisen eine Erklärung zu geben. Neben den Injektionen werden auch andere Aspekte der ärztlichen Untersuchungssituation – das Anfassen, die manuelle Behandlung – als unangenehm empfunden.

Im letzten Viertel des ersten Lebensjahres setzt das Baby den Übergang aus der horizontalen zur vertikalen Körperhaltung fort. Es ist immer weniger passiv und liegt nicht mehr still, wenn es gewickelt, saubergemacht oder angezogen wird. Statt dessen windet und dreht es sich, und man muß ihm ein Spielzeug geben, um es zu beschäftigen und fügsam zu machen. Oft erhält es jetzt den ersten zornigen Schlag auf das Gesäß, wenn ein Elternteil nicht gleichzeitig mit einem um sich schlagenden Baby und einer schmutzigen Windel fertigwerden kann. Das Baby beginnt aber auch, beim Anziehen mitzuarbeiten, indem es den Arm ausstreckt, um sich den Ärmel überziehen zu lassen, und Kopf und Schultern hebt, damit man das Hemdchen unter seinem Rücken durchziehen kann usw., so daß das Anziehen nun nicht mehr lediglich ein Hineinstopfen in die Kleider ist. Trotzdem kann es bis zum 3. Jahr dauern, bis man das Kind nicht mehr ständig daran erinnern muß, Arme und Beine in die Kleider zu stecken. Wenn das Kind, wie dies oft der Fall ist, beim Wickeln mit den – hoffentlich geschlossenen – Sicherheitsnadeln spielt, zeigt sich erstmals ein primitiver Zahlensinn: Wenn man ihm nur eine Sicherheitsnadel gibt oder es nur eine finden kann, dann sucht es nach der zugehörigen zweiten.

Das Selbstbewußtsein erreicht ungefähr im 10. Monat ein neues Stadium, wenn das Baby sich selbst im Spiegel erkennt. (Es wurde beobachtet, daß vernachlässigte Kinder mit 4 Jahren noch nicht ihr Spiegelbild oder sich selbst auf Fotografien erkennen können; Baltimore City Public School, 1964). Das Kind war schon früher imstande, die Person zu erkennen, von der es getragen wurde, denn es konnte die Person und ihr Spiegelbild miteinander vergleichen. Die Reaktion auf das eigene Spiegelbild entwickelt sich jedoch langsamer und reicht vom einfachen Interesse über Spielen und Zuneigung bis zur klaren Erkenntnis, die sich zeigt, wenn es zu dem im Spiegel sichtbaren Hut hinauflangt oder wenn es seine Spielhöschen mit seinem Spiegelbild vergleicht. Erst später sieht man, wie das Kind vor dem Spiegel posiert und verschiedene Stellungen einnimmt oder sich mit verschiedenen Kleidungsstücken behängt und dann die Wirkung bestaunt. Eine amüsante Untersuchung von Gallup (1970) hat gezeigt, daß Schimpansen lernen können, ihr Spiegelbild zu erkennen. Sie pflegen sich beispielsweise vor dem Spiegel, entdecken und entfernen Speisereste aus den Zähnen und reagieren mit Unbehagen auf eine Veränderung in ihrer Erscheinung, die ihnen während einer Betäubung beigebracht wurde. Andere Affenarten hingegen erkennen ihr Spiegelbild nicht und behandeln es wie einen Artgenossen. Ein weiterer Schritt zur Selbstentdeckung kann vielleicht schon mit 9 Monaten darin bestehen, daß das Baby erstmalig schreit und kreischt, um darauf aufmerksam zu machen, daß es etwas will, z. B. sein Essen. Beim Kreischen kann es erstmals den Klang seiner eigenen Stimme erkennen, und dann gibt es oft Laute von sich, nur um sie selbst hören zu können.

Gegen Ende des ersten Jahres entwickelt sich die Fähigkeit zu fortgeschritteneren Spielen, wie „Backe-backe-Kuchen". Zunächst schlägt das Kind die Fäuste gegeneinander, dann die Handflächen, wird aber vielleicht noch lange nicht ein klatschendes Geräusch zustande bringen. Wenn es im Fernsehen Leute klatschen sieht, beteiligt es sich an diesem Massenspiel „Backe-backe-Kuchen". Das Kind ahmt nun Verhaltensweisen nach, wie beispielsweise ein Stück Papier aufheben und über den Kopf halten, ein Streichholz ausblasen oder die Bewegung der Lippen zum Kuß. Es imitiert auch auffallende mechanische Geräusche, wie das Auspuffgeräusch des Autos und Plapperlaute wie „ba-ba" und „da-da". Es kann Dinge werfen, aber hat dabei eine äußerst geringe Zielsicherheit. Es lernt sehr vieles verstehen, was man ihm sagt, meist in Form einfacher Befehle und Aufforderungen, aber auch die Schlüsselwörter und -sätze für vertraute Spiele und Routinevorgänge, wie Baden und

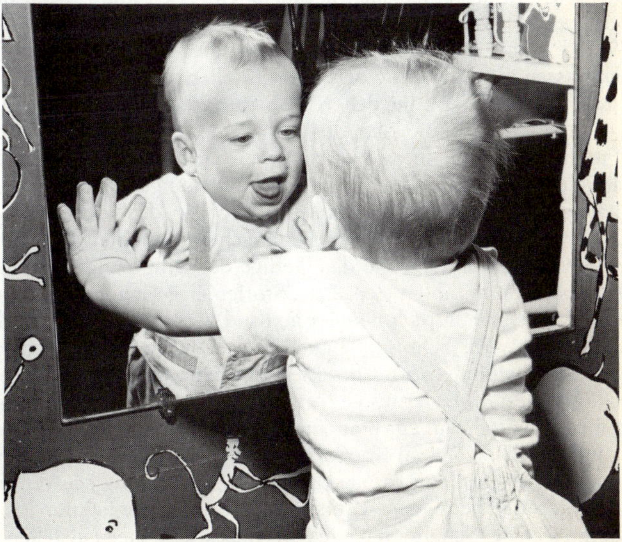

Donna J. Harris, The Merrill-Palmer Institute

Abb. 52. Ein 10 Monate alter Säugling erkennt sein Spiegelbild

Essen. Die Mutter eines Mädchens von 10 Monaten und einer Woche schildert dessen Verhalten z. B. folgendermaßen:

> „Debby hat uns heute überrascht, als sie auf Anforderung den ‚Rotfuchs' aus ihrem Zimmer in das Eßzimmer brachte. Das ist immerhin eine Entfernung von 13 Metern durch mehrere Zimmer hindurch, und für sie eine Kraft- und Geschicklichkeitsprobe, da sie den langen Weg hin und zurück krabbeln und auf dem Rückweg noch das etwa 30 cm lange Tier nachziehen mußte. Wir hatten nicht bemerkt, daß sie seinen ‚Namen' kannte und zwischen ihm und dem ‚Bären' und ‚Hamster' unterscheiden konnte, aber sie zeigte uns durch Herbeibringen der anderen Tiere, daß sie sie alle kannte." (Church 1968, 2. 42 f.)

In seinem Wortverständnis für Dinge, die zum Tagesablauf gehören, wird das Kind wahrscheinlich durch die biologische Uhr unterstützt, die ihm anzeigt, wann etwas mit ihm passieren müßte.

Im Alter von ungefähr 10 Monaten entwickelt das Kind die Fähigkeit, so scheinbar leichte Aufgaben zu lösen, wie das Herausholen eines Kügelchens aus einem durchsichtigen Gefäß mit weiter Öffnung. Zuerst versucht es, das Kügelchen direkt durch das Glas zu ergreifen. Später – meist zwischen dem 10. und 12. Monat – erkennt es, daß man die Hand durch die Öffnung stecken muß, um den begehrten Gegenstand zu ergreifen. Noch etwas später weiß es, daß man das Gefäß umkehren und das Kügelchen herausfallen lassen kann. Man darf nicht glauben, das durchsichtige Gefäß sei für das Baby unsichtbar. Bei dem Versuch, durch das Glas zu greifen, wird es vielleicht das Gefäß durch Umfassen des Randes vor dem Umfallen bewahren. Mit undurchsichtigen Behältern, bei denen die Sichtbarkeit und die Zugänglichkeit genau übereinstimmen, hat das Baby keine Schwierigkeiten und legt mit Freude Dinge hinein, um sie dann wieder herauszunehmen. Mit dem sondierenden Zeigefinger erforscht es Öffnungen und Ritzen. Manche Babys machen sogar ein Stadium durch, in dem der Zeigefinger als Wegweiser durch ihre Welt zu dienen scheint. Mit den Handflächen und Fingerspitzen ertasten sie das Gefüge der Dinge und lernen, wie sich Oberflächen anfühlen, z. B. Pelz, Stoffe, Ziegelsteine, Glas und Drahtnetze. Das unersättlich neugierige Kind versucht, wenn es nicht daran gehindert wird, Schmutz, Laub, Flaschenverschlüsse, Zigarren- und Zigarettenstummel, tote Insekten und eine unendliche Zahl anderer Dinge zu essen. Es lernt, die Verschlüsse von Flaschen und Zahncremtuben aufzuschrauben, manchmal mit fürchterlichen Ergebnissen. Es kann durch Ziehen an einer Schnur ein elektrisches Licht an- und ausmachen; dabei kann es allerdings die Zugrichtung schwer einhalten, und es dauert einige Zeit, bis es gelernt hat, die Schnur loszulassen, damit sich der Schalter nach jedem Ruck wieder neu einstellen kann. Es kann einfache Schrankschlösser öffnen und zerrt an Knöpfen, um

Türen und Schubladen aufzumachen. Es kann das Radio und den Fernsehapparat anstellen und die Lautstärke durch Drehen des Knopfes regulieren. Manche Babys gebrauchen die rechte Hand beim Drehen eines Knopfes im Sinne des Uhrzeigers und die linke beim Drehen in die Gegenrichtung. Das Kind lernt auch, daß das Bild und der Ton beim Fernsehapparat manchmal erst einige Zeit nach dem Einschalten hervorkommen, obwohl es natürlich nicht weiß, daß das Gerät erst „warm" werden muß. Möglicherweise wird das Kind auch versuchen, das Erscheinen des Tons durch Drehen des Knopfes auf höchste Lautstärke zu beschleunigen und dann durch den plötzlichen lauten Schall so erschrecken, daß es sich nicht mehr an das Gerät heranwagt.

Das Kind lernt, daß Spielzeugautos vorwärts und rückwärts, aber nicht seitwärts fahren können. Es lernt zwischen batteriebetriebenen und aufziehbaren Autos unterscheiden. Es kann den Schlüssel noch nicht handhaben und gibt ihn dem Erwachsenen zum Aufziehen. Es hat Freude daran, Töpfe und Pfannen aus den Schränken zu räumen, sie gegeneinander zu schlagen und die Handgriffe mit dem Mund zu untersuchen, sowie am Auseinandernehmen komplizierter Dinge, z. B. Dampfkochtöpfe oder Kaffeemaschinen. In diesem Alter kann es solche Dinge zwar ausräumen, doch wird es noch einige Monate dauern, bis es sie wieder zusammensetzen und einräumen will und kann. Gegen Ende des 1. Lebensjahres wird das Kind aber vielleicht schon imstande sein, Klötzchen mit einem Loch in der Mitte auf einem Pflock übereinanderzulegen. Es übt sich auch darin, Sachen ineinanderzustecken und zu stapeln. Es erkennt nur grobe Größenunterschiede und wundert sich, wenn es einen großen Gegenstand nicht in ein kleines Behältnis legen kann. Durch Versuch und Irrtum muß es lernen, daß man ein Spielzeug nicht auf einer vertikalen oder steil geneigten Fläche niederlegen kann, doch lernt es dabei nicht, daß man einen Wagen eine geneigte Fläche hinunterrollen lassen kann – eine Entdeckung, die es erst im Alter von ungefähr 1½ Jahren macht. Anscheinend fällt es Kindern schwer, große ebene Flächen zu erkennen. Wir haben beispielsweise beobachtet, wie Kinder versuchten, einen Löffel durch die Platte des Füttertisches zu stoßen, als ob sie sie überhaupt nicht wahrnehmen würden, so wie die verirrte Wespe versucht, durch die Zimmerdecke zu fliegen. Möglicherweise wirken die aus geringer Entfernung gesehenen Flächen wie ein *Ganzfeld*, eine das Gesichtsfeld ausfüllende homogene Fläche, die den Eindruck eines raumfüllenden Nebels erweckt (COHEN 1957).

Gegen Ende des 1. Jahres wird dem Baby auch bewußt, daß für manche Dinge eine „richtige" vertikale Stellung vorhanden ist, und es geht umher und richtet fast zwangsläufig verkehrt stehende Gegenstände auf. Dieses Bewußtsein dehnt sich sogar auf unbekannte abstrakte Formen aus, z. B. einen Holzkegel und abgestufte, turmförmig auf einen

Vivienne, DPI 53

54 Anita Sabarese, DPI

Gregory Bateson and Margaret Mead 55

56 Suzanne Szasz

57

Fee Schlapper

58

George W. Martin, DPI

Abb. 53–58 Vom Kriechen und Laufen. Abb. 53: Das Kind zieht sich selbst in den Stand hoch. Abb. 54: Es steht und hält sich dabei fest. Die Knie des Babys zeigen, daß es sich hauptsächlich immer noch durch Kriechen vorwärtsbewegt. Abb. 55: Ein Baby aus Bali läuft auf der Straße herum. Im Vergleich dazu wirken Kinder in dem bei uns gebräuchlichen Laufgitter wie eingeschlossen. Abb. 56: Das Kind wandert umher. Abb. 57: Die ersten Schritte. Abb. 58: Ein herumstapfendes Kleinkind

zentralen Pflock gestapelte Scheiben. Während manchen Babys das Oben und Unten oder Vorn und Hinten von Büchern und Heften gleichgültig ist, lernen andere, sie vor dem Lesen in die „richtige" Lage zu bringen. Gewöhnlich nehmen Babys beim Umblättern jedesmal eine ganze Hand voll Blätter. Sie zeigen, wenn sie etwas erkannt haben, indem sie z. B. beim Anblick eines Schaukelpferdes anfangen zu schaukeln. Bevor das Baby noch sprechen kann, wird es vielleicht miauen, wenn es das Bild einer Katze sieht, oder beim Bild eines Autos Motorgeräusche nachahmen. Bei manchen dieser Verhaltensweisen ahmt es offensichtlich Erwachsene nach, doch erscheinen viele auch spontan. Daß es zunächst noch nicht klar zwischen gedruckten Figuren und festen, dreidimensionalen Gegenständen unterscheiden kann, sieht man an seinen Versuchen, das Muster der Laufstalleinlage oder die Buchstaben, Zeichnungen und Bilder eines Buches aufzunehmen.

Im Zuge seiner Weiterentwicklung von einem vierbeinigen zu einem zweibeinigen Wesen durchläuft das Baby eine ziemlich feststehende Abfolge von Entwicklungsstadien. Die Altersstufen, die wir angeben, sollten nicht zu wörtlich genommen werden: Wir hören heutzutage von so vielen Babys, die bereits zwischen dem 7. und 10. Monat laufen, daß wir die veröffentlichten Normen (etwa 13 Monate) als veraltet ansehen müssen, vorausgesetzt, daß sie überhaupt früher richtig waren. HINDLEY u. Mitarb. (1966) berichten über Altersdifferenzen beim Laufenlernen je nach Nationalität der Kinder, wobei die Babys in Stockholm im Durchschnittsalter von 12,51 Monaten, in Paris von 13,81 Monaten und in Brüssel, London und Zürich in einem Alter zwischen diesen Extremen laufen lernten. Jedenfalls sind die individuellen Unterschiede im normalen Bereich so groß (vielleicht 8–20 Monate) – und wir wissen über die entsprechende Entwicklung in anderen Kulturen überdies sehr wenig –, daß es wahrscheinlich sinnlos ist, von einem „durchschnittlichen" Laufalter zu sprechen. Kürzlich waren die Autoren von einem motorisch frühreifen 6 Monate alten Kind begeistert, das auf eine große Puppenwiege krabbelte, hineinkletterte und aufstand, um sich im Spiegel zu betrachten. Es stützte sich am Spiegelrahmen ab und verlagerte sein Gewicht rhythmisch mit dem leichten Schaukeln der Wiege. Wir wollen den Fortschritt bis zum Laufen so schildern, wie es normalerweise in Lehrbüchern getan wird, jedoch ohne Rücksicht auf den Auftretenszeitpunkt, da die Abfolge der Schritte das Konstante zu sein scheint.

Im Alter von 10 Monaten kann das „Lehrbuch-Baby" beim Stehen sein Gewicht tragen, muß jedoch von einem Erwachsenen im Gleichgewicht gehalten werden. Im 11. Monat kann es zum Stehen hochgezogen werden, und es kann, wenn man es dazu bringt, sich an einem Möbelstück festzuhalten, sich selbst im Gleichgewicht halten. Das Baby wird vielleicht sogar ein paar Schrittchen machen, während es sich mit beiden Händen an den Fingern eines Erwachsenen festhält. Im Alter von einem Jahr kann es sich selbst zum Stehen hochziehen. Wenn es das einige Male getan hat, weiß es noch nicht, wie es wieder nach unten kommen soll und schreit vor Angst, bis jemand kommt und ihm herunterhilft. Es lernt jedoch bald, loszulassen und auf seine Sitzfläche zu plumpsen – die Fallhöhe beträgt schließlich nur 23–25 cm, und seine Sitzfläche ist überdies mit Fett (wenn es gut ernährt ist) und mit Windeln (wenn es sich um ein europäisches oder amerikanisches Kind handelt) gepolstert. Möbelstücke oder das Laufstallgitter als Stütze benützend, kann es sich mit seitlichen Schrittchen umherbewegen. Dann steht es auf einmal ohne Festhalten. Es wippt am Ort, entweder nach einer Musik oder aus reiner Freude an der Bewegung.

Und dann reißt es sich eines Tages zusammen – die Eltern fühlen meist das Herannahen dieses Tages und warten gespannt darauf – und watschelt mit hoch- oder zur Seite gestreckten Armen, um sein Gleich-

Suzanne Szasz

Abb. 59 Im späten Säuglingsalter kann das Baby aus einer Tasse trinken, die es mit beiden Händen hält

gewicht zu halten. Seine ersten Versuche zu Fuß werden sich möglicherweise auf drei oder vier Schritte beschränken, was aber nichts an der Tatsache ändert, daß zweifellos ein Übergang stattgefunden hat. Jetzt lernt das Baby auch fast sofort, ohne Festhalten, aufzustehen. Wenn es sitzt, wird es die Füße unter den Körper ziehen und sich einfach nach oben stoßen. Kniet es mit aufgestützten Händen am Boden, verlagert es das Gewicht von den Knien nach rückwärts auf die Füße und streckt die Hüften und die Taille. Wenn es ein bestimmtes Ziel im Auge hat, wird das Baby noch einen Monat oder länger das Krabbeln vorziehen, sich jedoch auch fleißig im Gehen üben, bis die Zeit herankommt, wo es nur mehr zum Spaß krabbelt. Dieses Vergnügen sagt uns übrigens etwas über das Selbstbewußtsein des Kindes, nämlich seine Unterscheidungsfähigkeit zwischen seinem jetzigen Status als laufendes Kind und dem Krabbler, der es früher war.

Das Kind im Laufalter

Der Leser muß sich vorstellen, daß das Kind nun etwa 74 cm groß ist, wenn es zu laufen beginnt. In unserer Kultur bedeutet dies, daß sein Kopf gerade bis unter die Platte eines gewöhnlichen Tisches reicht. Wenn das Kind sich streckt, kann es eben noch sehen, was sich auf dem Tisch befindet. Erst wenn es fast zwei Jahre alt ist, wird es imstande sein, eine etwa einen Meter über dem Fußboden befindliche Türklinke zu umfassen. Die wachsende Kenntnis des eigenen Körpers gegen Ende des ersten Jahres zeigt sich durch die Art, wie das Kind die verschiedenen Teile des Erwachsenengesichts erforscht und sodann seine eigenen befühlt. Wenn es mit dem Ohr eines Erwachsenen spielt, befühlt es an seinem eigenen Kopf beide Ohren. Vielleicht wird es sogar Aufforderungen, wie „Zeig mir dein Ohr!“ (oder: Nase, Auge, Mund, Zähne oder Zunge) folgen können, aber es kann diese Teile, wie bereits erwähnt, nicht genau lokalisieren und wird etwas umhertasten müssen, um sie finden zu können. Es kann auch nicht bei einem Insektenstich oder einer sonstigen Verwundung die Stelle, an der es schmerzt, anzeigen, obwohl es doch offenbar wehtut. Um diese Zeit kann das Baby erstmalig seine Genitalien entdecken und damit spielen. Diese Entdeckung scheint bei Knaben früher zu erfolgen als bei Mädchen, wahrscheinlich, weil der Penis des männlichen Kindes ihm besser sichtbar und zugänglich ist als die Scheide dem Mädchen. Der Knabe entdeckt seinen Penis nicht, weil er dazu besonders motiviert ist, sondern er merkt lediglich, daß da unten etwas ist und ergreift es. Diese Entdeckung wird selbstverständlich durch die Verwendung der Windel in unserem Kulturkreis verzögert. Die meisten normalen Babys im Alter von einem Jahr masturbieren gelegentlich, besonders zur Schlafenszeit. Widmet man dem Kind jedoch genügend Aufmerksamkeit und gibt man ihm genügend Spielzeug, so konzentriert es sich nicht auf diese Lustquelle. Die Reizung der Genitalien scheint in der Säuglingszeit eine beruhigende Wirkung auszuüben, was auch ihre Anwendung in manchen Kulturen zur Beruhigung schreiender Kinder deutlich macht. Im Endstadium des Säuglings- und Kleinstkinderalters scheint das Spiel mit den Genitalien echtes Vergnügen zu bereiten, dem aber die Intensität des sexuellen Erlebens des Erwachsenen fehlt.

Ungefähr im Alter von einem Jahr winkt das Baby zum Abschied, gewöhnlich durch Öffnen und Schließen der Faust. Es kann – etwas unsicher – einen kleinen Holzwürfel auf den anderen legen. Wie gesagt, kann es Klötzchen mit einem Loch in der Mitte auf einem Pfahl auftürmen. Sind sie jedoch in der Größe abgestuft, kann es sie noch nicht ordnen. Es kann auch keinen Satz ineinanderpassender Schachteln aufeinanderstellen oder ineinanderstecken. Manchmal kann es einen Löffel voll Essen in den Mund befördern, aber oft wird der Löffel verdreht zum Mund geführt. Das Kind kann schon aus einem Glas trinken, das es aber mit beiden Händen festhalten muß. Es könnte ebenfalls schon seine abendliche Flasche halten, wenn es eine bekommt, doch haben Babys so viel Freude am menschlichen Kontakt, daß sie es gern haben, wenn ein Elternteil die Flasche hält oder aber das Baby beim selbständigen Trinken auf den Schoß nimmt. Es erfreut sich nicht nur an empfangenen Liebesäußerungen, sondern kann sie auch schon durch herzliche Umarmungen und sehr nasse, mit offenem Mund gegebene Küsse erwidern. Es versucht, zu singen und horcht gern auf Lieder, Reime und Geklingel und tanzt gern in den Armen Erwachsener zur Musik. Es kann ein Spielzeug unter oder hinter einer Couch oder in einem Schrank verstecken und es am nächsten oder übernächsten Tag wieder hervorholen. Dies ist ein alltägliches Äquivalent für den Versuch mit der verzögerten Reaktion, durch den die Erinnerung eines Kindes an den Ort eines versteckten Gegenstandes untersucht wird, nur versteckt hier nicht der Forscher, sondern das Baby selbst den Gegenstand (Hunter 1913). Allgemein erfüllen Babys selbstgestellte Aufgaben viel besser als die von Erwachsenen erdachten. Viele Einjährige können mit einem Farbstift einige Striche zeichnen und tun dies oft auf Fußböden oder Wänden. Gelegentlich kann ein intelligentes Einjähriges, anscheinend ohne daß man es ihm vorher zeigt, dahinterkommen, daß man einen außer Reichweite befindlichen Gegenstand mit dem Stock heranholen kann, und die meisten einjährigen Kinder können dies lernen, wenn es ihnen vorgemacht wird.

In den ersten paar Monaten des zweiten Lebensjahres, wenn das Baby aus dem Säuglingsalter in das Kleinkindalter überwechselt, steht es sicher auf beiden Beinen, läuft sicher, vervollkommnet und integriert die bereits erworbenen manuellen Fertigkeiten und beginnt, einige Worte zu sprechen, wenn auch manchmal mit kleinen Verstümmelungen. Es bereitet sich schon auf seine Kleinkindaktivitäten vor, indem es das Laufen mit dem Greifen verbindet, um an viel zu großen Gegenständen zu zerren, sie zu schieben und zu schleppen. Es genießt seine herkulischen Anstrengungen jetzt noch um ihrer selbst willen; später werden sie komplizierteren Tätigkeiten untergeordnet, z. B. dem Spielen mit Bausteinen. Wenn das Kind beginnt, beim Gehen Gegenstände mitzutragen, zieht es zunächst große Dinge vor, die es mit beiden Armen an den Körper drückt, und wenn dies nicht möglich ist, trägt es zwei kleinere Gegenstände, jeden davon in einem Arm. Der Drang zum Tragen ist anscheinend groß, denn wir haben oft beobachtet, daß Babys ein Stückchen Faden, Fasern oder Staubflocken aufheben, sie an die Brust drücken und damit herumlaufen.

Die Wahrnehmung im Säuglingsalter und danach

Nachdem wir nun einige wesentliche Merkmale der Entwicklung im Säuglingsalter betrachtet haben, ist es an der Zeit, ein Thema genauer zu untersuchen, das in diesem Buch immer wiederkehren wird, nämlich die Beziehung zwischen dem Ich und der Umwelt. Die Aktualität dieses Themas endet nicht mit dem Säuglingsalter, und wir müssen unser Schema der Altersstufen durchbrechen, um es verständlich zu machen. Wir müssen davon ausgehen, daß ein und dieselbe physikalische Realität von verschiedenen Menschen auf sehr unterschiedliche Weise wahrgenommen werden kann. Manche dieser Wahrnehmungsunterschiede hängen mit unterschiedlichen individuellen Weltanschauungen zusammen, andere mit Unterschieden zwischen sozialen Gruppen. Die Sozialanthropologen interessieren sich für die Wahrnehmungsunterschiede zwischen Kulturen. Männer und Frauen diskutieren und streiten auch manchmal über geschlechtsbedingte Unterschiede in der Wahrnehmung. Eine Frau wird mit größter Deutlichkeit das Schaufenster eines Bekleidungsgeschäftes sehen, das ihrem männlichen Begleiter lediglich als ein verwischter Fleck und gerade noch sichtbar erscheint. Umgekehrt kann es sein, wenn es sich um das Schaufenster einer Werkzeughandlung handelt. Der Entwicklungspsychologe schließlich befaßt sich mit altersbedingten Unterschieden. Unsere Wahrnehmungen bestehen nur zum Teil aus den Sinnesinformationen, die entweder von außen oder auch aus dem Körperinneren auf unsere Sinnesorgane einwirken. Wir verarbeiten lediglich einen begrenzten Anteil der uns zur Verfügung stehenden sensorischen Informationen, und der Teil, den wir verarbeiten, läßt sich auf die verschiedenste Art organisieren. Die Erscheinungsform, die die Welt für uns hat, hängt zum Teil von unserer Kenntnis über die Wirkungsweise der Dinge ab, besonders wenn wir Kräfte betrachten, die jenseits unserer Wahrnehmung liegen, z.B. Röntgenstrahlen, Ultraschall, Magnetismus, infrarotes und ultraviolettes Licht, Bakterien, Viren und die Gesetze des Wachstums. Was wir wahrnehmen, unterscheiden wir nicht immer klar von dem, was wir fühlen, denken, glauben, ersehnen und fürchten. Insgesamt ist die Welt für uns eine Sphäre von Bedeutungen und Beziehungen und nicht nur eine Ansammlung von Dingen. Wir können zwischen hochentwickelten Wahrnehmungsformen, in denen die Triebkräfte der Ereignisse sich aus wissenschaftlichen Gedanken ableiten, und primitiven Wahrnehmungsformen, in denen die Welt von Dämonen, Geistern und durch Zauber zusammengehalten und belebt wird, unterscheiden. A. MOOREHEAD (1966) hat z.B. einen sehr einfühlsamen Bericht darüber geliefert, wie er Schlangen zunächst als etwas Gefährliches und Tötenswertes wahrnahm und später durch Erfahrung lernte, den Schrecken, den ihm Schlangen einjagten, teilweise zu überwinden. Soweit wir das Wahrnehmungsfeld des sehr kleinen Kindes aus seinem Verhalten rekonstruieren können, ist ihm die Welt zuerst nur ein diffuses Feld, in dem Objekte ohne festen Bezugsrahmen kommen und gehen. Das wache Baby richtet seine Aufmerksamkeit auf fast alle nahen Lichteindrücke und Geräusche. Wenn sie aber keine Bedrohung darstellen oder keine Aussicht auf Befriedigung enthalten, verliert es rasch das Interesse oder habituiert sich an sie. Bald danach beginnen sich zwischen den Dingen Beziehungen zu entwickeln, aber diese sind immer persönlich und auf das Kind bezogen. Die Anwesenheit der Mutter kann Wickeln, Beruhigung und Freude bedeuten, aber das Kind begreift die damit verbundenen Tätigkeiten nicht. Orangensaft kann bedeuten, daß sich ein Bad anschließt, aber diese Vorgänge bedeuten für das Baby nur eine vertraute Folge von Gefühlen und nicht Ereignisse in einer Welt, die auch den Zeitplan seiner Mutter mit einschließen. Ebenso hat das Kind keinen Begriff der räumlichen Beziehungen zwischen der Küche, wo es seinen Saft erhält, und dem Badezimmer, wo es gebadet wird. Die meisten Erwachsenen können nur schwer verstehen, daß sich wohl alles auf „meine“ Bedürfnisse und Gefühle bezieht, daß es aber zunächst kein „Ich“ gibt. Es gibt lediglich Zustände des Hungers, des Naßseins, des Flüssigkeit-mit-Orangengeschmack-gefolgt-vom-Eintauchen-in-Warmes, und all dies steht im Zusammenhang mit vertrauten Personen und Orten. Aber es gibt kein „Ich bin hungrig“ oder „Ich bin müde“ oder „Ich schmecke Orangensaft“. Die Erfahrung des Babys ist persönlich, weil es sich lediglich seiner Gefühle bewußt ist, aber es empfindet sich selbst noch nicht als Einheit, genauso wenig, wie es eine Welt seiner eigenen Gefühle kennt. Dieser Zustand, in dem sich das Universum des Kindes auf es selbst konzentriert, ohne daß es jedoch sich selbst als dieses Zentrum erkennt, wurde von Piaget (1954) *Egozentrismus* genannt (Anm. 9). Wir werden auf das Thema des Egozentrismus noch mehrmals zurückkommen.

Wir haben bereits viele Aspekte der Wahrnehmungsentwicklung während des Säuglingsalters erwähnt. Im visuellen Bereich bevorzugt das Baby mäßig komplexe Formen vor einfachen und gesichtsähnliche vor unsinnigen. Wir haben gesehen, wie es mit Furcht auf etwas reagiert, das ihm wie ein rasch näherkommender Gegenstand erscheint. Es lernt, seine Flasche aus der Entfernung zu erkennen, zwischen vertrauten Gesichtern und fremden zu unterscheiden und fremde Gesichter sogar zu fürchten. Wir haben gesehen, wie es die Fähigkeit entwickelt, die Arme auszustrecken und ein baumelndes Spielzeug zu ergreifen. Es lernt, die Gegenstände visuell zu untersuchen und sie auf verschiedene Weise zu handhaben. Zuerst fehlt den festen Gegenständen für das Kind die Konstanz, so daß Gegenstände, die unsichtbar werden, für das Kind nicht mehr existieren, und es erkennt weder Vater noch Mutter wieder, wenn sie auf ungewohnte Weise gekleidet sind. Wenn es dann beginnt, verschwundene Gegenstände zu suchen, wissen wir, daß sich die *Dingkonstanz* (vgl. S. 130) als Regel ausgebildet hat. Wir haben gesehen, daß es auf zweidimensionale Muster reagiert, als wären es dreidimensionale Körper. Im späten Stadium des Säuglingsalters lernt es, die vertikale Ausdehnung von Dingen wahrzunehmen. Wenn es krabbeln lernt, stellt es sich auf räumliche Anordnungen um, z. B. wenn es Stürze vermeidet oder Umwege um Hindernisse macht. Es lernt, durchsichtige Barrieren zu erkennen und merkt die Notwendigkeit, sie zu umgehen. Wenn es gewebeartige Oberflächen sieht, strecken sich seine Finger, um sie zu befühlen. Das erste Suchverhalten des Babys zeigt seine Sensitivität für taktile Empfindungen, und es verwendet den Mund als Sinnesorgan, mit dem es Gegenstände identifiziert. Vom frühen Alter an erfreut es sich an Berührungen von Erwachsenen und den Bewegungen, die von ihnen ausgehen.

Im akustischen Bereich haben wir gesehen, wie selektiv das Gehör des Babys anfangs ist. Wir haben seine frühe Sensitivität gegenüber der menschlichen Stimme gesehen und wie es sich schon im Alter von zwei Monaten anstrengt, zu antworten, wenn man zu ihm spricht. Mit einigen Monaten dreht sich das Baby um, um zu sehen, woher eine Stimme kommt. Später sucht es auch nach der Quelle anderer Geräusche. Es reagiert auf herankommende Schritte, und im späten Säuglingsalter erkennt es das Geräusch des herankommenden Autos seines Vaters. Es reagiert auf Musik und kann sogar ausgeprägte musikalische Vorlieben zeigen. Es lernt, Geräusche zu imitieren, und am Ende des Säuglingsalters versteht es vieles von dem, was gesprochen wird. Wir wissen weniger über die Entwicklung des Geruchssinnes, aber das Geruchssystem des Babys funktioniert offensichtlich von Geburt an. Ebenso entwickelt das Baby eine Vorliebe für gewisse Speisen, und es erkennt visuell die, die es gern und die, die es nicht gern mag.

Im Bereich der Selbstwahrnehmung haben wir gesehen, daß das Baby seine eigenen Hände und Füße entdeckt und dann lernt, sie zu gebrauchen. Es lernt auch, gewisse Körperempfindungen zu lokalisieren, so daß es eine juckende Stelle kratzen oder seine Augen reiben kann, wenn es schläfrig ist. Es lernt, wo sich seine Augen, sein Mund, seine Ohren usw. befinden. Es lernt, sich selbst zu füttern, es lernt, sich im Spiegel zu erkennen. Es entdeckt seinen Nabel und seine Genitalien, und es lernt auch die Gefühle kennen, die eine Liebkosung der Genitalien hervorbringt. Es lernt, seinen Körper beim Greifen und bei der Fortbewegung zu beherrschen. Es erwirbt ein gewisses Ausmaß an Selbstkontrolle, wie etwa Warten oder Verbote einhalten. Es spielt gern und wird vielleicht sogar beginnen, mit sich selbst zu spielen. Es wird selbstsicher und eigensinnig. Im allgemeinen zeigen seine keimenden Gefühle sein wachsendes Bewußtsein von den Dingen, ihren Eigenschaften und Möglichkeiten.

Wir wollen jetzt einige Aspekte dieser Wahrnehmung genauer betrachten. Es gibt einige indirekte Hinweise, daß die aktive manuelle Tätigkeit des Babys und seine Fortbewegung durch den Raum eine lebhafte Rolle bei der Entwicklung seines Weltbildes spielen. Held u. Hein (1963) haben z.B. gezeigt, daß junge Katzen ein mangelhaftes räumliches Sehen entwickeln, wenn ihre gesamten visuellen Eindrücke aus passiven Bewegungsvorgängen stammen. Diese Katzen wuchsen nämlich in kleinen Wagen auf, die von anderen Katzen gezogen wurden, und hatten keine Gelegenheit zur selbständigen Fortbewegung. Die Verfasser (Hein u. Mitarb. 1970) führen dies auf die Abwesenheit einer kohärenten Beziehung zwischen irgendwelchen spontanen Bewegungen der jungen Katzen und den daraufhin erfolgenden Änderungen in der visuell wahrgenommenen Umgebung zurück. Dieselben Verfasser machten auch die interessante Beobachtung, daß sich bei Katzen mit der Erfahrung aktiver Bewegung auf nur einem Auge die richtige Tiefenwahrnehmung nicht auf ein verbundenes Auge überträgt. Der österreichische Psychologe I. Kohler (1964) hat gezeigt, daß der Effekt, der durch das Tragen verzerrender Linsen entsteht, in dem Maße verschwindet, wie sich die erwachsene Versuchsperson umherbewegt, zunächst tastend und später – bei zunehmender Reorientierung – auf normale Weise. Hat sich andererseits die Wahrnehmung einmal stabilisiert, spielt die Bewegung eine geringere Rolle. Erwachsene Versuchspersonen berichten sogar über eine Intensivierung des Wahrnehmungserlebens, wenn sie unter dem Einfluß von kurareähnlichen Drogen stehen, die eine vorübergehende, aber totale Muskellähmung hervorrufen (SMITH u. Mitarb. 1947). Die Einsicht in die Wichtigkeit aktiver Bewegung für die erstmalige Schaffung einer Raumstruktur wird uns vielleicht helfen, einige der kognitiven Behinderungen nach „Deprivationssituationen", das sind Situationen, in denen dem Individuum die wichtigsten sensorischen Anreize fehlen, zu verstehen. Eine davon ist z.B. die allgemeine Einschränkung der freien Bewegung. In Kinderheimen, in denen die Kinder bewegungslos in ihren Bettchen festgebunden werden, kann sich sogar das Laufenlernen erheblich verzögern (DENNIS u. NAJARIAN 1957).

Wir haben bereits erwähnt, daß sehr kleine Kinder ihre Umgebung wohl in horizontaler, nicht aber in vertikaler Richtung mit den Augen abtasten (HAITH, 1968). Wann der Übergang zum vertikalen Abstasten stattfindet, ist nicht sicher, doch scheint im Säuglingsalter der Raum über dem Kopf des Kindes weniger bedeutungsvoll zu sein als der rechts und links von ihm bzw. der fußwärts gelegene. Einige unserer eigenen Beobachtungen deuten darauf hin, daß Babys, die wohl nach seitlichen oder unter Augenhöhe gelegenen Geräuschquellen suchen, von oben kommende Geräusche ignorieren. In ähnlicher Weise reagiert das Baby auf ein Kitzeln mit einem zusammengerafften Papiertaschentuch an verschiedenen Körperstellen, nicht aber in der Scheitelgegend. CLANTON (Center for Cognitive Studies, 1968–1969) berichtet über eine Änderung der Blickgewohnheiten im frühesten Kindesalter. Zunächst werden erst die Augen und dann erst der Kopf gedreht, was als eine reizbedingte Reaktion interpretiert wird. Später dreht sich der Kopf früher als die Augen, was als eine selbstbestimmte Reaktion aufgefaßt wird.

Ein weiteres interessantes Charakteristikum der kindlichen Wahrnehmung ist die Auswahl der Dinge, die das Kind unbeachtet läßt. Laute und hervorstechende Geräusche, wie Donner, Sirenengeheul, den Lärm beim Leeren und Zurückknallen der Mülleimer auf den Gehsteig oder das Schrillen des Telefons, die der Erwachsene nur schwer ertragen kann, werden vom Kind anscheinend nicht beachtet. Dagegen schreit das Baby vor Schreck auf, wenn jemand niest oder hustet. Das Herankommen der Mutter auf Zehenspitzen kann genügen, um es aufhorchen zu lassen, und noch später, wenn es erst einmal den Flugzeuglärm kennengelernt hat, wird es Flugzeuge schon aus weiter Entfernung wahrnehmen. Die kindliche Aufmerksamkeit kann auch auf ganz etwas anderes eingestellt sein, als wir annehmen. Wenn es scheinbar zum Fenster hinaussieht, betrachtet es, zumindest zeitweise, das Glas und seine Spiegelungen, statt durch das Glas hindurchzublicken. Ebenso entdeckt das Baby Spiegelbilder, insbesondere sein eigenes, auf den glänzenden Flächen des Toasters, der Radkappen oder anderer, oft winziger Gegenstände. Ein Baby, das scheinbar die Vorhänge ansieht, kann sich damit beschäftigen, das Muster oder auch die Gewebestruktur zu untersuchen.

In allen Altersstufen akzeptieren wir die Welt, wie sie sich unseren Sinnen darbietet, als real und vollständig. Ein typisches Beispiel: Der Farbenblinde entdeckt seine Behinderung erst dann, wenn jemand ihn darauf aufmerksam macht. Im Gegensatz zum Baby erkennt jedoch der Erwachsene, daß die Welt verschiedene Formen von Realität umschließt, was die Philosophen *Ordnungen* oder *Stufen der Realität* nennen. Träume, Schmerzen und andere subjektive Empfindungen sind wohl real, aber in einem ganz anderen Sinne real als z.B. Kohl, Autounfälle, Sauerstoff, Fotografien und Sätze. Soweit diese Realitäten für das kleine Kind überhaupt existieren, scheinen sie zu einem gemeinsamen Bereich verschmolzen zu sein, in dem Träume zum Alltagsleben gehören, Gegenstände durch Gedanken beeinflußt werden, Gefühle körperliche Form annehmen, Gegenstände sich in nichts auflösen oder ohne Vorwarnung ihre Identität verändern und wo das Wesen der Kausalität magischen Charakter hat. PIAGET nennt diese Tendenz, alles als real und auch in der gleichen Form als real auzusehen, den kindlichen *Realismus*. Wir müssen unterscheiden zwischen dem *Realismus in der Wahrnehmung*, von dem wir hier sprechen, und dem „Realismus" im gewöhnlichen Sinne von Wirklichkeitsnähe, d.h. sowohl harter Praxisbezogenheit als auch Naturtreue. Es gibt verschiedene Spielarten des Realismus, so den *Bilderrealismus*, der sich darin äußert, daß ein Kind ein abgebildetes Tier tätschelt, sich bemüht, eine abgebildete grüne Bohne aufzuheben oder auf das Ticken einer abgebildeten Uhr zu horchen (wie der Schimpanse „Viki", den HAYES zu Hause großzog [HAYES 1951]), den *Sprachrealismus*, wobei eine Behauptung wie eine Tatsache behandelt wird. Und den *moralischen Realismus*, wobei moralische und ethische Regeln als absolut, zeitlos und als Teil der natürlichen Ordnung der Dinge angesehen werden. Ein vorübergehendes Aufgeben des Realismus sehen wir bei Spielen, bei denen das Baby eine spielerische Einstellung gegenüber den Dingen einnimmt, z.B. beim Versteckspiel, und wo sich aber der Realismus durchsetzt, wenn das Spiel zu lange dauert und das Baby sich verhält, als wäre es tatsächlich am Ende seiner Kräfte. Der Schreckeffekt (SCHIFF 1965, BALL u. TRONICK 1971; vgl. S. 23) funktioniert bei einem realen Gegenstand oder einem rasch anwachsenden Schatten gleich gut. Der Schimpanse zeigt ebensolche Furcht vor der Filmaufnahme einer Schlange wie vor der Schlange selbst. Das dreijährige Kind kann so in ein Spiel vertieft sein, daß es versucht, seine Sandkuchen zu essen, und wir als Erwachsene lassen uns von einem Film oder einer Geschichte so weit fortreißen, daß wir über den Tod des Helden weinen oder bei der Vernichtung des Schurken triumphieren und dabei sogar vergessen, wo wir uns befinden. Wie wir später noch sehen werden, glauben Kinder im Vorschulalter, daß die gesehenen Fernsehdramen wirkliche Ereignisse sind, die von wirklichen Menschen im Gerät erlebt werden. Es ist ein langer, zögernder Entwicklungsprozeß, in dem die Unterschiede zwischen den Stufen der Realität und der realistisch anmutenden Phantasie erlernt werden.

Ein schwieriger Aspekt des Realismus liegt in der Annahme, daß die von uns wahrgenommene Realität auch die Realität von jedermann sonst sei, so, als ob alle das gleiche Wissen, die gleiche Einsicht, die gleichen Interessen, Wertbegriffe und moralische Normen und den gleichen räumlichen Bezugspunkt hätten. Diese Annahme führt zu einer Haltung, die *Egozentrismus* genannt wird. Darunter versteht man die mangelnde Einsicht, daß die eigene Weltanschauung tatsächlich nur die eigene ist, und die Unfähigkeit, andere, abweichende Sichtweisen von bestimmten Situationen zu berücksichtigen. Der Egozentrismus bildet die Grundlage des *Ethnozentrismus,* bei dem die spezifischen Verhaltensweisen, Wertbegriffe und Gedanken der Gruppe von Menschen, unter der man aufwächst, für allgemeingültig gehalten werden. Der Ethnozentrismus ist eine gemeinsame Blindheit, die als Wissen ausgegeben wird. Er ist verwandt mit der verbreiteten Haltung des Geozentrismus, der die Menschen jahrtausendelang glauben machte, die Erde bilde den Mittelpunkt, um den sich das Universum drehe, und der den Gedanken von Galilei, Kopernikus und anderen, die Erde sei lediglich ein Satellit eines Sterns unter unzähligen Sternen, so heftigen Widerstand entgegensetzte.

Egozentrismus im Zusammenhang mit der Beschreibung des unausgereiften Verhaltens ist nicht gleichbedeutend mit Egoismus. Er bedeutet weder Selbstsucht noch übermäßige Beschäftigung mit der eigenen Person. Es ist durchaus möglich, auf egozentrische Weise sehr großmütig zu sein, z.B. wenn jemand in aller Liebe und mit allem Wohlwollen ein Geschenk macht, das für den Gebenden besser paßt als für den Nehmenden; oder wenn ein kleines Kind voll Liebe und Selbstaufopferung sein durchweichtes Brötchen der Mutter oder dem Vater schenkt. Ein egozentrisches Verhalten des Kindes rührt nicht etwa daher, daß es von seiner eigenen Wichtigkeit oder von Gedanken über sich selbst erfüllt ist, sondern vielmehr daher, daß es sich seiner selbst, der persönlichen Art seines Erlebens und seiner befangenen, idiosynkratischen Einstellung zu den Dingen noch nicht ausreichend bewußt ist. Idealerweise entfernt man sich mit zunehmender Reife sowohl vom Egozentrismus als auch vom Ethnozentrismus und nähert sich dem *Relativismus,* der Fähigkeit, zu erkennen, wie die Dinge für andere Menschen und aus anderen kulturellen Gesichtswinkeln aussehen. Aber selbst Erwachsene zeigen oft noch reichliche Anzeichen von Egozentrismus – eine Mutter weint z.B., weil ihre Kinder eine Mahlzeit nicht mochten, mit der sie ihnen eine besondere Freude machen wollte. Es wäre noch anzumerken, daß Relativismus nicht einen Verzicht auf Werte bedeutet, aber oft eine kritische Betrachtung der von uns anerkannten Werte ermöglicht.

Die meisten experimentellen und philosophischen Darstellungen der Wahrnehmungsvorgänge beruhen auf der Annahme, der Mensch betrachte und analysiere die Merkmale der Gegenstände in seiner Umgebung und rekonstruiere dann durch eine Art unbewußter Gehirntätigkeit die Gegenstände und ihre räumlichen und kausalen Beziehungen auf der Grundlage dieser Sinneseindrücke. Eine derartige analytische, kontemplative Wahrnehmung existiert wohl auch, doch der übliche Vorgang besteht darin, daß wir mit einem Blick die Dinge erfassen und danach handeln. Statt auf die Details der Dinge zu achten, nehmen wir sie *physiognomisch* wahr, d.h. in Form ihrer gesamten, expressiven Eigenschaften, ein Ausdruck also, der in Analogie zu unserer nichtanalytischen Wahrnehmung der menschlichen Physiognomie und des Gesichtsausdrucks gebildet ist. Die physiognomische Wahrnehmung setzt sich durch das gesamte Leben fort. Auch wenn wir etwas analytisch geprüft und dadurch vielleicht den physiognomischen Eindruck verändert haben, ist unsere Reaktionsweise weiterhin global, wie wenn wir z.B. eine bestimmte Automarke identifizieren. Das Lesenlernen erfordert eine gewisse Analyse der Worte und Buchstaben, doch wenn wir einmal lesen gelernt haben, lesen wir physiognomisch. Daher übersehen wir leicht Tippfehler, lesen ungebräuchliche Worte fälschlich als bekannte und bemerken selten die Schriftart eines Buches. Wir erfassen den allgemeinen Sinn des Gelesenen – richtig oder auch falsch – und ignorieren dabei die physikalischen Eigenschaften der kleinen schwarzen Zeichen, die die Sinnesreize beim Lesen bilden, oder bemerken sie nur mit halbem Auge. Wenn Farbbezeichnungen in einer anderen Farbe gedruckt werden, als sie der Name angibt, muß sich auch ein geübter Leser Mühe geben, die richtige Farbe der Buchstaben zu erkennen (Comalli u. Mitarb. 1962, Sichel u. Chandler 1969).

Die Physiognomie der Dinge beinhaltet auch ihren, von Koffka so genannten, *Aufforderungscharakter*, der – oft ohne vorheriges Lernen – bestimmte Gefühle und ein bestimmtes Verhalten hervorruft. Für das Baby besteht der Aufforderungscharakter der Knöpfe darin, daß man sie anfassen und daran ziehen kann, der von Ritzen, daß man darin mit dem Zeigefinger bohren kann, der von Oberflächenstrukturen, daß man sie betasten kann, und der von komischen Gesichtern, daß man darüber lachen kann, genau wie beim Erwachsenen, der sich von frischer Farbe zu ihrer Berührung und von einer Babywange zum Kneifen aufgefordert fühlt.

Der Aufforderungscharakter der Dinge verweist auf einen weiteren vernachlässigten Aspekt der Wahrnehmung, nämlich, daß wir auf

Gegenstände sowohl körperlich als auch gefühlsmäßig in einer einzigen umfassenden Verhaltensweise reagieren, also nicht in Stufen zunächst eine Sache wahrnehmen, sie identifizieren und erst dann entsprechende Gefühle entwickeln. Der allgemeine Ausdruck hierfür ist *Wahrnehmungspartizipation,* d.h. wir nehmen an den Geschehnissen in unserer Umwelt direkt teil, so als ob diese und wir selbst Teile ein und desselben Organismus wären. Eine der eindrucksvollsten Formen der Partizipation ist die *Empathie,* d.h. wir identifizieren uns mit einer fremden Handlung so stark, daß wir sie selbst mit durchführen, z.B. wenn wir dem Stabhochspringer über die Stange helfen, den Clown davon abhalten, in den Abgrund zu fallen, auf die Billardkugel, den Golfball oder die Kegelkugel eine „körperliche Sprache" anwenden, uns durch das Gähnen anderer zu eigenem Gähnen anregen lassen, uns räuspern, um den Frosch aus der Kehle eines anderen zu entfernen, uns mit den Ringkämpfen im Fernsehen winden und stöhnen und beim Füttern des Babys den Mund aufmachen. Die Empathie scheint die Grundlage der frühen Nachahmung zu bilden, z.B. der kindlichen Versuche im frühesten Alter, die elterlichen Lautbildungen und Mundbewegungen nachzuahmen. Das Geschrei eines Babys als Reaktion auf das Schreien eines anderen ist ein weiteres Beispiel für die Empathie. Mit zunehmendem Alter und wachsender Erfahrung werden unsere Wahrnehmungen objektiver, Urteilsprozesse werden zwischen Wahrnehmung und Handlung geschoben, und die organischen Komponenten der Wahrnehmung treten mehr in den Hintergrund. Trotzdem kann man mit Hilfe geeigneter Registriergeräte, z.B. einem Vielfachschreiber für vegetative Reaktionen oder einem „Lügendetektor", nachweisen, daß auch beim Erwachsenen die einfachsten Reize, z.B. das Ticken eines Telegraphen, im ganzen Körper Rückwirkungen auslösen (Davis u. Mitarb. 1955, 1959; Lacey 1956).

Von großer Bedeutung für die unausgereifte Wahrnehmung ist die *Synästhesie,* die Tatsache, daß die Reizung eines Sinnesorgans auch in anderen Sinnesmodalitäten eine Wirkung hervorruft. Eine fast bei allen Erwachsenen bestehende Synästhesie besteht darin, daß der Geruchssinn zum Zustandekommen von Geschmacksempfindungen beiträgt. Wenn wir beispielsweise Schnupfen haben, verlieren die Speisen ihren gewohnten „Geschmack". Eine seltene Erscheinung beim Erwachsenen ist das Farbenhören, wobei verschiedene Klangfolgen charakteristische Farbeindrücke hervorrufen. Berichten zufolge wird Farbenhören durch alle Rauschgifte, wie Mescalin oder LSD, hervorgebracht, so daß das Anhören von Musik Farbveränderungen an betrachteten Gegenständen, prismatischen Effekten an ihren Kanten und manchmal von schwebenden Farbmustern hervorruft. Während dem Erwachsenen, der nicht unter dem Einfluß von Drogen steht, bewußt ist, daß alle Töne aus einer sichtbaren Quelle stammen, stellt er sich die Klänge selbst nicht als sichtbare Erscheinungen vor. Das Baby hingegen verhält sich oft so, als ob es erwarte, die Geräusche zu sehen. Es zieht die Hände des Erwachsenen rasch auseinander, als ob es das eben hervorgebrachte Klatschgeräusch suche, oder es blickt im Zimmer umher, wie auf der Suche nach einem soeben angeschlagenen Klavierakkord. Ein kleines Mädchen hielt sich eine Taschenuhr vor die Augen, um das Ticken zu hören (Church 1968). Genauso wie es für das Kind keinen klaren Gefühlskatalog gibt, ist ihm auch die Funktion seiner Sinnesorgane nur verschwommen bewußt und unzulänglich lokalisierbar. Es scheint auch antizipatorische Synästhesien zu geben, wenn wir z. B. vom Aussehen einer Sache her erwarten, daß sie sich rauh oder glatt, naß oder klebrig oder schlammig, hart, elastisch oder spröde, warm oder kalt anfühlen müßte, und daß sie leicht oder schwer ist. Ebenso bringen manche Geräusche schwache visuelle oder kinästhetische Bilder ihrer Quellen hervor, z. B. wenn wir „jemanden gehen hören". Auch ein so diffuses Sinnesorgan wie der Geruchssinn kann das visuelle Bild des Gegenstandes hervorrufen, das den Geruch erzeugt, z. B. wenn wir eine Orange riechen (nicht nur den Orangengeruch wahrnehmen) und der Geruch uns ihre Lage verrät.

Manche Assoziationen und antizipatorische Synästhesien scheinen gelernt und nicht organisch bedingt zu sein. Sie werden *intersensorische Effekte* genannt (Birch u. Lefford 1963, Blank u. Bridger 1964). Während die echten Synästhesien mit fortschreitendem Alter abnehmen, so daß wir seltener Geschmack und Geruch, Sehen und Hören, Temperatur und Oberflächenbeschaffenheit verwechseln, erwartet man bei den intersensorischen Effekten eine Zunahme, zumindest bis zu einem gewissen Maximum. Wir lernen, den Geschmack der Nahrungsmittel nach ihrem Aussehen zu beurteilen, und nur wenn wir fremdländische Speisen probieren, werden wir durch unerwartete Geschmacksnuancen überrascht. Das Baby sieht zwar offensichtlich, daß sich Sandpapier rauh anfühlt; nach seiner Überraschung beim Platzen einer Seifenblase zu urteilen, hat es jedoch nicht gesehen, daß diese zerbrechlich ist. Für das Baby wäre es nichts Ungewöhnliches, wenn beim Fallenlassen eines Glases auf einen Zementboden ein zischendes Geräusch zu hören wäre. Im Lauf der Jahre muß das Kind lernen, die Erfahrung in einer Sinnesmodalität zu der in anderen in Beziehung zu bringen. Es muß z. B. lernen, daß die Größe wohl zum Gewicht in Beziehung steht, es muß aber auch die Ausnahmen lernen, z. B. daß es große, leichte Dinge, wie Ballons, Schaumstoffpolster und Daunenkissen, und kleine schwere Dinge, wie Gold- oder Bleistücke, gibt. Die Übertragung von Kenntnissen von einer Modalität in die andere ist eine komplizierte Sache, die noch nicht vollständig erforscht ist. Ein Kind im Vorschulalter kann beispielsweise allein mit Hilfe des Tastsinns Dinge wiedererkennen, die es vorher nur gesehen hat, aber nicht umgekehrt: es kann nicht mit dem Auge Dinge wiedererkennen, die es vorher nur berührt hatte (Caviness u. Gibson 1962, Lobb 1965). Wird aber der visuelle Anschein erweckt, daß sich ein Gegenstand an einer anderen Stelle befindet als es die Hand eines Erwachsenen anzeigt, verläßt sich das Kind immer auf den visuellen Eindruck, auch wenn er der falsche ist (Rock u. Victor 1964).

Ein weiteres wichtiges Wahrnehmungsgesetz, von Piaget *Dingkonstanz* genannt, haben wir bereits erwähnt. Der Erwachsene nimmt als gegeben an, daß ein materielles Objekt weiterhin existiert, auch wenn er es nicht mehr sinnlich wahrnimmt. Der kleine Säugling hingegen verhält

60

George Zimbel, Monkmeyer

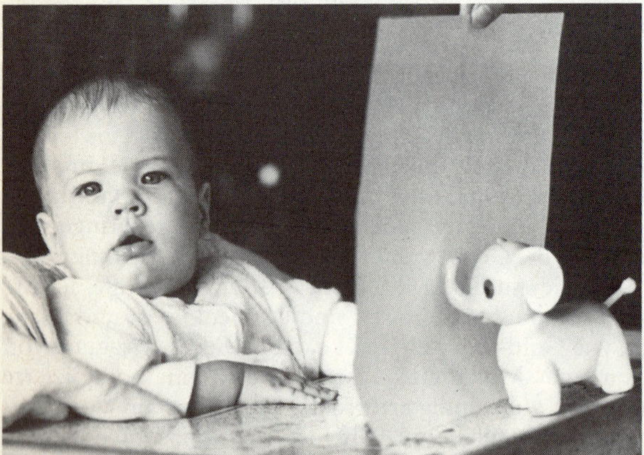

61

George Zimbel, Monkmeyer

sich so, als ob sich ein nicht wahrnehmbarer Gegenstand in Luft aufgelöst habe. Breitet man über ein Spielzeug, das das Kind betrachtet, ein Tuch, oder versteckt man ein bewegtes Spielzeug hinter einem Schirm, dann verliert das Baby sofort das Interesse, ohne Anzeichen von Überraschung oder Bedauern, und es versucht auch nicht, den verschwundenen Gegenstand wiederzufinden. Mit anderen Worten: Für Babys unter 6–8 Monaten haben Gegenstände keine Konstanz. Gratch (1972) hat gezeigt, daß ungefähr die Hälfte einer Gruppe sechs Monate alter Babys ein Spielzeug nicht mehr festhalten konnte, sobald es mit einem undurchsichtigen Tuch bedeckt wurde. Keines der in den Versuch einbezogenen Kinder vollendete die Greifbewegung nach einem Gegenstand, der in dem Moment zugedeckt wurde, in dem es danach langte.

George Zimbel, Monkmeyer

62

Abb. 60–62 Dingkonstanz. Abb. 60–61: Das Objekt, das hinter dem Schirm verschwindet, hat für das Baby seine Existenz verloren. Abb. 62: Das Baby zieht die Decke, die das verborgene Spielzeug bedeckt, beiseite, um an das Spielzeug zu gelangen

Das Phänomen der Konstanz oder Inkonstanz von Dingen ist jedoch nicht einfach. Erstens zeigt sich, daß bevorzugte Dinge, wie z.B. die Eltern, fast vom Beginn des Säuglingsalters an konstant sein können. Das im Alter von 2 oder 3 Monaten auftretende Geschrei zur Schlafenszeit kann bedeuten, daß sich das Baby einer Trennung von einem beständigen Objekt bewußt ist. Es ist aber ein noch subtilerer Prozeß am Werk. PIAGET neigt dazu, die kognitive Entwicklung weitgehend als die Beherrschung mathematischer und physikalischer Grundbegriffe aufzufassen. Ein wichtiger physikalischer Grundbegriff ist das Gesetz von der Erhaltung der Energie und Materie, wonach Materie und Energie wohl umgewandelt oder zerstreut, aber niemals vernichtet werden können. Daher müßte sich das Kind eigentlich in zunehmendem Maße auf die Stabilität und Regelmäßigkeit der Umwelt einstellen. Soweit jedoch die Sinne erkennen lassen, sind viele materielle Dinge (nicht zu reden von Träumen, Gefühlen, Rauch, Nebel, Licht und Geräuschen) unbeständig. Die Milch verschwindet aus der Flasche, die Speisen vom Teller, Fett kühlt aus und erstarrt, Eis schmilzt, Ballons werden kleiner und schrumpfen zusammen, Blumen blühen und welken, Exkremente werden in der Toilette weggespült, Wasser trocknet ein oder verschwindet im Abflußrohr. Das Baby muß also die veränderlichen Dinge von unveränderlichen unterscheiden. Wenn man die Vielzahl von Dingen, die ihm in den Weg kommen, und die geringe Erfahrung bedenkt, auf die es sich stützen kann, vollbringt es dabei eine ganz beachtliche Leistung.

Die Konstanz wurde früher, analog dem physikalischen Gesetz, *Erhaltung* genannt. In letzter Zeit wurde die Bedeutung dieses Wortes auf die Erhaltung der Menge – der Zahl, Ausdehnung und des Volumens – beschränkt. Das kleine Kind scheint jedoch als gegeben anzunehmen, daß durch eine veränderte physikalische Anordnung eines Haufens von Dingen auch ihre Menge verändert wird. Eine vertikale Reihe von drei Punkten erscheint ihm nicht numerisch gleich einer horizontalen Reihe von drei Punkten. Wenn man den Abstand zwischen den Punkten vergrößert, denkt das Kind vielleicht, es hätte sich auch die Anzahl verändert. Gießt man eine bestimmte Flüssigkeitsmenge in ein anders geformtes Behältnis um, sieht das Kind in der Formveränderung auch eine Änderung der Menge. Diese Beobachtungen sind unbestritten. Es ist jedoch eine hitzige Kontroverse darüber im Gange, ob man die Fähigkeit des Kindes, die Mengenerhaltung trotz verschiedener wahrgenommener Transformationen zu erkennen, durch geeignete Unterrichtsmethoden beschleunigen kann. Ohne Partei ergreifen zu wollen, können wir mit KOHNSTAMM (1970) sagen, daß die Forschungsergebnisse über diese Frage in mehrerer Hinsicht unzulänglich sind. Auch wenn sich die Lehrmethoden als nicht geeignet erweisen würden, dem Kind den Begriff der Erhaltung der Menge vorzeitig zu vermitteln, so würde

dies immer noch nicht bedeuten, daß die Erfahrung bei der Entwicklung eines solchen Begriffes keine Rolle spielt. Es ist wahrscheinlich, daß geeignete Erfahrungen über einen Zeitraum von mehreren Jahren zum Begriff der Erhaltung von Mengen führen, selbst wenn sich kurzfristige Lehrmethoden nicht als erfolgreich erweisen. Bei den Experimenten finden sich immer wieder sehr junge Kinder, die die Erhaltung der Menge bereits begreifen. Die Begriffe der Konstanz und der Erhaltung beziehen sich auf ganze Objekte und auf Objektgruppen. Man kann aber auch von einer Erhaltung der Objekteigenschaften sprechen, die gewöhnlich als *Wahrnehmungskonstanz* bezeichnet wird. Es ist eine fundamentale und erstaunliche Tatsache, daß ein bestimmtes Objekt trotz einer Vielzahl von Beobachtungsverhältnissen immer den Eindruck gleicher Größe, Form und Farbe macht und seine eigene Identität beizubehalten scheint. (Es gibt auch eine Konstanz des Hörens, Tastens usw., doch läßt sich diese Erscheinung im Bereich des Sehens am besten veranschaulichen.) Wenn sich ein Gegenstand auf uns zu oder von uns weg bewegt, verändert sich in Wirklichkeit die Größe seiner Projektion auf die Netzhaut, aber der Gegenstand selbst erscheint uns immer gleich groß. Seine Farbe bleibt konstant, auch wenn sich die Beleuchtung ändert, und wir sehen auch immer die gleiche Form, obgleich die Netzhautprojektion sich auf die verschiedenste Weise ändert. Wir sehen beispielsweise Tische mit rechtwinkligen Ecken, obwohl in der gewöhnlichen Perspektive die Ecken nicht rechtwinklig auf die Netzhaut projiziert werden.
Seit langem gibt es die Streitfrage, ob sich die Konstanzphänomene im Laufe des Lebens des Individuums ausbilden oder von Geburt an vorhanden sind. Obgleich die Frage noch immer nicht gelöst ist, lassen sich einige sichere Verallgemeinerungen treffen. Erstens müssen wir zwischen der Art, wie sich die Objekte für das Baby als handhabbare und reagierende Objekte präsentieren, und wie sie sich als Gegenstände der Betrachtung darbieten, unterscheiden. Anscheinend sind, wie in den oben angeführten Versuchen, nicht-handhabbare Gegenstände weniger konstant als solche, die man in die Hände nehmen kann. Ein zweiter Unterschied besteht zwischen den Formen, wie sich Dinge auf das Baby selbst oder untereinander beziehen. Beim Umherkrabbeln und -torkeln weicht das Baby beispielsweise stark geneigten Flächen aus, anscheinend weil es weiß, daß es dort zu Fall kommt. (Es wird aber eine Brücke aus Pappe mit ebensolcher Wahrscheinlichkeit überqueren, wie eine aus Holz.) Andererseits ist es überrascht, wenn es ein Spielzeug auf eine geneigte Fläche legt und es hinunterrutscht, rollt oder purzelt. Wenn das Baby so weit ist, daß es Dinge ergreift und in den Mund steckt, berücksichtigt es ihre Größe. Beim Zusammenstecken zweier Dinge und beim Einlegen eines Gegenstandes in einen anderen zeigt es sich jedoch in bezug auf Größenverhältnisse unglaublich unverständig.

Die Größenkonstanz scheint überdies für das Baby jenseits einer gewissen Entfernung aufzuhören, so daß es vorkommen kann, daß ein zweijähriges Kind beim Anblick von Menschen am entfernten Ende eines Häuserblocks überrascht auf die „kleinen Menschen“ zeigt. Diese Annahme wird indirekt durch eine Untersuchung von ZEIGLER u. LEIBOWITZ (1957) experimentell erhärtet, die die Größenkonstanz bei sieben bis neun Jahre alten Kindern mit der von Erwachsenen vergleichen. Beide Gruppen zeigten bis zu einer Entfernung von 3 Metern nahezu perfekte Konstanz. Nach dieser Entfernung verschlechterte sich die Konstanz bei Kindern stärker als bei Erwachsenen. Wir alle, Babys und Erwachsene, haben Schwierigkeiten mit Größen und Entfernungen in der vertikalen Dimension. Wir alle fallen der „Mondtäuschung“ zum Opfer, d. h. der Mond, der am Horizont steht, erscheint uns viel größer, als wenn er hoch am Himmel steht. Wir wissen auch, wie ein landendes Flugzeug plötzlich von der Größe eines Spielzeugs zur natürlichen Größe anwächst. Ebenso wissen wir, daß Menschen und Autos von einem hohen Gebäude aus unwirklich erscheinen. Das Baby langt hoch, um seine Mutter zu umarmen, die sich im dritten Stock aus dem Fenster lehnt, oder es versucht, den Mond zu greifen. Unseres Wissens hat noch niemand versucht, die Farbenkonstanz bei kleinen Kindern zu testen. Das könnte etwa mit Hilfe einer Aufgabe zum Diskriminationslernen getan werden.

Im allgemeinen ist die Konstanz beim Baby leichter zu verwirren als beim größeren Kind oder beim Erwachsenen. Man denke an das Beispiel, wonach das Baby einen teilweise maskierten Elternteil nicht erkennt. Seine Urteilsfähigkeit bessert sich, wenn es an Alter und Erfahrung zunimmt, seine Anordnung der Gegenstände im Raum wird präziser, und die Wahrnehmungen werden objektiver und weniger von Gefühlen und aktuellen Handlungsvollzügen beherrscht. Es besteht jedoch aller Grund zu der Annahme, daß das Baby schon bei seinem Eintritt ins Leben eine rudimentäre Konstanz besitzt.

Zwei weitere Wahrnehmungsphänomene des unreifen menschlichen Organismus verdienen noch Erwähnung, obwohl wir nicht sicher wissen, inwieweit sie auf das Babyalter zutreffen. Es sind dies der *Phänomenalismus* und der *Dynamismus*. Der Phänomenalismus besteht darin, daß sehr junge Kinder (sowie auch viele Erwachsene) das oberflächliche Aussehen der Dinge akzeptieren, ohne sich über ihre tiefere Struktur Gedanken zu machen. Dies trifft besonders auf das Lernen von Ursache-Wirkungs-Zusammenhängen zu. Das Baby lernt pragmatisch viele kausale Folgen: Es weiß, wie man ein Licht an- und abdreht; es kann von einer Tasse in die andere gießen (wenn es vielleicht auch nicht mit dem Gießen aufhören kann). Es kann ein Radio andrehen; es weiß, daß die Katze wahrscheinlich kratzen wird, wenn es sie am Schwanz zieht, usw. Andererseits aber interessiert es sich nicht für die verborgenen Mechanismen. Auch viele Erwachsene haben keine Ahnung, was zwischen dem Andrehen eines Lichtschalters und dem Aufleuchten des Lichts vorgeht, warum Wasser aus dem Hahn kommt, wieso ein Flugzeug fliegt, wie ein Auto funktioniert, und manche wissen nichts von ihren Körperfunktionen. Ein interessantes Beispiel des Phänomenalismus kann man demonstrieren, wenn man von einer Kindergruppe eine Insel zeichnen läßt, und zwar nicht in der Art, wie sie auf Landkarten dargestellt wird, sondern von der Seite gesehen, einschließlich des über und unter Wasser liegenden Teils. Die Zeichung wird meist mit einer horizontalen Linie begonnen, die den Wasserspiegel darstellt. Es zeigt sich, daß fast alle Schulkinder sowie sehr viele Erwachsene (besonders Frauen), und sogar sehr gebildete Erwachsene, sich Inseln schwimmend vorstellen und nicht als die Gipfel von Bergen, die aus dem Meeresgrund hervorragen. Sehr viele Versuchspersonen demonstrieren den Phänomenalismus, indem sie der Aufgabe ausweichen und die im Wasser liegenden Seiten der Insel allmählich aufhören oder an den Seiten des Blattes auslaufen lassen, ohne zu einem Abschluß zu kommen. Wir haben diese Aufgabe Bewohnern der Insel Oahu in Hawaii gestellt und ungefähr den gleichen Anteil schwimmender und unklarer Inseln erhalten wie bei den Bewohnern des Festlandes.

Anstelle der vielen spezifischen, kausalen Faktoren, mit denen sich der Wissenschaftler befaßt, scheint das kleine Kind – oder der naive Erwachsene – mit einem allgemeinen Dynanismus zurechtzukommen. Es nimmt an, die Welt sei von einer dynamischen Kraft erfüllt, die den Grund für die einzelnen Ereignisse liefert. Manche Kausallehren vergangener Zeiten, z. B. der Animismus, der animalische Magnetismus, der Mesmerismus, die Vorherrschaft des Geistes über die Materie, der Spiritualismus usw., können als konkretisierter und ausformulierter Dynamismus verstanden werden.

Selbstwahrnehmung

Alle unsere bisherigen Ausführungen schließen stillschweigend die Tatsache ein, daß die Wahrnehmung der Umwelt immer gleichzeitig eine Selbstwahrnehmung ist. Wir nehmen uns selbst auf verschiedene Weise wahr. Manche Teile unseres Körpers können wir visuell untersuchen, andere hingegen nur mit Hilfe eines Spiegels oder einer Anordnung von Spiegeln, und das meiste von dem, was unter der Haut liegt, können wir normalerweise überhaupt nicht sehen. Der Großteil unserer inneren Anatomie hat für uns keinen klar umrissenen Wahrnehmungscharakter. Wenn wir uns in einem ausgewogenen physiologischen Gleichgewicht befinden, nehmen wir biologische Funktionen als ein Gemisch von Eindrücken wahr, obwohl wir einige dieser Funktionen deutlicher hervorheben können, z. B. wenn wir auf unsere Atmung und unseren Herzschlag achten. Verschiedene Störungen des physiologischen Gleichgewichtes haben ihre spezifischen Wahrnehmungsqualitäten, wie Schmerz, Krankheit, Hunger, Fieber, Durst, Müdigkeit, sexuelle Erregung und die physiologischen Komponenten der Emotionen, z. B. Schwitzen und Magenflattern, die die Angst begleiten. Wir erleben unser eigenes Verhalten als die Ortsveränderungen, die wir vornehmen, und die Rückmeldungen, die wir von unserer Umwelt erhalten. (Außer in unwegsamen Gegenden ist uns nicht deutlich bewußt, wie wir vom Boden unter unseren Füßen beim Gehen Rückmeldungen erhalten, und doch wird das Gehen außerordentlich schwer, sobald dieses Feedback blockiert wird, wie es bei gewissen Nervenkrankheiten der Fall ist.) Wir erleben ferner unser eigenes Verhalten im Sinne von Motivation, Emotion und ästhetischen und moralischen Überlegungen.

Im allgemeinen verschmelzen alle diese Selbstwahrnehmungsformen in einem Gesamtselbstbewußtsein, aber wir können die meisten Komponenten herausarbeiten, wenn wir es versuchen. Irgendwann im Laufe der Entwicklung erhalten wir ein Identitätsgefühl; wir wissen, wer wir sind, woran wir glauben, was wir vom Leben erwarten, welches unsere Tugenden und Fehler, unsere Fähigkeiten und Unzulänglichkeiten sind. Wir entwickeln eine Sichtweise auf uns selbst, so daß wir unsere Handlungen im Hinblick darauf beurteilen, wie sie anderen erscheinen müssen, und auch, ob sie unseren abstrakten, idealen Normen entsprechen. Wenn wir den abstrakten moralischen Normen nicht gerecht werden, empfinden wir Schuld, und wenn wir den abstrakten Normen für Leistung und Qualifikation nicht gerecht werden, empfinden wir Scham (Lynd 1966). Innerhalb gewisser Grenzen erwerben wir die Fähigkeit, unseren eigenn Charakter zu formen und unser Schicksal zu bestimmen. Wir entwickeln ein Gewissen und eine Hilfsbereitschaft für andere Menschen.

Um auf die Selbstwahrnehmung des Babys zurückzukommen: Seine unausgeprochene Kenntnis des eigenen Körpers ist gegen Ende des Säuglingsalters bereits ziemlich fortgeschritten, was sich auch in seiner Fähigkeit zeigt, mit Gegenständen auf angemessene Weise umzugehen. Seine aktive Erforschung der Hände, Füße, Genitalien, des Nabels und der Merkmale des Gesichts scheint darauf hinzudeuten, daß es sich einiger Teile seines Körpers deutlich bewußt geworden ist und sie sich so zu eigen gemacht hat. Einigen körperlichen Zuständen gegenüber scheint es allerdings noch unempfindlich zu sein. Es kann sich beispielsweise weiterhin in gewohnter Weise verhalten, obwohl es Fieber hat oder stark erkältet ist. Weiß es wirklich, daß etwas nicht in Ordnung ist, so drückt es das in einer allgemeinen Unpäßlichkeit aus, so als ob ihm die Beschwerden undeutlich wären. Es reibt oder kratzt genau an juckenden Stellen oder da, wo man es mit einem Papiertaschentuch gekitzelt hat, aber es kann möglicherweise nicht einen scharfen Schmerz – wie bei einem Insektenstich – lokalisieren. Es fühlt den Schmerz, scheint aber nicht zu wissen, wo es wehtut. Gegen Ende des Säuglingsalters hört das Baby wahrscheinlich auf seinen Namen, was höchstwahrscheinlich die sprachliche Selbstbewußtwerdung einleitet – eine wichtige Komponente bei der Ausbildung der Identität. Wir werden über die Entstehung des Selbstbewußtseins in den späteren Kapiteln noch viel zu sagen haben. Im weiteren wenden wir uns nun den persönlichen, sozialen und physischen Bedingungen zu, durch die die Entwicklung geprägt und ermöglicht wird.

3 Der Säugling II

Fee Schlapper

Bis jetzt haben wir so über die Entwicklung des Säuglings gesprochen, als ginge sie in einem Vakuum vor sich. Nun wenden wir unser Augenmerk vom Baby ab und richten es mehr auf die Umwelt, in der es sich entwickelt und in der es auch nach dem Säuglingsalter noch leben wird. Wir müssen immer im Auge behalten, daß in dem Baby die Entwicklungsmöglichkeiten zu einer großen Anzahl verschiedener Persönlichkeiten liegen. Zu welchem Menschen es schließlich heranwächst, hängt von der Umgebung ab, in der es sich entwickelt.

Ebenso wie bei den Bedingungen der vorgeburtlichen Entwicklung gibt es auch hier viele Stufen wichtiger Umgebungseinflüsse. Da ist zunächst die natürliche Umgebung, die Erde, Vegetation, Atmosphäre und tierischen Lebewesen, die alle durch den zyklischen Austausch von Wasser, Sauerstoff, Stickstoff, Kohlendioxid usw. miteinander verbunden sind und das Leben ermöglichen. Das Baby als Lebewesen ist Teil des symbiotischen Ganzen, genauso wie es der Schwerkraft unterworfen ist oder nur in einem begrenzten Luftdruckbereich überleben kann. Innerhalb dieser natürlichen Umgebung befindet sich die vom Menschen geschaffene Umgebung mit Strohhütten, ständig rauchenden Lagerfeuern, Bauernhöfen, Städten, Autobahnen, Fahrzeugen, Kinderbetten, Wasserrohren, Fernsehern, aber auch mit Institutionen, Ideen, Wissenschaften, Kunstwerken und all den mehr oder weniger geregelten persönlichen, wirtschaftlichen und politischen Verhältnissen, durch die Gesellschaften zusammengehalten werden – wenngleich sicherlich häufig auf eine unmenschliche Weise.

Die Gesellschaft im allgemeinen wirkt zunächst nicht direkt auf das Baby ein, aber insoweit sie die Eltern berührt, kann sie seine Entwicklung beeinflussen. Wir werden weiter unten noch ausführlicher über die Kultur sprechen, möchten jedoch schon an dieser Stelle einfügen, daß sogar so grundlegende Dinge, wie die im letzten Kapitel beschriebene Entwicklung der Körperhaltung und Motorik von einer Kultur zur anderen verschieden sein können. AINSWORTH (1967), GEBER u. DEAN (1957), GEBER in späteren Untersuchungen und KILBRIDE u. Mitarb. (1970), stellten fest, daß Bagandanbabys, die in einer intakten „Buschkultur“ aufwuchsen, im Vergleich zu europäisierten, in Städten wohnenden Bagandanbabys eine beträchtliche motorische Frühreife aufwiesen. Dieser Vorsprung verschwand plötzlich gegen Ende des zweiten Lebensjahres, als die Kinder nach den dortigen Entwöhnungsgepflogenheiten plötzlich der Mutter weggenommen wurden, um vielleicht bei der Großmutter einige Kilometer entfernt zu leben. GEBER berichtete sogar von einer Frühreife bei der Geburt. Sie betonte den Einfluß der Art und Weise, wie ein Kind gepflegt wird, auf die anfängliche Frühreife und ihre Rückbildung. Diese Befunde bei Neugeborenen mußten durch vorgeburtliche Einflüsse, genetische Faktoren oder vielleicht auch verlängerte Schwangerschaft zu erklären sein. Obwohl diese Feststellungen durch andere afrikanische Untersuchungen teilweise bestätigt wurden, hat WARREN (1972) alle diese Berichte in Frage gestellt. PARKIN u. WARREN (1969) konnten keine Frühreife bei Neugeborenen feststellen, doch unterschieden sich ihre Methoden von denen GEBERS.

Unabhängig von der kulturellen Bedingtheit muß betont werden, daß Eltern die Entwicklung ihrer Babys nicht vollständig steuern können, so gern sie dies auch möchten. Auch wenn wir genau wüßten, wie wir in jedem einzelnen Fall vorzugehen hätten und wenn die Eltern sich immer an die Regeln halten könnten, statt impulsiv und gefühlsbetont zu handeln, so wären gewisse unberechenbare Einflüsse, wie Naturkatastrophen, Epidemien, Kriege, Wirtschaftskrisen, Unfälle, Todesfälle und vieles anderes mehr, auf die Familie und daher auch auf die Kinder von entscheidendem Einfluß sein kann – so wie natürlich auch unerwartete Glücksfälle –, immer noch nicht ausgeschaltet. Die hauptsächlichen Umwelteinflüsse auf das Baby gehen von seinen Familienmitgliedern und den zwischen ihnen bestehenden menschlichen Beziehungen aus. Wenn auch die Eltern bei den frühesten Kommunikationsversuchen zwischen dem Baby und dem Erwachsenen die Initiative ergreifen müssen, so stellt das Baby doch eine sehr wirksame Reizquelle für das elterliche Verhalten dar und kann ihnen durch sein Schreien, sein zufriedenes Lächeln oder seine gurgelnden Laute bei Entzücken viel Rückmeldung über ihr Verhalten geben. Wie J. S. WATSON (1970) zeigt, lernt das Baby sehr bald, durch den Ausdruck eigener Freude die elterlichen Reaktionen anzuregen und zu beherrschen. Es sind gerade diese wechselseitigen Kommunikationen und Austauschprozesse im Familienkreis – von WATSON als das „Spiel“ bezeichnet –, aus denen sich die allgemeine Gefühlseinstellung des Babys zur Umwelt auszubilden beginnt.

Die Grundlegung des Urvertrauens

E. ERIKSON (Anm. 10), dessen Gedanken sich zwar von FREUD herleiten, der aber das psychoanalytische Schema der psychosexuellen Entwicklung (vgl. Kapitel IV) in kognitiver Richtung abgeändert hat, hält das Säuglingsalter für den Zeitraum, in dem das Kind – offensichtlich zunächst in einer nichtsprachlichen Form – die Welt entweder als eine gute und befriedigende Lebensphäre oder aber als einen Ort des Schmerzes, des Elends, der Enttäuschung und der Unsicherheit kennenlernt. Diese gegensätzlichen Einstellungen werden als *Urvertrauen* bzw. *Urmiß-*

trauen bezeichnet. Das Urvertrauen oder -mißtrauen besteht ursprünglich aus Gefühlen gegenüber Menschen, bildet jedoch darüber hinaus die Grundlage für eine optimistische oder pessimistische Einstellung zur Welt im allgemeinen. Das Baby hat körperliche Bedürfnisse nach Nahrung, Sauberkeit, Schlaf, Wärme usw., doch ebenso wichtig sind seine seelischen Bedürfnisse nach Umweltreaktionen, Kontakt, Liebkosung, Schaukeln, Gespräch, Spiel und Spielzeug und allen anderen Ausdrucksformen von Zuneigung. Die Befriedigung dieser Bedürfnisse ist es, die dem Baby das Gefühl einer guten, zuverlässigen, angenehmen und letztlich beherrschbaren Welt oder, kurz gesagt, das Urvertrauen vermittelt. Werden diese Bedürfnisse nicht ausreichend erfüllt, so erhält die Welt einen Charakter von Bedrohung und Enttäuschung, mit anderen Worten, das Baby entwickelt ein Urmißtrauen. Die Art, wie die Eltern auf die Bedürfnisse reagieren, kann also entweder zu einem gutartigen Ablauf oder zu einem Teufelskreis führen. Aus einem Baby, dessen Bedürfnisse ausreichend erfüllt werden, wird ein liebenswürdiges Baby, das eine ständig wachsende Fülle von Liebe und Zuwendung auf sich zieht. Das Baby hingegen, dessen Bedürfnisse nicht genügend erfüllt werden, wird reizbar, despotisch und immer weniger liebenswert. Die Grundlage des Urvertrauens ermöglicht die Ausbildung vielfältiger emotionaler Reaktionen über den gesamten Bereich von angenehmen bis hin zu unangenehmen, während das Urmißtrauen Gefühlsäußerungen in dem engen Bereich von Unwohlsein bis zur stumpfen Apathie eingrenzt. Und nur aus einem vielfältigen Gefühlsleben können wir die Ausbildung einer aufgeschlossenen Lernbereitschaft und der Realitätsbeherrschung erwarten.

Die Erfüllung von Bedürfnissen – insbesondere beim heranwachsenden Baby – bedeutet natürlich nicht immer, daß ihm alle Wünsche augenblicklich erfüllt werden müssen. Eine zumutbare Verzögerung einer Mahlzeit oder des Aufnehmens nach dem Schlafen verursacht dem Baby keinen Schaden, auch wenn es sich dabei verhält, als würde die Welt untergehen. Erst wenn die Befriedigung zu lange und zu häufig verzögert wird, setzt Panik ein. Das Baby hat kein Zeitempfinden, die Krise dehnt sich ohne Ende aus, es steht ihr hilflos gegenüber, und so wird ein kleiner Samen von Mißtrauen ausgesät.

Schließlich wird das Baby dann natürlich doch versorgt. Die Panik schwindet, aber ein kleiner Rest von Furcht und Mißtrauen bleibt zurück. Es kommt auch nicht nur auf die tatsächliche Befriedigung der Bedürfnisse an, sondern auch auf die Art der Aufmerksamkeit, mit der das Baby dabei behandelt wird. Widmen sich ihm die Eltern ungern oder sind sie feindselig und ungeduldig, so sind ihre Bewegungen vielleicht grob, ruckartig und abrupt. Sind sie hingegen ängstlich, so werden ihre Bewegungen vielleicht zögernd, ungeschickt und unruhig sein. Eine

Pflege, bei der der sichere, zärtlich feste Griff eines selbstsicheren, liebenden Elternteils fehlt, wird das Baby verwirren und erschrecken. Körperliche Pflege des Babys muß Liebe und Vertrauen vermitteln. Dies vorausgesetzt, kann es ein beachtliches Maß an normaler Unbequemlichkeit vertragen. Beim ersten Baby brauchen die Eltern natürlich erst einige Übung im reibungslosen Umgang mit ihm, und das Obengesagte bedeutet nicht, daß nicht auch Fehler vorkommen. Ein gewisses Maß an anfänglicher Ungeschicklichkeit ist unvermeidlich, wird aber dann keine ernsten Folgen haben, wenn es von Liebe, gutem Willen und Einfühlungsvermögen getragen ist.

Manchmal sind es schmerzhafte Dinge, die dem Wohl des Babys dienen, z. B. eine Impfung, und selbstsichere Eltern müssen imstande sein, ein heftig kämpfendes Baby beim Nadelstich ruhigzuhalten. Da das Baby schlecht beurteilen kann, was gefährlich und was ungefährlich ist, müssen ihm die Eltern Verhaltensschranken auferlegen. Sie müssem dem Baby helfen, durchzuschlafen und allmählich auch nach einem Zeitplan zu essen, der dem der Eltern ähnelt. Da ein absolutes Ver-

Helen Miljakovich, Nancy Palmer Agency

Abb. 63 Vater und Mutter untersuchen den ersten Zahn des Babys

trauen in einer manchmal recht trügerischen Welt gar nicht wünschenswert ist, selbst wenn es sich erreichen ließe, ist es vielleicht gar nicht so schlecht, daß das Leben auch in einer gutartigen, fürsorglichen Umgebung manchen Ärger und manche Enttäuschungen mit sich bringt, die das Urvertrauen des Babys etwas dämpfen. Das richtige Gefühlsklima besteht nicht nur aus Sonnenschein, sondern ist gemäßigt, mit Stürmen, Wetterwechsel, Regen und Sonne, je nach den familiären Umständen.

Die Liebe zum Kind drückt sich auch verschieden aus. Babys sind Individuen, und die Zuneigung, die sie brauchen, ist qualitativ und quantitativ unterschiedlich. Auch die Eltern sind Individuen und drücken ihre Zuneigung auf verschiedene Weise aus. Manche überhäufen das Kind mit körperlichen Beweisen ihrer Gefühle; andere sind zurückhaltender und teilen dennoch dem Kind ihre Gefühle mit. Manche Eltern sind weich und zärtlich, andere rauh, aber herzlich, und wieder andere sind nüchtern oder ironisch. Es kann auch niemand sein Baby zu jeder Zeit und unter allen Umständen gleich liebhaben. Babys sind manchmal launisch und manchmal ärgererregend. Sie stören den Schlaf der Eltern oder zerbrechen einen Lieblingsgegenstand. Für das Urvertrauen des Kindes ist die Zuverlässigkeit der elterlichen Liebe, die Deutlichkeit, mit der sie durch die Wechselfälle des Lebens, durch alle unvermeidlichen und vorübergehenden Belastungen und Ängste hindurch spürbar ist, von großer Bedeutung.

64

Ken Heyman

65

Melvin Konner

Abb. 64–66 Die Väter spielen eine wichtige Rolle in der Entwicklung des Kindes vom Säuglingsalter an

66

Fee Schlapper

Die Wichtigkeit der frühen Beziehungen zwischen Eltern und Kind für die Ausbildung des Urvertrauens als einer sicheren Grundlage der späteren Entwicklung wird durch viele Untersuchungen nachgewiesen. In einer alten Tradition, die von zeitgenössischen Forschern wie BOWLBY (1969), GOLDFARB (1945), RIBBLE (1965) und SPITZ (1951), getragen wird, und für die eine Untersuchung von PROVENCE u. LIPTON (1962) ein gutes Beispiel darstellt, werden Babys, die in Anstalten aufwuchsen, mit solchen verglichen, die auf normale Weise in der Familie aufwuchsen (Anm. 11). Im allgemeinen scheint die Anstaltspflege ernste Folgen für die spätere emotionale und geistige Entwicklung zu haben. Wir weisen ausdrücklich darauf hin, daß hier typische Anstalten mit Institutionscharakter gemeint sind und nicht jene wenigen, in denen man um eine Annäherung an familiäre Lebensbedingungen bemüht ist. Unter den von verschiedenen Beobachtern geschilderten Folgen findet man unheilbaren Kummer, der letztlich zur Abstumpfung der Ansprechbarkeit führt, Verzögerungen der Wahrnehmungsentwicklung, wie B. L. WHITES (1963) Untersuchungen zum visuell gelenkten Greifen zeigen, zu motorischer Retardierung und Sprachstörungen, wie in den Untersuchungen von DENNIS u. Mitarb. nachgewiesen wurde (z.B. DENNIS u. NAJARIAN, 1957), erhöhte Anfälligkeit gegen Ansteckungen, stereotypes Hin- und Herschaukeln (Jactationen) und andere bizarre Verhaltensweisen, gestörte Lernfähigkeit und allgemeiner Apathie. Die Personen, die in solchen Anstalten arbeiten, merken oft gar nicht, daß etwas nicht stimmt. Sie sehen ihre Schützlinge als „brave" Babys an, ruhig und anspruchslos und, im späteren Alter, höflich und leicht zu behandeln. SALIMBENE (Anm. 12) berichtet über einen Versuch von Friedrich II. im 13. Jahrhundert, bei dem Babys absichtlich und mit unvorhergesehenem Ergebnis einem Leben unter Anstaltsverhältnissen ausgesetzt wurden:

„... Er wollte herausfinden, welche Sprache und wie Kinder sprechen würden, wenn sie im frühen Alter nie zuvor mit jemandem gesprochen hätten. So befahl er den Pflegemüttern und Pflegerinnen, die Kinder zu nähren, zu baden und zu waschen, ohne im geringsten mit ihnen zu plappern oder zu sprechen, weil er feststellen wollte, ob sie hebräisch, die älteste Sprache, oder griechisch, lateinisch oder arabisch sprechen würden oder vielleicht auch die Sprache ihrer leiblichen Eltern. Aber seine Anstrengungen waren umsonst, denn alle Kinder starben. Sie konnten ohne die Liebkosungen, die freudigen Gesichter und die liebevollen Worte ihrer Pflegemütter nicht weiterleben. Und so werden die Lieder, die eine Frau singt, wenn sie die Wiege schaukelt, um ein Kind in den Schlaf zu wiegen, Wiegenlieder genannt, und ohne sie schläft das Kind schlecht und findet keine Ruhe (ROSS u. MCLAUGHLIN, 1949)."

Wir wissen inzwischen, daß nicht alle Anstaltskinder sterben, obgleich bei ihnen die Sterblichkeit höher ist, als bei Familienkindern und wir nicht einmal wissen, wie viele von ihnen schließlich in Nervenkliniken

Abb. 67 Ein Waisenhaus in Nigeria Dr. Lois B. Murphy

landen. Hingegen liegt klar zutage, daß in der Regel die Kinder, die in der den Waisenhäusern eigenen seelisch sterilen, reizlosen Umgebung aufwachsen, in verschieden hohem Maße seelisch verkümmert und gestört sind. SKEELS (1966) veröffentlichte eine hervorragende Längsschnittbeachtung über 30 Jahre, in der die Entwicklung von dreizehn Babys, die aus einem Waisenhaus in eine Schule für schwachsinnige Mädchen überwiesen wurden, wo sie von je einer Insassin individuell adoptiert wurden, mit jener von zwölf anderen verglichen wurde, die im Waisenhaus verblieben. Alle dreizehn überwiesenen Babys führten später ein normales Erwachsenenleben. Lediglich vier der im Waisenhaus verbliebenen wuchsen zu mehr oder weniger normalen Erwachsenen heran, und nur eines absolvierte eine Oberschule und übte einen erlernten Beruf aus. Es muß noch gesagt werden, daß alle fünfundzwanzig Kinder ursprünglich als geistig behindert und daher für eine Adoption als ungeeignet angesehen wurden. Tatsächlich wurden elf der überwiesenen Kinder schließlich endgültig adoptiert, jedoch keines von denen, die weiter im Waisenhaus blieben.

YARROW u. Mitarb. (1971) fanden bei einer 10jährigen Nachfolgeuntersuchung von dreiundfünfzig adoptierten Kindern eine starke positive Beziehung zwischen mütterlichen Variablen, wie Körperkontakt, Angemessenheit der Stimulierung, Eingehen auf das Kind, Einfühlung in

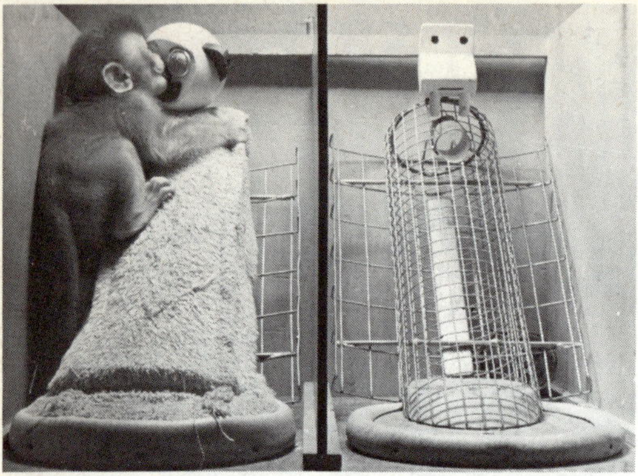

68

Abb. 68–70: University of Wisconsin Primate Laboratory

69

Abb. 68–70 Die Bindung an die Mutter. Abb. 68: Einer von Harlows Affen klammert sich gefühlvoll an die frottéüberzogene „Ersatzmutter". Abb. 69: Ein Affe bleibt im Kontakt mit der frottéüberzogenen Mutter, sogar wenn er von der Drahtnetzmutter Nahrung aufnimmt. Abb. 70: Die typische Haltung eines Affen, der in Isolation großgezogen wurde

70

die Individualität des Kindes, Tiefe der emotionalen Bindung und einer günstigen emotionalen und intellektuellen Entwicklung bei Knaben. Die untersuchten mütterlichen Variablen zeigten keine wahrnehmbare Beziehung zur Entwicklung bei Mädchen. Nach Yarrow u. Goodwin (1972) zeigt ungefähr die Hälfte der Babys nach Übersiedlung aus einer zeitweisen Pflegestelle in die endgültige Adoptivfamilie mäßige bis schwere Störungen.

Manche der uns zur Verfügung stehenden Angaben über die Wichtigkeit der frühen Erlebnisse stammen aus Tieruntersuchungen. Bei der Untersuchung menschlicher Babys können wir ihre Lebensgeschichte nicht ändern, sondern müssen uns dabei in der Hauptsache auf die Beobachtung von Folgen unglücklicher sozialer Umstände stützen. Bei Tieren hingegen können wir tatsächlich die Umwelt experimentell variieren. H. Harlows (1958, 1962; Sackett, 1965) Experimente, bei denen Rhesusaffenbabys entweder von einer mit weichem, kuscheligen Frotté bedeckten und von innen durch eine Glühbirne erwärmte Puppe in ungefährer Affengröße und -form „großgezogen" wurden, oder aber durch eine ähnliche Ersatzfigur, deren Drahtnetzgestell unbedeckt blieb, zeigten, daß diese Affen, wenn sie die Wahl zwischen den „Ersatzmüttern" hatten, sich viel stärker an das Frottémodell, das ein „Kontaktgefühl" vermittelte, anschlossen, wowohl es immer das nackte Drahtgestell war, von dem die Milch kam.

Hieraus geht hervor, daß die Bindung des Babys an die Mutter nicht allein auf der Befriedigung des Hungers beruht. Allerdings haben Igel u. Calvin (1960) bei einer ähnlichen Untersuchung mit jungen Hunden nachgewiesen, daß sowohl das angenehme Kontaktgefühl als auch das Nähren wichtig waren. Die mit dem Frottémodell großgezogenen Affen zeigten eine viel größere emotionale Sicherheit und ausgeprägteres Neugierverhalten als jene mit den Drahtmüttern. Wird der junge Affe nach einjähriger Trennung zur Frottémutter zurückgebracht, springt er auf sie zu, umarmt sie und klammert sich leidenschaftlich an sie. Leider sind, wie gesagt, die Liebe und Sicherheit, die von dem Frottéersatz ausgehen, nicht ausreichend für eine normale Entwicklung des Affen, und HARLOWS Tiere entwickelten sich zu neurotischen und sexuell impotenten Erwachsenentieren (Anm. 13).

Ein beliebtes Forschungsthema war in den letzten Jahren die *Prägung*, ein Ausdruck, den manche Verfasser auf alle Mutter-Kind-Bindungen, einschließlich der menschlichen, ausdehnen möchten. Unserer Meinung nach sind die Unterschiede zu groß, um die Prägung auch auf eine menschliche Bindung anzuwenden, es sei denn als Metapher. Streng gesprochen bezieht sich Prägung auf die zwischen einem Muttertier und einer ausgebrüteten Gans, Ente oder einem Küken entstehende Bindung. Kurz nach dem Ausschlüpfen folgt die junge Gans (die wir als Prototyp annehmen können, obgleich einige Art- und Stammesunterschiede vorhanden sind) dem ersten in ihr Blickfeld tretenden in Bewegung befindlichen Objekt (der Ruf des Muttertieres und die Antwortrufe der neu geschlüpften Tiere spielen wahrscheinlich auch eine Rolle [HESS 1964]) und entwickelt eine starke Bindung an eben dieses Objekt. Normalerweise wird das erste bewegte Objekt die Gänsemutter sein, aber in ihrer Abwesenheit kann auch ein Fußball, eine an einem Band baumelnde Dose oder auch der watschelnde, schreiende und armschwingende Konrad LORENZ, ein bekannter Ethologe, der sich als einer der ersten mit der Prägung befaßt hat, fast den gleichen Zweck erfüllen (Anm. 14). Es ist bekannt, daß auf ein menschliches Wesen geprägte junge Gänse oder Truthähne später um Menschen werben, als ob sie sie zu sexuellen Partnern machen wollten (LORENZ, 1952, SCHEIN u. HALE, 1959). Wir wissen aber nicht, welche Wirkung die Prägung auf tote Gegenstände, wie eine Blechdose oder einen Fußball, auf das Verhalten dieser Vögel im Erwachsenenalter hat. Die Verfasser haben sich über die Rolle der Geschwister beim Prägungsprozeß Gedanken gemacht, da ja die Ente oder das Huhn gleichzeitig ein halbes Dutzend Junge ausbrüten kann, bei denen sich, wenigstens theoretisch gesehen, eine gegenseitige Prägung einstellen könnte. Einiges weist darauf hin, daß akustische Erfahrungen vor dem Ausschlüpfen, wenn sich das Küken noch im Ei befindet, eine bedeutende Rolle beim Prägungsprozeß spielen (GOTTLIEB u. KUO 1965, GRIER u. Mitarb. 1967).

Bei höheren Tieren, beispielsweise bei Schafen und Ziegen, liegt die Sache etwas anders. Offenbar angeregt durch ihren eigenen Gewebebedarf und die Hormone, die in der Plazenta und in dem Fruchtwasser, das das Junge noch umgibt, enthalten sind, frißt die Mutterziege sofort nach der Geburt die Plazenta auf und beginnt, das Junge abzulecken. Durch das Lecken erwacht das Bewußtsein des Jungen, und es stellt sich auf seine wackeligen Beine. Jetzt beginnt ein gegenseitiges wechselweises Stimulieren und Reagieren, das alle charakteristischen Merkmale eines rituellen Tanzes trägt. Das Muttertier leckt das Junge vom Kopf bis zum Schwanz und drängt ihren Körper neben den seinen, so daß es – während die Mutter seinen Körper von oben nach unten leckt – in die richtige Stellung gebracht wird, die mütterliche Bauchseite zu beschnüffeln und die Zitze zu finden. Sobald das Junge jedoch beginnen will, zu trinken, ist die leckende Mutter bei seinem Schwanz angelangt und dreht sich um, so daß sie wieder Kopf an Kopf stehen, und der Vorgang beginnt von neuem. So geht dies zwei Stunden oder länger, bis die Mutter endlich stillsteht und das Junge trinken läßt. Aus diesem Reiz-Reaktions-Ritual entsteht eine feste Bindung zwischen dem Muttertier und dem Jungen. Werden die beiden nur für einen Zeitraum von vier Stunden nach der Geburt getrennt gehalten, findet das Ritual nicht statt, und es bildet sich keine Mutter-Kind-Bindung aus. Wird das Ritual aber vorzeitig unterbrochen, so geschieht etwas Seltsames: Das Junge trinkt und wandert fort, wenn es gesättigt ist. Wenn es wieder Hunger hat, nähert es sich irgendeinem Muttertier, als ob es seine Mutter nicht erkenne, und wird weggestoßen. Auch wenn es sich seiner eigenen Mutter nähert, erkennt diese ihrerseits das Junge nicht und erlaubt ihm nicht, zu trinken. Wurde die gewöhnliche Bindung nicht ausgebildet, so ist das Junge zum Verhungern verurteilt, oder aber, falls es von Menschen gefüttert wird, entwickelt es sich in den meisten Fällen auf anomale Weise (Blauvelt 1955, Moore 1960). Wird das Tier in der Herde belassen, entwickeln sich verschiedene neurotische Symptome. Wächst es in der Umgebung von Menschen heran, ist es den Ziegen auf Dauer entfremdet. Die Wirkung der Aufzucht durch Menschen äußert sich am auffälligsten bei Schafen, die dann – ganz anders als ihre Artgenossen – allein und selbständig leben wollen (Scott 1958).

Es wird angenommen, daß es eine *kritische Periode* (vgl. S. 214) für die Prägung gibt, so daß sie ungefähr 3 Tage nach dem Ausschlüpfen nicht mehr stattfinden kann. Manche Forscher behaupten, die für eine Prägung kritische Periode werde durch das Auftreten der „Fluchtreaktion" beendet, die Neigung des jungen Vogels, nach einigen Tage nach der Geburt unvertraute Objekte zu meiden, so daß die für die Prägung notwendige körperliche Nähe zum Muttertier unmöglich gemacht wird. Diese Experten sehen in der Fluchtreaktion das tierische Äquivalent der Furcht vor Fremden bei menschlichen Säuglingen. Es wird daher angenommen, daß die Fluchtreaktion endogen gesteuert und ein Reifungsschritt ist, der auf eine Annäherungsperiode folgt. Unserer Meinung nach ist die Fluchtreaktion, wie jede Art von Furcht, eine Reaktion auf Fremdheit, und die Fremdheit kann lediglich als Gegensatz zum Vertrauten wahrgenommen werden. Daher ist unserer Ansicht nach das Vermeiden normaler Prägungsobjekte durch junge Vögel darauf zurückzuführen, daß bereits eine andere Abhängigkeitsbindung – beispielsweise an seinen Stall – ausgebildet ist und ihm alles andere fremd und furchterregend erscheint. MOLTZ u. STETTNER (1961) haben sogar gezeigt, daß die kritische Periode für die Prägung beträchtlich verlängert werden kann, wenn das Tier nach dem Ausschlüpfen in einer nahezu unstrukturierten Umgebung gehalten wird. Es ist auch durch Versuche erwiesen, daß einige vermeintlich automatische Furchtreaktionen überhaupt nicht in Erscheinung treten müssen. Beispielsweise flüchten Küken in panischer Angst, wenn man eine habichtähnliche Gestalt über den Hof fliegen läßt, was als eine instinktive Furcht erscheinen mag. MELZACK u. Mitarb. (1959) haben jedoch nachgewiesen, daß junge Hühner, die schon vom Zeitpunkt des Ausschlüpfens an mit einer habichtartigen Gestalt konfrontiert wurden, keine solche Furcht zeigen. Auch KUO (1967) hat die Beziehungen zwischen Hunden und Katzen sowie zwischen Katzen und Ratten durch Beeinflussung der frühkindlichen Erfahrungen vollständig und dauerhaft verändert.

Eine Reihe von Untersuchungen von DENENBERG u. Mitarb. bezieht sich auf die Wichtigkeit der frühen Mutter-Kind-Beziehungen für die tierische Entwicklung und schließt die interessante Feststellung ein, daß männliche Mäuse, die von Muttertieren weißer Ratten zusammen mit weißen Rattengeschwistern großgezogen wurden, selten mit anderen männlichen Mäusen kämpfen, während alle jene, die von Mäusemüttern, aber ohne gleichaltrige Geschwistertiere großgezogen wurden, immer kämpften, wenn sie mit einer anderen männlichen Maus zusammenkamen (DENENBERG u. Mitarb. 1963). Es zeigte sich weiter, daß die Erfahrungen einer weiblichen weißen Ratte im frühesten Kindesalter Einfluß auf die Emotionalität der Jungen hat, die sie später zur Welt bringt (DENENBERG u. WHIMBEY 1963 a).

Wir können hier nicht alle aufschlußreichen Erkenntnisse aus dem Gebiet der tierischen Entwicklung aufführen, doch scheint alles darauf hinzudeuten, daß Variationen der frühen Erfahrungen, einschließlich biochemischer und besonders hormoneller Einflüsse, eine tiefgreifende Wirkung auf die Physiologie, das Temperament, die Sexualität, die Intelligenz und praktisch jede andere untersuchte Eigenschaft haben können. Eine klassische Untersuchung von FORGAYS u. FORGAYS (1952) zeigt, daß Ratten, die mit jungen Artgenossen zusammen in einer anregenden Umwelt mit Labyrinthen, Rampen, Laufrädern und Schaufeln großgezogen wurden – man könnte fast sagen: in einem Kindergarten für weiße Ratten –, aufgeweckter sind als jene, die in gewöhnlichen kahlen Laboratoriumskäfigen großgezogen wurden. (Die Meßmetho-

71

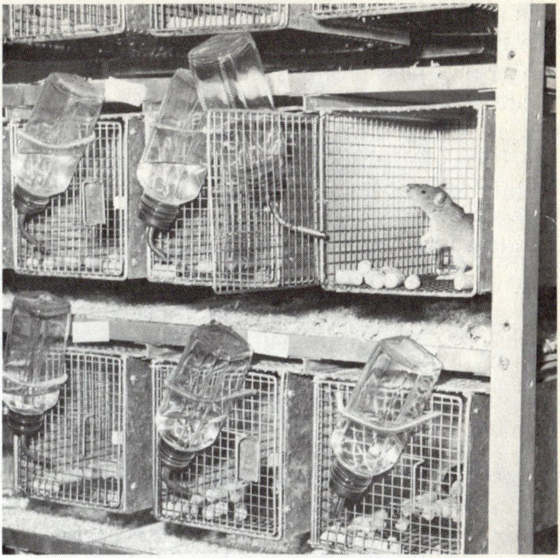

Abb. 71 u. 72: Mark R. Rosenzweig

72

Abb. 71–72 Ratten wachsen in einer angereicherten Umgebung auf. Abb. 71: Die übliche Laborumgebung. Durch die offene Tür kann man in den einen Käfig hineinsehen. Abb. 72: Ein „Rattenkindergarten", wie er in den Berkeley-Studien verwandt wurde

den für Intelligenzunterschiede bei Ratten sind ebenso fragwürdig wie die bei Menschen angewandten, doch wollen wir darauf hier nicht eingehen.) Diese Untersuchungen wurden von C. J. SMITH (1959) weitergeführt, der feststellte, daß in einer anregenden Umwelt großgezogene Ratten im Gegensatz zu solchen, die in reizlosen Käfigen heranwuchsen, eine ausdifferenzierte und spezialisierte Funktionsweise der Gehirnmasse zeigten. BENNET u. Mitarb. (1964) wiesen nach, daß Unterschiede im biochemischen Charakter des Gehirns mit den Bedingungen der Aufzucht in Beziehung standen. THOMPSON (THOMPSON u. SCHÄFER 1961) konnte als einer der ersten zeigen, daß eine „liebevolle" Behandlung bei der täglichen Pflege durch den menschlichen Versuchsleiter, die emotionale Entwicklung des Tieres beeinflußte – es scheint vom Alter des Tieres und von der Art der liebevollen Behandlung abhängig zu sein, ob das Tier dadurch mehr oder weniger furchtsam wird.

S. LEVINE (1962) hat gezeigt, daß eine Streßwirkung auf das Muttertier während der Trächtigkeit (durch Elektroschock oder Eintauchen in kaltes Wasser) oder auf das Jungtier das Gewicht und die Aktivität der Nebenniere steigert und einen Einfluß auf das Körpergewicht haben kann. Er stellte weiter fest (LEVINE 1969), daß die Art der Pflege durch den Menschen die Beziehung zwischen dem Muttertier und dem Jungen beeinflußt. SCHNEIRLA und seine Mitarbeiter (ROSENBLATT u. Mitarb. 1961) demonstrierten eine Entfremdung bei jungen Katzen, die vorübergehend aus dem Wurf entfernt worden waren. SCOTT u. FULLER (SCOTT 1962; SCOTT u. FULLER, 1965) haben eine verminderte Kontaktfreudigkeit – sowohl gegenüber Menschen als auch Hunden – bei Hunden demonstriert, die in der Isolation großgezogen wurden. ADER (1962) fand, daß früh abgestillte Ratten eher Magengeschwüre bekommen als später abgestillte, hingegen fanden LaBARBA u. Mitarb. (1970), daß ein frühes Abstillen die Widerstandsfähigkeit gegen Krebs bei Mäusen erhöht. KAVANAU (1967) zeigte, daß wilde Mäuse ungleich aufgeweckter sind als die im Laboratorium großgezogenen – und behauptet sogar, daß das Lernen bei wilden Mäusen mehr dem von Affen als dem derjenigen Mäuse gleichkommt, die von den meisten Forschern im Laboratorium studiert werden. KAVANAU bestätigt auch die Beobachtung anderer, daß Mäuser sich nicht zu Handlungen zwingen lassen und sich anscheinend am wohlsten fühlen, wenn sie auf ihre Umwelt Einfluß nehmen können.

Manchmal werden die signifikanten Veränderungen unabsichtlich hervorgebracht, wie durch Untersuchungen von DENENBERG u. WHIMBEY (1963 b), HATCH u. Mitarb. (1963) und anderen demonstriert. Pflegehandlungen an den Tieren, die selbst nicht Teil des Versuchsplans sind, einschließlich harmlos erscheinender Dinge – wie oft z.B. die

Späne im Käfig ausgewechselt werden – können die Entwicklung beeinflussen. Aus diesen Feststellungen ergibt sich ein wichtiger Hinweis, nämlich daß Tiere, die unter typischen Laboratoriumsverhältnissen heranwachsen, leichter krank oder schwachsinnig werden; dies ist für unsere Interpretation der medizinischen und psychologischen Forschung an solchen Tieren von Bedeutung.

An der Grenze zwischen der tierischen und menschlichen Entwicklung liegen die sogenannten Wolfskinder, von denen gesagt wird, daß sie von wilden Tieren großgezogen wurden und sich mit ihnen identifiziert haben (vgl. Anm. 12). Allen Berichten über derartige Fälle scheinen entweder betrügerische Absichten oder Irrtümer zugrunde zu liegen (Evans 1958, Ogburn u. Bose 1959), und wir raten dazu, Geschichten über „Wolfsjungen" und „Antilopenmädchen" mit Skepsis zu behandeln. Andererseits gibt es eine Anzahl erwiesener Fälle sogenannter „eingeschlossener" Kinder (Montagu 1955), die praktisch ohne Kontakte mit der Außenwelt in einem abgeschlossenen Raum aufgewachsen sind und schwere körperliche und seelische Schäden zeigten. In mindestens einem solchen Fall, bei einem sechseinhalb Jahre alten Mädchen, das in Isolation mit ihrer stummen Mutter aufwuchs und nicht sprechen konnte, wurde durch einen 22 Monate dauernden spezialisierten Unterricht ein wesentlicher Fortschritt der Sprachentwicklung erzielt (Mason 1942). Im Alter von vierzehn Jahren schien sie eine normale Schülerin einer 7. Klasse zu sein (K. Davis 1947; Stone 1954).

Eine dritte Gruppe von Forschungsergebnissen über den Einfluß der frühen Eltern-Kind-Beziehung, die Bedeutung für die Anschauung über die Bildung des Urvertrauens haben, stammt aus Studien, in denen spezifische Gewohnheiten der Kinderpflege, z. B. die Art und Weise des Fütterns, der Sauberkeitserziehung oder der Disziplin, zu besonderen Persönlichkeitsmerkmalen im späteren Leben in Beziehung gesetzt werden. Eine Zusammenfassung von Caldwell (1964) zeigt, daß unsere Zuversicht zu dieser Methode zum großen Teil entäuscht wurde und daß wir sie wahrscheinlich besser aufgeben sollten. Das soll jedoch nicht heißen, daß derartige Gewohnheiten keine Auswirkungen haben. Wir wissen aus Tieruntersuchungen, daß das mütterliche Temperament einen starken Einfluß auf die Jungen hat, aber wir wissen fast nichts über die bedeutenden spezifischen Punkte der Kinderpflege. Es ist wahrscheinlich die gesamte Art des elterlichen Verhaltens, die sich, wie bereits gesagt, beispielsweise in reibungslosen und sicheren, nervösen und sprunghaften oder zornigen und ungeduldigen Pflegehandlungen, im Ton der Stimme und im Ausmaß des Sprechens und des Spiels ausdrückt, auf die es in der Hauptsache ankommt (Klatskin u. Mitarb. 1956). White und seine Mitarbeiter (Litman 1969, La Crosse 1969) beschreiben fünf Muttertypen, deren Verhalten bei der Kinderpflege sie zu der aktuellen und zukünftigen Leistungsfähigkeit der Kinder in Beziehung bringen: die kompetente, die annähernd kompentente, die gefühlsüberwältigte, die strenge und beherrschende und die erstickende Mutter. Ein wesentlicher Bestandteil der mütterlichen Kompetenz besteht, wie aus der erwähnten Untersuchung durch Yarrow hervorgeht, in der Fähigkeit, sich durch einen stetigen Fluß der gegenseitigen Rückmeldung des Verhaltens auf das Baby einzustellen, was dem Baby dazu verhilft, die Welt und sich selbst zu verstehen. Im allgemeinen ist es sehr schwierig, Ursache-Wirkungs-Zusammenhänge bei der menschlichen Entwicklung zu untersuchen, einfach weil sich so viele Dinge auf den Gesamtprozeß auswirken; dies wäre auch dann noch so, wenn wir über die Einstellungen und Gepflogenheiten der Kindererziehung mit Sicherheit genaue Informationen erhalten könnten, was nach manchen Untersuchungen nicht der Fall zu sein scheint. Rückblickende Untersuchungen sind besonders zweifelhaft (Burton 1970, Haggard u. Mitarb. 1960, Pyles u. Mitarb. 1935).

Schaefer (1965) hat einige globale Stile der Bemutterung nach einem von ihm so bezeichneten „räumlichen Modell" analysiert. Nach diesem Schema wird das Verhalten der Mutter gegenüber dem Kind auf drei Dimensionen beurteilt, die als Akzeptierung – Zurückweisung, psychische Kontrolle – psychische Autonomie und Kontrolle – Gewährenlassen bezeichnet werden.

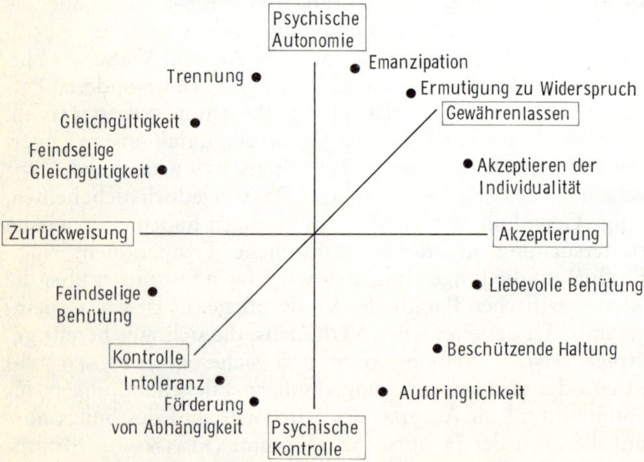

Abb. 73 Dimensionen des Elternverhaltens nach Schaefer (1965)

Innerhalb dieses „begrifflichen Raumes“ und seinen definierenden Dimensionen kann man Punkte lokalisieren, die mütterliche Einstellungen, z. B. das Akzeptieren der Individuation, liebevolle Anteilnahme, Fürsorglichkeit, Zudringlichkeit und feindselige Gleichgültigkeit darstellen (Anm. 15).

Dies ist ein sinnreiches und nützliches, aber leider zu begrenztes Schema. Es läßt keinen Raum für kognitive Anregung, die Gelegenheiten und die Ermutigung zum Erforschen des Raumes, der Gegenstände und ihrer geschmacklichen und strukturellen Qualitäten, ihrer Biegsamkeit, ihres Gewichtes und ihrer Form, noch die Beziehungen zwischen den Gegenständen, die Art, wie sie sich auseinandernehmen und zusammenfügen lassen, und wie sie sich bewegen und aufeinander einwirken; ebenso läßt es die Gefühle außer acht, die sich im eigenen Körper des Babys bemerkbar machen. Es berücksichtigt nicht die Art, wie die Eltern dem Kind Wertmaßstäbe vermitteln, indem sie ihm durch ihr eigenes Verhalten zeigen, was böse oder tugendhaft ist, schön oder häßlich, wichtig oder unwichtig, garstig oder anziehend ist, sowie alle anderen Qualitäten, die dem Leben Sinn geben. Es sagt nichts darüber aus, inwieweit das mütterliche Verhalten ein Produkt der individuellen Persönlichkeit darstellt oder von der kulturellen Tradition diktiert wird. Innerhalb unserer eigenen Gesellschaft zum Beispiel bestehen innerhalb der verschiedenen sozialen Schichten genau definierte Unterschiede in den Gewohnheiten der Kinderpflege und -erziehung (Tulkin 1970). Das Schema sagt uns ferner nicht, wie und ob die Mutter ihren Erziehungsstil auf die Persönlichkeitsmerkmale einrichtet, zu denen das Kind heranwachsen soll. Der Hauptnachteil ist jedoch wohl, daß es die volle Last der Verantwortung der Mutter zuschiebt. Dies stimmt mit der Denkweise der meisten Menschen überein, so als ob es allein das Verdienst der Mutter sei, wenn ihre Kinder gut erzogen sind, oder ihre alleinige Schuld, wenn sie sich schlecht entwickeln. Diese Ansicht übersieht erstens die Rolle des Vaters, sowohl in seinem direkten Kontakt mit dem Kind als auch indirekt durch seinen Beitrag zum Familienleben im allgemeinen und der finanziellen Versorgung der Mutter bzw. deren Fehlen. Es trägt den Familienverhältnissen, die auf das mütterliche Verhalten einen Einfluß haben können, nicht Rechnung, solchen Dingen wie finanzielle Probleme, Krankheit, konkurrierende Forderungen durch andere Kinder oder einfach Unwissenheit auf dem Gebiet der Kinderpflege. Das Schema sagt nichts über die Anwesenheit oder Abwesenheit von hilfreichen oder aber lästigen Schwiegereltern. Letztlich läßt es das Baby als bloße Zahlengröße innerhalb einer Familiengleichung erscheinen.

Wie die Babys von ihren Eltern behandelt werden, richtet sich bis zu einem gewissen Grad nach ihren Eigenschaften, so wie sie tatsächlich sind oder wie sie wahrgenommen werden. Wir haben ohne weiteres angenommen, daß Erziehungsmuster direkt den elterlichen Persönlichkeiten entspringen und dabei das Ausmaß vergessen, in dem das Baby als Stimulus seine Eltern lenkt. Eine Übersicht von HARPER (1971) zeigt, daß die Verhaltenskontrolle durch das Junge bei Säugetieren ein verbreitetes Phänomen ist. BELL (1968, 1971) war einer der eindringlicheren Fürsprecher für die Notwendigkeit, auch die von den verschiedenen Babys bei ihren Pflegepersonen hervorgerufenen Gefühle zu berücksichtigen. MOSS (1967) macht darauf aufmerksam, wie das mütterliche Verhalten durch das Geschlecht, das Alter und den momentanen Zustand des Babys verändert wird. ROTHBARTH u. MACCOBY (1966) haben gezeigt, daß sowohl die Väter als auch die Mütter auf Söhne bzw. Töchter verschieden reagieren. Manche Babys zwingen fast zur Liebkosung, während andere sich aktiv dagegen wehren (SCHAFFER u. EMERSON 1965). Die körperliche Attraktivität von Babys variiert überdies stark. Es genügt nicht zu sagen, daß es Babys gibt, die nur die eigene Mutter lieben kann, sondern es gibt auch solche, die aus irgendwelchen Gründen bei ihren eigenen Müttern und Vätern einfach keine elterliche Liebe hervorrufen.

Abgesehen von den Eigenschaften des Babys, kann der Grund für ein mangelhaftes Eingehen auf das Kind auch bei den Eltern liegen. Sie sind vielleicht zu sehr mit anderen Dingen beschäftigt und daher blind für den Charme ihres Babys. Vielleicht erinnert das Baby seine Mutter zu sehr an ihre eigene Sinnlichkeit, vielleicht wurde es zur falschen Zeit in ihrer Ehe geboren oder erinnert sie an einen verhaßten Erwachsenen aus ihrer Kindheit oder symbolisiert das Ende einer sorgenlosen Jugend und Schönheit. Solche Einflüsse können große Kraft haben, ohne daß sie jemals klar ins Bewußtsein treten. Glücklicherweise stellen derartige Reaktionen die Ausnahme dar. Wie RHEINGOLD (1969a) ausführt, sozialisiert das Baby seine Eltern ebenso sehr wie sie selbst es sozialisieren: „Aus Männern und Frauen macht es Väter und Mütter".

Wir haben bisher von den Bedingungen gesprochen, die zur Bildung des Urvertrauens und der normalen emotionalen und intellektuellen Entwicklung mehr oder weniger beitragen. Die Abwesenheit günstiger Umstände wurde gewöhnlich einer „Mutterentbehrung" oder „emotionalen Deprivation" angelastet. In Wirklichkeit können, wie wir sehen werden, viele Entbehrungsformen außer denen, die mit Mangel an mütterlicher liebevoller Pflege und Stimulation einhergehen, auftreten. Das Baby kann beispielsweise der sensorischen Reize im allgemeinen beraubt werden, so wie erwachsene Versuchspersonen, denen im Experiment die gewohnten – wenn auch weitgehend unbemerkten – Verbindungen zur Umwelt über Lichteindrücke, Töne, Reize aus dem Körperinneren oder der Haut und den damit einhergehenden Informationen entzogen wurden.

Die meisten erwachsenen Versuchspersonen brechen unter Verhältnissen extremer sog. sensorischer Deprivation psychisch zusammen. Wir nehmen an, daß Babys, die, ob in Anstalten oder einfach durch Vernachlässigung zu Hause, von der Welt isoliert gehalten werden, eine sensorische Deprivation erleiden und so nur beschränkt Gelegenheit haben, die materielle Welt zu erforschen und die Fähigkeit zur Symbolisierung ihrer Erfahrungen zu erwerben. Doch auch den Babys, die ein hohes Maß an sozialer und emotionaler Stimulierung erhalten, wird oftmals keine Gelegenheit zur Erforschung und Beherrschung der Objekte gegeben, und sie haben nur primitivste Modelle für die Sprachentwicklung zur Verfügung. Diese Kinder erleiden etwas, was man vielleicht als kognitive Deprivation bezeichnen könnte. Wir werden in diesem Buch immer wieder auf dieses Thema zurückkommen, da eine geeignete Stimulation für die volle menschliche Entwicklung von schwerwiegender Bedeutung zu sein scheint. Dies heißt jedoch nicht: Je mehr Reize, desto besser. Bei den Babys vieler armer Familien, die in beengten Verhältnissen und überfüllten Wohnungen leben, wurde eine Reizüberflutung beobachtet, ein Chaos von Lärm und Aktivität, durch das die Fähigkeit des Babys, Informationen aufzunehmen und zu verarbeiten, überfordert wird.
Bis jetzt haben wir über Dinge gesprochen, die im Leben der Babys vieler gutwilliger Eltern fehlen können, doch es gibt auch Eltern, die gelegentlich keine gutwilligen Eltern sind, und den Kinder- und Notärzten ist das „Mißhandlungssyndrom" wohlbekannt. Statistische Vergleichswerte können nur schwer gewonnen werden, aber es ist klar ersichtlich, daß Kinder, darunter auch Neugeborene und Säuglinge, oft brutal behandelt werden. (Anm. 16) Die Annahme scheint gerechtfertigt, daß die meisten Menschen, die Kinder mißhandeln, schwer gestört sind oder unter unerträglichem Druck und unerträglicher Spannung stehen, so daß das Schreien eines hungrigen, kranken oder einsamen Kindes nur der letzte Tropfen ist, der das Faß zum Überlaufen bringt. Es ist wahrscheinlich, daß diese Eltern das Baby von vornherein nicht haben wollten. In manchen Fällen jedoch entspringt das Mißhandeln der Kinder einem unbeugsamen, kaltblütigen Moralismus, der das Baby von seiner vermeintlichen Selbstsüchtigkeit und Perversität reinigen soll. Was auch immer die Motive der Eltern sein mögen, die Folgen sind gräßlich. ELMER (1967) und ELMER u. GREGG (1967) berichten, daß die Hälfte einer Gruppe von zwanzig mißhandelten Kindern schwere Entwicklungsverzögerungen zeigte und acht der übrigen zehn unter dem Altersdurchschnitt lagen. Weiterhin entwickeln körperlich bestrafte Kinder keine normale Selbstkontrolle, was der allgemeinen Beobachtung entspricht, wonach Gewalt neuerliche Gewalt hervorbringt, auch wenn zunächst eine kurzzeitige Fügsamkeit erreicht wird. Aus einer Studie von S. FRAZIER (JOHNSON 1971) an neunzig ver-

urteilten Mördern geht hervor, daß alle als Kinder schwer mißhandelt wurden. Es ist einleuchtend, daß Personen, die Babys durch Schlagen verletzen oder gar töten, dieselben Kinder unter günstigeren Umständen sehr lieben und gut pflegen können. Trotz dieser Extreme ist es eine Tatsache, daß die meisten Eltern den Kindern Urvertrauen vermitteln und die meisten Babys ein solches lernen.

In diesem Zusammenhang wären die Programme zur *kognitiven Anregung* für Säuglinge und Kleinkinder zu erwähnen, durch die die von uns erwähnten Arten der Deprivation kompensiert und verhindert werden sollen (Gordon 1969, Karnes u. Mitarb. 1970, Schaefer 1969, Weikart u. Lambie 1969). Die Anregung des Kleinkindes kann hauptsächlich auf drei Arten erreicht werden. Bei der ersten werden die Mütter geschult, den Babys ausreichende und geeignete Stimulation und Beschäftigungsmaterial anzubieten. Bei einer zweiten Methode werden „Betreuer" in regelmäßigen Zeitabständen in die Familien gesandt, um direkt mit den Babys zu arbeiten. Eine dritte Methode zielt darauf ab, die intellektuelle Anregung zu einem wesentlichen Teile des Kindertagesstättenprogramms zu machen (Caldwell 1971, Keister 1970). Alle diese Methoden waren bis zu einem gewissen Grade erfolgreich.

In der Bundesrepublik ist die Säuglings- und Kleinkindpädagogik in den letzten 15 Jahren gegenüber den vorschulischen Erziehungsprogrammen etwas stiefmütterlich behandelt worden. Erst in letzter Zeit tauchen, als Folge zunehmender Berufstätigkeit der Mütter und der damit notwendig werdenden Krippenunterbringung von Säuglingen einerseits und den Resultaten der Hospitalismusforschung andererseits verstärkt Überlegungen und Programme zur Förderung von Säuglingen und Kleinstkindern auf. (Schmidt-Kolmer 1970) [D. Herausgeber]

Am Rande ist zu erwähnen, daß einer der Zwecke der Kindertagesstätten darin besteht, Mütter für die Arbeit freizumachen und daß sie viel von ihrem Wert verlieren, wenn keine Arbeitsplätze für Frauen zu haben sind.

Veränderungen in den Ansichten über Kinderpflege

Mindestens seit biblischen Zeiten haben die Menschen Ratschläge über Kindererziehung erteilt und erhalten, wie schon das Motto: „Wer seine Kinder liebt, spart die Rute nicht" zeigt. Bis vor relativ kurzer Zeit haben die Menschen meist aus Tradition einfach gewußt oder als sicher und zuverlässig angenommen, was mit den Kindern und für diese zu geschehen habe. Diese als gegeben angenommenen Volksweisheiten haben jedoch weder in verschiedenen Kulturen noch in den verschiedenen Schichten komplexer Gesellschaften auch nur annähernd übereingestimmt, und jede Gruppe hatte ihre durch die Tradition sanktionierten Gewohnheiten. Offenbar waren diese Gewohnheiten gut genug, um die Menschheit am Leben zu erhalten, aber historische Berichte über menschliche Dummheit, Verdorbenheit, Kleinlichkeit und Grausamkeit berechtigen zu der Annahme, daß Verbesserungen wünschenswert wären.

In konservativen Gesellschaften, in denen die Verwandten nahe beisammenwohnen und als Großfamilien zusammenarbeiten, gibt es für jedes Familienmitglied eine Fülle von Gelegenheiten, die gebräuchlichen Gewohnheiten zu beobachten und sie zu übernehmen. Doch seit der Zeit nach dem 1. Weltkrieg, in der viele wirtschaftliche Veränderungen stattfanden, die Menschen ihre Seßhaftigkeit weitgehend aufgaben und von jeder Generation erwartet wurde, daß sie die Unzulänglichkeiten der vorhergehenden überwinden würde, haben sich innerhalb der modernen europäischen Zivilisation und in den USA die Familien gespalten, und es bestehen nur begrenzte Möglichkeiten, die kulturell akzeptierten Methoden der Kinderpflege – oder verschiedener anderer Tätigkeiten – weiterzugeben oder sich anzueignen, oder auch nur zu einer einheitlichen Meinung darüber zu gelangen. Man kommt immer mehr dazu, persönliches und soziales Verhalten, Fertigkeiten und Werte in Schulen, aus Büchern, Zeitungen und an spezielle Gruppen – Frauen oder Teenager – gerichtete Zeitschriften zu lernen, kurz also vom Fachmann. Nach dem Volksglauben war der Fachmann für Kinderpflege entweder ein Junggeselle oder eine alte Jungfer. Von beiden nahm man an, daß sie unter der Last der Verantwortung zusammenbrechen würden, wenn sie einmal wirklich selbst Kinder pflegen müßten. Trotzdem stellt die Beratung von Eltern seit langem eine marktfähige Ware dar, die zusammen mit den neuesten Spielzeugen einer begierigen und unersättlichen Öffentlichkeit in unerschöpflichen Mengen geliefert wird.

Der scheinbare Konflikt zwischen der Verachtung des Experten und dem gefügigen Annehmen seiner Ratschläge läßt sich vielleicht durch Beachtung zweier Dinge in Einklang bringen. Erstens sind die Eltern ihrer selbst tatsächlich unsicher und bedürfen dringend der Anleitung. Zweitens scheinen sie jene Fachleute aufzusuchen und ihren Rat oder nur jene Teile der Lehre eines gewissen Experten zu befolgen, die ihren eigenen Meinungen am ehesten entsprechen, d.h. sie möchten die Richtigkeit dessen bestätigt erhalten, was sie bereits tun, statt neue Methoden zu erlernen. D. Levy (1954) hat dargelegt, daß Mütter die Empfehlungen der Kinderärzte entweder nicht verstehen oder die ihnen verständlichen nur insoweit befolgen, als sie sich mit ihren eigenen Meinungen decken. Auch wenn sie sich bemühen, verstehen die Menschen unbekannte Begriffe oft falsch, und auch die Verfasser haben in ihrer Rolle als Sachverständige und Lehrer ihre eigenen Ideen oft in wahrhaft sonderbarer Verzerrung später wiedergehört.

In einer Abhandlung aus dem Jahre 1912 beispielsweise (Clock 1912) wurde amerikanischen Müttern gesagt, daß Kinder nicht gestillt werden dürfen, wenn die Mutter unter Hysterie oder Epilepsie leidet, daß Sorgen, Angst und nervöse Erregung die Muttermilch vergiften (sie können die Laktation tatsächlich stören), daß Verstopfung bei der stillenden Mutter auch beim Baby Verstopfung herbeiführe, daß die Muttermilch nach etwa sieben Monaten versiege (anscheinend hatte dieser Sachverständige niemals von Gesellschaften gehört, in denen die Kinder bis zum dritten oder vierten Lebensjahr gestillt werden), daß Schnuller „großen Schaden" sowie Krankheiten verursachen, daß eine beginnende Gewöhnung an das Töpfchen im Alter von sechs Wochen bei „viel Geduld und Ausdauer" eine Beendigung dieser Aufgabe bis zum Alter von achtzehn Monaten erhoffen lasse (anscheinend fiel es trotz aller Erfahrung damals niemandem ein, daß eine im Alter von siebzehn Monaten beginnende Gewöhnung an das Töpfchen dreißig Tage später beendet sein könnte). Im Alter von ein bis zwei Jahren sollte die Ernährung des Babys aus Obst, Flüssigkeiten, Toast, Suppe und Haferschleim bestehen. Fleisch durfte vor dem Alter von zwei Jahren nicht verabreicht werden. Bis zum Alter von drei Jahren durfte das Kind etwas geschabtes Rindfleisch oder weißes Hühnerfleisch erhalten.

Wenn diese Vorschriften heute etwas unwirklich erscheinen, da Babys synthetische Nahrungsmittel mit einer Temperatur geringer als die Zimmertemperatur aus einer Wegwerfflasche erhalten, oder Kindernahrung vom frühen Säuglingsalter an verabreicht wird und amerikanische Babys mit zehn Monaten Rindfleisch von einem Knochen nagen oder Hühnerleber und Reis essen, so werden wahrscheinlich manche unserer gegenwärtigen Ansichten nach einigen weiteren Jahren ebenso veraltet erscheinen. Aus diesem Grunde wird dem Leser nahegelegt, in allen Fällen eine angemessene Skepsis zu bewahren. Es muß auch betont werden, daß im Jahre 1912 nur etwa 80 Prozent der Lebendgeborenen ihren ersten Geburtstag erlebten; daß es damals keine Methoden und weit verbreitete Möglichkeiten der Immunisierung gegen Keuchhusten, Diphterie, Kinderlähmung, Masern und ähnliche Krankheiten gegeben hat; daß es keine Antibiotika gab; daß die sanitären Verhältnisse wesentlich primitiver waren als heute. Alle diese Tatsachen rechtfertigten die Betonung der Hygiene bei der Kinderpflege.

Viele Eltern, die – heute durch die verschiedensten Aussagen verschiedener Wissenschaftler über Kinderpflege aufgeklärt – ganz allgemein wissen, was von einem Baby in den verschiedenen Altersstufen zu erwarten ist und worin seine Bedürfnisse und Fähigkeiten bestehen, werden überrascht sein, wie gut ihnen das Baby zu verstehen gibt, was sie tun sollen, wenn sie sich nur bemühen, seine „Verhaltenssprache" zu verstehen. Das Baby wird durch den Versuch eines solchen Verständnisses nicht automatisch „verwöhnt". Ein mechanisches Nachgeben oder eine unbeugsame Gewohnheitsdressur sind wesentlich gefährlicher.

Diese Verhaltenssprache hat zwei Formen: Erstens die beredten Ausdrucksmöglichkeiten für das Unbehagen des Kindes. Schon in einem ziemlich frühen Alter ist leicht zu erkennen, ob das Baby aus Hunger, Müdigkeit, Ärger, Schmerz usw. schreit. Manchmal dient die Körperhaltung als Ausdrucksmittel. Während beispielsweise der Hungerschrei vom Kolikschrei manchmal schwer zu unterscheiden ist, drückt sich der Hunger durch Strecken des Körpers und Durchbiegen des Rückens und die Kolik durch Krümmen des Körpers aus. Die zweite Form der Verhaltenssprache ist die Rückmeldung, die die Eltern beim Befriedigen seiner Bedürfnisse erhalten. Versucht man, ein an Koliken leidendes Baby zu füttern, wird es vielleicht kurz trinken, nach einigen Schlucken aber durch Ausspucken des Schnullers und fortgesetztes Schreien zu erkennen geben, daß der Erwachsene noch nicht das wahre Problem und seine Beseitigung erkannt hat. Natürlich wird das elterliche Verhalten nicht allein durch Beendigung des Schreiens, sondern auch durch das Lächeln und zufriedene Gurgeln des Babys gelenkt.

Im späteren Säuglingsalter wird die Zwiesprache des Babys mit den Eltern immer klarer und deutlicher. Durch Ausstrecken der Arme und Drängen in die allgemeine Richtung eines gewünschten Gegenstandes, meist begleitet von Schreien oder Gemurmel, kann es ausdrücken, was es will und wo die Eltern dies suchen sollen. Im allgemeinen bietet dann der Erwachsene dem Kind Dinge an, die er für die richtigen hält. Irrtümer werden durch kurze, zornige Schreie korrigiert; wird der richtige Gegenstand dargereicht, nimmt ihn das Baby mit zufriedenem Grunzen entgegen. Wie das Baby die Fähigkeit erlangt, Spiele mit anderen einzuleiten, wurde bereits beschrieben. In einem späteren, aber immer noch vorsprachlichen Stadium, kann das Baby sich schon durch Zeichen verständlich machen. Versucht es, in sein Eßstühlchen zu klettern, so bedeutet dies „Hunger"; das Herbeibringen einer Schallplatte bedeutet, daß es diese hören möchte; durch Heranbringen seines Mantels oder Pullovers zeigt es an, daß es ausgehen möchte.

Wenn wir es richtig bedenken, so erscheint es uns selbstverständlich, die Verhaltenssprache der Katzen, Hunde und Pferde, um nur einige Tiere zu nennen, zu verstehen und danach zu handeln, und so ist es auch gar nicht erstaunlich, daß uns das Verhalten junger Menschenkinder etwas sagt – um so mehr als diese noch nicht die vielen uns zu Gebote stehenden Möglichkeiten erlernt haben, ihre wirklichen Gefühle zu verbergen. Im allgemeinen reagieren wir als erwachsene Menschen in allen Lebenslagen nicht nur auf die Worte anderer, sondern ebenso auf alle durch ihr Gesamtverhalten ausgedrückten Informationen. Aus ihren Gesten, ihrer Körperhaltung, dem Ton ihrer Stimme, der Art, wie sie sich kleiden – kurz, aus ihrer Verhaltenssprache – können wir ihre Motive, was sie zu sein vorgeben, ihre Zweifel und ihre geheimen Gefühle ablesen, und ebenso können wir auch ähnliche Fingerzeige durch das Baby verstehen.

Schwerpunkte der Kinderpflege

Zwar ist das vorliegende Buch weniger als Handlungsanweisung gedacht, sondern es soll mehr beschreibenden Charakter haben, d.h. es will dem Leser sagen, wie die Kinder sind und wie sie sich entwickeln, und nicht wie er mit ihnen leben, sie leiten oder formen soll; dennoch soll an dieser Stelle eine Darlegung der praktischen Anwendungen verdeutlichen, wie wir die kindliche Entwicklung auffassen. Unserer Überzeugung nach bleibt die Wissenschaft durch die Behandlung praktischer Fragen lebendig und realitätsbezogen und – wenn wir auch keinen Anspruch auf Allwissenheit erheben können – so sind wir zumindest in der Lage, zu zeigen, welche allgemeinen Gewohnheiten auf Irrtümern beruhen. Außerdem ist der Zusammenhang mit praktischen Problemen der beste Rahmen für die Darstellung weiterer wesentlicher Tatsachen über Verhalten und Entwicklung. Unsere Ausführungen betreffen zwar das Säuglingsalter als Ganzes, doch darf der Leser nicht vergessen, daß sich das elterliche Verhalten dem jeweiligen Entwicklungsstand des Kindes anpassen muß.

Zuwendung, Verwöhnung und Disziplin

Viele Eltern fürchten immer noch, dem Baby zu viel Aufmerksamkeit zu schenken, es dadurch zu verwöhnen und ihm in der Eltern-Kind-Beziehung die Oberhand zu lassen. Und wenn es sich um das Problem der Disziplin handelt, stehen die Eltern in einem erschütternden Zwiespalt. Einerseits soll ein Mangel an Disziplin tyrannische, egoistische Ungeheuer mit unbeugsamem Willen und einer terrorisierenden Einstellung zur Umwelt hervorbringen, während andererseits die Disziplin, nach der Lehre des romantischen Naturalismus (vgl. S. 277f.), das Kind verstört und verbittert, es zu einem duckmäuserischen, geknechteten, autoritären Wesen macht, das seine Eltern haßt, die sich vor den Entdeckungen des Psychoanalytikers, dreißig Jahre später, fürchten müssen.

Wenn ein Baby schreit, so bedeutet dies, daß es etwas braucht, wobei weder das Kind noch wir immer wissen, was ihm fehlt. Unter anderem braucht es – zu Beginn seines Lebens in großem Überfluß – menschliche Zuwendung. „Zuwendung“ ist nichts anderes als die liebevolle Nähe und Anregung, über die wir bereits gesprochen haben. Ihr entspringen starke Bindungen zwischen dem Erwachsenen und dem Kind, die wiederum eine spätere Kommunikation – einschließlich der bei der Disziplin notwendigen – möglich machen. Vielleicht schrecken manche Erwachsene vor einer so intimen Beziehung – selbst zu einem Baby – zurück oder fürchten sich vor der unbekannten Macht der begleitenden Gefühle und zögern aus diesem Grunde, dem Baby ein volles Maß an „Zuwendung“ zu gewähren.

Mit alleiniger Ausnahme der abendlichen Schlafenszeit (nachdem das Baby seine Bereitschaft zum Durchschlafen kundgetan hat), scheint eine Verwöhnung im frühesten Kindesalter nicht möglich zu sein. Erst im späteren Kindesalter kann übermäßige Nachsicht – insbesondere eine nicht mehr auf die kindlichen Bedürfnisse bezogene, wahllose und Zuneigung heischende – wohl nachteilige Einflüsse haben. Eine echte Zuwendung im Verein mit Körperkontakt, Sprechen, Singen und allen anderen zugehörigen Dingen ist dagegen für das Baby äußerst zuträglich. Wenn das Baby der Sicherheit und Zuverlässigkeit seiner persönlichen Beziehungen immer gewisser wird, kann es sich schließlich von sich aus von der ausschließlichen Beschäftigung mit seine Eltern ab- und einer aktiven Erforschung seiner außermenschlichen Umgebung zuwenden. Es kommt nun nur von Zeit zu Zeit zurück, um in immer reifer werdender Weise die Gesellschaft seiner Eltern zu genießen. Die Meinung, daß das Baby alles, was ihm jetzt gegeben wird, unermüdlich weiter fordern werde, ist ein Aberglauben. Die größte Gefahr in diesem Alter, wenn es eine solche überhaupt gibt, ist wohl die Nichterfüllung der Sehnsucht des Kindes nach Zuwendung, die zu einem immer größer werdenden Bedürfnis und schließlich im Extrem zur Unersättlichkeit führt, wie die neurotischen Bedürfnisse von Erwachsenen. Mit anderen Worten, der vorzeitige Versuch, die „Kraft zur Selbständigkeit“ des Kindes zu fördern, kann genau die gegenteilige Wirkung haben.

Babys, die viel Liebe empfangen, sind im allgemeinen nicht darauf aus, andere zu übervorteilen. Wie wir später noch sehen werden, lehrt uns unsere Kultur zwei verschiedene Versionen der menschlichen Natur, und die von den meisten Menschen vorzugsweise akzeptierte sieht den Mitmenschen als von Natur aus selbstsüchtig, auf Wettstreit eingestellt und gewillt, andere zu übervorteilen, um nicht selbst übervorteilt zu werden. Durch den Zauber der sich selbst erfüllenden Prophezeiung bringt unsere Gesellschaft solche Menschen wohl in großer Zahl hervor. Dem Baby ist jedoch nichts eigen, was es dazu treiben könnte, andere beherrschen zu wollen. Das Urvertrauen betrifft Eltern und Kind, und auch die Eltern müssen dem Baby Vertrauen schenken. Auch die sich selbst erfüllende Prophezeiung gilt für beide, und Babys sind liebende, mitfühlende und großmütige Geschöpfe in genau demselben Maße, in dem sie mit Liebe, Mitgefühl und Großmut und im Einklang mit ihren tatsächlichen Bedürfnissen behandelt worden sind. Insofern sind beide Versionen über den Menschen richtig. Es gibt wohlmeinende, aber übereifrige Mütter, die sich beeilen, auch das geringste Zeichen von Mißbehagen wahrzunehmen, bevor das Baby oder sie selbst überhaupt wissen, ob etwas erforderlich ist und was. Oft erwarten sie für ihre mütterlichen Dienstleistungen die ausdrückliche Dankbarkeit des Kindes. So kann ein falsches Bedürfnis befriedigt werden und im Baby eine unbestimmte, beunruhigende Unzufriedenheit zurückbleiben, die sich später als „verwöhntes" Verhalten äußern kann. Eine ähnliche Handlungsweise kann der elterlichen Unsicherheit entspringen. Die Mutter fühlt sich so unzulänglich, hat so viel Angst, die Liebe des Babys zu verlieren oder fühlt sich, weil ihr eine echte Zuneigung für das Baby fehlt, so schuldig, daß sie seine Bedürfnisse blind erfüllt. Verwöhnung kann auch durch launisches Hänseln oder inkonsequente Bedürfnisbefriedigung entstehen, die das Kind fürchten läßt, nie das zu bekommen, was es braucht und es unzufrieden zurückläßt, wenn es das Gewünschte erhält. Ein Necken des Babys wird gewöhnlich anderen Kulturen mißbilligend vorgeworfen, aber man braucht nur Eltern und Besucher zu beobachten, um zu sehen, wie sehr wir uns freuen, Kinder jeden Alters herauszufordern, auch wenn wir „nur Spaß machen".

Trotz der Einsicht, daß uneingeschränkte Zuneigung und Bedürfnisbefriedigung in der frühesten Kindheit Vertrauen, Zuneigung und guten Willen im Kind hervorrufen, fragen sich manche Eltern, ob sie es dadurch nicht schlecht auf eine Gesellschaft vorbereiten, die in einem mörderischen Wettstreit lebt und der es später so wenig gewachsen ist. Wir haben jedoch Grund zu glauben, daß warmherzige Menschen, die bereit sind, andere zu mögen und ihnen zu vertrauen, nicht unbedingt zu Opfern werden müssen. Meist sind es nicht die Menschen mit Selbstachtung, die anderen als Fußabstreifer und Prügelknaben dienen. Außerdem verbleibt noch die Frage der Wertmaßstäbe, ob die Eltern ihr Kind zu einem mehr oder weniger alltäglichen Menschen oder in Annäherung an ein Ideal heranwachsen sehen möchten, auch wenn dies Spannungen und Konflikte mit seiner Umwelt erzeugt. Anpassung beginnt im Säuglingsalter.

Die aus der Zuwendung und Bedürfnisbefriedigung erwachsenden Bindungen des Vertrauens und der Zuneigung vereinfachen weitgehend die Frage der Disziplin in frühester Kindheit. Im ersten Jahr besteht diese vornehmlich in der Fernhaltung des Kindes von Dingen, durch die es sich verletzen oder die es zerstören könnte. Säuglinge haben keinen Sinn für Eigentum, weder für ihr eigenes noch das anderer. Sie können zwar für Puppen und Decken fetischistische Anhänglichkeiten entwickeln, doch beschränkt sich ihre Hauptsorge darauf, wie sie sie am besten untersuchen können. Ein Baby, dem Gelegenheit gegeben wird, seine Nase in viele Dinge zu stecken, zeigt lediglich momentanen Ärger, wenn ihm etwas verboten wird. Es hört auch nicht auf, die Eltern zu lieben, wenn sie verbotene Dinge aus seiner Reichweite entfernen und ihm „Nein" sagen, wenn es nach solchen greift, die sich nicht daraus entfernen lassen. Im allgemeinen brauchen Eltern, die ihr Baby lieben und denen sein Wohlergehen am Herzen liegt, nicht den Verlust seiner Liebe zu befürchten oder ihm Schmerz zu bereiten, wenn sie sich als starke Erwachsene verhalten. Zweifellos erfordert die Kindererziehung Opfer von seiten der Eltern, doch muß ihre Opferbereitschaft mit gebührender Respektierung ihrer eigenen Erwachsenenbedürfnisse im Gleichgewicht stehen.

Art und Zeitplan des Fütterns

Bei anderen Völkern und in den weniger aufgeklärten und von Fachleuten angeleiteten Schichten unserer eigenen Gesellschaft wurden die Babys üblicherweise dann gefüttert, wenn sie hungrig waren, es sei denn, die Muttermilch stand noch nicht zur Verfügung. Im allgemeinen aber verlangte man in den letzten Jahrzehnten vom Tag der Heimkehr aus dem Krankenhaus an einen strengen Zeitplan, eine Fütterung pünktlich alle vier Stunden – bei sehr kleinen oder frühgeborenen Babys verordneten manche Ärzte einen Zeitraum von 3 Stunden –, gleichgültig ob das Baby bereits eine Stunde lang vor Hunger geschrien hatte oder so fest schlief, daß man es schütteln und wachrütteln mußte. Zusätzlich zu dem täglichen Stundenplan, an den die Mutter sich gewissenhaft halten mußte, bestimmten die Fachleute über längere Zeit hinaus noch durch einen entsprechenden Kalender, wann alle Babys zu entwöhnen und wann ihnen welche neuen Nahrungsmittel zu geben seien.

Die *Fütterung nach Bedarf*, die sich daran orientiert, wann die Eltern den tatsächlichen Zeitpunkt des kindlichen Hungers wahrnehmen, begann sowohl bei den Eltern selbst als auch nach den Vorschriften der Kinderärzte an die Stelle der Fütterung nach Plan zu treten, zum Teil, weil die mechanistische Starrheit der festen Fütterungszeiten den Eltern gegen den Strich ging (wenn auch manche ungeachtet ihrer eigenen Gefühle stur den Methoden der „Wissenschaft" folgten und andere sich wegen ihrer Charakterlosigkeit schuldig fühlten, wenn sie vom

„rechten Weg" abwichen), und zum Teil als Reaktion auf die naturalistischen Lehren der Anthropologen. Dies führte unter anderem zu der Entdeckung, daß sich die Fütterung nach Bedarf mit sehr wenig Hilfe von seiten der Eltern einem festen Zeitplan annähert, nach dem das Baby immer mehr Nahrung in immer größer werdenden Zeitabständen zu sich nimmt, bis es sich den in seinem Kulturkreis festgelegten Normen angeglichen hat. Das heißt, der Wechsel von Hunger und Sattheit, der eine Komponente der biologischen Uhr darstellt, wird durch soziale Normen festgelegt.

Eine ebenfalls hierher gehörende Streitfrage betrifft das Stillen im Gegensatz zur Flaschenernährung. Es mag die Überzeugung bestanden haben, die Flaschenernährung sei hygienisch, das Stillen jedoch nicht. Die Flaschenernährung hat vielleicht auch ein weiteres Mittel dargestellt, die elterlichen Rechte von den Eltern weg unter ärztliche Kontrolle zu bringen, und in vielen Krankenhäusern wurde und wird durch Ärzte und Schwestern ein offener oder versteckter Druck zugunsten der Flaschenernährung ausgeübt. Auch kann die Tatsache dazu beigetragen haben, daß unsere Gesellschaft eine Phase der Maschinenanbetung durchlaufen hat, in der man von einem Leben in einer Welt der reinen Vernunft ohne Belastung durch biologische Erfordernisse träumte. Die Frauen sollten von den ständigen Forderungen der Mutterschaft und von der Erinnerung an ihre animalische und primitive Natur befreit werden. Die Frauen selbst fühlten sich durch das Stillen zu Hause festgehalten und entschieden sich für die Flaschenernährung, um der Ermüdung und den Unbequemlichkeiten des Stillens zu ent-

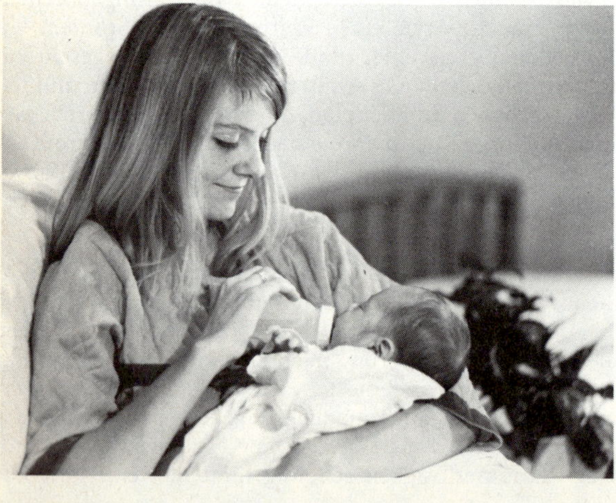

74

Declan Haun, Black Star

rinnen, und aus der Überzeugung, daß es sie ihrer Figur, ihrer Jugend und Schönheit und ihrer Anziehungskraft berauben würde.

Die Anhänger des Stillens konnten die Natürlichkeit und die praktischeren Argumente des höheren Nährwertes der Muttermilch im Vergleich zu jener der Kuh und die Annehmlichkeit des Stillens im Vergleich zu der Arbeit des Mischens, Einfüllens, Aufbewahrens und

75

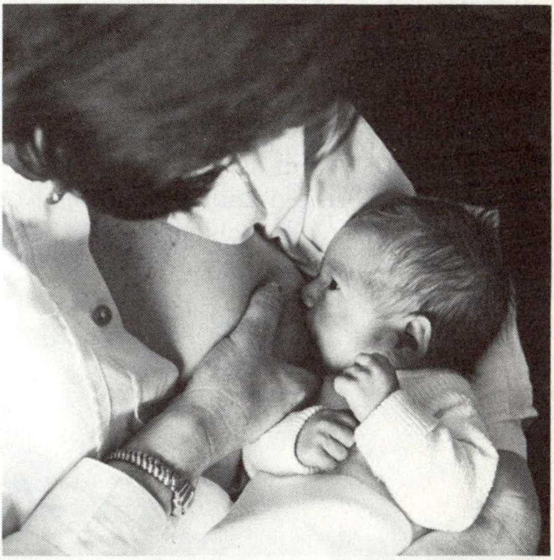

Peterhofen (*Stern*), Black Star

76

Ken Heyman

Abb. 74–76 Die Fütterung des Kindes. Abb. 74: Ernährung mit der Flasche. Abb. 75: Stillen, USA. Abb. 76: Stillen, Indonesien

Sterilisierens nach Vorschrift anführen. Wie bereits erwähnt, soll die Muttermilch überdies Antikörper enthalten, welche die Resistenz des Babys gegen Infektionen fördern (Gyorgy u. Mitarb. 1972). Die psychiatrische und psychoanalytische Überzeugung betont, das Stillen gebe Mutter und Kind Gelegenheit, in engem Kontakt allein zu sein, wobei die Mutter leise singen und mit dem Baby flüstern würde, während dieses das Gesicht seiner Mutter anstarren und kennenlernen, sowie sich warm und sicher festgehalten fühlen könne. Es ist aber auch möglich und ratsam, die Flasche unter genau denselben Bedingungen zu geben, wobei das Baby gehalten und nicht mit einer nahe seinem Mund gestützten Flasche im Körbchen oder Gitterbett gelassen wird. (Ein weiterer Einwand gegen das Alleinlassen der Kinder mit der Flasche ist der, daß Milch in die Eustachischen Röhren gelangen und dort Infektionen hervorrufen kann, wenn der Kopf des Kindes nicht etwas hochgehalten wird.) Schließlich wurde das unbestreitbare Argument vorgebracht, daß ungeachtet der Bedeutung des Stillens für das

Jean Speiser, UNICEF Photo

77

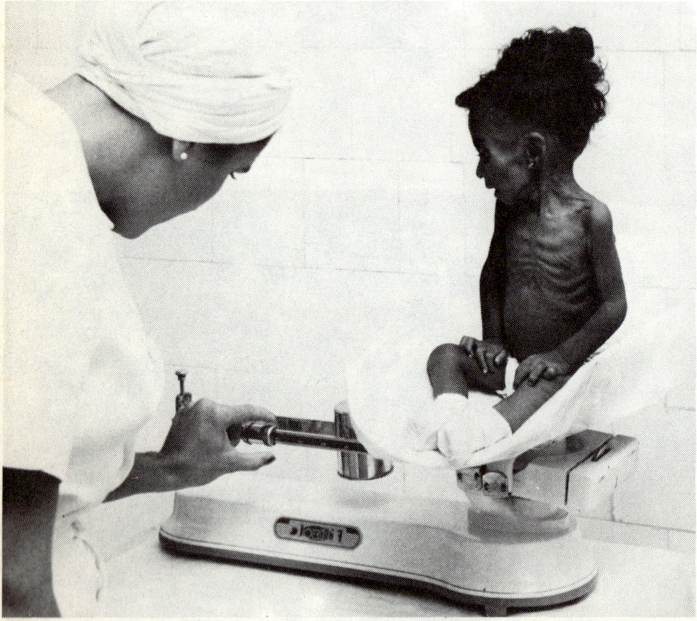

Abb. 77–78 Kwashiorkor, eine Eiweißmangelerkrankung, bei einem einjährigen brasilianischen Mädchen. Die verschrumpelte Haut ist typisch. Das Baby kann keine Laute von sich geben. Abb. 78: Die gleiche Erkrankung

Baby manche Mütter diesen Vorgang als Erlebnis tiefer Freude empfinden und aus dieser Betätigung ihrer biologischen Möglichkeiten Befriedigung schöpfen.

Wir sind alle der Meinung (und wir glauben hiermit auch die gegenwärtige allgemeine Überzeugung auszudrücken), daß bei Frauen, die unter guten hygienischen Verhältnissen leben, die persönlichen Gefühle der einzig richtige Maßstab für die Entscheidung zwischen Brust und Flasche sind. Unter schlechten sanitären Verhältnissen, oder wenn die Milch teuer oder knapp ist, ist das Stillen die einzig sichere Art, ein kleines Baby zu ernähren. Schon öfter hat die bei den Frauen neu ent-

78

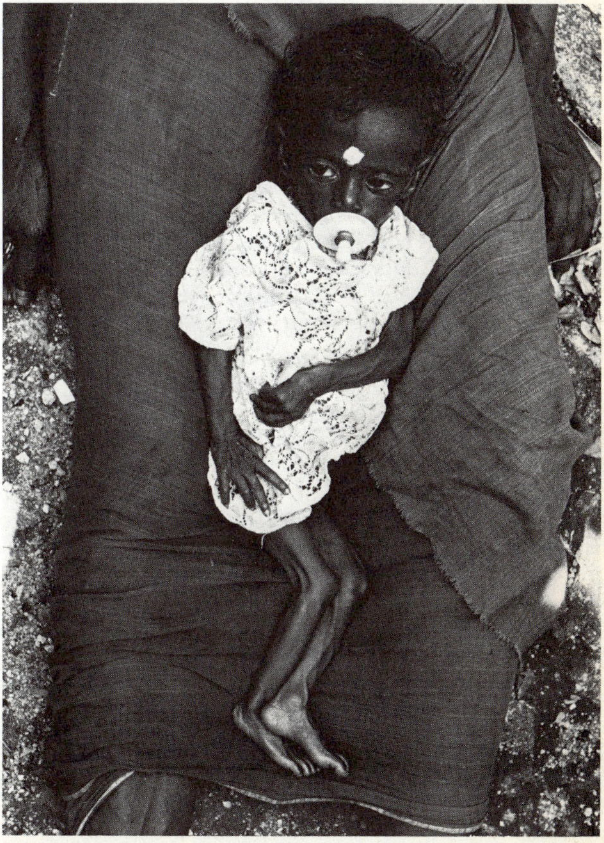

Fee Schlapper

standene Beliebtheit der Flaschenernährung in wirtschaftlich notleidenden Ländern die Gesundheit ihrer Kinder zerstört.

Ein weiterer Aspekt der Fütterung ist die *Entwöhnung*, worunter sowohl der Übergang von der Brust oder Flasche zur Tasse als auch der von der Milch (oder den jeweils modernen Milchersatzstoffen) zu fester Nahrung zu verstehen ist. Aus der Literatur geht hervor, daß auch die Entwöhnung früher einmal Gegenstand bitterer Kämpfe zwischen Mutter und Kind war, die so weit gingen, daß viele Frauen glaubten, die Flaschen vor den Augen des Kindes zerschlagen zu müssen – und daß dies in manchen Gesellschaften noch immer so ist. In vielen Ländern werden besondere Entwöhnungsverfahren angewandt. Die Mutterbrust wird mit einer bitteren Substanz bestrichen, oder, wie in vielen afrikanischen Stämmen, das Baby wird für längere Zeit zur Großmutter geschickt. Es muß hier wiederholt werden, daß in vielen nicht westlichen Ländern die Entwöhnung erst im Alter von zwei, drei oder sogar vier Jahren stattfindet und zum Zwecke einer ziemlich wirksamen Empfängnisverhütung absichtlich hinausgezögert werden kann. In Ländern mit eiweißarmer Ernährung trägt die späte Entwöhnung dazu bei, die Kinder vor Kwashiorkor zu schützen, einer Eiweißmangelkrankheit, durch die das Zentralnervensystem geschädigt wird. Vor Ankunft der Missionare wurden Babys umgebracht, die zur Welt kamen, bevor das nächstältere Kind für die Entwöhnung reif war. Als der Kindesmord durch die Missionare verboten wurde, mußte das ältere Kind zugunsten des kleineren weggebracht werden, und der Kwashiorkor breitete sich weiter aus.

Nach einer kürzlichen Untersuchung (Zamenhof u. Mitarb. 1971) haben die Jungen von Ratten, die unter Eiweißmangel leiden, weniger Gehirnzellen und ihr Gehirn wiegt weniger als das von Tieren in einer Kontrollgruppe. Überdies zeugten weibliche Junge der unter Eiweißmangel leidenden Muttertiere, die mit normalem Futter großgezogen wurden, wiederum Junge mit vermindertem Gehirngewicht und verminderter Zellenzahl. Es ist unbekannt, wie die Auswirkung der falschen Ernährung von der Großmutter über das Muttertier auf die Jungen übertragen wurde, aber wahrscheinlich wiesen die Muttertiere infolge des Eiweißmangels weitere physiologische Anomalien auf. Es muß betont werden, daß ein verzögertes Abstillen als solches keine Lösung für die Probleme der Fehlernährung darstellt. Das Baby braucht Eiweißarten, die in der Muttermilch nicht enthalten sind, und längeres Stillen hilft daher nur teilweise.

Heute scheint bei einem Großteil der Bevölkerung die Entwöhnung für Mutter und Kind komplikationslos vor sich zu gehen, wahrscheinlich weil nach den modernen pädiatrischen Gepflogenheiten der Übergang – sowohl das Angebot des Neuen als auch die Abkehr vom Alten –

allmählich und zunächst probeweise vor sich geht, aber früh beginnt, so daß es dem Baby schließlich selbstverständlich erscheint, Nahrung verschiedenen Geschmacks, unterschiedlicher Beschaffenheit, Konsistenz und Temperatur aus unterschiedlichen Gefäßen zu erhalten. Vorausgesetzt, daß dabei die Bereitschaft des Babys für die Veränderung ausreichend berücksichtigt wird: seine allgemeine emotionale Sicherheit, die Abwesenheit physischer Störungen (besonders des Verdauungstraktes) und stärkerer Speichelfluß, was auf neu erworbene Fähigkeiten des Verdauungsapparates hindeutet. Auch situative Bedingungen müssen berücksichtigt werden. Das Baby ist für die Neuheiten beim Füttern am aufgeschlossensten, wenn es hellwach und der erste wütende Hunger gestillt ist. Ist es müde oder sehr hungrig, so ist der Saugdrang sehr stark, und es hat Löffeln und Tassen gegenüber wenig Geduld. Auch hier zeigen sich individuelle Unterschiede: Manche Babys akzeptieren neue Nahrungsmittel und Fütterungsmethoden mit großem Genuß, manche sachlich, manche mit Vorsicht, und andere überhaupt nicht. Bei manchen zeigt sich die Bereitschaft früh, bei manchen erst viel später, und die Eltern müssen entsprechend darauf eingehen. Wie auch in anderen Bereichen der Kindererziehung, ist ein gewisses Maß von Versuchen und Fehlschlägen notwendig, aber selbstsichere Eltern, die die Reaktionen ihres Babys beobachten und sich auf die Informationen aus der Verhaltenssprache einstellen können, empfinden dies nicht als belastend.

Eine Ausnahme von dem oben Gesagten bilden manche Mütter, die sich erst kürzlich zum Stillen haben bekehren lassen und sich nun in einer Konfliktsituation befinden und das Abstillen sogar bis zum zweiten Jahr hinausschieben. Diese Mütter möchten einerseits mit dem Stillen aufhören, weil sie es ermüdend finden, weil sie gern an Gewicht abnehmen möchten und weil ihre Männer sie gern weniger in der Mutterrolle denn als Sexualobjekt sehen möchten. Andererseits wurde ihnen gesagt, daß ein frühes Abstillen ein Verrat an der Mutterrolle sei und der körperlichen und geistigen Gesundheit ihrer Babys einen nicht mehr gut zu machenden Schaden zufüge. Manche sind sich überhaupt nicht klar darüber, was unter frühem Abstillen zu verstehen ist. Unserer Meinung nach sind die Vorteile des Stillens für Mutter und Kind ziemlich ausgeschöpft, sobald das Baby ungefähr sechs Monate alt ist, und mit einem allmählichen Abstillen sollte schon vor diesem Zeitpunkt begonnen werden.

Während der ersten Jahrzehnte unseres Jahrhunderts entdeckten die Ernährungsphysiologen einige wichtige Regeln für eine gesunde menschliche Ernährung. Bei Anwendung dieser Regeln auf die Ernährung von Babys und Kindern waren sie aber leider oft ebenso starr, dogmatisch, willkürlich und geheimniskrämerisch wie ihre durch Intuition geleiteten Vorgänger.

Einen wichtigen Wendepunkt in der Ernährungslehre in den USA brachte die Veröffentlichung der Ergebnisse von C. DAVIS (1939) über die *Selbstwahl der Kost* durch gerade abgestillte Kinder. Die Babys aßen von selbst die richtigen Anteile der geeigneten Nahrungsmittelkomponenten: Proteine, Kohlehydrate, Fette, Vitamine, Mineralien. Bemerkenswerterweise bemaßen die Kinder, mit denen C. DAVIS arbeitete, die verschiedenen konsumierten Substanzen nicht nach Mahlzeiten, wie die Ernährungsfachleute, sondern ihr Speisezettel erreichte erst nach Wochen das richtige Gleichgewicht. Während dieser Zeit frönten die Babys zeitweilig einem Gelüst, indem sie tagelang nur ein bestimmtes Nahrungsmittel, z.B. Bananen, aßen. Ein zweiter wesentlicher Punkt war der, daß die Babys die für sie erforderlichen Nahrungsmittel auch dann aßen, wenn sie ihnen ausgesprochen schlecht schmeckten, wie z.B. Salz, das manche Kinder unvermischt zu sich nahmen und dabei ständig Grimassen schnitten. Im allgemeinen achteten die Babys nicht auf bestimmte Nahrungsmittelkombinationen, die der Erwachsene als schmackhaft oder nicht schmackhaft bezeichnen würde oder auf die Reihenfolge der Speisen bei einer bestimmten Mahlzeit. Die Untersuchung von C. DAVIS muß wegen ihrer grundlegenden Erkenntnisse an einer größeren Zahl von Babys verschiedenen Alters und mit einer größeren Zahl verschiedener und ungewöhnlicherer Nahrungsmittel wiederholt werden, z.B. mit Kaviar und Salami, nicht zu reden von Süßigkeiten, statt der bei der ersten Untersuchung verwendeten üblichen, reizlosen Grundnahrungsmittel.
Die Erkenntnisse von DAVIS wörtlich anzuwenden und Babys im Restaurantstil – à la carte – zu füttern, wäre für die Eltern nicht durchführbar, doch zeigt ihnen diese Untersuchung, daß eine Abneigung des Babys gegen bestimme Speisen nichts Aufregendes ist, zumal sie bald vorübergeht, wenn kein großes Aufheben davon gemacht wird, und daß die vorübergehende ausschließliche Bevorzugung einer bestimmten Speise nicht bedrohlich ist. Sie können auch versuchen, dem Baby schon früh eine sehr abwechslungsreiche Kost, vielleicht in Form von Bissen von den Tellern der Erwachsenen, zu geben und ihm selbst die Entscheidung zu überlassen, welche Dinge es appetitlich findet und wovon es mehr haben möchte. Dabei gehen wir von einer Familie aus, die sich eine abwechslungsreiche und richtige Kost leisten kann. Bei Armut und Fehlernährung muß das abgestillte Baby oft mit der Familie eine Kost mit zu vielen Kohlehydraten und zu wenig Eiweiß teilen, und es wird aus diesem Grund, wie wir später noch sehen werden, bekannte Speisen vorziehen und neue zurückweisen. Eine innerhalb gewisser Grenzen gelockerte Einstellung zur Kinderernährung scheint heute die Regel zu sein, deshalb sind auch die früher häufigen Ernährungsprobleme des Mittelstands selten geworden (Anm. 17).
Die Ergebnisse von DAVIS verdeutlichen eine Regel, die von CANNON

(1939) die *„Weisheit des Körpers“* genannt wurde. Diese Regel besagt in kurzen Zügen, daß der Organismus imstande sei, umbewußt, ohne Logik oder Analyse und rein nach der Appetitlichkeit dessen, was ihm attraktiv erscheint, jene Nährstoffe zu erkennen, an denen es ihm mangelt. Diese Fähigkeit zur Auswahl wurde erstmalig in Fällen physiologischer Funktionsstörungen beobachtet. Patienten mit der Addisonschen Krankheit, die die Nebennieren angreift, wodurch der Salzstoffwechsel gestört wird, nehmen zum Ausgleich spontan mehr Salz zu sich. Ebenso können Ratten, deren Nebennieren entfernt wurden, minimale Salzmengen in wäßriger Lösung erkennen und nehmen größere Mengen schwacher Kochsalzlösung zu sich als gewöhnlichen Wassers (Richter 1942–1943). Kinder, die (kalkreichen) Verputz von den Wänden essen, litten manchmal an Kalkmangel. Es besteht die nur ungenügend erhärtete Hypothese, daß die absonderlichen Nahrungswünsche schwangerer Frauen auf tatsächliche Mangelerscheinungen zurückzuführen sind.

Die „Weisheit des Körpers“ wurde oft so ausgelegt, daß man das Kind ruhig selbst bestimmen lassen könnte, was es zu sich nehmen will, doch dies ist absolut unrichtig. Die „Weisheit des Körpers“ kann uns zwar auf nahrhafte Speisen hinweisen, aber nicht vor Giften warnen. Kinder probieren ohne weiteres den Inhalt von Medizinflaschen, Seifenpackungen, Kanistern mit Schädlingsvertilgungsmitteln, und sie essen bleihaltige Anstrichfarben und Kittstücke. Die „Weisheit des Körpers“ läßt uns nicht zwischen wohlschmeckenden Pilzen und dem tödlichen Giftpilz unterscheiden. Wenig nahrhafte Speisen können uns manchmal mehr reizen als nahrhafte und durch Appetitverminderung sogar den Verbrauch notwendiger Nährstoffe blockieren. Dies zeigt sich bei jenen Kindern, die von Kartoffelchips, Eiskrem und Süßigkeiten zu leben scheinen. Die Bevorzugung einer engen und vielleicht prestigeorientierten Auswahl europäischer Speisen und die Ablehnung der ortsüblichen Kost aus Fisch, Kokosnüssen, Obst und Taro ist möglicherweise schuld daran, daß viele Eingeborene von Tahiti bereits im späten Jugendlichenalter ihre zweiten Zähne verlieren. Die „Weisheit des Körpers“ kann durch zivilisationsbedingte Eßgewohnheiten verstört werden. In vielen Ländern mit ungenügenden Nahrungsmitteln stehen lebenswichtige Nährstoffzusätze frei zur Verfügung, werden jedoch zugunsten der von der kulturellen Norm diktierten Nahrung beiseitegelassen. Viele Amerikaner würden lieber Ernährungsschäden auf sich nehmen als „minderwertige“ Fische, wie Tintenfische, Kraken, Aale oder Seeigel oder das kürzlich hergestellte Fischmehl zu essen oder „Innereien“, wie Hirn oder Nieren, oder das Fett und Knochenmark, das in der Ernährung der Eskimos eine so wichtige Rolle spielt. Tomaten, in denen wertvolle Vitamine und Mineralien enthalten sind, wurden lange Zeit hindurch als giftig angesehen.

Ein sonderbares, manchmal individuelles, aber oft auch zivilisationsbedingtes Phänomen ist *Pica,* der regelmäßige Konsum von Substanzen ohne jeden Nährwert (KESSLER 1966). Manche Leute im Süden der USA essen z. B. regelmäßig Ton, entweder feucht, wie er aus der Erde kommt, in der Sonne getrocknet oder im Rohr gebacken. Manche essen ihn gern in Waffelform und andere in Stücken. Manche haben eine besondere Vorliebe für die graue Art, während andere ihn gelb oder rot mögen. Wir alle haben leichte Picaanfälle durchgemacht, z. B. das Kauen von Radiergummis an Bleistiften oder das Essen von kleinen Papierbällen. Manche Kinder scheinen auf Holz oder sogar Seife gierig zu sein. Alle diese Eßgewohnheiten scheinen ohne Beziehung zur „Weisheit des Körpers" zu stehen oder ihr sogar zuwiderzulaufen. Eine gefährliche Art von Pica, der viel zu wenig Beachtung geschenkt wurde, ist das Essen der von den Wänden abgeblätterten bleihaltigen Anstrichfarben und Kitt. In vielen älteren Häusern und besonders in Elendsvierteln wird die Umgebung immer noch durch abgeblätterten giftigen Anstrich verunreinigt, und dieser wird von Kindern gegessen, deren normale Anfälligkeit für Pica durch die ständigen Hungerschmerzen noch verstärkt wird. Eine Bedrohung durch Bleifarben besteht zwar hauptsächlich in baufälligen Häusern, doch ist die Verwendung dieser Farben immer noch häufig, so daß sie noch auf Jahre hinaus eine Gefahr darstellen.

Daumenlutschen und andere Beruhigungsmittel

Das Saugen ist für das Neugeborene eine lebenswichtige Verhaltensweise. Im Säuglingsalter wird es überdies zu einem eigenständigen Bedürfnis, das nach Befriedigung verlangt. Wird das Saugbedürfnis nicht schon beim Trinken befriedigt, ersetzt das Baby es durch Saugen an anderen Dingen, z. B. am Daumen, am Deckenzipfel, an einer Rassel usw. E. ROBERTS (1944) stellte fest, daß das Fingerlutschen auf zu kurze Trinkzeiten in den frühen Lebensmonaten oder auf einen plötzlichen Übergang von langen auf kurze Trinkzeiten zurückzuführen ist. Leider sind ROBERTS' Ergebnisse nicht eindeutig, da sie die Nahrungsaufnahme nicht messen und er daher nicht feststellen konnte, ob die Daumenlutscher und die Nicht-Lutscher die gleichen Nahrungsmengen erhielten. LEVY (1934, 1938) hat in einer klassischen Untersuchungsreihe kompensatorische orale Verhaltensweisen bei jungen Hunden und ein Picken bei jungen Hühnern nachgewiesen. Junge Hunde saugten begierig an sich selbst, aneinander, an Vorhangfransen und dargebotenen menschlichen Fingern, wenn sie durch einen Schnuller mit zu großer Öffnung gefüttert worden waren und so zwar ihr Hunger, nicht aber ihr Saugbedürfnis befriedigt wurde. Ebenso pickten junge Hühner, denen neben ausreichender Fütterung wenig Gelegenheit zum Picken gegeben wurde, einander, daß die Federn flogen. Die Schwierigkeit bei dieser Beobachtung besteht darin, daß sich hinter einem scheinbar kompensatorischen Picken tatsächlich vielleicht ein Kampf um die Dominanz auf dem Hühnerhof oder die Hackordnung verbergen kann. Daher bedarf es eines Vergleichs mit normal großgezogenen Hühnern, um die Feststellungen von LEVY richtig interpretieren zu können. Bei diesen Untersuchungen können auch die räumlichen Verhältnisse eine Rolle spielen – einige Verfasser haben darauf hingewiesen, daß die Tieraufzucht in überfüllten Ställen zu verschiedenartigen Verhaltensstörungen führt (CALHOUN, 1962; THIESSEN u. RODGERS 1961). Andererseits verhungerten handgefütterte junge Hühner, die so der Gelegenheit zum Picken vollständig beraubt waren, wenn sie später auf die gewöhnliche Weise fressen sollten. Anscheinend muß zu einem frühen, kritischen Zeitpunkt das Picken angeregt werden, damit es funktionsfähig wird. Ebenso deuten die Ergebnisse von SEARS und seinen Mitarbeitern (DAVIS u. Mitarb. 1948) darauf hin, daß ein Baby, das von Anfang an aus der Rasse gefüttert wurde, nie ein Saugbedürfnis entwickelt. Wir sehen jedoch in einem Überspringen des normalen Saugstadiums weder für das Baby noch für die Mutter einen Vorteil.

Wenn wir uns klarmachen, daß das Saugen mit Ausnahme der Nahrungsaufnahme ein autonomes Bedürfnis darstellt, wird uns das Daumenlutschen beim Säugling nicht mehr als eine schmutzige, unappetitliche „Angewohnheit“ erscheinen, die das Kind bis ins Erwachsenenalter beizubehalten droht und die sofort unterbunden werden muß, wenn nötig mit Hilfe von Schienen, Manschetten, Fäustlingen und bitter schmeckenden Medizinen, wie sie früher in Kinderpflegehandbüchern und Versandkatalogen anempfohlen wurden. Das Daumenlutschen im Säuglingsalter stellt kein Problem dar und hört gewöhnlich bis zum Ende des Vorschulalters von selbst auf. Eine Beziehung zwischen Daumenlutschen und Kieferverformungen ist keineswegs erwiesen, und das Lutschen müßte wohl mit großer Beharrlichkeit betrieben werden – als Ausdruck anderer seelischer Bedürfnisse, z. B. nach mehr Liebe und Zuwendung – um den Kieferbogen zu schädigen, und auch dafür spricht recht wenig.

Für Babys, die zusätzlich saugen müssen, steht neben dem Daumen auch noch der Schnuller zur Verfügung, der jedoch so sauber wie möglich gehalten werden muß. In der Praxis ist es gewöhnlich günstig, mehrere Schnuller bereitzuhalten. Manche Mütter und Babys ziehen jedoch den Daumen dem Schnuller vor. Andererseits sind die Kinder eher bereit, den Schnuller zeitgerecht aufzugeben als den Daumen, und sehr wenige Kinder beginnen mit Daumenlutschen, nachdem sie ihrem Schnuller Lebewohl gesagt haben. Der Schnuller (oder der Daumen) kann im Säuglingsalter möglicherweise auch die Illusion einer vorübergehenden Hungerstillung schaffen und so mithelfen, die Mahlzeiten weiter auseinanderzurücken.

Eine Hauptaufgabe des Daumenlutschens scheint die Abschirmung des Kindes von der Außenwelt zur Schlafenszeit zu sein, so daß das Baby einschlafen kann. Die Eltern können das Baby gegen Lärm abschirmen, das Baby kann die Augen schließen, um das Licht auszuschalten, aber die einzige Möglichkeit, die Hand und den Mund als die wachsamsten Rezeptoren zu entspannen, besteht darin, sie in den Kreislauf der inneren Aktivität mit einzubeziehen. Das Daumenlutschen zur Schlafenszeit ist oft von einer Reihe weiterer Beschäftigungen des Kindes mit sich selbst begleitet, die als Beruhigungsrituale bezeichnet werden. Hierzu gehören das Drehen einer Haarsträhne, das Festhalten eines Ohrs, das Spielen mit der Decke oder das Ansichdrücken einer oft zerfetzten und jämmerlich aussehenden Puppe.

Die Eltern betrachten heute seltener als früher dieses Verhalten als krankhaftes Symptom, insbesondere seit Linus, das Mitglied der Peanuts, mit seiner „Schmusedecke" auf der ganzen Welt bekanntgeworden ist. Masturbationen zur Schlafenszeit sind vom Ende des ersten Jahres an sehr häufig und als weiteres Mittel zu betrachten, den Kontakt mit der Welt zum Zwecke des Schlafes auszuschalten. Komplizierte Maßnahmen zur Verhinderung der kindlichen Masturbation – auch während des Tages – sind unangebracht. Richtiger scheint es, dem Baby ein vernünftiges Maß an Freiheit zu lassen, um seinen Körper zu erforschen, ohne unabsichtlich der Selbstbefriedigung größere Bedeutung beizumessen, als es die Eltern tatsächlich wollen. Übermäßiger Eifer, das Verhalten des Babys zu regulieren, kann so weit führen, daß absurderweise die Hände des Babys unter der Decke gehalten werden, um ein Daumenlutschen, und außerhalb der Decke, um ein Masturbieren zu verhindern.

Sauberkeitserziehung

Wie bereits erwähnt, soll die Sauberkeitserziehung erst im Kleinkindalter erfolgen. Da man jedoch immer noch hört, daß Babys vor dem Alter von sechs, vier oder sogar einem Monat an „Sauberkeit" gewöhnt werden können, scheint es angezeigt, die Frage an dieser Stelle anzuschneiden. Manche Babys haben schon von einem frühen Alter an einen sehr regelmäßigen Stuhlgang. Wenn bei solchen Babys die Darmentleerung im Wachzustand erfolgt (viele Babys defäkieren vornehmlich im Schlaf), können die Eltern sich dies zunutze machen und das Baby, sobald es bequem sitzen kann, auf das Töpfchen setzen, wenn ein Stuhlgang fällig ist. Auch bei unregelmäßigem Stuhlgang kann eine aufmerksame Mutter aus dem Verhalten des Babys und seinem Gesichtsausdruck schließen, wenn eine Darmentleerung direkt bevorsteht, und das Baby auf das Töpfchen setzen. Doch ist es hier die Mutter, die „erzogen" wird, und nicht das Baby. Was dabei erreicht wird, ist das Einsparen einiger Windeln und Reinigungen pro Tag und ein Vertrautwerden des Babys mit dem Töpfchen als einem angenehmen Aufenthaltsort. Wird das Töpfchen zum Gefängnis, können sich Probleme einstellen. Ändern sich die Zeiten der spontanen Stuhlentleerung des Babys, was wahrscheinlich der Fall sein wird, oder hat das Baby von Anfang an keinen solchen Zeitplan, wäre jeder Versuch der Eltern, das Baby zur Stuhlentleerung zu drängen, schlimm für das Kind und nutzlos.

Normalerweise kommt es zur Darmbeherrschung, wenn das Kind laufen gelernt hat und zur Beherrschung der Blase etwas später, und zwar zuerst am Tage und etwas später nachts. Obgleich es keinen Sinn hat und vielleicht sogar schädlich ist, mit der Sauberkeitserziehung zu beginnen, bevor das Kind sie befolgen kann, ist es auch nicht gut, zu lange zu warten. Das heißt, es besteht zwischen zirka eineinhalb und zwei Jahren eine kritische Periode, in der das Sauber- und Trockenwerden ganz leicht ist (vorausgesetzt, daß es dem Baby im allgemeinen gut geht) und außerhalb derer es sehr anstrengend sein kann. Wie auch beim Füttern und bei der Entwöhnung werden die besten Ergebnisse jedoch durch sorgfältige Beobachtung der Reaktion des Babys auf erste Versuche und durch Erledigung der Aufgabe zu einem Zeitpunkt erzielt, zu dem das Baby Interesse und Bereitschaft zur Mitarbeit zeigt.

Schlafen

Das Hauptproblem beim Schlafen ist die Tatsache, daß viele gesunde, lebhafte Babys im Alter von einigen Monaten die interessante Welt niemals lange genug aufgeben wollen, um einschlafen zu können. Es bleibt daher den Eltern – mit überragendem Selbstvertrauen – überlassen, die Voraussetzungen für ein Nickerchen und den Nachtschlaf zu schaffen. Das Baby zeigt sein Schlafbedürfnis deutlich an, sei es durch schlaffe Haltung, Gähnen oder Reizbarkeit. Wurde es einmal zu Bett gebracht und ist es eingeschlafen, so kann man die Schlafdauer gewöhnlich ihm selbst überlassen. Man kann die Babys jedoch dazu anregen, sich der Zeiteinteilung früh aufstehender oder spät zu Bett gehender Eltern anzupassen. Nach alltäglichen Beobachtungen kann das Baby lernen, entweder in einer lärmenden oder ruhigen Umgebung zu schlafen; hat es sich jedoch einmal an das eine oder andere gewöhnt, so muß es dabei bleiben. Bei manchen Babys geht dem Einschlafen ein kurz anhaltendes unruhiges Schreien voraus, das von einem echten Wehgeschrei gewöhnlich leicht zu unterscheiden ist und keiner elterlichen Intervention bedarf. Ist das Baby zur Schlafenszeit wirklich unglücklich, muß man es auf eine Weise beruhigen und trösten, die den Schlaf nicht verscheucht. Bei sehr kleinen Babys kann dies durch Wiegen, leises Singen, Kopfstreicheln oder sanftes Rückenklopfen geschehen. Bei einem etwas größeren Baby kann es erforderlich sein, daß ein vertrauter Erwachsener sich einige Minuten neben das Bettchen stellt, so daß das Baby einen verläßlichen Bezugspunkt hat, bevor es sich von äußeren Reizen freimachen und einschlafen kann. Wird das Baby auf Besuch mitgenommen und in einer fremden Umgebung schlafengelegt, werden fast mit Sicherheit außergewöhnliche Maßnahmen erforderlich sein, um es zum Schlafen zu bringen, und die Erwachsenen müssen für die Reizbarkeit und Anfälligkeit, die sich aus verspäteten oder weggefallenen Schläfchen herleiten, besondere Nachsicht zeigen.

Frühförderung motorischer Fertigkeiten

Wie bereits erwähnt, war es vor einiger Zeit Mode, den Kindern bereits im Alter von einigen Monaten Sportarten, z. B. Schwimmen, beizubringen. Wir wurden oft nach unserer Meinung über solche Unternehmungen gefragt und können nur sagen, daß wir sie, mit einigen Einschränkungen, für unbedenklich halten. Wir haben Babys im Alter von weniger als einem Jahr gesehen, die sich beglückt durch das Wasser arbeiteten. Wir haben Babys im Alter von weniger als zwei Jahren auf Skiern beobachtet, und andere versuchten sich beim Wellenreiten über sanfte Wellen. Wir haben dreijährige Kinder auf Zehenspitzen Pirouetten tanzen sehen, und allem Anschein nach waren diese Sprößlinge psychisch unbelastet.

Ein Einschränkung, die wir machen möchten, ist die, daß das Kind vorzeitig in die Rolle des Darstellers gedrängt werden kann, des Prahlers und bewußten Charmeurs, der nach dem Beifall und dem Applaus des Publikums lechzt. Auch ist Vorsicht geboten, da die sportlichen Fähigkeiten des Kindes leicht über seine Vernunft hinauswachsen können. Ein Kind, das schwimmen kann, wird wahrscheinlich nicht wissen, welche Gewässer sicher und welche unsicher sind. Neulich haben wir gesehen, wie ein weniger als zwei Jahre altes Kind lustig mit seinem Dreirad mitten auf der Straße fuhr. Es mißachtete die Verkehrszeichen und kam am Rande einer großen Durchfahrtsstraße zum Halten. Eine dritte Warnung richtet sich gegen den Zwang. Wenn das Baby gezwungen wird, eine Betätigung weiter auszuüben, die ihm widerstrebt, so stellt dies nicht nur eine Bedrohung seines Wohlbefindens dar (in einem späteren Alter, wenn das Kind die Geschehnisse klarer übersehen kann, wird es zwar manchmal notwendig sein, es zu kleinen Haushaltspflichten sowie Hausaufgaben zu zwingen), sondern es kann sich als ein Bumerang erweisen und einen lebenslangen Haß gegen etwas erzeugen, was eine befriedigende Tätigkeit hätte sein können, wenn die Übung auf ein späteres Alter verschoben worden wäre. Wir sollten vielleicht betonen, daß Babys, denen viel Freiheit gelassen wird, sich selbst genügend Bewegung verschaffen und zur aktiven körperlichen Ertüchtigung nicht erst ermutigt werden müssen.

Das Babyspielzeug

Die normale kognitive Entwicklung vollzieht sich in einer Reihe von Wechselwirkungen zwischen dem Baby und seiner Umwelt. Durch Beobachten, Zuhören, Schmecken, Riechen, Berühren, Manipulieren und durch Einwirkung der Dinge auf das Baby selbst, kommt es zu einer ersten grundlegenden Orientierung in der Realität. Wir haben nun ausreichende Beweise für merkliche Unterschiede in der frühen Erkenntnisfähigkeit zwischen Kindern armer und relativ wohlhabender Eltern. Wir können hier nur vermuten, daß in den meisten Gesellschaften ein vergleichbarer Unterschied zu bemerken ist. Wahrscheinlich ist die höhere kognitive Fähigkeit der Mittelschichtkinder auf die größere Zahl, Vielfalt und Zugänglichkeit der Gegenstände zurückzuführen, die sie kennenlernen, wobei noch hinzukommt, daß sich ihnen Mütter und Pflegepersonen mehr widmen, ihnen die Gegenstände zugänglich machen, auf den kindlichen Gebrauch derselben reagieren, weiteres Experimentieren anregen und mit dem Kind über die Gegenstände sprechen können (RUBENSTEIN 1967). Alle diese Faktoren bekommen eine überragende Bedeutung, wenn man sich der kognitiven Förderung von Kindern widmet, die zu wenig angemessene Entwicklungsanregungen erhielten. RHEINGOLD u. SAMUELS (1969) glauben, daß Spielsachen eine angenehme emotionale Spannung aufrechterhalten und bei vielen Babys eine chronische Langeweile verhindern. Eine kompensatorische Förderung sollte wohl schon im Säuglingsalter und nicht erst im Alter von drei oder vier Jahren beginnen. Wer die kognitiven Fähigkeiten des Säuglings heranbilden will, sollte wissen, welches Material dazu geeignet ist, die beste Wirkung zu erzielen.

Wir setzen natürlich voraus, daß weder Eltern noch Tagesstätten jemals Spielsachen als Ersatz für die menschliche Gesellschaft und Zuwendung sowie die Gesellschaftsspiele des Säuglingsalters oder der Kleinkindzeit ansehen. Mit zunehmendem Alter finden die Babys jedoch immer größeres Vergnügen an der Erforschung der Möglichkeiten von Materialien und Gegenständen, sowie von räumlichen und kausalen Beziehungen – insbesondere wenn sich gelegentlich ein Erwachsener daran beteiligt. Die Wechselwirkungen zwischen dem Baby und den Dingen und Menschen schaffen die Gelegenheit für etwas, was HOROWITZ (1968) als *Kontigenzlernen* bezeichnet, einen Vorgang, bei dem das Verhalten des Kindes durch die darauf folgenden Reaktionen der Dinge und Menschen auf das Kind zurückwirkt und es so Erfahrungen mit den Auswirkungen und Erfolgen seines eigenen Verhaltens macht.

Die Babys freuen sich und lernen, wenn sie bei jeder Gelegenheit die verschiedensten Dinge handhaben (in den Mund nehmen und durch Kauen untersuchen), sie auseinandernehmen und letztlich auch wieder zusammensetzen. Viele solcher pädagogisch wertvollen Materialien und Gegenstände sind in vielen Haushalten gewöhnlich vorhanden. Unter den wichtigen Lernmaterialien sind es sehr einfache: Papier zum Zusammenknüllen, Glattstreichen, Zerreißen, Saugen und Kauen; Lappen, die auf gleiche Weise verwendet werden; Wäscheklammern und Zahnringe, auf denen man kauen kann; Kunststoffschüsseln, die man gegen die Tischplatte oder gegen den Fußboden knallen kann; Spiegel, in denen man sich selbst bewundert; Papiertüten und leere Schachteln, in die man Dinge und andere Dinge, die man wiederum in diese legen kann; im späteren Säuglingsalter sind es auch die

79

Lew Merrim, Monkmeyer

Abb. 79–81 Spielzeug leistet einen wichtigen Beitrag zur kognitiven Entwicklung des Kindes

80

Pictorial Press

81

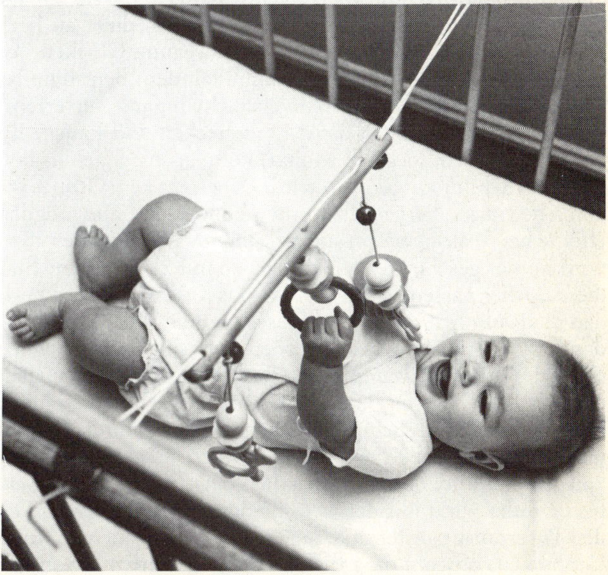

Lew Merrim, Monkmeyer

Kartons des Lebensmittelhändlers, in die das Kind hinein- und wieder herausklettert und unter denen es sich versteckt; Küchengeräte, Töpfe und Pfannen, die sich auf zahllose Arten verwenden lassen. Die Eltern gehen richtig in der Annahme, daß Haushaltsgeräte elementare Spielsachen für das Baby sind und werden sie ihm eher überlassen, wenn das Einkommen der Familie das Existenzminimum übersteigt. Die Möglichkeit, die Finger in den gekochten Haferbrei und ähnliche Lebensmittel zu stecken, ist für das Baby wichtig, wenn es die Welt und ihre Eigenschaften kennenlernen will, wenngleich auf Kosten von Sauberkeit und Ordnung.
Neben dem, was der normale Haushalt zu bieten hat, wird von den Spielzeugherstellern manches zweckdienliche und nützliche Gerät angeboten (in manchen Fällen sind diese Dinge leicht und ebensogut zu Haus herzustellen). Mobiles, die über dem Körbchen oder Gitterbett hängen, scheinen sehr junge Babys zu faszinieren, aber bald wird es wichtig, die Dinge in Reichweite zu haben. Die Idee, bewegliche Dinge mit einer Schnur am Hand- oder Fußgelenk des Babys festzumachen, ist problematisch. Das Baby wird sich vorübergehend vielleicht wirklich freuen, etwas in Bewegung setzen zu können, aber es kann ihm eine schlimme Enttäuschung bereiten, wenn sich bei jeder Bewegung seiner Hand etwas bewegt. Babys, die ihre Hand ausstrecken, um gegen baumelnde Objekte zu schlagen oder sie zu ergreifen, freuen sich auch über Vorhangringe und waagerechte Stangen, die sie schlagen oder an denen sie ziehen können, insbesondere wenn diese an Federn herabhängen und noch mehr, wenn ihre Bewegung Glocken oder Rasseln zum Ertönen bringt. Auch an Gummibändern befestigte Rasseln und weiche Puppen kann das Baby in Schwingung versetzen, ergreifen, ziehen und loslassen, in den Mund stecken und kauen. Etwas ältere Babys (nach dem sechsten Monat) können eine Spieluhr betätigen, die mit einer Schnur aufgezogen wird. Es besteht kein Grund, warum nicht ähnliche Geräte hergestellt werden können, die alle möglichen Klangeffekte hervorbringen. Im späten Säuglings- und frühen Kleinkindalter wird immer geschickter mit Klötzchen mit Löchern und Stäben, die in diese Löcher passen, gespielt. Kann das Kind erst einmal krabbeln, werden die Räumlichkeiten des Hauses und die Möbel zum Spielzeug, die das Baby mit seinem ganzen Körper erforschen kann, indem es sich zwischen Stuhlbeinen hindurchwindet, nach rückwärts in enge Räume quetscht, Umwege um Fußschemel macht, Schubladen öffnet und ausleert und in niedrige Schränke kriecht. Spielzeuge mit Knöpfen, Kurbeln und Getrieben, mit Türen, die sich öffnen lassen und hinter denen sich Spiegel oder Bilder oder einfach die Welt auf der anderen Seite des Brettes befinden, und mit den verschiedensten Schlössern und Riegeln an den Türen ausgestattet sind, machen Babys und kleinen Kindern großes Vergnügen, obwohl die meisten im Handel erhältlichen Geräte dieser

Art weniger phantasievoll sind als das, was einfallsreiche Eltern herstellen könnten. Zum Beispiel befand sich auf einem solchen, von uns zu Forschungszwecken hergestellten Spielbrett eine schwache Glühbirne, die durch Ziehen einer Schnur angeschaltet werden konnte, und eine batteriegespeiste Türglocke mit Schaltknopf. Eine große durchsichtige Kunststoffflasche, die lose mit Spulen, Klötzchen, Wäscheklammern und ähnlichem gefüllt ist, ist für Babys im Alter von einem Jahr und darüber ein ausgezeichnetes Spielzeug. Dies ist natürlich nur eine kleine Anzahl von Beispielen dafür, was ein Baby, dem viel Freiheit zum Forschen gelassen wird, von selbst findet und worunter, wie bereits gesagt, auch solche verbotenen und trotzdem reizvollen Spielsachen wie Zahnpastatuben, Shampooflaschen und Toilettenpapierrollen fallen. Es ist von großer Wichtigkeit, daß Kinderkrippen, die eine emotionale und intellektuelle Förderung der Kinder anstreben, sich dieser Möglichkeiten bewußt sind (vgl. Kapitel VII).

Das kulturelle Erbe des Babys

Die Familie, in die ein Baby hineingeboren wird, hat natürlich immer ihren besonderen Charakter. Jede einzelne Familie ist aber gleichzeitig Teil einer größeren gesellschaftlichen Einheit, deren Mitglieder charakteristische Ansichten über die Art der Realität teilen, aus welchen wiederum gleichartige Denkweisen, Gefühle, Urteile und Handlungen hervorgehen. Manche der Handlungsweisen der Gruppe stellen eine praktische Anpassung an ihre Lebensverhältnisse dar: Der Eskimo baut Schutzhütten aus Eis oder zusammengeballtem Schnee, der Tropenbewohner baut Strohhütten; der Insel- oder Küstenbewohner entwickelt Kenntnisse über das Meer, der Festlandbewohner solche über die Berge, den Wald oder die Prärie usw. Verwoben mit diesen ökologisch-praktischen Zusammenhängen sind jedoch Überzeugungen, Annahmen, Werte, Erwartungen, Lebensstile und soziale Übereinkünfte, die vielleicht wenig mit den direkten Erfordernissen der Ernährung, des Obdachs, der Gesundheit, der Sicherheit, des Vergnügens und der Fortpflanzung zu tun haben. In jeder Zivilisation gibt es sogar viele tief verwurzelte Annahmen, die, so nützlich sie vielleicht einmal waren, jetzt nachteilig geworden sind. Es wurde einmal als gegeben angenommen, daß Kinderreichtum etwas Gutes sei. Aber nun, da unser Planet übervölkert ist, steht diese Annahme auf schwachen Füßen. Unsere überlieferten Ansichten, was für Männer und Frauen richtig ist, laufen einem neuen Verständnis der Geschlechtsrollen sehr entgegen.

Insgesamt nennt man diese Regelungen in einer bestimmten Gesellschaft ihre *Kultur*, und innerhalb großer und komplexer Gesellschaften haben verschiedene Gruppen ihre eigenen *Subkulturen*. Eine Kultur schließt Institutionen (Regierung, Gesetze, das Militär, die Familie, die Religion usw.), Sitten, Regeln, praktische Fertigkeiten, rituelle Gebräuche, einen Moralkodex, Sauberkeitsbegriffe, die Art, sich zu kleiden und zahllose andere Manifestationen ein. Grundlegend ist jedoch die geistige Orientierung in der Welt, der kognitive Bezugsrahmen, der mehr oder weniger bewußt gestaltet wird und die oberflächlichen Erscheinungen bestimmt und begründet. In Übereinstimmung mit der Kultur, in die ein Kind hineingeboren wird, lernt es eine besondere, allumfassende (aber, wie wir gleich sehen werden, nicht unbedingt vollkommen klare) Auffassung von der Welt und dem menschlichen Schicksal, der materiellen Realität und – in den meisten Kulturen – vom Wirken des Übernatürlichen kennen. Diese Ansicht wird dem Kind zum Teil in klaren Worten durch die Lehren seiner Eltern und Lehrer, jedoch noch stärker ohne klare Feststellungen oder Rechtfertigung durch die traditionelle Art, Dinge zu tun, durch rituelle Bräuche, emotionale Reaktionen auf Vorkommnisse, den Ton der Stimme, durch vorgeschriebene Beziehungen zu verschiedenen Menschen in der gesellschaftlichen Struktur und die Art und den Stil der Bewegung übermittelt.

Anschließend werden wir in diesem Kapitel einige Dinge anführen, die allen Kulturen gemeinsam sind und etwas repräsentieren, was wir für das Universelle aller Formen des menschlichen Zusammenlebens halten. An dieser Stelle müssen wir jedoch betonen, daß die Kulturen verschieden und daß die Verschiedenheiten zahlreich und tiefgreifend sind und daß sie nicht etwas Äußerliches für das Individuum sind oder eine Tünche darstellen, unter der sich eine allen Menschen gemeinsame Natur verbirgt. Jede spezifische Kultur ist vielmehr eine besondere Version der menschlichen Natur, eine Lebensform, die sozusagen dem Individuum „in den Knochen steckt".

Weil unsere kulturell anerzogene Lebensanschauung so sehr ein Teil unserer selbst wird, entdecken viele Menschen niemals, daß sie einer besonderen Kultur angehören. Es ist leicht zu verstehen, daß andere Völker sonderbare Ansichten, seltsame Gepflogenheiten, Lebensmittel und Kleider haben und einigen Täuschungen unterliegen, die wir möglicherweise als Kulturgut abstempeln können. Für uns aber sind es immer unsere eigenen Ansichten, Wahrnehmungen und Werturteile, die den Tatsachen entsprechen und richtig sind.

Einige universelle Kulturmerkmale

Jede kulturelle Lebensform hat ihre eigene Logik, wobei sich gewisse Folgerungen „auf natürliche Weise" aus einer Anzahl bestimmter Voraussetzungen ableiten. Wenn man „weiß", daß Babys selbstsüchtige, tückische Geschöpfe sind, die bei der geringsten Ermutigung zu egoistischen Ungeheuern werden, so folgt daraus, daß man zunächst „den Willen des Babys brechen muß", so wie man ein wildes Pferd einreitet. Wenn man „weiß", daß Heroin menschliche Wesen in wilde Tiere verwandelt, dann muß man natürlich sowohl die Gesellschaft als auch die Drogenkonsumenten durch das Verbot von Heroin schützen. Wenn man „weiß", daß die Sozialfürsorgeunterstützung die Selbstachtung des Empfängers zerstört, so müssen Unterhaltszahlungen auf einem Minimum gehalten werden, damit wir nicht die Armen dadurch demoralisieren, daß sie sich als Parasiten betrachten müssen. Wenn sich Frauen und Männer gegenseitig ausbeuten, so geschieht dies, weil beide eine kulturspezifische Auffassung von der Geschlechtsrolle des anderen haben, wonach dieser weniger menschlich und daher Freiwild ist. Ein Aufgabenbereich der Erziehung besteht darin, kulturelle Stereotype aufzuheben oder über sie hinauszugehen, so daß man die Menschen mit all ihren menschlichen Eigenschaften, Schwächen und Lastern als menschliche Wesen ansehen kann und sie nicht nur mit einem einzigen, auffälligen Stempel etikettiert: der Gastarbeiter, der Jude, der Katholik, der Reiche, der Arme, der Astronaut, der Filmstar, der Ausgestoßene, der Fürsorgeempfänger, der Playboy, der Sexprotz, der Rauschgiftsüchtige, der Versager, der Blinde, der Kriminelle, der Krüppel usw. Ebenso können die Kulturen optimistische und wertvolle Überzeugungen vermitteln und tun dies auch: Alle diese Glaubenssysteme neigen dazu, sich durch die Wirkung der „sich selbst erfüllenden Prophezeiung" zu bestätigen.

Ein Problem bei der Betrachtung kultureller Unterschiedlichkeiten besteht darin, wie die Verschiedenheit innerhalb der Einheit zu verstehen ist. Denn wir sagen, alle Menschen (und alle Völker) sind gleich, und alle Menschen unterscheiden sich. Alle Kulturen, wie verschieden sie auch sein mögen, drücken eine nur dem Menschen eigene Art der Existenz aus, die so universell ist, daß wir nicht sicher entscheiden können, ob sie erlernt oder biologisch bedingt ist. Die menschliche Konstitution ist sicherlich für die eindeutig menschlichen Verhaltensweisen eine Voraussetzung. Die menschliche Sprache scheint dem Affen prinzipiell unmöglich zu sein. Kürzlich wurde versucht, Schimpansen beizubringen, sich durch die Taubstummensprache verständlich zu machen (Gardner u. Gardner 1969) oder Plastiksymbole anstelle von Worten zu verwenden (Premack 1971). Es zeigte sich dabei, daß die Fähigkeiten der Primaten weit größer sind als man aus ihren üblichen Vokalisationen schließen könnte. Bronowski u. Bellugi (1970) zeigen jedoch mehrere Einschränkungen der „Sprache" dieser Tiere auf. Die wichtigsten scheinen im Mangel einer Organisation der Sprache zu einem Gedanken- und Gefühlssystem zu liegen sowie im Fehlen jeglicher Anzeichen für Begriffsbildungen und den Aufbau grammatikalischer und semantischer Beziehungen. Eine interessante, aber noch unvollständige Weiterverfolgung von Gardners Versuchen mit seinem Affen Washoe findet sich bei Hahn (1971). Weitere menschliche Fähigkeiten, die bei Tieren bisher nicht nachgewiesen werden konnten, sind die bildliche Darstellung (abgesehen davon, daß Affen wohl gern Leinwand mit Farbe beschmieren), der Gebrauch des Feuers und – wenn vielleicht auch nicht des Gebrauchs von Werkzeugen – so doch des Gebrauchs von Werkzeugen zur Herstellung weiterer (Simpson 1966).

Andererseits reicht die menschliche Konstitution jedoch nicht als Grundlage für eine genaue Vorhersage aus, wie ein Mensch sich verhalten wird. Vorlieben, Wertbegriffe, Verständnis, Zielvorstellungen und Fähigkeiten lassen sich nicht aus den normalen Variationen im Körperbau ableiten. Wir wissen z. B. sehr viel über die Struktur der menschlichen Hand und ihre Fähigkeit zum Greifen, Kneten, Drehen, Tasten usw., aber dies sagt uns nichts über die Art, wie eine bestimmte Hand tatsächlich gebraucht werden wird: zum Basteln von Radios, zum Einwerfen einer Münze in einen Schlitz, zur Herstellung von Kunstwerken aus Ton, zum Schnitzen von Elfenbein, zur Liebkosung, zum Reinigen der Ohren oder zur Anfertigung einer Pfeilspitze aus Stein. Lange Finger sind von Vorteil beim Klavierspielen, doch sind die Hände mancher ausgezeichneter Klavierspieler ausgesprochen plump. Ihre Verwendungmöglichkeiten sind vielfältig; welche von ihnen aber tatsächlich ausgeführt werden, richtet sich nach der Vorgeschichte des Individuums innerhalb seiner eigenen kulturellen Umgebung.

Trotzdem sind allen menschlichen Wesen gewisse Verhaltensweisen gemeinsam. Für manche gibt es Analogien bei den Tieren, während andere ausschließlich dem Menschen eigen sind. Alle menschlichen Wesen – die seltenen Einsiedler ausgenommen – leben in Gruppen. Der gesellschaftliche Kontakt und das gesellschaftliche Lernen sind für den Menschen unerläßlich. Beim menschlichen Kind dauert es lange, bis es zur Selbständigkeit heranreift. Deshalb findet sich bei allen Völkern ein hochentwickeltes *Familienleben* mit manchmal sehr komplizierten Verwandtschaftsbeziehungen, in denen das Kind in die Gepflogenheiten dieser Völker eingeführt wird. Dieser Unterricht findet sowohl im Zusammenhang mit den alltäglichen Lebensvorgängen als auch in jenen sonderbaren Einrichtungen statt, die man Schulen nennt. In allen Teilen der Welt haben die Kinder ähnliche körperliche und seelische Bedürfnisse, und jede Gesellschaft hat ihre eigene Rangfolge hinsichtlich der Wichtigkeit dieser Bedürfnisse. Wie gut die Bedürfnisse befriedigt werden, ist eine andere Frage, denn sowohl von primitiven als auch von fortschrittlichen Gesellschaften werden manchmal Erwachsene hervorgebracht, die kaum fähig sind, zum Überleben der Gesellschaft beizutragen.

Im Mittelpunkt des gesellschaftlichen Lebens innerhalb und außerhalb der Familie steht die *Sprache,* das Sprechen und das Zuhören. Tiere können Sprechlaute hervorbringen und modulieren, und alle Wirbeltiere haben Kommunikationssysteme für die Paarung, die Territorialverteidigung, die Versorgung der Jungen, die Warnung vor Raubtieren usw. Aber diese Lautäußerungen sind, ungeachtet ihrer Wirksamkeit, immer an eine konkrete vorliegende Situation gebunden. Das heißt, kein Tier kann unseres Wissens über örtlich und zeitlich entfernte Geschehnisse oder rein hypothetische Angelegenheiten sprechen. Obwohl die Sprache allen Menschen gemeinsam ist, stellt die Auffindung universeller Merkmale verschiedener menschlicher Sprachen eine Aufgabe dar, die die Sprachforschung lange beschäftigt und verwirrt hat (WEINREICH 1963). Alle Sprachen, ungeachtet ihrer sprachlichen Mittel, dienen jedoch dem Zweck der Mitteilung von Fakten, Mythen und Gefühlen innerhalb einer bestimmten Gesellschaft. Die Äußerungen eines

82

John Bryson, Rapho Guillumette

Abb. 82–84 Formen der Kinderpflege. Abb. 82: Ghana. Abb. 83: Ein Buschmann-Kind klettert in sein Tragetuch. Abb. 84: Brasilien

83

Melvin Konner

Sprechers werden von seinen Mitmenschen jedoch nur deshalb verstanden, weil sie einen gemeinsamen Bezugsrahmen haben. Es ist nicht möglich, lediglich aus den Worten eines Satzes dessen volle Bedeutung zu verstehen. Tatsächlich nehmen wir sogar an, daß die Sprache unsere Gedanken ebenso oft verbergen wie ausdrücken soll.

Alle Völker verwenden, wie bereits erwähnt, mehr oder weniger komplizierte *Werkzeuge,* seien es nun Hämmer, Meißel, Pflüge, Speerschleudern, Zangen, Ultraschallgeräte für die Zahnreinigung oder Laser. Alle menschlichen Gesellschaften besitzen Systeme für die *Zeit-* und *Raum*ordnung. Gewisse *Emotionen,* wie Ärger, Trauer, Furcht, Freude und Vergnügen, sind den menschlichen Wesen überall gemeinsam, und manche dieser Gefühle scheinen auch bei vielen Wirbeltieren vorzukommen. Obgleich gewisse Emotionen allen Menschen gemeinsam sind, bestehen bei den verschiedenen Kulturen jeweils andere Regeln dafür, bei welchen Gelegenheiten die verschiedenen Emotionen auftreten, wie sie sich ausdrücken und auf wen diese oder jene Emotionen gerichtet sind. In der westlichen Welt wird es z. B. als unmännlich

84

Ken Heyman

angesehen, zu weinen, und eine körperliche Gewaltanwendung gegenüber Frauen gilt, außer in bestimmten Kriminalromanen, als ungehörig. Ebenso wird physische Aggression und unfeine Sprache als nicht weiblich oder zumindest als nicht damenhaft angesehen. Alle Gesellschaften haben Konventionen, wonach sie manche Gefühle verbergen und andere, nicht wirklich empfundene, simulieren, z.B. wenn wir jemanden begeistert zu einem unserer eigenen Meinung nach unverdienten Triumph oder zu einer wenig hoffnungsvollen Heirat gratulieren.

Manche Menschen träumen von einem Ort, wo sie ein freies, ungezwungenes Liebesleben führen könnten. Es erscheint daher der Hinweis angezeigt, daß bei allen Gesellschaften Regeln über das *sexuelle Verhalten* bestehen, einschließlich Vorschriften über die Übertretung solcher Regeln, die z.B. die Gebräuche außerehelicher Beziehungen betreffen. Manche dieser Regeln sind von einer Gesellschaft zur anderen verschieden, während andere, z.B. das Inzesttabu, fast allgemein gültig sind. Wir möchten den romantischen Erosjünger nicht ganz enttäu-

85

Fee Schlapper

Abb. 85–89 Mütter tragen ihre Kinder. Abb. 85: Marokko. Abb. 86: Peru. Abb. 87: Peru. Abb. 88: Ecuador. Abb. 89: Uganda

schen: Tatsächlich gibt es Völker, deren Einstellung zur Sexualität wesentlich lockerer ist als unsere eigene, doch müssen wir ihn daran erinnern, daß auch diese Menschen menschliche Wesen sind und nicht bloße Objekte sexueller Betätigung. Man sollte auch daran denken, daß mit der sexuellen Freizügigkeit die Häufigkeit von Geschlechtskrankheiten zunimmt.

Jede Gesellschaft hat ihre eigene Existenz und ihre Lebenswelt untersucht und eine *Metaphysik* hervorgebracht, eine allgemeine Vorstellung von der Realität einschließlich der tierischen Realität, der menschlichen Natur, der Stammesursprünge und des Übernatürlichen. Sie wird gestützt von einer *Mythologie,* die einen Moralkodex, eine Ethik, gute Manieren, Fähigkeiten (sowohl rituelle als auch funktionelle) und angemessene Strafen für eine Verletzung des Kodex festlegt. Die angesammelte Weisheit einer Gemeinschaft wird oft in Sprichworten, Aphorismen und Parabeln zusammengefaßt. Alle Völker lieben *Ornamente;* sie haben den Wunsch, ihren Körper, ihre Häuser und ihre Gebrauchsgegenstände zu verzieren. Zwar haben nicht alle Völker eine Kunst in unserem Sinne hervorgebracht, eine besondere, eigenständige Tätigkeit getrennt von der Arbeitswelt, doch haben alle nach Verschönerung gestrebt. Primitive Kunsterzeugnisse stellen im allgemeinen eine Mischung aus dem Nützlichen, dem Ästhetischen und dem Religiösen dar. Die Nützlichkeit der Totempfähle und der hölzernen Maoribildnisse mag zwar der westlichen Mentalität unzugänglich sein, aber wir dürfen nicht vergessen, daß die *Magie* überall eine wesentliche Rolle im menschlichen Denken spielt. Wichtig ist es für uns zu verstehen, daß auch vermeintlich einfache Kulturen in Wahrheit ziemlich kompliziert sind und daß eine Kultur nicht nach ihren seltsamen Volksgebräuchen beurteilt werden darf, wie sie in den Reiseführern beschrieben werden, sondern daß ihre Beurteilung sich nach den tieferliegenden Ansichten über die Art der Realität richten muß.

Im gegenwärtigen Zusammenhang ist es wesentlich, daß wir verstehen, wie Kultur überliefert wird, und wie es kommt, daß das Kind z. B. wie

86

Fee Schlapper

ein Balinese, ein Maori, ein Navaho, ein Amerikaner oder ein Grieche denkt, fühlt und wahrnimmt. Dies ist leider eine Frage, über die nur sehr wenig Zuverlässiges bekannt ist. WHITING u. CHILD (1953) und später ihre Nachfolger haben interessante statistische Zusammenhänge zwischen dem wirtschaftlichen Stand einer bestimmten Gesellschaft und ihren Praktiken der Kinderpflege aufgezeigt, doch in derartigen Untersuchungen deuten sich die grundlegenden Vorgänge des sozialen Lernens lediglich an. Der zentrale Begriff ist die *„Identifizierung"*, die Übernahme von Verhaltensmustern von unseren sozialen Bezugspersonen. Teilweise wird angenommen, die Identifizierung beruhe auf *Nachahmung* der Handlungen unserer Pflegepersonen. Die bloße Nachahmung ist jedoch keine ausreichende Erklärung für soziales Lernen, da die Kinder auch in neuartigen Situationen so handeln, wie es ihrer

87

Fee Schlapper

88 Fee Schlapper

Kultur entspricht. Beim Erlernen der Sprache z. B. lernt das Kind die Worte aus dem, was es von anderen hört, verbindet sie jedoch richtig zu Kombinationen, die ihm noch nie begegnet sind. Kürzlich wurde in den Theorien über soziales Lernen der Begriff des Lernens am Modell eingeführt, d. h. sich den Menschen der Umgebung auch ohne die Nachahmung besonderer Tätigkeiten anzugleichen. In der Diskussion über das soziale Lernen bestehen beträchtliche Meinungsverschiedenheiten darüber, warum das Kind das Verhalten der anderen übernimmt (BANDURA 1971). Man nimmt an, das Kind beneide den Erwachsenen, es möchte selbst gern die Fähigkeiten des Erwachsenen haben oder aber der Erwachsene verstärke einfach das Modellernen durch konkrete Belohnung oder durch soziale Verstärker, wie Lächeln oder Zuwendung (BANDURA u. Mitarb. 1963). Die Theorie des sozialen Lernens scheint nach unserer Auffassung zumindest zwei schwache Stellen zu haben. Sie überläßt dem Kind eine viel zu passive Rolle im Lernprozeß, und sie läßt die einfache Möglichkeit außer acht, daß das Kind vielleicht deshalb so wie seine Eltern sein will, weil es sie liebt und bewundert. Da die Theorie des sozialen Lernens keinen Anspruch darauf erhebt, sich mit kognitiven Prozessen auseinanderzusetzen, brauchen wir nicht besonders zu kritisieren, daß Werturteile, Überzeugungen, Begriffe und Denkvorgänge nicht beachtet werden.

Die Schwierigkeit bei der Beschreibung der kulturellen Überlieferung besteht zum Teil darin, daß vieles stillschweigend durch Art, Klang und Ton der Stimme mitgeteilt und ganz beiläufig, ohne sofortiges Verhaltensecho oder einfach als Begleiterscheinung anderer Lernvorgänge erlernt wird. Wenn wir beispielsweise unter den Lesern dieses Buches eine Abstimmung darüber herbeiführen würden, was besser sei, das Künstliche oder das Natürliche, so würden wir eine erhebliche Stimmenmehrheit für das Natürliche erhalten. Dies ist ein besonders lehrreiches Beispiel für die Subtilität des impliziten Lehrens und des beiläufigen inzidentellen Lernens, denn das Leben dieser Anhänger der natürlichen Lebensweise beruht auf vielen künstlichen Dingen: Autos, Fernsehen, Plattenspieler, Klimaanlage und Zentralheizung, Schrift, Logik und Mathematik, Künsten, synthetischen Stoffen und Nahrungsmitteln aus dem

89

Fee Schlapper

Supermarkt. Viele Naturfreunde vergessen, daß auch Stürme, Orkane, Überschwemmungen, Vulkanausbrüche, Dürrekatastrophen, Lawinen, Mücken, Zecken und Sandflöhe ein Teil der Natur sind. Unsere Kultur scheint uns so mit festen Einstellungen auszustatten, die oft weitaus stärker sind als der offensichtliche Augenschein, so z. B. auch als der Nachweis, daß Menschen, die in der Natur zu leben gezwungen sind, alles tun, um ihr zu entrinnen. Ebenso wurde die amerikanische und westeuropäische Meinung, die Jugend sei dem Alter vorzuziehen, nicht von der Jugend erfunden oder propagiert, sondern ist ein von einer Generation zur anderen überlieferter Grundsatz geworden.

Die unausgesprochenen Merkmale einer Kultur umfassen vor allem jene Dinge, die ihre Mitglieder als gegeben ansehen, also die „Selbstverständlichkeiten". Gerade weil ein so großer Anteil unserer Kultur unausgesprochen bleibt, fällt es uns schwer, unseren Ethnozentrismus zu überwinden und unsere Kultur sozusagen von außen zu betrachten. Es ist, als ob wir unseren eigenen Körper kennenlernen müßten, der gleichzeitig Ziel und Werkzeug des Erkennens darstellt oder, wie H. Werner es ausdrückt: Man kann seine eigenen Augen nicht von innen sehen. Vom Standpunkt des Großteils der westlichen Kultur betrachtet, schiebt die Mutter „selbstverständlich" ihr Kind im Kinderwagen vor sich her, statt es in ihrer um den Körper gelegten Schlinge oder auf indianische Art auf dem Rücken zu tragen; „selbstverständlich" müssen Autobahnen gebaut werden, um den Verkehr zu beschleunigen; „selbstverständlich" darf man Tieren gegenüber nicht grausam sein; „selbstverständlich" ist Rindfleisch schmackhaft, und „selbstverständlich" wird das Baby regelmäßig zur Kontrolluntersuchung zum Arzt oder in die Klinik gebracht. Mit den Augen anderer Kulturen gesehen, sind jedoch Käfer „selbstverständlich" Leckerbissen; Schweinefleisch ist „selbstverständlich" unrein; vierundzwanzig Jahre auf einem Bein zu stehen ist „selbstverständlich" bewundernswert und ein Zeichen hoher Vergeistigung; „selbstverständlich" ist es unhöflich, anderen Leuten beim Essen zuzusehen, und daher sitzt man „selbstverständlich" mit dem Rücken zur Tafel; und „selbstverständlich" ist dem Bruder der Mutter Gehorsam zu leisten.

Unser Zeitalter ist insofern einmalig, als nach Jahrhunderten gleichbleibender Kontinuität die Kulturen sich überall rasch verändern – gewöhnlich im Sinne einer Europäisierung oder Amerikanisierung (wie bereits gesagt, oft mit verheerenden Folgen), wobei sich die europäische und die amerikanische Kultur ebenfalls in Gärung befinden. Wir müssen annehmen – bedauerlicherweise –, daß die Veränderungen immer schneller vor sich gehen werden, bis sich auf der ganzen Welt eine verhältnismäßig einheitliche Kultur ausgebildet hat – natürlich nur innerhalb der geographischen Möglichkeiten – und die Kulturanthropologen arbeitslos werden. Vorläufig aber gibt es noch leicht unterscheidbare Kulturen und in Gesellschaften wie der unsrigen, auch Subkulturen.

Die meisten Subkulturen bilden sich aus Gruppen, die sich durch eigenen Entschluß oder durch äußeren Druck von der Gesellschaft getrennt haben.

In der amerikanischen Kultur bildeten sich die ausgeprägtesten Subkulturen traditionellerweise aus den Einwanderergruppen der verschiedensten Nationalitäten, Chinesen, Polen, Italiener usw., und durch die sozial und politisch unterdrückten Neger und Indianer, die sich oft nicht nur kulturell, sondern auch räumlich in Ausländervierteln oder Reservaten von der übrigen amerikanischen Kultur abgrenzten oder abgegrenzt wurden. Ein ähnliche Entwicklung zeichnet sich nun auch in der BRD durch die Ströme ausländischer Arbeitskräfte, Jugoslawen, Griechen, Türken, ab. In jüngster Zeit ist auch hier – vor allem in den Großstädten – zunehmend eine Ghettobildung zu beobachten. In Stadtvierteln, die fast ausschließlich von ihnen selbst bewohnt werden, stellen die Gastarbeiter eine Mischung ihrer heimatlichen mit der westlichen Kultur her: türkische Läden, griechische Lebensmittel und Zeitungen – ein lebhaftes und buntes Straßenbild vermischt sich mit deutschen Autos, deutscher Bekleidung und den grauen Mietskasernen spätkapitalistischer Prägung.

Eine andere Form subkultureller Gruppen ist in den letzten Jahren aus dem vorwiegend politisch und weltanschaulich begründeten Protest der Jugend gegen die überkommenen gesellschaftlichen Lebensformen hervorgegangen. Diese Entwicklung, die zur Bildung politischer Gruppen, Wohngemeinschaften, neuer kooperativer Arbeitsformen, Veränderung der Leistungsmaßstäbe usw. geführt hat, war nicht auf einzelne Länder beschränkt, sondern in vielen industrialisierten und verstädterten Gesellschaften der ganzen Welt zu beobachten. [D. Herausgeber]

Soziale Rollen

In jeder sozialen Gruppe oder Untergruppe spielt der Einzelne eine bestimmte, soziale Rolle, d. h. er lernt, je nach seiner Stellung im Leben ein bestimmtes und von ihm erwartetes Verhalten an den Tag zu legen. Innerhalb der Familie haben wir die Rolle des Vaters, der Mutter, des Ehemannes und der Ehefrau, des Sohnes, der Tochter, des Bruders und der Schwester usw., je nach Art der Familienstruktur. Am Arbeitsplatz haben wir die Rollen, die von bestimmten Fachleuten gespielt werden – Ärzte, Rechtsanwälte, Installateure und Mechaniker – sowie die des Eigentümers, des leitenden Angestellten, des Untergebenen, der „grauen Eminenz“, des Gewerkschaftsvertreters usw. In der Schule haben wir die Rolle des Direktors, des Lehrers und des Schülers. Gewisse Rollen werden durch politische Ämter und die Teilnahme am öffentlichen Leben vorgeschrieben. Der Ladeninhaber und der Kunde spielen verschiedene Rollen. Beim sozialen Kontakt nehmen die Menschen – manchmal vorübergehend und manchmal ständig – die Rolle des starken Sportsmannes, der verführerischen Sirene, des zuverlässigen Freundes, des weisen Ratgebers usw. an. Manche Soziologen gehen sogar so weit, zu behaupten, die persönliche Identität bestehe ausschließlich aus den vom Menschen gespielten Rollen. Den meisten von uns ist gar nicht richtig bewußt, daß wir eine Rolle spielen, doch freuen wir uns alle über eine Gelegenheit, die es uns erlaubt, „wir selbst zu sein" und „uns gehen zu lassen", also keine Rolle spielen zu müssen. Jedes Kind wird in jedem Stadium seiner Entwicklung mehr oder weniger bewußt für bestimmte soziale Rollen vorbereitet. Jede Familie in einer bestimmten Gesellschaft oder Subkultur hat ihre eigene Geschichte, ihre eigene Tradition und ihre eigenen Wertmaßstäbe und beeinflußt ihre Mitglieder durch die Art, wie sie ihre Bedürfnisse erfüllt oder nicht erfüllt, durch das vorherrschende Gefühlsklima, ihre Spiele, die Art, wie sie dem Kind Erfahrungen vermittelt oder sie ihm vorenthält, durch ihre Tabus und dadurch, wie sie die Dinge für das Kind gefühlsmäßig bewertet. Das Kind lernt nicht eine Kultur plus eine Subkultur plus eine soziale Rolle, sondern eine bestimmte Art und Weise, sich selbst und die übrige Welt aufzufassen, die dann im obigen Sinne allgemein oder spezifisch dargestellt werden kann. Diese allgemeine familiäre Einstellung wird weiter durch die Merkmale des Kindes als Individuum verändert: ob es ein Junge oder ein Mädchen ist, ob es zu einem erwünschten oder unerwünschten Zeitpunkt geboren wurde, ob es das erste oder das neunte Kind ist, oder durch seine allgemeine Bedeutung für die Familie.

Die Menschen bekommen Kinder aus den verschiedensten Gründen. Wir möchten gern glauben, daß die reine Freude an der Elternschaft der wichtigste ist, die Freude an einem Kind, das die Freuden und Leiden der Familie teilt, das zum Teil ein von den Eltern selbst geschaffenes Wesen ist, das sie lieben und hegen und später weiterbeobachten können, wenn es sich sein eigenes Leben baut. Auch wenn der Wunsch nach einem Kind rein äußerlich ist oder wenn die Schwangerschaft nicht geplant und ungewollt ist, kann ein wirkliches, lebendiges Baby nach der Geburt alle elterlichen Vorurteile über den Haufen werfen und in den Eltern – wenn sie einmal die praktische Seite der Elternschaft beherrschen – Zärtlichkeit, Beschützertum und Freude wecken, die alle ihre Träume übersteigen. Für manche Eltern liegt dem Wunsch nach Kindern die einfache Annahme zugrunde, daß alle normalen Menschen heiraten und dann Kinder haben. Wieder andere erkennen, wie wir wissen, zu spät, daß sie gar nicht heiraten wollten oder zumindest nicht zum gegebenen Zeitpunkt oder den jeweiligen Partner, und manche erkennen zu spät, daß sie sich als Eltern nicht eignen, wenn sie es auch selten zugeben, da es sich nicht mehr gut ändern läßt. Vielleicht kommt es bald dahin, daß die Empfängnisverhütung so sehr zur Norm wird, daß das Kinderkriegen notwendigerweise zu einer Sache der bewußten Planung werden muß.

Manche Menschen wollen Kinder haben, um den Familiennamen und -besitz weiterzutragen, und in solchen Fällen wird die Vorbereitung für eine spätere Rolle sehr deutlich und klar definiert. Bei manchen Völkern, z. B. den Japanern, wird der Weiterführung des Familiennamens so viel Bedeutung beigemessen, daß ein Schwiegersohn adoptiert und ihm der Familienname gegeben wird, wenn alle Kinder Mädchen sind. Bei manchen Eltern wird durch das Kind die Verwirklichung der eigenen unerfüllten Träume und Ambitionen sozusagen in die Zukunft projiziert, so als ob das Kind den Eltern eine zweite, stellvertretende Lebenschance geben könnte. Manchesmal wird ein Kind gewollt, um eine vermeintliche Lücke im Leben der Eltern zu füllen, die vielleicht nichts ist als eine Leere in ihrer eigenen Person. In anderen Fällen sind Kinder als zukünftige Mitverdiener erwünscht oder auch als Stützen im Alter (Anm. 18).

Für einige Eltern ist Elternschaft der Beweis für ihre biologische Zulänglichkeit. Mancher Mann braucht z. B. einen Sohn, um seine Männlichkeit zu dokumentieren. Manchmal rechnen Eltern so sehr auf ein Kind mit einem bestimmten Geschlecht, daß sie unbewußt nur einen Namen bereithalten. Oder sie zeigen ihre einseitige Einstellung dadurch, daß sie von dem ungeborenen Kind nur als „er“ oder „sie“ sprechen. Kommt dann ein Kind des anderen Geschlechtes, fällt es ihnen schwer, sich darauf einzustellen, oder sie werden das Kind vielleicht auch in völligem Gegensatz zu seiner angemessenen Geschlechtsrolle behandeln. Natürlich gibt es Kinder, auf die sich die Eltern nur wenig freuen und die sie nur als zusätzliche Esser empfinden, als ein weiterer Körper, der bekleidet, und noch ein Hinterteil, das gereinigt werden muß. Selbstverständlich hat jede dieser Einstellungen eine tiefgreifende Wirkung auf die Handlungsweise und die Gefühle der Eltern und damit auch auf die Kinder.

Ob ein Baby das erste in einer Familie ist oder ob es ältere Geschwister hat, ist für das Kind selbst und für die Rollen wichtig, die es später verkörpern wird. Aus einer Untersuchung von Thoman u. Mitarb. (1970) geht hervor, daß schon im Neugeborenenalter die elterlichen Reaktionen auf Erstgeborene und zur Welt gekommene Kinder unterschiedlich sind. Unerfahrene Mütter widmen ihren Neugeborenen viel mehr Zeit als erfahrene, und obgleich die Mütter mehr Zeit auf die Fütterung ihrer Erstgeborenen verwenden, erhalten diese dennoch weniger Nahrung. Das erste Kind leistet immer Pionierarbeit, d. h. die Eltern zahlen bei ihrem Erstgeborenen Lehrgeld, und das Kind muß nicht nur ihre Ungeschicklichkeit, Unsicherheit und ihre tatsächlichen Fehler, sondern auch ihre übermäßige Besorgnis und ihr übermäßiges

Beschützertum über sich ergehen lassen. Den Berichten HILTONS (1967) zufolge sind Mütter bei Erstgeborenen „wesentlich störender, extremer und inkonsequenter" als später, und erstgeborene Kinder sind wesentlich unselbständiger als nachfolgende Kinder. Trotz der scheinbaren Prüfungen und Wechselfälle im Leben der Erstgeborenen scheinen diese jedoch, psychologisch gesehen, etwas besser wegzukommen als die späteren (ALTUS 1964, 1966, RING u. Mitarb. 1965, SAMPSON 1964, STOTLAND u. DUNN 1962). Mittlere Kinder haben es am schwierigsten, und die jüngsten am zweitbesten. Wird das jüngste Kind erst nach einer längeren Zwischenzeit geboren, erlangt es viel von dem Status eines ersten Kindes, und es geht ihm entsprechend gut. Aus diesen Unterschieden geht der große Wert der liebevollen Aufmerksamkeit der Erwachsenen hervor (ROSENZWEIG 1966). Auch wenn die Begeisterung der Eltern für Babys nicht abstumpft, so wird die Zuwendung um so mehr aufgeteilt, je mehr Kinder vorhanden sind. Ungeachtet der Folgen werden zweite und spätere Kinder mit weniger Ängstlichkeit und gleichgültiger behandelt. Die Eltern verlassen sich mehr auf die Fähigkeit des Kindes, mit manchen Dingen allein fertig zu werden. Nur zu oft erwarten Eltern von einem zweiten Baby, daß es dem ersten genau gleicht, und sind dann überrascht und manchmal sogar verärgert, wenn es seine eigene Individualität zeigt.

Je nach Art der Familie müssen manche Kinder früh Manieren lernen, werden manche wegen ihrer Persönlichkeit, ihrer symbolischen Bedeutung oder ihrer Nützlichkeit für die Eltern geschätzt, manche von Anfang an zur Religiosität angehalten, manche zum Befehlen und andere zum Wettstreit genötigt, und wieder andere zur Mitarbeit, zum Gehorsam, oder zu fatalistischer Gleichgültigkeit. Je nach ihren frühen Erfahrungen, ihrem eigenen Temperament und ihrer Reaktionsbereitschaft erscheint ihnen die Welt drohend und gefährlich oder bewegt und verwirrend, lebhaft und aufregend, heiter oder unerträglich langweilig. Das Bild, das das Kind von seiner Umwelt hat, formt sich endgültig erst nach einigen Jahren, doch wird schon während des Säuglingsalters das emotionale Fundament auf so feine und doch so gründliche Weise gelegt, daß es aussieht, als hätte es schon von Anfang an existiert und als wäre seine besondere Art, die Welt abzubilden, die einzig mögliche.

Nebenbei ist von Interesse, daß die kulturellen Unterschiede zwischen biologisch ähnlichen Wesen nicht auf den Menschen beschränkt sind. Die bereits erwähnten Untersuchungen der tierischen Entwicklung zeigen, daß tierische Eigenschaften nicht absolut durch die Zugehörigkeit zur Rasse der weißen Ratten, Affen, Hühner oder Ameisen bestimmt werden, sondern im Rahmen unterschiedlicher Umgebungseinflüsse verschiedene Formen annehmen. So konnte ELEFTHERIOU (1961) die Physiologie von wilden Mäusen wegen des wütenden Beißens dieser Tiere nicht untersuchen. Dadurch, daß er die wilden Mäuse durch Pflegemütter weißer Laboratoriumsmäuse großziehen ließ, erhielt er nichtbeißende Mäuse. Freilandbeobachtungen haben gezeigt, daß die Jungen mancher Raubtierarten, z.B. junge Füchse, komplexe Verhaltensweisen, wie die Jagd, durch Unterweisung lernen müssen. Versuche haben erwiesen, daß das Paarungsverhalten bei weißen Ratten oder Rhesusaffen nicht unbedingt angeboren ist und daß manche Vogelarten die richtige, charakteristische Art des Gesangs von normalen erwachsenen Vögeln lernen müssen (Thorpe 1964, Marler u. Tamura 1964).

Alle Verallgemeinerungen, die wir hinsichtlich des tierischen und menschlichen Verhaltens vornehmen, müssen also das besondere soziale Klima, in dem die Entwicklung vor sich geht, berücksichtigen. Wenn das Kind älter wird, lernt es viele Dinge selbständig: bei seinen Begegnungen mit Menschen, Gegenständen und Situationen, indem es die Probleme löst, die in seinem Leben auftauchen, und den Dingen auf den Grund geht, die ihm unklar erscheinen. Aber die Art und Weise, wie es seine direkten persönlichen Begegnungen verarbeitet und wie es zu Lösungen kommt, ist durch seine kulturellen Erfahrungen bedingt und durch die Wahrnehmungen, Gefühle, Lernergebnisse und Gedankengänge, zu denen es durch diese Erfahrung Zugang hat.

Die kulturellen Unterschiede erstrecken sich sogar auf das Gebiet der Gesundheitspflege. Die britischen Ärzte vor allem scheinen erkannt zu haben, daß die medizinische Behandlung den Anschauungen, Empfindlichkeiten, Eßgewohnheiten und den volkstümlichen Heilpraktiken der verschiedenen Einwanderergruppen – in Großbritannien insbesondere den Westafrikanern, Westindern, Indern, Pakistanis und Iren – angepaßt sein muß (Carne 1970, Hashmi 1970, Parry 1970). In jüngster Zeit hat bei uns die Entdeckung der chinesischen Akupunktur eine Sensation verursacht.

Geschlechtsrollen: Ein Beispiel für kulturelle Verhaltensformung

Auf diesen wenigen Seiten können wir natürlich nicht den Vorgängen bei der Überlieferung und der Übernahme einer Kultur voll gerecht werden, aber abgesehen davon ist auch zu wenig darüber bekannt, obwohl wir überall auf die Resultate des kulturellen Lernprozesses stoßen. Auf einen Aspekt dieses Komplexes wollen wir aber näher eingehen, weil er sich besonders gut als Beispiel eignet und wegen seiner besonderen Bedeutung für die Entwicklung des Kindes, nämlich darauf, wie den Kindern, insbesondere in unserer eigenen Gesellschaft, die *Geschlechtsrollen und Geschlechtsunterschiede* bewußt gemacht werden.

Hier müssen wir einiges vorausschicken. Erstens gibt es biologische Unterschiede zwischen den Geschlechtern. Der Körperbau von Männern und Frauen zeigt offenkundige Unterschiede. Weniger augenfällig sind die Unterschiede im Hormonhaushalt, die möglicherweise die Gehirnfunktion beeinflussen können. Weibliche Hamster z. B., die noch keine Jungen gehabt haben, sehen junge Hamster als Beutetiere an, während säugende Hamster in ihnen Junge sehen, die gesäugt werden müssen (RICHARDS 1966). Zweifellos sind männliche Wesen aufgrund der Androgene, die in ihrem Kreislauf vorhanden sind, aggressiver als weibliche. S. LEVINE (1969) hat nachgewiesen, daß eine Wechselwirkung zwischen dem Zentralnervensystem und den endokrinen Drüsen besteht, so daß das durch Hormone beeinflußte Nervensystem seinerseits die Hormonproduktion verändert. Dennoch erscheinen die mit den biologischen Unterschieden einhergehenden Temperamentsunterschiede außerordentlich geringfügig, wenn wir sie mit der Vielzahl der tatsächlichen Unterschiede der Geschlechterrollen vergleichen, sowohl zwischen den beiden Geschlechtern als auch zwischen den Kulturen in allen Teilen der Welt.

Zweitens gibt es beim Menschen eine große Variabilität beim Geschlechtsverkehr, der sexuellen Werbung, beim Austausch von Zärtlichkeiten und den Methoden, einen Orgasmus zu erreichen. Selbstverständlich würde eine Gesellschaft nicht mehr als eine Generation überdauern, wenn sie den Samenerguß in die Vagina nicht irgendwo in ihre Definition des Geschlechtsaktes einbauen würde. Wir können es nicht als gegeben voraussetzen, daß der sexuelle Antrieb sich spontan, einfach aufgrund der körperlichen Reifung einstellt, denn Tieruntersuchungen haben gezeigt, daß die Triebstärke und auch die Gewohnheiten bei der Paarung sich erst aufgrund früher Erlebnisse normal entwickeln (ALTMANN 1966). Es kann auch nicht vorausgesetzt werden, daß sexuelle Kontakte immer als angenehm erlebt werden (CHURCH u. INSKO 1965). Die kulturelle Auffassung von der Sexualität kann die Intensität der sexuellen Gefühle vermindern, sie können dem eigenen Erleben verborgen bleiben, sie können bis zur Schrecklichkeit intensiviert oder mit Hilfe von Schreckgespenstern und Sanktionen gleichzeitig verführerisch und abschreckend gemacht werden. Sportler werden z. B. immer noch aufgefordert, sich während des Trainings des Geschlechtsverkehrs zu enthalten, und nach einem alten Hinduglauben kostet jeder Tropfen Samen den Mann sieben Tropfen Blut. Die kulturelle Anschauung bestimmt auch, welche Handlungen, Objekte, Partner und Situationen akzeptable sexuelle Gefühle und welche nicht akzeptable hervorrufen. Die Kultur bestimmt, welche Partner zulässig sind, welcher Partner die geschlechtliche Betätigung einleitet, ob homosexuelles Verhalten zulässig ist – immer mehr Menschen sind bereit, ihre homosexuelle Veranlagung öffentlich zuzugeben und Freiheit von

Strafverfolgung und Diskriminierung zu verlangen – und wieweit der Geschlechtsakt sich im Verborgenen vollziehen soll. Sie bestimmt weiter, ob Untreue zur Eifersucht Anlaß geben und wie sich die Eifersucht manifestieren soll.

Abgesehen von kulturellen Unterschieden beim Geschlechtsakt können die Geschlechtsrollenunterschiede noch stärker variieren: z. B. bei der Erziehung der Kinder – wenn wir auch Kluckhohn zugeben müssen, daß uns keine Gesellschaft bekannt ist, in der die Aufgabe des Gebärens dem Vater zufällt –, bei der Haushaltsführung, der Disziplinierung der Kinder, der Bewirtschaftung der Felder, beim Hüten des Viehs, beim Verkauf von Waren, der Budgetverwaltung, beim Handwerk, beim Jagen und Fischen, bei der Teilnahme an der Regierung und an Entscheidungen sowie an der Freizeitgestaltung. Darüber hinaus bestehen in verschiedenen Kulturen auch große Unterschiede in den Charakterzügen, die den beiden Geschlechtern zugeschrieben werden: Tapferkeit, Treue, Leidenschaft, Unaufrichtigkeit, Ehrlichkeit, Ausdauer, Großmut, Grausamkeit, Seelengröße, Mitgefühl, Gefühlsbetontheit und welche Eigenschaften auch immer der Leser noch hinzufügen möchte. Irgendwo an der Grenze zwischen den Rollen (den vorgeschriebenen Pflichten und Fähigkeiten) und den Eigenschaften liegen auch die Interessen und Liebhabereien, die wir den einzelnen Geschlechtern zuschreiben. Mit wenigen Überschneidungen ordnen wir den Geschlechtern verschiedene Spielzeuge, Nahrungsmittel, Betätigungen, Beschäftigungen und Gebrauchsgegenstände zu. Niemand hat bisher alle kulturellen Unterschiede in den Definitionen von Männlichkeit und Weiblichkeit erforscht und katalogisiert, aber es bedarf weniger anthropologischer Hinweise, um zu zeigen, daß sie beträchtlich sind. Bei den südamerikanischen Yamana z. B. ist das Schwimmen eine ausschließlich weibliche Kunst (Lowie 1938). Einige kulturübergreifende Gemeinsamkeiten scheinen darauf hinzudeuten, daß biologische Geschlechtsunterschiede irgend eine bestimmende Rolle für das Geschlechtsverhalten spielen, doch erweist sich vieles, was wir zunächst für biologisch determiniert halten, als ein Vorurteil unserer Kultur über diese biologischen Unterschiede.

Ebenso wie unsere Ansichten über die menschliche Natur haben wir auch immer wieder unsere Auffassung über die Geschlechtsrollen geändert (van den Berg 1964) und werden sie fast mit Sicherheit immer wieder ändern müssen. Wie uns die Zeichnungen und Malereien aus dem achtzehnten Jahrhundert zeigen, trugen die Männer in unserer eigenen nicht zu weit zurückliegenden Geschichte langes, geflochtenes Haar (oder Perücken im gleichen Stil) und Bänder, Schleifen und lange Seidenstrümpfe. Wenn jetzt viele junge Männer langes Haar haben – manchmal auch geflochten oder rückwärts zum Knoten oder Pferdeschwanz gebunden –, sind die Älteren über eine solche Abweichung von der männlichen Anständigkeit oft moralisch entrüstet. Ebenso werden Bärte heute als Merkmal eines gefährlichen Radikalismus (mit einem Hauch freier Liebe und Rauschgiftorgien) angesehen, obwohl sie vor gar nicht so langer Zeit als selbstverständliches Zubehör der reifen Männlichkeit galten und auch heute bei bestimmten privilegierten Gruppen, z. B. Forschungsreisenden, immer angesehen werden. Frauen wird das Tragen „männlicher" Kleidung als Zurschaustellung ihres Körpers oder als extravagante Aufmachung vorgeworfen.

Ein wichtiges Thema dieses Buches ist, daß Kinder erst kürzlich als menschliche Wesen mit eigenen Eigenschaften, Bedürfnissen, Gefühlen und Rechten erkannt worden sind. Es ist aber auch noch gar nicht lange her – und dieser Prozeß ist noch keineswegs beendet –, daß selbst den Frauen die vollen Menschenrechte zugestanden wurden: das Wahlrecht, das Recht, ein Amt zu bekleiden, Eigentum zu besitzen, rechtsgültige Verträge zu schließen oder ein Geschäft zu führen, und daß ihnen die Fähigkeit zugestanden wurde, Mathematik und Naturwissenschaften zu lernen und logisch zu denken, sowie das Recht, starke sexuelle Bedürfnisse und ihre eigenen Gefühle zu haben. In unserer Gesellschaft – jedoch möglicherweise nicht in der UdSSR – scheuen sich noch viele Männer, eine Ärztin zu konsultieren; übrigens trifft dies auch auf viele Frauen zu. Wir müssen zugeben, daß viele Frauen ebenso konservativ waren wie die Männer, wenn es darum ging, den Status der Frau zu ändern, während wieder andere die Befreiung der Frau als eine Gelegenheit ansehen, für alle Mißachtungen, die sich in jahrhundertelanger Sklaverei angesammelt haben, Rache zu üben und keine Gelegenheit vorübergehen lassen, die Männer herabzusetzen und zu entwürdigen. Der Kampf zwischen den Geschlechtern ist noch nicht beendet, und weder die Männer noch die Frauen sind sich auch nur annähernd darüber klar, welcher Lebensstil und welche Rolle oder Kombination von Rollen den Frauen zufällt. Umgekehrt verlangt eine Änderung der weiblichen Rolle auch eine der des Mannes, und über die Definition der männlichen Rolle wurde noch immer keine Einigung erzielt. Eine weitere Konsequenz besteht in der zunehmenden Unsicherheit der Eltern darüber, welche geschlechtsgebundenen Werte sie ihren Kindern – Jungen oder Mädchen – vermitteln sollen.

Auf jeden Fall erkennen alle Eltern die Wichtigkeit der Geschlechtsunterschiede an. Die erste von den Eltern gestellte Frage, falls der Geburtshelfer sich nicht von vornherein beeilt hat, die Auskunft zu geben, lautet: „Ist es ein Junge oder ein Mädchen?". Erst wenn sie diese Antwort haben und nicht vorher, besteht die sprachliche Möglichkeit, sich über das Baby zu unterhalten. Zuvor war das Baby, ungeachtet der elterlichen Hoffnungen, etwas Ungewisses, ein „Es". Sobald den Eltern das Geschlecht des Kindes bekannt ist, formiert sich ein Bündel von

90

Michael Lewis, Educational Testing Service

Abb. 90–91 Geschlechtsrollenunterschiede im Alter von 13 Monaten. Abb. 90: Das Mädchen reagiert auf die Trennung von der Mutter durch die Barriere mit Weinen. Abb. 91: Der Junge „kämpft" sich seinen Weg frei

Einstellungen, und die Rolle des Babys beginnt Form anzunehmen. Wenn wir von einer Unschlüssigkeit absehen, wie soll man aber diese Vorstellungen von Männlichkeit und Weiblichkeit einem Säugling vermitteln, der noch nicht einmal weiß, daß er überhaupt existiert, geschweige denn, daß er einen Körper besitzt, der ihn für immer unter die Rubrik „männlich" oder „weiblich" einreiht? (Die Fragen des Transvestismus und der Homosexualität, die eine Identifizierung mit dem

91

Michael Lewis, Educational Testing Service

biologisch anderen Geschlecht beinhalten, werden wir in Kapitel XIII (Band II) behandeln.) Diese Vorstellungen werden dem Kind nicht als intellektuelle Erkenntnisse, sondern über Veranlagungen, Haltungen und Gefühle vermittelt. Jungen und Mädchen werden von den Eltern unterschiedlich behandelt, weil diese selbst durch ihre eigene Erziehung gewisse Erwartungen und Neigungen erworben haben, auf Jungen und Mädchen verschieden zu reagieren und sie auf verschiedene Weise anzuregen. Rothbart u. Maccoby (1966) stellen fest, daß Väter gegenüber den Aggressionen und der Unselbständigkeit kleiner Mädchen toleranter sind als bei kleinen Jungen, während Mütter den Jungen gegenüber nachsichtiger sind. KAGAN und seine Mitarbeiter (LEVINE u. Mitarb. 1967) berichten, daß zumindest die Mütter des gehobenen amerikanischen Mittelstandes männliche und weibliche Säuglinge verschieden behandeln, indem sie insbesondere das Lallen der weiblichen Babys durch mehr sprachliche Äußerungen ihrerseits beantworten. So drücken sie, gewöhnlich unbewußt, ihre Erwartungen durch ihr Verhalten aus, durch das, was sie tun, durch die Gegenstände, mit denen sie das Baby umgeben und auf die sie seine Aufmerksamkeit und seine Gefühle lenken. Kurzum, sie schaffen für das Baby eine materielle, soziale und gefühlsmäßige Umwelt, die seine Möglichkeit des Handelns und Fühlens festlegt. In mancher Hinsicht drängen sie das Baby durch operantes Konditionieren (siehe Kapitel IV) in eine Geschlechtsrolle, indem sie mit Freude auf geschlechtsrollenkonformes Verhalten reagieren und eine Belohnung verweigern, wenn das Baby sich nicht konform verhält.

Konkreter ausgedrückt: Jungen bekommen blaue und Mädchen rosa Sachen. Freunde und Verwandte schenken den Jungen winzige Höschen zum Hineinwachsen und den Mädchen Kleidchen mit Rüschen. Jungen bekommen „männliche“ Spielsachen und Mädchen die „weiblichen“. Im frühen Säuglingsalter, wenn sowohl Jungen als auch Mädchen z. B. Stofftiere zum Hätscheln bekommen, ist dieser Unterschied noch nicht so auffällig, aber er besteht und wird noch ausgeprägter, wenn die Babys Gegenstände handhaben können. Vom Kleinkindalter an verbieten manche Eltern den kleinen Jungen, mit „Mädchensachen“ zu spielen, als ob es sich bei der Männlichkeit um einen empfindlichen Zustand handle, der leicht durch Abweichungen vom Ideal Schaden erleiden könnte. Männliche Babys darf man unsanft behandeln, mit Mädchen geht man sanft um. Bei der Tochter freut man sich über die zarte Linie des Mundes, beim Sohn ergötzt man sich an seinem Ungestüm und seiner Kraft. Manche Mütter berichten sogar, es sei ihnen weniger unangenehm, die schmutzige Windel eines Mädchens zu wechseln als die eines Jungen. GOLDBERG u. LEWIS (1969) berichten, daß Mütter ihre sechs Monate alten Mädchen häufiger berühren als ihre gleichaltrigen Jungen. Die Verfasser haben eine Liste der Geschlechtsunterschiede aufgestellt, die bei denselben Kindern im Alter von dreizehn Monaten festgestellt wurden: Die Mädchen spielten häufiger als die Jungen mit Klötzchen, Spielzeugtieren, Stecktafeln und mit zwei Spielsachen gleichzeitig. Die Jungen spielten häufiger als die Mädchen mit Dingen, die kein Spielzeug sind (z. B. Isolierband) und verbrachten mehr Zeit mit dem Umherwerfen ihrer Spielsachen. Wurden sie durch eine Schranke von ihren Müttern getrennt, so weinten die Mädchen, während die Jungen versuchten, die Schranke zur Seite zu schieben. Die Mädchen zeigten eine größere Abhängigkeit von der Mutter als die Jungen.

Weitere Ausführungen darüber, daß Mädchen und Jungen von Anfang an in einer anders gearteten, kulturell bedingten Gefühlsatmosphäre aufwachsen, sind überflüssig. Sobald die Kinder imstande sind, selbst zu handeln und sich umherzubewegen, sind die elterlichen Reaktionen auf ihre Initiativen gänzlich verschieden und schwanken zwischen Gleichgültigkeit, Heiterkeit, Toleranz, Ärger, Mitgefühl, Bestrafung oder Schrecken. Man braucht nicht viel Beobachtungsgabe, um festzustellen, daß es bei einem kleinen Jungen viel ausmachen kann, wie nachgiebig die Mutter ist bzw. der Vater bei einem kleinen Mädchen. (Im nächsten Kapitel werden wir über die möglichen sexuellen Anteile an den Beziehungen zwischen Eltern und Kindern verschiedenen Geschlechts sprechen.) Alle die weitreichenden Folgen für die Gefühle und das Verhalten, die mit der Männlichkeit oder der Weiblichkeit zusammenhängen, bilden sich erst im Laufe von Jahren aus, doch erhält man die ersten Lektionen über das Wesen von Jungen und Mädchen bereits als Baby.

Manchen Menschen ist der Gedanke unangenehm, daß sie in einer anderen Familie, einer anderen Gesellschaft oder Subkultur ganz andere Menschen geworden wären, aber diese Schlußfolgerung ist unausweichlich. Zunächst kann man dem Prozeß des kulturellen Lernens nicht entrinnen. Ein Kind kann sich während einer langen Lehrzeit nur im Kontakt mit Erwachsenen entwickeln, und es gibt keine Erwachsenen ohne irgendeine Kultur. Solange eine Mutter auf ein Kind reagiert, das sie auf jeden Fall durch die Brille ihrer eigenen kulturellen Einstellung sieht, befinden sich beide in einer zwischenmenschlichen Wechselwirkung, in der die Mutter Informationen über sich selbst, das Kind und die Welt im allgemeinen vermittelt und zugleich aufnimmt.

Alle Kulturen sind leistungsfähig, sonst müßten sie untergehen. Aber nicht alle sind gleich wirkungsvoll im Aufziehen von wirklich menschlichen und humanen Mitgliedern. Offensichtlich formen manche Kulturen den Menschen auf eine Weise, die zu endlosen sozialen Konflikten führt, die die einzelnen gegeneinander aufhetzt und innere Konflikte und Unzufriedenheit schafft. Die meisten Kulturen verlassen sich bei der Lösung von Problemen auf die Tradition und die Überlieferung, statt zu neuen Wegen, neuen Ideen und neuen Lösungen zu ermutigen. Die Kultur kann unsere Menschlichkeit entstellen, verdummen und verkümmern lassen. Die Lösung scheint jedoch nicht darin zu liegen, daß wir die Kultur als solche über Bord werfen, selbst wenn wir dies könnten. Es gibt genügend Beispiele dafür, wie schrecklich es ist, wenn Europäer, obgleich oft mit den besten Absichten (oder aufgrund genialer Entschuldigungen), bestehende kulturelle Formen „primitiver" Völker zerstören, ohne für die Entwicklung und Assimilierung neuer Lebensformen genug Zeit, Gelegenheit und Anregung zu geben. In den USA finden wir die Klagen der Neger, die in Afrika entwurzelt, in

Sklaverei gehalten wurden, wobei Familienbindungen wahllos zerstört wurden, um dann für ein Leben ohne eigene Identität – weder im alten noch im neuen Sinne – „befreit" zu werden. Das gleiche Schicksal betraf die Indianer, die Lateinamerikaner, die Eskimos und die Polynesier von Samoa und Hawaii. Viele dieser Menschen wurden von den Weißen zu persönlichem und sozialem Untergang verurteilt. Dies heißt jedoch nicht, daß sie aller Kultur beraubt sind. Manche Mitglieder all dieser Gruppen haben die Kultur der Majorität angenommen und ihren Platz in der Gesellschaft gefunden. Die Schwarzen haben ihre eigene Kultur entwickelt, die sich als geeignet erwiesen hat, sie zum Weiterleben in einer feindlichen Umgebung zu befähigen. Anderen ist es gelungen, manche der alten kulturellen Gepflogenheiten beizubehalten, nach ihnen zu leben und Befriedigung aus ihnen zu schöpfen. Erst heute aber, in unserer Generation, sind wir zum ersten Mal in der Lage, verstehen zu lernen, wie Kultur funktioniert, wie man sie beeinflussen kann und wie man eine neue Vorstellung vom menschlichen Wesen entwickeln und Kinder in Anlehnung an dieses Ideal erziehen kann. Denjenigen, die am meisten in der vorherrschenden kulturellen Überzeugung festgefahren sind, den größten Ethnozentristen unter uns, hängt unerschütterlich die Überzeugung an, daß unser jetziger Zustand zwei Merkmale hat: er ist richtig und unvermeidbar. Sie halten unseren kulturellen Zustand eher für ein Produkt der menschlichen Natur als die menschliche Natur für ein Produkt der Kultur. Diesen Menschen erscheint alles andere als zerstörerische Subversion, die als unrealistisch und utopisch abgetan werden muß. Uns scheinen im Gegenteil alle Anzeichen darauf hinzudeuten, daß der menschliche Organismus eine hohe Formbarkeit besitzt und daß wir langsam beginnen, zu verstehen, was wir tun und was wir unterlassen müssen, wenn wir unsere Kinder zu humanen, anständigen Bürgern unseres Planeten erziehen wollen. Dies soll nicht heißen, daß es leicht, sondern nur daß es möglich ist. Unglücklicherweise wissen wir mehr darüber, wie man den Menschen verändert, als darüber, wie man den kulturellen Rahmen verändert, in dem er lebt. Und je menschlicher der Mensch ist, desto größer wird der Kontrast zu den unmenschlichen und entwürdigenden Institutionen, an die er sich heute anpassen soll. Vielleicht ist das Beste, was man auf dieser gesellschaftlichen Entwicklungsstufe tun kann, die Erziehung der Jugend zu autonomen, intelligenten, empfindsamen und kooperativen jungen Menschen mit einem Gefühl für Humanität und die Hoffnung darauf, daß sie zu ihrer Zeit die Gesellschaft, in die sie hineingeboren wurden, erneuern werden. Es wird sicherlich eine Menge harte Arbeit und geduldiges Nachdenken erfordern, aber es gibt genug Anlaß für Hoffnung. Die Anthropologen haben uns einiges über uns selbst beigebracht, und wir haben die Gelegenheit und die Verantwortung, darüber nachzudenken.

4

Gesetze und Theorien der psychischen Entwicklung

Fee Schlapper

Die Untersuchung des menschlichen Verhaltens und der menschlichen Entwicklung ist mehr als eine Suche nach Tatsachen. Sie verlangt auch, daß wir die Zusammenhänge zwischen den Tatsachen finden, die allgemeinen Regeln, durch die wir die bereits dargestellten und noch zu beschreibenden Entwicklungsvorgänge verstehen können. In den ersten drei Kapiteln haben wir viele Tatsachen angeführt und, zumindest andeutungsweise, einige Grundprinzipien vorgeschlagen. Jetzt ist es Zeit, diese Regeln klar darzulegen. Wir beginnen mit einigen generellen Gesetzmäßigkeiten der Entwicklung und dabei zunächst mit jenen, über die weitgehende Übereinstimmung herrscht, um dann zu denjenigen überzugehen, die etwas strittiger sind. Dann folgt ein kurzer Bericht über die Anwendung wissenschaftlicher Methoden bei der Untersuchung der psychischen Entwicklung. Im letzten Abschnitt vergleichen wir einige theoretische Anschauungen, alle heftig umstritten, die zeigen, was die Psychologen über die Entwicklung des Verhaltens gedacht haben. Es mag natürlich den Anschein haben, das Buch hätte mit diesem Kapitel beginnen sollen, doch glauben wir, daß dem Leser ohne das bereits über die Entwicklung Gesagte die Themen dieses Kapitels als ziemlich inhaltsleere Formulierungen erscheinen müßten. Dem Leser liegen jetzt genug Tatsachen vor, so daß wir, bevor wir das Baby durch die Kleinkindzeit und weiter verfolgen, damit beginnen können, die Tatsachen im Einklang mit den Regeln und Theorien zu ordnen.

Grundprinzipien der Entwicklung

Wachstumsgradienten

Die ersten beiden Grundregeln betreffen die Richtung der körperlichen Entwicklung: Bei allen höheren Tieren verläuft das Wachstum in zwei zueinander in Beziehung stehenden Richtungen oder Gradienten. Das Prinzip des *zephalokaudalen* Wachstums vom Kopf zum Unterkörper besagt, daß sich in der vorgeburtlichen Wachstumsphase das Kopfende des Organismus zuerst entwickelt und die unteren Teile erst später Form annehmen. Die nachgeburtliche Entwicklung des menschlichen Verhaltens scheint sich nach derselben Regel zu vollziehen, da der Kopf des Kindes vor seinen Händen funktionsfähig ist, d.h. es gebraucht seinen Mund, seine Augen und seine Ohren, bevor es greifen kann, und seine Hände früher als seine Füße, d.h. das Baby erlangt Übung im Umgang mit seinen Händen, bevor es seine Füße als Spielzeug, Greifwerkzeuge und später als Mittel zur Fortbewegung benutzt. Anscheinend hält sich das Baby auch wie der legendäre Vogel Strauß so lange für unsichtbar, wie sein Kopf bedeckt ist, z.B. beim Versteckspiel.

92

K. W. Gullers, Rapho Guillumette

93

Annan Photo Features

Abb. 92–93 Ein Beispiel der funktionellen Unterordnung: Aus Hämmern als Selbstzweck wird Hämmern als zweckgebundene Tätigkeit

Das Prinzip des *proximodistalen* Wachstums besagt, daß das Wachstum von Innen nach Außen, von der zentralen Körperachse nach der Peripherie hin, abläuft. Der proximodistale Gradient ist durch die Entstehung der Gliederansätze aus dem Rumpf und der noch weiter entfernten Hände, Finger und Zehen aus diesen Gliederansätzen im vorgeburtlichen Stadium besonders auffällig. Nach der Geburt gebraucht das Kind zunächst die ganze Hand als Einheit, noch bevor es seine Finger einzeln gezielt einsetzen kann. Im allgemeinen scheint die somatische und funktionelle Entwicklung umgekehrt wie bei einem Baum zu verlaufen, von der Krone nach unten und vom Stamm nach außen, rund um die inneren Verzweigungen des Nerven- und Kreislaufsystems und des Verdauungstraktes.

Differenzierung und funktionelle Unterordnung (Zentralisation)

Das Prinzip der Differenzierung besagt, daß die Entwicklung vom Einfachen zum Komplexen, vom Homogenen zum Heterogenen, vom Allgemeinen zum Spezifischen verläuft. Aus der einzelligen Zygote entstehen durch Differenzierung eine ungeheure Zahl von Zellen verschiedenster Struktur und Funktion. Während die ersten Zellen, in die sich die Zygote teilt, gleichartig sind und sich lediglich durch ihre Lage zueinander unterscheiden, ändert sich bei fortschreitender Differenzierung der Zellcharakter, und es entstehen verschiedenartige Gewebe mit spezifischen Funktionen: Nerven, Haut, Knochen, Blut, Muskel usw. Die differenzierten Strukturen und Funktionen integrieren sich weiter zu neuen, umfassenderen Komplexen und ergeben eine Einheit mit vielen Teilen. Da die differenzierten Komponenten in dieser Neuorganisation untertauchen und ihre eigene isolierte Existenz verlieren, haben wir diesen Vorgang *funktionelle Unterordnung* genannt, d. h. die Teilfunktionen sind der entstandenen Gesamtfunktion untergeordnet. Andere Autoren, insbesondere WERNER, nennen diesen Prozeß *Hierarchisierung, hierarchische Integration* oder *Zentralisierung*.

Die Motive der Differenzierung und funktionellen Unterordnung durchziehen alle Bereiche der Verhaltens- und der physiologischen Entwicklung. Das Baby schreit zuerst unter Einsatz seines ganzen Körpers; später ist sein Schreien deutlicher abgegrenzt. Alle seine Unlustreaktionen sind zunächst gleichartig und werden erst später spezifischer, so daß deutlich zu unterscheiden ist, ob es aus Hunger, Schmerz, Ärger oder Einsamkeit schreit. Die zahllosen vom Kind erlernten perzeptiven Unterscheidungen stellen eine Differenzierung seines Ichs von der Umwelt dar. Wenn das Kind zu laufen beginnt, stehen die differenzierten Arten der Fortbewegung, wie Schreiten, Hüpfen, rasches Gehen, Galoppieren, Laufen und Springen, noch bevor. Zunächst ist das Gehen als solches eine befriedigende Beschäftigung, später wird es dem

Zweck der Ortsveränderung untergeordnet. Bald nachdem das Baby oder Kleinkind zu laufen begonnen hat, findet es besondere Freude daran, Dinge mitzutragen, und erst später entwickelt sich die Zielvorstellung, etwas zum Zwecke des Gebrauchs an eine bestimmte Stelle zu bringen. Das Sprechen beginnt mit einzelnen Wörtern (oder Wortgruppen), und erst nachdem das Kind einige Zeit lang einzelne differenzierte Worteinheiten angewandt hat, beginnt es, Wörter zu Sätzen höherer Ordnung zu verbinden. Dem Kleinkind genügt Hämmern und Lärm zu machen; wenn das Kind im Vorschulalter Hammer und Nägel benutzen kann, ist das Einschlagen von Nägeln eine zufriedenstellende Beschäftigung. In einem fortgeschrittenen Stadium wird das Hämmern oder Nägeleinschlagen der Herstellung spezifischer Gegenstände untergeordnet. Wir werden bei der Erörterung der psychischen Entwicklung noch des öfteren auf diese Prinzipien zurückkommen.

Asynchrones Wachstum und Diskontinuität der Wachstumsgeschwindigkeit

Das Prinzip des asynchronen Wachstums beschreibt die Änderungen der Entwicklungsschwerpunkte in aufeinanderfolgenden Entwicklungszeiträumen. Babys sind keine kleinen Erwachsenen, und die Vorstellung eines Babys in Erwachsenengröße ist grotesk. Es ist klar, daß nicht der ganze Körper gleichmäßig wächst, sondern daß verschiedene Körperteile und untergeordnete Systeme sich mit unterschiedlicher Geschwindigkeit und zu verschiedenen Zeiten entwickeln. Wie wir bei Betrachtung der vorgeburtlichen Entwicklung gesehen haben, entwickeln sich die Plazentastrukturen des Kindes zuerst, der Embryo selbst ruht in der Keimscheibe. In einem späteren Wachstumsintervall werden in erster Linie die vorläufigen Schädelstrukturen ausgebildet, während das Wachstum der übrigen Körperteile ruht. Danach übernehmen einmal das Herz, dann die Glieder oder das Atmungssystem die Führung. Das asynchrone Wachstum nach der Geburt erklärt die relativen Größeschwankungen zwischen Kopf, Rumpf und Extremitäten ebenso wie die zugrundeliegenden Veränderungen der Muster der Drüsenfunktionen. Das Säuglingsalter, die Kindheit, das Jugendlichenalter und die Zeit der Reife sind durch Unterschiede der Gesichtszüge und der Stimmlage gekennzeichnet. Die Nase springt in den verschiedenen Altersstufen unterschiedlich vor oder zurück. Die Kleiderfabrikanten wissen am besten, wie sich die Körperproportionen auch noch im Erwachsenen- und Greisenalter verändern.

All dies bezieht sich auf das Wachstum der untergeordneten Systeme des Körpers. Diese wachsen natürlich im Zusammenhang mit dem

Körper als Ganzem, dessen Gesamtgröße und Gewicht sich ebenfalls ändern. Diese Änderung erfolgt jedoch in Schüben und nicht nach einer regelmäßig ansteigenden Kurve. Die Tatsache, daß die Wachstumsgeschwindigkeit zeitlichen Schwankungen unterliegt, findet in dem Prinzip von der *Diskontinuität der Wachstumsrate* ihren Niederschlag. Im frühen Kindheitsalter geht das Wachstum sehr rasch vor sich, verlangsamt sich allmählich im Vorschulalter und ist während der sogenannten mittleren Kindheitsjahre relativ langsam. Der Beginn des Jugendlichenalters ist durch einen neuen Wachstumsschub gekennzeichnet, der im frühen Erwachsenenalter allmählich abklingt.

Zwar wissen wir nicht mit Sicherheit, welches die psychologischen Äquivalente des asynchronen Wachstums und der diskontinuierlichen Wachstumsgeschwindigkeit sind, doch ist sicher, daß Kinder Stadien erhöhter Aufnahmefähigkeit für gewisse Gebiete des Lernens und Denkens und solche intensiver Konzentration auf eine bestimmte Verhaltensweise oder ein bestimmtes Erfahrungsgebiet durchlaufen, die sie dann zugunsten anderer aufgeben. Wir werden uns bei der Behandlung des Neugierverhaltens eingehender mit derartigen Mustern befassen. Es besteht weiterhin Grund zu der Annahme, daß sich neue Phasen der psychischen Entwicklung durch Perioden der Zerfahrenheit und Turbulenz ankündigen. Die bisher dargestellten Entwicklungsprinzipien sind weitgehend beschreibender Natur und werden allgemein anerkannt. Die nun folgenden enthalten stärker Vermutungen und Schlußfolgerungen; sie befassen sich mehr mit der subjektiven Erfahrung der Person, die sich entwickelt, und sind daher auch stärker umstritten. Wir halten sie für nützliche Annahmen für das Verständnis des Verhaltens mit allen seinen Feinheiten und Mannigfaltigkeiten.

Entwicklung zur Selbstkenntnis und Unabhängigkeit

Das Prinzip der Entwicklung zur Selbstkenntnis und Unabhängigkeit verweist auf die zunehmende Unterscheidungsfähigkeit zwischen der eigenen Person und der Umwelt, zwischen verschiedenen Aspekten der eigenen Person und ihrer Gesamtheit sowie auf die Integration des Selbstbewußtseins in ein eigenständiges Selbstbild oder -schema. Es deutet auch auf die wachsende Fähigkeit des Kindes hin, sein eigenes Verhalten zu regulieren und selbständig zu denken und zu handeln. Einige hervorstechende Aspekte der Entwicklung des Selbstbewußtseins wurden bereits skizziert (Seite 110). Hier wollen wir herausstellen, daß diese Entwicklung einen allgemeinen Trend darstellt (kompliziert durch unsere Neigung zum Selbstbetrug), der von zunehmender Eigenständigkeit sowie wachsender Fähigkeit zum selbständigen Denken, Entscheiden und Handeln, zur distanzierten Betrachtung der eigenen Handlungen und zur Auffassung individueller Verhaltensformen begleitet ist. Nun ist es selbstverständlich, daß manches, was wir als Selbstbestimmung oder als „Willensakt" erleben, seinen wahren Ursprung außerhalb unserer Person hat, und aus dem Wissen, dem Verständnis und den Werten, die andere uns vermittelt haben, stammt. Man kann sich aber auch die Lehren anderer wahrhaft zu eigen machen, so daß sie aufhören, außerhalb unseres Ich zu liegen und statt dessen einen Teil unseres eigenen Rüstzeuges für unser Verhalten bilden. Bei der Entwicklung des Selbstbewußtseins spielen mehrere Arten der Differenzierung eine Rolle. So wird die eigene Person von der Umwelt, das Ich als Subjekt und das Ich als Objekt – man denke an die Aussage: „Ich denke über mich selbst nach" –, und später das private vom öffentlichen Ich unterschieden. Hier taucht das untergeordnete Prinzip der Duplizität auf, die Fähigkeit, etwas zu denken und etwas anderes zu sagen, ein Innenleben zu haben, und letztlich die Fähigkeit zur Verstellung und zur Lüge. Es scheint manchmal, daß Kinder in der mittleren Kindheit eine Phase des vorsätzlichen Lügens durchmachen, wobei die Lüge nicht so sehr der Täuschung wie der Erprobung der Täuschungsfähigkeit dient. Die Duplizität manifestiert sich vielleicht im späten Säuglings- oder im frühen Kleinkindalter, wenn das Kind spielerisch ein Gefühl vortäuscht, z. B. wenn es vorgibt, sich weh getan zu haben, um gehätschelt und getröstet zu werden, oder wenn es im Spiel eine fremde Identität annimmt, z. B. wenn es vortäuscht, ein Hund zu sein. Wie wir im nächsten Kapitel sehen werden, ist Autonomie – die Ausbildung eines unabhängigen Ich – ein beherrschendes Motiv im Kleinkindalter.

Betätigungsdrang

Psychologen und Psychiater haben die menschliche Motivation zu lange im Sinne biologischer Bedürfnisse aufgefaßt, wonach ein Mangel oder eine Gleichgewichtsstörung eingetreten sein mußte, um Verhalten auszulösen. Denker (die gleichzeitig gute Beobachter sind), wie Biber und Murphy, haben jedoch darauf hingewiesen, daß eine derartige Formulierung die Tatsache unberücksichtigt läßt, daß Kinder, die in einer warmen, haltgebenden, stimulierenden und verständnisvollen Umgebung großgezogen werden, vom frühesten Kindheitsalter an Freude an der Erforschung, Handhabung und Beherrschung von Dingen zeigen, die ihnen in den Weg kommen.

White (1959, 1963) hat den Begriff *Betätigungsdrang* (competence motivation) vorgeschlagen, um die Neugier des Kindes gegenüber Dingen und ihren Eigenschaften und dem kindlichen Trieb, in der Auseinandersetzung mit der Welt Fertigkeiten zu erlernen und auszuüben, sei dies nun das Stapeln von Ringen auf einem Pflock, das Erlernen und die Anwendung neuer Wörter oder das Fahren auf einem Dreirad (vielleicht ebenso wie Erwachsene Rätsel lösen) zu bezeichnen. Das menschliche Verhalten kann weder durchgängig im Sinne von biologischen Gleichgewichtsstörungen beschrieben werden noch im Sinne eines Bedürfnisses nach Anschluß an andere Geschöpfe, sondern es schließt auch etwas wie Wissensdurst ein – das Bedürfnis zu wissen, zu erforschen und interessiert zu sein.

White, als Anhänger der konventionellen psychologischen Denkweise, sucht dieses Motiv im Innern des Organismus, gewissermaßen analog einem körperlichen Trieb, wie Hunger oder Sexualität. Andere Denker, wie Hebb, Henle und Lewin, haben uns auf die motivierenden und anregenden Eigenschaften von Objekten und ihren Aufforderungscharakter (vgl. Kap. 2) aufmerksam gemacht, und darauf, wie diese mit den Zuständen des Organismus zusammenwirken und dadurch Verhalten hervorrufen. Wie immer wir es auch ansehen, wir müssen jene Verhaltensweisen in Rechnung stellen, die nicht durch physische oder interpersonelle Gleichgewichtsstörungen, sondern durch die Freude an Betätigungen aktiviert werden, die bis an die Grenze des Möglichen reichen. Wie wir bereits gesagt haben, wird ein solches Verhalten durch mangelndes Gleichgewicht sogar gestört. Der Betätigungsdrang wird zu einem wichtigen Entwicklungsprinzip, weil das darauf folgende Verhalten zum Lernen und das Lernen zur Veränderung führt. Zwischen dem Betätigungsdrang und dem Harlowschen Neugiertrieb bestehen auffallende Verbindungen. Da die Entwicklung zum großen Teil auf der Ansammlung und Integration von Wissen und Erfahrung aufbaut, muß das, was Harlow *Lerneinstellungen* oder das Erlernen des Lernens nennt (siehe Seite 259), als wichtiger Entwicklungsfaktor gewertet werden. Lerneinstellungen können uns auch verstehen helfen, wieso Kinder fähig sind, völlig neue, eigenständige Handlungen auszuführen, die in ihrer Erfahrung noch nicht vorgekommen sind. Beispielsweise sagt jedes normale Kind Dinge, die es noch nie gehört hat.

Ambivalenz, Ambivalenz der Entwicklung und doppelte Ambivalenz

Wir haben bereits die *Ambivalenz* erwähnt, nämlich die Tatsache, daß man zu jemandem oder zu etwas verschiedene Einstellungen haben kann und eine Person oder eine Sache gleichzeitig oder abwechselnd anziehend oder abstoßend finden kann. Oft versuchen wir, eine dieser Einstellungen vor uns selbst zu verbergen und uns lediglich zu jener Haltung zu bekennen, die wir als annehmbar betrachten. Unsere Gefühle in bezug auf viele Menschen und Situationen, die uns im Leben begegnen, und manchmal auch unsere Gefühle in bezug auf das eigene Ich, sind durch Ambivalenz charakterisiert. Dasselbe scheint auch für die Gefühle der Kinder in bezug auf das Heranwachsen zu gelten, und es sieht so aus, als bestünde ein starker Konflikt zwischen einem progressiven Drang, der das Kind veranlaßt, sich vorzuwagen, zu forschen und Neues zu versuchen, und einem konservativen, der das Kind veranlaßt, den Status quo zu erhalten, kein Risiko einzugehen, nicht in das gefährliche Unbekannte vorzudringen, oder sogar einem reaktionären Drang, der das Kind in noch frühere Phasen der Unreife zurücklockt. Dieser Konflikt kann als *Ambivalenz der Entwicklung* bezeichnet werden.

Im frühesten Kindheitsalter kaum bemerkbar, tritt die Ambivalenz der Entwicklung im Kleinkind stark hervor, das sich einmal völlig autonom, kompetent und stürmisch verhält und im nächsten Augenblick als Baby behandelt, geschaukelt, liebkost und gefüttert werden will. Offenbar überwiegt gewöhnlich der Drang zum Fortschritt, da die meisten Leute ja doch schließlich erwachsen werden, wenn auch nicht immer vollständig, was man daran sieht, daß so viele von uns auch noch im Erwachsenenalter vor wichtigen Entscheidungen zurückschrecken, auch wenn es sich offensichtlich um vorteilhafte Änderungen handelt.

Daß das Kind von der Ambivalenz der Entwicklung geplagt wird, ist schlimm genug. Noch schlimmer ist es aber, daß auch die Eltern davon befallen werden. Sie freuen sich über jeden Schritt der Weiterentwicklung – das erste Lächeln, die erste Teilnahme an Familienspielen, die ersten Schrittchen, das erste gesprochene Wort – und dennoch wird ihnen bei jedem dieser Fortschritte mehr und mehr bedrückend bewußt, daß sie ihr Kind verlieren, daß es sich der Selbständigkeit und Unabhängigkeit nähert und vom Zustand der Unschuld weg der rauhen Wirklichkeit der Außenwelt entgegenstrebt. Die Kombination der kindlichen und elterlichen Ambivalenz in bezug auf die Entwicklung des Kindes haben wir *doppelte Ambivalenz* genannt. Sie zeigt sich in jeder Phase und in jedem Übergangsstadium und erreicht, wie wir sehen werden, ihren Höhepunkt im Jugendlichenalter, wo sich der junge Mensch endgültig von seiner Familie entfernt und der Unabhängigkeit des reifen Menschen zustrebt. Der erste Schultag ist ein Tag der freudigen und zugleich bangen Erregung für das Kind und des Stolzes und des gleichzeitigen Bedauerns für die Eltern.

Reifung, Erfahrung, Lernen und kritische Perioden

Die physische Reifung ist eine Tatsache. Das Kind durchläuft tatsächlich somatische Veränderungen und Umgestaltungen, die tiefgreifende Einflüsse auf seine seelische Funktion ausüben. Wir müssen verstehen, wie reifungsbedingte Veränderungen entstehen und wie sie sich auf das Verhalten auswirken. Zunächst erfolgt der erste Anreiz für die gesamte

Reifung (und mit entsprechender Umwelthilfe auch ihre Verwirklichung) offenbar durch das im Zellkern enthaltene Material und seine Fähigkeit, Informationen aus der Umgebung zur Herstellung eines Organismus zu verarbeiten. Wir haben gesehen, wie die Zufuhr anomaler Informationen in Form von Viren, Röntgenstrahlen, Chemikalien, Temperaturveränderungen usw. in der formbaren embryonalen Entwicklungsphase zu bizarren teratogenen Niederschlägen führt. Wurden jedoch einmal gewisse Alternativen gewählt, sind sie meist irreversibel, so daß der Organismus weniger und weniger formbar wird und seine potentiellen Alternativen immer geringer werden. Wir kennen zwar einige offenkundige Einflüsse auf die körperliche Entwicklung nach der Geburt – Ernährung, frische Luft, Sonne, Krankheit, Bewegung –, doch die psychologische Bedeutung dieser Faktoren ist uns unbekannt. Es besteht Grund zu der Annahme, daß das autonome Nervensystem und die Funktion der endokrinen Drüsen durch emotionale Erlebnisse geprägt werden können und dadurch sowohl die von ihnen regulierten vegetativen Funktionen – Verdauung, Kreislauf, Atmung, Schwitzen, Sexualität usw. – als auch die begleitenden Muster des Temperaments und der Motivation. Spätestens seit FREUD akzeptieren wir den Begriff der psychosomatischen Krankheit, durch chronischen emotionalen Streß erzeugte körperliche Fehlfunktionen und Schäden. Möglicherweise stellt die normale Reifung teilweise einen psychosomatischen Effekt dar, der sowohl durch belastende als auch durch freudige Gefühle beherrscht wird, und so durch die äußeren Umstände beeinflußt wird, die diese Gefühle hervorgebracht haben. Es besteht sogar Grund zu der Annahme, daß Zwergenwuchs manchmal psychosomatisch bedingt ist (APLEY u. Mitarb. 1971). Es ist verführerisch, zu glauben, daß auch kognitiv-intellektuelle Erfahrungen und das nachweisbare Lernresultat, das daraus folgt, psychosomatische Folgen haben. Wie wir gesehen haben, verändern angereigte kognitive Erfahrungen bei Ratten sogar die biochemische Funktionsweise des Gehirns, und C. J. SMITH (1959) hat gezeigt, daß das Gehirn von Ratten, die in „reicher" Umgebung aufwuchsen, spezielle Funktionsbereiche entwickelt, was bei solchen, die unter normalen Laboratoriumsverhältnissen gezüchtet wurden, nicht der Fall ist, deren Gehirn gemäß dem Gesetz der Massenaktion (LASHLEY) funktioniert. Die Ergebnisse der Tierforschung erwecken neuerliches Interesse an einem Begriff, der schon einmal verworfen worden war, an der *stimulusinduzierten Reifung* nach WHEELER. Wir wissen als Erzieher, weil wir es dauernd tun, daß wir Menschen lehren können, neue perzeptuelle Unterschiede zu machen, neue Bilder der Figur-Grundorganisation und neue bisher verborgene räumliche und funktionelle Beziehungen wahrzunehmen. Wir wissen zwar nicht, ob wir dadurch die Struktur der Sinnesrezeptoren geändert haben, aber wir wissen, daß Sinnesrezeptoren, die im frühen

Lebensalter von der Stimulierung ausgeschlossen wurden, verkümmern und ihre Funktionsfähigkeit verlieren können.

Der Haupteffekt von Reifungsveränderungen scheint darin zu bestehen, daß sie neue Verhaltensweisen ermöglichen. Das heißt, *Reifung* und *Erfahrung* scheinen zueinander in einer wechselseitigen Beziehung zu stehen, wobei eine die andere beeinflußt. So erwirbt das Kind nur in einer ganz bestimmten Reifungsphase die Fähigkeit, sich auf die andere Seite zu wälzen, zu laufen oder seine Schließmuskeln zu beherrschen. Mit anderen Worten, ein Reifungsschritt bringt eine *Lernbereitschaft* für eine bestimmte Verhaltensweise mit sich. Die neue Verhaltensweise kann fast spontan oder, wie DENNIS sagt, *autogen,* also selbsterzeugt, mit einem Minimum an spezifischer Vorbereitung, Übung, Stimulation oder Hilfeleistung in Erscheinung treten. Sie kann aber auch einen speziellen Umweltreiz erfordern, wie beim Sprechenlernen. Nun garantiert im allgemeinen die bloße Tatsache einer erfolgten Reifung nicht das damit assoziierte Verhalten. Wenn beispielsweise das Auftreten eines scheinbar autogenen Verhaltens, wie das Laufen, künstlich über die normale Zeit hinaus verschoben wird, z. B. durch Krankheit oder eine Verletzung, die das Baby bettlägerig macht, so ist das Laufen schwieriger zu erlernen als unter normalen Verhältnissen. Andererseits scheint die Unterbindung der dem Laufen vorangehenden Tätigkeiten bis zu dieser Zeit nur geringe Wirkung zu haben.

Bei diesen Fragen ergibt sich eine Schwierigkeit, weil die Psychologen zu große Betonung auf die motorische Komponente von Fertigkeiten, z. B. des Laufens, gelegt und ihren kognitiven Aspekten zu wenig Beachtung geschenkt haben. Wir haben z. B. bereits gesagt, daß die Fähigkeit des Laufens sehr wesentlich von einer Neuorientierung im Raum, insbesondere in seiner Vertikalen, abhängig ist. Blinde Kinder, die an keiner bekannten motorischen Behinderung leiden, laufen später als sehende Kinder. Der Erwerb der Schließmuskelkontrolle hängt ebenfalls vom Bewußtsein der Körperfunktionen und nicht nur von einer Änderung der Reflexreaktion auf Darm- oder Blasenspannung ab. Die Reifungsveränderungen der Pubertät bringen nicht automatisch sexuelle Lust und sexuelle Bestrebungen mit sich – Tierversuche deuten darauf hin, daß weiße Ratten und Affen, die vor der Pubertät allein heranwuchsen, oft sexuell unangemessen reagieren, und unveröffentlichte Studien haben gezeigt, daß viele physisch normale Erwachsene einen schwach ausgebildeten Geschlechtstrieb haben. Viele Arten der Lernbereitschaft, z. B. die Bereitschaft, mit Zahlen zu arbeiten oder zu lesen, scheinen überdies ebenso stark von der Erfahrung wie von identifizierbaren Reifungsstadien abhängig zu sein. Da die Reifung und das Ausmaß der Erfahrung zum Alter des Kindes in enger Beziehung stehen, ist es natürlich außerordentlich schwierig, den relativen Beitrag jedes einzelnen dieser Faktoren zu einem Zustand der Lernbereitschaft herauszufinden.

Der Begriff der *Lernbereitschaft* steht in enger Beziehung zu jenem der *kritischen* oder *sensiblen Entwicklungsperioden,* analog zu jenen der embryonalen Phase, in denen eine bestimmte Funktion sehr stark auf Anregung, Trauma oder Vernachlässigung reagiert. Das heißt, die Bereitschaft steht am Beginn einer kritischen Periode, doch haben die kritischen Perioden auch ein Ende, nach dem Lerngelegenheiten fast ebenso ungenutzt bleiben, wie die zu früh angebotenen. Leider wurde der Begriff der nachgeburtlichen kritischen Periode zu eng mit dem Begriff der Reifung verknüpft, und so wurden viele sinnlose Kontroversen geschaffen. Man sollte besser von einer Hierarchie des Lernens sprechen insofern, als es für die Heranbildung bestimmter Fähigkeiten mehr oder weniger geeignete Perioden gibt. Diese stehen zweifellos zu den Phasen der physischen Reifung in Beziehung, doch kann hier, wie bereits erwähnt, eine Wechselbeziehung bestehen. Es ist deshalb schwer, zwischen Ursache und Wirkung zu unterscheiden. Wir sind uns im gegenwärtigen Stadium nicht genügend klar darüber, wodurch eine kritische Periode beendet wird, ob durch eine reifungsabhängige Änderung oder einen gegensätzlichen Lernschritt, und welche Konsequenzen eine Verzögerung des Lernens bis über das Ende einer kritischen Periode hinaus nach sich zieht. Einiges wissen oder ahnen wir jedoch. Die uns zur Verfügung stehenden Angaben deuten darauf hin, daß eine Verzögerung bei der Bildung enger mitmenschlicher Bindungen weit über das Alter von sechs Monaten hinaus die Fähigkeit des Kindes, solche Bindungen einzugehen, mindern und ernste Folgen für seine ganze spätere Entwicklung haben kann. Versuchsergebnisse machen es hinlänglich klar, daß junge Hunde, die während der ersten neun bis vierzehn Lebenswochen keinen Kontakt mit Menschen haben, auf die Dauer unfähig sind, eine Bindung an Menschen zu entwickeln (FREEDMAN u. Mitarb. 1961). Obgleich es weniger bewiesen ist, besteht Grund zu glauben, daß chronische Bettnässer zu spät, z. B. erst nach dem Alter von drei Jahren, an Sauberkeit gewöhnt wurden. Wie gesagt, das Körpergefühl, das zur Kontrolle des Schließmuskels erforderlich ist, kann in den komplexeren Körpererlebnissen der späteren Jahre untertauchen. Ebenso wurde bereits erwähnt, daß eine Verhinderung des Laufenlernens während des hierfür normalen Zeitraumes nachteilige Folgen haben kann. Andererseits können bekanntlich manche Fertigkeiten, die gewöhnlich in frühen Lebensjahren erworben werden, z. B. das Lesen, auch im späteren Leben erlernt werden, wenn auch vielleicht nicht so leicht oder so gut. Zur Klärung der kritischen Perioden und ihrer generellen Bedeutung für die gesamte nachgeburtliche Entwicklung ist noch viel Arbeit erforderlich.

Der ältere Begriff der Lernbereitschaft enthielt für Eltern und Erzieher die Aufforderung, das Kind nicht zu sehr anzutreiben, da das Lernen leicht und ohne Anstrengung vor sich gehen wird, sobald das Kind dazu bereit ist. Der kompliziertere Begriff der kritischen Perioden hat den Eltern und Lehrern neue Ängste durch die Annahme verursacht, daß es einesteils nutzlos und sogar schädlich ist, etwas zu lehren, wofür das Kind noch nicht bereit ist, daß es aber andererseits ebenso gefährlich sein kann, zu lange zu warten, weil sonst das Stadium der Bereitschaft vielleicht beendet sein könnte. Der Schlüssel ist wohl darin zu suchen, daß für den Erwachsenen keine Richtlinien dafür existieren, wann ein Kind für einen gewissen Lernstoff bereit ist. Es gibt zwar einige generelle Anzeichen (wie wir im Zusammenhang mit der Umstellung von der Windel auf das Töpfchen zu zeigen versuchten), doch besteht der einzig verläßliche Test im Versuch und in der Beobachtung der Reaktion. Zeigt sich das Kind widerspenstig, ist es wahrscheinlich zu früh. Ein vorzeitiger Druck kann sogar Ergebnisse bringen, die dem Wunsch des Erwachsenen entgegengesetzt sind. In allen diesen Lernbereichen gelten zwei Regeln. Erstens sollen Gelegenheiten zum Lernen immer im Überfluß geboten werden, und zweitens müssen die Erwachsenen im Umgang mit Kindern immer ein feines Gefühl für die emotionale Rückmeldung des Kindes – die Ausdrucksformen des Verhaltens – haben. Natürlich ist eine allgemeine Vorstellung von der Aufeinanderfolge der Entwicklungsphasen immer von Nutzen.

Lernen. Hier müssen wir den gebräuchlichen psychologischen Begriff des Lernens als assoziative Konditionierung erläutern. Das heißt, ein Reiz kann zum Signal für eine Handlung oder eine Reaktion werden. Forscher auf dem Gebiet der Konditionierung nehmen zwei fundamentale Prozesse an. Einer, das sogenannte *klassische Konditionieren,* vollzieht sich, wenn ein bislang neutraler Reiz mit einem anderen gepaart wird, der automatisch eine Reaktion hervorruft. Biologisch verknüpfte Reize und Reaktionen werden als unkonditioniert (unbedingter Reflex) bezeichnet. Der neutrale Reiz kann nach wiederholter Paarung mit einem unkonditionierten Reiz selbst eine fast gleiche Reaktion auslösen, wie der unkonditionierte. Er wird dann in bezug auf die Reaktion als konditionierter oder bedingter Reiz bezeichnet. So können in der frühen Kindheit Gegenstände oder Personen, die mit angenehmen Erlebnissen, z.B. die Brust oder Flasche, und solche, die mit Schmerz assoziiert sind, z.B. der Arzt, dem Kind etwas Angenehmes oder Schmerzhaftes ankündigen. Im weiteren Sinne können sich durch klassische Konditionierung an Umweltmerkmale alle möglichen zum Teil auch willkürlichen oder ungereimten Bedeutungen knüpfen.

Der zweite grundlegende Vorgang ist unter der Bezeichnung *operantes oder instrumentelles Konditionieren* bekannt. Wenn der Organismus in einer Weise tätig wird, durch die erwünschte Ergebnisse erzielt werden, wird die Tätigkeit durch diese Ergebnisse verstärkt, und der Organismus lernt, diese spezielle Tätigkeit auszuführen, um dieses besondere Ergebnis hervorzubringen. Weil eine derartig erlernte Tätigkeit Effekte hervorruft, wird sie als instrumentell bezeichnet. Während es sich bei der klassischen Konditionierung meist um Dinge handelt, die mit dem Organismus geschehen – größtenteils vegetative Reaktionen –, betrifft das instrumentelle oder operante Konditionieren die Auswirkungen des Organismus auf seine Umwelt und die Effekte, die er hervorbringt.

Zwar stellt man sich das klassische und das instrumentelle Konditionieren als getrennte Prozesse vor, doch laufen diese oft nebeneinander ab. SIQUELAND u. LIPSITT (1966) brachten kleinen Kindern bei, den Kopf instrumentell zu drehen, um Nahrung zu erhalten, doch begannen sie damit, die Kinder durch klassisches Konditionieren zu veranlassen, den Mund auf ein Signal hin zu öffnen (Teil des Babkinschen Reflexes).

Die Tatsache, daß die gesammelte Erfahrung – das Erlernte – und die Reifung so unlösbar und kreisförmig ineinanderfließen, macht die gewohnte Auffassung des assoziativen Lernens problematisch. Wie wir bei der Besprechung der Lerntheorien noch ausführen werden, wird durch das typische Lernexperiment das Erlernen einer einzelnen Reaktion untersucht, während der Einpassung des Lernens in die Gesamterfahrung des Organismus wenig Aufmerksamkeit geschenkt wird. Um die Rolle der Erfahrung bei der Entwicklung verstehen zu können, müssen wir über die gewohnten Begriffe des Lernens hinausgehen und uns überlegen, wie das Kind durch seine Begegnungen mit der Umwelt in die Lage versetzt wird, ein zusammenhängendes Bild seiner selbst und der Umwelt auszubilden, und zu so feinen Unterscheidungen zu kommen, daß es lernt, sich selbst für kompetent und die Welt für erforschbar und begrifflich erfaßbar zu halten.

Wie bereits gesagt, tritt die Bedeutung der frühzeitigen Erfahrung für die spätere Entwicklung immer klarer hervor. Der Erfahrungserwerb in der frühen Kindheit übersteigt die gewohnten Begriffe des Lernens. Das Erlebnis des Kindes, daß es z. B. Reaktionen hervorrufen kann, das Erlebnis der Möglichkeit und der Ergebnisse seiner Forschungen, kann z. B. nicht im Sinne der einfacheren Modelle spezifischer Lernvorgänge ausgedrückt werden.

Die Entwicklung von Schemata

Eine Entwicklungskomponente besteht im Erwerb von Wissen, einer Reihe mehr oder weniger strukturierter, integrierter Schemata. Dieser Ausdruck wurde unter anderem von PIAGET verwendet. Ein Schema ist eine kognitive Struktur, eine Konzeption dessen wie ein Ding oder eine

Gruppe von Dingen beschaffen ist. Wir haben bereits gesagt, daß Angst vor Fremden auftritt, wenn das Kind ein Schema der ihm bekannten Menschen und Örtlichkeiten entwickelt hat. Schemata sind gewöhnlich implizit, sind jedoch oft mit Worten beschreibbar und werden meist als vage Gefühle erlebt. Erst wenn unsere Schemata mit der Wirklichkeit kollidieren, sind sie wahrnehmbar. Derartige Kollisionen überraschen uns und können je nach Art der Diskrepanz Gelächter, Verblüffung, Schrecken oder verschiedene Gefühlskombinationen hervorrufen. Wenn ein starker Mann mit quietschender Fistelstimme oder eine zarte Frau mit dröhnender Stimme spricht, wenn ein nackter Wilder gut informiert über Proust und Ionesco und Konstruktivismus diskutiert, wenn ein Zauberer Meter um Meter Stoff aus einem Fingerhut zieht oder wenn der einige Häuser weiter wohnende sympathische junge Student sich als Sexualverbrecher entpuppt, treten die bisher impliziten Schemata in schreienden Gegensatz zu neuen. Manchmal sind unsere Schemata so stark, daß sie unsere Wahrnehmungen behindern; solche Schemata nennen wir vorgefaßte Meinungen, Vorurteile, Stereotypen oder Aberglauben.

Wir haben bereits gesehen, wie das Baby seinen eigenen Körper Schritt für Schritt entdeckt und wie die Entdeckungen in ein Körperschema integriert werden. Das Körperschema kann zu starken schemabedingten Erlebnissen führen, wenn Gliedmaßen amputiert werden und „Phantomglieder" zurückbleiben, die als noch vorhanden empfunden werden, bis dieses Gefühl allmählich schwindet (Haber 1958). Man kann in einer fehlenden Extremität sogar Schmerz und Unbehagen empfinden. Unsere Körperteile werden aber nicht automatisch aufgrund irgendeiner in das Nervensystem eingebauten Repräsentation seelisch empfunden; denn Phantomglieder verschwinden tatsächlich, und Menschen, die mit einer fehlenden Extremität, aber mit intaktem Gehirn geboren werden, scheinen nie Phantomerlebnisse zu haben (Simmel 1961, Wilson u. Mitarb. 1962). Vielmehr scheinen die Zusammensetzung, die Reichweite und andere Kenntnisse über unseren eigenen Körper sich aus frühzeitiger Erfahrung und Rückmeldung unserer Handlungen aufzubauen und sich zu einem Schema zusammengeschlossen zu haben, das uns anzeigt, was unser Körper tut und wo er ist – sowohl der ganze Körper im Raum als auch die einzelnen Teile in bezug aufeinander und auf das Gesamtschema. Meist wissen wir automatisch und mit halbem Bewußtsein, was unser Körper macht – wir müssen nicht innehalten und uns besinnen, wo unsere Hand ist, bevor wir sie gebrauchen können –, sondern die wichtigsten Oberflächenbereiche des Körpers können willkürlich ins Bewußtsein gerufen werden.

Ein äquivalentes Schema zu den Phantomgliedmaßen sind die „*Phan-*

tomumwelten", wie die Verfasser sie nennen, d.h. Tiere und Menschen benehmen sich manchmal weiterhin so, wie frühere Umstände es erforderten, offenbar ohne sich bewußt zu werden, daß die Umstände sich geändert haben. CARR u. WATSON (1908) machten einen Versuch, bei dem ein Labyrinthgang, der früher zum Futter geführt hatte, blockiert wurde, und Ratten, die gelernt hatten, in diesen Gang einzubiegen, beharrlich und immer wieder versuchten, den nicht mehr bestehenden Pfad zu betreten. Nach SKINNER (1948) kann man bei einer Schafherde, die eine Zeitlang von einem Elektrozaun eingeschlossen war, diesen durch eine Leine ersetzen, und die Schafe werden weiterhin der Leine fernbleiben, als ob der leitende Draht noch vorhanden wäre. Auch die Menschen nehmen oft zu sozialen Streitfragen, wie Sexualität, Geburtenkontrolle, Wirtschaftsproblemen, Naturschutz, Umweltverschmutzung, Verkehrsmitteln, internationalen Beziehungen, Änderung der staatlichen Gesetzgebung, Rassenintegration, Bildungswesen oder was immer, eine Haltung ein, als ob sie in der Phantomumwelt vergangener Jahrhunderte lebten. Heimweh bedeutet natürlich die Sehnsucht nach einer Phantomwelt, die vielleicht niemals wirklich existiert hat. Es gibt nämlich neben den Verhältnissen, die nicht mehr bestehen und die uns trotzdem immer noch beeinflussen, noch eine zweite Art von Phantomumwelt. Dies ist die Gesamtheit der Dinge, die niemals bestanden haben, aber manchmal freizügig vom Menschen erfunden werden – oft unschuldigerweise und oft aus tieferen Beweggründen. Hier haben wir die Geisterwelt, das Reich der imaginären, erklärenden Entitäten, die von der Wärme über den Instinkt bis zur Intelligenz reichen und die verschiedenen von Obrigkeiten erfundenen Schreckgespenster, mit denen die Leute durch Furcht zu bestimmten Handlungsweisen bewogen werden sollen.

Unsere genauer definierten und mehr realitätsbezogenen Schemata werden manchmal „Begriffe" genannt, besonders dann, wenn wir sie benennen und über sie sprechen können. Man kann sagen, daß unser generelles Realitätsschema begrenztere, spezifischere Schemata einschließt, z.B. ein Raumschema, ein Zeitschema und Schemata der sozialen Rollenverteilung, der Ursache-Wirkungs-Zusammenhänge des Lebens, des Todes, der Krankheit und Gesundheit, der Zeugung, der Körperfunktionen, der Ästhetik, der Moral, der Gesellschaftsorganisation, der menschlichen Natur, der Form und Farbe, der Zahlen und Zahlenverhältnisse, der Geschichte und so weiter durch alle Wissensgebiete.

Wie aus all dem hervorgeht, werden nicht alle Schemata aufgrund direkter Erfahrungen gebildet. Die sprachlichen Formulierungen der Realität – unsere eigenen wie auch die anderer – bleiben uns gleichfalls als Schemata erhalten. Hier muß ein allgemeineres Phänomen besprochen werden, das auf dem Prinzip des Realismus beruht. Worte und Sätze werden gewöhnlich als Darstellungen einer Realität aufgefaßt, d.h. wir *reifizieren* oder *verdinglichen* die Sprache. Wenn wir die oben erwähnten Phantomentitäten und -situationen schaffen, so ist dies eine Verdinglichung. Die Verdinglichung ermöglicht es uns auch, uns an einem Roman zu erfreuen, so als ob wir an tatsächlichen Vorkommnissen teilhaben würden.

Kanalisierung.

Eine weitere Art des Lernens, die wir bereits berührt haben und die weder in das Modell des klassischen noch in das des operanten Konditionierens richtig hineinpaßt, wird *Kanalisierung* genannt, ein Ausdruck, den MURPHY (1958) von dem französischen Psychologen JANET übernommen hat. Wenn sich der Körper in einem Bedürfniszustand befindet, gibt es für viele Bedürfnisse mehr als ein brauchbares Objekt der Befriedigung. So kann der Hunger oder auch ein spezieller Appetit oder ein besonderes Verlangen, z.B. nach Süßigkeiten, im Prinzip durch die verschiedensten Nahrungsmittel gestillt werden. Gewöhnlich schreibt jedoch eine bestimmte Kultur vor, daß nur einige aus der Vielzahl der in Frage kommenden Objekte der Befriedigung akzeptabel sind, und nach einiger Zeit entwickelt ein bestimmter Mensch eine Vorliebe für jene Objekte, an die er gewöhnt ist. Er hält diese für die einzig möglichen und weist andere als ungeeignet zurück. Das heißt, er bildet eine Kanalisierung zugunsten jener Objekte, die seine Kultur als die richtigen definiert. Das Eskimokind lernt, Walfischtran gern zu essen, das Kind des Südens Maismehlfladen, das Kind in Philadelphia „Scrabble", das Kind in Hawaii geräucherten Fisch und Tarowurzeln, das orientalische Kind Reis und so weiter um die ganze Welt. Gleichzeitig lernt das Kind, verschiedene andere, ebenso nahrhafte Speisen abzulehnen. Die meisten Amerikaner scheuen sich, rohen Fisch (nicht aber rohe Austern), Pferdefleisch oder eingemachte Bienen zu essen. Nach einer Untersuchung von BURGHARDT u. HESS (1966) wählen junge Schildkröten, die während der ersten Lebenstage ausschließlich bestimmte Arten von Futter erhalten hatten, die alle einen Teil der Nahrung erwachsener Schildkröten darstellen, konsequent auch weiterhin dieses besondere Futter. Unsere vielen Kanalisierungen bedeuten eine Entwicklung von Schemata des Gewohnten als „natürlich", „gut" und „menschlich" und ein gleichzeitiges Mißtrauen gegen alles, was nicht in diese Schemata paßt und als fremd und daher „schlechter" angesehen wird. Was die Ablehnung bestimmter Nahrungsmittel betrifft, ist zu sagen, daß der Körper sich tatsächlich auf seine gewohnte Ernährung einstellt, so daß ungewohnte Nahrungsmittel wirklich ungenießbar werden können. Ein wohlgemeintes zusätzliches Eiweißangebot kann bei Menschen, die sich nur mit Stärke ernähren, durch die Aufzehrung ihrer geringen Versorgung mit Vitamin A Blindheit und sogar den Tod herbeiführen (BUNCE 1969). Personen, die nicht regelmäßig Milch trinken, hören auf, Laktase zu erzeugen, ein für die Verdauung der in der Milch enthaltenen Laktose erforderliches Enzym, und der Zusatz von Milch zu einer milchfreien Ernährung kann schwere und oft sogar tödliche Diarrhoe verursachen (DAVID u. BOLIN 1969). Die Asiaten können Natriumglutamat anscheinend sehr gut vertragen, während es zumindest bei manchen Europäern das „Chinarestaurant-Syndrom" hervorruft. Deshalb dürfen wir nicht jede Abneigung gegen ungewohnte Nahrungsmittel als lächerlich abtun. Die schematische Einteilung von Leuten nach „solchen unserer eigenen Art" und „andersgearteten" ist ernster zu nehmen. Unserer Meinung nach würden die Eltern gut daran tun, ihren Kindern frühzeitig Erfahrungen mit den vielfältigsten Mitteln zur Bedürfnisbefriedigung – Menschen mit eingeschlossen – zu vermitteln, um der Bildung enger und starrer Kanalisierungen entgegenzuwirken, die eine Aufgeschlossenheit für neue Erlebnisse verhindern, von gelegentlichen atypischen Kanalisierungen, z. B. im Bereich der Sexualität, ganz zu schweigen. Hier gibt es die Homosexualität, bei der eine gleichgeschlechtliche Person das sexuelle Objekt ist, und den Fetischismus, bei dem Gegenstände, wie Schuhe, Unterwäsche oder ausgestopfte Möwen sexuelle Bedeutung haben.

Wie wir sehen werden, besteht eine Verwandtschaft zwischen Kanalisierung einerseits und Prägung und Kathexis andererseits (vgl. Seite 243). MURPHY hält die Kanalisierung für den allgemeineren, umfassenden Mechanismus und sowohl die Prägung als auch die Kathexis für Sonderfälle. BURGHARDT u. HESS haben jedoch in der oben erwähnten Untersuchung dieses Verhältnis vollständig umgekehrt und bezeichnen die Nahrungsmittelkanalisierung als Prägung auf Nahrungsmittel, und ein Unterschied könnte sich lediglich auf die Wahl des Wortes für einen und denselben Begriff beschränken. Da die Verfasser frühzeitig einer Prägung auf oder einer Kanalisierung zugunsten der Denkweise MURPHYS unterworfen wurden, werden wir weiterhin seinen Gesichtspunkt zugrundelegen. Die Prägung wäre sodann eine Kanalisierung der Reaktion auf die Mutter (oder einen Mutterersatz) als Objekt für ein „kindliches Anschlußbedürfnis". Hier erhebt sich natürlich die Schwierigkeit, daß die Prägung bereits stattfindet, bevor noch eine Gelegenheit bestanden hat, das bedürfnisbefriedigende Potential der Mutterpersönlichkeit zu erkennen.

Die *Kathexis* wird gleichermaßen als eine Kanalisierung in bezug auf besondere Objekte aus einer potentiellen Vielzahl solcher betrachtet, durch die erotische Bedürfnisse befriedigt werden können, und sie nähert sich in dieser Beziehung mehr den normalen Begriffen des Lernens. Die Kathexis umfaßt aber nicht nur die befriedigenden Objekte, sondern auch die Zonen und Kanäle – Mund, Anus, Genitalien – der Befriedigung, und überdies auch noch die Handlungen – Saugen, Beißen, Kauen, Ausstoßen, Reiben, Stoßen, Manipulieren –, die die Person mit den Objekten in Kontakt bringen. Wenn also die Kathexis einen Sonderfall der Kanalisierung darstellen soll, muß der ursprüngliche Begriff erweitert werden. Soll die Kanalisierung zu einem allgemeinen Erklärungsprinzip für die Charakterbildung werden, müssen wir bereit sein, in sie Dinge wie Schlafen in der Hängematte zum Unterschied vom Schlafen auf dem Boden, auf der Matte oder im Bett, als Mittel zur Befriedigung eines Ruhebedürfnisses, einzuschließen. Ob eine derartige Erweiterung die Aussagefähigkeit des Begriffes dadurch schwächt, daß sie ihn gleichbedeutend mit *Geschmack* oder *Vorliebe* macht, bleibt dem Urteil des Lesers überlassen.

Jedenfalls hat die Kanalisierung mit der Lerntheorie und der Psychoanalyse die Abhängigkeit von Bedürfnissen als Lernbasis gemeinsam, während das kulturelle Lernen unserer Meinung nach größtenteils bedürfnisfrei ist. Wir möchten keinen Zweifel darüber aufkommen lassen, daß wir die gewöhnlichen Regeln des Lernens nicht verleugnen, z.B. jene, die mit der Assoziierung von Ereignissen, Belohnung und Bestrafung, Positionseffekten, massierten und zeitlich verteilten Übungen, der retroaktiven und proaktiven Hemmung, Verstärkungsplänen usw. zu tun haben, da diese sich auf einen besonderen Bereich des Lernens beziehen. Vielmehr betonen wir, daß es auch noch andere Lernmechanismen gibt und daß für das Verständnis des Lernens die Erkenntnis seiner Wirkung auf die Entwicklung ausschlaggebend ist, z.B. können uns die Erfahrungen ein fortschreitend besser artikuliertes Wissen über die Welt und uns selbst vermitteln (von Tolman „kognitive Landkarten" genannt) und uns das begriffliche und symbolische Rüstzeug geben, mit dem wir über die Welt nachdenken und so unsere Wahrnehmungen, Gefühle, Gedanken und Handlungen umformen können.

Rollenübernahme

Das Lernen beeinflußt die Entwicklung weiterhin dadurch, daß das Kind wirkliche oder vorgestellte Personen nachahmt, die es sieht oder von denen es hört, und die zu Verhaltensmodellen werden. Unter diese Rollenübernahme, manchmal in Form von Verkleidungen und manchmal durch direkte Schauspielerei, manchmal in unbewußter Übernahme des Stils eines Modells und manchmal als ernsthafter Versuch, eine Identität zu finden und auszufüllen, gehört es auch, wenn der

Säugling einfache Handlungen und Gesten von Erwachsenen, Ausdrücke und Körperhaltungen nachahmt, wenn das Kleinkind die Hausarbeiten der Mutter imitiert, wenn das Vorschulkind seine Rollenspiele aufführt, wenn in der mittleren Kindheit das Piraten- oder Raumfahrerspiel gespielt wird, wenn Jugendliche das jeweils modische weltmännische Gehabe zur Schau stellen usw. bis zur Rolle des Erwachsenen als Gesellschaftsmitglied, Gelehrter, Großindustrieller, prominentes Clubmitglied oder vergnügungssüchtige femme fatale. Einer der interessanten Aspekte des Rollenspiels ist die Art, wie im mittleren Kindes- und Jugendlichenalter die Rolle eines Angehörigen der gleichen Altersgruppe gespielt wird. Ein Achtjähriger sammelte beispielsweise eifrig Fußballkarten, führte Aufzeichnungen über die Spiele und die Mannschaftspositionen auf den Sportseiten, wie dies in seiner Nachbarschaft üblich war, obwohl er niemals ein wirkliches Fußballspiel gesehen oder das geringste Interesse gezeigt hatte, eines mitzuerleben.

Wie unbedeutend oder trügerisch das Rollenspiel auch sein mag, es gibt doch dem einzelnen die Möglichkeit, Lebensformen und ihre Werte selbst zu erproben und jene zu entdecken, die ihm oder ihr als die passendsten oder bedeutungsvollsten erscheinen. Es muß erwähnt werden, daß sich Werbefachleute oft den Wunsch zunutze machen, eine attraktive Rolle zu spielen, indem sie den Eindruck erwecken, ihre Produkte könnten dem Käufer neue Lebensbereiche erschließen. Meinungsmacher und Schöpfer von Trends scheinen ihren Erfolg dem Angebot eines Rollenmodells zu verdanken, mit dem die Leute sich identifizieren können. Im allgemeinen ist das Spielen einer Rolle eine der Möglichkeiten, wie man eine kulturelle Identität annehmen kann. Das Spielen einer Rolle setzt natürlich voraus, daß man sie beobachten kann. Goodman (1965) berichtet, daß fünfjährige Japaner aus dem städtischen Mittelstandes mehr als sechzig Kategorien sozialer Rollen, die durch Alter, Geschlecht, Verwandtschaft und Beruf definiert waren, und die dazugehörigen Verhaltensweisen oder Wesenszüge beschreiben konnten.

Die wissenschaftliche Methode

Es gibt hauptsächlich drei Möglichkeiten, ein Lehrbuch der Psychologie zu schreiben. Einmal kann die Psychologie als Gegenstand, d. h. als eine Ansammlung von Tatsachen und Regeln behandelt werden. Zweitens kann die Psychologie als Methode oder Sammlung anerkannter Verfahren gelehrt werden, mit denen Psychologen ihre Informationen gewinnen. Der Gegenstand der Psychologie sind dabei alle Probleme, die mit diesen Methoden untersucht werden können. Eine dritte Möglichkeit besteht darin, die Psychologie als Herausforderung zu betrachten, als einen Versuch, die zentralen Fragen und Rätsel der menschlichen Entwicklung und des menschlichen Verhaltens zu definieren und dann Methoden für die Untersuchung dieser Probleme auszuarbeiten.

Während die älteren wissenschaftlichen Darstellungen meist die Psychologie auf die erste Weise behandeln, nimmt heute der methodische Ansatz in der angloamerikanischen Psychologie einen großen Platz ein, die – in wissenschaftlichem Selbstbewußtsein – das Bestreben zeigt, ähnlich wie die Physik, eine experimentelle Wissenschaft zu werden, die auf eine Darstellung des Wissenschaftsprozesses nach wissenschaftstheoretischen Gesichtspunkten großen Wert legt. Dies ist der Grund, warum die meisten Lehrbücher der Entwicklungspsychologie der wissenschaftlichen Methode ein oder mehrere Kapitel widmen.

Wir möchten das Thema nur kurz streifen und vor allem jene Methoden betonen, die für die Untersuchung der Entwicklung besonders bedeutungsvoll sind. Einer der Gründe ist der, daß wahrscheinlich viele Leser durch Psychologie- oder andere Lehrgänge in die wissenschaftliche Methodik bereits ausreichend eingeführt sind. Überdies entspricht die tatsächliche wissenschaftliche Forschung, wie einige führende Forscher ausgeführt haben (American Psychological Association, 1960), selten dem in den Lehrbüchern aufgestellten Ideal, sondern stellt tatsächlich einen naturwüchsigen Vorgang dar, bei dem Neugier (unabhängig von irgendeiner bestimmten Theorie), Ahnungen, Intuitionen, Herumprobieren, falsche Ansätze, verdorbene Versuche, verlorene Themen, ein Herumschlagen mit praktischen Problemen und abstrakten Theorien und eine hohe Dosis glücklicher Zufälle eine Rolle spielen. (Harlow entdeckte die Sexualstörungen seiner Affen, die mit Ersatzmüttern großgezogen worden waren, erst, als er versuchte, eine größere Menge von Laboratoriumsaffen zu züchten). Die experimentelle Methode ist für die Erforschung vieler wichtiger Probleme der menschlichen Entwicklung einfach nicht geeignet, so gut sie sich für die Untersuchung vieler anderer Probleme eignen mag, schon allein wegen der ethischen Implikationen einer willkürlichen Veränderung des kindlichen Schicksals.

Die Langsamkeit der menschlichen Entwicklung wirft weitere Probleme auf, und unsere experimentellen Veränderungen und Einschätzungen der Wirkungen können Jahre in Anspruch nehmen, während der wissenschaftliche Experimentator auf die Kurzzeituntersuchung mit rasch verfügbaren Ergebnissen eingestellt ist. Alle menschlichen Versuchsobjekte haben weiterhin, mit Ausnahme der allerjüngsten, eine komplexe Vergangenheit, die nur sehr schwer überprüft werden kann, es sei denn nach so groben soziologischen Unterscheidungsmerkmalen, wie reich-arm, städtisch-ländlich usw. Ethische und zeitliche Überlegungen sind dafür verantwortlich, daß die Untersuchung der Entwicklung von Tieren so beliebt ist. Sehr junge Tiere kann man in einer kontrollierten Umwelt halten und Dinge an ihnen vornehmen, die bei menschlichen Babys unvorstellbar wären (so sehr auch manche Menschen Unwillen empfinden bei der physisch oder psychisch traumatisierenden Behandlung höherer Wirbeltiere, insbesondere der Hunde, Affen und Primaten), und ziemlich schnell Angaben erhalten. Bei der Untersuchung der Entwicklung von Tieren wird zur Kontrolle der genetischen Effekte oft eine Methode, die sogenannte *Kreuzaufzucht*, angewandt. Hierbei werden gleich nach der Geburt die Jungen der einzelnen Muttertiere ausgetauscht, so daß ihr späteres Verhalten sowohl zu den Eigenschaften der leiblichen Eltern als auch zu denen der Pflegemütter, von denen sie großgezogen wurden, in Beziehung gebracht werden kann. Leider hat sich diese Methode für Affen noch nicht als geeignet erwiesen (STONE 1965). Der Kreuzaufzucht sollte die sogenannte *Teilung des Wurfs* vorgezogen werden, bei der angenommen wird, daß die Tiere eines Wurfes eine sehr ähnliche Erbmasse haben, während in Wirklichkeit sogar bei Inzuchttieren innerhalb der Würfe große genetische Unterschiede bestehen. Es wurden auch chirurgische Methoden entwickelt, nach denen die Jungen bald nach der Empfängnis ausgetauscht werden können, und diese Methode wird *Kreuzimplantation* (cross-implantation) genannt.

Die kurzfristigen Effekte nicht-traumatischer Einflüsse, z. B. bei Lernversuchen, können an kombinierten Gruppen von Versuchspersonen experimentell untersucht werden. Eine Art der quasi-experimentellen Untersuchung, bei der Variationen benutzt werden, die der Untersucher nicht selbst produziert, sondern vorgefunden hat, besteht im Vergleich von Anstalts- und Nichtanstaltskindern. Stärker unter unmittelbarer experimenteller Kontrolle steht die Anreicherung der Umgebung von Anstaltskindern und wird in zunehmendem Maße angewandt. Der reine Wissenschaftler wird sich vielleicht mit solchen Untersuchungen nicht einverstanden erklären, in denen die „Anreicherung" aus vielen unterschiedlichen und mehr oder weniger gleichzeitig vorgenommenen Einflußnahmen (menschlicher Kontakt, sprachliche Anregung, Wahrnehmungsübungen, Musik und Kunst, Angebot verschiedenen Spielmaterials usw.) besteht, die eine Bewertung der Wirkung jedes einzelnen Einflusses außerordentlich erschwert.

Immer dann, wenn man Verhältnisse wählt und vergleicht, auf die der Experimentator keinen Einfluß hat, z. B. Alter, Geschlecht, soziale Schicht, kulturelle und subkulturelle Unterschiede, Gewohnheiten bei der Kinderpflege, Krankheit oder körperliche Behinderung, wendet man die Methode des *natürlichen Experiments* an, die Hauptmethode von Wissenschaftszweigen, wie Astronomie und Geologie, wo eine

Intervention nicht in Frage kommt und eine Simulation nur für einen engen Problembereich anwendbar ist. Die natürlichen Experimente entsprechen dem Laboratoriumsbeispiel mit der einen Ausnahme, daß die unabhängige Variable durch die reale Welt und nicht durch den Experimentator verändert wird. Das natürliche Experiment befaßt sich gewöhnlich mit Ergebnissen, d. h. mit Funktionen und Fähigkeiten, wie Wahrnehmung, Intelligenz, Denken oder Einstellungen, wie wir sie bei den Angehörigen verschiedener Vergleichsgruppen finden. Der Experimentator vermittelt den Reiz und zeichnet die Reaktion auf, ist jedoch hauptsächlich daran interessiert, wie die vorhergehenden Variablen die Reaktion vermitteln. Würde beispielsweise ein Forscher die Zeichnungen menschlicher Figuren von Kindern der Unter- und Mittelschicht vergleichen, so müßte er die Kinder mit Papier, Bleistift und Anweisungen versehen, die für alle Versuchspersonen einen konstanten Faktor darstellen, während die Variationen aus den sozialen Schichtunterschieden kommen würden, über die er keine Kontrolle hat, deren Vertreter er aber für den Vergleich sorgfältig ausgesucht hätte.

Eine Methode, die früher auf dem Gebiet der Kinderpsychologie modern war, ist die *Untersuchung von Altersnormen,* die Aufzeichnung der Funktionsveränderungen nach Altersstufen, die im Laufe der Entwicklung auftreten. Heute, da wir die Auswirkung verschiedener Erziehungsstile kennen, zweifeln wir an der Allgemeingültigkeit fast aller altersbezogenen Ergebnisse. Das heißt, das Alter, in dem eine neue Fähigkeit erstmalig auftritt, ihre Intensität und ihr Ausmaß und sogar die Frage, ob sie überhaupt auftritt, scheint je nach dem Entwicklungsmilieu zu schwanken. Dies heißt nicht, daß normative Untersuchungen nutzlos sind, sondern lediglich, daß die Verhältnisse, unter denen die Altersnormen erwartungsgemäß anwendbar sind, angegeben werden müssen. Normative Methoden können beim Vergleich der Auswirkungen von Geschlechtsunterschieden, kulturellen und Schichtunterschieden und zwischen der familiären Erziehung und der Anstaltserziehung auf die Entwicklung von großem Nutzen sein.

Während die wissenschaftlichen Methode auf die Messung Betonung legt, besteht die grundlegende Methode des Entwicklungspsychologen in der *Beobachtung* der Kinder bei ihren Aktivitäten, um festzustellen, was sie zu Hause, im Supermarkt, auf dem Spielplatz, im Kindergarten und in anderen Umgebungen machen und wie sie es bewerkstelligen. Aufgrund der Beobachtung – manchmal in Verbindung mit einer Spielart der *„klinischen“ Methode* von PIAGET – bei der man mit einem Kind dessen Gedanken und Tätigkeiten bespricht, gelangt man zu einem ersten intuitiven Verständnis von der Natur des Kindes. Ein scharfer Beobachter kann viel lernen, indem er den Kindern einfach zusieht, zuhört und mit ihnen spricht, so wie der Naturwissenschaftler das Verhalten der Antilopen, Ameisen oder Paviane beobachtet. Die Wirksamkeit der natürlichen Beobachtung wird durch eine Literaturübersicht bewiesen, in der zwei Kompendien des Verhaltens von Primaten, eines aufgrund von Laboratoriumsuntersuchungen und das andere aufgrund von Freilandbeobachtungen, verglichen werden und aus der hervorgeht, daß die beiden Bände praktisch keine einander überschneidenden Angaben enthalten (ALTMANN 1965). Die Beobachtungen können in ungezwungenen oder in sorgfältig vorbereiteten Situationen durchgeführt werden und auf die Aufzeichnung des Verhaltens im allgemeinen oder ausgewählter Aspekte des Verhaltens ausgerichtet sein. Wir können beobachten, um etwas über Kinder im allgemeinen zu lernen (die *nomothetische Methode*), oder um die idiosynkratische Einmaligkeit eines bestimmten Kindes festzuhalten (die *idiographische Methode*) (ALLPORT 1942). Die Methode der *Falluntersuchung* und insbesondere ihre Anwendung bei normalen Personen, wurde in den letzten Jahren vernachlässigt, doch kann aus dem intensiven Studium des Lebens einzelner noch immer viel gelernt werden (CHURCH 1968, DUKES 1965, GARRATY 1954, LANGNESS 1965, WHITE 1966). Wiederholte Untersuchungen ein und derselben Person in verschiedenen Lebensstadien werden *Längsschnittuntersuchungen* genannt. Ihnen wird gewöhnlich die *Querschnittmethode* gegenübergestellt, bei der verschiedene Gruppen von Kindern der gleichen Altersstufen untersucht werden, von denen jedoch angenommen wird, daß sie sich hinsichtlich anderer wichtiger Variablen, z. B. Geschlecht, soziale und wirtschaftliche Verhältnisse usw., ähnlich sind, und die hinsichtlich einiger Eigenschaften verglichen werden.

Zu den verschiedenen Umweltverhältnissen, unter denen wir die Kinder sowohl für idiographische als auch für nomothetische Zwecke beobachten, gehören auch die Testsituationen, durch die das Verhalten des Kindes mit dem einer Bezugsgruppe verglichen wird. Von diesen Tests gibt es zwei Hauptarten, nämlich die *psychometrischen,* die zu einem einzelnen Punktwert oder zu mehreren führen, die als *Profil* dargestellt werden können, und die *projektiven,* die qualitativ ausgewertet werden und sich auf Persönlichkeitszüge beziehen.

Zu den psychometrischen Verfahren gehören *Intelligenztests* (über welche wir weiter unten noch berichten werden), *Eignungsprüfungen* zur Feststellung besonderer Befähigungen, wie Rechnen, mechanische Zusammenhänge, Geschicklichkeit, Fertigkeiten auf dem Gebiet des Schreibens usw., *Leistungstests,* durch die festgestellt wird, wieviel das Kind in einem Lehrgang gelernt hat, und *Persönlichkeitsstests* zur Messung der „Ausprägung“ der verschiedenen kindlichen Eigenschaften, wie Feindseligkeit, Angst, Verteidigungsbereitschaft usw. Die psychometrischen Verfahren werden entweder mit *Papier und Bleistift* durchgeführt (sobald das Kind schreiben kann), wobei viele Kinder gleichzeitig getestet werden können, oder es handelt sich um *Einzeltests,* wobei das Kind mündlich getestet wird, die aber auch Schreib-, Zeichen- oder Zusammensetzaufgaben enthalten können, die vom Tester aufgezeichnet werden.

Die *projektiven Tests* bieten ebenso wie die psychometrischen Tests Reize dar, auf die die Versuchsperson reagieren muß, doch gestatten diese Reize einen viel größeren Bereich geeigneter Reaktionen, die nicht entweder „richtig" oder „falsch" sind, sondern als Beispiele charakteristischer Verhaltensweisen oder des Denk- und Verhaltensstils angesehen werden. Die Struktur dieser Reize ist entweder einfach, wie bei den Fingerzeichnungen oder den bekannten Rorschachschen Tintenklecksen, durch die die Versuchsperson zur freien Deutung angeregt werden soll, oder aber kompliziert, wie bei den Puppen und Wohnungseinrichtungen des Szeno-Tests, die die Versuchsperson so anordnen kann, wie es ihr sinnvoll erscheint. Die Art und Weise, wie ein Kind dieses projektive Material anwendet, sagt wahrscheinlich etwas über sein Innenleben aus, aber die Interpretation seines Verhaltens ist mit einem hohen Grad von Subjektivität behaftet, und Versuche, die Ergebnisse zu objektivieren, waren nicht völlig befriedigend. Projektive Methoden sind nicht als Tests im strengen Sinne anzusehen, sondern als halbstandardisierte Untersuchungsanordnungen für Beobachtungen, wie wir sie unten beschreiben werden.

Den Tests verwandt sind die erstmalig von G. Hall, einem der Pioniere der Kinderpsychologie, verwendeten *Fragebogen,* bei denen die Versuchsperson aufgefordert wird, über sich selbst Auskunft zu geben. Auch durch *Interviews,* d.h. durch eine mehr oder weniger formelle oder festgelegte Reihe mündlich gestellter Fragen, die sich auf Tatsachen oder Geisteshaltungen beziehen, können wir Informationen erhalten. Das Interview läßt der Versuchsperson mehr Freiheit, ihre Antworten auszugestalten als der Fragebogen, und gestattet es auch dem Fragenden, Nebengebiete auszuschöpfen, die ihm bedeutsam erscheinen. Interviews können nicht nur mit dem Kind, sondern auch mit Eltern, Lehrern und anderen Personen stattfinden, die das Kind kennen.

Während die Fragen bei den Tests und Interviews das Verhalten der Versuchsperson auf einen Brennpunkt konzentrieren, geben andere Methoden der Versuchsperson volle Freiheit, komplizieren aber den Beobachtungsprozeß. Hierher gehören einmal die anekdotischen *Verhaltensberichte,* z.B. in Form kontinuierlicher, beschreibender *Verlaufsaufzeichnungen,* und die globaleren, zusammenfassenden *Eindrucksberichte.* Wir können Aufzeichnungsbögen anfertigen, aus denen der Beobachter genau ersehen kann, welche Verhaltensweisen und

-aspekte er beachten soll. Wollen wir die Häufigkeit bestimmter Verhaltensweisen, z. B. des Nasenbohrens, Hänselns oder der Sandkastenspiele, von einem Kind zum anderen oder von einer Gruppe zur anderen vergleichen, so können wir Beobachtungspläne *(Zeitstichprobenverfahren)* aufstellen und alle Versuchspersonen während vergleichbarer Zeiträume beobachten lassen. Die zu untersuchenden Verhaltensweisen können vorher kodiert werden, so daß die Aufzeichnung durch Betätigung geeigneter Tasten erfolgt und die Daten direkt in einen Computer eingespeist werden. Wir können *Schätzskalen* ausarbeiten, nach denen der Beobachter das Verhalten entweder im Sinne genauer abgegrenzter, spezifischer Verhaltensweisen, wie weinen oder um Hilfe bitten, numerisch einschätzt. Hier ist zu beachten, daß derartige Schätzungen immer einen Bezugsrahmen voraussetzen und daß geklärt werden muß, ob das Kind im Vergleich zu „Kindern, die der Schätzer kennt", „Kindern gleichen Alters", „Jungen im allgemeinen", „Mädchen im allgemeinen", „Geschwistern" oder zu anderen Kindern, vielleicht jenen in derselben Vorschulgruppe, eingeschätzt wird. Eltern und größere Kinder können sich selbst, andere Kinder oder Eltern, ihre eigenen Kinder oder Eltern, Schulen und Lehrer, Fernsehprogramme usw. einschätzen. Mit Schätzskalen kann man auch auswerten, was die Kinder tun oder herstellen, z. B. Reife der Spiele, Männlichkeit des Verhaltens, Phantasiereichtum der Sprache oder die Qualität von Malereien.

Für die Untersuchung der Gruppenstruktur gibt es Methoden, wie die *Soziometrie,* wobei jedes Mitglied der Gruppe gefragt wird, welche anderen Mitglieder es am liebsten oder am wenigsten gern bei einer bestimmten Art der Betätigung dabeihaben möchte. Durch Zusammenfassung derartiger Wahlen erhalten wir ein gutes Bild der Gruppenhierarchie. Sie zeigt uns die beliebten Stars, die wählenden, aber ungeliebten Mitläufer und die nie gewählten Ausgestoßenen. Das Bild der reziproken Wahl unterrichtet uns über die Gruppensolidarität und die Cliquenbildung. Die Persönlichkeitszüge, die mit der Stellung in der Gruppe zusammenhängen, werden durch die „Rate-wer"-Methode untersucht. Hierbei wird dem Kind eine Eigenschaftsbeschreibung gegeben, z. B. „Dieses Kind gibt immer an", und es muß raten, um welches Mitglied der Gruppe es sich handelt.

Durch Einwegscheiben kann sich der Beobachtende selbst und von ihm ausgehende Störungen auf die zu untersuchenden Geschehnisse aus dem Gesichtsfeld des Kindes rücken. Neuere Errungenschaften, durch die wir unsere Beobachtungsmöglichkeiten erweitern können, sind Kameras, Fernrohre, Richtmikrofone, Tonbandgeräte, sowie Film- und Videokameras. Durch Verwendung von Aufzeichnungsgeräten können wir ein und dieselbe Verhaltensweise zur genauen Analyse und Überprüfung unserer Beobachtungen mehrmals betrachten. Mit Hilfe dieser

Geräte können wir den Verhaltensablauf beschleunigen oder verlangsamen und so vielleicht neue Verhaltensmuster entdecken.

Die scharfsinnigen Beobachtungsmethoden des Psychologen, sei es mit dem bloßen Auge oder mit dem Teleobjektiv, und die echte Notwendigkeit, unbefangenes Verhalten zu untersuchen, werfen ernste Fragen hinsichtlich einer möglichen Verletzung der Privatsphäre auf und danach, wieviel und was der Psychologe über das Leben der Person (und seiner Familie) zu erfahren berechtigt ist, insbesondere dann, wenn sie nicht weiß, wie viel er verrät und welcher Gebrauch von dem Verratenen gemacht wird. Wegen der Schwere dieser Fragen und weil wir das Wohl des Individuums für erstrangig halten, weisen wir die Studenten, die in unseren Laboratorien anfangen, immer wieder auf die Notwendigkeit der strengen Geheimhaltung alles dessen hin, was sie über einzelne Personen erfahren, und warnen sie davor, es zum Gegenstand nutzlosen Geschwätzes zu machen. Kinder können unbewußt nicht nur sich selbst, sondern auch alle möglichen Familiengeheimnisse offenbaren, und der Student, Forscher oder Lehrer, dem solche Geheimnisse zugänglich gemacht werden, hat die unbedingte Pflicht, für Geheimhaltung zu sorgen. Selbstverständlich muß bei Veröffentlichungen immer die Identität der einzelnen Versuchspersonen geheimgehalten werden. Die Beantwortung heikler Fragen, z. B. über persönliche Beziehungen und Anschauungen, kann eine Belastung darstellen, und der Forscher muß alles daransetzen, diesen Streß möglichst gering zu halten und den Ausgleich vorübergehender Verwirrungen zu gewährleisten. Dies ist insbesondere dann wichtig, wenn der Forscher aus schwerwiegenden experimentellen Gründen die Versuchsperson irgendwie täuscht oder falsch informiert.

Am Schluß dieses Abschnittes möchten wir den Leser daran erinnern, daß dieses Buch eine Fülle von Beispielen der angewandten Forschung enthält. Viele Probleme warten auch noch auf eine Untersuchung, und bei manchen erfordert die Untersuchung fast mit Sicherheit die Ausarbeitung neuer Methoden.

Einige wichtige theoretische Auffassungen

In diesem Abschnitt beschreiben wir einige systematische Ansätze, die versuchen, Sinn in das menschliche Verhalten zu bringen. Wir haben diejenigen Theorien ausgewählt, die den Entwicklungsaspekt betonen oder mit ihm in Verbindung gebracht werden können. Obgleich jede einzelne dieser Theorien ernstliche Mängel aufweist, haben alle gegenwärtige und historische Bedeutung durch die Einsichten, die sie geliefert haben. Psychologen haben größtenteils auf die Ausarbeitung von Theorien im großen Stil verzichtet und statt dessen Mikrotheorien aufgestellt: über das Lernen, die Identifikation, das Erkennen von Zeichen usw. Eine endgültige Synthese steht noch aus.

Psychoanalytische Theorien

Wir beginnen mit den Anschauungen S. FREUDS, die ausdrücklich entwicklungsbezogen waren und der die größten modernen Beiträge zur Erforschung der menschlichen Kindheit als ernstzunehmenden Forschungsgegenstand geliefert hat (Anm. 19). Wir dürfen nicht vergessen, daß FREUD sehr wenig direkten Kontakt mit Kindern hatte und seine Aussagen über die Entwicklung aus der Selbstbeobachtung, einigen Beobachtungen an seinen eigenen Kindern und den Erzählungen und Erinnerungen seiner erwachsenen Patienten ableitete. Der kleine Hans, sein einziger berühmter kindlicher Patient, wurde indirekt von seinem eigenen Vater behandelt. FREUDS Theorie vom menschlichen Verhalten war in erster Linie dynamisch, d.h. trieborientiert, hatte jedoch, wie wir sehen werden, immer kognitive und intellektuelle Komponenten. Diese wurden später von einigen Anhängern FREUDS, z.B. ERNST KRIS, HEINZ HARTMANN, DAVID RAPAPORT, ERIK ERIKSON und ANNA FREUD, FREUDS eigener Tochter, ausführlich behandelt. Diese Autoren sind alle als psychoanalytische Ich-Psychologen bekannt geworden. FREUD nahm eine Vielzahl menschlicher Bedürfnisse oder Triebe an, beschäftigte sich am Ende jedoch hauptsächlich mit zweien: der *Libido* oder der sexuellen Energie und dem *Todestrieb,* dem Trieb zur Selbstzerstörung oder zur Zerstörung anderer (diese beiden Antriebskräfte wurden nach den griechischen Bezeichnungen für [sinnliche] Liebe und Tod „Eros" und „Thanatos" genannt). Es muß betont werden, daß nach FREUD die instinktiven Triebe *unbewußt* sind, so daß das, was das Individuum über seine eigenen Motive denkt oder sagt, von der Wahrheit sehr weit entfernt sein kann.

FREUD schlug eine begriffliche Dreiteilung der Person vor: das *Es,* die blinden Triebe des Eros und Thanatos und die Quelle aller Antriebe und Energien der Person, das *Ich,* der rationale, realitätsbezogene Teil der Person (daher: Ich-Psychologie); das *Über-Ich,* das etwa dem Gewissen entspricht, der moralische, ethische Teil der Person. Im Hinblick auf die Entwicklung wird das Baby zum Zeitpunkt der Geburt als reines Es angesehen, eine gärende Masse von Leidenschaften, ausschließlich beherrscht durch das von FREUD so genannte *Lustprinzip,* das ungezügelte Streben nach sofortiger Befriedigung. Es bedarf keiner besonderen Erwähnung, daß die gierigen Es-Strebungen des Babys fast sofort gegen eine nur teilweise nachgiebige Realität prallen, und aus diesem Zusammenprall von Kräften und den daraus resultierenden Frustrationen baut sich eine Schicht auf, das Ich, das aus den praktischen Strategien und der Fähigkeit des Abwartens und der Umwege besteht, durch die der Mensch, der sich entwickelt, bei seinem Streben nach Es-Befriedigung die Realität berücksichtigen lernt. Das Ich wird vom *Realitätsprinzip* beherrscht, der Erkenntnis dessen, was bereits möglich ist, und der Mittel und Wege, durch die eine Befriedigung ermöglicht werden kann. Die Denkprozesse, die das Es-verwachsene Lustprinzip bei seiner Suche nach unmittelbarer Befriedigung unterstützen – sei es beim Baby, in den Träumen der Erwachsenen, in Tagträumen und Phantasien oder in der Psychose – werden *Primärprozeß* genannt, im Unterschied zum *Sekundärprozeß*, dem realitätsorientierten Denken des Ichs. Schließlich bildet sich aus einem Teil des Ichs – nicht beim Säugling, sondern in der frühen Kindheit, und auf eine Weise, die wir gleich besprechen werden – das Über-Ich aus, so daß zusätzlich zum rein pragmatischen Realitätsprinzip auf der Suche nach Befriedigung der Es-Impulse eine ethisch-moralische Dimension sozialer Verantwortlichkeit geschaffen wird.

Die Ausdifferenzierung eines Teils des Es als Ich und des Ich als Über-Ich kann als Teil der kognitiven Entwicklung betrachtet werden. Damit einher geht eine Reihe von Antriebsänderungen in den sogenannten *Phasen der psychosexuellen Entwicklung*. Die Antriebe selbst bleiben das ganze Leben lang die gleichen, es verändert sich lediglich die Art ihres Ausdrucks. Die *psychosexuelle Entwicklung* bezieht sich auf Verschiebungen der Kanäle oder Zonen des Körpers, durch die die Es-Befriedigung gesucht und gefunden wird, und auf die Änderung der Mittel, die zur Befriedigung dienen.

Die erste der psychosexuellen Phasen ist die *orale Phase* während des Säuglingsalters, in der der Mund und der obere Verdauungstrakt die Hauptkanäle und die Brustwarze und die Mutter die Objekte der Befriedigung darstellen – in geringerem Maße auch der Daumen, der Schnuller oder was das Baby sonst noch in den Mund steckt. Nach Meinung FREUDS dient das Trinken des Säuglings nicht nur der Ernährung und Selbsterhaltung, sondern ebenso der quasi-erotischen Befriedigung. Gleichzeitig befriedigt das Baby dadurch, daß es zerstört, was es zu sich genommen hat, auch seinen Todestrieb. Das frühe Säuglingsalter vor dem Durchbruch der Zähne wird die *oral-passive* Stufe genannt. Wenn später genügend Zähne zum Beißen vorhanden sind, tritt das Baby in die *oral-sadistische* Stufe ein, in der die aggressive (Thanatos) Komponente noch auffälliger wird.

Während der Zeit, die wir das Kleinkindalter nennen, hört nach FREUD, mit einigen Einschränkungen, die wir später noch berühren werden, der Mund auf, Hauptkanal der Befriedigung zu sein. An seine Stelle treten der untere Verdauungstrakt und der Anus. Das Baby tritt in die *anale Phase* der psychosexuellen Entwicklung ein. Dieser Zeitraum, in dem das Baby den Schließmuskel beherrschen und den Stuhldrang anhalten oder entleeren lernt, soll durch eine Konzentration auf die Analfunktionen gekennzeichnet sein, die so weit gehen kann, daß Schläge auf das Gesäß angenehm empfunden werden. FREUD hielt die anale Phase für eine Zeit unausweichlicher Konflikte zwischen Eltern und Kind wegen der Frage, wer die Zeit und den Ort der Stuhlentleerung bestimmen soll, und das Baby hat reichlich Gelegenheit, seine destruktiven Neigungen auszuleben, indem es den Stuhl zurückhält, wenn seine Eltern eine Entleerung wünschen, und den Darm entleert, wenn sie wollen, daß der Stuhl zurückgehalten wird, oder auch, indem es aus Trotz mit seinem Kot schmiert.

Verläuft während der analen Phase alles normal, so werden die Genitalien zur Quelle der Befriedigung, und die Vorschuljahre werden als die *phallische Phase* bezeichnet – eine Bezeichnung, die FREUDS maskulinen Blickwinkel bei der Beschreibung des Verhaltens verdeutlicht. Die phallische Phase, in deren Verlauf Befriedigung ohne Rücksicht auf die Gefühle anderer angestrebt wird, unterscheidet sich von der *genitalen Phase* des Jugendlichen- und Erwachsenenalters, die nicht nur durch reife Sexualität im gewöhnlichen Sinne, sondern auch durch Liebe und Berücksichtigung der Gefühle anderer gekennzeichnet ist.

Die phallische Phase entwickelt sich weiter und gipfelt im *Ödipuskomplex,* benannt nach dem König Ödipus, dem tragischen Helden der griechischen Sage, der unwillentlich, aber in Erfüllung einer Prophezeiung, die zur Zeit seiner Geburt gemacht wurde, seinen Vater erschlug und seine Mutter heiratete. Nach FREUD richtet der Knabe (über den manchmal „Elektrakomplex" genannten Ödipuskomplex des Mädchens werden wir gleich sprechen) seine phallischen Wünsche auf die Mutter und setzt sich dadurch in direkte Rivalität mit dem Vater, den er ambivalent gleichzeitig haßt und liebt. Der Vater wird als Rächer gesehen, der offen oder versteckt droht, den Penis des Knaben zu verletzten oder abzuschneiden. Diese Angst des Knaben nennt man *Kastrationsangst.* Die Kastrationsdrohung wird gewöhnlich im Zusammenhang mit einer Bestrafung der Masturbation des Knaben gesehen; manche Eltern äußern solche Drohungen tatsächlich, und zweifellos geschah dies zur Zeit FREUDS noch häufiger. Der Ödipuskomplex, und im Zusammenhang damit auch die Rivalität unter Geschwistern, soll eine ererbte Erinnerung an eine sogenannte *Urhorde* darstellen – eine urtümliche Familiengruppe, in der die Söhne sich zusammentaten, um den Vater zu töten und sodann untereinander um den Besitz der Mutter kämpften (FREUD übernahm mehr oder weniger ausdrücklich die LAMARCKsche Theorie der Vererbung erworbener Eigenschaften, die auch DARWIN eine Zeitlang akzeptierte). FREUD sah hier eine Analogie zu dem

Verhalten mancher Primatengruppen, bei denen eine Koalition junger Männer das männliche Herrschertier stürzt und dann intern um die Vorherrschaft kämpft.

Das Kind, jetzt fünf Jahre alt, kapituliert aus Furcht vor Kastration und aus Liebe zum Vater, gibt seinen sexuellen Anspruch auf die Mutter auf und *verdrängt* (Verdrängung aus dem Bewußtsein) gleichzeitig alle sexuellen Strebungen. Der Verzicht auf die Sexualität bringt das Kind in die Phase der psychosexuellen *Latenz*, die der mittleren Kindheit entspricht und erst dann endet, wenn durch die physiologische Entwicklung im Jugendlichenalter eine Aktivierung reiferer Sexualgefühle erfolgt und die Ruhe der Latenz zerstört. Überdies soll der Sohn, nachdem er vor dem Vater kapituliert hat, sich mit diesem *identifizieren*, sein Verhalten nachahmen und seine moralischen Werte übernehmen, um sie zu einem Teil seiner selbst zu machen, zu *internalisieren* oder zu *introjizieren*. Diese übernommenen Werte bilden dann die Grundlage des Über-Ich. Das heißt, die elterlichen Vorschriften, die das Kind früher als „Du sollst!" und „Du sollst nicht!" vernahm, hört es nun in seiner eigenen Stimme als „Ich muß!" und „Ich darf nicht!", und jede Übertretung erzeugt ein *Schuldgefühl*. Um die Sexualität (und übermäßige Aggression) im Zaum zu halten, bedient sich das Ich mehrerer *Abwehrmechanismen*, zu denen die oben erwähnte Verdrängung und einige andere Kunstgriffe gehören, durch die die Verdrängung gefährlicher Begierden und Impulse verstärkt wird.

Das Über-Ich ist zunächst starr und tyrannisch und wird erst später flexibler und toleranter (was genau der Erfahrung entspricht, daß die Kinder im Zuge der Reifung von wörtlichen zu relativistischen Moralbegriffen übergehen). Das Ich ist vor die schwere Aufgabe gestellt, den beharrlichen Drang des Es, den strengen Moralismus des Über-Ich und die Realität der Außenwelt miteinander in Einklang zu bringen. Für FREUD, der sich hauptsächlich mit gestörten, insbesondere neurotischen Verhaltensweisen befaßte, war der Abwehrmechanismus immer gegen die Person selbst gerichtet und nie nach der Außenwelt. Das Kind unternimmt z.B. eine *Reaktionsbildung*, d. h. es geht zu einem entgegengesetzten Extrem über, etwa indem es – als Reaktion auf den ödipalen Konflikt – nicht nur die Sexualität verdrängt, sondern gleich das andere Geschlecht als ganzes ablehnt. Jungen weigern sich in der mittleren Kindheit beharrlich, mit Mädchen oder „Weiberzeug" zu tun zu haben. Durch den Vorgang der *Sublimierung* werden Es-Energien in sozial wünschenswerte Motive umgewandelt, z.B. kann ein neues Interesse am intellektuellen, objektiven Lernen beim Schulkind als sublimierte sexuelle Neugierde angesehen werden. Die Anhänger FREUDS sagen, es sei der Untergang des Ödipuskomplexes, der die Kinder schulreif mache, und einige Kinder, die in der Schule schlecht mitkämen, litten unter einem ungelösten Ödipuskomplex.

Die *Zwangshandlungen* erwachsener Neurotiker (peinliche Genauigkeit, häufiges Händewaschen usw.) finden ihr Gegenstück beim normalen Kind im Zwang zur *Wiederholung* und zum *Ritual*, der sich dadurch ausdrückt, daß es alle Waggons eines Güterzuges zählen, jeden Laternenpfahl berühren, bis zur nächsten Ecke den Atem anhalten oder den Tritt auf die Striche auf dem Gehsteig im Rhythmus einer bestimmten Melodie vermeiden muß. Weitere bekannte Abwehrmechanismen sind die *Projektion*, wobei die eigenen unbewußten Motive anderen unterstellt werden, und die *Rationalisierung*, bei der ein Verhalten aus bösen Absichten durch einen tugendhaften oder neutralen Zweck entschuldigt wird.

Den Verlauf des Ödipuskomplexes bei Mädchen konnte FREUD nie zu seiner eigenen Zufriedenheit formulieren, zeichnete jedoch die folgende Skizze: Anfänglich ist der Ödipuskomplex des Mädchens mit dem des Jungen identisch. Das Mädchen, in der Annahme, es habe einen Penis, wendet der Mutter im Wettstreit mit dem Vater seine Aufmerksamkeit zu. Für das Mädchen kommt jedoch die Krise nicht durch die Kastrationsdrohung durch den Vater zustande, sondern durch die entsetzliche Entdeckung, daß es bereits kastriert (und amputiert) worden ist, denn dies ist vermutlich seine Erklärung für die Form der weiblichen Genitalien. In diesem Stadium kann das Mädchen auf zweierlei Weise reagieren. Gewöhnlich identifiziert es sich mit der Mutter, mit der es dann um den Vater kämpft, und von dem es in seiner Phantasie ein Baby erwartet als Ersatz für den verlorenen Penis. Angesichts der Realität wird es sich dann vom tatsächlichen Werben um die Gunst des Vaters ab- und der Substitution von Vaterfiguren zuwenden und seine eigenen Impulse verdrängen, sobald es die Latenzphase erreicht. Die zweite mögliche (aber weniger häufige) Reaktion des Mädchens auf die Kastration wird der *„männliche Protest“* genannt, ein ständiges, wenn auch nur symbolisches Abstreiten des Penisverlustes und das Streben nach einem im wesentlichen männlichen Lebensstil (mit oder ohne Ausübung der lesbischen Liebe), begleitet von mehr oder weniger ständiger Unfähigkeit, in der Liebe oder Ehe die weibliche Rolle zu spielen. Die Anhänger FREUDS nennen solche Frauen „kastrierende“ Frauen, besessen vom *„Penisneid“*, als ob sie danach strebten, dem Mann etwas wegzunehmen, was von Rechts wegen den Frauen gehört. Interessanterweise wurden die Lehren FREUDS von der Befreiungsbewegung der Frauen als schlimme Beispiele des männlichen chauvinistischen Denkens betrachtet.

Sowohl Knaben als auch Mädchen suchen, wenn sie die Reifezeit erreichen, Partner, mit denen sie (teilweise) ihre früheren Ödipusbindungen erneuern können. Alle engen Bindungen, auch die an den Psychoanalytiker bei der Behandlung *(Übertragung)*, werden als teilweise

Erneuerungen der in der frühesten und frühen Kindheit ausgebildeten ambivalenten Beziehungen zu den Eltern angesehen.

Nebenbei soll erwähnt werden, daß die Anhänger FREUDS die *Amnesie der Kindheit*, d.h. die Tatsache, daß es für uns schwer oder unmöglich ist, uns an Dinge zu erinnern – mit Ausnahme von Bruchteilen gewisser Geschehnisse – die vor dem Alter von fünf oder sechs Jahren stattgefunden haben, mit der Verdrängung im Ödipuskomplexes erklären. Es scheint, als ob die verdrängten sexuellen Gefühle auch alle anderen diesbezüglichen Geschehnisse mit sich genommen hätten, die nur in der Hypnose oder in der psychoanalytischen Behandlung wiedergewonnen werden können.

Die normale psychosexuelle Entwicklung fordert sowohl vom Kind als auch von den Eltern die Ausübung streng fixierter Rollen im psychosexuellen Geschehen. Diese Rollen werden als instinktgesteuert und daher als *biologische Imperative* angesehen. Es besteht die Auffassung, daß jede Abweichung von den biologischen Imperativen zu mehr oder weniger schweren Funktionsstörungen führt. Die Wichtigkeit, die dem Ödipuskomplex als bestimmendem Vorgang beigemessen wird, bei dem der Vater eine Schlüsselrolle spielt, war einer der Gründe für Untersuchungen von Knaben, die ohne Väter aufwuchsen. Die Ergebnisse solcher Untersuchungen sind keinesfalls beweiskräftig. Wir wissen nicht, warum bisher niemand – soweit uns bekannt – Untersuchungen an mutterlosen Kindern angestellt hat.

Bevor wir auf die häufigeren Abweichungen vom normalen Verlauf eingehen, müssen wir einen weiteren FREUDschen Begriff vorstellen, nämlich die *Kathexis* (Besetzung). Er bedeutet, daß in jeder psychosexuellen Phase die verfügbare Libido sich auf die mit dieser Phase verbundenen Wege und die wichtigen Objekte der Befriedigung konzentriert. So soll in der oralen Phase des Säuglingsalters der Mund erotische Bedeutung haben, ebenso die Flasche oder die Brust, indirekt also die Mutter. Sind die mit einer gewissen Phase verbundenen Bedürfnisse befriedigt, so heißt es, daß das Kind seine Besetzungen zurückzieht und seine Energie auf die Zonen und Objekte der nächsten Phase konzentriert. Ist der Befriedigungsgrad jedoch unzureichend, dann kann es sein, daß seine Besetzungen ganz oder teilweise in dieser Phase *fixiert* bleiben, d.h. daß es weiterhin die Befriedigungsformen einer Phase verlangt, über die es bereits hinausgewachsen sein sollte. Interessanterweise kann die Fixierung sowohl durch ungenügende Befriedigung, d.h. durch ständigen Hunger, aber auch durch Übersättigung herbeigeführt werden, die im Kind eine solche Zufriedenheit mit der jeweiligen Lebensweise erzeugt, daß es sozusagen nur ungern zur nächsten Phase übergeht. Angenommen jedoch, das Kind wurde in einer Phase zufriedengestellt und ist in die nächste eingetreten; sollte es dann übermäßig frustriert werden, könnte es *regredieren,* d.h. in eine vorhergehende Phase zurückfallen, in der es Befriedigung gefunden hat. Beispielsweise kann ein Baby, dem im Kleinkindalter die Sauberkeitserziehung zu schwer fällt, in die Hilfslosigkeit und Oralität des Säuglingsalters zurückfallen.

Eine totale Fixierung im Verhalten des Kindes oder eine dauernde Regression wäre natürlich eine seltene und äußerst pathologische Lebensweise. Die Anhänger FREUDS sehen jedoch in manchen Charaktertypen Erwachsener eine teilweise Fixierung an Frühstadien der psychosexuellen Entwicklung. Der „orale" Charakter des Erwachsenen zeichnet sich durch infantiles, unselbständiges und gebieterisches Verhalten aus sowie durch seine Konzentration auf orale Befriedigungen: Essen, Kaugummikauen, Rauchen, Nägelbeißen, Trinken, Bleistiftkauen, Schwatzhaftigkeit usw. Der orale Sadismus, der aus der zweiten oralen Stufe stammt, soll sich nicht nur durch eine buchstäbliche Neigung zum Beißen, sondern auch im übertragenen Sinne durch beißende Worte äußern. Eine Fixierung an die anale Phase kann einmal zum „anal-retentiven" Charakter führen, d.h. der Mensch hat die mit der Sauberkeitserziehung verbundenen Lektionen der Beherrschung, Ordnung und Regelmäßigkeit zu gut gelernt, und sein Verhalten zeichnet sich durch Geiz, Anhäufung, Sammeln von Geld und anderen Wertgegenständen, strenge Einhaltung von Form und Routine, Mißtrauen, formalistische Denkweise, die sog. „Gefühlsverstopfung", aus. Ein anderes Ergebnis ist der „anal-aggressive" Charakter, der immer noch den Kampf gegen die Sauberkeitserziehung kämpft und seine Auflehnung gegen die Autorität durch außergewöhnliche Unsauberkeit in seinen persönlichen Gewohnheiten und seiner Erscheinung, Verachtung von Routine und Terminplänen oder sogar durch „schmutzige" Redensarten – eine symbolische Beschmutzung seiner materiellen und menschlichen Umgebung – ausdrückt. Der „phallische" Charakter wäre einer, der andere auf selbstsüchtige Weise und ohne Rücksicht auf ihre Bedürfnisse, Besorgnisse oder Gefühle sexuell ausbeutet – bei Männern der Don Juan oder der sexuelle Psychopath, der Frauen vergewaltigt, und bei Frauen die egozentrische Nymphomanin.

Wir wollen noch einige weitere Teile des FREUDschen Systems besprechen. Nach FREUD sind die wichtigen Triebe und ihre Veränderung durch Abwehrmechanismen primär unbewußt, und die wahren Ursprünge des Verhaltens liegen tief in der natürlichen Verwurzelung des Organismus. Im Zuge der Entwicklung des Ich treten manche Erlebnismerkmale, u.a. eine gewisse beschränkte Erkenntnis des eigenen Ich und der eigenen Motive, ins Bewußtsein. Das Wissen, das im Augenblick nicht bewußt, dem Bewußtsein jedoch zugänglich ist, liegt im

Vorbewußten. Dies ist z. B. alles, woran wir uns leicht erinnern können. Im *Unbewußten* sollen alle jene Antriebe liegen, die nie in unser Bewußtsein gelangt sind, und diejenigen, die hervortreten wollten, aber dann verdrängt wurden, z. B. die Ödipusimpulse. Auf das Vorhandensein unbewußter Antriebe wird aus dem offenkundigen Wirken der Abwehrmechanismen geschlossen, aus dem Selbstbetrug in Form von Fehlleistungen und aus Trauminhalten, die als symbolische, mehr oder weniger maskierte Darstellungen aller unerfüllten Wünsche angesehen werden, und im Schlaf, wenn der persönliche Widerstand gering ist, hervortreten. Kurz, der Mensch begeht ständig Handlungen, deren Beweggründe er nicht erkennt und vielleicht sogar bestreitet.

Nachdem wir die wesentlichen Elemente der FREUDschen Theorie dargestellt haben, können wir sagen, daß FREUD einen ungeheuren Beitrag zum Verständnis des menschlichen Verhaltens geleistet hat. Bestimmt kann man bei Säuglingen eine Konzentration auf die Mundregion beobachten und man sagt gelegentlich, das Baby sei „nur Mund". Bestimmt können wir in den Vorschuljahren so etwas wie ein Ödipus- oder Elektra-Verhalten beobachten, wenn das Kind den andersgeschlechtlichen Elternteil mit Liebe überhäuft, ihn sogar bei sich im Bett haben will und den gleichgeschlechtlichen Elternteil auffordert, wegzugehen oder sein Bild zur Wand dreht. (Erwachsene zeigen dann eine anhaltende Neigung zum Ödipus-Verhalten, wenn sie „Ersatzmütter" oder „Ersatzväter" heiraten.) Bestimmt stehen viele Menschen ständig im Widerspruch zu ihren Motiven, geben sich unglaublichen Selbsttäuschungen hin (möglicherweise ohne dabei andere täuschen zu können) und bemühen sich im allgemeinen, von Restproblemen der Kindheit loszukommen, u. a. von einer übermäßigen Anhänglichkeit an die Eltern. Bestimmt lassen sich Fälle von Ambivalenz beobachten, von starker Feindseligkeit und starker Zuneigung den Eltern und anderen sehr Nahestehenden gegenüber, und bestimmt ist die Feindseligkeit manchmal verschleiert und indirekt, aber zweifellos vorhanden. Den Symbolen, die FREUD beschrieb, begegnen wir nicht nur in unseren Träumen (ein sechsjähriges Mädchen träumte, ein wütender Stier trampele einen Zaun nieder und durchbohre mit den Hörnern ihr Gesäß, was ihr sonderbarerweise „irgendwie angenehm" war), sondern auch in Mythen und Märchen. Da ist z. B. das Symbol des Kannibalismus bei „Hänsel und Gretel" oder das symbolische Kastrationsgeschehen, wenn dem Struwelpeter die Daumen abgeschnitten werden. Überall sind wir von Unvernunft und Absurdität umgeben, und FREUD hat uns gelehrt, unter die Oberfläche zu sehen.

Trotzdem finden wir in dem genialen Beitrag FREUDS auch schwere Mängel; einige von ihnen wurden auch von FREUDS weniger orthodoxen Anhängern ausgesprochen. Seine Theorie erklärt viel eher das pathologische als das normale Verhalten und gilt fast gar nicht für weitentwickelte Lebensformen. Möglicherweise waren die Babys, die im vorigen oder zu Anfang des zwanzigsten Jahrhunderts in Wien geboren wurden, stürmische Es-Bündel – oder wurden von ihren Eltern dazu gemacht – aber die Babys, wie wir sie kennen, streben nicht ausschließlich nach sofortiger Befriedigung und sind erotisch unersättlich, sondern sind auch fröhlich, neugierig, spielerisch, oft zärtlich ohne jeden spürbaren Unterton wollüstiger Wünsche und freuen sich, wenn sie es lernen, Fertigkeiten und Gegenstände zu beherrschen. Diese Babys passen sich so leicht der Lebensform in der Familie an, daß es unwahrscheinlich ist, daß sie heimtückische kleine Ungeheuer der Lust und Zerstörung sind.

Wie die meisten Trieb- oder Motivationstheorien befaßt sich auch die FREUDsche mit unbefriedigten und sogar unersättlichen Instinkten. Wie jedoch W. WHITE (1959, 1963; siehe auch CHODOFF 1966) zeigte, muß sich eine vollständige Psychologie auch mit dem Verhalten von Organismen befassen, die sich in einem wachen und vernünftigen Gleichgewicht befinden und nicht von unausgeglichenen Trieben beherrscht werden. Man kann sogar sagen, daß die Menschen dann am menschlichsten sind, wenn sie am wenigsten von grundlegenden biologischen Bedürfnissen beeinflußt werden. Das Verhalten eines erstickenden, geprügelten, hungernden oder verdurstenden Menschen unterscheidet sich nicht viel von dem eines Tieres unter ähnlichen Verhältnissen. Wenn die biologischen Bedürfnisse befriedigt sind, können sie nicht mehr zu Erklärung von Liebe, Neugierde, höherem Lernen, Phantasie, Humor, Weitsicht, symbolischen Handlungen und alledem herangezogen werden, was ausschließlich menschlich ist. So wie die Ökonomie der Sparsamkeit zu einer Zeit, in der nichts für alle reichte, in einem Zeitalter der maschinellen Produktion und der Geburtenkontrolle einer Ökonomie der Verschwendung weichen muß, so muß auch in den Verhaltenswissenschaften die Mangeltheorie der Bedürfnisse durch eine Betrachtungsweise ersetzt werden, die von Organismen ausgeht, deren Bedürfnisse befriedigt sind. Denn der gesättigte Organismus, sagt WHITE, entschwebt nicht unbedingt in das selige Nirwana eines tranceartigen Zustandes, sondern sieht sich um, um zu sehen, was es noch zu tun gibt. (Das Nirwana-Konzept bei der Betrachtung der Motivation ist eine Ausdehnung des physiologischen Begriffes der Homöostase – des Wunsches nach dem Ruhezustand – auf das psychologische Gebiet.) Nach WHITES (und anderer) Ansicht birgt die Langeweile einen ebenso starken Ansporn zur Tat wie die Wollust oder der Hunger.

Entwicklungspsychologisch ausgedrückt, legte FREUD eine starke Betonung auf den Einfluß der Biologie (in seinem Sinne von Biologie) und eine geringere auf den Einfluß der Erfahrungen mit Menschen und

Dingen (mit Ausnahme des festgelegten Ausagierens der biologischen Impulse), als die gegenwärtigen Kenntnisse über Wirkungen frühkindlicher Erfahrungen erlauben. Mit welchen Fehlern aber auch immer die Formulierungen FREUDS behaftet sein mögen, können wir diese doch nur deshalb sehen, weil FREUD selbst uns die Augen geöffnet hat. E. FROMM formuliert dies so: Die Menschen stehen auf den Schultern FREUDS und, weil sie so viel weiter sehen können als er, betrachten sie ihn als einen Zwerg. Dies ist eine Variante der gebräuchlichen Redensart, wonach der moderne Zwerg auf den Schultern des Riesen steht (MERTON 1965). FREUD machte uns auf Erscheinungen aufmerksam, die jede umfassende Verhaltenstheorie einschließen muß. Es mag zwar sein, daß FREUDS Theorie zu kompliziert und komplex war, um eine empirische Erhärtung oder Widerlegung ohne weiteres zu ermöglichen, aber er hat zumindest versucht, sich mit der Vielfältigkeit des menschlichen Verhaltens zu befassen, wie sie dem Dramatiker, dem Romanschriftsteller und dem Maler bekannt ist.

FREUD war wohl der Vater der Psychoanalyse, aber seine Schule war nicht die einzige analytische Schule. Es gibt mehrere Richtungen, und die meisten wurden von früheren Kollegen FREUDS in Form von schismatischen Bewegungen gegründet, die FREUD selbst als ketzerisch ansah. Der Schweizer C. G. JUNG gründete eine Schule, die besondere Betonung auf das *kollektive Unbewußte* legte (eine Idee, die auch bei FREUD zu finden ist), auf die grundlegenden Muster und Strukturen, die unsere Vorstellungsbilder bestimmen. Diese vermeintlich universellen Muster werden *Archetypen* genannt und finden sich, wie JUNG gezeigt hat, bei vielen Kulturen. Nach dieser Auffassung ist das Leben mehr eine Suche nach Verständnis (z.B. der Art und Weise, wie die Archetypen das Verhalten formen) als nach direkten oder indirekten sinnlichen Befriedigungen. Es ist daher nicht überraschend, wenn die Anhänger JUNGS oft eine stark religiöse Ausrichtung zeigen.

O. RANK machte ursprünglich das *Geburtstrauma* zum Mittelpunkt seiner Theorie und spricht von einem lebenslangen Versuch, in das warme, sichere Nichts im Schoß der Mutter zurückzukehren, aus dem das Neugeborene in eine kalte, feindselige und nicht beherrschbare Welt gestoßen wurde. Im weiteren Verfolg seiner Gedanken befaßte er sich mehr mit der *Willenstherapie,* die dem Menschen zur Einsicht in seine eigenen Ziele verhelfen solle, statt ihn in der Agonie einer unbestimmten Unzufriedenheit zu belassen, und die ihn zu der Überzeugung bringen sollte, daß sein Wollen berechtigt sei. RANKS Einfluß ist heute in verschiedenen gegenwärtigen Therapieversionen sichtbar, unter anderem auch in C. ROGERS *nicht-direktiver Therapie,* bei der die Verantwortung für sein eigenes seelisches Wohl dem Klienten und nicht dem Therapeuten auferlegt wird und, noch auffälliger, in den Lehren mancher Schulen für Sozialarbeit.

A. ADLER, ein Wiener Sozialist, befaßte sich aufgrund seiner marxistischen Einstellung viel mehr als FREUD mit den sozialen Einflüssen auf die Entwicklung. ADLER verdanken wir z. B. den Begriff der *Geschwisterrivalität,* des Wettkampfes der Brüder und Schwestern um die Zuneigung der Eltern, mit besonderer Betonung auf der Verdrängung des Erstgeborenen von seiner einzigartigen, hohen Stellung durch die Ankunft weiterer Kinder. ADLER vermittelte uns auch den Begriff des bereits erwähnten männlichen Protestes und der *Organminderwertigkeit,* des Gefühls der Schwäche oder Unzulänglichkeit (das bei jedem Kind mit seiner Winzigkeit und Hilflosigkeit beginnt), das die Menschen veranlaßt, aufzustreben und sie zu den Extremen der *Kompensation* treibt, um einen Ausgleich für ihre echten oder eingebildeten Unzulänglichkeiten des Körperbaus oder der Leistungsfähigkeit zu schaffen. Auf die Organminderwertigkeit begründete sich ADLERS Begriff des „Minderwertigkeitskomplexes". ADLER sieht im Grunde den Menschen optimistischer, leistungsfähiger als FREUD.

In den Vereinigten Staaten hat sich, wie erwähnt, neben der orthodoxen eine Schule der anthropologisch und soziologisch ausgerichteten Psychoanalyse herausgebildet, die vieles von ADLER übernommen hat. Auf der Liste dieser Gruppen stehen Namen wie H. S. SULLIVAN, K. HORNEY und E. FROMM. HORNEY und FROMM stehen der modernen Zivilisation und den ihr entspringenden gesellschaftlichen und persönlichen Übeln sehr kritisch gegenüber. Während FREUD in der Zivilisation eine mit Schmerzen erkaufte und nur teilweise erfolgreiche Einflußnahme auf die Gewaltsamkeit des Es sah, halten sie die moderne Gesellschaft als solche für unmenschlich und entmenschlichend, so daß die menschliche Entwicklung verzerrt ist und alle, die ein Leben der Liebe und Tugend – die fundamentalen Bestrebungen des Menschen – zu leben versuchen, sich unweigerlich im Zustand der Qual befinden. Wir haben bereits die Arbeit E. ERIKSONS erwähnt, der die Kluft zwischen den FREUDschen und den späteren Theorien vielleicht am besten überbrückt. ERIKSON entwickelte ein für die Untersuchung der Entwicklung sehr nützliches Schema, in dem die acht Grundkonflikte des Menschen beschrieben werden – eine allgemeinere Formulierung der psychosexuellen Phasen FREUDS. So wird, wie wir gesehen haben, die orale Phase des Säuglingsalters für ERIKSON das Stadium der Ausbildung des Urvertrauens oder -mißtrauens, das er in enger Verbindung mit dem oralen Erlebnis des Hungers und der Fütterung sieht, das jedoch auch zu der Zuverlässigkeit in der Befriedigung anderer grundlegender Bedürfnisse in Beziehung steht. Wie wir im nächsten Kapitel sehen werden, wurde FREUDS anale Phase des Kleinkindes von ERIKSON als der Zeitraum bezeichnet, in dem das Kind entweder Autonomie oder Scham und Zweifel entwickelt.

Wir haben von einer Verwandschaft zwischen den psychoanalytischen und der kürzlich wiederbelebten Instinkttheorie gesprochen. LORENZ (1966) z.B. sieht in der Aggression des Menschen einen ungezügelten Instinkt. MONTAGU (1968) hat Kritiken an LORENZ und ähnlichen Instinkttheoretikern gesammelt, die die zahlreichen sachlichen und logischen Fehler einer derartigen Anschauung vom Standpunkt der Biologie und Anthropologie aus demonstrieren, und daher können wir hier die Lehren von LORENZ übergehen.

Lerntheoretische Erklärungen der psychischen Entwicklung

Die Tradition der Lerntheorie (Anm. 20), die besondere Betonung auf die Rolle der Umwelt bei der Formung von Verhaltensweisen legt, hat zwei hauptsächliche Vorläufer. Der erste war die britische *Assoziationslehre,* verkörpert durch JOHN LOCKES Auffassung, das Neugeborene sei eine *Tabula rasa,* ein unbeschriebenes Blatt (wörtlich eine „glattgeschabte Wachstafel"), auf die die Welt ihre Botschaft schreibt oder prägt. Die Botschaft der Welt besteht aus Assoziationen, eine Anzahl von Verbindungen zwischen Ereignissen, die zusammen zur selben Zeit und am gleichen Ort stattfinden. Die Assoziationslehre wurde in dem zweiten großen Vorläufer der Lerntheorien, I. PAWLOWS Theorie der bedingten Reflexe, wissenschaftlich formuliert.

Die Grundlage der Lerntheorien besteht in der Aussage, daß die im Zuge der Entwicklung beachtete Ausbildung des Verhaltens, abgesehen von einigen Zugeständnissen an Körperwachstum und Reifung, als die kontinuierliche Bildung von Verbindungen zwischen Reizen und Reaktionen erklärt werden kann. Um das oben Gesagte zu erweitern, zeigte PAWLOW, der geistige Vater des klassischen Konditionierens, bekanntlich, daß man künstliche, experimentell manipulierte Reize (*bedingte* oder *konditionierte* Reize) willkürlich an bestehende „natürliche" *unkonditionierte Reize* binden kann, die mit Sicherheit eine stabile *unkonditionierte Reaktion* auslösen. Im Laboratorium kann man viele konditionierte Assoziationen herstellen, deren Zahl nur durch die Zahl der identifizierbaren unkonditionierten Reiz-Reaktions-Folgen begrenzt ist. Man kann erreichen, daß sich bei Auftreten eines beliebigen Ereignisses eine Pupille zusammenzieht, als ob ein helles Licht aufflammen würde, oder daß das Auge blinzelt, als sollte es einem Luftstoß ausgesetzt werden.

PAWLOW und sein Zeitgenosse BECHTEREW untersuchten größtenteils die Konditionierung einfacher Reflexe, d.h. die Art, wie der Organismus reagiert, wenn etwas an ihm geschieht – durch sekretorische Reaktionen, Muskelzuckungen oder Beugung der Glieder, bei Vibration oder Elektroschock usw. Viele dieser Reaktionen sind vegetativ, vermittelt durch das vegetative Nervensystem. Im Gegensatz zu den reflektorischen Reaktionen stehen die *instrumentellen Verhaltensweisen* („operants"), die der Organismus als Reaktion auf seinen inneren Zustand ausführt, so wie die hungrige Ratte im Labyrinth nach Nahrung sucht. Amerikanische Verhaltensforscher, wie Watson, dehnten Pawlows Modell der klassischen Konditionierung auch auf dieses Verhalten aus. Ein anderer Zweig des amerikanischen Behaviorismus dagegen erklärt das klassische und instrumentelle Konditionieren unterschiedlich. Die Methode des klassischen Konditionierens hat sich für die Untersuchung der Wahrnehmungsdiskriminiation und -generalisierung als sehr nützlich erwiesen. Beispielsweise kann man einen besonderen Ton als Signal für Nahrung verwenden und einen zweiten nicht auf die Fütterung beziehen, worauf das Tier lernt, auf den relevanten Ton zu reagieren und den irrelevanten nicht zu beachten. Durch Verringerung des Unterschieds zwischen den Tönen können wir aus der Reaktion des Tieres die Grenze der Unterscheidungsfähigkeit ableiten. Wird dagegen beim Konditionieren nur ein einzelner Ton angewandt, so wird das Tier seine Reaktion auf eine Vielzahl ähnlicher Töne „generalisieren".

Das klassische Konditionieren in seiner ursprünglichen Form ging zwischen einem Reiz und einer Reaktion vor sich, doch können wiederholte Verbindungen von Reizen zu einer Konditionierung zwischen zwei Reizen führen. Auch zwischen Reaktionen können Verbindungen hergestellt werden, wie bei der gewohnheitsmäßigen Aufeinanderfolge von Handgriffen beim Anziehen. Hier haben wir das Phänomen der „äquivalenten Handlungen", die bei einer Aufeinanderfolge zweier Reaktionen ersetzt werden können. Wenn z.B. das Kind den Vater genau dann bittet, ihm die Schuhe zuzubinden, wenn dieser dabei ist, seine eigenen zuzuschnüren, kann es passieren, daß der Vater selber mit hängenden Schuhbändern fortgeht. Mit einer Reaktions-Reaktions-Verknüpfung kann man Verhalten erklären, das durch keinen äußeren Reiz gesteuert wird. So können in der Sprache der Assoziationslehre Zustände des Organismus, wie Hunger, Durst, sexuelle Erregung, Anschauungen und Erwartungen als Reaktionen bezeichnet werden, die ihrerseits wieder andere Reaktionen hervorrufen.

Die Assoziationslehre hat in der amerikanischen Psychologie eine Vormachtstellung eingenommen. C. Hull und seine Schüler, insbesondere K. Spence, stützen sich nach der Pawlowschen Tradition sehr weitgehend auf das Modell des klassischen Konditionierens, um auf dieser Grundlage das höhere Lernen, z.B. die Begriffsbildung und das latente Lernen, zu erklären.

Nach dieser Auffassung bedeutet *Begriffsbildung* die Auffindung einer Äquivalenz zwischen einer Gruppe von Reizen aufgrund der Anzahl „identischer Elemente", die den Reizen gemeinsam sind. Der Begriff „Mann" umfaßt z.B. alle jene Wesen, die gleiche identische Elemente,

wie tiefe Stimme, Barthaare, männliche Kleidung und männlichen Haarschnitt usw. aufweisen. Weiter unten in diesem Buche werden wir eine ähnliche Auffassung besprechen, die nicht so sehr auf spezifischen identischen Elementen, sondern auf Äquivalenz begründet ist, zunächst auf der Äquivalenz globaler äußerer Ähnlichkeiten und, in einem fortgeschritteneren Stadium, auf logischen Beziehungen: Ein Signallicht und ein Telephon haben zwar nur geringe Wahrnehmungsähnlichkeit, wir können aber erkennen, daß beide insofern äquivalent sind, als sie „Kommunikationsmittel" darstellen.
Das *latente Lernen* (*inzidentelles* Lernen) geht ohne demonstrierbare Motivation oder Verstärkung (Belohnung) vor sich: Die hunrige weiße Ratte, die das Labyrinth nach Futter absucht, lernt z. B. nebenher, wo das Wasser im Labyrinth zu finden ist und läuft direkt zum Wasser, wenn sie in durstigem statt in hungrigem Zustand in das Labyrinth gebracht wird. Ein Großteil unseres Lernens, z. B. in bezug auf Raum und Zeit, auf Werturteile und auch auf das bereits erwähnte kulturelle Lernen, scheint latent zu sein, d. h. inzidentell aufzutreten. Die Tatsache des latenten Lernens wurde lange Zeit hindurch als Argument gegen die Assoziationstheorie angeführt, und die Anhänger der Assoziationslehre bestritten eine Zeitlang sogar sein Vorhandensein. Jetzt scheint die Schule von HULL und SPENCE anzunehmen, daß das latente Lernen den gleichen Verlauf nimmt, wie das beobachtbare Reiz-Reaktion-Lernen, mit der einen Ausnahme, daß Motivation, Reaktion und Verstärkung eher bruchteilhaft als voll ausgebildet sind, so daß das etwas durstige Tier, auch wenn es das Wasser nicht wirklich trinkt, durch seinen bloßen Anblick trotzdem etwas verstärkt wird. HULL entwickelte eine ganze Reihe von Axiomen zur Schilderung des Lernvorganges sowie eine Reihe von Theorien über die Intensität der Triebe und Hemmungen, Gewohnheits-Hierarchien (die Wahrscheinlichkeit, daß eine aus einer Gruppe widerstreitender Reaktionen unter den jeweiligen Umständen ausgelöst wird), sowie von sekundären oder Ersatzverstärkern (symbolische Verstärker, die das Tier beruhigen, ohne tatsächlich seine physischen Bedürfnisse zu befriedigen, so wie z. B. ein Schnuller den Hungerschmerz mildert). Das HULL-SPENCEsche Modell (die Axiome und die daraus abgeleiteten Voraussagen) erklärt einige Fälle des Lernens ziemlich gut, doch wurden in vielen anderen Fällen auch nach langem Zurechtrücken der grundlegenden Axiome und zusätzlichen neuen Annahmen (z. B. die für die Erklärung des latenten Lernens verwendeten) die Voraussagen nicht erfüllt. Leser, die nach einer eingehenden Besprechung suchen, werden auf HILGARD u. BOWER (1971) (vgl. Anm. 20) verwiesen. Allgemein gestaltete sich das System komplizierter als die Tatsache, die es erklären sollte, und hat deshalb wenig Wert. Kurz vor seinem Tod veröffentlichte SPENCE jedoch Artikel, in denen er den kognitiven Faktoren viel größeres Gewicht beimißt, als

es ein strenger Behaviorismus erlaubt, was vielleicht eine grundlegende Änderung im Lager der klassischen Lerntheorie ankündigt (SPENCE 1963).

Einige von HULLS Mitarbeitern, darunter J. DOLLARD, N. E. MILLER (dessen neuere Arbeiten auf dem Gebiet der Biochemie des Gehirns und der Selbstkontrolle vegetativer Funktionen liegen) und R. SEARS, haben versucht, die HULLsche Lerntheorie mit der FREUDschen Psychodynamik zu verschmelzen, mit dem besonderen Ziel, die erlernte (im Gegensatz zur instinktiven) Grundlage der Motivation aufzuzeigen. Ihr bekanntester Beitrag ist die Hypothese gewesen, Aggression werde immer durch Frustration erzeugt, und, umgekehrt, Frustration führe immer zur Aggression. Die Hypothese war insofern fruchtbar, als sie Forschungsarbeiten anregte, und viele der aus ihr abgeleiteten Vorhersagen bestätigten sich. Es kann zwar nachgewiesen werden, daß Frustration und Aggression unter gewissen Umständen wirklich gemeinsam auftreten, doch wurde die allgemeine Gültigkeit der Hypothese durch zahlreiche Beobachtungen in Frage gestellt. In einer berühmten Untersuchung von BARKER, DEMBO u. LEWIN (1941) wurde beispielsweise gezeigt, daß ein mögliches Produkt der Frustration die Regression ist, eine Rückkehr zu einem weniger reifen Verhaltensniveau als das vor Beginn der Frustration gezeigte. ROSENZWEIG u. KOGAN (1949) haben die vielen verschiedenen Reaktionen aufgezeigt, die durch Frustration ausgelöst werden können. Alltagsbeobachtungen zeigen, daß man auf Frustration auch konstruktiv reagieren kann, z. B. durch Suchen nach neuen Problemlösungen.

E. L. THORNDIKE legte großen Wert auf das Lernen durch Versuch und Irrtum. Dies führte zur Untersuchung des *instrumentellen* Lernens, wobei die Dinge so angeordnet werden, daß das Tier selbst aktiv wird und die Belohnung durch Konsequenzen des richtigen Verhaltens entsteht. Wenn z. B. das Tier lernen kann, das Schloß an der Käfigtür zu öffnen, wird es durch die Befreiung aus dem Käfig belohnt. THORNDIKE nennt diese Beziehung zwischen der eigenen Tätigkeit des Tieres und den dadurch bedingten belohnenden Ereignissen das *Gesetz des Effektes,* dessen einfache Aussage darin besteht, daß Verhaltensweisen, die zu befriedigenden Ergebnissen führen, unter gleichen Umständen wiederholt werden. Anfänglich ging das Gesetz des Effektes mit einem anderen einher, nach dem Unlust (gleichbedeutend mit Strafe) als Konsequenz einer bestimmten Verhaltensweise dazu führt, dieses Verhalten zu *löschen.* Spätere Beobachtungen führte THORNDIKE dazu, diesen Teil seiner Formulierung fallen zu lassen. Statt dessen behauptet er, das Verschwinden eines bestimmten Verhaltens sei einfach auf das Fehlen befriedigender Konsequenzen, d. h. Mangel an Verstärkung, zurückzuführen.

Wie bereits erwähnt, hat SOLOMON (1963) Hinweise gesammelt, wonach THORNDIKE und seine Anhänger das Gesetz der Unlust doch zu voreilig fallen gelassen haben, da es von der richtigen Wahl des Zeitpunktes der Bestrafung abzuhängen scheint, ob sie das Verhalten hemmt. So hemmt die Bestrafung direkt bei Beginn einer Verhaltensweise ihre Ausführung vollständig und ist ein starkes Abschreckungsmittel gegen eine Wiederholung, während eine Bestrafung sofort nach Beendigung der Tat etwas weniger wirksam ist. Je länger die Bestrafung nach Vollendung der Tat hinausgeschoben wird, desto weniger wirksam ist sie. Dies erklärt vielleicht, warum Verbrecher selten durch Strafe von weiteren Verbrechen abgehalten werden (nicht zu reden von dem ethischen Problem einer Unterdrückung kriminellen Verhaltens ohne ein Angebot vernünftiger Alternativen). Die kriminelle Tat als solche, z. B. ein Einbruch, kann sogar erfolgreich sein und wird daher verstärkt, während das gesamte nachfolgende Verhalten, z. B. der Versuch, die gestohlenen Sachen loszuwerden und einen Freund ins Vertrauen zu ziehen, bestraft wird. Theoretisch würde also der Einbrecher zu einem neuen Einbruch ermutigt, und nur das nachfolgende Verhalten, wegen der früheren Bestrafung, ändern. Andere Untersuchungen (z. B. BRACKBILL u. O'HARA 1958, MEYER u. OFFENBACH 1962) deuten darauf hin, daß sich eine Kombination von Belohnung und Strafe bei Lernversuchen im Laboratorium am besten bewährt. Um auf THORNDIKES Theorie zurückzukommen, so hält er das Verhalten im wesentlichen für formlos und ungeordnet, ausgelöst durch diffuse Gleichgewichtsstörungen, wie sie beispielsweise durch Hunger oder Furcht erzeugt werden, jene Komponenten des ungeordneten Verhaltens, die zufällig befriedigende Konsequenzen hervorbrachten, überdauern, während die anderen langsam verschwinden (gelöscht werden). Auf diese Weise nimmt das amorphe Verhalten Form an und erweckt den Anschein, als werde es von innen her gelenkt, während tatsächlich das Muster der Verhaltenseffekte für die neue Ordnung verantwortlich ist. Nach THORNDIKES Meinung werden beispielsweise die Plapperlaute des Babys selektiv verstärkt und gelöscht, solange, bis seine Laute zur verständlichen Sprache werden. (Wir werden uns mit dieser Ansicht im nächsten Kapitel auseinandersetzen.)
Die Wirksamkeit der Verstärkung beruht entweder auf ihren belohnenden Eigenschaften (die Befriedigung eines Bedürfnisses und die Verminderung einer Spannung), oder aber auf der Vermittlung von Informationen, ähnlich dem Feedback, die den Organismus bei seiner intelligenten Tätigkeit leiten. ESTES und seine Mitarbeiter (KELLER u. Mitarb. 1965) haben Methoden für die Ermittlung der relativen Beiträge der Belohnung und der Information zum Lernprozeß ausgearbeitet, und die Information scheint, wie auch SPENCES erwähnte Ergebnisse zeigen, mindestens ebenso wichtig zu sein wie die Verminderung des Bedürfnisses

oder das Vergnügen. Wie wir bereits gesagthaben und weiterhin sagen werden, kann man auch über die Auffassung der Lerntheoretiker über die Rolle der Motivation beim Lernen und die Art der bedeutsamen Motive streiten. ESTES hat später (1970) die Theorie des instrumentellen Lernens gänzlich im kognitiven Sinne umgearbeitet und die ihr zugrunde liegenden Annahmen von THORNDIKE u. SKINNER völlig widerlegt.

Die Forschung über das Gesetz des Effektes wurde von B. F. SKINNER und seinen Mitarbeitern weiter vorangetrieben. SKINNER zieht es vor, von *operantem Lernen* oder operantem Konditionieren zu sprechen, statt sich des Ausdrucks instrumentell zu bedienen, wobei unter den Begriff „operant" eine ganze Kategorie instrumenteller Handlungen fällt, die wohl hinsichtlich der Art und Weise ihrer Ausführung unterschiedlich sein können, aber dennoch den gleichen Effekt hervorrufen. So führen die leicht unterschiedlichen instrumentellen Formulierungen der Bitte: „Bitte das Salz!", „Gib mir bitte das Salz!" und „Darf ich bitte das Salz haben?" zum gleichen Ergebnis und gehören daher der operanten Kategorie „Bitte um Salz" an. Der radikale Behaviorismus SKINNERS reicht auch über THORNDIKE hinaus, wenn in der Auffassung vom „leeren" Organismus (letztlich der Tabula rasa) formuliert wird, daß das Neugeborene völlig beschrieben werden kann durch die in seine physischen Konstitution eingebauten Handlungsfähigkeiten, die Reflexe, die in das klassische Konditionieren eingehen, und die Bedürfnisschwankungen (objektive Beschreibungen des Mangelzustandes ohne Berücksichtigung der Gefühle), die das Baby veranlassen, sich blindlings zu bewegen. Von diesem Ausgangspunkt aus beginnt das Gesetz des Effekts das Verhalten des Babys zu formen, und die Eltern oder Erzieher können dieses Gesetz ausnutzen, um aus dem Kind zu machen, was sie wollen – ähnlich wie bei Tierdressuren. Die Verhaltensformung wird oft dazu eingesetzt, das Individuum Schritt für Schritt immer näher an das Endziel des Lernvorgangs heranzuführen.

Einer der spezifischen Beiträge SKINNERS und seiner Mitarbeiter ist die Analyse von *Verstärkungsplänen*. Statt dem Tier (im Laboratorium SKINNERS gewöhnlich eine Taube) bei jeder richtigen Reaktion eine Verstärkung zu geben, kann man auch einen bestimmten Prozentsatz der Ausführungen einer besonderen Handlung verstärken oder Verstärkungen in Abständen einer durchschnittlichen Zeitspanne geben. Solche Analysen haben zu interessanten Erkenntnissen geführt. Wird z. B. konsequent eine Verstärkung gegeben und diese dann abgebrochen, dann wird die verstärkte Handlung rasch aufgegeben. Wird die Verstärkung aber nur von Zeit zu Zeit gegeben, wird die Löschung stark verzögert. Wie wir jedoch gesehen haben, ist diese Regel nicht wirksam, wenn es darum geht, das allabendliche Schreien des Säuglings beim Einschlafen zu löschen. Ein besonderer Zweig der Untersuchungen über Verstärkungspläne ist das *Wahrscheinlichkeitslernen,* die Art, wie der Organismus mit zwei (oder mehreren) Alternativhandlungen umgeht, die jede einer anderen Wahrscheinlichkeit einen Gewinn herbeizuführen. Meist wird dem Organismus die Wahl zwischen zwei Hebeln gegeben, die er niederdrücken kann, wobei jeder eine Verstärkung für einen gewissen Prozentsatz der Hebelbetätigungen liefert, z.B. 40 Prozent bei dem einen und 60 Prozent bei dem anderen (die beiden Wahrscheinlichkeiten müssen nicht unbedingt zusammen 100 Prozent ergeben). Es ergeben sich zwei klare Reaktionsbilder, die manchmal auch nacheinander folgen. Das erste und weniger gewinnbringende ist der Wechsel zwischen den Hebeln, wobei das Versuchstier den 40-Prozent-Hebel während 40 Prozent und den 60-Prozent-Hebel während 60 Prozent des Zeitraumes niederdrückt, woraus sich eine Verstärkung für 52 Prozent der Hebelbetätigungen ergibt (0,4×40 plus 0,6×60). Bei der reiferen Strategie wird der wenig gewinnbringende Hebel ignoriert – für unser Beispiel – und nur der 60-Prozent-Hebel betätigt, ein Vorgang, der *Maximierung* genannt wird. Nur wenige Wirbeltiere können der Versuchung widerstehen, gelegentlich nach dem Hebel mit der geringen Wahrscheinlichkeit zu picken oder zu stoßen, so als ob sie neugierig wären, was dann geschieht.

Skinner hat ein weiteres Phänomen demonstriert, das er „Aberglaube" nennt: Eine vollständig irrelevante Verhaltensweise, die einer verstärkten relevanten Handlung direkt vorangeht, kann mitverstärkt und so in die Gesamtreaktion einbezogen werden; z.B. streckt eine Taube immer den Hals vor oder dreht sich, bevor sie auf die Nahrungstaste pickt. (Klare menschliche Analogien sind uns nicht bekannt. Der Mann, der das erste Mal beim Würfeln die Würfel anblies, hatte danach vielleicht einen glücklichen Wurf, doch in den meisten Fällen wird das Anblasen der Würfel durch Beobachtung anderer erlernt.) Skinner hat auch gezeigt, daß man Tieren *Verhaltensketten* beibringen kann, schwierige Sequenzen einzelner Verhaltensweisen, die dem Tier eine Verstärkung bringen.

Skinner und Pressey sind die Väter der Lehrmaschine und der Unterrichtsprogramme. Beim programmierten Unterricht (gleichgültig, ob auf dem Wege über eine Maschine oder nicht) wird ein Wissensgebiet in kleine Arbeitsschritte oder Einheiten unterteilt, die in logischer Reihenfolge nacheinander bearbeitet werden, wobei der Lernende nach jedem Schritt das Gelernte, z.B. durch Beantwortung einer Frage, bei einer oder mehreren Gelegenheiten anwenden kann und sofort das Ergebnis erfährt. (Gewöhnlich bedeutet das Wissen, daß man die Aufgabe richtig gelöst hat, eine ausreichende Verstärkung.) Der programmierte Unterricht hat sich bei einigen Unterrichtsthemen, z.B. Rechnen, und bei manchen Versuchspersonen, insbesondere bei Kindern, denen es schwerfällt, aufmerksam zu sein und in gewöhnlichen Schulklassen zu lernen, als ziemlich wertvoll erwiesen. Man kann sich hier mit einem Lernprogramm allein befassen, das Tempo selbst bestimmen, man wird nicht abgelenkt, und die Handhabung des Materials, insbesondere bei einer Maschine, ist ein zusätzlicher Anreiz.

Als Allheilmittel für die Erziehung hat der programmierte Unterricht aber die ursprünglich großen Hoffnungen seiner Urheber zumindest teilweise enttäuscht, weil einige seiner Voraussetzungen hinsichtlich der Art, wie der Mensch lernt, irrig zu sein scheinen. Allerdings sehen manche weitblickende Techniker den Tag nahen, an dem ganze Wissensgebiete, einschließlich Originaldokumente, Bilder, Tabellen, Blätter, graphische Darstellungen und meterlange Filmabschnitte auf Magnetbänder aufgenommen oder – noch flexibler – zusammen mit einem außerordentlich flexiblen Programm in einen Computer gespeist werden können, so daß der Lernende ganz nach seinem Interesse das Material auf seinem eigenen Beobachtungsgerät durchgehen kann (NELSON 1965). Weiterentwickelte Systeme würden es dem Studenten ermöglichen, zwischen Bildern und Landkarten hin- und herzuwechseln, Raster und Koordinaten darüberzulegen, Fragen zu stellen, Zweifel oder Widerspruch auszudrücken, Tests zu fordern und um Erklärung zu bitten, wenn er einen Fehler macht (NELSON 1970). Verglichen mit solchen Anwendungsweisen liegt natürlich die ursprüngliche Vorstellung eines leeren Organismus, der Stück für Stück lernt, um Zeitalter zurück.

Die Regeln des operanten Konditionierens wurden mehr oder weniger erfolgreich bei den sogenannten *Verhaltenstherapien* und der *Verhaltensmodifikation* angewandt (Anm. 21). Bei diesen Behandlungsmethoden bleiben die Ursachen von Verhaltensstörungen bei der Therapie unberücksichtigt. Sie setzt am Symptom an und „formt“ das Verhalten in die gewünschte Richtung. Diese Methoden haben sich bei Kindern mit Kommunikationsschwierigkeiten, z.B. geistig behinderten, als besonders wertvoll erwiesen (HOUSE u. ZEAMAN 1958). STAATS u. BUTTERFIELD (1965) verwendeten operante Methoden beim Leseunterricht eines verwahrlosten, lernbehinderten vierzehnjährigen Kindes. Nach 40stündiger Arbeit während eines Zeitraumes von viereinhalb Monaten bereicherten sie seinen Lesewortschatz um 430 Wörter, erhöhten seine allgemeine Leistungsfähigkeit und befähigten es, ohne Unterbrechung im Klassenzimmer zu arbeiten. Das komplizierteste Anwendungsgebiet der operanten Methoden ist wohl die *Münzökonomie* („token economy“). Die Insassen von Gefängnissen oder Nervenkliniken erhalten normalerweise nur das Allernotwendigste, es sei denn, sie beteiligen sich an „konstruktiven“ Betätigungen. Hierfür erhalten sie Münzen, mit denen sie sich verschiedene Vorteile erkaufen können, z. B. einen Stuhl, auf dem sie in ihrer Freizeit sitzen dürfen. Wir wollen uns über die Ethik solcher Einrichtungen und insbesondere ihrer Anwendung auf das Lernen in der Schule nicht äußern. Es konnte auch gezeigt werden, daß man sogar unwillkürliche Vorgänge, wie Veränderungen im Gehirnstrommuster, instrumentell konditionieren kann (MILLER 1969).

In einer neueren Arbeit ging SKINNER (1971) noch über die Empfehlungen, die er in seinem Roman „Futurum Zwei" machte, die gesamte amerikanische Gesellschaft solle sich auf Wertmarken umstellen, hinaus (Anm. 22). SKINNERS Theorie (oder Nicht-Theorie) ist als Totalentwurf einer Philosophie des Menschen so absurd, daß die von CHOMSKY (1971) bemühten detaillierten Widerlegungen überflüssig erscheinen. Andererseits können die Zusammenhänge der Verstärkung in manchen Bereichen der Sozialpolitik als ein wertvoller Leitfaden dienen. Wenn wir z. B. ernsthaft das Bevölkerungswachstum stoppen wollten, sollten wir aufhören, jene zu bestrafen, die helfen, das Anwachsen der Bevölkerung zu hemmen – die Verfechter empfängnisverhütender Mittel und der Abtreibung und die Homosexuellen – und jene zu belohnen, die sich ungehemmt vermehren – z. B. durch Steuerbegünstigungen oder Kindergeld. Die Umweltschützer weisen darauf hin, daß wir auch unsere Unterstützung für den verstärkten Energieverbrauch umkehren sollten, da gegenwärtig die größten Energieverbraucher und -verschwender durch progressiv erniedrigte Gebühren pro Einheit belohnt werden. So muß man also die Verstärkung nicht unbedingt als Mittel für die Lenkung gehirnloser Roboter betrachten, sondern kann sie auch als soziale Maßnahme ansehen, die dem Menschen dennoch die Freiheit der Wahl beläßt.

Die Tradition der Lerntheorie in allen ihren Abwandlungen und Ausdrucksformen eignet sich, ohne Rücksicht auf die geleisteten Beiträge, unserer Meinung nach nicht zu einer allgemeinen Erklärung des menschlichen Verhaltens und der menschlichen Entwicklung. Dies liegt nicht daran, daß sie den Umwelteinfluß hervorhebt – unsere unmittelbarste Hoffnung, die Menschheit zu bessern, besteht nicht in der Veränderung unserer Gene, sondern in der Umweltveränderung, und die Lerntheorie überprüft die Grenzen der Umweltveränderung konsequent. Sie hat ihre Schwächen, weil sie sich mit so vielen Lernbereichen nicht ernstlich auseinandersetzt. Mit dem Wissen, dem weiten Beziehungssystem der Tatsachen, Ideen, Bedeutungen und Werte, die die schulische Erziehung vermitteln soll, befaßt sie sich kaum oder bestenfalls programmatisch. Sie hat sehr wenig Aufmerksamkeit für das Lernen von Begriffen, Relationen und Regeln, für das Denken, Argumentieren und für Einsichten, oder auch mit den übergreifenden Wirkungen des Lernens, z. B. damit, wie das Gelernte zum Wissen, zur Ehrlichkeit, zum Mitgefühl, zur Freundlichkeit und zum Engagement beiträgt, oder wie das Lernen die Menschen weniger egozentrisch oder ethnozentrisch machen kann. Immer wenn dennoch versucht wird, mit der operanten Theorie kognitives Lernen zu erklären, verletzt man natürlich durch die Anerkennung der Existenz kognitiver Vorgänge ihre eigenen theoretischen Voraussetzungen. Zusätzlich zu all dem, was die operanten Methoden nicht lehren, besteht auch noch die Frage, was sie möglicherweise an Geisteshaltungen und Erwartungen unausgesprochen vermitteln, z. B. die Beziehung des Lernens zu äußeren Belohnungen. Oft geben sich die Lerntheoretiker besondere Mühe, eine Auseinandersetzung mit Phänomenen zu vermeiden, die nicht in ihre Auffassungen passen. Maier (1960) hat dazu eine Regel aufgestellt: „Wenn du etwas nicht erklären kannst, gib ihm einen anderen Namen." Die Art, wie das Kind die Kenntnis der Muttersprache erwirbt, paßt nicht in die gewohnte Auffassung des Lernens, und man nennt den Vorgang daher – wie wir es auch gerade getan haben – „Erwerb".

Ein weiteres Gebiet, auf dem sich die Lerntheorien als unzulänglich erwiesen haben, ist das *Verlernen,* das nicht mit dem einfachen Vergessen gleichzusetzen ist. Das Kind muß zu gegebener Zeit den Glauben an Feen und den Weihnachtsmann verlernen, oder daran, daß der Storch die Babys bringt, ganz zu schweigen von den vielen abergläubischen Vorstellungen, die es selbst erfindet oder ansammelt. Eines der Hauptprobleme der höheren Bildung besteht sogar darin, die Mißverständnisse und Fehlinformationen aufzuspüren, die Schüler in die Schule mitbringen, um ihnen zu helfen, diese zu verlernen. Die Lerntheorie schweigt sich auch darüber aus, wie man überhaupt erst einmal Dinge lernen kann, die gar nicht stimmen, z. B. den Glauben an den Weihnachtsmann und an alle anderen nicht existenten Wesen und Kräfte, mit denen die Menschen die natürliche Ordnung bevölkern. Sie sagt uns nichts über das Lernen mit sprachlichen Mitteln, durch Beschreibungen und nichts über das Erlernen der Sprache selbst. Die Lerntheoretiker richten im allgemeinen ihr Hauptaugenmerk auf die äußeren Aspekte des Lernens, auf die leicht meßbaren partikularen Anzeichen, wie Veränderung des Hautwiderstandes, Speichelabsonderung, Muskelkontraktionen, Hebeldrücken oder Fortbewegung von einem Ort zum anderen. Wenn sie einmal unter die Oberfläche blicken, so geschieht dies gewöhnlich auf der Suche nach Vermittlungsvorgängen im Zentralnervensystem unter Nichtbeachtung der subjektiven Bereiche des Wissens, Wollens und Fühlens, wie dies in den Auffassungen über das Denken von Osgood (1963), Miller, Galanter u. Pribram (1960) und in der Arbeit von Pawlow und seinen Anhängern der Fall ist. Diese kritischen Bemerkungen sollen nicht besagen, das Lernen gehe unabhängig vom Nervensystem vor sich, sondern daß die Tatsachen des Lernens weiterreichen als unsere Kenntnis von der

Funktionsweise des Nervensystems und daß selbst dort, wo Zusammenhänge gefunden werden, das Lernen als eigenständiger Funktionsbereich bestehen bleibt, der mit seinen eigenen Begriffen erforscht werden sollte, unabhängig davon, welche neuralen Prozesse beteiligt sind.

Es gibt auch noch andere Lerntheoretiker, die außerhalb der PAWLOWschen und THORNDIKEschen Hauptströmungen und manchmal auch im Widerspruch zu diesen arbeiten. H. und T. KENDLER (1959) untersuchen statt der neuralen Prozesse die Rolle der kognitiven oder verbalen Vermittlung beim Lernen. Ihre bevorzugte Methode besteht in der Umkehrung bzw. Nichtumgekehrung von Lernvorgängen, bei der dem Tier eine bestimmte Unterscheidung beigebracht wird und es dann eine neue dazulernen muß. Die Umkehrung des Lernvorgangs besteht darin, daß die gleiche Unterscheidungsdimension wohl auch weiterhin die relevante bleibt, jetzt aber der früher unbelohnte Reiz verstärkt wird. Ist die relevante Dimension zum Beispiel eine Farbe, wird das Tier zunächst für seine Reaktion z. B. auf den blauen Reiz und nicht den roten belohnt, muß aber dann lernen, auf den roten Reiz und nicht auf den blauen zu reagieren. Bei der Nichtumgekehrung des Lernvorgangs wird die Verstärkungsbasis auf eine gänzlich andere, früher irrelevante Dimension verlegt. Wenn z. B. das Tier zuerst lernt, auf eine Farbe zu reagieren, muß es jetzt lernen, auf Größe, Form oder sonstige Eigenschaften zu reagieren. Interessanterweise fällt weißen Ratten, kleinen Kindern und jungen Affen – nicht jedoch älteren Affen und erwachsenen Menschen – die Umkehrung viel schwerer als die Nichtumgekehrung (TIGHE 1964). Das heißt, es ist schwieriger, die Reaktion auf das eine Ende einer Dimension zu verlernen als die Reaktion auf die Dimension selbst und auf eine andere überzugehen. Die KENDLERS legen diese Erkenntnis so aus, daß die sprachliche Vermittlung den Schlüssel zur Umkehrung des Lernens darstellt. Wahrscheinlich erleichtert die sprachliche Analyse tatsächlich die Umkehrung, möglicherweise, indem sie die Ausarbeitung von Hypothesen über die neuen Spielregeln ermöglicht, doch stellt sie keine vollständige Erklärung dar, denn auch nicht sprechende Wesen, wie Ratten und Affen, erlernen trotz aller Schwierigkeiten schließlich doch die Umkehrung des Lernvorgangs.

Zwei weitere Forscher auf dem Gebiet des Lernens, für die unsere Einwände gegen die Lerntheoretiker im allgemeinen nicht zutreffen, sind die HARLOWS (HARLOW u. KUENNE 1949), die sich mit der Untersuchung von *Lernhaltungen* (auch das Erlernen des Lernens genannt) beschäftigen, nämlich der Tatsache, daß das Tier erlernte Regeln auf neue Lernsituationen ausdehnt, statt lediglich eine spezifische Reaktion auf einen spezifischen Reiz zu erlernen. Beim sogenannten Lernen von Abweichungen z. B. muß das Kind oder das Tier lernen, auf jenen Reiz in einer Reihe zu reagieren, der sich von den restlichen unterscheidet. Anschließend kann es das allgemeine Prinzip der Abweichung auf ein neues Problem anwenden, z. B. wenn das Baby zuerst lernt, das Klötzchen herauszusuchen, dessen Farbe anders ist als die der übrigen, und dann lernen muß, dasjenige zu finden, dessen Form von den restlichen abweicht.

Die HARLOWS heben weiterhin hervor, daß die Neugierde (mit oder ohne Belohnung) eine ausreichende Lernmotivation darstellt (WHITES Betätigungsdrang ist ein Pendant zu den Feststellungen HARLOWS) und daß das Lösen von Problemen an sich befriedigend ist, statt lediglich ein Mittel zur Befriedigung physischer Bedürfnisse darzustellen. Wir haben bereits die Forschungsarbeiten H. HARLOWS mit Ersatzmüttern erwähnt, die ursprünglich darauf abzielten, die Hypothese der Lerntheorie zu widerlegen, wonach die Mutter als konditionierter Reiz für die Befriedigung körperlicher Bedürfnisse gewertet wird. Wie sich der Leser erinnern wird, zogen die Affen die „Frottémütter“, die ihnen keine Nahrung gaben, den nackten Drahtgestellen, von denen sie Nahrung erhielten, vor.

STEVENSON und seine Mitarbeiter (STEVENSON, 1971, STEVENSON u. Mitarb. 1968, 1971) haben sich mit den Beziehungen zwischen den verschiedenen Arten des Lernens befaßt. Sie verlangen von ein und demselben Kind die Aufführung der verschiedensten Lern-, Begriffs- und Problemlösungsaufgaben. Eines der wichtigsten Ergebnisse ist, daß JENSENS (1969) Unterscheidung zwischen assoziativem und vermitteltem Lernen unbegründet ist, da eine signifikante Korrelation zwischen beiden Arten besteht und beide sowohl beim Unterschicht- als auch beim Mittelschichtkind beobachtet werden können.

Eine grundlegende Annahme der Lerntheorie ist, daß die Lernvorgänge bei allen Tierarten die gleichen seien, aber BITTERMAN u. Mitarb. (1958) konnten bei verschiedenen Tierarten qualitative Leistungsunterschiede bei normalen Lernaufgaben nachweisen, z. B. bei Umkehrung von Lernvorgängen und beim Wahrscheinlichkeitslernen, wodurch die Diskontinuitätshypothese (vgl. S. 274) in ihrer Anwendung auf Unterschiede in der Evolutionsreihe, wenn auch nicht direkt bei der individuellen Entwicklung, unterstützt wird.

Einige Forscher auf dem Gebiet des Lernens haben sich mit der Frage des Lernens durch Nachahmung befaßt. Ihre Ergebnisse widersetzen sich den gewöhnlichen Formulierungen der Lerntheorie, wonach die Nachahmung selbst als operante Handlung erlernt wird, indem eine Person zufällig eine Verhaltensweise ausführt, die sie gerade davor bei einer anderen beobachtet hat und dafür belohnt wird. Diese Auffassung bildet den Mittelpunkt der Theorie des *sozialen Lernens,* die wir im letzten Kapitel im Zusammenhang mit dem kulturellen Lernen erwähnt haben. Manche Autoren sind der Ansicht, daß die Theorie des sozialen Lernens als Entwicklungstheorie aufgefaßt werden muß, während sie sich in Wahrheit nur mit dem Lernen am Modell befaßt. DARBY u. RIOPELLE (1959; RIOPELLE 1960) haben als Nebenergebnis festgestellt, daß Affen bei der Beobachtung des Verhaltens anderer Affen mehr aus deren Fehlern als aus ihren richtigen Reaktionen lernen, woraus hervorgeht, daß die Nicht-Nachahmung einen wichtigen Teil des Lernens durch Beobachtung darstellt.

Reifungstheoretische Auffassungen der psychischen Entwicklung

In den meisten Lehrbüchern werden die Veränderungen während der psychischen Entwicklung als Produkt aus Lernen und *Reifung* hingestellt. Die Reifung schließt das Wachstum ein, ist aber nicht mit diesem gleichzusetzen, da sich das Wachstum in erster Linie auf eine Größenänderung bezieht. Reifung ist die Fortsetzung der vorgeburtlichen Entwicklungsvorgänge, durch die qualitative Veränderungen im Gewebe oder im anatomischen oder physiologischen Aufbau hervorgebracht werden. Aus Knorpel wird echter Knochen, die peripheren Nerven werden von Myelin umschlossen, im Verdauungstrakt bilden sich neue Enzyme, die Körperproportionen verändern sich, und die relative Größe und Funktion der Drüsen mit innerer Sekretion verändert sich und bewirkt eine Umordnung. Die Thymusdrüse atrophiert z. B. im Kindheitsalter, und die Abnahme der Thymusfunktion, die uns lange ein Rätsel war, wird jetzt in ihrer Bedeutung für die Entwicklung der somatischen Individualität erkannt, der individuumspezifischen Gewebezusammensetzung, durch die Gewebetransplantationen von einem Organismus zum anderen außerordentlich erschwert werden. (Allerdings wurden bei der Vermeidung der Immunreaktion des Körpers Fortschritte gemacht und Organtransplantationen ermöglicht. Die Immunreaktion wurde sogar bei der Krebsbekämpfung eingesetzt.) Die Hypophyse ist in den verschiedenen Entwicklungsstadien unterschiedlich aktiv, und die Gonaden kommen erst im Jugendlichenalter zur Reife.

Es steht außer Zweifel, daß eine Reifung unserer somatischen Anlagen stattfindet und unsere Aktions- und Reaktionsfähigkeit beeinflußt. Eine ganze Gruppe von Theoretikern sieht in der Reifung das wichtigste Erklärungsprinzip für die im Zuge der Entwicklung auftretenden Verhaltensänderungen. Diese Theoretiker geben wohl zu, daß Lernen stattfindet, halten dieses jedoch in erster Linie für eine Aktivierung von Strukturen, die im Organismus bereits Form angenommen haben. Es ist so, als ob das Nervensystem eine verschlüsselte oder bildliche Wiederholung der Außenwelt sei, so daß Wahrnehmung die Zuordnung einer neuralen Struktur zu einem Objekt und Denken zu einem verkleinerten Nachspielen der Ereignisse der realen Welt wird. Da der Aufbau des Nervensystems das Denken strukturiert, ist beispielsweise die Sprache kein gedanklicher Mechanismus, sondern lediglich eine weitgehend überflüssige Begleiterscheinung.

Einige Hauptvertreter dieses Gesichtspunktes waren Gesell, Montagu, Carmichael, Piaget, der große Schweizer Psychologe, dessen Denkweise erst in den letzten fünfzehn Jahren außerhalb seines unmittelbaren Wirkungsbereiches großen Einfluß erlangt, der aber mit seinen Forschungsarbeiten vor fast sechzig Jahren begonnen hat, Goldstein, Scheerer und Werner. Charakteristischerweise haben sich diese Autoren mehr mit kognitiven Vorgängen als mit Gefühlen oder Motiven befaßt und die Unterschiede zwischen dem unausgereiften und dem reifen Verhalten durch eine Reihe entgegengesetzter Extreme definiert. Der Fortschritt vom Unausgereiften zum Reifen wird gewöhnlich im Sinne von Stadien beschrieben, die durch besondere Themen oder Handlungsweisen gekennzeichnet sind – ähnlich den psychosexuellen Phasen bei Freud –, doch sind die genauen Altersstufen von einem Autor zum anderen verschieden. Wir wollen nur einige Beispiele der Regeln und Polaritäten anführen, die diese Theoretiker dargestellt haben.

Gesell stellte ein Prinzip des *reziproken Verwebens* („reciprocal interweaving") auf, womit eine Art Verflechtung der Vergangenheit mit der Zukunft gemeint zu sein scheint, bei der das Kind sozusagen zwei Schritte vorwärts macht, um eine neue Erfahrung zu gewinnen, und dann einen Schritt nach rückwärts, um das Gewonnene zu konsolidieren und mit dem Vergangenen zu integrieren. Nach Ansicht Gesells ist das beobachtbare Verhalten des Kindes Ergebnis des reziproken Verwebens bei der Reifung seines Nervensystems. Gesells Prinzip der *Epigenese* ist einfach seine Formulierung der Diskontinuitätshypothese, der Meinung, daß das Individuum im Zuge seiner Entwicklung qualitativen Umstrukturierungen unterworfen ist.

Goldstein ist hauptsächlich durch die Polarität des *konkreten* und *abstrakten* Verhaltens bekannt geworden, die er zunächst in Verbindung mit seinen Untersuchungen über die Folgen von Gehirnverletzungen formulierte. Konkretheit bedeutet die Bindung an die jeweils gegenwärtige Situation und ihre manchmal irrelevante Dynamik, z. B. wenn ein Patient eine Anzahl von Klötzchen nach Farben ordnet und dann nicht imstande ist, sie nach anderen Gesichtspunkten, z. B. der Form, zu sortieren, oder wenn er nicht willkürlich die Bewegungen des Klopfens an eine imaginäre Tür ausführen kann oder unfähig ist, einen Kamm als solchen zu bezeichnen, bevor er ihn tatsächlich zum Kämmen des

Haares verwendet. Abstraktes Verhalten verlangt eine Loslösung vom Unmittelbaren, die Überlegung alternativer Handlungsweisen und ein Denken und Handeln nach allgemeinen Regeln und zukünftigen Ergebnissen. GOLDSEINS Auffassung hat auch für die normale menschliche Entwicklung Bedeutung, die als ein Fortschritt von konkreten zu abstrakten Handlungsweisen angesehen werden kann.

PIAGETS Beiträge umfaßten Begriffe, wie den bereits besprochenen Egozentrismus und den ihm genau entgegengesetzten *Relativismus,* die Fähigkeit der Verschiebung von Perspektiven und der Erkenntnis, wie eine bestimmte Situation einem anderen Menschen erscheint. Die Bezeichnung *primärer Adualismus* – d.h. mangelnde Zweiheit oder Undifferenziertheit – hat er für die ursprüngliche Unfähigkeit des Babys geprägt, zwischen Geschehnissen in seinem Inneren und solchen in seiner Umwelt klar zu unterscheiden, so daß es die Träume so erlebt, als würden sie in der Außenwelt vor sich gehen, und sich verhält, als könne es äußere Vorgänge durch Wünsche oder geheime Kräfte beherrschen. Einer der Hauptbegriffe in PIAGETS System ist die *Equilibration,* die Wiederherstellung des kognitiven Gleichgewichts, wenn das Baby seine Vorstellungen mit einer neuen Erfahrung nicht in Einklang bringen kann. Die Equilibration umfaßt zwei gegensätzliche Prozesse, von denen der primitivere, die *Assimilation,* den Versuch des Kindes bedeutet, neue Erfahrungen ungeachtet ihres Widerstandes so umzuformen, daß sie in seine gewohnte Gedankenwelt passen. Die *Akkomodation* hingegen ist eine Änderung von Vorstellungen zum Zwecke der Aufnahme und Integration neuen Wissens.

PIAGET hat eine Aufeinanderfolge von Methoden angegeben, nach denen das Kind kausale Zusammenhänge wahrnehmen soll. Die erste ist der *Animismus,* bei dem angenommen wird, daß in den materiellen Dingen – ob lebendig oder nicht – eine belebende Seele wohnt, die ihr Verhalten bestimmt. Der Animismus kann unausgesprochen sein, z.B. wenn das Kind so tut, als wäre eine Sache lebendig und Mitleid mit einem zerbrochenen Spielzeug zeigt, oder explizit, z.B. wenn das Kind sagt, das zerbrochene Spielzeug habe Schmerzen. Die zweite Form der Kausalitätswahrnehmung ist der *Artifizialismus,* bei dem alle Geschehnisse so erscheinen, als wären sie durch ein menschenähnliches Wesen gelenkt, z.B. wenn das Kind fragt: „Warum donnern sie?". In einem fortgeschrittenen Stadium kommt es zum *Naturalismus,* der Annahme unpersönlicher Naturkräfte als beherrschende Ursachen vieler Vorgänge, einschließlich eines Teiles des menschlichen Verhaltens, wie bei der wissenschaftlichen Forschung. PIAGETS Ideen über die Konstanz oder Nichtkonstanz von Gegenständen wurde bereits erwähnt. PIAGET hat weiter eine Anzahl von Stadien in der Entwicklung des logischen Denkens definiert, z.B. das *sensomotorische* Stadium im Babyalter, in dem das gesamte Verhalten reflexartig von außen stimuliert wird, das impulsive *präoperative* Stadium der frühen Kindheit, auf das das Stadium der *konkreten Operationen* folgt, in dem das Kind durch Manipulation der Dinge Probleme lösen kann. Hieran schließt sich der gezieltere und mehr analytische Weg des Stadiums der *formalen Operationen*, in dem das Individuum über die wahrgenommene Information hinausgehen kann. PIAGET hat seine Stadien mit beschreibenden Ausdrücken aus den symbolisch-logischen und anderen esoterischen Zweigen der Mathematik ausgeschmückt. Zusätzlich hat er ein Modell der Organisation des Gehirns zur Erklärung der Denkvorgänge und ihrer altersbedingten Veränderungen geliefert.

PIAGETS Denken steht auch nach jahrzehntelangen Untersuchungen immer noch in Entwicklung und ist Änderungen unterworfen, die insbesondere darauf ausgerichtet sind, dem Lernen mehr Gewicht beizumessen und das Erlernen und den Gebrauch der Sprache und anderer symbolischer Formen zu einer Hauptkomponente der Entwicklung des Denkens zu machen (INHELDER u. PIAGET 1964). Seine scharfsinnigen Beobachtungen und sinnreiche Problemstellung haben die Untersuchung der psychischen Entwicklung revolutioniert und sie zu einem bedeutsamen Zweig der Allgemeinen Psychologie gemacht. Die Verfasser haben im Lauf der Jahre viele Gedanken PIAGETS aufgenommen; viele Stellen in diesem Buch sind von seinen Ideen getragen. Doch unterscheiden wir uns von ihm in einer Reihe von Fragen: Wir messen der Erfahrung viel größere Bedeutung bei als er; wir sind der Meinung, daß die Sprache eine zentralere und sogar lebenswichtige Rolle spielt und daß er – und dies ist vielleicht mehr die Schuld der Schüler als des Meisters – eine viel zu engherzige Auffassung von der Kognition hat und sie auf die kalte Logik beschränkt. Wir beschäftigen uns ebenso sehr mit der emotionalen Komponente der Kognition und mit dem Irrationalen, den verrückten Meinungen, unlogischen Gedankenvorgängen, Träumen, Halluzinationen und ähnlichem. Wir können die Gegensätze dahingehend zusammenfassen, daß PIAGET uns eine sehr wertvolle Psychologie der Kognition gegeben hat, während wir mehr an einer kognitiven Psychologie aller Bereiche des menschlichen Verhaltens interessiert sind. Eine ausführliche Darstellung der Arbeit PIAGETS gibt ELKING (1971) und noch detaillierter FLAVELL (1963) (vgl. Anm. 9).

H. WERNER widmete sich der Aufgabe, die Gesetze der individuellen psychischen Entwicklung zu einem Schlüssel einer allgemeinen Philosophie zu machen, die die tierische Evolution, historische Veränderungen, kulturelle Unterschiede und die Psychopathologie umschließt. WERNER nahm GOLDSTEINS abstrakt-konkrete und PIAGETS egozentrisch-relativistische Polaritäten in seine Ansicht auf und fügte selbst noch einige Polaritäten hinzu. Eine dieser Dimensionen ist die Entwicklung von einer *synkretischen* (globalen), undifferenzierten Funktionsweise, bei der die Wahrnehmung und das Denken nach einem Ausdruck von William James einem „blühenden, summenden Durcheinander" gleicht, zu einer differenzierten, artikulierten Funktionsweise. Immer wenn Kinder oder Erwachsene mit neuen Situationen konfrontiert werden, durchlaufen sie diese Abfolge aufs neue. Viele von uns können sich an den ersten Eindruck von einem Automotor erinnern. Beim ersten Anblick präsentiert er sich als eine synkretische, schlecht differenzierte, zischende, pochende, tickende, schwirrende, etwas ominöse Metallmasse, umgeben von einem Gewirr von Drähten, Rohren, Schläuchen und Vorsprüngen, und sogar diese Beschreibung ist bereits zu deutlich, um unseren ersten Gesamteindruck wiederzugeben. Die Erfahrung macht es uns möglich, die sichtbaren Bestandteile zu unterscheiden – zu differenzieren: den Motorblock, die Rohrverzweigungen, den Vergaser, den Luftfilter, die Kraftstoffpumpe, den Kühler und seine Verbindungen usw. Und wenn uns die Funktion des Motors und die Bewegungen der nicht sichtbaren Bestandteile erklärt werden – der Kolben und Gestänge, der Kurbelwelle, der Nockenwelle, der Ventile, der Motorsteuerung usw. – können wir den Motor als ein verständliches, geordnetes, stabiles Aggregat mit integrierter Funktion sehen, und dieses jetzt differenzierte und deutlich gemachte Ganze ist völlig verschieden von dem anfänglichen globalen, undifferenzierten Ganzen. In den folgenden Kapiteln werden wir auf eine Anzahl von Erscheinungen zu sprechen kommen, die dem Muster der Differenzierung und allmählichen Integration zu höherer Ordnung, die in der Polarität zwischen *synkretisch* und *artikuliert* ihren Ausdruck findet, entsprechen.

In engem Zusammenhang mit Werners System stehen zwei weitere Entwicklungspolaritäten, nämlich die Entwicklung von der *Rigidität* zur *Flexibilität* des Denkens und Handelns und vom Leben in einer *labilen* Welt zur Errichtung einer *stabilen*. In der unsteten Welt des kleinen Kindes, in der Gefühle sich mit Gegenständen mischen, die geistige Welt neben der materiellen besteht, Bedeutungen und Identitäten sich unerwartet verändern und dem Möglichen keine Grenzen gesetzt sind, kann eine Stabilität nur durch Befolgung starrer, gewohnheitsgebundener und ritualisierter Verhaltensmuster erreicht werden. Ein ähnliches Verhalten sehen wir bei Erwachsenen, die sich mit der Flut, der Komplexitäten und Schwierigkeiten des Lebens konfrontiert sehen und sich in die Tradition, in allzu einfache Schlagwörter, Dogmen und Formeln flüchten. Wenn (und vorausgesetzt daß) die Welt stabiler, verläßlicher, geordneter und vorhersehbarer wird, treten mehr Möglichkeiten des sinnvollen Handelns ins Blickfeld, und das Verhalten kann sich zunehmend flexibel und verschiedenartig gestalten.

WERNER zeigte auch besonderes Interesse an der Sprache, sowohl an ihren sachlichen, beschreibenden Funktionen und Satzgefügen als auch an den evokativen, affektiven und expressiven Funktionen, wie sie in der Dichtkunst und in der Metapher zum Ausdruck kommen. Einige seiner diesbezüglichen Gedanken werden im nächsten Kapitel in Zusammenhang mit dem Erlernen der Sprache dargelegt.

Man könnte annehmen, die psychoanalytischen Theorien, die sich in erster Linie auf die Antriebe und die Gefühle beziehen, und die Reifungstheorien, die sich auf die Kognition konzentrieren, könnten einfach zu einem verhältnismäßig vollständigen Bild des Individuums und seiner Entwicklung zusammengefaßt werden. Diesen Gedanken haben eine ganze Reihe von Personen verfolgt, ursprünglich größtenteils psychoanalytisch ausgerichtete, unter ihnen S. ARIETI, E. J. ANTHONY, R. SPITZ, P. WOLFF, E. SCHACHTEL und D. RAPAPORT, von denen jeder versuchte, die beiden Theorien zu integrieren, größtenteils in der Form von Parallelen zwischen FREUDS Primärprozeßdenken und dem von den Reifungstheoretikern beschriebenen primitiven (egozentrischen, konkreten, rigiden, synkretischen) Denken. Unserer Meinung nach waren alle diese Versuche deshalb erfolglos, weil die Psychoanalytiker Schwierigkeiten haben, mit dem Entfaltungsprinzip der Reifungstheorien zurechtzukommen, und weil weder die Psychoanalyse noch die Reifungstheorie das Lernen und die Rolle, die die Umgebung beim Verhalten spielt, ausreichend berücksichtigt. WERNER z. B. sprach viel über kulturelle Unterschiede, wußte aber beinahe nichts darüber zu sagen, wie man sich eine spezifische kulturelle Anschauung aneignen kann.

Wie wir sehen werden, hatten die Reifungstheorien der Entwicklung viel mit dem *Strukturalismus* (LEVI-STRAUSS 1966) gemeinsam, der jetzt die große Mode ist. Strukturalismus ist ein soziologischer Begriff, der für die Beschreibung der Wechselbeziehungen zwischen gemeinsamen Glaubenssätzen oder sozialen Einrichtungen recht nützlich ist, jedoch bei Anwendung auf das Verhalten des Individuums lächerliche Ergebnisse bringt. CHOMSKYS (1968) Versuche, z. B. aus den grammatikalischen Strukturen der Äußerungen vieler Sprecher psychologische Prinzipien abzuleiten, führten zu der absurden Behauptung, im sprachlichen Verhalten bestünden keine bedeutenden individuellen Unterschiede. CHOMSKYS Gedankengänge lassen auch den Schluß zu, daß Kinder besser sprechen als Erwachsene. Wir werden über CHOMSKYS Theorien später, im Zusammenhang mit der Sprachentwicklung, sprechen müssen, aus dem einfachen Grund, weil diese Theorien großen Einfluß haben. Im Augenblick genügt es zu sagen, daß die psychische Entwicklung des Menschen kein wesentliches Anwendungsgebiet für den Strukturalismus darstellt.

Die Feldtheorie Kurt Lewins

Die Reifungstheorien stehen in enger Verbindung mit der *Gestaltpsychologie.* Während andere Psychologien versucht haben, die psychologischen Funktionen in ihre Elemente zu zerlegen, befaßte sich die Gestaltpsychologie mit den Eigenschaften geordneter Ganzheiten. Der Gestaltpsychologe würde sagen, ein entweder aus Punkten oder Linien konstruiertes Quadrat werde als quadratische Form wahrgenommen, die als *Gestaltsqualität* bezeichnet wird (ähnlich wie bei der physiognomischen Wahrnehmung [s. S. 127], außer daß sich die Gestaltpsychologen nicht viel um den emotionalen Gehalt der Gestaltsqualität kümmerten), und nicht als die einzelnen Elemente, aus denen es besteht.

Die Gestalttheorie läßt sich nur schwer zusammenfassen, weil sie eine Reihe von Widersprüchen enthält. Einesteils bestanden die Gestaltpsychologen auf den spezifisch menschlichen Eigenschaften menschlicher Wesen und beklagten sich, daß sich die Assoziationslehre mit „bloßen Tatsachen" befasse und Werturteile vernachlässige. Andererseits verneinte KÖHLER (zusammen mit M. WERTHEIMER und K. KOFFKA einer der Begründer der Berliner Gestalt-Schule) energisch die Möglichkeit qualitativer Transformationen, sowohl im Verlauf der menschlichen Evolution als auch in der Entwicklung des einzelnen Menschen. Gleichzeitig betonte er die Rolle der *Einsicht* (des – oft blitzartigen – Verstehens, wie es jäh in dem Ausruf „Heureka!" oder dem „Aha-Erlebnis" ausgedrückt wird) beim Lernen und die diskontinuierlichen Lernkurven, die man erhält, wenn der Organismus Einsicht in die Aufgabe erlangt. KÖHLER war Reduktionist (s. S. 264) und versuchte, das Verhalten und die Wahrnehmung als eine landkartenartige Darstellung im Gehirn zu erklären. Obgleich sich viele seiner Arbeiten mit der Wahrnehmung und den Einflüssen verschiedener Reizanordnungen auf die Wahrnehmung beschäftigen, blieb KÖHLER unerschütterlich dabei, daß die wirkliche Welt im Prinzip unerkennbar sei, und das, was wir für Realität halten, lediglich etwas ist, was wir aus Entladungen im Nervensystem ableiten oder rekonstruieren.

Obgleich sich sowohl WERTHEIMER als auch KOFFKA für die Forschung an Kindern interessierten, war die Berliner Schule nicht entwicklungsorientiert. Sie brachte aber einen Psychologen hervor, K. LEWIN, der zumindest teilweise die Entwicklung berücksichtigte und viele Untersuchungen an Kindern durchführte. LEWINS Standpunkt wird als *topologische Feldtheorie* bezeichnet und basiert auf seinem Begriff des *Lebensraumes* (Anm. 23). Der Lebensraum setzt sich aus jenen ausgewählten Umweltaspekten zusammen, die für das Individuum psychologisch bedeutungsvoll sind. Beispielsweise haben ein Mann und eine Frau, wenn sie zusammen an einer Reihe von Schaufenstern vorbeigehen, wahrscheinlich zwei sehr verschiedene Lebensräume. Lewin stellte den Lebensraum graphisch in Form eines wolkenförmigen, von Pfaden und Schranken durchzogenen Gebietes dar, durch die die erlaubten und verfügbaren oder die verbotenen und blockierten Handlungsmöglichkeiten bezeichnet werden. Die Pfade in diesem Lebensraum führen zu Zielobjekten mit positiven oder negativen *Valenzen,* die anzeigen, ob die Gegenstände anziehend oder abstoßend sind. Die Person in diesem Feld (das entweder ein Gedankengebilde oder auch die Wahrnehmungswelt der Person sein kann) wird durch diese Valenzen entweder aktiviert oder an Bewegungen gehindert und auf Pfaden geführt, die ihr offenstehen und Handlungsmöglichkeiten darstellen. Auf diese Weise kann man eine Reihe von klassischen Situationen demonstrieren. Beispielsweise kann die Frustration als ein attraktives Ziel jenseits einer unübersteigbaren Schranke dargestellt werden. Verschiedene Konfliktzustände können auf diese Weise dargestellt werden, z.B. wie eine Person zwischen zwei konkurrierenden, aber unvereinbaren anziehenden Zielen hin- und hergerissen wird, wie ein Objekt mit negativer Valenz den Pfad zu einem anziehenden versperrt, oder der Zustand der Ambivalenz, wenn ein Ziel sowohl positive als auch negative Valenzen hat. Lewin war bei seinem Lösungsversuch eingestandenermaßen „ahistorisch", d.h., er war weniger daran interessiert, wie sich ein Lebensraum zu seiner tatsächlichen Beschaffenheit entwickelt, als an seiner Struktur im Augenblick der Handlung. Trotzdem sagte er, der Lebensraum werde im Laufe der Entwicklung progressiv differenzierter und, wie bereits gesagt, hielt er die Regression für eine Entdifferenzierung des Lebensraumes. Die Annahme, daß der Lebensraum mit fortschreitender Entwicklung auch qualitativen Umordnungen und Neuintegrationen unterworfen ist, scheint mit seiner Ansicht nicht unvereinbar.

Lewin stellt die Person im Kraftfeld des Lebensraumes als einen leeren Kreis dar, vergleichbar Skinners leerem Organismus, so daß die Menschen nicht mehr im Sinne ihrer eigenen Fähigkeiten, sondern im Sinne ihrer Umwelt beschrieben werden. So können wir über dumme oder intelligente Lebensräume statt über dumme oder intelligente Menschen sprechen. Oder aber, wenn wir uns von der Terminologie Lewins entfernen wollen, können wir über mehr oder weniger intelligente Umwelten sprechen. Die Intelligenz ist also nicht eine Eigenschaft des Nervensystems, sondern die Art, wie sich die Welt dem Menschen darbietet, die Eigenschaften und die Stimmung, die Bedeutungen und die Handlungsmöglichkeiten, durch die sie gekennzeichnet ist. Wenn wir uns diese Betrachtungsweise der intellektuellen Unterschiede zu eigen machen, liegt das Ziel der Erziehung darin, die Menschen intelligenter zu machen, indem man sie lehrt, woraus die Umwelt besteht und wie sie funktioniert (und wie wir mit ihr zusammenwirken können), einschließlich der nicht wahrnehmbaren Kräfte und Energien, seien es nun Röntgen- oder Infrarotstrahlen, Molekularstrukturen, Ultraschall, Viren, RNS, die menschliche Physiologie oder das Gesetz von Angebot und Nachfrage. Denn unser Lebensraum verändert sich mit unserem zunehmenden Verständnis der Regeln, nach denen wir selbst und die Welt funktionieren, einschließlich der Tatsache, daß verschiedene Kulturen den Lebensraum der Menschen auf sehr verschiedene Weise gestalten, und einschließlich der moralischen, ästhetischen und emotionalen Valenzen, die der Mensch den Objekten zuordnet. Wir werden am Ende des VII. Kapitels auf das Thema der Intelligenz und ihrer Entwicklung zurückkommen.

Grundlegende theoretische Streitfragen

In diesem Abschnitt wollen wir einige der umfassenderen Annahmen über die menschliche Natur betrachten, die den oben beschriebenen psychologischen Theorien zugrundeliegen. Daß jede von ihnen auf irgendeine wichtige Weise unzulänglich ist, macht sie nicht nutzlos. Auch eine falsche Theorie kann den Forscher auf neue Tatsachen und Beziehungen hinweisen, die ihm sonst entgangen wären.

Reduktionismus und Mechanismus

Früher erwartete man von Theorien, daß sie Phänomene erklären, indem sie Aussagen darüber machen, wie sie möglich sind. Heute sind die meisten Theoretiker zu dem Schluß gekommen, daß eine Erklärung in diesem Sinne nicht in Frage kommt. Sobald wir zu verstehen versuchen, inwiefern sich lebende Organismen von toter Materie unterscheiden, wie ihr Stoffwechsel vor sich geht, wie sie sich vermehren, wie sie ihr physiologisches Gleichgewicht *(Homöostase)* erhalten, sich fortbewegen (im Falle jener Organismen, die sich aus eigener Kraft fortbewegen können), wie sie sich auf Reize einstellen usw., kommen wir in Verlegenheit. Und wenn wir uns auf die psychologische Ebene begeben und Phänomene wie Bewußtsein, Aufmerksamkeit, Liebe, Mitleid, Gedanken, Wahrnehmung, Selbsterkenntnis, Selbstbeherrschung und dergleichen untersuchen, sind die Fähigkeiten unserer Begriffsbildung erschöpft. Wie wichtig diese Probleme auch sein mögen, manche Psychologen haben sich dazu entschlossen, sie zu ignorieren.

Wozu sich die meisten Theoretiker jetzt bekennen, ist der Verzicht auf die Erklärung zugunsten der Beschreibung, systematischer Aussagen über Ursache und Wirkung, Korrelationen und Analysen. Dennoch finden wir immer noch viele Rückstände erklärender Denkweise und sogar der Metaphysik, die eine große Rolle spielte, bevor die Wissenschaft zu ihrem Recht kam. Da sind z. B. jene, die noch immer auf dem Vorhandensein von Instinkten bestehen, was – da niemand sagen kann, was ein Instinkt ist – auch nicht nützlicher ist als die Heranziehung der Phlogistontheorie oder des tierischen Magnetismus.

Ein weit verbreiteter Ersatz für Erklärungen ist der *Reduktionismus:* Statt die Erscheinungen selbst zu erklären, versucht man, sie auf Geschehnisse auf einem „niedrigeren" – d.h. einfacheren oder physisch greifbareren und daher eher beherrschbaren – Niveau zurückzuführen. Im Falle psychischer Phänomene bedeutet dies eine „Erklärung" auf physiologischer, anatomischer oder biochemischer Ebene. Oder aber man kann ein „Modell" in Form einer Analogie oder einer Metapher ausarbeiten, einer sehr allgemein gehaltenen mathematischen Gleichung oder eines mechanischen Äquivalents, z. B. eines Computers. Solchen Erklärungen scheint oft der Wunsch zugrundezuliegen, wegzuerklären statt wirklich zu erklären, um die ungreifbaren Phänomene und damit auch das unbequeme Gefühl loszuwerden, daß sie in Wirklichkeit vielleicht überhaupt nicht erklärbar sind. In ihrem Wunsch, die exakteren und strengeren physikalischen Wissenschaften nachzuahmen, scheinen manche Biologen und Psychologen zu fürchten, daß ein Zugeständnis der Tatsachen des menschlichen Verhaltens dem Vitalismus oder sogar dem Mystizismus Tür und Tor öffnen würde. Die meisten Verhaltenswissenschaftler suchen nach einer naturalistischen Auffassung der Tatsachen, ohne zu Wesen oder Substanzen, wie „Geist", „Seele", „élan vital" (was ungefähr mit „Lebenskraft" übersetzt werden kann) oder sonstigen Dingen Zuflucht nehmen müssen, die dem materiellen, lebenden und handelnden Organismus hinzugerechnet werden müßten.

Hier haben wir den immer wiederkehrenden Konflikt zwischen dem *Dualismus,* wonach Geist und Körper unterschieden sind, und dem *Monismus,* der behauptet, Geist und Körper stellen lediglich Aspekte ein und desselben Organismus dar. Die Verfasser bekennen sich zu einem naturalistischen Monismus, wonach der Organismus *verschiedene Funktionsebenen,* einschließlich der psychischen, besitzt. In unserer Art von Monismus beruht die psychische Ebene auf dem Zusammentreffen des Organismus mit Objekten, ihren Bedeutungen und Eigenschaften, einschließlich des eigenen Ich als Objekt und einschließlich der symbolischen Objekte, die die Menschen aus Wörtern, Zahlen und dergleichen konstruieren.

Der Reduktionismus ist Hand in Hand gegangen mit dem *Mechanismus,* einer mehr oder weniger expliziten Annahme, daß das ideale Modell für die organische und psychische Funktionsweise die Maschine ist. Nach MUMFORD (1970) zeugte GALILEI den Mechanismus, als er das

Universum als eine Megamaschine bezeichnete, in der Gesellschaften und Individuen als mechanische Bestandteile in einem größeren Zusammenhang funktionieren. In der Physiologie und Psychologie erhielt die mechanistische Tradition durch den französischen Mathematiker und Philosophen DESCARTES den größten Auftrieb, der die Vorstellung eines durch Hebel, Winden und Ventile funktionierenden und von Leitungsröhren – durch die Flüssigkeiten und Dämpfe passieren konnten – durchzogenen Maschinenmenschen heraufbeschwor. Dieser Gedanke ist übrigens nicht ganz abwegig: Unsere Knochen, Gelenke und Muskeln arbeiten tatsächlich mehr oder weniger auf diese Art, und die mechanische Pumpwirkung des Herzens und des Kreislaufs ist nicht abzuleugnen. (DESCARTES war ein Zeitgenosse WILLIAM HARVEYS, der den Blutkreislauf entdeckte, wenn ihm dies auch nur von sehr wenigen Menschen – am wenigsten von Ärzten – geglaubt wurde.) Moderne Theorien über Nervenfunktionen haben einfach die elektrochemische Impulsübertragung an die Stelle der Humoralströme von DESCARTES gesetzt. Absurd wird die Sache erst durch den Versuch, dieses Modell (das DESCARTES wohl nicht als Analogie, sondern als wortwörtliche Wahrheit angesehen hat, wenn er es auch leise propagieren mußte, um die religiösen Machthaber nicht zu beleidigen) auf andere Funktionen auszudehnen, wie in der Fernsehreklame, wo der Verdauungstrakt als eine Reihe von Bottichen, Bechern, Retorten und Verbindungsschläuchen mit Hähnen zur Regulierung des Flusses der Magensäfte dargestellt wird. Ein anderes Beispiel ist das Standardmodell der Wahrnehmung, in dem die Nerven als Drähte vorgestellt werden, die Informationen zum Gehirn leiten. Hat eine verschlüsselte Information das Gehirn erreicht, muß sie entschlüsselt, interpretiert und mit Bedeutung versehen werden. Dazu haben die Produzenten dieses Modells eine Art von Kathodenstrahlschirm vorgesehen, der das entschlüsselte Bild zeigt, und einen Homunkulus, der das Bild abliest und die Nerven aktiviert, die ihrerseits die Information an die Drüsen und Muskeln weiterleiten. Dieser Zwerg im Gehirn ist der moderne Abkömmling der Seele und dient den Mechanisten zur Behandlung des Bewußtseins oder des Geistes. In diesem Falle scheint der Reduktionismus eine Brutstätte des Dualismus oder sogar des Multiplizismus zu sein. Denn, wie schon SKINNER (1963) gesagt hat, braucht auch der Homunkulus seinen eigenen Wahrnehmungsapparat, um das von der Kathodenstrahlröhre entworfene Bild erkennen zu können, und die logische Folge ist, daß auch er einen Homunkulus im Gehirn haben muß, und dieser seinerseits wieder einen, und so geht dies endlos fort.

Die mechanistische Methode findet ihren ausgereiftesten modernen Ausdruck in der *Informationstheorie*, die versucht, das menschliche Verhalten in der Sprache eines Digitalrechners zu beschreiben (MILLER u. Mitarb. 1960). Das Modell der Informationstheorie ist manchmal nützlich und hat uns Begriffe wie *Feedback, Verhältnis: Signal-Rauschen, Resonanzkreis* und *Informationsüberlastung* vermittelt. In der Computerfachsprache besteht das Feedback in einer Ja- oder Nein-Antwort auf eine Einzeloperation oder Teiloperation. In bezug auf das Verhalten bedeutet es, daß jede Handlung des Organismus Wirkungen hervorbringt, die eine Rückwirkung auf den Organismus haben und dazu dienen, die nächste Handlung zu regulieren usw. Wir haben bereits das Beispiel erwähnt, wie der Untergrund beim Gehen Informationen zu den Füßen zurückleitet. Ebenso kann das Mienenspiel eines Gesprächspartners als Feedback dienen, das unsere nächste Äußerung modifiziert. Im Experiment kann der Versuchsleiter die Äußerungen der Versuchsperson durch vorherbestimmte, willkürliche Reaktionen lenken und formen, von denen die Versuchsperson vielleicht keine Ahnung hat (Krasner 1958). Mit dem Verhältnis: Signal-Rauschen wird beschrieben, wie klar eine wichtige Information, die „Nachricht", sich gegen den Hintergrund abhebt oder durch irrelevante, ablenkende „Geräusche" verdeckt wird, wobei der Begriff „Geräusch" in jedem Sinne verstanden werden kann (auch als visuelles Durcheinander), also nicht nur auf das Gehör bezogen. Der Resonanzkreis bietet eine Erklärung für das Gedächtnis, Lernen oder das „Speichern von Information" durch die Vorstellung, daß Ereignisse kontinuierliche Kreisläufe der neutralen Aktivität erzeugen, auf die beim Denken und Handeln zurückgegriffen werden kann und die auch kombiniert werden können – durch den Homunkulus? Die Informationsüberlastung bezieht sich auf einen Zustand, in dem wir alle uns meist befinden, überwältigt von einem Strom von Geschehnissen, der alles übersteigt, was wir normalerweise verarbeiten können (Milgram 1970).

Die Informationstheorie als allgemeine Erklärung des Verhaltens hat aber mindestens drei Fehler. Erstens ist der Augenschein dafür, daß das Nervensystem der Säugetiere – oder auch der Wirbeltiere – nach dem System eines Digitalrechners funktioniert, außerordentlich gering (Sperry 1965). Zweitens erfordert das Computermodell eine zeitliche, wenn auch „mikrozeitliche" Folge komplizierter, im lebenden Organismus gleichzeitig vor sich gehender Prozesse. Man kann beispielsweise einem zweijährigen Kind beibringen, die Buchstaben des Alphabets nach ihren physiognomischen Eigenschaften auf einen Blick zu erkennen. Eine Unterscheidung der Buchstaben des Alphabets durch den Computer erfordert ein ganzes System expliziter Analysen, wobei alle Möglichkeiten des Aufbaus der Buchstaben und ihrer Unterschiede analysiert und in den Computer eingespeichert werden müssen (Gibson 1970). Eine Generation Zweijähriger nach der anderen kann immer wieder Buchstaben, geometrische Formen, Menschen, Tiere, Gesichtsausdrücke, Wörter, Sätze, Stimmen, Gerüche und Melodien erkennen, während der Computeringenieur immer noch verzweifelt versucht, der Maschine die einfachste Unterscheidung von Mustern beizubringen. Die Computer sind außerordentlich unzulänglich, doch wird ihre Unzulänglichkeit durch die phänomenale Geschwindigkeit aufgewogen, mit der sie aufeinanderfolgende Arbeitsgänge ausführen. In bezug auf physiognomische Eigenschaften sind sie leider untüchtig. Drittens läßt das Computermodell keinen Raum für Abirrungen, Erfindungsreichtum, bedeutsame Fehlleistungen, Werte, Launen oder Motivationszustände, die jeder Psychologe bei der Erstellung von Gutachten und Voraussagen abwägen muß. Typisch für das verkümmerte Denken der Computer-Enthusiasten war ihr langgehegter Glaube an die Möglichkeit der maschinellen Sprachenübersetzung, während die Sprachwissenschaftler ihnen hätten sagen können, daß dies ein Irrtum erster Ordnung sei. Der klassische und vielleicht zweifelhafteste Fall ist der Versuch, die Redewendung: „Aus dem Auge, aus dem Sinn" ins Russische zu übersetzen. Vielleicht sollten wir hinzufügen, daß die Produkte mancher menschlicher Übersetzer nicht viel besser sind, und wir möchten wirklich gern wissen, was der Vorsitzende Mao tatsächlich gesagt hat.

Die nicht-vitalistischen Alternativen zum Mechanismus waren traditionellerweise Ganzheitstheorien (in den letzten Jahren häufiger *Feldtheorien* genannt), die ihre Analogien und Metaphern aus jenen Bereichen der Physik beziehen, die sich mit Feldeffekten befassen – Hydraulik, Elektrizität, Magnetismus und Schwerkraft – sowie aus der Chemie mit ihren qualitativen Umwandlungen (wie in J. S. MILLS „Chemie des Geistes") und aus der Biologie mit den Begriffen des Wachstums, der Homöostase, der Metamorphose und des Systems. Wir müssen jedoch beachten, daß dieser Weg, wenn auch vielleicht für das landläufige Verständnis der menschlichen Natur intuitiv sympathischer, trotzdem eine Form des Reduktionismus ist – er gibt dem Bewußtsein, der Selbsterkenntnis, der Selbstbeherrschung, der Originalität, der Phantasie und den symbolischen Tätigkeiten, kurz allem, was wir die „höheren geistigen Prozesse" nennen, keinen Raum.

Die philosophische Alternative zum Reduktionismus ist die Lehre von der *Emergenz*. Sie versucht, verschiedene Ebenen der Analyse, „Stufen der Realität" oder Komplexität zu definieren, jede mit ihren eigenen Gesetzen, die über die der einfacheren Ebenen hinausgehen. Auf den Menschen angewandt, würde die Lehre von der *Emergenz* progressiv komplexere Ebenen unterscheiden, wie das Verhalten der atomaren Teilchen, aus denen wir zusammengesetzt sind: die chemische und biochemische Ebene, einschließlich der Tätigkeit der Gene und von Funktionen, wie dem Stoffwechsel und der Funktion der Nervenfasern;

die makrophysikalische Ebene, unter Einschluß der Mechanik des Bewegungsapparates und die Hydrodynamik des Kreislaufs; die physiologische Ebene, einschließlich der Homöostase, der Verdauung, der Krankheit und der Genesung; den psychischen Bereich des subjektiven Fühlens, einschließlich des Denkens, der Emotionen und dem Bewußtsein des Körperzustandes; die Person mit ihren Einstellungen und Zielen, ihren Werten und Bindungen; und auf noch höheren Ebenen, den Menschen als Teil eines Teams, einer Gruppe oder einer Gesellschaft oder eine Gesellschaft als ein Element im Lauf der Geschichte; in dem kosmischen Horizont des Astronomen verschwindet natürlich der Mensch aus dem Blickfeld.

Die Lehre von der Emergenz bestreitet nicht die Möglichkeit, daß Geschehnisse auf einer Ebene mit Geschehnissen auf einer anderen Ebene koordiniert sein können. Natürlich können wir eine psychische Existenz nur auf der Grundlage unseres materiellen Körpers besitzen. Diese Lehre behauptet jedoch, daß jede Ereignisklasse für sich selbst genommen und ohne Bezugnahme auf andere Ebenen beschrieben werden kann, und daß jeweils korrespondierende Ereignisse auf zwei Ebenen ihrer eigenen Gesetze bedürfen. Wir wissen beispielsweise, daß die Farbwahrnehmung von der Wellenlänge des Lichtes abhängt; während sich jedoch die Wellenlänge kontinuierlich verändert, verändert sich die Farbwahrnehmung sprunghaft, wie bei einem Regenbogen. Nun ist es üblich, von der biologischen Grundlage des Verhaltens zu sprechen, was insofern richtig ist, als es ohne Organismus kein Verhalten gäbe und als der Aufbau eines bestimmten Organismus seinen Verhaltensspielräumen Grenzen setzt. Ebenso berechtigt ist es aber, von den psychischen Grundlagen der Biologie zu sprechen, weil unsere physiologischen Funktionen sowohl auf innere Gedanken als auch auf äußere Wahrnehmungsreize reagieren und unsere persönliche und soziale Erfahrung im Lauf der Zeit sogar unsere Anatomie verändern kann, wie die Untersuchungen über Umweltanreicherung, Deprivation und Streß auf die tierische Entwicklung zeigen.

Kontinuität und Diskontinuität. Auf dem Gebiet der psychischen Entwicklung werden die widerstreitenden Lehren des Reduktionismus und der Emergenz als *Kontinuitätstheorie* und *Diskontinuitätstheorie* bezeichnet. Nach der Kontinuitätstheorie, die reduktionistisch ist, besteht die Entwicklung einfach aus einer Ansammlung von Fertigkeiten, Gewohnheiten, Unterscheidungen, ohne daß in der Ausstattung des Individuums je etwas Neues erscheint. Die auf der Emergenzlehre basierende Diskontinuitätstheorie hingegen besagt, der Organismus mache im Laufe der Entwicklung echte Transformationen durch, d.h. er erreiche immer höhere, aufeinander aufbauende Ordnungsebenen, wie bei einer biologischen Metamorphose. Bei der menschlichen Entwicklung wird also der Schritt vom Kriechen zum Gehen als diskontinuierlich – aber aufeinander aufbauend – angesehen, genauso wie der Schritt vom Lallen zum Sprechen, vom Kritzeln zum Zeichnen und so weiter durch alle Funktionsbereiche. LEWIN und – von einem ganz anderen theoretischen Standpunkt aus – ZING-YANG KUO (1967) haben diese Transformationen des Organismus bei jedem Entwicklungsschritt betont.

Wir müssen hier ein verbreitetes Mißverständnis aufklären. Die Phasentheorien, z. B. die von FREUD u. PIAGET, setzen die Diskontinuität voraus, weil sich jede Phase von der vorhergehenden unterscheidet. Das Umgekehrte ist jedoch nicht unbedingt richtig. Das heißt, man kann sich zur Diskontinuität bekennen, ohne aber den Begriff der Phasen zu akzeptieren. Dies rührt daher, daß die verschiedenen Funktionsbereiche ihre eigenen getrennten Entwicklungspläne haben, so daß die Sozialentwicklung eine Reihe von Emergenzen durchlaufen kann, die unabhängig sind von der Entwicklung der Zahlenbeherrschung, welche ihrerseits wenig mit der Sauberkeitsentwicklung zu tun haben mag oder diese mit der Fähigkeit, auf einem Fuß zu stehen. Vielen Forschungsarbeiten PIAGETS lag die Annahme zugrunde, gewisse kognitive Funktionen seien phasenförmig miteinander verbunden, daß z. B. die Mengenkonstanz mit der Seriation (der Fähigkeit, Dinge reihenweise zu ordnen) und mit der Reversibilität einhergehe (der Erkenntnis, daß manche logische Tätigkeiten nach zwei Richtungen hin möglich sind; z. B. die Subtraktion kehrt die Addition um), wenn auch wenig für diese Annahme spricht (BERZONSKY 1971, KOHNSTAMM 1970).

Diese Unterschiede sind nicht einfach scholastische Haarspaltereien. Unsere ganze Haltung zur Kinderpflege und -erziehung hängt davon ab, ob wir uns für die Kontinuität oder die Diskontinuität entscheiden, und zieht echte Konsequenzen nach sich für die Art, wie wir jemanden wahrnehmen oder großziehen. Der Kontinuitätstheoretiker betont die Übung, die Pflege von Fertigkeiten und die Beziehungen zwischen Reizen und Reaktionen, während der Diskontinuitätstheoretiker Betonung auf die Förderung der Einsicht, des Verständnisses, der Selbsterkenntnis, der Phantasie und eine weite Perspektive legt, aus der neue Ordnungen des Verhaltens und der Bedeutung hervorgehen können.

Determinismus und Voluntarismus. Wie bereits angedeutet, besteht eine weitere Spaltung zwischen dem *Determinismus,* der mit dem Reduktionismus und der Kontinuitätstheorie in Verbindung steht, und dem *Voluntarismus,* der mit der Emergenz und der Diskontinuitätstheorie zusammenhängt. Der Determinist vertritt die Ansicht, das Individuum sei außerstande, sein eigenes Verhalten und sein Schicksal zu lenken, es könne sich in der Gegenwart nicht in Voraussicht zukünftiger Konsequenzen verhalten, und jedes Zeichen von Selbstlenkung sei eine bloße Täuschung, da es in Wirklichkeit ein Gefangener der Zufälle seiner Vergangenheit sei.

Nur wenige Emergenztheoretiker würden es heute wagen, dieser Ansicht mit einer Lehre des freien Willens entgegenzutreten, weil wir zu viel darüber wissen, wie unser Charakter, unsere Motive und Fähigkeiten, unser Geschmack und unsere Lebensanschauung durch Geschehnisse im frühen Kindheitsalter, als wir absolut hilflos waren, gestaltet wurden. Wir wissen auch zu viel über die sozialen und natürlichen Kräfte und wie diese ohne Rücksicht auf die Pläne und Wünsche des Individuums wirksam werden können. Trotzdem würden die Diskontinuitätstheoretiker sagen, der Mensch könne – günstige Kindheitsverhältnisse vorausgesetzt – eine Perspektive der Welt und seiner selbst erlangen, die es ihm in einem gewissen Ausmaß gestatte, die Zukunft vorwegzunehmen, selbständig zu denken, manche Handlungsweisen zu hemmen und sich zu anderen zu zwingen und – vor allem – seine eigene Situation zu überdenken und so seine eigenen ethischen und moralischen Regeln für die Lebensführung auszubilden, statt allen Regeln der Kultur blind zu gehorchen. Der Diskontinuitätstheoretiker müßte auch zugeben, daß sehr viele Menschen aufgrund einer weniger günstigen Vergangenheit nur wenig Selbstbestimmung zeigen und ihr Leben ganz nach den Umständen einrichten oder bestenfalls gegen ihr Schicksal murren oder sich zornig gegen eine Welt aufbäumen, gegen die sie nicht ankönnen.

Um diese Streitfrage voll verstehen zu können, müssen wir den Begriff der *Teleologie* einführen, den wir zwar nicht befürworten, der aber aussagt, daß die Naturereignisse sich auf ein Ziel oder einen Zweck hinbewegen, wie zur Erfüllung des Planes eines Herrn. Den Plan des Herrn kann man sich vorstellen, als sei er von oben, vielleicht von einer Gottheit, auferlegt oder irgendwie im Leben verschlüsselt, mit dem Zweck, die Richtung der Evolution, der Entwicklung und des Verhaltens vorauszubestimmen. Wenn wir nun sagen, die natürliche Evolution folge einer Richtung, die nicht schwer zu definieren und zu beschreiben sei, so ist dies eine Sache; aber zu sagen, sie habe einen vorgegebenen Zweck oder eine vorgegebene Bedeutung, ist etwas ganz anderes. Leider dehnen aber viele, die diese Art der Teleologie zurückweisen, diese Zurückweisung auch auf die Möglichkeit individueller menschlicher Zwecke und Ziele aus, was wiederum etwas ganz anderes ist. Denn unserer Meinung nach läßt sich nicht bestreiten, daß der Einzelne tatsächlich Lebenspläne konstruiert und hart an deren Erfüllung arbeitet und daß Gruppen von Menschen soziale Maßnahmen festlegen und ausführen, von denen manche, z. B. landwirtschaftliche und Naturschutzmaßnahmen, die natürliche Evolution beeinflussen können. Wie BRUNER (1962) sagt, ist der Mensch, soweit wir wissen, die einzige Spezies, in der der Einzelne seinen eigenen Tod voraussieht. Die Grundhaltung von der Zielstrebigkeit des Menschen gibt zu, daß er sich in bezug auf seine eigenen Motive täuschen kann; oder daß er oft vielleicht denkt, er handle autonom, während der ganze Plan ihm schon in der frühesten Kindheit auf subtile Weise vorgezeichnet wurde; möglicherweise schmiedet er die verrücktesten Pläne, oder die Umstände verändern sich so, daß der ursprüngliche Plan überholt ist. Nach der Auffassung von der Zielstrebigkeit des Menschen kann er aber zum Guten oder zum Schlechten zukunftsorientiert und imstande sein, seine jeweiligen Handlungen auf ihre voraussichtlichen Ergebnisse einzustellen. Er kann ethisch handeln und die Zwecke und Werte anderer ebenso berücksichtigen wie seine eigenen.

Anlage und Umwelt – Optimismus und Pessimismus

Wir müssen nun noch zwei weitere Kontroversen erwähnen, die für die Theorien zur Erklärung der menschlichen Entwicklung und des Verhaltens wichtig sind. Hier haben wir erstens die immer wiederkehrende *Anlage-Umwelt-Kontroverse,* die Frage, ob das menschliche Verhalten am besten durch die biologisch gegebenen Strukturen, Motive, Fähigkeiten, Neigungen und Instinkte oder aber aufgrund der erworbenen Qualitäten, die in einer besonderen materiellen, persönlichen und kulturellen Umgebung durch Erfahrung erworben wurden, erklärbar ist. Diejenigen, die in der Kontroverse die Seite der Anlage vertreten, werden *Nativisten, Instinkttheoretiker* oder *genetische Deterministen* genannt. Wer für die Umwelt stimmt, ist ein *Umwelttheoretiker.*

Wir wollen bei dieser wie auch bei der folgenden Dichotomie unparteiisch bleiben, und ziehen es vor, eine Synthese der Anlage und der Umwelt zu suchen. Im Prinzip teilen wir die Meinung Anastasis (1958), wonach die bedeutsame Frage nicht darin besteht, ob die Anlage oder die Umwelt alles Lob oder allen Tadel ernten soll, oder darin, wieviel jede Seite zur Entwicklung beiträgt, sondern darin, auf welche Weise sie zusammenwirken, um einen Menschen mit diesen oder jenen Eigenschaften heranzubilden. Da wir noch immer nicht in der Lage sind, diese Frage zu beantworten, liegt das unmittelbare praktische Problem darin, wie wir die Umwelt gestalten sollen, um in jedem Menschen das Beste hervorzubringen. Die beiden Bereiche, in denen die Anlage-Umwelt-Kontroverse am wütendsten getobt hat, sind die Moral und die Intelligenz. Die Suche nach biologischen Korrelaten der Tugend oder des Lasters ist von den Psychologen weitgehend aufgegeben worden (obwohl noch Echos in den Urteilen über Aggression, Schizophrenie, Drogenkrankheit, Alkoholismus und Kriminalität zu hören sind), aber der Ursprung der intellektuellen Unterschiede ist immer noch ein stark umstrittenes Thema, wie der durch den Artikel Jensens (1969) ausgelöste Sturm zeigt. Wir werden auf die Kontroverse über Anlage und Umwelt im Zusammenhang mit der Intelligenz in Kapitel VII zurückkommen.

Die zweite noch zu besprechende wichtige Kontroverse ist die zwischen *Optimismus* und *Pessimismus,* zwischen jenen, die die menschliche Natur im wesentlichen als tugendhaft ansehen, so daß das Kind mit einem Glorienschein zur Welt kommt und vor allem gegen Korruption durch eine böse Welt geschützt werden muß, und jenen, die das Neugeborene durch die Erbsünde befleckt und vom Bösen durchdrungen ansehen, so daß die Kindererziehung der Aufgabe dient, dem Kind den Teufel auszutreiben, um für eine von der Gesellschaft vorgeschriebene Moral Platz zu schaffen. Dieser Polarität von „gut" und „böse" ist die modernere Lebensanschauung des *Neutralismus* gegenüberzustellen, wonach das Kind von Natur aus weder gut noch böse ist und je nach seinen Erfahrungen entweder das eine oder das andere – oder in verschiedenem Ausmaß beides – werden kann.

Tabelle 1 Eine Taxonomie der Theorien

	Biologisch	Umwelttheoretisch
Optimistisch	*J. J. Rousseau* *A. Gesell* *M. F. A. Montagu*	*J. Locke* *K. Marx* *I. Pawlow*
Neutralistisch	*J. Piaget* *L. Carmichael* *H. Werner*	*E. L. Thorndike* *J. B. Watson* *C. L. Hull* *B. F. Skinner*
Pessimistisch	*S. Freud*	*T. Hobbes*

Verbinden wir nun diese beiden Dimensionen – Optimismus-Neutralismus-Pessimismus und Biologismus-Umwelttheorie, so können wir eine Tafel mit sechs Zellen konstruieren, von denen jede die Verbindung zweier Positionen repräsentiert, wie Tabelle 1 zeigt.

Es ergibt sich, daß die Mehrzahl der führenden Theoretiker leicht einer dieser sechs Zellen zugeordnet werden kann. Wir könnten natürlich unser Schema durch Eingliederung der Dimensionen Reduktionismus-Emergenz und Determinismus-Voluntarismus komplizieren, doch erscheint dies unnötig. Alle diese Theoretiker haben mehr oder weniger reduktionistische und deterministische Anschauungen oder hatten diese zumindest in den ersten Jahren. Die Zelle im Schnittpunkt des Optimismus und des Biologismus enthält Namen, wie J. ROUSSEAU mit seiner Lehre vom romantischen Naturalismus, und jene seiner modernen Nachfolger, A. GESELL und A. MONTAGU, wobei der letztere die Liebe und Kooperationsbereitschaft als fundamentale Bestandteile der natürlichen Ordnung ansieht. In der neutralistisch-biologischen Zelle befinden sich – wiederum unter anderen – J. Piaget, L. Carmichael und H. Werner. Piaget hat die moralische Entwicklung als einen Aspekt der kognitiven Entwicklung untersucht, von der er annimmt, daß sie von der biologischen Reife diktiert wird, betrachtet jedoch die Moral nur mit dem objektiven Auge des Wissenschaftlers. Carmichael ist ein Theoretiker der Evolution. Er sieht einen entscheidenden Fortschritt dahingehend, daß sich der Intellekt die Umwelt untertan machen wird, steht jedoch der Frage von Gut und Böse ziemlich gleichgültig gegenüber. Der größte pessimistische Biologe unseres Zeitalters war S. Freud, der die menschliche Natur als im wesentlichen böse ansah und lediglich in der korrektiven Kraft der Sozialisation und Erziehung eine leise Hoffnung sah, insbesondere wenn ihre Auswirkungen zu einem Teil des menschlichen Erbguts wurden (man erinnere sich, daß Freud ein Anhänger Lamarcks war). In der Umwelt-Spalte befindet sich unter den optimistischen Empiristen der britische Philosoph des siebzehnten Jahrhunderts J. Locke mit seiner Lehre der „tabula rasa" des Neugeborenen, in Form einer unbeschriebenen Tafel, auf der die Erfahrung ihre Lektionen einträgt, und der *Assoziation der Ideen,* wonach sich Ereignisse, die wiederholt zusammen auftreten, im Denken miteinander verbinden. K. Marx, der Urheber des ökonomischen Determinismus und des dialektischen Materialismus war ebenfalls ein optimistischer Umwelttheoretiker, ebenso wie der bekannte russische Physiologe I. Pawlow, der den Begriff des konditionierten Reflexes prägte, eine noch strengere Formulierung der Assoziation der Ideen. Es ist bemerkenswert, daß Pawlows System ein emergentes Teilsystem einschloß, das *Signalsystem zweiter Ordnung,* das den Menschen befähigt, sprechen zu lernen und über seine tierische Natur hinauszugehen. Die amerikanischen Assoziationisten, z. B. E. Thorndike, J. B. Watson, C. Hull und B. F. Skinner, tendierten zur neutralistischen Umwelttheorie und haben aufgrund ihrer reduktionistischen Denkweise wesentlich weniger als Marx und Pawlow an die Fähigkeit zur Tugend im Menschen geglaubt. Man könnte sogar bezweifeln, daß die Tugend ihnen als ein relevantes Thema der psychologischen Betrachtung erschien. Schließlich können wir, und sei es auch nur zum Zweck der logischen Vollständigkeit, der pessimistisch-umwelttheoretischen Zelle noch den britischen Philosophen T. Hobbes zuordnen, nach dem uns die Umwelt von einer primitiven Lebensform befreien sollte, die er in einem berühmten Zitat als „einsam, arm, häßlich, tierisch und kurz" bezeichnete.

Alle von uns besprochenen Theorien sind, vielleicht unvermeidlicherweise, mit dem Fehler des Egozentrismus behaftet. Das heißt, die Theoretiker und ihre Anhänger haben sich in jedem Fall auf eine einzelne

Perspektive des menschlichen Zustandes beschränkt und geglaubt, sie sähen ihn in seiner Ganzheit, von allen Seiten. Es ist natürlich ganz klar, daß diese verschiedenen Perspektiven so unterschiedliche Angaben vermitteln, daß man kaum glauben kann, alle Theoretiker sprächen über ein und dasselbe Geschöpf, das einmal engelhaft ist und dann verdorben, einmal ein Black-Box-Roboter, geformt durch Verstärker, und dann ein Gestalter seines eigenen Schicksals, einmal unaufrichtig und verwickelt in ein Leben voller Selbstbetrug und dann wiederum ehrlich, einmal von Wollust getrieben und dann friedlich, einmal eigensinnig realitätsorientiert und dann in einem Sumpf der Unwissenheit und des Aberglaubens treiben, das es als Philosophie ausgibt. Und dennoch wissen wir, daß der Mensch all dies sein und tun kann und daß jede endgültige Theorie alle diese Unvereinbarkeiten in Einklang bringen und den Menschen sowohl in seinem himmlischsten und bestialischsten Zustand, als passiven Automaten und strebsam Handelnden, in seinem scharfsinnigsten Zustand erklären muß.

Die Verfasser erheben keinen Anspruch darauf, diese endgültige Synthese bewältigen zu können. Um jedoch unsere Vorurteile offen darzulegen: Wir glauben wirklich, daß die Untersuchung der Entwicklung zeigen wird, wie formbar der Mensch ist, wie die Erfahrung die verschiedensten menschlichen Naturen hervorbringen kann und daß einigen glücklichen Menschen die Werkzeuge in die Hand gegeben werden können, um ihre eigenen widerstreitenden Neigungen in Einklang zu bringen und einen Sinn im Leben zu finden. Wie aus dem Untertitel dieses Buches hervorgeht, interessieren wir uns mehr für den Menschen als für die Prozesse, in die der Mensch zerlegt wird. Weiterhin befassen wir uns mit dem Menschen in seiner Umgebung, woraus unser Interesse an der Phänomenologie der Umwelterfahrung hervorgeht. Unter *Eklektizismus* wird gewöhnlich ein mehr oder weniger unkritisches Zusammensetzen von Theorien oder Theoriefragmenten verstanden, und der Begriff erhält so eine schimpfliche Bedeutung. Wir aber sind mit G. Murphy, G. Allport (1964) und anderen auf der Suche nach einem synthetischen Eklektizismus, der uns hilft, alle die scheinbar paradoxen Aspekte des menschlichen Lebens einem entfaltenden Begriff des Menschen unterzuordnen. Wir legen uns nicht auf irgendeine Doktrin fest, und unsere einzige Bindung ist die an die Menschlichkeit des Menschen: wir haben bereits klar gemacht, daß wir mit manchen Theorien und Annahmen eher einverstanden und anderen gegenüber kritischer sind. Denn das wichtigste Einzelprinzip der menschlichen Entwicklung ist vielleicht die von R. Linton so genannte *sich selbst erfüllende Prophezeiung*, durch die einfach ausgesagt wird, daß aus unseren Kindern das wird, was wir von ihnen erwarten, sei es nun, daß unsere Erwartungen als Hoffnungen oder Ängste ausgedrückt werden, und daß sie unausgesprochen bleiben oder ausgesprochen werden. Besonders durch unsere Ängste sind wir geneigt, bei der Kindererziehung eine defensive, verbietende oder strafende Haltung einzunehmen, und je mehr wir bestrebt sind, diese oder jene gräßliche Möglichkeit abzuwehren, desto größer ist die Wahrscheinlichkeit, daß sie eintritt.

Während wir nun theoretisiert haben, hat sich unser Säugling auf die Beine gestellt und ist in ein neues Entwicklungsstadium getorkelt, wohin wir ihm eiligst folgen müssen – denn in seinem Alter bewegt er sich schon sehr schnell.

5

Das Kleinkind

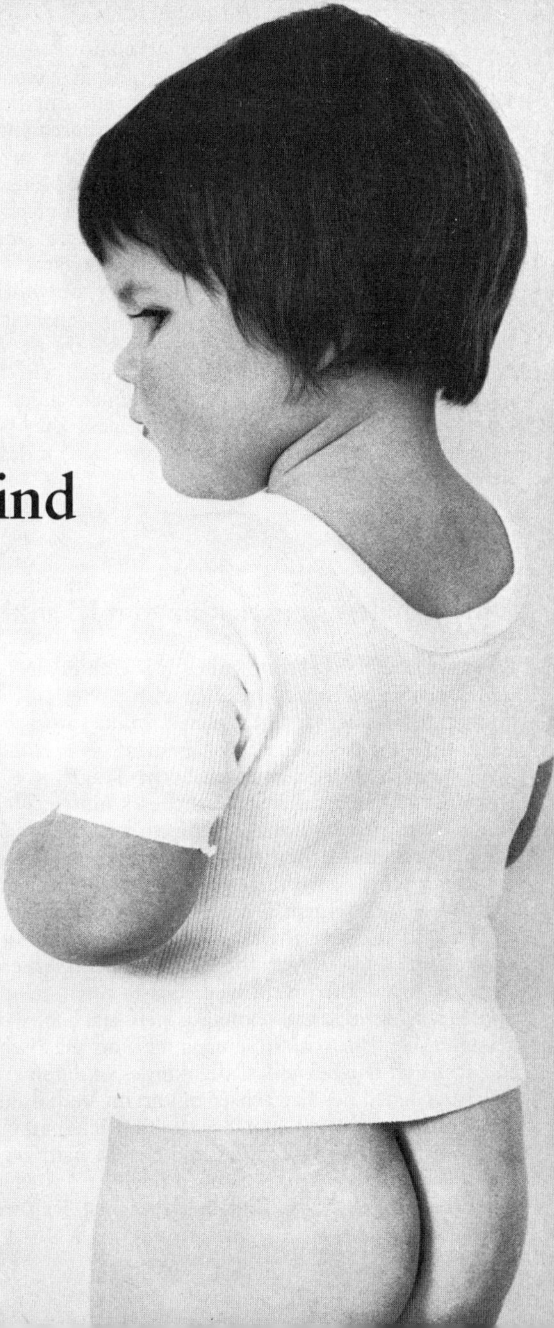

Fee Schlapper

Zwischen ungefähr fünfzehn Monaten und zweieinhalb Jahren durchläuft das Kind einen Lebensabschnitt, der von einigen Autoren als das *Kleinkindalter* bezeichnet wird. Nicht alle Entwicklungspsychologen sehen das Kleinkindalter als einen abgrenzbaren Entwicklungszeitraum an, und einige ziehen es vor, die Monate vor dem zweiten Geburtstag dem Säuglingsalter, und die darauf folgenden Monate dem sogenannten Vorschulalter zuzuzählen (vgl. Anm. 1). Dies erscheint uns aus mehreren Gründen problematisch. Erstens ist es nicht sinnvoll, ein Kind, das schon sprechen kann, und dies manchmal sogar sehr gut, noch als Säugling zu bezeichnen. Zweitens ist das Baby, obwohl es laufen und sprechen kann, immer noch ein Baby, dessen äußere Erscheinung und Fähigkeiten noch ganz anders sind, als sie im Alter von etwa zweieinhalb Jahren sein werden. Hauptsächlich aber ist das Kleinkindalter durch seine eigenen, sehr speziellen Ergebnisse gekennzeichnet: die Vollendung des Übergangs von einem Vierbeiner zu einem Zweibeiner, die Entwicklung einer psychischen Autonomie, den Beginn des Sprechens und die Beherrschung des Schließmuskels.

Die Verhaltensentwicklung im Kleinkindalter

Das Baby mag zwar schon vor dem Kleinkindalter einige Zeit lang gelaufen sein, aber wahrscheinlich mit großer Unsicherheit, mit hochgestreckten Armen zum Balancieren und so beschäftigt mit der Aufrechterhaltung des Gleichgewichtes, daß seine Hände beim Laufen keinem anderen Zweck, wie z.B. dem Tragen von Dingen oder dem Kratzen einer juckenden Stelle, dienen konnten. Wenn es das Baby sehr eilig hatte, irgendwohin zu gelangen, kehrte es wahrscheinlich zu der Schnelligkeit und Sicherheit der Fortbewegung auf allen Vieren zurück. Jetzt aber läuft es wirklich auf und davon, begeistert, verbissen oder zaghaft, je nach seinem Temperament, wobei die Beine auseinandergespreizt sind aber stetig vorangehen. Viele Kleinkinder fallen oft, indem sie stolpern oder einfach ihr Gleichgewicht verlieren. Sie tun sich jedoch selten wirklich weh, weil sie sich noch nicht, wie ältere Kinder und Erwachsene, unzweckmäßig steif machen, wenn sie fallen. Statt dessen fallen sie schlaff, entspannt und elastisch. Jedenfalls fallen sie nicht tief. Die Beine des Kleinkindes sind immer noch kurz im Vergleich zu denen des Erwachsenen und im Verhältnis zu seinem Rumpf und Kopf, sodaß sein Gesäß das Übergewicht hat, was durch die dicken Windeln noch verstärkt wird, die es nun bald gegen Trainingshosen umtauschen wird. Dem Aussehen nach ist das Kleinkind, wie gesagt, immer noch ein Baby, und in westlichen Kulturen kann man sein

Wachstum daran messen, daß sein Kopf allmählich über die Tischplatte hinauswächst, bis es sehen kann, was auf dem Tisch liegt, und daß es die Türklinke erreichen und letztlich ergreifen lernt. Der babyhafte Charme des Kleinkindes hat dazu geführt, daß es häufiger als der Säugling als Modell für die Putten und Amore der Renaissancegemälde herangezogen wurde. Aufgrund seiner kleinen Statur kennt es natürlich von vielen Dingen der Erwachsenenwelt nur die Unterseite: vom Waschbecken im Badezimmer beispielsweise nur die Wasserohre, den Abfluß mit seinem Rost, die Kalkablagerungen und die Spinnweben, die sich der Sicht des Erwachsenen entziehen.

Auch dem Verhalten nach ist das Kleinkind noch immer weitgehend ein Baby. Jeder neue Gegenstand wird ergriffen, untersucht, umhergeschwungen, als solle geprüft werden, wie schwer er ist und ob er Geräusche hervorbringen kann, und häufig auch noch in den Mund ge-

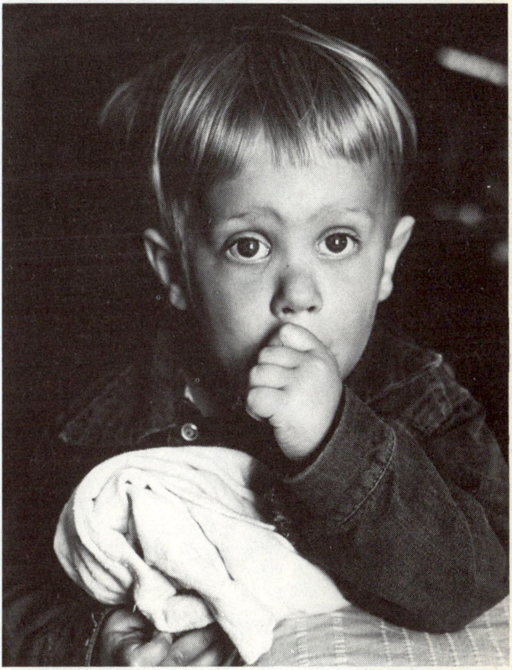

Olive R. Pierce, Photo Researchers

Abb. 94 Wie der Säugling umklammert manches Kleinkind in Augenblicken der Einsamkeit seine Decke und lutscht am Daumen

stopft, soweit er hineingeht. Das Kleinkind ist zufrieden, wenn es – für seine Verhältnisse – längere Zeit auf dem Boden sitzt und mit Töpfen, Pfannen und Geräten umherschlägt und hantiert, während seine Mutter ihrer Arbeit nachgeht. Zumindest im frühen Kleinkindalter ist das Kind noch insofern ein Baby, als es beim Umgang mit seinen Mitmenschen mehr umhertobt als sich sprachlich verständigt. Wie im späten Säuglingsalter pflegt auch das Kleinkind zweimal am Tag ein Schläfchen zu halten und stellt sich noch vor dem Alter von zwei Jahren auf eines um. Abgesehen vom Tagesschlaf beginnt die Wachzeit des Kleinkindes jetzt um ungefähr 5 Uhr morgens und endet um 8 Uhr abends. Trotz all dieser Tatsachen zeigt es jetzt jedoch neue, nicht mehr babyartige Fähigkeiten.

Fee Schlapper

Abb. 95 Haushaltsgeräte dienen als Spielzeug

Auf einige größere Entwicklungsbereiche des Kleinkindalters werden wir gleich zu sprechen kommen. Hier wollen wir zunächst einige kleinere Errungenschaften der Kleinkindzeit in westlichen Kulturen erwähnen. Während des Kleinkindalters erwirbt das Kind die Fähigkeit, Kaugummi zu kauen, ohne es zu verschlucken, durch einen Strohhalm zu trinken, mit dem Löffel zu essen (wir konnten nicht feststellen, in welchem Alter die chinesischen und japanischen Kinder lernen, ihre Eßstäbchen zu handhaben; indische Kleinkinder haben aber bereits gelernt, zum Essen nur die rechte Hand zu verwenden), sich die Nase in einem Taschentuch zu schnauben, das ein Erwachsener hält – vielleicht wird es auch mit ziemlich fatalen Ergebnissen versuchen, das Tuch selbst zu halten – und eine Eistüte zu essen, eine

Dr. Lois B. Murphy

Abb. 96 Dreiradfahren, eine Standardfertigkeit westeuropäischer Kleinkinder

Fertigkeit, die bei gutem Wetter am besten im Freien erlernt wird, wo ein Aufwischen nicht erforderlich ist. Im Alter von zwei Jahren wird das Kind vielleicht imstande sein, mit einem einfachen Plattenspieler umzugehen, ihn anzudrehen, eine Platte auszuwählen, die es nach dem Aussehen des Etiketts oder sogar eines Teils des Etiketts unterscheiden lernt, sie aufzulegen, den Tonarm und die Lautstärke einzustellen. Meist stellt es den Ton leise, was darauf hindeutet, daß sein Gehör außerordentlich scharf ist. Das Kind kann auch lernen, ein Dreirad zu fahren, doch wird es auf dem Dreirad wahrscheinlich zu Anfang mit beiden Füßen zugleich treten und es mag ihm schwerfallen, das abwechselnde Treten zu erlernen. Ebenso kann seine Geschicklichkeit größer sein als seine Einsicht, und es muß daran gehindert werden, mit seinem Dreirad auf die Straße zu fahren. Es wird wahrscheinlich bis zum Vorschulalter dauern, bis das Kind lernt, seine eigenen Kleider anzuziehen und zuzuknöpfen, doch ist es schon jetzt geschickt beim Ausziehen, und es kann vorkommen, daß Eltern, die sich im Selbstbedienungsladen auf das Einkaufen konzentrieren, plötzlich ein nacktes Baby bei sich vorfinden. Das Kleinkind ahmt die oberflächlichen Bewegungen der Körperpflege nach, kaut an den Borsten der Zahnbürste oder bürstet und kämmt sein Haar andeutungsweise. Wir haben sogar einen Bericht über ein sieben Monate altes Kind, das versuchte, seine Nägel mit der Baumschere zu schneiden (CHURCH 1968). Japanische Babys lernen bis zum Alter von zwei Jahren, sich vor den Erwachsenen richtig zu verbeugen.
Das Kleinkind strebt auch in vielen anderen Beziehungen rasch vom Babyalter weg und auf das Kindesalter zu. Nach ERIKSON (vgl. Anm. 10) strebt das Kleinkind ganz allgemein nach *Autonomie*. Es wird seiner selbst als Person unter anderen Personen gewahr und möchte selbständig handeln. Wenn die Bedingungen für die Entwicklung von Autonomie ungünstig sind, als andere Entwicklungsmöglichkeit können *Scham und Zweifel* entstehen. Das Kleinkind demonstriert seine beginnende Autonomie – und seinen Wunsch nach noch größerer Autonomie – auf allen Gebieten. Durch Beherrschung des eigenen Körpers beim Laufen, Hoch- und Niederklettern, Hopsen und Springen, Hantieren mit Dingen; durch Beherrschung des Schließmuskels; durch Beherrschung von Gegenständen: das typische Kleinkind möchte seinen Sportwagen schieben, statt darin zu fahren, es will große Sachen von einem Platz zum anderen und wieder zurücktragen, es lernt die verschiedenen Spielsachen nicht nur auseinanderzubauen, sondern auch wieder zusammenzusetzen, es wird sich der Eigenschaften der Gegenstände, z. B. ihrer Farbe und ihrer Form bewußt; und durch soziales Interaktionsverhalten: es lernt die Sprache, spielt kompliziertere Spiele, es beginnt, die elterlichen Befehle, Bitten und Hilfestellungen zurückzuweisen, kurz: es zeigt den kindlichen *Trotz*.

Das Streben des Kleinkindes nach Autonomie ist jedoch keineswegs absolut und kontinuierlich. Es scheint bei den westlichen Gesellschaften am größten und in jenen Kulturen am geringsten zu sein, wo das Kleinkind immer noch regelmäßig von der Mutter oder einer Pflegeperson getragen wird. Die Ambivalenz des Entwicklungsvorgangs zeigt sich im Hin- und Herpendeln des Kindes zwischen Abhängigkeit und Unabhängigkeit, einem Konflikt, der sich in verschiedenen Erscheinungsformen bis zum Erwachsenenalter fortsetzt. Beim Spazierengehen kann das Kleinkind weglaufen, um eine Taube zu verfolgen, oder in einen besonders verlockenden Hauseingang rennen, um dann plötzlich stehenzubleiben und sich in die Arme der Mutter zurückzuflüchten. Es wird sich vielleicht selbständig machen, um die Wunder eines Ladenraumes zu erforschen und dann in Tränen ausbrechen, wenn es merkt, daß die Hand, nach der es langt, einem Fremden gehört. Beim Versuch einer neuen Großtat, z.B. beim Springen von einer Stufe, zeigt es sich außerordentlich mutig, hält sich aber noch stramm am Finger des Erwachsenen fest. Alles in allem steht das Kind noch am Anfang der Erprobung seiner selbst, und es wird noch lange dauern, bevor es eine echte Autonomie des Denkens und Handelns erreicht. Auch für die Eltern verläuft die Entwicklung zweischneidig: Sie sind auf jeden neuen Fortschritt stolz und freuen sich darüber, aber gleichzeitig bedauern sie das Ausklingen des Säuglingsalters „ihres Babys“ und sind unsicher, wie weit sie der scheinbaren Kompetenz des Kleinkindes trauen können, d.h. wann sie es gewähren lassen und betrachtend abwarten oder eingreifen sollen.

Körperhaltung, Motorik und Raumorientierung

Als einer der wichtigsten Übergänge in der Kleinkindzeit vollzieht sich die Entwicklung vom Krabbeln zum Laufen, von der vierbeinigen zur zweibeinigen Fortbewegung. Das Kind beginnt zwar schon im Säuglingsalter zu laufen, doch ist diese Altersstufe durch die qualitative Änderung ausgezeichnet, daß das Gehen die normale Art der Fortbewegung wird (allerdings kann auch das Kleinkind immer noch spielerisch krabbeln), durch die größere Sicherheit des Kleinkindes beim Laufen und dadurch, daß es nicht mehr die Arme zur Gleichgewichtshaltung braucht, so daß es jetzt Dinge tragen kann. Wie bereits oben erwähnt, ist das Tragen von Dingen für das Kleinkind fast eine Art Zwang. Trotz seiner neuen Fähigkeiten kann es für das Kleinkind bis zum Alter von zwei Jahren notwendig sein, sich durch Hin- und Herschaukeln von einem Fuß auf den anderen in Bewegung zu setzen. Solche Vorstufen einer Tätigkeit werden *Intentionsbewegungen* genannt und in den verschiedensten Situationen beobachtet, von den kreisenden Bewegungen des Hundes vor dem Hinlegen angefangen bis zu dem Ausholen des Ballwerfers, bevor er den Ball schleudert.

Es dauert nicht lange, bis das Kleinkind nicht nur geht, sondern auch trabt. Barfuß ist das Kleinkind sehr anmutig. Seine Zehen sind beim Laufen gespreizt, und es wird vermutlich viel mehr rennen und stolpernd auf den Zehenspitzen laufen, als daß es gehen wird oder den Fuß langsam von der Ferse bis zu den Zehen abrollt. Hat es einmal zu rennen begonnen, bewegt es sich nur noch selten auf eine andere Art fort, und es deutet sich schon der Stil des späteren Vorschulalters an, z. B. beim Laufen um eine Ecke – das Kleinkind (und das Kind im Vorschulalter) läuft typischerweise um eine Ecke im Korridor, indem es geradeaus an die Wand läuft, sich dort abstößt, die Richtung ändert

Raimondo Borea

Abb. 97 Kinder tragen gern Gegenstände, besonders große

und seinen Lauf fortsetzt. Das Kind wird fähig, auf beiden Füßen zu hüpfen und vielleicht auf einem zu stehen, wird aber vor dem Alter von drei Jahren bestimmt nicht in der Lage sein, auf einem Fuß zu hüpfen. Das Kind lernt rückwärts zu gehen, es lernt, sich auf einem Fuß zu drehen, nachdem es zunächst mühsam tappend die Richtung wechseln mußte. Das Kind „tanzt" zur Musik, zunächst durch Auf- und Abhüpfen am Ort und später durch Bewegungen seiner Füße, die den Erwachsenentanz grob nachahmen – doch ist zu beachten, daß Kinder in Kulturen, in denen das Tanzen einen Teil des Lebens darstellt, schon im frühen Alter gute Tänzer werden. Kleinkinder haben es auch gern, wenn Erwachsene sie in den Armen halten und dabei nach einer gesungenen oder gesummten Melodie oder nach der Musik eines Plattenspielers oder des Radios tanzen.

An dieser Stelle müssen wir nochmals die große Verschiedenartigkeit des individuellen Stils der Lebhaftigkeit und des Temperaments, die die Bewegungen des Kleinkindes charakterisiert, sowie die Schwankungen betonen, die sich aus Stimmungsumschwüngen ergeben. Manche Kleinkinder sind mutig, andere zaghaft, manche grob, andere sanft, manche sind überschwenglich, andere gut angepaßt, manche sind graziös und andere plump. Aber bevor wir ein Kleinkind als plump bezeichnen, müssen wir an die behindernde Wirkung der Kleidung

Amy Stromsten, Photo Trends

Abb. 98 Der Raum wird erforscht

denken, insbesondere in Gegenden, wo schwere Schneeanzüge und Stiefel getragen werden müssen.

In neuen Stituationen durchlaufen die meisten Kleinkinder eine einleitende Phase vorsichtigen Abwartens, in der sie schauen, horchen, die Lage prüfen und in engem Kontakt mit den Eltern bleiben. Dann, wenn sie anfangen, sich zu Hause zu fühlen, werden sie wahrscheinlich eine hektische Phase impulsiver Erforschung, Prüfung und des Ausprobierens durchlaufen, hin- und hergerissen von den herausfordernden Eigenschaften der Dinge. In ihrer vertrauten Umgebung hingegen können sich viele Kleinkinder, durch neue Eindrücke weniger abgelenkt, lange Zeit in eine bestimmte Tätigkeit vertiefen.

Wie bereits gesagt, wollen die Kleinkinder gerne tragen, schieben, schleppen, rollen und die Dinge ihrer Umgebung auf sonstige Weise in Bewegung setzen, und je größer diese sind, desto besser. Ein Kleinkind will lieber etwas Großes tragen, wozu es beide Hände braucht, als etwas Kleines, und lieber zwei kleine Dinge, eines für jede Hand, als ein einzelnes kleines Ding. Dies ist das Alter, in dem das Kind umhertrabt und die Spielzeugenten oder ähnliche Spielsachen zieht oder schiebt, die gleichzeitig eine Bewegung und ein Geräusch verursachen. Das Kleinkind wird vielleicht seine Puppen in einem Leiterwägelchen fahren wollen und dabei Schwierigkeiten haben weil die Deichsel und die Vorderräder zum Ziehen und nicht zum Schieben konstruiert sind, während das Kleinkind schieben will, um die Puppen sehen zu können.

Fast seit dem ersten Kriechen ist das Baby imstande, Treppen auf allen Vieren hinaufzuklettern – vorausgesetzt, daß es in seiner Umwelt Treppen gibt. Das Hinaufgehen, bei dem die Stufen in seinem Blickfeld liegen, geht gut. Wenn es sich aber umdreht, um nach unten zu gehen, fallen die Stufen vor ihm ab. Es blickt in einen leeren Raum und durch die visuelle Klippe (vgl. S. 105) bleibt es angsterfüllt am oberen Ende der Treppe stehen. Meist lernt das Kind erst im Kleinkindalter, wie es unverletzt die Treppe wieder hinuntergelangen kann. Es wird entweder in derselben Position abwärtsgehen, in der es hinaufgegangen ist, jedoch in der umgekehrten Richtung mit den Füßen nach unten. Bei dieser Methode zögert das Kind und bewegt vorsichtig Knie und Hände von einer Stufe zur anderen. Es dreht sich um und reckt sich, um zu sehen, wo es ist und wohin es geht. Eine andere Methode besteht darin, im Sitzen auf den Stufen mit dem Hinterteil Stufe für Stufe nach unten zu bumsen. Im Alter von zwei Jahren etwa wird das Kind vielleicht imstande sein, die Treppe hinunterzugehen, wobei es sich an den Finger eines Erwachsenen klammert – aber wie bei anderen Gelegenheiten würde es auch hier nur zu gern sein ganzes Gewicht an den Erwachsenen hängen. Viele Kinder sind mit zweieinhalb Jahren imstande, eine Treppe hinauf- und hinunterzugehen, wobei sie immer nur einen

Schritt machen und sich am Geländer festhalten. Die wenigsten Kinder unter drei Jahren können eine Leiter hinaufklettern, und auch die Dreijährigen können dies nur schlecht, weil sie – wohl aus Angst, zu stürzen – ihren Griff nicht lösen, um jeweils mit einer Hand und einem Fuß gleichzeitig von Sprosse zu Sprosse klettern zu können. Es wäre von Interesse, in welchem Alter Kinder von Völkern, deren Häuser – wie bei den Manus – auf hohen Pflöcken stehen, den Umgang mit Leitern erlernen. Gegen Ende des Säuglingsalters kann man dem Kind beibringen, mit, den Füßen voraus von einem Bett, einer Couch oder einem Couchtisch herunterzurutschen, und es fällt ihm leicht, auf diesem Weg von Flächen herunterzukommen, die nicht höher sind als beispielsweise sein eigener Kopf. Trotzdem muß man auf das Kind immer noch achtgeben, wenn es sich nicht auf dem Fußboden befindet.

Im frühen Kleinkindalter klettert das Kind nicht nur auf normale Stühle, sondern auch auf Kinderstühle, indem es sich auf den Sitz legt oder kniet und sich dann herumdreht, bis es endlich triumphierend mit dem Gesicht nach vorne und nach unten hängenden Beinen zum Sitzen kommt. Diese Art, auf kleine Stühle zu klettern, zeigt genauso wie das vorsichtige Herabsteigen auf der Treppe mit den Füßen voraus, daß der Raum, der hinter dem Kleinkind liegt, viel weniger zuverlässig und differenziert ist als der sichtbare Raum vor ihm. Dieselbe Unsicherheit zeigt sich auch darin, wie das Kind auf einen Hocker oder eine niedrige Bank gelangt, die im Gegensatz zu Stühlen keine Rückenlehne haben, an der es sich beim Klettern und Herumdrehen festhalten könnte. Hier muß das Baby rückwärts auf den Sitz rutschen, dabei vorsichtig entweder über die Schulter oder zwischen den Beinen hindurchsehen, bis es sich richtig über den Sitz zurechtgerückt hat, und erst dann kann es sich auf ihm niederlassen. Erst gegen Ende des Kleinkindalters kann sich das Baby wie ein Erwachsener sicher und lässig auf einen Sitz fallen lassen.

Will das Kind jedoch auf den Schoß eines Erwachsenen, so klettert es nicht hoch, sondern gibt zu erkennen, daß es auf die Knie des Erwachsenen hochgezogen werden will. In einigen Fällen kann der häufige Wunsch, hochgenommen zu werden, natürlich bedeuten, daß es umarmt, gewiegt, liebkost und wie ein Baby behandelt werden möchte. Auf dem Schoß ist das Kleinkind dann in der Regel sehr aktiv. Es freut sich am Herumwackeln und Hopsen und läßt sich nach außen in den Raum fallen, wenn es von den Armen des Erwachsenen gehalten wird oder der Erwachsene es fest an den Händen hält. Der Erwachsene muß dabei am schwersten arbeiten, aber der Ursprung der Aktivität liegt beim Kind.

Bei all diesen Aktivitäten und Bewegungen merken wir, wie die Raumbeherrschung des Kleinkindes zunimmt und es mit seinen Möglichkeiten immer vertrauter wird. Es hat sich die Ordnung in bekannten Räumen eingeprägt und wird vielleicht sogar laut protestieren, wenn die Mutter auf dem Weg zur Großmutter dort nach links einbiegt, wo sie sich normalerweise nach rechts wendet. Das Kind weiß, wo Sachen aufbewahrt werden, und zwar auch verbotene Gegenstände, wie z.B. Medikamente. Wir müssen verstehen lernen, wie das Kleinkind einen Teil des Raumes auffaßt. Es sieht ihn nicht als Teil eines größeren Gesamten an. Es zeigt keine Überraschung, daß eine räumliche Zone an eine andere angrenzt oder in diese übergeht, aber es scheint keine Ahnung zu haben, welche Gebiete an welche andere angrenzen, wo die Grenzen sind, oder daß andere, unbekannte Gebiete unmittelbar außerhalb des Gesichtskreises liegen und dort auf ihre Erforschung warten. Im Gegenteil, es scheint sehr viele bestimmte Plätze und Verbindungswege dazwischen zu kennen, jedoch ohne eine Ahnung der Gesamtanordnung zu haben. In dieser Hinsicht gleicht es vielen sogenannten raumblinden Erwachsenen, die lernen, sich von einem Punkt zum anderen zu bewegen, aber unfähig sind, neue Wege zu finden oder einen zusammenhängenden Plan zu zeichnen. Ebenso weiß das Kleinkind noch nicht, daß ein Gegenstand nicht an zwei Stellen zugleich sein kann. Die Familie eines zweijährigen Kindes besaß beispielsweise ein ziemlich ungewöhnliches Auto. Eines Tages, während sie in diesem Auto fuhren, kam ein anderer Wagen vorbei, der ihrem eigenen genau glich. Der Vater ließ sich verleiten, scherzhaft zu bemerken: „Sieh' mal, jemand hat unseren Wagen gestohlen." Das zweijährige Kind brach in Tränen aus, ohne an die „offensichtliche" Tatsache zu denken, daß das Auto immer noch im sicheren Besitz der Familie war. Die Einstellung des Kleinkindes zum Raum kann dahingehend zusammengefaßt werden, daß es in einem *Aktionsraum* lebt, der weniger durch seine formellen Relationen und Koordinaten definiert wird als durch seine Möglichkeiten für Bewegungen, durch die dynamischen Kräfte, die die aktiven Wanderungen des Kleinkindes steuern. Diese Kräfte sind den Forderungsqualitäten oder dem oben erwähnten Aufforderungscharakter oder den Valenzen der Gegenstände absolut gleichwertig.

Seine wachsende Kenntnis des größeren Raumes, in dem es sich umherbewegt, und auch der räumlichen Relationen zwischen Gegenständen oder Teilen von Gegenständen zeigt sich bei der Handhabung seines Spielzeugs. Jetzt nimmt das Kleinkind nicht nur Dinge, wie Kochgeschirr, auseinander, sondern beginnt auch, sie wieder zusammenzusetzen. Es lernt, die Deckel kleinerer Flaschen wieder anzuschrauben und gelochte Klötzchen auf einen Stock zu stapeln. Wenn diese jedoch verschieden groß sind, kann es sie noch nicht in der „richtigen" Reihenfolge anordnen. Auch kann es bis nahe an ein Alter von zwei Jahren nicht eine Reihe von ineinandergestellten Schachteln oder

Hohlkugeln wieder zusammenfügen. Es nimmt grobe Größenunterschiede wahr, kann jedoch kleinere noch nicht mit Sicherheit erkennen, was seine eigensinnigen Versuche zeigen, große Dinge in kleinere hineinzulegen. Mit Ausnahme von kreisförmigen Formen hat es auch beim Zusammenbau von Dingen Schwierigkeiten, die Formen richtig anzuordnen. Es kann jedoch einen Stapel im Gleichgewicht halten:

> „Debby, siebzehn Monate und zwei Wochen alt, stapelt jetzt mehrere Gegenstände (zwei bis fünf), beugt sich darüber oder geht in die Hocke, hebt den Stapel vorsichtig vom Boden auf und trägt ihn anderswo hin ... Sie weigert sich jedoch, mit ihren kleinen Klötzchen etwas zu tun und ignoriert sie entweder oder schleudert sie mit aller Kraft aus der Schachtel" (Church 1968).

Hier sehen wir das Andauern der Vorliebe für größere Spielsachen vom Säuglings- bis zum Kleinkindalter, so daß man eine umgekehrte Korrelation zwischen dem Alter des Babys und der Größe der Spielsachen postulieren könnte. Freunde und Anverwandte begehen gewöhnlich den Fehler, dem Baby Gegenstände in Miniaturform zu schenken, die vielleicht bei älteren Kindern Anklang finden würden, deren Schönheit aber gewöhnlich von dem stürmischen, handlungsorientierten kleineren Kind nicht beachtet wird.

Wenn das Kleinkind, wie es manchmal vorkommt, an ein- und demselben Platz bleibt, unterscheidet sich seine Körperhaltung sehr stark von der kleinerer oder größerer Kinder. Wie oben beschrieben, geht es in eine bequeme Hockstellung, wenn es etwas vom Boden aufheben will. Manchmal bleibt es in der Hocke, um mit dem Spielzeug auf dem Fußboden zu spielen, aber häufiger sitzt es mit nach vorn ausgestreckten Beinen auf dem Fußboden mit einem Buch oder einem Spielzeug entweder auf dem Schoß oder zwischen seinen Schenkeln. Eine typische Kleinkindhaltung ist das Stehen mit durchgestreckten und leicht auseinandergespreizten Beinen und das Abbücken in der Hüfte und der Taille, so daß sein Kopf auf dem Boden liegt und das Kind zwischen seinen eigenen Beinen hindurch eine umgekehrte Welt betrachtet. Ein zweiundzwanzig Monate altes Mädchen aus unserem Bekanntenkreis konnte sich aus dieser Lage direkt in einen Purzelbaum nach vorne schwingen. Man beachte jedoch den Unterschied: das Kleinkind findet es anscheinend sehr angenehm, aufgrund seiner eigenen Stellung die Welt verkehrt zu sehen, ist jedoch dagegen, daß Gegenstände, z. B. die Fotografie des Vaters, umgekehrt aufgestellt werden.

Leistet das Kleinkind einem Erwachsenen Gesellschaft, lehnt es sich meist schlaff an dessen Knie oder Schulter – je nachdem, ob der Erwachsene auf einem Stuhl oder auf dem Boden sitzt –, oft so schlaff, daß es wie ein Häufchen zu Boden gleitet. Dieses Anlehnen an Erwachsene kann sich bis in die Schulzeit fortsetzen, obgleich das Kind nach dem Kleinkindalter einen besseren Muskeltonus hat und das Gleichgewicht besser halten kann. Wenn sich das Kleinkind nicht direkt mit anderen Menschen beschäftigt, wird es sie oft eher wie Gegenstände als wie Menschen behandeln: als Hindernisse, die man beiseite schiebt, als Trommeln, auf die man klopft oder gegen die man mit den Füßen stößt, als Kletterapparate und als Ruheplätze. Im allgemeinen sind die Körperhaltung und die Bewegungen des Kleinkindes symmetrisch, so daß zwischen den beiden Seiten des Körpers wenig Unterschied besteht, und es, wenn es trommelt oder mit den Fersen gegen die Seite einer Kiste schlägt, auf der es sitzt, beide Arme oder Beine so bewegt, als wären sie eins. Wenn es an einem Finger ein Pflaster bekommt, wird es vielleicht ein zweites für den entsprechenden Finger der anderen Hand verlangen.

Die Anfänge der Sprache

Obwohl die neuerworbene Fähigkeit der zweibeinigen Fortbewegung die auffälligste Erscheinung des Kleinkindalters ist, ist vom psychologischen Gesichtspunkt aus jedoch wahrscheinlich der beginnende Gebrauch der Muttersprache von größerer Wichtigkeit. Wir wollen hier darauf hinweisen, daß der Gebrauch der Sprache nicht wie das Essen mit einem Löffel oder das Fahren auf einem Dreirad eine isolierte Fertigkeit ist, sondern eine alles durchdringende Veränderung, die die Wahrnehmung, das Gefühl, das Denken und die allgemeine Intelligenz betrifft. Wir können behaupten, daß das Kind erst durch seine Verwandlung in ein sprechendes Wesen, durch das Verständnis der Sprache und durch das Sprechen ein vollständiger Mensch wird (Church 1966). Was das Sprachverständnis betrifft, so wird das Kind einer Unzahl verbaler Mitteilungen zugänglich; es kann aus den Worten anderer lernen, es kann in Wissensbereiche, z. B. in die Geschichte, eindringen, die es niemals aus eigener Erfahrung kennenlernen könnte. Es erhält Zutritt zur Literatur und zur Poesie. Es kann neue Ausdrucksmöglichkeiten und Handfertigkeiten, z. B. Zeichnen und Arithmetik, erlernen. Durch die eigene Sprache kann das Kind seine Gedanken, Gefühle und Wünsche anderen mitteilen. Es kann denken und argumentieren und seine eigenen Erlebnisse ordnen und ihnen einen richtigen Sinn verleihen. Es kann eigene Aussagen machen. Es kann Erfindungen und Witze aushecken und seine Phantasie zum Ausdruck bringen.

Bevor wir die Stadien der Sprachentwicklung beschreiben, die das Kind durchläuft, müssen wir einige allgemeine Grundlagen des Erlernens der Sprache erwähnen. Wie B. Whorf, der einfallsreiche Amateurlinguist, festgestellt hat (Caroll, 1956), schränkt der Umfang der

Begriffe und Beziehungen unserer Sprache den Bereich ein, über den wir nachdenken können, und begrenzt außerdem die Art und Weise, wie wir nachdenken können. Mit anderen Worten: nach Whorf können die Denkprozesse und Wahrnehmungen einer Person nicht reichhaltiger als ihre erlernte Sprache sein. Wir haben schon darauf hingewiesen, wie der Wortschatz einer Sprache angefüllt ist mit erklärenden Begriffen, die Verdinglichungen nahelegen – Geister, Urkräfte und so weiter. An Worte knüpfen sich Gefühlsassoziationen, die in ihrer strengen, sachlichen Bedeutung nicht enthalten sind. Auf einer viel elementareren Stufe liegen jedoch die subtilen, aber starken kulturellen Glaubenssysteme, die unsere Gedanken, unsere Gefühle und die Art, wie wir über die Welt sprechen, gestalten. Ein Teil dieser kulturgebundenen Sprachstile ist in B. Bernsteins (1960, 1964) Unterscheidung zwischen *elaborierten Codes* und *restringierten Codes* enthalten. In Großbritannien und den Vereinigten Staaten (Hess u. Shipmann 1965, Hess u. Mitarb. 1969) und bis zu einem gewissen Grad auch in Israel (Ortar 1966) können diese beiden Stile durch die Art identifiziert werden, wie die Mütter verschiedener Gesellschaftsschichten mit ihren Kindern kommunizieren (Anm. 24). Gebildete Mütter sprechen den elaborierten Code, d.h. sie erklären, wie die Dinge sind und warum gewisse Handlungen wünschenswert sind. Weniger gebildete Mütter sprechen nach dem restringierten Code, der Betonung auf die Autorität legt und dem Kind sagt, wie es sich verhalten soll, ohne ihm dafür Gründe anzugeben. Selbstverständlich wirken sich diese Sprachstile der Eltern auf den kindlichen Spracherwerb aus, und die Kinder, die mit restringierten Codes aufwachsen, sind weniger gut imstande, Probleme wirklich zu lösen, zumindest solche, die von den Psychologen gestellt werden.

In Whorfs Anschauung liegt die Betonung darauf, wie Sprache und Kultur Denkprozesse einschränken und Neuerungen hemmen. Wenn wir jedoch diese Problematik der Einbettung des Denkens in die Sprache erkennen, haben wir sie zum Teil schon gelöst. Das heißt, es gibt Sprachformen, z.B. Schlagwörter, Reizwörter oder furchteinjagende Wörter, die das klare Denken behindern, aber es gibt andere, die uns frei machen und zu neuen Einblicken, Wahrnehmungen und Ausdrucksformen befähigen. Offensichtlich ist es die Aufgabe der Erziehung, die Sprache in ihren befreienden Formen zu vermitteln, wie z.B. die Sprache der Wissenschaft, und nicht in ihrer einengenden Form, wie bei Traditionen und Dogmen. Das Wachstum und die Veränderung der Sprache, z.B. der englischen, zeigt uns, daß die Menschen fortwährend aus alten Formen ausbrechen und neue Ausdrucksmittel finden, insbesondere auf dem Gebiet der Wissenschaften. Das Kind selbst beweist, daß es nicht völlig der Hypothese Whorfs unterworfen ist. Während es einerseits sicher innerhalb seiner sprachlichen Möglichkeiten lebt, weil es immer mehr Wörter versteht als es selbst spricht, geht es andererseits auch über die aktiven sprachlichen Möglichkeiten seiner Muttersprache hinaus, indem es unnachahmbare Worte formt, z.B. in der Babysprache, indem es neue Worte erfindet oder alte ausdehnt, um sie auf neue Situationen zu beziehen, und Wege findet, Worte zu Sätzen zusammenzufügen, lange bevor es die Regeln der Zusammensetzung kennt.

Die Stadien der Sprachentwicklung

Wir wissen, daß das Baby schon in einem frühen Alter sehr häufig Laute bildet, und wahrscheinlich spielt dieses vorsprachliche Vokalisieren bei der Vorbereitung der kindlichen Sprechbereitschaft eine Rolle. Sanger (1955) verfolgte die Entwicklung einiger Schlüsseleigenschaften des vorsprachlichen Verhaltens (Tabelle 2). Diese Tabelle verdient Beachtung, weil sie eine Regelmäßigkeit des vorsprachlichen Verhaltens zeigt, die den meisten Theoretikern der Sprachentwicklung unbekannt ist. Schon in einem sehr frühen Alter ist die menschliche Stimme – die anderer und die des Babys selbst – ein sehr wirkungsvolles Instrument. Ein interessanter Aspekt der Beobachtungen Sangers ist, daß eine Anzahl von Verhaltensweisen bis zu einem Höhepunkt zunimmt und dann langsam verschwindet – beispielsweise die Lalldialoge, die im Alter von acht bis zehn Monaten stark vorherrschen, oder die Laute, die auftreten, wenn das Baby allein ist und die mit sechs bis acht Monaten ein Maximum erreichen, oder die Lautbildungen bei nicht-sozialen Beschäftigungen, die zwischen acht und zwölf Monaten am stärksten auffallen. Diese kindlichen Lautbildungen sind jedoch nicht Sprache im gewöhnlichen Sinn, nämlich Verwendung konventioneller Symbole zum Informationsaustausch innerhalb einer bestimmten Gesellschaft.

Der Spracherwerb des Babys, die Aneignung der sprachlichen Konventionen, nach denen die Menschen in einer Gemeinschaft miteinander sprechen, beginnt „unterirdisch". Das heißt, das Baby versteht zunächst, was andere Leute zu ihm sagen, bevor es selbst beginnt, Worte zu gebrauchen. Wir wissen dies, weil das Baby auf einfache Befehle („Bitte, gib mir meine Socken!") ebenso wie auf Worte oder Sätze, die sich auf die Routinetätigkeiten beziehen („Zeit zum Baden") oder auf Worte, die mit Spielen verbunden sind („Backe-Backe-Kuchen") richtig reagiert. Das Sprachverständnis wird die *passive* oder *rezeptive Sprache* genannt. Sein eigenes Sprechen wird als *aktive* oder *produktive Sprache* bezeichnet. Der Ausdruck „Sprache" ist doppelsinnig und wird sowohl in bezug auf „Reden" als auch auf die Hervorbringung von Lauten und Lautmustern angewandt. Der Übergang von der pas-

Tabelle 2. Vorsprachliches Verhalten: Prozentuale Häufigkeiten, mit denen die Verhaltensweisen in den beobachteten Altersstufen auftraten. Nach *Sanger, M. D.* (1955)

Verhaltensweisen	Alter in Monaten						
	0–2	2–4	4–6	6–8	8–10	10–12	12+
Reaktives nicht-stimmliches Verhalten							
wendet sich Geräuschen zu	0	16	18	21	7	11	0
unterbricht Lallen, um Erwachsenen zuzuhören	0	10	26	29	26	6	0
reagiert auf eine Stimme	20	16	18	21	26	17	7
angemessene Reaktion auf verbale Schlüsselreize	0	0	0	0	19	33	53
Reaktive Lautbildungen							
lächelt oder lallt, wenn der Erwachsene es nachahmt	0	23	26	8	19	22	7
Lalldialoge	0	3	4	4	44	22	13
ahmt einen Ton nach	0	0	0	4	26	22	13
angemessene Lautbildungen auf verbale Schlüsselreize	0	0	0	0	14	33	22
Spontane Lautbildungen							
lallt beim Alleinsein	0	25	18	46	11	0	13
lallt beim Greifen	0	0	9	4	33	28	13
lallt bei nicht-sozialen Beschäftigungen	0	0	4	29	67	61	33
macht Erwachsene auf sich aufmerksam	0	0	0	8	37	33	0
stabile nicht-sprachliche Laute	0	0	0	0	4	11	67

siven zur aktiven Sprache kann auf verschiedene Weise erfolgen. Wenige Babys warten, bis sie durch Zuhören die sprachlichen Formen gut beherrschen, und machen dann plötzlich komplizierte Äußerungen – wir haben von einem aufgeweckten zehn Monate alten Mädchen gehört, das als erste sprachliche Äußerung beim Mittagstisch sagte: „Ich möchte einen Bissen“. Viel häufiger jedoch beginnt das Kind mit einzelnen Wörtern oder sogar Verschmelzungen von zwei oder mehreren Wörtern, wie z.B. „da-da-ham“ (Das da haben), „Mama-gehn“ oder „putte-macht“ (kaputt gemacht). Viele der ersten Worte des Kindes sind Bitten oder Befehle. Wenn viele Kinder beginnen, von einzelnen Worten zu ganzen Erzählungen oder Beschreibungen überzugehen, entsteht oft das, was A. Gesell den *expressiven Jargon* nennt, ein Kauderwelsch, das offensichtlich eine Bedeutung vermitteln soll. Der expressive Jargon ahmt tatsächlich die Geräusche und Kadenzen der Erwachsenensprache so genau nach, daß er manchmal wie das doppelsinnige Sprechen eines Komikers erscheint und knapp an der Grenze des Verständlichen liegt. Der geübte Zuhörer kann sogar aus dem Zusammenhang und aus gelegentlichen im Redestrom des Jargons vorkommenden wirklichen Wörtern ziemlich gut verstehen, was das Kind sagt. Der expressive Jargon ist ein so auffälliges Phänomen, daß wir immer wieder überrascht sind, wenn manche Eltern ihn übersehen. Wir deuten den expressiven Jargon als einen Versuch des Kindes, auf magische Weise in die fertige Sprache hineinzuspringen. Meistens führt diese Abkürzung aber zu nichts, und die meisten Kinder sprechen primär in *Ein-Wort-Sätzen*. Obwohl diese Äußerungen nur aus einem Wort (oder einer Verschmelzung von Wörtern) bestehen, wirken sie psychologisch als vollständige Feststellungen: ich möchte „Aus“gehen; heb mich „hoch“; das ist „Vaters“ Schuh; es ist Zeit zu „essen“! (Wir versuchen hierbei nicht, die Aussprache des Kleinkindes nachzuahmen.) Konkrete Hauptwörter nehmen im Wortschatz des Kleinkindes einen großen Raum ein, doch verwendet es auch eine ziemlich große Anzahl von Ausrufen: „He“, „Tachtach“, „Au“; Verben: „gehen“, „tragen“, „essen“ und Adverben: „auf“, „hinaus“, „wieder“, „zurück“. Viele Kinder lernen sehr früh das Wort „heiß“ – manchmal, um alle heißen Dinge zu bezeichnen und manchmal als einen allgemeinen Warnruf. Im Stadium der Ein-Wort-Sätze fehlen unseres Wissens zumindest bei den europäischen Sprachen die meisten qualifizierenden Adjektive und Adverben und alle Vorwörter, Artikel, Präpositionen und Konjunktionen. Zunächst gibt es keine Flexionen, um die Mehrzahl oder die Zeiten der Verben anzuzeigen.

Die Ein-Wort-Sätze des Kleinkindes haben eine Vielzahl von Funktionen. Ausrufe dienen normalerweise als Begrüßung, aber schon manche Kleinkinder haben z.B. einer Besucherin die Handtasche gebracht und „ba-ba“ gesagt, als eine unverblümte Aufforderung, zu gehen. Im allgemeinen geht das Kleinkind mit Imperativen, Befehlen und Forderungen ziemlich freigiebig um, wobei es höchstwahrscheinlich nachahmt, wie mit ihm gesprochen wird. Oft rutschen die Worte als automatische Reaktion auf Dinge und Handlungen heraus. Das Kind scheint sich oft sein Repertoire an Bezeichnungen vorzusprechen, indem es von einem Gegenstand zum anderen geht und ihn benennt. Es kann die Bezeichnung eines Gegenstandes mit einer fragenden Betonung aussprechen, als ob es vom Erwachsenen eine Bestätigung dafür haben wolle, daß sie stimmt. Das Kind hat einen unersättlichen Worthunger und sucht nach Namen von Dingen, als ob es einen Katalog seiner Umwelt anlegen wolle. Auch das Baby, das noch nicht zu sprechen begonnen hat, verhält sich, als ob es die Bezeichnungen der Dinge hören möchte. Es zeigt auf einen Gegenstand und sieht den Erwachsenen fragend an. Vielleicht kommt es sogar mit einem fragenden einsilbigen Wort wie „Da?“. Wenn der Erwachsene ihm das Wort sagt, entspannt sich das Baby und ist anscheinend zufrieden. Im Worthunger des

Kindes deutet sich Machtgefühl gegenüber der Realität an, das die Sprache ihm gibt.

Über das erste Wort des Kindes gibt es viele Gedanken und Diskussionen, weil man annimmt, es stelle einen Schlüssel zum Verständnis der Sprache im allgemeinen dar. Der Leser wird sich an das unglückliche Experiment Friedrich II. erinnern, mit dem er die „natürliche" Sprache des Kindes entdecken wollte (vgl. S. 145), und der griechische Historiker Herodot berichtet über ein ähnliches Unternehmen. Viele moderne Theoretiker, von den Psychoanalytikern bis zu den Lerntheoretikern, sind der Ansicht, daß der Spracherwerb äußerlich motiviert sein muß als ein Mittel bei der Befriedigung körperlicher Bedürfnisse. Nach einer solchen Ansicht müßten sich die ersten Worte des Kindes auf Bedürfnisse und die Mittel zu ihrer Befriedigung beziehen. Die Tatsachen lassen mehrere Deutungen zu. Ein Teil der Schwierigkeit liegt in der Frage, was als das erste Wort angesehen werden soll. Einerseits ist die Grenze zwischen dem *Lallen,* den vorsprachlichen Lautbildungen des Kindes, und der wirklichen Sprache nicht immer klar; z. B. „ma-ma" und „pa-pa" sind normale Lallaute des späten Säuglingsalters – und, soweit wir wissen, auf der ganzen Welt gleich. Sie sind auch in vielen Sprachen die normalen Bezeichnungen des Kindes für Mutter und Vater. Es geht darum, zu erkennen, wann das Baby lediglich lallt und wann es jemanden begrüßt oder seine Eltern als Befriediger seiner Bedürfnisse ruft. Ein Kleinkind kann sein Bad oder seinen Schnuller mit dem Ausruf „Ba" begrüßen, aber wenn es den ganzen Tag „Ba" ruft, ist es schwer, dies als Sprache zu werten. Oder ein Kleinkind wird vielleicht lernen, auf Fragen, die mit „wo ist" beginnen, mit „da" zu antworten. Aber auch hier ist es wieder unmöglich zu sagen, ob es dabei ein bedeutungsvolles Wort ausspricht oder ein leeres Ritual durchführt. Eine zweite Schwierigkeit besteht darin, ob die Laute, die das Kind als Antwort auf die Aufforderung: „Sag mal: Pussi!" von sich gibt, als Worte zu verstehen sind.

Die einzig sichere Vorgehensweise besteht darin, sich nur auf die spontane Benennung von Gegenständen, die von einem Hindeuten begleitet ist, zu verlassen. (Dadurch werden Zwischenrufe, Verben und Adverben als erste Wörter automatisch ausgeschlossen.) Wir haben so wenig zuverlässige Fälle solcher Bezeichnungen, daß wir keine Theorie unterstützen können. Wir haben jedoch den Eindruck, daß die spontanen ersten Worte wenig mit Bedürfnissen zu tun haben. Mit Sicherheit scheint es der Fall zu sein, daß viele Babys erst in einem fortgeschrittenen Stadium des Sprechens ihre Eltern „Mama" und „Papa" nennen. Im allgemeinen veranlassen Bedürfnisse das Baby zu Tränen, Unruhe oder konkreten Tätigkeiten, nicht aber zum Sprechen, und die meisten Wörter, die sich auf Zustände wie Hunger, Durst, Müdigkeit, Krankheit und Schmerz beziehen, werden erst sehr spät gelernt. Offenbar drücken sowohl Menschen als auch Tiere ihre Bedürfnisse und Gefühle durch Körperhaltung, Gesten, Mimik und Vokallaute aus, von denen viele eine sehr enge Bedeutung haben. Hier muß jedoch eher von einem symptomatischen als von einem symbolischen Ausdruck gesprochen werden. Nach unseren eigenen Beobachtungen an Kindern, die sprechen lernen, scheint das Sprechen an sich eine Befriedigung zu gewähren und ist daher selbstmotiviert, und wir sehen keine Notwendigkeit, äußerliche Kräfte dafür verantwortlich zu machen (Anm. 25).

Besitzt das Kleinkind einmal einen grundlegenden Wortschatz, beginnt es, die Wörter in *Zwei-Wort-Sätzen* zusammenzufassen, in einfache Behauptungen und Fragen, die gewöhnlich aus einem Hauptwort und einem Prädikat bestehen, z.B. „Milch, heiß!" oder „Baby, weinen!". In beiden Beispielen bedeutet das Komma das für die ersten Zwei-Wort-Sätze des Kleinkindes charakteristische mühsame Zusammensetzen von Aussagen. Nach mehr Übung werden die Sätze länger, doch fehlen immer noch die Artikel, Pronomen, Bindewörter und die Beugung, in fröhlicher Unkenntnis der „richtigen" Satzbildung. Miller u. Ervin (1964) bringen das reizende Beispiel eines Zweijährigen, der gesehen hat, wie seine Schwester ihren Luftballon zerbiß, und nun auf seinen eigenen Ballon zeigte und sagte: „Baby anderen Ballon beißen nein". In einer Aufeinanderfolge, die noch niemand richtig aufgezeichnet hat, kommen allmählich die fehlenden Satzglieder hervor, die Wörter werden gebeugt und die Wortfolge in den Sätzen beginnt sich der Erwachsenensprache anzunähern.

Erstaunlicherweise lernt das Kind die Sprache mit einem Minimum an ausdrücklichen Anweisungen. Nach Cazden (1968 a) ist die Verbesserung falscher Bezeichnungen die einzige Korrektur, die Mütter an der Sprache ihrer Kinder vornehmen. Das Baby lernt die Sprache – einschließlich Wortschatz, grammatikalische und syntaktische Regeln und logische Operationen höherer Ordnung, die wir gleich besprechen werden – dadurch, daß es hört, wie sie in einem konkreten Zusammenhang von Menschen, Tätigkeiten, Gesten und Gefühlen verwendet wird. Wie D. Campbell (1963) sagt, kann man dem Kind die Sprache nicht durch das Telefon beibringen. Cazden (1968 a) stellte zunächst die Hypothese auf, daß die Mütter typischerweise die Äußerungen ihrer Babys „ausdehnen". Das Kind sagt: „Hund bellen", und die Mutter antwortet: „Ja, der Hund bellt". Später ließ Cazden diese „Expansionshypothese" zugunsten der von D. McNeill so genannten „Weitschweifigkeitshypothese" fallen, d.h. die Mutter führt das Gespräch weiter. Im obigen Beispiel (Cazden 1968 a) könnte eine Weiterführung lauten: „Ja, er ist auf die Katze böse" oder: „Ja, aber er beißt nicht".

Die direkte Nachahmung spielt beim Sprechenlernen des Kindes wahrscheinlich eine untergeordnete Rolle. Es scheint vielmehr, als würde das Kind die Sprachregeln abstrahieren und auf sein eigenes Verhalten anwenden und generalisieren. Wir können hier keinen bewußten Denkprozeß vermuten, sondern eher eine fortschreitende *Schemabildung* darüber, was richtig klingt oder als richtig empfunden wird. Der Erwerb der Regeln zeigt sich am klarsten an den Fehlern des Kindes. Die Kinder machen tatsächlich erstaunlich wenig sprachliche Fehler (faktische und logische Fehler sind wieder eine andere Sache), aber die wenigen, die sie machen, sind aufschlußreich, weil sie den Verlauf der Schemabildung zeigen. Beispielsweise lernen viele Kinder die Vergangenheitsformen unregelmäßiger Zeitwörter zunächst richtig (CAZDEN 1968 b), und erst wenn sie begonnen haben, die allgemeinen Regeln für regelmäßige Zeitwörter einzuhalten, gehen sie auf unrichtige Formen über. Zum Beispiel wird das Kind vielleicht zuerst sagen „gebracht" und dann später auf irgendwelche andere Formen übergehen, die manchmal abwechselnd gebraucht werden, z. B. „gebringt", „bringt", „bracht". Einige dieser Formen werden bis in das Vorschulalter und die Schulzeit beibehalten. Eine verbreitete falsche Anwendung der Regeln zeigt sich in falsch plazierten Inflektionen, z. B. „er heben es auft" und „er gehen heimt" (CAZDEN 1958 b). Das Kind wandelt einen erklärenden Satz in eine Frage um, indem es ein einzelnes Wort vorne anstellt: „Darf ich was haben können?", „Ist es ist eine Katze?" Um eine Verneinung auszudrücken, kann es diese gar nicht genug betonen: „Nein, ich habe nicht keine!" (BELLUGIE 1971). Die doppelten Negierungen bleiben zum Entsetzen der Lehrer bis zum Schulalter bestehen. Zusätzlich zu den verschlüsselten Regeln lernen die Kinder auch den Tonfall, durch den eine scherzhafte Bedeutung, Verzweiflung, Mitleid, Ärger, Verblüffung, Verachtung, gegenteilige Meinung usw. ausgedrückt wird. Sie ahmen auch die Affektiertheit der Eltern nach, z. B. die besonderen Telefonmanieren, die die meisten Erwachsenen an sich haben. Oft ist es eine peinliche Selbstenthüllung, wenn man das Kind in der eigenen Stimme sprechen und dieselben Redewendungen anwenden hört.

Das Kleinkind erfaßt, wenn es sprechen lernt, die Wortbedeutungen überraschend genau: Es weiß, welche Dinge, Handlungen, Eigenschaften und Beziehungen ein gewisses Wort ausdrückt, denn mit Ausnahme von Eigennamen kann ein Wort als ein *Begriff* angesehen werden, der eine ganze Klasse oder Kategorie aufeinander bezogener Dinge bezeichnet. Wenn man Erwachsenen eine Liste von Wörtern zum Auswendiglernen gibt und sie später auffordert, diese Wörter wiederzugeben, werden sie nicht in der Reihenfolge der Liste wiederholt, sondern die Versuchspersonen gruppieren sie nach logisch bezogenen Kategorien um. BOUSFIELD (1953) nennt diese Neigung *„assoziative Cluster"*, d. h. Gruppierung nach assoziativer Ähnlichkeit. Aus einer Untersuchung von ROSSI u. ROSSI (1965) geht hervor, daß assoziative Cluster bereits im Alter von zwei Jahren gebildet werden, was darauf hindeutet, daß die Sprache möglicherweise für das Kind bereits von Anfang an eine Ordnungsstruktur besitzt. In gewissem Sinne reagiert das Kind auf Worte innerhalb eines Clusters wie auf Glieder ein und desselben Begriffes, obwohl es kein Wort weiß, mit dem es den Begriff bezeichnen könnte, denn es ist ungeachtet der Auffassung WHORFS möglich, ohne Worte „einen Begriff zu haben". Das Baby im vorsprachlichen Stadium erkennt die Elemente der Klasse der eßbaren Dinge, der bekannten Menschen und der unbekannten oder der Dinge, die rollen. Das sprachlose Tier erkennt ebenfalls Nahrungsmittel, für die Paarung geeignete Tiere, Gefahrenquellen usw. und „generalisiert" sogar die Reize, auf die es in einem konditionierten Versuch reagieren lernt. Im allgemeinen können jene Reize, die äquivalente Reaktionen (vgl. Anm. 7) auslösen – z.B. wenn der Schimpanse auf ein Stück Seil wie auf eine Schlange reagiert – als dem gleichen unausgesprochenen Begriff zugehörig betrachtet werden. Zum Beispiel kann das Kleinkind mit überraschender Genauigkeit Automarken kennen lernen. Manchmal generalisiert es aber ein Wort auf eine für den Erwachsenen überraschende Weise. Zum Beispiel lernen viele Kleinkinder das Wort „schwer" im Sinne von „schwer hochzuheben", wenden es jedoch auf alles an, was eine Anstrengung verlangt. Wenn es vorsichtig einen steilen Abhang hinuntergeht, bemerkt ein zweijähriges Kind: „Dies ist ein schwerer Hügel"; wenn es sich umsonst anstrengt, etwas hoch Gelegenes zu erreichen, sagt das zweijährige Kind: „Dieses Regal ist zu schwer". Viele Kleinkinder verwenden das Wort „stark" auf dieselbe Weise und wenden die Wörter „stark" und „schwer" wahlweise an, wie z.B.: „Ist das Eis schwer genug, daß man darauf gehen kann?". Diesen Bedeutungen liegt wahrscheinlich zugrunde, daß das Wort sich gleichzeitig auf die handelnde Person, auf die Handlung und darauf bezieht, woran sich die Handlung vollzieht.

Auf ähnliche Weise scheint das Kleinkind Eigenschaftsdimensionen als qualitatives Ganzes kennenzulernen, bevor es ihre Extreme genau unterscheidet; denn oft verwechselt es Ausdrücke wie „heiß" und „kalt", „offen" und „zu", „an" und „ab" und „auf" und „nieder". Ein Kleinkind, dem ein Glas mit zuwenig Wasser gereicht wird, schreit: „Zuviel, zuviel!" und dann schreit es aus Protest, wenn der Erwachsene etwas Wasser ausschüttet. In diesem Fall scheint der Ausdruck „zuviel" ein Synonym für „ein wenig" zu sein, was sich nur teilweise mit der Sprache des Erwachsenen deckt. Ein achtzehn Monate altes Kind bezeichnete alle roten Autos als „Spritzen", was ihm als Bezeichnung für die Feuerspritze diente. Interessanterweise war die rote Farbe eine der beiden hauptsächlichen Ordnungsdimensionen dieses Begriffes, obwohl das Kind zu dieser Zeit noch keine Farben benennen oder auf Farbbezeichnungen mit Sicherheit reagieren konnte. Wir haben mehrere Kinder gekannt, die die Haare an den Armen und Beinen des Erwachsenen als „Fäden“ bezeichneten und anscheinend nicht die Verwandtschaft mit dem Kopfhaar erkannten. Ein Junge, dem anscheinend kein Wort für „beißen“ oder „stechen“ zur Verfügung stand, sagte seinen Eltern unter Tränen: „Haste Dir die Zehe an ’ner Biene gebumst?“ (Church 1968). Über die Verallgemeinerungen ihres Kleinkindes gab uns eine Mutter den folgenden Bericht:

> „Ruth klemmte sich den Finger in einer Tür, und ich sagte ihr, sie solle zu Mami kommen, und ich würde den Finger küssen, damit er nicht mehr weh täte. Sie hielt mir ihren Finger zum Küssen entgegen. Als sie sich das nächste Mal am Finger verletzte, lief sie sofort zu mir und hielt mir den Finger zum Küssen hin – ich dachte, sie erinnere sich und habe verstanden. Am nächsten Tag zog sie sich eine Beule auf dem Kopf zu, lief zu mir und hielt mir den Finger entgegen, damit ich ihn küssen könne. Es war also lediglich ein Ritual“ (a. a. O., S. 229).

Dasselbe kleine Mädchen demonstrierte bei vielen Gelegenheiten wie ein und derselbe Gegenstand je nach Funktion anders benannt werden kann. Beispielsweise war ein Kissen auf dem Bett ein „Kissen“. Wenn sie es jedoch auf ihrem Kopf balancierte, war es ein „Hut“. Sie kritzelte mit dem Bleistift, hatte sie ihn aber im Mund, so war er eine „Zigarre“ oder eine „Pfeife“. Carlson u. Anisfeld (1969) berichten über ein zweijähriges Kind, dessen sprachliche Entwicklung sie verfolgten, und das andere Sprachelemente in Verben verwandelte, indem es über ein „lautendes“ Flugzeug sprach und spielerisch drohte, seine Mutter zu „magen“, als es sie in den Bauch stieß.

Die Sprache als Werkzeug und als Spielzeug

Bisher haben wir hauptsächlich über die Prozesse gesprochen, durch die das Kleinkind die Sprache erlernt, und darüber, in welcher Form die Sprache für das Kind existiert. Um das Bild zu vervollständigen, müssen wir auch etwas darüber sagen, wie die Sprache verwendet wird, welche Funktionen sie hat und welche sprachlichen Mechanismen zur Verfügung stehen, um diese Funktionen zu erfüllen. In einem späteren Abschnitt werden wir über einige allgemeinere Gesichtspunkte sprechen, die beim Sprachverhalten und seiner Entwicklung eine Rolle spielen.

Allgemein sagt man, eine primäre Funktion der Sprache sei die *Kommunikation,* nämlich die Übermittlung von Informationen über anhaltende oder vorübergehende Gegebenheiten, Regeln, Vorgehensweisen, Erwartungen und Werte und der Austausch von Wissen und Erfahrung. Im allgemeinen, wahrscheinlich als Teil einer allgemeineren Notwendigkeit sozialer Austauschprozesse, haben die meisten Menschen den dringenden Wunsch, anderen etwas mitzuteilen, sie zu überraschen, auf ihre Gefühle einzuwirken, sie zum Lachen zu bringen und sie zu hänseln, vor allem aber die befriedigende Erfahrung sozialer Gemeinsamkeit zu machen. Ein Teil des Kommunikationsprozesses besteht natürlich darin, Fragen zu stellen: Was ist das? Wozu dient es? Wie funktioniert es? Aus welchem Grunde? usw. Natürlich besteht eine wichtige Form der Kommunikation auch darin, daß man andere Menschen veranlaßt, etwas zu tun, ihnen irgendwelche Befehle erteilt, was auch das Kleinkind häufig und gebieterisch tut. Im Alter von zwei Jahren verbringt das Kleinkind viel Zeit mit sprachlicher Kommunikation, nicht nur mit Erwachsenen, sondern auch mit dem Spielzeug und mit sich selbst. Eine besondere Form der Kommunikation, die wir nicht übersehen dürfen, ist das Schwindeln, die Übermittlung falscher oder irreführender Angaben, entweder spielerisch oder im Ernst. Das Kleinkind wird vielleicht beginnen, sich mit seinen Eltern einfache Späße zu erlauben, indem es z. B. dem heimkehrenden Vater sagt: „Mami geht Laden", wenn sie tatsächlich in der Küche ist, oder es wird vielleicht schwindeln, wenn es eine Beschuldigung mit heftigem Kopfschütteln und „Nein!" zurückweist. Es tritt auch die wichtige Form des Selbstbetruges auf, der bereits im Vorschulalter beginnt.

Eine oft vernachlässigte Form der Kommunikation ist das *Selbstgespräch*. Es erscheint in verschiedenen Verkleidungen: die Selbstanweisungen, wenn das Baby z. B. vor sich hinspricht, wie man einen Plattenspieler bedient; die Selbstkontrolle, wenn z. B. das Baby zu sich selbst sagt: „Nein, nein!" oder „Nicht anfassen!", wenn es sich einem verbotenen Gegenstand nähert; und auf einem immer reiferen Niveau, als zweckmäßiger Bericht über ein eigenes Erlebnis, wie beim Analysieren, beim Ergründen von Dingen, beim Generalisieren, bei der Beschreibung von Dingen, der Feststellung von Beziehungen und, ganz allgemein, wenn man zur eigenen Unterrichtung Ordnungen und Zusammenhänge herstellt. Dies ist der Prozeß, den wir als *Thematisierung* bezeichnen, und der uns hilft, die Schemata auszuarbeiten, die unseren Gedanken und Handlungen als Führung dienen. Wir erwähnen hier noch einmal alle die Vorgänge der Rationalisierung und Rechtfertigung, mit denen man seine eigenen Motive für sich selbst und für andere akzeptabel macht. Alle diese Sprachfunktionen zusammengefaßt machen das verbale Denken aus. Auch die Träumereien, Tagträume, Vorstellungen und Wünsche müssen wir zur Selbstkommunikation hinzuzählen. Beim Kleinkind müssen die meisten Formen des Selbstgesprächs noch durch einen Erwachsenen vermittelt werden. Das heißt, das Kind kann nicht direkt über sich selbst nachdenken, sondern teilt seine Gedanken laut einem Erwachsenen mit und hält einen Dialog, der es ihm ermöglicht, seine Erlebnisse zu formulieren, zu katalogisieren und zu ordnen. Ebenso ist es für Kleinkinder und Kinder am Beginn des Kindergartenalters fast unmöglich, mit Kindern ihres Alters zu sprechen, und sie treten statt dessen über einen Erwachsenen mit dem anderen Kind in Verbindung. So geht es auch vielen Erwachsenen, die sich mit einem Problem auseinandersetzen, indem sie einen Freund aufsuchen, der in der Rolle eines Resonanzbodens die Gedanken überprüft, mit denen sie nicht allein fertig werden.

Die vom Kind erlernte Sprache enthält eine Anzahl untergeordneter *Sprachsysteme,* die sich auf besondere, logisch zusammenhängende „Bereiche" der Erfahrung beziehen. Zum Beispiel gibt es ein besonderes Vokabular für Zahlen und quantitative Beziehungen. Das Baby lernt ziemlich früh in der Sprachentwicklung „eins, zwei" zu zählen, wobei das Wort „zwei" anfänglich jede Menge bedeutet, die über „eins" hinausgeht. Das Kind geht dann weiter zu „eins, zwei, viele" und noch weiter bis „eins, zwei, drei, viele". Viele Zweijährige können bis fünf oder zehn oder sogar noch weiter zählen, aber hier kann es sich um ein einfaches Hersagen einer gelernten Reihenfolge handeln. Das Kind wird möglicherweise Gegenstände bis zu einem gewissen Punkt richtig zählen und dann improvisieren: „eins, zwei, drei, sieben, fünf, vier". Es hält sich auch nicht an eine eindeutige Eins-zu-Eins-Zuordnung zwischen Zahlen und Gegenständen. Es wird vielleicht beim Zählen Dinge auslassen oder einen Gegenstand mehrmals mitzählen, so daß die zuletzt erreichte Zahl nicht mit der wirklichen Menge übereinstimmt. Auch scheinen das Zählen und das Summieren zwei psychologisch unterscheidbare Tätigkeiten darzustellen, wobei die Fähigkeit des Zählens der Erkenntnis vorausgeht, daß die zuletzt gezählte Zahl die Summe der Gegenstände darstellt. So wird das Kind vielleicht fünf Gegenstände richtig zählen. Wenn man es jedoch fragt, wie viele es sind, immer noch antworten: „Zwei". Der Gebrauch standardisierter Maßeinheiten, z. B. Zentimeter oder Gramm, entwickelt sich erst im späten Kindergarten- oder im frühen Schulalter.

Einen weiteren besonderen Wortschatz bildet die *Metasprache,* die Sprache, die die Sprache selbst in Begriffen wie „Wort", „Satz", „Interpunktion", „Zeitform des Verbs" usw. beschreibt. Das metasprachliche Vokabular des Kleinkindes ist gewöhnlich auf die Bezeichnung „Wort" beschränkt, ein Stadium, das viele von uns nicht vor dem Schulalter überschreiten.

Ein weiteres Begriffssystem betrifft die Zeitauffassung. Es ist klar, daß die frühe Zeitorientierung des Babys viel weiter reicht, als seine Fähigkeit, darüber zu sprechen. Auch der Säugling entwickelt ein festes Gefühl für die sich immer wiederholenden Ereignisse in seinem Tagesablauf, und wenn er auch das Hereinbrechen der Nacht nicht voraussieht, ist er doch nicht überrascht, wenn sie tatsächlich kommt. Das Kleinkind kennt eine Anzahl zeitbezogener Wörter, z. B. „Tag", „Nacht", „zuerst" und „jetzt". Es zeigt Anzeichen für Gedächtnisspuren früherer Ereignisse, z.B. wenn die Erwähnung eines Namens eine Assoziation auslöst, z.B. „Baby krank. Armes Baby". Das Kind kann die nahe Zukunft vorwegnehmen, z.B. wenn man ihm gesagt hat, daß nach seinem Schläfchen die Großmutter besucht werden soll, und es beim Aufwachen ruft: „Jetzt Oma gehen". Im späten Kleinkindalter wird das Baby vielleicht Worte wie „gestern", „heute" und „morgen" gebrauchen, wird sie jedoch verwechseln und nicht wissen, in welcher Folge sie auftreten. Wahrscheinlich wird es sich auch auf ein einzelnes Wort, z.B. „heute" festlegen, um damit irgendeinen vergangenen oder zukünftigen Zeitpunkt zu bezeichnen. Es spricht dem Erwachsenen auch nach: „jetzt nicht", „bald" und „gleich", um eine Verzögerung anzuzeigen. Für den Erwachsenen ist das Kleinkind ein ärgerlicher Bummelant, da es den Druck der Zeit, der Zeitpläne und das Erfordernis, zu einer bestimmten Zeit an einem bestimmten Ort zu sein, einfach nicht begreift, so daß der Erwachsene viel Geduld aufbringen muß, um es vom Spiel wegzulocken und ihm seine Straßenkleidung anzuziehen. Auch während es angezogen wird, kann das Kleinkind eigensinnig darauf bestehen, einen Turm aus Klötzchen weiterzubauen oder ein Buch anzusehen. Ebenso kann natürlich auch der Erwachsene, der mit seinen Verpflichtungen und Angelegenheiten beschäftigt ist, dem Kleinkind als ein unangenehmer Quälgeist erscheinen. Das Kleinkind zeigt ein gewisses Verständnis für Gleichzeitigkeit, z.B. wenn der Erwachsene zu ihm sagt: „Geh spielen, während ich einen Brief schreibe.", und es kann synchron mit einem Erwachsenen spielen, wenn beide abwechselnd Klötzchen zu einem Turm zusammenfügen oder wenn das Kleinkind einem Erwachsenen Dinge zureicht, wenn dieser mit einer bestimmten Arbeit beschäftigt ist.

Wir haben bereits die Raumorientierung des Kleinkindes besprochen, seine Kenntnis vertrauter Plätze, z.B. seiner Wohnung, sein Wissen, wo Dinge aufbewahrt werden oder liegengelassen wurden, und seine Kenntnis oft gegangener Wege, z.B. des Weges zum Park, zum Arzt, zum Markt oder zum Haus der Großmutter. Wir möchten jedoch betonen, daß seine Kenntnis längerer Wege im Grunde passiv ist; es beobachtet sie, wenn es die Strecken zurücklegt, mit einem zuversichtlichen Gefühl, aber es kann nicht selbst den Weg zeigen. Wenn es sich beim Spazierengehen entschließt, um eine Anzahl von Büschen herumzugehen, so als ob es den Erwachsenen auf der anderen Seite wiederträfe, ist es verwirrt und erschreckt, sobald es den Erwachsenen aus dem Blick verliert. Sein räumliches Vokabular dehnt sich auf Wörter aus wie „auf" und „ab", „über" und „unter", „hinein" und „hinaus", „vorwärts" und „rückwärts", „neben", „in nächster Umgebung", „weit weg", „gegen" und „rundherum". Es ist sehr beeindruckt vom Bergauf- und Bergabfahren im Auto. Andererseits begreift es nicht spontan, daß ein

Spielzeugwagen ein schräg gestelltes Brett hinunterfährt und freut sich, wenn man es ihm zeigt. Aus Gründen, die wir nicht verstehen, fällt es dem Kleinkind schwer, die Bedeutung einer Ecke zu verstehen, ganz gleich, ob die Ecke eines Klötzchens oder eines Zimmers gemeint ist.

Das Kleinkind beginnt, ein besonderes Vokabular für Formen zu erlernen und kann gebräuchliche Formen, wie Kreuz, Dreieck, Rhombus, Halbmond (genannt Mond), Herz und Stern, erkennen und benennen. Man muß jedoch wissen, daß das Erkennen physiognomisch vor sich geht, d.h. das Kind weiß nicht, wie diese Figuren aufgebaut sind. Es weiß nicht, daß ein Dreieck drei Seiten und daß ein Stern fünf Spitzen hat. Es kann diese Formen nicht zeichnen und ist noch nicht imstande, ausgeschnittene Formen, mit Ausnahme der allereinfachsten, in ein Formbrett einzufügen. Es ist interessant, daß das Kleinkind scheinbar klare Formen wie ein Quadrat und einen Kreis relativ spät kennenlernt, wahrscheinlich weil es sie als konkrete Dinge, z.B. einen Ball oder ein Fenster, betrachtet und nicht als allgemeine Muster, die keinem speziellen Gegenstand entsprechen. Ein Kleinkind, das in einer Kultur mit Schriftsymbolen aufwächst, lernt sehr früh, Buchstaben und Zahlen als besondere Kategorien von Formen zu erkennen und offenbart es dadurch, daß es zeigt und fragt: „Was ist dieses A“ und „Was ist diese 1“. Dabei bedeutet „A“ zunächst alle Buchstaben und „1“ alle Zahlen.

Im Alter von zwei Jahren haben Mittelschichtbabys, die unter günstigen Lebensbedingungen aufwachsen, bereits die Namen der Grundfarben, einschließlich schwarz, weiß und grau, und in vielen Fällen auch besondere Farben, wie rosa, beige und aquamarin, gelernt. Die Namen der Farben stellen einen Bereich dar, der durch auffallende kulturelle und subkulturelle Unterschiede gekennzeichnet ist. Die sogenannten milieugeschädigten Kinder in unserer Gesellschaft können große Verzögerungen beim Erlernen der Farbe zeigen. Unser Hauptsystem der Verschlüsselung von Farben ist das Sonnenspektrum (wenn auch überraschend wenige Menschen dieses Ordnungsprinzip kennen), doch können sich in anderen Gesellschaften die Namen der Farben von denen der Wüste, des Gefieders von Vögeln usw. ableiten. Farben, die in unseren Augen außerordentlich ungleich erscheinen, können mit demselben Namen bezeichnet werden. Niemand hat bisher eine zufriedenstellende Antwort auf die Frage gefunden, ob alle Farben, die mit demselben Namen bezeichnet werden, auch als die gleichen wahrgenommen werden oder ob die Menschen sie unterschiedlich sehen, obwohl sie sie auf gleiche Weise benennen. Uns scheint die vielversprechendste Methode, dies herauszufinden, darin zu bestehen, eine emotionale Reaktion auf die Farbe zu konditionieren und dann festzustellen, ob die Reaktion nach den Ähnlichkeiten im Farbspektrum oder nach den Bezeichnungen oder möglicherweise nach beidem generalisiert wird.

Ein weiterer wesentlicher Erfahrungsbereich ist der der kausalen Beziehungen; die Frage, wie die Dinge funktionieren. Das Kleinkind lernt durch Erfahrung endlose pragmatische Aufeinanderfolgen: es kann Licht an- und abdrehen, Wasserhähne betätigen, das Radio, den Fernsehapparat und den Plattenspieler bedienen; es weiß, daß die Katze kratzt, wenn man sie am Schwanz zieht, es weiß, wie es seine Eltern hänseln kann, aber sein Vokabular von Ursache und Wirkung ist außerordentlich klein. Es kann zum Beispiel sagen: „Laß' das Auto fahren" oder „Bring es in Ordnung", aber es nimmt das Funktionieren der Dinge ohne Überraschung oder Neugierde hin, als sei es selbstverständlich und im Einklang mit der natürlichen Ordnung. Erst später, im Vorschulalter, beginnt es, sich Gedanken darüber zu machen, wie die Menschen in das Fernsehgerät hineinkommen oder wo sich die Musiker verstecken, die es in dem Plattenspieler spielen hört. Von dieser allgemeinen Gleichgültigkeit fällt uns nur eine Ausnahme ein: Zweijährige Jungen – aber nicht gleichaltrige Mädchen, wie D. Levens beobachtete – stehen von einem kleinen Schaukelstuhl auf, unter dessen Sitz eine Glocke befestigt wurde, und drehen den Stuhl um, um zu sehen, woher der Ton kommt. Es wäre natürlich vorstellbar, daß man Situationen herstellt, die den gelernten Erwartungen des Kindes zuwiderlaufen und so noch mehr von derartigen Neugierverhalten auslösen könnte. Bower (1964) und Charlesworth (1968) haben diese Vorgehensweise als normalen Lerntest vorgeschlagen, wobei die Überraschung oder Enttäuschung des Kindes als Erwartungsindex dienen sollte. Die Idee geht auf Tinklepaugh (1928) zurück, der bei Affen große Betroffenheit feststellte, wenn an einem Ort, an dem sie gewohnt waren, einen besonderen Leckerbissen zu finden, z. B. eine Banane oder Erdnüsse, statt dessen ein uninteressantes Salatblatt lag. Das Kleinkind hingegen kann zwar erschrecken, z. B., wenn ein Männchen aus einer Schachtel springt, macht sich jedoch über Ereignisse sonst keine Gedanken. Im späten Kleinkindalter fragt das Kind „warum"?, doch bezieht sich diese Frage – wenn es sich überhaupt um eine Frage und nicht nur um eine Aufrechterhaltung des Kontaktes mit dem Erwachsenen oder um ein Hänseln handelt – weniger darauf, wie die Dinge funktionieren, als auf Motive und Rechtfertigungen, also „aus welchem Grund" und nicht „auf welche Weise" oder „nach welcher Regel?".

Zu den zahlreichen anderen Bereichen der Sprache und der Erfahrung, von denen wir einige später besprechen werden, gehören: Entstehung und Geschichte der Menschen, Geburt, Tod, die Arbeitsweise des Körpers und die Krankheit; Körperempfindungen, wie Hunger, Durst, Müdigkeit, Schmerz, Körperausscheidung und Sinnesfreude; Männlichkeit und Weiblichkeit; Moral, Fragen von Recht und Unrecht, Gefühle, Sitten, Regeln und Vorgehensweisen, Familienbeziehungen, Autorität und Gehorsam sowie der ganze Bereich vorgestellter Ereignisse, in den das Kind im Vorschulalter normalerweise eintritt, wenn es Spiele spielt, die mit „Was wäre, wenn?“ eingeleitet werden: „Was wäre, wenn Vater stirbt und wir kein Geld hätten?“ „Was wäre, wenn du Flügel hättest und fliegen könntest?“ Die Liste von Fragen ist endlos und voll von möglichen Katastrophen.

Der geringste Teil des Spracherwerbs besteht also darin, daß das Kind die Sprache als solche lernt, beispielsweise die Worte oder den korrekten Satzbau. Vielmehr ist es so, daß gesprochen wird und das Kind zuhört – oder auch nur halb zuhört – und durch das Zuhören sprechen lernt. Da es jedoch die Sprache im praktischen Zusammenhang der sprachlichen Auseinandersetzung des Menschen mit der Welt erlernt, gewinnt es aus dem, was die Erwachsenen sagen oder andeuten, auch gleichzeitig einen Begriff davon, wie die Welt ist, wie die Dinge sein könnten, wie sie sein sollten und was man diesbezüglich machen oder nicht machen kann. Ebenso ist in der gesprochenen Sprache eine Unzahl von Andeutungen über das Kind selbst enthalten. Die gehörte Sprache lehrt es also, wie seine Kultur die Realität beurteilt und bewertet, und wird so zu einem wichtigen Instrument der kulturellen Überlieferung.

Wie gesagt, besteht die Sprache nicht nur aus Worten und Standardwortkombinationen und grammatikalischen und syntaktischen Regeln für ihren Gebrauch, sondern auch aus einem – gewöhnlich unausgesprochenen und teilweise die grammatikalischen Regeln überschneidenden – System logischer *Operationen,* durch die wir tatsächliche oder vorgestellte Sachverhalte darstellen (Church 1971). Die beiden vom Kleinkind zuerst durchgeführten Operationen sind Imperative und Benennungen oder *Denominationen,* die einfachste Art der Bezeichnung von Gegenständen („Baby“). Seine Zwei-Wort-Sätze sind *Aussagen,* durch die die Existenz einer Sache festgestellt und dann eine ihrer dauerhaften oder vergänglichen Eigenschaften angegeben wird („Baby weint“). Wir wissen auch, daß das Kleinkind die Operation des – zumindest elementaren – *Zählens* erwirbt, ebenso wie auch die der *Einordnung von Ereignissen in die Vergangenheit oder Zukunft,* wenn es auch die richtigen Zeitformen noch nicht beherrscht. Hier endet jedoch unsere Kenntnis über die Ausbildung von Operationen. Wir wissen lediglich, daß das Kind im Laufe der nächsten paar Jahre lernt, das Gezählte zu *summieren,* Dinge zu *beurteilen,* sie nach mehreren Dimensionen, z. B. Farbe und Größe, zu *vergleichen, Unterschiede zu erkennen,* zu *widersprechen,* zu *prahlen,* zu *reimen, Alliterationen zu bilden,* zu *hänseln, Witze zu machen,* zu *lügen, Unsinn zu reden, nachdrückliche Feststellungen zu machen* („Ich bin so!“), *Dinge vorzutäuschen, Konditionalbeziehungen* („Wenn es nicht regnet, machen wir ein Picknick!“) und schließlich auch doppelte und mehrfache

Konditionalbeziehungen festzustellen („Wenn es nicht regnet und Papi nicht arbeiten muß, und wenn wir rechtzeitig nach Hause kommen, dann ...!"), *Hypothesen aufzustellen, Worte zu definieren, Schlüsse zu ziehen,* („Sie ist ein großes Mädchen, (daher) muß sie zur Schule gehen."), *Analogien zu finden, Dinge zu beschreiben* usw. Auch die verschiedenen Fragen, die ein Kind stellen kann, können je nach den darin enthaltenen Operationen klassifiziert werden – die Fragen nach dem Wer, Was und Wo z.B. Die Aufgaben, die einem Kind beim Intelligenztest gestellt werden, z.B. die Feststellung, worin zwei Dinge – eine Apfelsine und eine Banane – sich gleichen, prüfen in vielen Fällen seine Fähigkeit, gut definierte Operationen durchzuführen.
Wir wollen hier einige allgemeine Regeln hervorheben, die bei der Behandlung des lebenswichtigen Themas der Sprachentwicklung oft außer acht gelassen werden. Erstens sind natürlich alle Wörter, die das Baby gebraucht, mit Ausnahme einiger Neologismen, gewissermaßen Nachahmungen solcher, die es gehört hat. Einfache Nachahmung reicht jedoch nicht aus, das Erlernen der Sprache zu erklären. Erstens sind wir gar nicht ohne weiteres imstande, die Nachahmung als solche zu erklären, die, wie wir gesehen haben, bereits sehr früh im Leben einsetzt: die Tatsache, daß ein äußerer Reiz in eine Reihe interner motorischer Akte umgewandelt wird und diese ihrerseits eine mehr oder weniger getreue Wiedergabe des Reizes bewirken. Zweitens kann die Nachahmung sehr verspätet erfolgen, so daß wir nicht wissen, wo ein Kind ursprünglich ein Wort gehört hat, wenn es es erstmals ausspricht. Die Nachahmung ist überdies selektiv und orientiert sich an der Bedeutung – das Kind ahmt das in einem bestimmten Zusammenhang passende Wort nach und gebraucht es meist richtig. Andererseits ist es auch wieder schwer zu sagen, was das Kind imitiert, wenn es eine unausgesprochene grammatikalische Regel anwendet. Sein Lernprozeß erfordert in vielen Fällen eine Umstellung des Gehörten: Der Erwachsene, der zum Kind spricht, gebraucht das Wort „Ich" in bezug auf sich selbst und das Wort „Du" in bezug auf das Kind, während das Kind lernen muß, diese Regel umzukehren. Im allgemeinen ist das Erlernen der Regeln und der Umstellung ein intelligentes Lernen und weit von einem einfachen Nachplappern entfernt. Wie bereits erwähnt, sind sogar die Fehler des Kindes meist intelligente Fehler – wie bei der Erfindung von Vergangenheitsformen. Wir müssen auch beachten, wie das Kind den Gebrauch der Sprache einübt. R. WEIR (1962) hat einen reizenden Bericht über die Selbstgespräche eines Zweijährigen vor dem Einschlafen geliefert, von denen viele wie ganz bewußte Abänderungen normaler Sprachformen klingen. Schließlich möchten wir wiederholen, daß das Erlernen der Sprache nicht auf äußere Motive zurückgeht – das Sprechen bedeutet nicht nur an sich eine Befriedigung, sondern das Erlernen der Sprache scheint größtenteils auch durch unbewußtes

Aufnehmen von Wörtern aus der Umgebung vor sich zu gehen. Wie Mowrer (1960) sagt, ist es vorstellbar und sogar wahrscheinlich, daß die Sprache, die manche Kinder hören müssen, so sehr mit unangenehmen Inhalten belastet ist – mit Tabus, Geschimpfe und Drohungen –, daß ihnen der Gedanke an ein Sprechen allein schon abstoßend vorkommen muß, aber diese negative Motivierung sagt wenig über den normalen Prozeß der Sprachentwicklung aus.

Gerade weil das Wort so große Macht über die Realität hat, wird so gern mit der Sprache gespielt. Wir wir gesehen haben, beginnt eine Art von Sprachspiel schon mit dem Lallen im Säuglingsalter. Auch der expressive Jargon des Kleinkindes ist zum Teil eine Art Spiel mit Worten. Das Kind sprudelt Unsinn heraus, zum Teil aus reiner Freude am Hören der Tonfolge, zum Teil aber auch als absichtliche Albernheit, als ob es die Absurdität des Gesagten erkenne: „Auto Aidi, Audi Laudi, Laudi Maudi, Maudi Raudi". Daß das Kleinkind den sprachlichen Humor des Erwachsenen versteht, ist weniger wahrscheinlich. Wenn der Erwachsene beispielsweise absichtlich den Wortlaut oder den Sinn einer Lieblingsgeschichte verändert, um das Kleinkind zu amüsieren, wird es wahrscheinlich mit heftigem Zorn reagieren. Erst wenn das Kind die relative Reife des Kindergartenalters erlangt hat, kann es sich im Gebrauch der Sprache ausreichend sicher fühlen, um in die nächste Phase einzutreten, in der Sinn und Unsinn absichtlich vermischt werden.

Beim Kleinkind wird auch das Spiel durch Sprechen begleitet und gegliedert, als Stimmungsäußerung, als Erzählung oder in Form von Befehlen an sich selbst und an die Spielsachen. Wenn das Spiel des Kindes vom Einzelspiel zum Gemeinschaftsspiel übergeht, spielt die Konversation dabei eine wachsende Rolle. Seine Scherze bestehen gewöhnlich aus heiteren Kommentaren zu Gegebenheiten oder Ungereimtheiten – „Hansi Hose aus!" – und sind noch nicht durch die Neckereien, Worthänseleien, absichtlichen Überraschungen und erfundenen Ungereimtheiten gekennzeichnet, die man beim Kindergartenkind antrifft. Unterläuft ihm etwas wirklich Komisches, z. B. wenn es die Überschuhe verkehrt anzieht, wiederholt es den Scherz mit passenden Ausdrücken gespielter Bestürzung so lange, bis es durch etwas Neues abgelenkt wird. Wie wir sehen, dringt die wachsende Sprachbeherrschung des Kleinkindes in alle seine Tätigkeiten ein, eröffnet ihm aber andererseits auch neue Tätigkeitsbereiche beim Lernen, Denken und bei sozialen Kontakten, die einen immer größeren Teil seines bisher noch in engen Grenzen verlaufenden Lebens einnehmen werden. Mittlerweile entfernt es sich von der Wortmusik des Säuglingsalters zu der immer noch egozentrischen Poesie der Kindergartenjahre und weiter zur mitteilsamen, aber oft leeren Prosa des Erwachsenengesprächs.

Forscher, die damit beschäftigt sind, die menschliche Natur zu erklären, haben sich in den letzten Jahren auf die Sprache als das hervorstechendste Merkmal des menschlichen Verhaltens konzentriert (Anm. 26). Skinner (1957) behauptet, die Sprache habe keinen speziellen Charakter und werde, wie jede andere Verhaltensweise, durch operantes Konditionieren erlernt. Skinner sieht den Prozeß als selektive Verstärkung von Tönen und Tonverbindungen an und vernachlässigt Satzkonstruktion und Bedeutung. Die Töne werden seiner Meinung nach entweder spontan, zufällig oder imitativ hervorgebracht. Skinner hat leider das zeitliche Primat der passiven Sprache übersehen, in der nichts geschieht, was verstärkt werden könnte, die schöpferischen Funktionen der Sprache (wie im Witz, in der Poesie und der Philosophie), sowie auch den Umstand, daß der Spracherwerb durch Verstärkung der gesprochenen Töne ein höchst mühsamer Prozeß mit wenig Ähnlichkeit mit dem tatsächlichen Vorgang, bei dem Wörter und grammatikalische Regeln vom Kind aus der gehörten Sprache einfach aufgenommen werden.

Chomsky (1968) hingegen nimmt den radikalen Standpunkt ein, das Lernen spiele bei der Aneignung der Sprache eine untergeordnete Rolle. Das Kind besitze von Geburt an ein Spracherwerbssystem, „*LAD*" nach „*language acquisition device*", ausgestattet mit mehreren Sätzen grammatikalischer Regeln, die alle Spielarten einer vermuteten, allen Sprachen gemeinsamen universellen Grammatik darstellen. Die vom Kind gehörte Sprache aktiviert jenen Satz von Regeln, die zum Gehörten paßt, und das Kind beginnt, in seiner Muttersprache zu sprechen. Chomskys Standpunkt enthält einige Probleme, daher werden einige zusätzliche Begriffe eingeführt. Zwar gibt es in allen Sprachen Bezeichnungen für Zeit und Raum (obwohl diese in manchen Sprachen einem gemeinsamen Bereich zugeordnet werden), für Ursachen und Motive, wirkende Kräfte, Handlungen, Gegenstände und die Eigenschaften der Dinge und Handlungen, doch ist damit keineswegs gesagt, daß es auch eine universelle Grammatik gibt. Da jeder, der jemals eine Fremdsprache gelernt hat, weiß, daß die Grammatiken verschiedener Sprachen weit voneinander abweichen, flüchtet sich Chomsky in einen Gegensatz zwischen *Oberflächenstrukturen,* die bei allen Sprachen unterschiedlich sind, und einer *Tiefenstruktur,* die allen gemeinsam sei. Da die Tiefenstruktur jedoch nicht manifest wird, bleibt sie ein hypothetischer Begriff, der einfach als gegeben hingenommen werden muß. Im Prinzip wäre es vielleicht möglich, die Grammatik einiger Sprachen zu analysieren, um zu zeigen, daß alle sich aus einem gemeinsamen Satz von Regeln ableiten lassen, doch ist dies nicht geschehen. Chomsky und seine Anhänger haben bisher noch nicht einmal eine zufriedenstellende

Beschreibung der englischen Grammatik geliefert, nicht zu reden von den unzähligen Dialekten dieser Sprache. Zusätzlich komplizierend wirkt, daß es keine einfache Entsprechung zwischen den grammatikalischen und den psychologischen Kategorien gibt. Sobald man von der Semantik, der Bedeutung von Sprache, spricht, sieht man, daß die Grammatik bei weitem nicht die ganze Sprache ausmacht. Eine weitere Unterscheidung wird durch den Umstand erforderlich, daß die Kinder auch nach Wirksamwerden des LAD ihren Heimatdialekt so unvollkommen sprechen. Hieraus ergibt sich der CHOMSKYsche Konstrast zwischen der *Ausübung,* dem tatsächlichen kindlichen Sprechen, und der *Kompetenz,* nämlich dessen, was es unter geeigneten Umständen zu sagen imstande wäre. Die Kompetenz ist wiederum ein hypothetischer, nicht direkt beobachtbarer Begriff. Es wurde der Versuch gemacht, sie der rezeptiven Sprache gleichzusetzen, doch die Unfähigkeit des Kindes, eine Vielzahl von Konstruktionen zu verstehen (z. B. die Passivform – „Die Kuh wurde vom Pferd getreten", statt „das Pferd trat die Kuh"), stellt eine Theorie, nach welcher alles vorhanden ist und im richtigen Moment erscheint, sehr in Frage. CHOMSKY hat die hinsichtlich des Sprachgebrauchs zwischen einzelnen Menschen und Gruppen bestehenden Unterschiede bagatellisiert, vielleicht weil er keine andere Erklärung für sie gewußt hätte, außer sie seien biologisch bedingt.

In Wirklichkeit sprechen Kinder jedoch zunächst genau wir ihre Eltern. Wenn sie anfangen, mit anderen Kulturen zu verkehren, beginnen sie, deren Sprache zu sprechen. Wenn sie älter und weiteren sprachlichen Einflüssen ausgesetzt werden – durch Bücher, Schauspieler und Schauspielerinnen, Lehrer, in der Öffentlichkeit stehende Persönlichkeiten – ändern sie ihre Sprache noch weiter. Wie wir noch sehen werden, beschränkt sich das Lernen der Sprache nicht auf das Alter zwischen einem und drei Jahren (LENNEBERG 1968), sondern setzt sich ein ganzes Leben lang fort. Wir können zwar selbst keine Theorie dafür anbieten, wie das Kind die Sprache erlernt, würden es aber dennoch begrüßen, wenn die Theoretiker den Verlauf dieses verwirrenden Prozesses aus der Nähe beobachten würden. Insgesamt halten wir das Gebiet der Psycholinguistik für eine „Promenadenmischung", die weder der Psychologie zuzuordnen ist, die sich auf das Verhalten des Individuums bezieht, noch der Linguistik, die den Aufbau der einzelnen Dialekte in allen ihren Dimensionen, ohne Rücksicht auf den einzelnen Sprecher und seine Idiosynkrasien, aufzuzeichnen versucht.

Die Existenz universeller sprachlicher Merkmale soll dennoch nicht bestritten werden. Diese gemeinsamen Merkmale liegen jedoch auf einer viel allgemeineren Ebene als die Besonderheiten der Grammatik. Alle Babys lallen, die Fähigkeit, eine Sprache zu lernen, ist dem Menschen arteigen, die gesprochene Sprache ist allen Gesellschaften gemeinsam (wenn auch manche zusätzliche Signalsysteme, wie Pfeifen oder Trommeln, besitzen). Das Baby horcht auf die menschliche Stimme mit besonderer Aufmerksamkeit, es bemüht sich in einem sehr frühen Alter, zu „antworten“, und beginnt mit einem Minimum an Erfahrung, seine eigene Sprache hervorzubringen. Alle Sprachen sind Träger von Ideen, Gedanken und drücken Gefühle aus. Alle Sprachen enthalten, wie gesagt, einige wichtige Untersysteme. Gleichzeitig aber repräsentieren sie sehr unterschiedliche Begriffsbildungen über Zeit und Raum, Kausalität usw.

Aussichtsreicher erscheinen uns die anthropologisch ausgerichteten Erklärungen über den Erwerb der Sprache, die mit der Entwicklung der Kommunikation und des Denkens beginnen (Church 1966, Hymes 1968), wie in der Untersuchung über die Entstehung logischer Operationen. Hierbei sind die grammatikalischen Mechanismen für die Beantwortung der Frage von Interesse, wie sie semantischen Zielen höherer Ordnung dienen. Mit anderen Worten, man beginnt damit, was jemand sagt, und überlegt dann, wie er es anstellt, diese Aussage zu machen.

Spiele und Beschäftigungen des Kleinkindes

Der Tag des Kleinkindes ist zum großen Teil mit üblichen Tagesbeschäftigungen, wie Essen, Schlafen, Baden und Trockenlegen, An- und Ausziehen, ausgefüllt. Trotzdem bleiben ihm täglich noch einige Stundenfür andere Tätigkeiten, die wir im allgemeinen *Spiel* nennen. Die Erarbeitung des Lebensunterhaltes und andere nützliche Tätigkeiten des Erwachsenen betrachten wir als ernste Arbeit, die Tätigkeiten des Kindes jedoch als unnützes Spiel. Diese Unterscheidung stammt zum Teil noch aus der Zeit, als schwere manuelle Arbeit oder Plackerei erforderlich waren, um das nackte Leben zu erhalten. Zum anderen Teil ist sie ein Überbleibsel aus der puritanischen Ethik, wonach der Mensch seine angeborene Sündhaftigkeit durch Arbeit überwinden mußte und das Spiel als ein Flirt mit dem Teufel angesehen wurde. In dieser Vorstellung wird übersehen, daß in vielen Gesellschaften, und in zunehmendem Maße auch in unserer eigenen, zwischen Arbeit und Spiel keine scharfe Grenze gezogen wird, so daß wir notwendige Arbeiten gut gelaunt verrichten und sie mit anderen an sich unterhaltsamen Tätigkeiten vermischen können. Die Mechanisierung und Automation haben uns von vielen eintönigen Verrichtungen befreit und uns viel Freiheit verschafft. Durch die Erziehung haben wir uns sowohl hinsichtlich der Wahl unseres Berufs als auch in bezug auf eine vorteilhafte Gestaltung unserer Freizeit größere Möglichkeiten erschlossen. Andererseits ist auch das Spiel des Babys nicht ausschließlich unnütze Tätigkeit. Es arbeitet schwer daran, sich neue Fähigkeiten zu erwerben und sie zu vervollkommnen, und auch jene Spiele, die dem Erwachsenen nutzlos erscheinen, tragen zu seinem wachsenden Bewußtsein von sich selbst und der Welt bei. Das Baby ist allerdings nicht leistungsorientiert. Es sucht nicht nach einem zukünftigen Nutzen aus seinem gegenwärtigen Spiel. Es hat auch nicht den Wunsch, sich durch monumentale Produkte zu bestätigen, wenn es versucht, eine Aufgabe zu bewältigen. Das Kleinkind – und auch das ältere Kind – kann ein begonnenes Vorhaben plötzlich abbrechen – es kann die Puppe, die es zu Bett legen wollte, plötzlich weglegen, den Farbstift, mit dem es gekritzelt hat, fallen lassen – was bei Erwachsenen zu Enttäuschungen führen würde. Für das Kleinkind aber ist die Tätigkeit Selbstzweck und nicht auf die Fertigstellung einer Aufgabe gerichtet.

Wie wir schon gesagt haben, betätigt das Kleinkind lieber große Muskelgruppen als feine, es beschäftigt sich lieber mit großen Dingen als mit kleinen und möchte lieber seinen ganzen Körper durch die Wege und über die Hindernisse seines Aktionsraumes sausen lassen, als sich mit einer feinfühligen Handhabung komplizierter Spielsachen zu beschäftigen. Im Park oder auf dem Spielplatz des Kindergartens ist es begeistert, wenn es die Federn eines Sprungbretts unter den Füßen hat (klammert sich aber dabei an den Finger eines Erwachsenen), die schwingende Bewegung der Schaukel spürt (aber nicht zu hoch), das Gerüttel eines Wagens erlebt, in dem es sitzt, und schwere, unhandliche Gegenstände hebt, schleppt und schiebt. Es hämmert mit Freude und schlägt unermüdlich auf ein Formbrett. Es trabt umher und schiebt oder zieht ein fahrendes Spielzeug. Es ergötzt sich am Plantschen mit Wasser, erforscht Tunnel, versucht sich – mit größter Vorsicht beim Abstieg – auf Rampen und Stegen, es lernt, auf einem Dreirad zu fahren und sich ein oder zwei Sprossen auf einem Klettergerüst hochzuziehen. Es gräbt in der Sandkiste, läuft ziellos umher, starrt mit weiten Augen auf spielende Kinder, wobei es sich oft betont im gleichen Rhythmus bewegt, läuft einem rollenden Ball nach, schließt offene oder angelehnte Türen und öffnet geschlossene, sobald es groß genug ist, die Klinke zu erreichen. Es quetscht sich in enge Spalten, steigt auf große Hohlklötze und wieder herunter, und drängt sich mit seinen Freunden um jede neue Beschäftigung.

Aber dies ist nur die eine Seite. Das Kleinkind hat auch seine ruhigen Augenblicke, wenn es in die Hocke geht und das Krabbeln eines Käfers oder einer Ameise verfolgt, Schnee befühlt oder seinen Geschmack ausprobiert oder Musik hört (wenn es auch beim Zuhören meist springt) oder wenn es kritzelt (Zeichenstifte gibt man ihm am besten nur dann, wenn ein Erwachsener Zeit hat, aufzupassen, sonst dehnt es seine Versuche wahrscheinlich auf Fußboden und Wände und Einrichtungsgegenstände aus), wenn es Bilderbücher ansieht oder lange Minuten mit der Untersuchung und Erforschung neuer Gegenstände verbringt oder mit Wohlbehagen sein Essen zu sich nimmt. Im Alter von zwei Jahren sitzt das Kleinkind oft eine Zeitlang still und gebannt vor dem Fernseher, oder kommt aus dem Nebenzimmer, um eine Lieblingssendung zu sehen. Daß das Kleinkind von gewissen Tönen und Bildern gefesselt wird, unterliegt keinem Zweifel – es lernt schon im frühen Alter Reime auswendig –, inwieweit es aber Fernsehprogramme versteht, ist eine offene Frage. Wir haben sogar von einem zweijährigen Kind gehört, dem das Fernsehen als Beruhigungsmittel diente, und das sich, wenn es müde wurde, auf die Couch setzte, den Daumen in den Mund steckte und das leere und stumme Fernsehgerät anstarrte.

Vom Kleinkind wird behauptet, es „gehe an alles ran“, und ein Teil seines Tages ist durch Ausräumen von Spielzeugkisten, Kleider- und Geschirrschränken ausgefüllt, manchmal um mit dem Inhalt zu spielen – beispielsweise behängt es sich gelegentlich mit den verschiedensten Kleidungsstücken und stolziert damit im Haus umher oder bewundert sich im Spiegel. Ebensooft aber erfolgt das Ausräumen aus reinem Vergnügen an jedem einzelnen Schritt, an allem Neuen und an allem Bekannten. Im Alter von einem Jahr bis fast zum Schulalter müssen sich einigermaßen nachsichtige Eltern mit täglichen Aufräumungsarbeiten abfinden, wobei die ganze Welt in winzige Stücke zerlegt zu sein scheint, die aufgesammelt, wieder herbeigeholt, aussortiert, neu zu-

John Fay

99

Abb. 99–103 Kleinkinder erforschen die Eigenschaften und Spielmöglichkeiten ihrer Umgebung

sammengesetzt, gereinigt und weggelegt werden müssen. Das Kind wird vielleicht dabei helfen, aber sein Beitrag wird wahrscheinlich unberechenbar und keine wirkliche Hilfe sein. Sobald der Erwachsene nicht aufpaßt, wird das Kind die Sachen rascher heraus- und auseinandernehmen, als der Erwachsene sie wegräumen kann. Das Kleinkind spielt mit Puppen, fährt sie im Puppenwagen umher, füttert, liebkost und ermahnt sie, putzt ihnen die Nase, legt sie zu Bett usw. Wir wollen betonen, daß das Spiel mit Puppen und Stofftieren und das abendliche Ins-Bett-Nehmen eines oder mehrerer solcher Dinge zum normalen Spiel der männlichen sowohl als auch der weiblichen Kleinkinder gehört. Viele Eltern, Tanten, Onkel, Großeltern und Nachbarn sind entsetzt, wenn sie einen kleinen Jungen mit Puppen spielen sehen, als wäre dadurch seine Männlichkeit in Frage gestellt. Soweit uns bekannt ist, besteht eine solche Gefahr nicht. Es scheint im Gegenteil außerordent-

100

Annan Photo Features

101 John Fay

lich wichtig, den Jungen Zugang zu den sozialen Themen des Rollenspiels mit Puppen zu verschaffen (über das wir gleich noch mehr sagen werden) und dadurch die Entwicklung von Gefühlen der Zärtlichkeit, Fürsorgebereitschaft und Hilfsbereitschaft zu fördern.

Im Spiel des Kleinkindes mit Puppen sehen wir einen der Anfänge des *Rollenspiels,* der Nachahmung und des Nachspielens alltäglicher Szenen und Ereignisse, wobei das Kind die Rollen nachspielt, die es an den sozialen Modellen in seiner Umgebung beobachtet. Das erste Rollenspiel des Kleinkindes ist meist episodisch, es beschränkt sich auf einfache, nicht weiter verarbeitete Themen des häuslichen Lebens: Telephonieren, Öffnen der Tür, das Baby in den Schlaf wiegen, Rasieren (sowohl kleine Mädchen als auch kleine Jungen ahmen das Entfernen des Barthaares nach), Autofahren, Teetrinken, Rauchen (manches achtzehn Monate altes Baby wurde mit einer tief in den Mund gesteckten Zigarette, Pfeife oder Zigarre erwischt, wobei es tapfer versuchte, ein Streichholz anzuzünden), oder die Autoreparatur. Das Kind läuft auch seiner Mutter durch das Haus nach, wobei es entweder seine eigenen Spiele spielt, ihre Tätigkeiten nachmacht oder vielleicht sogar eingreifen und ihr nach Möglichkeit bei ihrer Arbeit helfen will. In manchen Gesellschaften wird allerdings von den Kindern erwartet, daß sie sich an den Familienpflichten wirklich beteiligen und sie nicht nur nachspielen.

Während der nächsten Jahre wird das Kind diese einfachen Themen in immer kompliziertere, längere Dramen einbauen. Das Nachspielen

102

Ruth Orkin

sagt uns viel über die Dinge, die für das Kind in seiner Welt besonders wichtig oder auffallend sind und über die affektive Bedeutung, die es ihnen beimißt. Gewöhnliche, immer wiederkehrende, einfache und (zumindest in ihren Äußerlichkeiten) leicht verständliche häusliche Vorkommnisse, die ihm einen ersten Eindruck von dem Verhalten der Erwachsenen geben, spielen eine hervorragende Rolle, wobei die Tätigkeiten der Mutter vor denen des Vaters den Vorzug haben. Die späteren Rollenspiele des Kindes reichen immer weiter: bis zur Tankstelle, dem Markt, zu Bauprojekten, dem Bahnhof und Flughafen, der Meeresküste, dem Zirkus und – noch später – zu den Unternehmungen der Cowboys und Indianer, der Polizisten und Räuber, der Raumfahrer und – letztlich – zu Märchen und erdichteten Schauspielen.

Was wir bisher über die Spiele im Säuglings- und Kleinkindalter gesagt haben, macht eine zweifache Entwicklungsklassifizierung des Spiels notwendig. Die erste Klassifikation betrifft den *Spielinhalt,* also das, was das Kind tut. Hinsichtlich des Spielinhalts unterscheiden wir: *soziale Interaktionsspiele, Spiele mit Sinneseindrücken, Funktionsspiele, Rollenspiele* und *Regel- und Wettbewerbsspiele.* Die zweite Klassifikation bezieht sich auf den *Sozialcharakter des Spiels,* d.h. mit wem das Kind spielt und wie die soziale Beziehung aussieht. Hierbei benutzen wir folgende Kategorien: *Spiel mit Erwachsenen, Einzelspiel, Parallelspiel, Gemeinschaftsspiel* und *Gruppenspiel.* Wir wollen nun beide Klassifikationen im einzelnen untersuchen.

103

Vivienne

Der Spielinhalt

Soweit uns bekannt ist, beginnt die Entwicklung des Spiels mit den *sozialen Interaktionsspielen,* bei denen das Kind Freude am Umgang mit sozialen Beziehungen und Gefühlen empfindet. Diese Spiele beginnen, wenn der Erwachsene dem Baby vorsingt, es kitzelt, seine Hände und Füße massiert, seinen Bauch beschnüffelt und allgemein versucht, angenehme Gefühlsreaktionen beim Baby hervorzurufen. Hierbei gibt es allerdings kulturelle Unterschiede. CAUDILL u. WEINSTEIN (1966) berichten, daß diese Anregung bei amerikanischen Familien normal ist, während Japaner die Kinder typischerweise nur beruhigen, aber nicht reizen. Das Baby seinerseits lernt, die Gefühle der Eltern spielerisch zu wecken, indem es sie anlächelt, ihre Aufmerksamkeit erregt, ein bestimmtes Spiel einleitet, sein Können vorführt, sich verstellt, als könne es nicht hören, wenn es gerufen wird, Unwohlsein vortäuscht, um getröstet zu werden (genau wie Erwachsene, die dem Baby Verletztsein vorgaukeln, um von ihm getröstet zu werden), und durch Neckereien. Soziale Interaktionsspiele bedeuten, daß man in der Gemeinschaft mit anderen Menschen eine allgemeine Befriedigung findet, aber sie bedeuten auch, daß es viel weniger vergnüglich ist, wenn man den Zorn des anderen weckt. Und da man Neckereien auch bei anderen Primaten, Hunden und anderen Säugetieren findet, mag dieses Verhalten unter sozial lebenden Tieren eine biologische Notwendigkeit darstellen.

Bereits früh im Leben erfreut sich das Baby an nicht-sozialer Reizung und Anregung, die bei ihm so etwas wie erste ästhetische Erfahrungen auslöst. Dieses Vergnügen nennen wir *Spiel mit Sinneseindrücken*. Ebenso wie soziale Interaktionsspiele hat dieses seinen Ursprung außerhalb des kindlichen Körpers in den Mustern von Licht, Farbe, Bewegung, Tönen und Rhythmen, Geschmack und Geruch und den Oberflächen und Härtegraden der Gegenstände, die die Aufmerksamkeit des Kindes erregen und ihm Vergnügen bereiten. Später, bei der Erforschung der Eigenschaften von Gegenständen und seines eigenen Körpers, führt das Baby seine sinnlichen und ästhetischen Erlebnisse selbst herbei. Sein Spiel mit Materialien – Wasser, Sand, Schlamm, Nahrungsmitteln usw. – ist als Spiel mit Sinneseindrücken anzusehen, ebenso wie Masturbation, Schwingen, Springen, Schaukeln, Kritzeln, Summen, Anhören von Musik und Riechen an Blumen und anderen aromatischen Dingen. Wir können annehmen, daß die Freude des Kleinkindes am Fernsehen größtenteils ein Spiel mit Sinneseindrücken darstellt, eher in der Art, wie es das Herumwirbeln der Wäsche im Wäschetrockner beobachtet als das Verfolgen einer Handlung. Alle hier besprochenen Formen des Spiels können kombiniert werden – wenn das Kind z. B. auf dem Schoß sitzt, scheint dies eine Verschmelzung des Interaktionsspiels und Spiels mit Sinneseindrücken zu sein.

Sobald das Baby begonnen hat, zu greifen und mit Gegenständen zu hantieren, können wir den Anfang der *Funktionsspiele* beobachten, die aus dem ständigen Üben neu erworbener Fähigkeiten bestehen. Das Kind läßt eine Puppe tanzen, indem es nach ihr schlägt, es entfernt den Schnuller von der Flasche und setzt ihn wieder auf, es läßt Dinge von seinem Eßtisch fallen, es läuft, es trägt Sachen, es stellt Klötzchen aufeinander usw. mit seinem gesamten Schatz an Fähigkeiten. Offensichtlich sind am Funktionsspiel oft spielerische Sinneseindrücke beteiligt, aber es gibt eine große Zahl von Fällen, in denen die Übung einer neu erworbenen Fertigkeit den alleinigen Zweck darstellt. Manchmal erfolgt ein solches Üben mit grimmiger Entschlossenheit, z. B. wenn ein siebenjähriges Kind am Ende des Tages bedeckt mit Schürfwunden, blauen Flecken, Quetschungen und tränenverschmiertem Gesicht triumphierend nach Hause kommt, weil es endlich Radfahren gelernt hat. Dies soll nicht heißen, daß das Kind einen Nutzen darin sieht, eine Fertigkeit zu erlernen oder auch nur, daß es durch den Wunsch nach mehr Kompetenz motiviert wird. Es scheint vielmehr durch das Erlebnis „Jetzt-klappt-es-beinahe“ angetrieben zu werden, das alle Altersgruppen fasziniert (vgl. Anm. 25).

Das *Rollenspiel* haben wir bereits als eine der Entwicklungen des Kleinkindalters beschrieben und müssen lediglich noch hinzufügen, daß es sich hier um einen wesentlichen Faktor beim Identifikationsprozeß des

Kindes handelt, dem Erkennen der eigenen Person als Mitglied einer Familie und einer Gesellschaft. Was den Spielinhalt betrifft, so erlernt das Kind nach dem Kleinkindalter die *Regelspiele*. Anfänglich sind dies rituelle, in sich abgeschlossene Spiele wie „Ringel-Ringel-Reihen" oder „Mein-rechter-rechter-Platz-ist-frei", in denen es noch nicht um Punkte geht, und gelegentlich *Wettbewerbsspiele* von Brettspielen bis Fußball. Auch hier bestehen kulturelle Unterschiede. In Westeuropa kann das Gewinnen eines Fußballspiels Leben oder Tod bedeuten, während ein freundschaftliches Skat- oder Monopolispiel zu Hause sich endlos fortsetzt, weil niemand verlieren darf.

104

Melvin Konner

Abb. 104–105 Frühes Rollenspiel. Das afrikanische Kind macht Feuer, eine Tätigkeit, die es schon oft beobachtet hat. Das amerikanische Kind verbindet das Geschirrspülen mit einem Spiel mit Sinneseindrücken

105

Nancy Rudolph

Selbstverständlich setzen sich alle Arten des Spiels bis ins Erwachsenenalter fort. Soziale Interaktionsspiele finden wir im Scherz, im Hänseln, im Spielen von Streichen, im Flirt und im Liebesspiel. Dem Spiel mit Sinneseindrücken entsprechen beim Erwachsenen das ästhetische Erlebnis, die Freude an der bildenden Kunst oder Musik, am Tanzen, an Schauspielen, an der Betrachtung von Naturschönheiten, z.B. eines Sonnenunterganges, einer Aussicht, der Wellenbrecher am Strand oder an der Betrachtung der Flammen eines Kaminfeuers. Die Erwachsenenversion des Funktionsspiels besteht im Turnen, im Üben von Tennisschlägen oder dem Auswerfen der Angel, im geschickten Lenken des Autos durch den Verkehr oder was sonst noch zur Verbesserung der eigenen Leistungen getan wird. Das Rollenspiel ist beim Amateur- und Berufstheater am auffälligsten, zeigt sich jedoch auf subtile Art auch in der Ausübung von Haushalts-, Geschäfts- oder Gesellschaftsrollen. Gesellschaftsspiele nehmen natürlich in allen uns bekannten Gesellschaften in der Erwachsenenwelt eine wichtige Stellung ein, während wir bei den Regelspielen den Eindruck haben, daß Frauen von diesen oft ausgeschlossen werden.

Der Sozialcharakter des Spiels

Die zweite wichtige Leitlinie in der Entwicklung des Spiels ist seine soziale Dimension. Die ersten Spiele des Babys gehen fast immer unter Mitwirkung eines Erwachsenen vor sich, und die Erwachsenen bleiben noch mehrere Jahre lang wichtige Spielkameraden. Das Kleinkind möchte den Erwachsenen vielfach nur zur Gesellschaft bei sich haben und nicht unbedingt immer zum Zwecke des Zusammenspiels. Das Baby lernt in zunehmendem Maße allein oder unabhängig von anderen zu spielen, wobei jedoch jemand in der Nähe sein muß. Spielt das Kleinkind allein in einem Zimmer, so läßt es die Tür offen und trabt von Zeit zu Zeit in den Raum des Erwachsenen, wobei es oft dessen Knie innig umarmt und erst danach zurückgeht und allein weiterspielt.

Anfänglich findet kein Spiel mit Gleichaltrigen statt. Babys betrachten Gleichaltrige mit Neugierde, untersuchen sie sorgfältig unter großem Aufwand von Puffen, Kneifen, Streicheln und Ziehen. Das andere Baby verhält sich ähnlich, ohne daß sie jedoch ihre gegenseitige Verwandt-

Nancy Rudolph

Abb. 106 Babys betasten und befühlen sich, ohne offensichtlich ihre Ähnlichkeit zu erkennen

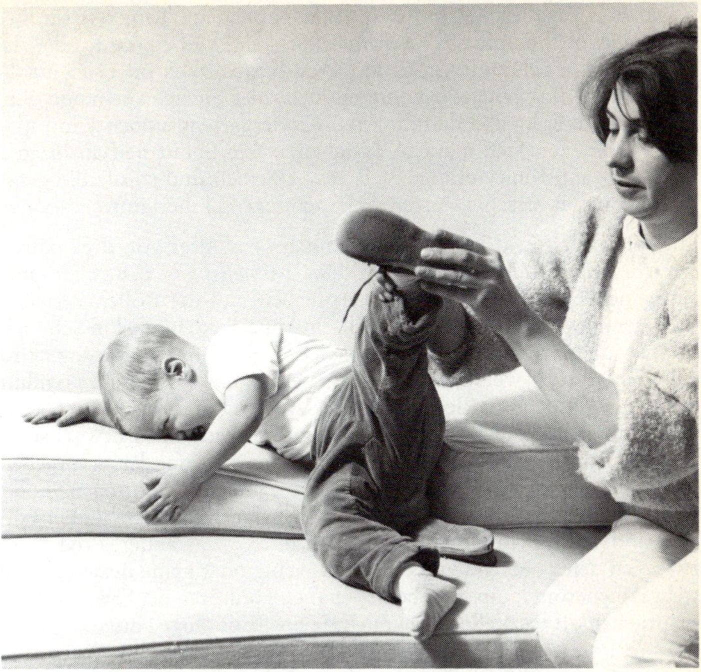

Lew Merrim, Monkmeyer

Abb. 107 Der Trotz des Kleinkindes

schaft erkennen. Im frühen Kleinkindalter gehen die Babys vorsichtig umeinander herum, strecken manchmal prüfend die Hand aus, aber sie nehmen doch keinen sozialen Kontakt zueinander auf. Erst im späteren Kleinkindalter zeigt sich manchmal eine allgemeine Zuneigung für alle kleinen Kinder, und das Kind umarmt und küßt fremde Kinder auf der Straße oder im Laden, als ob ihm endlich ihre Verbundenheit bewußt geworden wäre. L. J. Stone hält es nach seinen Beobachtungen für möglich, daß eine derartige Erkenntnis unter den besonderen Umständen des Lebens im Kibbuz beschleunigt wird. Ungefähr um dieselbe Zeit (im Alter von zwei bis zweieinhalb Jahren) geht das Kind vom Einzelspiel zum sogenannten *Parallelspiel* über, wobei zwei oder mehrere Kinder nebeneinander spielen, sich offenbar an ihrer gegenseitigen Gesellschaft freuen, aber ohne richtigen Kontakt, es sei denn, es findet ein erbittertes, stilles Tauziehen um ein begehrtes Spielzeug statt.

Nach dem Parallelspiel, bei dem jedes Kind seine Tätigkeit für sich allein ausübt, kommt das *Gemeinschaftsspiel,* wobei alle Kinder das Gleiche tun – Telefonieren, Kochen, Sandkastenspiele oder sich um die Rutschbahn drängen, jedoch immer noch jedes für sich allein und ohne jeglichen Kontakt. Bei den jüngsten Kindergartengruppen kann man beobachten, wie sich manche Tätigkeiten wie Epidemien ausbreiten, z.B. wenn ein Kind anfängt, sich zu verkleiden und sofort die ganze Gruppe in den verschiedensten Aufmachungen umherläuft.

Im Vorschulalter, d.h. gewöhnlich nach dem Alter von drei Jahren, erreichen die Kinder das Stadium des *Gruppenspiels,* d.h. sie können ein gemeinsames Unternehmen besprechen und die Rollen verteilen, z.B. wenn zwei Kinder sich abwechselnd auf der Schaukel in Schwung bringen oder wenn beim Familienspiel einer Gruppe bestimmt wird, wer die Mutter, wer das Baby usw. sein soll. Wie bereits erwähnt, finden es Kinder im Kleinkind- und Vorschulalter schwierig, direkt miteinander zu sprechen, und bedienen sich gern eines Erwachsenen als Vermittler. Wenn sie tatsächlich anfangen, miteinander zu sprechen, so tun sie dies in Form der von PIAGET so genannten *dualistischen* oder *kollektiven Monologe.*Die Kinder sprechen der Reihe nach, wobei jedes dem anderen scheinbar zuhört, jedoch über etwas anderes redet und zwischen den Themen jedes einzelnen wenig oder keine Beziehung besteht. Wiederum kann man beim genauen Hinhören bei Erwachsenengesprächen oft feststellen, daß auch sie nur Monologe halten.

Autonomie und Selbstbewußtsein

Autonomie

Nach ERIKSONS Schema der Grundkonflikte der psychosozialen Entwicklung besteht, wie bereits gesagt, beim Kleinkind die Krise zwischen *Autonomie,* dem Wunsch – und bis zu einem gewissen Grad der Fähigkeit – unabhängig zu sein und *Scham und Zweifel,* d.h. Gefühlen der Wertlosigkeit und Unfähigkeit. Aus seinen Erfahrungen mit Menschen und Dingen gewinnt das Kleinkind ein zunehmend verfeinertes Bewußtsein seiner selbst als eigenständiger Person mit eigenen drängenden Bedürfnissen, Empfindsamkeit und Fähigkeiten. Sowie ihm seine neuen Kenntnisse bewußt werden, will es sie allein und ohne Mithilfe, Behinderung oder Zwang von seiten anderer ausüben. Objektiv gesehen, wissen wir, daß das Kleinkind gewisse Fähigkeiten und gewisse Grenzen hat. Das Kleinkind selbst ist jedoch ein Extremist: Es scheint ein Gefühl der Allmacht zu verspüren, das aber in überwältigenden

Situationen oder manchmal auch ohne ersichtlichen Grund zusammenbricht und Gefühlen der Verzweiflung und Ohnmacht Platz macht. Ebenso wie das Kleinkind seine Autonomie heftig behauptet, kann es plötzlich den Wunsch haben, sich helfen, tragen, als Baby behandeln, hätscheln und beschützen zu lassen.

Die auffälligste Erscheinungsform der wachsenden Autonomie des Kleinkindes ist wohl sein gelegentlich auftretender *Trotz*, der sich durch Neinsagen (die meisten Kleinkinder lernen „nein" sagen, lange bevor sie „ja" sagen können), Steif- oder Schlaffmachen des ganzen Körpers, Weglaufen, Treten, Beißen, Kratzen oder Wutanfälle äußert. Es scheint die Regel zu sein, daß starke erregte Reaktionen der Eltern den Trotz verstärken und die Wahrscheinlichkeit weiterer Trotzanfälle erhöhen. Meist arbeitet das Kleinkind mit dem Erwachsenen fröhlich, automatisch und gleichgültig zusammen, doch kann inmitten solcher Einigkeit plötzlich ein Trotzausbruch hervorbrechen. Manchmal, wenn der Erwachsene etwas tut, was das Kind lieber selbst versuchen möchte (was sich durch den Schrei: „Ich!" anzeigt), ist der Trotz wohl echt, aber von kurzer Dauer. Sobald das Kind entweder selbst gehandelt oder festgestellt hat, daß die Handlung tatsächlich über seine Fähigkeiten hinausgeht, normalisieren sich die Beziehungen. Manchmal kommt es aber doch zu einem richtigen Zusammenstoß, wobei der Erwachsene seine ganze Autorität einsetzen muß, z. B. wenn das Kind darauf besteht, etwas Gefährliches oder Zerstörerisches zu tun. Im Nachhinein muß der Erwachsene aber dann darauf bedacht sein, daß das Kind nicht sein „Gesicht verliert", was schon in sehr frühem Alter möglich ist, und muß den Stachel der Autorität durch eine besondere Liebesbezeugung, ein Spiel und das Angebot einer Ersatztätigkeit beseitigen. In vielen Fällen sind die kindlichen Proteste nichts als Schauspielerei, um herauszufinden, wie es ist, wenn man „Nein" sagt. Es kann vorkommen, daß das Kind trotz wiederholter verbaler Proteste dennoch mitarbeitet, wenn der Erwachsene ruhig fortfährt, es anzuziehen oder zum Schlafen zuzudecken. Übersieht ein Elternteil, daß der kindliche Trotz oder Ungehorsam nur spielerischer Art ist, kann es zu einer wirklichen Autoritätskrise kommen, die vorher nicht bestanden hat. Der Trotz ist ein normaler und sogar wesentlicher Teil der Entwicklung und gibt, wenn er nicht zu einer ernsten Streitfrage zwischen Eltern und Kind aufgebauscht wird, bald den konstruktiveren Aspekten der Autonomie Raum. Im allgemeinen wird ein Kleinkind, das zum Forschen und zur eigenen Übung von Fertigkeiten ausreichend Gelegenheit hat und durch die Hilfe, die es manchmal braucht, sowie einige notwendige Vorschriften im Gleichgewicht gehalten wird, mit einem gesunden Bewußtsein seiner eigenen Fähigkeiten und der Bereitschaft, sich den Problemen späterer Altersstufen zuzuwenden, aus dem Kleinkindalter hervorgehen.

ERIKSONS Schema der Grundkonflikte der Entwicklung leitet sich, wie gesagt, aus der psychosexuellen Phaseneinteilung der FREUDschen Psychoanalyse ab. So entspricht die Krise des Widerstreits zwischen Autonomie einerseits und Scham und Zweifel andererseits der *analen Phase*, in der der Kampf zwischen Kind und Eltern um die Kontrolle der Körperausscheidungen die Schlüsselfrage darstellte. FREUD wuchs, wie wir wissen, in einem viktorianischen Zeitalter auf, und nach der verbreiteten Betonung öffentlicher Ordnung und Wohlanständigkeit wurden biologische Funktionen, wie der Stuhlgang, als „schmutzig", unappetitlich, angsterregend und sogar an Unmoral grenzend angesehen. Die logische Folge war, daß die Sauberkeitserziehung früh und rasch, ohne Diskussionen, zu erfolgen hatte und alle zur Verfügung stehenden Zwangs- und Strafmaßnahmen am Platze waren. Nach allem, was uns jetzt über kritische Zeiträume, das Streben des Kindes nach Autonomie und über die richtigen Zeitpunkte für pädagogische Maßnahmen bekannt ist, ist es kein Wunder, daß die Sauberkeitserziehung so oft zum heftigen Aufeinanderprall des elterlichen und kindlichen Willens führte und oft noch im Erwachsenenalter ungelöste Konflikte und möglicherweise anale Charakterzüge nach sich zog (s. S. 240). Während sich bei der Sauberkeitserziehung gelegentlich zwar immer noch Reste der Viktorianischen Moral bemerkbar machen, so neigt man doch heutzutage mehr zu einer pragmatischen, weniger gefühlsbeladenen Vorgehensweise, durch die die Belastung und der Konflikt verringert und das Lernen erleichtert werden. Nach einer solchen Entspannung kann auch das Sauberwerden zum Gegenstand eines sozialen Interaktionsspiels werden, wie der folgende Bericht der Mutter eines vierzehn Monate und drei Wochen alten Kindes zeigt:

> „Meine Mutter muß Ruth aufgefordert haben, bei der Stuhlentleerung ‚Ach' zu sagen, denn einige Tabe lang sagte Ruth ‚Ach', wenn sie Stuhl in die Windel entleerte. Eines Tages sagte sie wieder ‚Ach', war aber sauber, also setzte ich sie auf die Toilette. Sie hatte dort Stuhl, zeigte ihn und sagte ‚Ach'. Seither sagt sie ‚Ach' und wenn ich sie setze, geschieht nichts. Die Sache ist zum Spiel geworden, und Ruth weiß jetzt, wie sie meine Aufmerksamkeit erregen kann" (CHURCH 1968).

Wenn wir überdies bedenken, daß sich während des Kleinkindalters mehrere wichtige Funktionen – insbesondere die Sprache und die aufrechte Fortbewegung sowie die Beherrschung des Schließmuskels – gleichzeitig entwickeln und daß alle diese entstehenden Funktionen in diesem Stadium das Selbstwertgefühl des Kindes begründen, können wir uns leicht vorstellen, daß eine Störung in einem dieser Bereiche dieses Gefühl verletzen und Scham (in bezug auf seinen Wert) sowie Zweifel (in bezug auf seine Fähigkeit) hervorbringen kann.

Selbstbewußtsein

An dieser Stelle müssen wir uns nun genauer mit den einzelnen Komponenten des Selbstbewußtseins (Anm. 27) befassen, das für die Autonomie des Kleinkindes eine so große Rolle spielt. Wir wollen damit beginnen, daß das Kleinkind, wenn es sich auf Dinge außerhalb seiner selbst konzentriert, egozentrisch seine eigene Existenz und seine Rolle in der Situation vergessen kann. Dem Kind scheint z. B. sein eigenes Gewicht wenig bewußt zu sein, wenn es seinen Körper in den Armen eines Erwachsenen umherwirft oder versucht, ein Stück Pappe hinaufzusteigen, das an einer Wand lehnt. Es fehlt ihm das Bewußtsein, daß es ein Hindernis bildet, und es tritt nicht zur Seite, um andere vorbeizulassen. Es scheint ihm auch nicht bewußt zu sein, daß es sich selbst behindert, wenn es sich z. B. vergeblich abmüht, einen Gegenstand, auf dem es steht, vom Boden aufzuheben. Oft scheint es nicht zu merken, daß ihm etwas fehlt, und wenn, so weiß es nicht, was. Auch wenn es offensichtlich einen Schmerz fühlt, z. B. nach einem Insektenstich, so kann es ihn nicht genau lokalisieren. Im frühen Kleinkindalter kann es vorkommen, daß das Kind während des Vorganges selbst nicht merkt, daß es sich naßmacht oder beschmutzt und auch nachher nicht, daß dies geschehen ist. Interessanterweise beginnt es, den Sehvorgang in seinen Augen zu lokalisieren, aber wenn es durch eine Papprolle blicken soll, setzt es sie zwischen den Augen an, so wie an einem Auge eines Zyklopen, mitten auf der Stirn (Church 1970). Wenn wir es richtig bedenken, so empfindet auch der Erwachsene gewöhnlich sein Gesichtsfeld als einheitliches Ganzes, und die Art, wie das Kleinkind versucht, durch das Rohr zu blicken, reflektiert wahrscheinlich die gleiche Einheit des visuellen Erlebnisses. Das Interessante ist, daß dieser „Zyklopeneffekt" auch dann noch weiterbesteht, wenn das Kind sagen kann, es habe zwei Augen, was wiederum zeigt, daß die verbale Erfahrungsebene nicht immer vollkommen mit der konkreten Erfahrung koordiniert ist (Halpern 1965, Maccoby u. Bee 1965).

Das Gefühl des Kleinkindes für die körperliche Ganzheit scheint leicht verletzbar zu sein. Es reagiert auf ein Zerbrechen von Dingen oder das Vorfinden zerbrochener Dinge oft sehr heftig und weigert sich oft auch, jemals wieder mit einer einmal zerbrochenen Puppe zu spielen, selbst nachdem sie repariert worden ist. Hier sehen wir eine enge, einfühlende Identifizierung mit den Dingen, mit denen das Kind zu tun hat. Oft bildet das Kleinkind eine scheinbar zwanghafte Nettigkeit und Reinlichkeit aus. Obgleich es gern mit Brei oder Schlamm manscht, will es nachher die Finger abgewischt haben. Der Theoretiker aus der Schule Freuds würde sagen, das Verschmieren von Schlamm und Milch sei ein verkleidetes Spiel mit den eigenen Exkrementen, und der Wunsch nach Reinlichkeit drücke ein Schuldgefühl aus. Einfacher ist die Annahme, daß schmutzige oder klebrige Finger an der ungestörten Handhabung der Spielsachen hindern und daß das Kind diese Behinderung beseitigt haben möchte.

Was das Selbstbewußtsein betrifft, so ist das Kleinkind – trotz einiger Lücken – weit über das Säuglingsalter hinausgewachsen. Seine wachsende Beherrschung des Stuhlganges und später der Blasenentleerung dadurch, daß es den Stuhldrang bemerkt, die Entleerung durch Selbstkontrolle aufschiebt und später die Muskeln entspannt und aktiv ausscheidet, weisen auf eine stärkere Bewußtheit über den eigenen Körper hin. Das Kleinkind kann die wichtigsten Merkmale seines Gesichts und seines Körpers benennen, und es treten nur wenige Verwechslungen auf – wie im Fall eines zweijährigen Mädchens, das auf die Aufforderung, auf seinen Körper zu zeigen, die Beine spreizte und auf ihre Genitalien wies. Manche dieser Irrtümer sind natürlich auf Unkenntnis der Erwachsenen zurückzuführen. Es lernt auf solche Fragen, wie: „Kannst du den Mund öffnen?" oder: „Kannst du die Augen schließen?" richtig reagieren. Manche Kleinkinder sind bereits imstande, auf Fragen wie: „Womit riechst du?" oder „Wozu sind deine Augen da?" richtig antworten. Meist aber entwickelt sich der verbale Ausdruck für die Sinnesfunktionen erst im Vorschulalter. Weiterhin beginnt das Kind schon, sich selbst zu dirigieren oder sich Anweisungen zu geben, seine Tätigkeiten laufend zu kommentieren und sein Verhalten nach elterlichen Befehlen oder Verboten verbal zu lenken, was auf die ersten Anfänge eines Gewissens hindeutet – wenn sich dabei auch weder das Kleinkind noch das größere Kind in jedem Falle selbst gehorchen.

Wenn sie bei einer verbotenen Tätigkeit ertappt werden, reagieren Kleinkinder auf verschiedenste Weise. Sie können – mit bemerkenswerter individueller Hartnäckigkeit – in Tränen des Schmerzes oder der Wut ausbrechen, fortlaufen und sich verstecken, süße Unschuld vortäuschen, sich verkrampfen und zittern, versuchen, zu verstecken, was sie getan haben, den verbotenen Gegenstand dem Erwachsenen anbieten, sich in vielen Liebesbezeugungen ergehen, als ob sie seine Aufmerksamkeit ablenken wollten, oder sich sogar beeilen, die Tätigkeit zu vollenden, bevor der Erwachsene eingreifen kann. Viele Kleinkinder sind sehr besorgt um ihren Besitz und verbringen viel Zeit damit, Gegenstände mit den Namen ihrer Eigentümer zu bezeichnen. Sie protestieren wütend gegen den Gebrauch durch jemanden, dem er nicht gehört. Dieser Sinn für Besitzverhältnisse drückt sich vielleicht früher im Hinblick auf das Eigentum anderer aus als auf das eigene. Manche Eltern mit altruistischen Neigungen versuchen, ihre Kinder zum großzügigen Teilen mit anderen zu erziehen, und sind enttäuscht, wenn ein Kleinkind in bezug auf sein Eigentum selbstsüchtig scheint. Es scheint aber, daß fast alle Kleinkinder und jüngeren Vorschulkinder eine Phase des Besitzstrebens durchlaufen, die vielleicht einen wichtigen Schritt bei der Definition der Identität und dem Ausdruck der Beziehungen zur Umwelt darstellt und deren Ablauf nicht beschleunigt werden kann.

Wir müssen verstehen, daß bei der Ausbildung des Selbstbewußtseins des Kleinkindes zwei Vorgänge am Werk sind: erstens das Bewußtsein das aus der Tätigkeit, aus Beschäftigungen und den damit einhergehenden Gefühlen entspringt. Wenn das Kind mit einem Problem konfrontiert wird und dieses löst, so fühlt es sich stark, kompetent und zufrieden. Zweitens wird es seiner selbst durch die Reaktionen anderer Menschen auf seine Handlungen bewußt. Ein Beispiel hierfür liefert

Ruth Orkin

Abb. 108 Besitzstreben

das Verhalten unserer guten Freundin Ruth kurz vor ihrem zweiten Geburtstag:

> „Ich sagte Ruth, wie stolz ich auf sie sei, weil sie auf das Töpfchen gegangen war. Sie sagte: ‚Manchmal mache ich meine Windel naß und manchmal bist du nicht stolz auf mich. Jetzt bist du stolz auf mich.' Sie dachte kurz nach und fügte hinzu: ‚Und ich bin auch stolz auf mich'" (Church 1968).

So bewirkt eine Atmosphäre von Zuneigung und Lob ein Bild vom eigenen Selbst, das liebenswert und wertvoll ist, und wenn die Eltern vor Freude über die Leistung des Kleinkindes buchstäblich in die Hände klatschen, so tut das Kind dasselbe. Eine Atmosphäre des unerbittlichen Vorwurfs, ständiger Mißbilligung und Verärgerung hingegen bringt das Kleinkind dauernd aus dem Gleichgewicht, behindert seinen Wissensdurst und läßt es vor sich selbst als unrein, unfähig und unliebenswert erscheinen.

Wir betonen, daß wir nicht die Preisgabe der Erwachsenenautorität fordern wollen. Das geliebte, geachtete und geschätzte Kind kann Verbote und Rügen vertragen, und sie können ihm bei der Definition seiner Identität sogar nützen. Wieder liefert Ruth, knapp zwei Jahre alt, ein Beispiel: Sie wurde ausgeschimpft und fing an zu weinen. Mitten in ihren Tränen sagte sie: „Bitte heb' mich hoch, ich möchte im Spiegel weinen" (a. a. O.). Für das Kind auf dem Wege zur echten Autonomie sind Beeinträchtigungen seines Selbstbildes vorübergehender Natur. Auch wir als Erwachsene erleben Augenblicke der Scham und Verlegenheit, wenn wir uns aufgedunsen und plump fühlen oder wenn wir uns im Traum qualvoll nackt inmitten einer prächtig gekleideten Menge bewegen, aber diese Gefühle gehen vorüber und lassen uns trotzdem mit unserem Körper im Einklang zurück, der trotz all seiner Fehler kein gar so schlechtes Gefäß unseres Lebens ist. Ebenso vergißt das Kleinkind in seinem Triumph über die wachsende Zahl seiner Fertigkeiten, von seinen Eltern wegen seiner reizenden Aussprüche liebevoll belacht und bei seiner Entdeckung der neuen und fesselnden Wunder, die das Material für seine wachsenden Wahrnehmungsfähigkeiten darstellen, bald seine Mißerfolge in einem umfassenderen Gefühl der Kompetenz und Selbstachtung. Ebenso wie die Selbstachtung des Kleinkindes von der Achtung bestimmt wird, die ihm die Welt entgegenbringt, so hängt auch seine Achtung für andere von seiner eigenen Selbstachtung ab. Feindseligkeit, Bösartigkeit und Schlechtigkeit scheinen dem Gefühl der eigenen Wertlosigkeit zu entspringen, und ob wir nun in einem Teufelskreis von Haß oder in einem guten Kreis der Liebe gefangen sind, dem Kreis der Entwicklung können wir nicht entgehen.

Verhaltenslenkung im Kleinkindalter

Bei unseren Ausführungen über die wichtigsten Verhaltensweisen, die im Kleinkindalter auftreten, mußten wir zwangsläufig Autoritäts- und Kontrollprobleme berühren. Das Kleinkind, das nun sehr aktiv ist, muß natürlich bei der Entfaltung seiner Autonomie mit seiner menschlichen und materiellen Umgebung in Konflikt kommen. Insgesamt wird der Vorgang, mit dem die Eltern bewußt versuchen das Kind zu erziehen, als *Erziehung* bezeichnet: gute Manieren, richtiges Eßverhalten, respektvolles Sprechen gegenüber Erwachsenen, Kauen mit geschlossenem Mund, Bescheidenheit und Fähigkeiten, wie das selbständige An- und Ausziehen. Den expliziten Vorgängen bei der Erziehung steht oft die unbewußte Weitergabe des Kulturguts gegenüber. Bevor wir nun auf einige der wichtigsten spezifischen Bereiche eingehen, in denen die Eltern Entschlüsse fassen müssen, erwähnen wir einige allgemeine Gesetzmäßigkeiten.

Erstens lehnen viele liberale Eltern die bloße Idee der Autorität ab, als ob Einschränkungen die emotionale Freiheit des Kindes verkrüppeln, seine Kreativität abtöten und es für immer zu einer willenlosen Marionette machen würden. Das Kleinkind verkörpert in beispielhafter Weise das ewige Problem des Individuums in der Auseinandersetzung mit der Gesellschaft, den Konflikt zwischen dem Streben eines Menschen nach Befriedigung und Erfüllung und dem eines anderen, die Notwendigkeit, mit unseren Mitmenschen zu einem Modus vivendi zu gelangen, der die Individualität keines Menschen zu sehr unterdrückt. Von Erwachsenen erwarten wir ein gewisses Maß der Selbstbeherrschung und Selbstaufopferung, die Fähigkeit, Befriedigung aufzuschieben, Anpassung, Geben und Nehmen, Zusammenarbeit und den Wunsch nach gegenseitiger Befriedigung und Erfüllung. Das Kleinkind ist natürlich kein Erwachsener. Bis es selbst urteilsfähig wird, müssen ihm die Eltern die Entscheidungen abnehmen. Als Folge der Ambivalenz der Entwicklungsprozesse fürchtet das Kind die Freiheit fast ebenso wie es Verbote übelnimmt, und die Eltern müssen versuchen, ein Gleichgewicht zwischen Errichten von Grenzen, die dem Kind das Gefühl von Stabilität und Sicherheit vermitteln, und der Förderung seines Forschungsdranges und seiner Abenteuerlust herzustellen. Alle diejenigen Eltern, die die Notwendigkeit von Einschränkungen bedauern, können sich mit dem Gedanken trösten, daß die originellsten, schöpferischsten Menschen unweigerlich sehr diszipliniert erzogen worden sind, nicht in dem Sinne, daß sie auf den rechten Weg geprügelt wurden, sondern im Sinne der Disziplin, die Realität zu respektieren. Aber genauso gefährlich wie das Fehlen jeder Kontrolle ist auch ein Übermaß. Eltern müssen in allen Stadien ihren Kindern Vertrauen schenken und bereit sein, die Gefahren auf sich zu nehmen, die mit der Freiheit einhergehen.

Eine zweite wichtige Erwägung, die aus der ersten folgt, ist die Berücksichtigung der *Entwicklungszeiträume*. Es ist fruchtlos und daher für die Eltern und das Kind enttäuschend, von dem Kind ein Verhalten zu verlangen, das noch außerhalb seiner Möglichkeiten liegt. Manchmal ist die Fähigkeit oder Unfähigkeit des Kindes eine Sache der Körperkontrolle und manchmal seines Verständnisses. Wenn auch die Lernbereitschaft des Kindes von seinem erreichten Entwicklungsstand abhängt, so müssen doch zwei Sachverhalte erwähnt werden. Manchmal können wir die Lernbereitschaft des Kindes nur feststellen, indem wir versuchen, ihm etwas beizubringen, uns dabei jedoch darauf gefaßt machen, von weiteren Versuchen abzusehen, wenn sich zeigt, daß das Kind überfordert ist. Damit hängt zusammen, daß unsere Lehrversuche, wenn sie in entspannter Form gemacht werden, oft die notwendige Bereitschaft zum Lernen auslösen können. Zweitens müssen wir vom Kleinkindalter an die gegenteilige Tendenz vermeiden: Wir dürfen das Kind nicht zurückhalten, indem wir ihm die für die Entwicklung nötigen Erfahrungen verweigern, es zu sehr beschützen und verwöhnen – in psychiatrischer Ausdrucksweise: es *infantilisieren*.

Ein weiteres allgemeines Prinzip ist die Lehre der *kleinen Lernschritte*. Babys neigen zum Konservatismus, sie lehnen sich gegen Neuerungen auf. Die Übergänge sollten weder abrupter als nötig gestaltet werden, noch dürfen wir sofortige Erfolge erwarten. Dies heißt nicht, daß Eltern zaudern sollten; das würde dem nächsten Prinzip widersprechen. Sie sollten vielmehr das Baby genau beobachten und daran ihr Tempo und die nötigen Rückmeldungen orientieren. Ein wenig Druck ist in Ordnung und wahrscheinlich sogar von Nutzen, vorausgesetzt, man merkt, wenn es zu viel wird. Bei der Kindererziehung gilt das Wort „Eile mit Weile". Zu große Eile ruft extremen Widerstand hervor und führt zum Mißerfolg. Auch die kooperativsten Kinder brauchen Zeit, um sich an neue Verhaltensweisen zu gewöhnen.

Ein weiteres allgemeines Prinzip ist das des *elterlichen Selbstvertrauens*. Die Eltern müssen imstande sein, entschlossen zu handeln, sich auf ihre eigene Reife und Weisheit und die Liebe zu ihrem Kind zu verlassen und sich nicht den Kopf darüber zu zerbrechen, was die Nachbarn sagen. Manchmal müssen sie sich auch teilweise darüber hinwegsetzen, was das Kind selbst denkt. Wie gesagt, besteht ein Unterschied zwischen *Bedürfnissen*, die im Interesse einer gesunden Entwicklung zu erfüllen sind, und *Wünschen*, die manchmal erfüllt werden können und zu anderen Zeiten zugunsten der Gesundheit, der Sicherheit, der elterlichen Bequemlichkeit usw. zurückstehen müssen. Eltern, die versuchen, ihrem Kind alle Wünsche zu erfüllen, werden bald einem kleinen Tyrannen ausgeliefert sein, der genauso wenig Freude an seiner Macht hat wie sie selbst. Und noch ein weiterer Aspekt des elterlichen Selbstvertrauens muß erwähnt werden: Eltern dürfen nicht so viel Angst davor haben, die Liebe des Kindes zu verlieren, daß sie sich fürchten, ihm zu widersprechen. Das Kleinkind kann nicht umhin, über eine Enttäuschung zornig zu werden, und die Eltern sollten diese Folgen ihrer Entschlüsse auf sich nehmen, ohne zu befürchten, sie hätten die Liebe des Babys verloren, und ohne selbst zornig zu werden, weil es protestiert. Ein wichtiger Teil des elterlichen Selbstvertrauens ist die Entspannung, die es mit sich bringt und die Befreiung von der ständigen Angst, es könnte etwas schief laufen. Es ist nämlich wichtig, daß die Eltern nicht Probleme schaffen, indem sie in allem, was das Kind tut, Schwierigkeiten wittern, und sofort so reagieren, als ob sich die Katastrophe bereits eingestellt hätte. Eine Mutter z. B., die sich vor „Fütterungsproblemen" fürchtet, oder eine, die es für ihre Pflicht hält, das Baby zu überfüttern, belädt jede Mahlzeit mit so viel Emotionen und regt sich über jede Zurückweisung von seiten des Kindes so auf, daß sie dem Kind den Appetit verdirbt und so ein Fütterungsproblem herstellt. Dies ist ein weiterer Fall einer selbsterfüllenden Prophezeiung in der Entwicklung.

Ein letztes allgemeines Prinzip bei der Kinderpflege und -erziehung ist die *Vermeidung des Moralisierens*. Dies heißt nicht, daß Eltern keinen Wert auf Moral legen sollten. Wie die anderen psychischen Eigenschaften des Kindes ist die Moral jedoch etwas Werdendes, und für jedes Alter gibt es passende und unpassende Moralbegriffe. Das Kernstück jeder echten Moral, die aufmerksame Rücksichtnahme auf die Gefühle anderer, hat seinen Ursprung in der frühen Kindheit, in der elterlichen Liebe und Achtung für das Kind und die anderen Geschöpfe der Umwelt. Die Haltung der Eltern drückt sich im späten Säuglings- und im Kleinkindalter durch ihre Handlungsweise und durch Worte aus, wie „vorsichtig" oder „langsam", wenn es sich um empfindliche Dinge handelt, seien es nun Haustiere oder Nippessachen. Die Moral des Kleinkindes kann nicht weit über dieses Stadium hinausreichen, und erst viel später können Moralbegriffe, wie Freigebigkeit und Selbstsucht, Wahrhaftigkeit, Bescheidenheit usw. dem Kind etwas bedeuten. Mit diesen allgemeinen Prinzipien im Gedächtnis wollen wir nun einige praktische Probleme erörtern, mit denen Eltern von Kleinkindern in Berührung kommen.

Körperliche Sicherheit

Ungeachtet der Tatsache, daß sich sowohl Freuds als auch Eriksons Anschauungen über das Kleinkindalter aus dem Begriff der analen Phase und den damit einhergehenden Kontrollvorgängen herleiten, möchten wir unsere Ausführungen über die praktischen Probleme mit den Fragen der körperlichen Sicherheit beginnen. Wie lebenswichtig die richtige Behandlung der nacheinander auftretenden Entwicklungskonflikte auch sein mag, ist es doch die erste Aufgabe des Kindes, körperlich zu überleben. Das Kleinkind ist darauf erpicht, alles zu erforschen und zu erproben, und seine Begeisterung und Neugierde sind ganz wesentlich stärker als seine Einsicht. Dies kommt zum Teil daher, weil seine Wahrnehmungsfähigkeit und sein Wissen noch beschränkt sind, und zum Teil daher, daß das Kind in egozentrischer Weise sich selbst als mögliches Objekt von Verletzungen übersieht. Es kann sich so in den Anblick eines Wagens vertiefen, der rückwärts aus einer Toreinfahrt kommt, daß es nicht merkt, daß es selbst im Weg steht. Das Kleinkind erkennt im allgemeinen ganz einfach weder die Gefährdung durch schnell fahrende Autos noch die Möglichkeit, daß sie Fleisch und Knochen zerfetzen. Das Kind liebt das Wasser und hat keine Ahnung, daß es im Teich oder im Meer versinken kann und sich seine Lungen mit Wasser füllen können. Es kennt den elektrischen Schlag nicht, der in der Steckdose lauert, die Schnittwunde des Messer oder die Giftigkeit von Medikamenten oder Haushaltschemikalien. Erwachsene, die sich im fahrenden Auto automatisch auf veränderte Kraftfelder einstellen, erkennen nicht, daß das passive Kleinkind beim Einbiegen quer durch den Wagen geschleudert werden oder bei plötzlichem Bremsen gegen die Windschutzscheibe fliegen kann.

Gefährliche Gegenstände und Substanzen müssen so aufbewahrt werden, daß sie für das Kleinkind keine Versuchung zum Experimentieren bilden. Ihre Aufbewahrungsorte, der Medikamentenschrank, der Küchenschrank, der die Reinigungsmittel enthält, das Fach mit den Anstrichfarben und Lösungsmitteln, müssen unter strengen Tabus stehen. Verbote kann man dem Kind am besten durch ein scharfes „Nein!" auferlegen, das man – wenn nötig – durch einen Klaps auf die ausgestreckte Hand betont. Gewöhnlich reicht jedoch der Ton der elterlichen Stimme aus. Da sich jedoch das unreife Gewissen des Kleinkindes leicht einschläfern läßt und da die verbotenen Früchte immer die besten sind, muß der Vorgang mehrmals wiederholt werden. Das Kleinkind lernt auch, seine Eltern zu hänseln, und wird vielleicht weiterhin nach den verbotenen Gegenständen greifen und dabei die Reaktion der Eltern aus dem Augenwinkel beobachten. In diesem Fall kann man das Kind von dem Ort der Versuchung entfernen und es mit etwas Konstruktiverem beschäftigen. Mit wachsendem Wortschatz und Verständnis des Kindes kann das anfängliche „Nein!" durch andere, zutreffendere Worte ersetzt werden, z. B. „Heiß!", „Au!" und „Scharf!". Je größer jedoch die Zuneigung zwischen Eltern und Kind, desto leichter werden die Verbote behalten. Zwei Dinge müssen wir noch erwähnen. Sind die Hauptgefahrenquellen aus der Umgebung des Kleinkindes entfernt worden, sollten die Eltern versuchen, sich zu entspannen und das Kind nicht wie eine Glucke zu bewachen. Erstens wollen sie ja nicht, daß sich das Kind zerbrechlich vorkommt und ängstlich wird, und zweitens braucht es etwas Spielraum, um Fehler zu machen, aus diesen zu lernen und einige ungefährliche Stöße, blaue Flecken und Kratzer zu ertragen.

Sauberkeitserziehung

Kinder in unserer vorwiegend städtischen Gesellschaft müssen früher oder später die Benutzung der Toilette erlernen. In ländlichen und dörflichen Umgebungen kann man bei gutem Wetter hinter Büschen verschwinden, und auch in der Stadt ist es nicht ungewöhnlich, daß Kinder in Elendsvierteln in einer Gasse oder zwischen zwei geparkten Wagen ihre Notdurft verrichten. Im allgemeinen ist es jedoch unerläßlich für unsere Kinder, nicht mehr einzukoten oder einzunässen, sondern die normalen Toiletteneinrichtungen zu benutzen, die ihnen zur Verfügung gestellt werden. Die Reifung schafft zwar eine Bereitschaft für die *Sauberkeitserziehung*, reicht aber allein nicht aus. Die Eltern müssen das Kind erziehen. Dies braucht jedoch keinen heftigen Kampf um die Herrschaft hervorzurufen. Das trotzige Kleinkind schwankt zwar in seiner Kooperationsbereitschaft, doch wenn es sich einmal an den Gedanken gewöhnt hat und weiß, was von ihm erwartet wird, ist es meist gewillt, den Vorgang zu erproben, und sei es nur, um es den Eltern gleichzutun.

Das Training der Darm- und Blasenkontrolle unterscheidet sich sowohl in zeitlicher als auch in methodischer Hinsicht und muß daher getrennt besprochen werden. Die *Darmkontrolle* erfolgt gewöhnlich zuerst und kann oft am Anfang des zweiten Lebensjahres erreicht werden. Das Training kann dadurch kompliziert werden, daß manche Kinder ihren Darm nur im Schlaf entleeren. Abgesehen von dieser Schwierigkeit – die gewöhnlich von selbst verschwindet – wird die Darmkontrolle dann erleichtert, wenn die Entleerungen annähernd regelmäßig erfolgen und Warnzeichen vorangehen, die das Baby selbst zu erleben scheint. Bereits im späten Säuglingsalter können die Eltern oft das Herannahen einer Darmentleerung sehen oder riechen und das Baby taktvoll und rechtzeitig auf das Töpfchen setzen. Ein Töpfchen ist empfehlenswerter als eine für das Kind passende Toilettenbrille, da das Kleinkind sich ohne fremde Hilfe daraufsetzen kann und weil manche Kinder durch die Höhe der Toilette und das Lärmen der Spülung erschreckt werden. Eine willkürliche Beherrschung wird jedoch erst im Kleinkindalter möglich, wenn das Kind die Bedeutung bestimmter innerer Ereignisse erkennen und die Tätigkeiten des Zurückhaltens, Entspannens und Ausstoßens ausführen kann. Ist das Kleinkind einmal zu dem Versuch

bereit, hängen die weiteren Fortschritte mehr von der elterlichen Haltung als von der Technik ab. Eine fortgesetzt ungezwungene und fröhliche Art, Rücksichtnahme auf das Wohlbefinden des Kindes – vielleicht will es, wie die Großen, etwas zu „lesen“ haben, wenn es auf dem Topf sitzt – ein vernünftiges Maß an Lob bei Erfolg –, dies alles trägt zum Gelingen dessen bei, was ein gemeinsames Unterfangen sein sollte. Angst, zu langes Festhalten, Belastung, Ekel, Eile und Bestrafung oder moralische Entrüstung, wenn das Kind zaudert, verlängern und komplizieren den Vorgang nur. Hin und wieder kommt es jedoch vor, daß ein Kind die Darmbeherrschung schon erlernt hat, sich dann aber mit sich zufrieden über die Benutzung des Töpfchens hinwegsetzt, bis es erst in einem späteren Alter zu der Erkenntnis kommt, daß eine Beschmutzung der Kleidung unpassend ist. Es kann auch von Vorteil sein, die Situation beim Sitzen auf dem Töpfchen zu variieren. Manche Kinder halten nämlich an bestimmten, gewohnten und für die Entleerung für geeignet gehaltenen Verhältnissen fest und können unter anderen Verhältnisse ihr Bedürfnis nicht verrichten. Ein schon völlig reines kleines Mädchen z. B. war beim Camping mit seinen Eltern trotz eines offensichtlichen Bedürfnisses nicht imstande, sich zu entleeren, wenn sie bequem von der Mutter abgehalten wurde. Beim nächsten Mal nahmen die Eltern die Klosettbrille des Kindes mit, die ihr – obgleich sie von einem Erwachsenen gehalten werden mußte – genügend vertraut war, um eine Darmentleerung zu ermöglichen.
Die *Blasenbeherrschung* erfolgt in zwei Stadien, tagsüber und nachts im Schlaf. Die Beherrschung tagsüber wird gewöhnlich zuerst, im Alter von ungefähr zwei Jahren, erlernt, während die Beherrschung im Schlaf um einige Monate nachhinken kann. Da die Blasenentleerung häufiger erfolgt als die Darmentleerung, sind auch die Gelegenheiten zum Lernen zahlreicher. Andererseits scheinen die vorangehenden Körperempfindungen weniger deutlich zu sein und die Mechanismen der Muskelbeherrschung weniger leicht zu erlernen. Die Bereitschaft des Babys zeigt sich jedoch darin, daß es immer länger trocken bleibt, und die Eltern können es zu einem Versuch veranlassen, wenn es längere Zeit nicht uriniert hat. In den westlichen Ländern urinieren sowohl die Mädchen als auch die Jungen in sitzender Stellung. Der Penis der Jungen muß dabei nach unten gehalten werden, besonders wenn eine Erektion erfolgt, wie dies häufig vor dem Urinieren der Fall ist. Sowohl Jungen als auch Mädchen, die ihre Eltern im Badezimmer beobachtet haben, werden vielleicht versuchen wollen, stehend zu urinieren, wie der Vater. Erklärungen dem Jungen gegenüber bezüglich seiner Körpergröße im Vergleich zur Höhe der Toilette und dem Mädchen gegenüber bezüglich der anatomischen Unterschiede werden wahrscheinlich erfolglos sein, und beide müssen aus traurigen, nassen Erlebnissen lernen, bevor sie wieder bereit sind, sich zu setzen.

Nebenbei bemerkt wird die Kontrolle der Blase von Mädchen etwas früher erlernt als von Jungen, was auf die schnellere Entwicklung – einschließlich des körperlichen Wachstums und der Reife – der Mädchen bis zum Jugendlichenalter zurückzuführen ist. Wie zu erwarten, stellt sich die Blasenkontrolle nur selten plötzlich ein und braucht Zeit zur Stabilisierung. Gelegentlich wird ein Kind ganz plötzlich trocken. Ein Kind sagte über sein kleines Schwesterchen, daß sich Babys aber oft naßmachen und blieb darauf praktisch trocken. Ein Baby war auf einer Autofahrt entzückt von den Toiletten an den Raststellen und wurde völlig trocken, nachdem es auf häufigen Besuchen derselben bestanden hatte. Hier handelt es sich jedoch um Ausnahmen. Normalerweise nimmt die Blasenkontrolle einen schwankenden Verlauf, wobei die Eltern dem Kind reichlich Gelegenheit bieten sollten, die Toilette zu benutzen – die leichte Sommerkleidung hilft –, ohne daraus eine Lebensfrage zu machen. Sie sollen Lob bei Erfolg spenden und gelegentliche Entgleisungen gelassen hinnehmen. Auch wenn das Kind den Schließmuskel der Blase bereits sicher beherrscht, können sich bei Ermüdung oder Vertieftheit in ein Spiel noch Rückfälle einstellen. Alle Kinder nehmen sich ungern Zeit, die Toilette aufzusuchen. Bei Krankheit oder sonstigen Störungen können länger dauernde Rückfälle vorkommen.

Die nächtliche Blasenbeherrschung folgt fast automatisch, wenn auch etwas verzögert, als natürliche Folge der Blasenkontrolle tagsüber nach. Anscheinend kehrt sich bei der Blasenkontrolle die reflektorische Reaktion auf die Blasenspannung um, indem die Entspannung und der Ausstoß in Zusammenziehung und Zurückhalten übergehen. Beim Erwerb der Blasenbeherrschung scheint es wenig zu bedeuten, ob das Kind zur Schlafenszeit normale Flüssigkeitsmengen zu sich nimmt. Ein Wecken des Kindes zur Blasenentleerung, wenn die Eltern zu Bett gehen, wird vielleicht helfen, aber wahrscheinlich ist es besser, dies zu unterlassen, es sei denn, die nächtliche Blasenkontrolle wäre stark verzögert. Im allgemeinen ist es so, wie auch in anderen Bereichen, je weniger Aufhebens, desto leichter das Lernen. Auch bei Kindern mit guter Kontrolle müssen die Eltern, besonders bei Krankheit, besonderer Erregung oder ungewöhnlicher Belastung, gelegentliche Entgleisungen erwarten. Auch größere Kinder können bei besonderer Belastung wieder anfangen, das Bett naß zu machen. Während der Evakuierung Londons im zweiten Weltkrieg sollen so viele von ihren Müttern getrennte Schulkinder eingenäßt haben, daß – wie ein Beobachter sich ausdrückte – „halb England unter Wasser stand".

Gelegentlich kann natürlich ein Kind aufgrund körperlicher Unregelmäßigkeiten außerstande sein, den Harn zurückzuhalten, und in solchen Fällen kann ärztliche Hilfe erforderlich sein. Manchmal können ständige emotionale Spannungen eine normale Kontrolle verhindern, und die Eltern müssen nach Möglichkeit – vielleicht mit ärztlicher oder psychologischer Hilfe – alles tun, um die Gründe solcher Störungen zu beseitigen. Hin und wieder kann ein Kind auch lediglich deshalb einnässen, weil es zu tief schläft und so die normale Muskelbeherrschung verliert. Für chronisches Bettnässen, über das vierte oder fünfte Lebensjahr hinaus, sind Geräte im Handel, die eine konditionierte Reaktion zwischen Blasenspannung und Erwachen herzustellen versuchen. Wenn das Kind einzunässen beginnt, stellt der Harn eine Verbindung zwischen zwei Kontakten her, wodurch eine Alarmglocke zum Läuten gebracht oder dem Kind ein geringer Elektroschock versetzt wird, so daß es erwacht. Nach mehreren Wiederholungen soll die Blasenspannung ausreichen, um das Kind zu wecken, so daß es zur Toilette gehen kann. Schließlich soll die Kontrolle sich so bessern, daß das Kind nur zur Anspannung des Schließmuskels aufwacht und dann weiterschläft. Wir haben von Fällen gehört, in denen diese Geräte erfolgreich waren, aber auch von anderen, in denen sie nichts nützten, und können sie daher nur mit Vorbehalt empfehlen und auch dann nur, wenn andere Mittel versagt haben (Anm. 28).

Geschwisterrivalität

Ein weiteres, im Kleinkindalter häufig auftretendes Problem ist die *Geschwisterrivalität*. Seit Kain und Abel besteht der traditionelle Glaube, der später durch Alfred Adler in eine psychologische Theorie umgewandelt wurde, daß unter Geschwistern zwangsläufig Wettbewerb, Eifersucht und Feindseligkeit herrschen müssen. Ein größeres Kind, und insbesondere ein erstgeborenes, das eine Zeitlang ein einziges Kind gewesen ist, mag das Gefühl haben, es sei durch ein Neugeborenes von seiner souveränen Stellung in der Zuneigung seiner Eltern verdrängt worden. Ein kleineres Kind kann vielleicht ein älteres um seine Größe, Kraft und Vorteile beneiden. Adler und andere haben, wie sie glaubten, typische Muster der Geschwisterrivalität ausgearbeitet, die besondere Geburtsfolgen, Positionen in der Familienkonstellation und das Geschlecht der Geschwister berücksichtigen. Wir brauchen uns hier jedoch lediglich mit der Tatsache zu befassen, daß ein Kleinkind durch die Ankunft eines kleinen Bruders oder einer kleinen Schwester aus dem Gleichgewicht gebracht werden kann.

Fachleute haben verschiedene Methoden ausgearbeitet, mit denen man die Eifersucht des Kleinkindes auf ein neugeborenes Baby verhindern oder verringern kann. Ist das Kleinkind alt genug – eher zweieinhalb als eineinhalb Jahre –, soll man ihm von der bevorstehenden Ankunft des Babys erzählen, so daß es für es nicht ganz überraschend kommt, aber auch nicht so früh, daß es sie vergißt oder daß ihm die Sache durch das langsame Vergehen der Zeit unwirklich erscheint. Im Rahmen seiner beschränkten Fähigkeiten kann das Kleinkind an den Vorbereitungen für den Neuankömmling und bei seiner Pflege mithelfen, so daß es das Gefühl bekommt, daß das Baby gewissermaßen auch ihm oder der Familie und nicht nur den Eltern gehört. Das Wichtigste ist, daß sich die Eltern nicht so sehr der Pflege und Bewunderung des Neugeborenen hingeben, daß sie dabei das weiterbestehende Bedürfnis des Kleinkindes nach Zuneigung und Aufmerksamkeit ganz übersehen – ein Zustand, der durch Freunde und Verwandte, die kommen, um das neue Baby zu bewundern, noch verschlimmert werden kann. Ob diese und ähnliche Maßnahmen, wie gewissenhaft und gut sie auch ausgeführt werden, die Eifersucht des größeren Kindes auf das neugeborene gänzlich verhindern können, ist zweifelhaft. Es ist auch fraglich, ob die Eifersucht überhaupt gänzlich verhindert werden soll, wenn wir dem Kind die gesamte Gefühlswelt vermitteln wollen. Nebenbei wäre zu erwähnen, daß auch der Haushund oder die Hauskatze vielleicht einige Eifersucht auf das neue Baby zeigen werden.

Die Eifersucht des Kleinkindes auf ein neues Geschwisterchen kann sich auf verschiedene Weise ausdrücken. Es kann eine *Regression* auftreten, d.h. eine Rückkehr zu infantileren Verhaltensweisen. Das Kind kann oft zu jammern oder zu weinen anfangen, sich an die Eltern klammern, babyhaft oder vielleicht gar nicht mehr sprechen oder die Kontrolle über die Blase wieder verlieren. Ein derartiges Verhalten zeigt oft an, daß das Kleinkind sich ausgestoßen fühlt. Es scheint, als sei es zu dem Schluß gekommen, daß es nur als Baby die Aufmerksamkeit auf sich ziehen kann. Die Eifersucht des Kleinkindes kann sich auch in dem Wunsch äußern, den Neuankömmling zu verletzen oder loszuwerden. Es kann den Eltern vorschlagen, sich seiner irgendwie zu entledigen (etwas größere Kinder haben schon die Toilettenspülung als ein gutes Mittel vorgeschlagen), oder sagen, es sei nun an der Zeit, das Baby wieder in das Krankenhaus zurückzubringen. Manchmal versucht das Kleinkind sogar, die Sache selbst in die Hand zu nehmen, mit der klaren Absicht, den Eindringling zu beseitigen. Im folgenden berichtet die Mutter eines siebzehn Monate alten Jungen über seine Reaktion auf die Ankunft einer kleinen Schwester:

> Als ich mit Jenny nach Hause kam, starrte mich Mark zunächst an, als sei ich ihm gänzlich fremd. Als sein Vater Jenny aus dem Wagen ins Haus trug, weinte Mark bitterlich. Dann hielt er sich einige Stunden lang etwas fern. Ich erwartete eine gewisse Eifersucht von seiten Marks, dachte aber, sie würde heimlich und gegen mich gerichtet sein. Dies war ein Irrtum. Bei der ersten Gelegenheit lief er mit gequältem Gesichtsausdruck direkt auf das Baby zu und versuchte, es zu verprügeln. Er schien grimmig entschlossen, dieses kleine Bündel des Verdrusses zu zerschlagen, war aber dennoch über seinen Impuls sichtbar entsetzt und schluchzte „Nein, nein!", als er auf das Baby zu-

rannte ... Eines Tages, vielleicht eine Woche, nachdem ich Jenny nach Hause gebracht hatte, war der Bann gebrochen, als er vom Arm seiner Großmutter aus zusah, wie ich Jenny wickelte. Jenny gab einen kleinen Laut von sich. Ich machte ihn nach und sagte: „Dieses Baby macht dumme Geräusche, nicht?“ Mark lächelte plötzlich breit und sagte: „Dumm!“. Es muß für ihn eine Offenbarung gewesen sein, daß ich auf seiner Seite war. Von da an gab es fast keine Schwierigkeiten mehr. Nach und nach ließen wir Mark in Jennys Gegenwart frei, und fast sofort begann er ihre „winzigen Zehen“ zu bewundern, sie zu küssen und zu tätscheln, wobei er sich selbst ermahnte: „Vorsichtig, vorsichtig!“

Natürlich kommt es auch nicht immer zu einer so friedlichen Lösung, und das Kleinkind muß weiterhin davon zurückgehalten werden, dem Baby weh zu tun. Es ist jedoch nicht nötig, das Kleinkind als böse oder schlecht hinzustellen. In vollem Verständnis der kindlichen Gefühle kann ein strenges, unbeugsames, kategorisches und sogar zorniges Verbot verhängt werden. Man kann ein Kleinkind – oder auch jede andere Person – lieben und dennoch nicht mit allem einverstanden sein, was es tut, und so kann man auch etwas, was das Kleinkind tut oder tun will, mißbilligen, ohne aufzuhören, es lieb zu haben. Wie bei jeder Disziplinierung soll die Betonung so weit wie möglich auf die Tat und nicht auf den Wert des Kleinkindes und seine gesamte Person gelegt werden. Insbesondere im Falle der Eifersucht kann ein übermäßig moralisierendes Verhalten die Überzeugung des Kleinkindes verstärken, es sei von seinem Platz verdrängt worden. Daß das Neugeborene

109

Suzanne Szasz

110

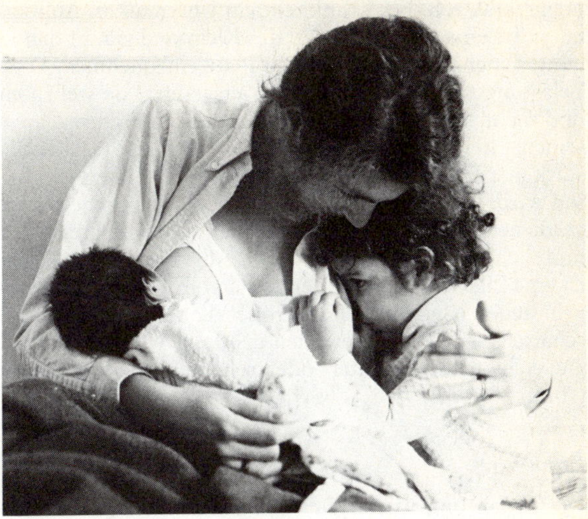

Robert Leavitt

Abb. 109–111 Geschwisterbeziehungen. Rivalität und Eifersucht stehen nicht immer im Vordergrund

111

Melvin Konner

manchmal, z. B. bei Krankheit, ein Übermaß an Aufmerksamkeit verlangt, ist unvermeidlich, und das Kleinkind glaubt dann, in der Zuneigung seiner Eltern den zweiten Platz einzunehmen. Diese zeitweiligen Belastungen werden aber – vorausgesetzt, sie stellen eine Ausnahme und nicht die Regel dar – die Bindung zwischen dem Kleinkind und seinen Eltern nicht nur schwächen, sondern in gleichem Maße auch stärken. Nur wenn das Kleinkind ständig auf den zweiten Platz verwiesen wird, kommt es zu der Auffassung, die Liebe sei etwas, was man verdienen, stehlen, erkämpfen oder durch Regression erlangen muß und nicht ein Geschenk im freien Austausch. Die Geschwisterrivalität ist eine Eigentümlichkeit der von den Europäern für selbstverständlich gehaltenen Kleinfamilie. In großen Familien und in Kommunalgesellschaften, wo die Kinder allen gehören, wird die Geschwisterrivalität vielleicht nicht auftreten oder sehr verschiedene Formen annehmen (Anm. 29).

Ernährung

Die Ernährung war früher viel mehr eine Quelle der Besorgnis als heute. Manche Eltern fürchten, weil sie wissen, daß das Kleinkind für das Wachstum und als Energiequelle Nahrung braucht, daß es nicht die richtigen Nährstoffe in genügender Menge erhält. Ihre Ängste sind häufig völlig wirklichkeitsfremd. Während die Eltern oft der Meinung sind, das Kind sieche dahin, ist es in Wahrheit lebhaft und voll Energie. Sein Wachstum ist, wie auch aus den Aufzeichnungen von Kinderärzten hervorgeht, normal und es ist gegen Krankheiten nicht anfälliger als andere auch. Das Essen ist aber, neben seinen praktischen Aspekten, eng mit kulturellen Wertmaßstäben verbunden. Manche von uns leben noch in der puritanischen Tradition, wonach nichts weggeworfen werden darf und ein leergegessener Teller Ausdruck der Tugendhaftigkeit ist. Diese Tradition sieht auch im Essen selbst kein Vergnügen, jede Nachspeise wird für unnütz gehalten und muß daher durch Hinunterwürgen von Fleisch, Kartoffeln und Spinat verdient werden. In einigen europäischen Ländern soll das Essen als solches ein Genuß sein, und die richtige Ernährung ist Nebensache. Ein Kind, das nicht herzhaft ißt, wird als unglücklich angesehen, oder man nimmt an, daß es einen Groll gegen seinen Ernährer hegt. In manchen Gesellschaften, von Deutschland über Italien und Griechenland bis Polynesien, gilt – oder galt bis vor kurzem – die Körperfülle als ein Zeichen von Gesundheit, Wohlstand und daher Prestige, Glück und manchmal auch Schönheit und wird überdies als ein Zeichen der Mutterliebe und guten Versorgung durch den Vater angesehen. Soweit uns bekannt ist, machen sich die Eltern überall, zumindest in den ersten Jahren, viel weniger Sorgen über ein Zuviel an Nahrung und mögliche Fettsucht, als über

Appetitlosigkeit, mäkeliges Essen und eine mögliche Abmagerung und Schwächung.

Die elterlichen Ängste, das Kind könne die richtigen Nahrungsmittel nicht in ausreichender Menge zu sich nehmen, sind gewöhnlich grundlos und können sogar schädlich sein. Hat das Kleinkind ausreichend Gelegenheit, aus einer abwechslungsreichen und gemischten Kost seine Auswahl zu treffen, wird es fast mit Sicherheit ausreichend ernährt sein, auch wenn es scheinbar fast nichts zu sich nimmt. Wir dürfen nicht die individuellen Unterschiede im Stoffwechsel, in den Bedürfnissen nach speziellen Nährstoffen und in der Bevorzugung bestimmter Speisen vergessen und müssen bereit sein, diese zu berücksichtigen. Ist die Mutter aber ängstlich, übt sie Druck aus durch Drängen, Locken und Versuche von Zwangsfütterung, kann sie in ihrer Aufregung das Essen als solches für das Kleinkind unangenehm machen und ein echtes Eßproblem schaffen, wo früher keines war. Wenn es wichtig erscheint, daß das Kleinkind bei den Mahlzeiten und nicht zu den verschiedensten Tageszeiten ißt, und wenn kleine Zwischenmahlzeiten die Regelmäßigkeit stören, werden diese besser weggelassen. Wenn das Kind die Eltern dann zur Essenszeit durch wilden Hunger überrascht, kann man es etwas früher füttern. Viele kleine und größere Kinder erleiden gegen Abend einen Blutzuckerabfall, werden dadurch reizbar und können sich nicht konzentrieren. Dem kann durch ein Glas Saft, ein Stück Schokolade oder einen Würfel Zucker abgeholfen werden, was dem Appetit des Kleinkindes meist nicht abträglich ist.

Verhaltenseinschränkungen

Schließlich kommen wir zu dem Problem der Verhaltenseinschränkungen, das mit dem Thema der Sicherheit, welches wir zu Anfang erörtert haben, eng verwandt ist, nur mit dem Unterschied, daß wir hier weniger mit dem körperlichen Wohlergehen des Kleinkindes als mit den Rechten anderer, mit der Schonung der Eltern und der Erhaltung von Eigentum wegen seines finanziellen, ästhetischen und emotionalen Wertes befaßt sind. Manche Gegenstände des Haushalts müssen vor dem Kleinkind durch Verbote geschützt werden, weil seine Einsicht mit seiner Neugierde nicht Schritt hält und weil es gegenüber den Werten blind ist, die Erwachsene den Gegenständen beimessen. Da jedoch ein stetiges Wiederholen von „Nein!“ und „Nicht anfassen!“ das Kind verwirrt und hemmt und schließlich seine Wirkung verliert, wird man gut daran tun, die Verbote auf ein notwendiges Minimum zu beschränken. Zerbrechliche oder wertvolle Gegenstände, die im Alltag nicht verwendet werden, kann man aus der Reichweite des Kindes entfernen, und solche, die gebraucht werden, kann man an einigen Stellen zusammenlegen, so daß einige grundlegende Verbote die Stelle vieler einzelner einnehmen. Der erfahrene Besucher kann aus der Höhe, in der zerbrechliche Dinge aufbewahrt werden, auf das Alter der Kinder der Familie schließen. Diese Verbote können auf zweierlei Weise flexibler gestaltet werden als die, die der Sicherheit des Kindes dienen. Erstens kann man dem Kind erlauben, seine Neugierde für einige Gegenstände dadurch zu befriedigen, daß es damit unter Aufsicht spielen darf, wobei sie auf seinem oder dem Schoß des Erwachsenen bleiben und das Wort „Vorsichtig!" zur Warnung ausgesprochen wird. Zweitens können manche Spiele gelegentlich, aber nicht immer, erlaubt werden. Eine ermüdete Mutter kann z. B. sehr gut der Meinung sein, daß der Zeitpunkt für ein Ausräumen der Kommodenschubladen jetzt ungünstig sei, während eine solche Betätigung zu anderer Zeit erlaubt wird. Verbote sind im Zusammenhang mit Freiheit am wirksamsten, nämlich dann, wenn das Kleinkind Örtlichkeiten zur Verfügung hat, an die es gehen, Dinge, mit denen es spielen und Zeiten und Plätze, an denen es Lärm machen und Dampf ablassen kann. Wenn es schon nicht neue Bücher zerreißen darf, so besteht kein Grund, warum es nicht mit alten Zeitschriften und Telefonbüchern nach seinem Geschmack verfahren soll – und es ist absolut fähig, sich an diese Unterscheidung zu halten. Die Mutter des Kleinkindes lernt jedoch auf längere Zeiten der Stille zu achten, die zuerst wunderbar friedlich erscheinen, dann aber zunehmend ominös werden und letztlich wahrscheinlich mit einem lauten Krach und einem Notschrei enden.

Wo es notwendig ist, Verbote auszusprechen, sollen diese bestimmt und endgültig sein. Das Kleinkind hat wenig Verständnis für Feinheit, Nachsicht oder Unsicherheit und fühlt sich nur in Anwesenheit klarer Richtlinien wohl und sicher. Durch probeweise, zögernde Ermahnungen fühlt sich das Kleinkind herausgefordert, die Grenzen zu testen und immer wieder zu versuchen, wie weit es gehen oder was es ungestraft tun kann – ein Verhalten, das für das Kleinkind selbst ebenso ermüdend ist wie für den Erwachsenen. Ein „Argumentieren" mit dem Kleinkind ist nicht angebracht. Ein Argumentieren kann das Kleinkind viel weniger zufriedenstellen als ein abrupter Befehl. Die latente Gefahr der Erwachsenenargumentation zeigt sich in der Tirade eines Kindergartenkindes gegenüber einem gleichaltrigen: „Ich haue dich! Ich zerschneide dich in kleine Stücke!. Ich, ich ... ich werde es dir erklären!".

Obgleich durch elterliche Bestimmtheit viel Widerstand, Austesten des Freiheitsspielraums und Hänseln überflüssig werden, führt doch das Streben des Kindes nach Autonomie dazu, daß es nicht jeden Ausdruck der Autorität passiv hinnehmen kann. Manchmal ist es besser, das Kind durch Themawechsel oder Einleiten einer neuen und interessanten Tätigkeit abzulenken. Nicht jede Streitfrage muß gelöst und nicht jede

Lehre gezogen werden. Wir dürfen nicht vergessen, daß das Kind sein „Gesicht" wahren muß. Manchmal führt ein Willenskonflikt oder die Ausübung eines zu großen Druckes auf das Kind zu Zornesausbrüchen. Doch auch diese sind nicht immer so ernst, wie es scheinen mag. Sehen wir uns unsere Freundin Ruth im Alter von fünfzehn Monaten an:

> „Ruth hat versucht, durch Zornesausbrüche ihren Willen zu erhalten. Sie legt sich auf den Fußboden und schreit. Wenn ich sie nicht beachte und aus dem Zimmer gehe, hört sie zu schreien auf, kommt in das Zimmer, in dem ich bin, legt sich auf den Boden und schreit weiter. Ich gehe wieder in ein anderes Zimmer, und sie folgt mir. Wenn sie sieht, daß sie auf diese Weise nicht meine Aufmerksamkeit erlangen kann, kommt sie zu mir, legt ihren Kopf in meinen Schoß, schlingt ihre Arme um meine Beine und sagt: ‚Lieb haben!'" (CHURCH 1968).

Im allgemeinen kann die Ungeduld des Erwachsenen Zornesausbrüche begünstigen, und es kann sich ein Teufelskreis entwickeln, wobei der Erwachsene und das Kind gegenseitig ihre Leidenschaft bis zum Zerreißen steigern. Werden die Zornesausbrüche jedoch weder mit Zorn, Bestürzung oder Nachgeben und – später – mit Moralisieren beantwortet, verschwinden sie meist rasch. Hält in einer bestimmten Situation das zornige Verhalten an, kann der Erwachsene nichts tun als die Ruhe bewahren und mit seiner Tätigkeit fortzufahren. Wenn nötig, kann man ein kleines und sehr wütendes Kind unter einen Arm klemmen, so daß sich seine strampelnden Beinchen hinter dem Erwachsenen befinden und niemandem weh tun können. Ist jedoch die Basis des Urvertrauens vorhanden, respektiert der Erwachsene die Autonomie des Kindes, und berücksichtigt er das unterschiedliche Temperament, so kann das Leben mit dem Kleinkind überraschend friedlich verlaufen. Diejenigen Erwachsenen hingegen, die das Kind mit kaltem Wasser übergießen oder drohen, es nicht mehr lieb zu haben und zu verlassen, schütten nur Öl in das Feuer.

Anmerkungen

1 Der Übersetzung wird die im deutschen Sprachraum übliche Alterseinteilung der Entwicklung des Kindes und Jugendlichen zugrundegelegt (vgl. Harbauer 1974): Geburt – zweite Lebenswoche: Neugeborenenzeit; zweite Wochte – Ende des ersten Lebensjahres: Säuglingszeit; zweites – drittes Lebensjahr: Kleinkindzeit; viertes – fünftes Lebensjahr: Vorschulalter; sechstes – elftes/zwölftes Lebensjahr: mittlere und späte Kindheit; ab zwölftes/dreizehntes Lebensjahr: Reifealter oder Adoleszenz. Diese Altersabschnitte entsprechen mit geringfügigen Abweichungen den Kapiteleinteilungen des Originals.

2 In der Bundesrepublik werden Untersuchungen über das Verhaltensinventar neugeborener Kinder vor allem von kinderärztlicher Seite und im Rahmen von fachübergreifenden Forschungsansätzen in der Sozialpädiatrie durchgeführt. Eine Übersicht über neuere wissenschaftliche, pädagogische und sozialmedizinische Ergebnisse geben Hellbrügge (1974) und Kiphard (1976).

3 Eine geeignete deutschsprachige Einführung gibt Langman (1974).

4 Einen auch für den Laien anschaulichen und breiten Überblick in deutscher Sprache gibt Dobzhansky (1965).

5 In der Bundesrepublik werden Entwicklungsskalen bzw. sog. „entwicklungsphysiologische Tabellen" in letzter Zeit zunehmend im Rahmen sozialpädiatrischer und frühpädagogischer Programme eingesetzt, beispielsweise bei Vorsorgeuntersuchungen zur Früherkennung kindlicher Hirnschäden oder bei der Überprüfung der Wirksamkeit von Anregungsprogrammen in Kinderkrippen und anderen Institutionen außerfamiliärer Betreuung von Säuglingen und Kleinkindern. Entwicklungstabellen, die für den deutschsprachigen Bereich standardisiert sind, finden sich u. a. bei Hellbrügge u. Pechstein (1968), Hellbrügge u. Mitarb. (1973), Flehmig (1974),Kiphard (1976) und in einer popularisierten Form in der Zeitschrift „Eltern" (1976).

6 Das Buch von Spock hat in der deutschen Übersetzung großen Einfluß auf das Pflegeverhalten deutscher Eltern gehabt (Spock 1962). In Westberlin erhalten alle Eltern, deren Kind in Berlin geboren wird, regelmäßig die von einem Autorenteam aus Psychologen, Ärzten, Soziologen und Pädagogen erarbeiteten und vom Arbeitskreis Neue Erziehung herausgegebenen „Elternbriefe vom 1. bis zum 8. Lebensjahr" (1974), früher „Peter-Pelikan-Briefe", kostenlos zugeschickt. Diese Briefe machen die Eltern in chronologischer Abfolge mit den zeitlich jeweils besonders akuten Problemen in der Entwicklung, Pflege und Erziehung des Kindes vertraut. Sie können auch gegen einen Unkostenbeitrag gesammelt vom Arbeitskreis Neue Erziehung, Kurfürstendamm, 1 Berlin 10, bezogen werden. Über die pädagogische Wirksamkeit der „Peter-Pelikan-Briefe" berichten Petri u. Mitarb. (1975).

7 Unter „Äquivalenzbereich" verstehen die Autoren die Menge aller Gegenstände, die vom Kind als so ähnlich aufgefaßt werden, daß es auf sie mit einer gleichartigen Verhaltensweise reagiert.

8 SPITZ (1969), der seine Beobachtungen vorwiegend an entwicklungsverzögerten Säuglingen machte, nannte diese Angst „Acht-Monats-Angst", ein Ausdruck, der sich im deutschen Sprachraum eingebürgert hat, obwohl darin das Auftreten der Angst vor Fremden relativ spät datiert wird.

9 Eine deutschsprachige Einführung in PIAGETS Gesamtwerk gibt PETTER (1966). In seinem Buch „Psychologie der Intelligenz" (1971) hat PIAGET selbst noch einmal, allerdings auf einem hohen Abstraktionsniveau, seine wichtigsten Gedanken über die geistige Entwicklung des Kindes zusammengefaßt.

10 Eine deutschsprachige Einführung findet sich in ERIKSON (1971).

11 Eine Zusammenfassung der älteren Ergebnisse gibt SCHMALOHR (o. J.). Die neuere Literatur referieren MOOG u. MOOG (1973).

12 Neben der Schilderung dieses mittelalterlichen Chronisten stellt SCHMALOHR (o. J.) auch die verschiedenen Geschichten über Wolfskinder u. ä. zusammen. Unter der Überschrift „Nichts Affenähnliches festgestellt" (Der Tagesspiegel, 5. 6. 1976) berichteten die Nachrichtenagenturen im Sommer 1976 über den angeblichen „Affenjungen John" in Kenia, der sich bei näherer Untersuchung durch zwei amerikanische Psychologen als schwachsinniges Kind erwies, das seit seiner Geburt in einer Nervenheilanstalt in Afrika gelebt hatte.

13 Eine zusammenfassende Darstellung der Mutter-Kind-Beziehung bei Rhesusaffen geben HARLOW u. HARLOW (1971) und HASSENSTEIN (1973).

14 Deutsch: LORENZ (1968).

15 Ähnliche Bemühungen, das elterliche Erziehungsverhalten mit Hilfe weniger Dimensionen zu beschreiben, liegen im deutschsprachigen Raum u. a. bei TAUSCH u. TAUSCH (1970) und STAPF, K. H. u. Mitarb. (1972) vor.

16 Über Ausmaß und psychische Folgen von Gewalt gegen Kinder in der Bundesrepublik Deutschland berichten BAST, H. u. Mitarb. (1975) sowie PETRI, H. und LAUTERBACH, M. (1975). Die Ideologie, die Prügel als Erziehungsmittel legitimiert, wird kritisch von HORN, K. (1967) analysiert.

17 Zu erheblichen Unsicherheiten kommt es immer dort, wo unterschiedliche kulturelle Einstellungen aufeinanderstoßen. Gastarbeiterkinder sind nach den Maßstäben deutscher Kindergärtnerinnen in der Regel überernährt. Meistens setzen die Kindergärtnerinnen die ausländischen Babys daher auf eine unfreiwillige Diät, die die besorgten Mütter dann abends durch reichhaltige Portionen wieder ausgleichen. Die Leidtragenden sind die Kinder, die periodisch zwischen Überfütterung und Unterernährung hin- und hergerissen werden.

18 Eine psychoanalytische Deutung der unausgesprochenen Erwartungen von Eltern an Kinder und die gelegentlich daraus entstehenden neurotischen Fehlentwicklungen gibt RICHTER, H. E. (1967).

[19] Gut verständliche Einführungen in die psychoanalytische Theorie geben BALLY, G. (1968) und BRENNER, Ch. (1967).

[20] Die verschiedenen Gesetze des klassischen und operanten Konditionierens werden von ANGERMEIER, W. F. (1972) und ANGERMEIER, W. F., PETERS, M. (1973) übersichtlich dargestellt. Ein programmierter Unterrichtstext über die Lerngesetze ist von HOLLAND, J. G., SKINNER, B. F. (1974) erarbeitet worden. Einen umfassenden und fundierten Überblick über die Geschichte und Systeme der Lerntheorie geben HILGARD, E. H., BOWER, G. H. (1971).

[21] Seit Anfang der 70er Jahre setzte sich die Verhaltenstherapie auch in Deutschland als therapeutische Methode durch und zählt heute neben der Psychoanalyse und der klientenzentrierten Gesprächspsychotherapie (ROGERS, C. R., 1972, 1973) zu den anerkannten Therapieformen. Einführungen geben MEYER, V., CHESSER, E. S. (1971) und KANFER, F. H., PHILLIPS, J. S. (1975). Eine Übersicht über Ergebnisse der Verhaltenstherapie bei Kindern findet man bei KUHLEN, V. (1974).

[22] Deutsch: SKINNER (1970, 1973).

[23] Als deutschsprachige Ausgaben liegen zwei Werke von LEWIN vor (1963, 1969).

[24] Obwohl größere systematische Untersuchungen noch fehlen, kann man den Unterschied zwischen den beiden Sprachstilen auch für die Bundesrepublik als gesichert annehmen (vgl. NIEPOLD, W., 1970; OEVERMAN, U., 1974).

[25] Eine ähnliche Auffassung vertrat bereits 1918 der bedeutende deutsche Entwicklungs- und Sprachpsychologe K. BÜHLER (1918, 1934). Er bezeichnet das Motiv, das der spielerischen Ausübung von Tätigkeiten zugrundeliegt, als *Funktionslust*.

[26] Einen Überblick über die Forschung geben HÖRMANN, H. (1970) und LENNEBERG, E. H. (1971).

[27] Die Autoren verwenden im Original den Begriff „self-awareness“ und meinen damit das Bewußtsein des Kindes über sich selbst, insbesondere von seinem eigenen Körper. Der deutsche Begriff „Selbstbewußtsein“ als Übersetzung dafür wird oft auch in einem anderen Sinne verwendet, nämlich als Synonym für Selbstvertrauen. Wir benutzen in der Übersetzung den Begriff zunächst in seiner erstgenannten Bedeutung.

[28] In der Bundesrepublik ist seit einigen Jahren ein Gerät im Gebrauch, das ähnlich technisch konstruiert ist. Es verwendet als bedingten Reiz ein Klingelsignal. STEGAT (1973 a, b) berichtet über Erfolgsquoten beim Einsatz des Gerätes von 86% bei 87 Patienten.

[29] BETTLHEIM, B. (1971) berichtet über Erfahrungen mit der israelischen Kibbuzerziehung. In den Kibbuzim wachsen die Kinder vom Säuglingsalter an in Kindergruppen in Säuglingshäusern mit zeitlich geringem Kontakt zu den leiblichen Eltern auf. Die Kibbuzkinder sollen im Vergleich zu westeuropäischen und amerikanischen Kindern selbstsicherer und kontaktfreudiger zu Gleichaltrigen sein und geschwisterähnliche Bindungen untereinander entwickeln. Weitere Untersuchungen über Auswirkungen der Kibbuzerziehung referiert FÜRSTENAU, P. (1971).

Deutschsprachige Literatur

Angermeier, W. F.: Kontrolle des Verhaltens. Springer, Berlin 1972

Angermeier, W. F., M. Peters: Bedingte Reaktionen, Springer, Berlin 1973

Arbeitsgruppe Vorschulerziehung: Anregungen I: Zur pädagogischen Arbeit im Kindergarten. Juventa Verlag, München 1973

Arbeitsgruppe Vorschulerziehung: Anregungen II: Zur Ausstattung des Kindergartens, 2. Aufl. Juventa Verlag, München 1974

Arbeitskreis Neue Erziehung: Elternbriefe vom 1. bis zum 8. Lebensjahr. Berlin 1974

Autorenkollektiv: Frühbehandlung und Integration behinderter Kinder. Therapiezentrum Friedenau e. V., Berlin 1975

Bally, G.: Einführung in die Psychoanalyse Sigmund Freuds. Rowohlt, Hamburg 1968

Barow-Bernstorff, E., K. H. Günther, M. Krecker, H. Schuffenhauer: Beiträge zur Geschichte der Vorschulerziehung. VEB Volk u. Wissen, Berlin (Ost) 1971

Bast, H., A. Bernecker, J. Kastien, G. Schmitt, R. Wolff: Gewalt gegen Kinder. Rowohlt, Hamburg 1975

Becker, A., E. Niggenmeyer: Ich bekomme einen Bruder. Maier, Ravensburg 1973

Bericht über die Lage der Psychiatrie in der BRD – Zur psychiatrischen und psychotherapeutischen/psychosomatischen Versorgung der Bevölkerung. Bundestagsdrucksache 7/4200, Bonn 1975

Bettelheim, B.: Die Kinder der Zukunft. Molden, München 1971

Bloom, B. S.: Stabilität und Wandel menschlicher Merkmale. Beltz, Weinheim 1971

Brandt, G. A.: Psychologie und Psychopathologie für soziale Berufe. Luchterhand, Neuwied 1972

Brenner, Ch.: Grundzüge der Psychoanalyse. Fischer, Frankfurt a. M. 1967

Brickenkamp, R.: Handbuch psychologischer und pädagogischer Test. Hogrefe, Göttingen 1975

Bühler, K.: Die geistige Entwicklung des Kindes. Fischer, Jena 1918

Bühler, K.: Sprachtheorie. Fischer, Jena 1934

Claësson, B. H.: Sexualinformationen für Jugendliche. Verlag Neue Kritik, Frankfurt a. M. 1969

Claësson, B. H.: Vom Lieben und Kinderkriegen – Sexualinformationen für Kinder. Verlag Neue Kritik, Frankfurt a. M. 1973

Dobzhansky, Th.: Dynamik der menschlichen Evolution. S. Fischer, Frankfurt a. M. 1965

Dührssen, A.: Psychogene Erkrankungen bei Kindern und Jugendlichen, 10. Auflage. Vandenhoek & Rupprecht, Göttingen 1974

„Eltern": Was kann Ihr Kind, was muß es können? I u. II, Heft 4/5, 1976

Erikson, E. H.: Identität und Lebenszyklus. Suhrkamp, Frankfurt a. M. 1971

Fatke, R.: Warum die Intelligenzdebatte wieder aufgewärmt wird, in: Psychologie heute, 1975, 2

Flehmig, I.: Früherkennung zerebraler Bewegungsstörungen, Wiss. Beiblatt zu Materia Medica Nordmark, Nr. 67, 1974

Frederking, U.: Häufigkeit, somatische und soziale Bedingungen von Verhaltensstörungen zehnjähriger Schulkinder, I u. II, in: Praxis der Kinderpsychologie und Kinderpsychiatrie, 24, 1975

Friedberg, Hiersche: Geburtshilfe, Ein kurzgefaßtes Lehrbuch, Thieme, Stuttgart 1975

Fürstenau, P.: Soziologie der Kindheit. Quelle & Meyer, Heidelberg 1971

Goldstein, M., W. McBride: Lexikon der Sexualaufklärung. S. Fischer, Frankfurt a. M. 1972

Graumann, C. F.: Denken, 4. Aufl. Kiepenheuer & Witsch, Köln 1969

Greene, H.: Ich hab' Dir nie einen Rosengarten versprochen, 4. Aufl. Radius Verlag, Karlsruhe 1967

Grissemann, H.: Die Legasthenie als Deutungsschwäche. Huber, Bern 1972

Harbauer, H., R. Lempp, G. Nissen, P. Strunk: Lehrbuch der speziellen Kinder- und Jugendpsychiatrie, 2. Aufl. Springer, Berlin 1974

Harlow, H. F., M. Harlow: Das Erlernen der Liebe, in: Praxis der Kinderpsychologie und Kinderpsychiatrie, 20, 1971

Hassenstein, B.: Verhaltensbiologie des Kindes. Piper, München 1973

Hellbrügge, Th.: Kindliche Sozialisation und Sozialentwicklung. Urban & Schwarzenberg, München 1975. Fortschritte der Sozialpädiatrie, Band 2

Hellbrügge, Th., J. Pechstein: Entwicklungsphysiologische Tabellen für das Säuglingsalter. Fortschritte der Medizin, „FdM-Tabellen für die Praxis" Nr. 11 und 14, 1968

Hellbrügge, Th., D. Menara, R. Reiner-Schamberger, S. Stünkel: Funktionelle Entwicklungsdiagnostik im 2. Lebensjahr. Fortschritte der Medizin, „FdM-Tabellen für die Praxis", Nr. 13, 1971

Herrnstein, R. J.: Chancengleichheit eine Utopie? Deutsche Verlags Anstalt, Stuttgart 1974

Hilgard, E. R., G. H. Bower: Theorien des Lernens, Band I u. II, 2. Aufl. Klett, Stuttgart 1971

Hippler, B., W. Scholz: Token-Verstärkungssysteme in der Schule. In: Handbuch der Verhaltenstherapie, hrsg. von Ch. Kraiker. Kindler, München 1974

Hörmann, H.: Psychologie der Sprache. Springer, Berlin 1970

Holland, J. G., B. F. Skinner: Analyse des Verhaltens, 2. Aufl. Urban & Schwarzenberg, München 1974

Horn, K.: Dressur oder Erziehung. Suhrkamp, Frankfurt a. M. 1967

Kanfer, F. H., J. S. Phillips: Lerntheoretische Grundlagen der Verhaltenstherapie. Kindler, München 1975

Keupp, H.: Psychische Störungen als abweichendes Verhalten. Urban & Schwarzenberg, München 1972

Kiphard, E. J.: Wie weit ist ein Kind entwickelt? Verlag Modernes Lernen, Dortmund 1976

Klosinski, G., R. Lempp, M. Müller-Küppers: Die Bedeutung der frühkindlichen Hirnschädigung bei schulschwierigen Kindern. In: Praxis der Kinderpsychologie und Kinderpsychiatrie, 21, 1972

Knudsen, P. H.: Wie Vater und Mutter ein Kind bekommen, Quelle & Meyer, Heidelberg 1972

Kuhlen, V.: Verhaltenstherapie im Kindesalter, 4. Aufl. Juventa-Verlag, München 1974

Langman: Medizinische Embryologie, 3. Aufl. Thieme, Stuttgart 1974

Larbig, W.: Zum kindlichen Todeserleben und zur Situation des todkranken Kindes im Krankenhaus. In: Praxis der Kinderpsychologie und Kinderpsychiatrie, 23, 1974, Heft 7

Lehr, U.: Die Rolle der Mutter in der Sozialisation des Kindes. Steinkopff, Darmstadt 1974

Lempp, R.: Frühkindliche Hirnschädigung und Neurose, 2. Aufl. Huber, Bern 1970

Lempp, R.: Organische Psychosyndrome. In: Harbauer u. a. (1974)

Lenneberg, E. H.: Biologische Grundlagen der Sprache. Suhrkamp, Frankfurt a. M. 1971

Leutner: Internationale Entwicklung der Müttersterblichkeit nach Todesursachen unter besonderer Berücksichtigung der DDR. In: Zur Entwicklung der Säuglingssterblichkeit in der BRD und DDR und der Müttersterblichkeit, hrsg. von H. Harmsen. Eigenverlag, Hamburg 1974

Lewin, K.: Feldtheorie in den Sozialwissenschaften. Huber, Bern 1963

Lewin, K.: Grundzüge der topologischen Psychologie. Huber, Bern 1969

Lienert, G. A.: Testaufbau und Testanalyse, 3. Aufl. Beltz, Weinheim 1969

Lorenz, K.: Über menschliches und tierisches Verhalten – Gesammelte Abhandlungen, Band I u. II. Piper, München 1968

Menschik, J.: Grundlagentexte zur Emanzipation der Frau. Pahl-Rugenstein, Köln 1976

Meyer, V., E. S. Chesser: Verhaltenstherapie in der klinischen Psychiatrie. Thieme, Stuttgart 1971

Moog, W., E. S. Moog: Die entwicklungspsychologische Bedeutung von Umweltsbedingungen im Säuglings- und Kleinkindalter, 2. Aufl. Marhold, Berlin 1973

Niepold, W.: Sprache und soziale Schicht. Spieß, Berlin 1970

Nissen, G.: Mengenlehre und eine neue Lernschwäche. In: Praxis der Kinderpsychologie und Kinderpsychiatrie 24, 1975

Oeverman, U.: Schichtspezifische Formen des Sprachverhaltens und ihr Einfluß auf die kognitiven Prozesse. In: Roth, H.: Begabung und Lernen, Gutachten und Studien der Bildungskommission des Deutschen Bildungsrats, Band IV, 9. Aufl. Klett, Stuttgart 1974

Petri, H., M. Lauterbach: Gewalt in der Erziehung. Fischer Athenäum, Frankfurt a. M. 1975

Petri, H., G. Kehr, V. Paeschke, E. Thieme, Ch. Gaedt: Erziehung und Aufklärung. In: Praxis der Kinderpsychologie und Kinderpsychiatrie 24, 1975

Petter, G.: Die geistige Entwicklung des Kindes im Werk von J. Piaget. Huber, Bern 1966

Piaget, J.: Psychologie der Intelligenz. Walter, Olten 1971

Plank, E.: Hilfen für Kinder im Krankenhaus. Reinhardt, München 1973

Richter, H. E.: Eltern, Kind und Neurose, 2. Aufl. Rowohlt, Hamburg 1967

Robertson, J.: Kinder im Krankenhaus. Reinhardt, München 1973

Rogers, C. R.: Die nicht-direktive Beratung, 2. Aufl. Kindler, München 1972

Rogers, C. R.: Die klientbezogene Gesprächstherapie. Kindler, München 1973

Roth, H.: Begabung und Lernen, Band IV der Gutachten und Studien der Bildungskommission des Deutschen Bildungsrats. Klett, Stuttgart 1969

Roth, E., W. D. Oswald, K. Daumenlang: Intelligenz, 2. Aufl. Kohlhammer, Stuttgart 1973

Schmalohr, E.: Frühe Mutterentbehrung bei Mensch und Tier. Kindler, München o. J.

Schmidt, G. W.: Leitfaden der Säuglings- und Kinderheilkunde, 3. Aufl. Troponwerke, Köln 1967

Schmidt-Kolmer: Pädagogische Aufgaben und Arbeitsweise der Krippen. VEB Volk und Gesundheit, Berlin (Ost) 1970

Schwarzer, A.: Der „kleine Unterschied" und seine großen Folgen. S. Fischer, Frankfurt 1975

Seiler, T. B.: Kognitive Strukturiertheit. Kohlhammer, Stuttgart 1973

Skinner, B. F.: Futurum Zwei. Wegner, Hamburg 1970

Skinner, B. F.: Jenseits von Freiheit und Würde. Rowohlt, Hamburg 1973

Speichert, H.: Wie die Begabung „vererbt“ wird. In: Betrifft: Erziehung, Sonderheft I, 1972, Seite 11–13

Der Spiegel: „Schule: Es gibt keine fröhliche Jugend mehr“, Heft 23, 30, Mai 1976

Spitz, R.: Vom Säugling zum Kleinkind, 2. Aufl. Klett, Stuttgart 1969

Spock, B.: Säuglings- und Kinderpflege. Ullstein, Berlin 1962

von Staabs, G.: Der Sceno-Test, 4. Aufl. Huber, Bern 1971

Stapf, K. H., Th. Herrman, A. Stapf, K. H. Stäcker: Psychologie des elterlichen Erziehungsstils. Huber, Bern 1972

Steuber, H.: Zur Häufigkeit von Verhaltensstörungen im Grundschulalter. In: Praxis der Kinderpsychologie und Kinderpsychiatrie, 22, 1973

Stegat, H.: Enuresis-Behandlung des Bettnässens. Springer, Berlin 1973 a

Stegat, H.: Die Verhaltenstherapie der Enuresis. In: Praxis der Kinderpsychologie und Kinderpsychiatrie, 22, 1973 b

Stürzbecher: Betrachtungen über die Säuglingssterblichkeit in der Bundesrepublik und der DDR sowie in Berlin. In: Zur Entwicklung der Säuglingssterblichkeit in der BRD und der DDR und der Müttersterblichkeit, hrsg. von H. Harmsen. Hamburg 1974

Der Tagesspiegel: „Nichts Affenähnliches festgestellt.“ 5. 6. 1976

Tausch, R., A. M. Tausch: Erziehungspsychologie, 5. Aufl. Hogrefe, Göttingen 1970

Thalmann, H. C.: Verhaltensstörungen bei Kindern im Grundschulalter. Klett, Stuttgart 1971

Valtin, R.: Legasthenie-Theorien und Untersuchungen, Beltz, Weinheim 1970

Veeneklaas, G. M. H., J. I. A. Gobeé, W. J. van der Kloot Meijburg: Kind im Krankenhaus. Thieme, Stuttgart 1975

Vilar, E.: Der dressierte Mann, Bertelsmann, Gütersloh 1971

Wegener, H.: Die Minderbegabten und ihre sonderpädagogische Förderung. In: Begabung und Lernen – Gutachten und Studien der Bildungskommission des Deutschen Bildungsrats, Band IV, 9. Aufl., hrsg. von H. Roth. Klett, Stuttgart 1974

Widlöcher, D.: Was eine Kinderzeichnung verrät. Kindler, München 1974

Wing, J. K. (Hrsg.): Frühkindlicher Autismus. Beltz, Weinheim 1973

Zimmer, D. E.: Der Streit um die Intelligenz. Hanser, München 1974

Literatur

Achenbach, T. M. The classification of children's psychiatric symptoms: A factor analytic study. *Psychological Monographs,* 1966, 80, no. 6.

Ader, R. F. Social factors affecting emotionality and resistance to disease in animals: III. Early weaning and susceptibility to gastric ulcers in the rat. A control for nutritional factors. *Journal of Comparative and Physiological Psychology,* 1962, 55, 600–602.

Ainsworth, M. D. S. *Infancy in Uganda.* Baltimore: Johns Hopkins University Press, 1967.

Ainsworth, M. D. S., Bell, S. M. V., & Stayton, D. J. Individual differences in strange-situation behavior of one-year-olds. In *The Origins of Human Social Relations,* hrsg. von H. R. Schaffer. London: Academic Press, 1971.

Alain-Fournier, H. *The Wanderer.* New York: New Directions, 1946.

Albee, G. W. The uncertain future of clinical psychology. *American Psychologist,* 1970, 25, 1071–1080.

Allen, K. E., Hart, B., Buell, J. S., Harris, F. R., & Wolf, M. M. Effects of social reinforcement on isolate behavior of a nursery school child. *Child Development,* 1964, 35, 511–518.

Allport, G. W. *The Use of Personal Documents in Psychological Science.* New York: Social Science Research Council, 1942.

Allport, G. W. The fruits of eclecticism–bitter or sweet? *Psychologia,* 1964, 7, 1–14.

Altmann, S. A. Primate behavior in review. *Science,* 1965, 150, 1440–1442.

Altmann, S. A. (Hrg.) *Social Communication among Primates.* Chicago: University of Chicago Press, 1966.

Altus, W. D. First born and last born children in a child development clinic. *Journal of Individual Psychology,* 1964, 20, 179–182.

Altus, W. D. Birth order and its sequelae. *Science,* 1966, 151, 44–49.

Ambrose, J. A. The development of the smiling response in early infancy. In *Determinants of Infant Behavior,* hrsg. von B. M. Foss. New York: Wiley, 1961.

Ambrose, [J.] A. Remarks. In *Stimulation in Early Infancy,* hrsg. von [J.] A. Ambrose. New York: Academic Press, 1969.

American Psychological Association. Education for research in psychology. *American Psychologist,* 1960, 15, 158–159.

Ames, L. B., & Learned, J. Imaginary companions and related phenomena. *Journal of Genetic Psychology,* 1946, 69, 147–167.

Anastasi, A. Heredity, environment, and the question "How?" *Psychological Review,* 1958, 65, 197–208.

Anastasi, A. Psychology, psychologists, and psychological testing. *American Psychologist,* 1967, 22, 297–306.

Anonymous. Baby center adds ideas to its T. L. C., and Moscow is split on nursery issue. *New York Times,* March, 22, 1971, 35.

Anonymous. New Hampshire girls may still marry at 13. *New York Times,* June 8, 1971, 19.

Apgar, V. Perinatal problems and the central nervous system. In *The Child with Central Nervous System Deficit,* U. S. Department of Health, Education, and Welfare, Welfare Administration, Children's Bureau. Washington, D. C.: U. S. Government Printing Office, 1965.

Apley, J., Davies, J., Davis, D. R., & Silk, B. Dwarfism without apparent physical cause. *Proceedings of the Royal Society of Medicine,* 1971, 64, 135–138.

Ardrey, R. *The Territorial Imperative.* New York: Atheneum, 1966.

Aries, P. *Centuries of Childhood.* New York: Knopf, 1962.

Arluck, E. W. *Hypnoanalysis: A Case Study.* New York: Random House, 1964.

Aronson, E., & Rosenbloom, S. Space perception in early infancy: Perception within a common auditory-visual space. *Science,* 1971, 172, 1161–1163.

Asch, S. E. Studies in the principles of judgments and attitudes: II. Determination of judgments by group and ego standards. *Journal of Social Psychology,* 1940, 12, 433–465.

Asch, S. E., & Nerlove, H. The development of Double function terms in children. In *Perspectives in Psychological Theory,* hersg. von B. Kaplan & S. Wapner. New York: International Universities Press, 1960.

Ashton-Warner, S. *Teacher.* New York: Simon & Schuster, 1963.

Azrin, N. Pain and aggression. *Psychology Today,* May 1967, 27–33.

Babkin, P. S. The establishment of reflex behavior in early postnatal life. *Central Nervous System and Behavior,* 1956, 44, 10.

Ball, W., & Tronick, E. Infant responses to impending collision: Optical and real. *Science,* 1971, 171, 818–820.

Baltimore City Public Schools. *An Early School Admission Project: Progress Report 1963–1964.* Baltimore: Baltimore City Public Schools, 1964.

Bandura, A. (Hrg.) *Psychological Modeling.* Chicago: Aldine-Atherton, 1971.

Bandura, A., Ross, D., Ross, S. A. A comparative test of the status envy, social power, and secondary reinforcement theories of identificatory learning. *Journal of Abnormal and Social Psychology,* 1963, 67, 527–534.

Barker, R. G., Dembo, T., & Lewin, K. Frustration and regression: An experiment with children. *University of Iowa Studies in Child Welfare,* 1941, 18, no. 1.

Bartoshuk, A. K. Human neonatal cardiac responses to sound: A power function. *Psychonomic Science,* 1964, 1, 151–152.

Bateson, G., Jackson, D., Haley, J., & Weakland, J. Toward a theory of schizophrenia. *Behavioral Science,* 1956, 1, 251–264.

Bateson, G., & Mead, M. *Balinese Character.* New York: New York academy of Sciences, 1942.

Bayley, N. *Manual for the Bayley Scale of Infant Development.* New York: Psychological Corporation, 1969.

Beals, R. L., & Hoijer, H. *Introduction to Anthropology.* (3rd ed.) New York: Macmillan, 1965.

Beckwith, L. Relationships between infants' vocalizations and their mothers' behaviors. *Merrill-Palmer Quarterly,* 1971, 17, 211–226.

Bee, H. L., et al. Social class differences in maternal teaching strategies and speech patterns. *Developmental Psychology,* 1969, 1, 726–734.

Bell, R. Q. A reinterpretation of the direction of effects in studies of socialization. *Psychological Review,* 1968, 75, 81–95.

Bell, R. Q. Stimulus control of parent or caretaker behavior by offspring. *Developmental Psychology,* 1971, 4, 63–72.

Bell, R. Q., Weller, G. M., & Waldrop, M. F. Newborn and preschooler: Organization of behavior and relations between periods. *Monographs of the Society for Research in Child Development,* 1971, 36, nos. 1–2.

Bell, S. M. V. The effectiveness of various maternal responses as terminators of crying. Paper presented at meetings of the Society for Research in Child Development 1971.

Bellugi, U. Simplification in children's language. In *Language Acquisition,* hrsg. von R. Huxley and E. Ingram. London and New York: Academic Press, 1971.

Benedict, R. Continuities and discontinuities in cultural conditioning. *Psychiatry,* 1938, 1, 161–167.

Bennett, E. L., Diamond, M. C., Krech, D., & Rosenzweig, M. R. Chemical and anatomical plasticity of brain. *Science,* 1964, 146, 610–619.

Bennett, R., & Nahemov, L. Institutional totality and criteria of social adjustment in residences for the aged. *Journal of Social Issues,* 1965, 21, 44–78.

Bereiter, C., & Engelmann, S. *Teaching Disadvantaged Children in the Preschool.* Englewood Cliffs, N. J.: Pretice-Hall, 1966.

Berenda, R. W. *The Influence of the Group on the Judgments of Children.* New York: King's Crown Press, 1950.

Bernstein, B. Language and social class. *British Journal of Sociology,* 1960, 11, 271–276.

Bernstein, B. Elaborated and restricted codes: Their social origins and some consequences. *American Anthropologist,* 1964, 66, no. 6, part 2, 55–69.

Berzonsky, M. D. Interdependence of Inhelder and Piaget's model of logical thinking. *Developmental Psychology,* 1971, 4, 469–476.

Bettelheim, B. Joey: A "mechanical boy." *Scientific American,* März 1959.

Bettelheim, B. *The Empty Fortress.* New York: Free Press, 1967.

Bexton, W. H., Heron, W., & Scott, T. H. Effects of decreased variation in the sensory environment. *Canadian Journal of Psychology,* 1954, 8, 70–76.

Bialer, I. Conceptualizations of success and failure in mentally retarded and normal children. *Journal of Personality,* 1961, 29, 303–320.

Biber, B. Premature structuring as a deterrent to creativity. *American Journal of Orthopsychiatry,* 1959, 29, no. 2; *Bank Street College of Education Publications,* no. 67.

Billington, W. D. Trophoblast extensions from the placenta. *Proceedings of the Royal Society of Medicine,* 1970, 63, 57–59.

Birch, H. G., & Lefford, A. Intersensory development in children. *Monographs of the Society for Research in Child Development,* 1963, 28, no. 5.

Birns, B. Individual differences in human neonates' responses to stimulation. *Child Development,* 1965, 36, 249–256.

Bitterman, M. E., Wodinsky, J., & Candland, D. K. Some comparative psychology. *American Journal of Psychology,* 1958, 71, 94–110.

Blank, M., & Bridger, W. H. Cross-modal transfer in nursery-school children. *Journal of Comparative and Physiological Psychology,* 1964, 58, 277–282.

Blank, M., & Solomon, F. A tutorial language program to develop abstract thinking in socially disadvantaged preschool children. *Child Development,* 1968, 39, 379–389.

Blank, M. & Solomon F. How shall the disadvantaged child be taught? *Child Development*, 1969, 40, 47–61.

Blauvelt, H. Dynamics of the mother-newborn relationship in goats. In *Group Processes*, hrsg. von B. Schaffner. New York: Macy Foundation, 1955.

Blauvelt, H., & McKenna, J. Capacity of the human newborn for orientation. In *Determinants of Infant Behavior*, hrsg. von B. M. Foss, New York: Wiley, 1961.

Bousfield, W. A. The occurrence of clustering in the recall of randomly arranged associates. *Journal of General Psychology*, 1953, 49, 229–240.

Bower, T. G. R. Discrimination of depth in premotor infants. *Psychonomic Science*, 1964, 1, 368.

Bower, T. G. R. Stimulus variables determining space perception in infants. *Science*, 1965, 149, 88–89.

Bower, T. G. R. Perceptual functioning in early infancy. In *Brain and Early Behavior*, hrsg. von R. J. Robinson. New York and London: Academic Press, 1969.

Bower, T. G. R., Broughton, J. M., & Moore, M. K. Demonstration of intention in the reaching behaviour of neonate humans. *Nature*, 1970 a, 228, 679–681.

Bower, T. G. R., Broughton, J. M., & Moore, M. K. Infant responses to approaching objects. *Perception and Psychophysics*, 1970 b, 9, 193–196.

Bower, T. G. R., Broughton, J. M., & Moore, M. K. Development of the object concept as manifested by changes in the tracking behavior of infants between 7 and 20 weeks of age. *Journal of experimental Child Psychology*, 1971.

Bower, W. A., Brackbill, Y., Conway, E., & Steinschneider, A. The effects of obstetrical medication on fetus and infant. *Monographs of the Society for Research in Child Development*, 1970, 35, no. 4.

Bowlby, J. *Attachment and Loss*. Vol. 1. *Attachment*. New York: Basic Books, 1969.

Brackbill, Y., & O'Hara, J. The relative effectiveness of reward and punishment for discrimination learning in children. *Journal of Comparative and Physiological Psychology*, 1958, 51, 747–751.

Brady, R. O., Uhlendorf, B. W., & Jacobson, C. B. Fabry's disease: Antenatal detection. *Science*, 1971, 172, 174–175.

Braine, M. D. S., Heimer, C. B., Wortis, H., & Freedman, A. M. Factors associated with impairment of the early development of prematures. *Monographs of the Society of Research in Child Development*, 1966, 31, no. 4.

Brazelton, T. B. Behavioral and neurological assessment scale. Unveröff. Manuskript.

Brian, C. R., & Goodenough, F. L. Relative potency of color and form perception at various ages. *Journal of Experimental Psychology*, 1929, 12, 197–213.

Bridges, K. M. B. Emotional development in early infancy. *Child Development*, 1932, 324–341.

Brody, J. E. Study of adolescents confirms some beliefs on marijuana use. *New York Times*, September 15, 1971, 40.

Bronfenbrenner, U. *Two Worlds of Childhood: U.S. and U.S.S.R.* New York: Russel Sage Foundation, 1970.

Bronowski, J., & Bellugi, U. Language, name, and concept. *Science*, 1970, 168, 669–673.

Bronson, G. Infants' reactions to an unfamiliar person. Paper presented at meetings of the Society for Research in Child Development, 1971.

Brophy, J. E. Mothers as teachers of their own preschool children. *Child Development*, 1970, 41, 79–94.

Brown, F. A. Living clocks. *Science*, 1959, 130, 1535–1544.

Bruce, H. M. A block to pregnancy in the mouse caused by the proximity of strange males. *Journal of Reproductive Fertility*, 1960, 1, 96.

Bruner, J. S. *The Process of Education*. Cambridge: Harvard University Press, 1960.

Bruner, J. S. After John Dewey, what? *Saturday Review*, 17. Juni, 1961; *Bank Street College of Education Publications*, 1961, no. 54.

Bruner, J. S. *On Knowing*, Cambridge: Harvard University Press–Belknap Press, 1962.

Bruner, J. S. *Process of Cognitive Growth: Infancy*. Worcester, Mass.: Clark University Press, 1968.

Bunce, G. E. Milk and blindness in Brazil. *Natural History*, February 1969, 52–55.

Burghardt, G. M., & Hess, E. H. Food imprinting in the snapping turtle, Chelydra serpentina. *Science*, 1966, 151, 108–109.

Burton, R. V. Validity of retrospective reports assessed by the multi-trait-multimethod analysis. *Developmental Psychology Monographs*, 1970, 3, no. 3, part 2.

Cairns, N. U., & Steward, M. S. Young children's orientation of letters as a function of axis of symmetry and stimulus alignment. *Child Development*, 1970, 41, 993–1002.

Caldwell, B. M. Mother-infant interaction in monomatric and polymatric families. *American Journal of Orthopsychiatry*, 1963, 33, 653–664.

Caldwell, B. M. The effects of infant care. In *Review of Child Development Research*, vol. 1, hrsg. von M. L. Hoffman and L. W. Hoffman. New York: Russell Sage Foundation, 1964.

Caldwell, B. M. Impact of interest in early cognitive stimulation. In *Perspective in Child Psychopathology*, hrsg. von H. E. Rie. Chicago: Aldine-Atherton, 1971.

Calhoun, J. G. Population density and social pathology. *Scientific American*, February 1962, 139–148.

Campbell, D. T. Social attitudes and other acquired behavioral dispositions. In *Psychology: A Study of a Science*, vol. 6, hrsg. von S. Koch. New York: McGraw-Hill, 1963.

Campos, J. J., Langer, A., & Karowitz, A. Cardiac responses on the visual cliff in prelocomotor human infants. *Science*, 1970, 170, 196–197.

Cannon, W. B. *Wisdom of the Body*. New York: Norton, 1939.

Carlson, P., & Anisfeld, M. Some observations on the linguistic competence of a two-year-old child. *Child Development*, 1969, 40, 569–575.

Carne, S. The immigrant patient in general practice. *Proceedings of the Royal Society of Medicine*, 1970, 63, 629–631.

Carpenter, E., Varley, F., & Flaherty, R. *Eskimo*. Toronto: University of Toronto Press, 1959.

Carpenter, G. C., Tecce, J. J., Stechler, G., & Friedman, S. Differential behavior to human and humanoid faces in early infancy. *Merrill-Palmer Quarterly*, 1970, 16, 91–108.

Carr, H. S., & Watson, J. B. Orientation in the white rat. *Journal of Comparative Neurology*, 1908, 18, 27–44.

Carroll, J. B. (Hrg.) *Language, Thought, and Reality: Selected Writings of Benjamin Whorf*. New York and Cambridge: Wiley; M. I. T. Press, 1956.

Cary, J. *A House of Children*. New York: Harper, 1955.

Cattell, P. *Infant Intelligence Scale*. New York: Psychological Corporation, 1940.

Caudill, W., & Weinstein, H. Maternal care and infant behavior in Japanese and American urban middle class families. In *Yearbook of the International Sociological Association*, hrsg. von R. König and R. Hill 1966.

Caviness, J. A., & Gibson, J. J. The equivalence of visual and tactual stimulation for the perception of solid forms. Paper presented at meetings of the Eastern Psychological Association, 1962.

Cazden, C. B. Some implications of research on language development for pre-school education. In *Early Education*, hrsg. von R. D. Hess and R. M. Bear. Chicago: Aldine-Atherton, 1968 a.

Cazden, C. B. The acquisition of noun and verb inflections. *Child Development*, 1968 b 39, 433–448.

Cazden, C. B. Language in early childhood and reading: A review for 1969. Washington, D. C.: ERIC Clearinghouse in Linguistics, Hektrographie.

Cazden, C. B. The situation: A neglected source of social class differences in language use. *Journal of Social Issues*, 1970, 26, 35–59.

Center for Cognitive Studies, Harvard University. *Annual Report*, 1968–1969. Cambridge: Harvard University, Center for Cognitive Studies.

Charlesworth, W. R. Cognition in infancy: Where do we stand in the mid-sixties? *Merrill-Palmer Quarterly*, 1968, 14, 25–46.

Chastaing, M. Premiers sourires enfantins. In *Rencontre/Encounter/Begegnung*. Utrecht and Antwerp: Spectrum, 1957.

Chesler, M. A. Ethnocentrism and attitudes toward the physically disabled. *Journal of Personality and Social Psychology*, 1965, 2, 877–882.

Chesler, P. Maternal influences in learning by observation in kittens. *Science*, 1969, 166, 901–903.

Child Study Association. *Parents' Guide to Facts of Life for Children*. New York: Maco, 1965.

Chodoff, P. A critique of Freud's theory of infantile sexuality. *American Journal of Psychiatry*, 1966, 123, 507–518.

Chomsky, N. Review of *Verbal Behavior*, by B. F. Skinner. *Language*, 1959, 35, 26–58.

Chomsky, N. *Language and Mind*. New York: Harcourt, Brace & World, 1968.

Chomsky, N. The case against B. F. Skinner. *New York Review of Books*, December 30, 1971, 18–24.

Chukovsky, K. *From Two to Five*. Berkeley and Los Angeles: University of California Press, 1963.

Church, J. Innovations, excellence, and children's learning. *School and Society*, 1962, 90, 401–404; *Bank Street College of Education Publications*, 1962, no. 65.

Church, J. *Language and the Discovery of Reality*. New York: Vintage, 1966.

Church, J. (Hrg.) *Three Babies: Biographies of Cognitive Development*. New York: Vintage, 1968.

Church, J. Cognitive consequences of social disadvantage. Paper presented at meetings of the New York State Psychological Association, 1969.

Church, J. Techniques for the differential study of cognition in early childhood. In *Cognitive Studies*, vol. 1, hrsg. von J. Hellmuth. New York: Brunner/Mazel, 1970.

Church, J. The ontogeny of language. In *Ontogeny of Vertebrate Behavior*, hrsg. von H. Moltz. New York: Academic Press, 1971.

Church, J., & Insko, C. A. Ethnic and sex differences in sexual values. *Psychologia*, 1965, 8, 153–157.

Clock, R. O. *Our Baby*. New York and London: Appleton, 1912.

Cohen, W. Spatial and textural characteristics of the *Ganzfeld. American Journal of Psychology,* 1957, 70, 403–410.

Cole, M., & Bruner, J. S. Cultural differences and inferences about psychological processes. *American Psychologist,* 1971, 26, 867–876.

Cole, M., Gay, J., Glick, J. A., & Sharp, D. W. *The Cultural Context of Learning and Thinking.* New York: Basic Books, 1971.

Coles, R., *Children of Crisis: A Study of Courage and Fear.* Boston: Atlantic-Little, Brown, 1967.

Collard, R. R. Fear of strangers and play behavior in kittens with varied social experience. *Child Development,* 1968, 39, 877–891.

Comalli, P., Jr., Wapner, S., & Werner, H. Interference effects of Stroop color-word test in childhood, adulthood, and aging. *Journal of Genetic Psychology,* 1962, 100, 47–53.

Commager, H. S. (Hrg.) *America in Perspective.* New York: New American Library, 1947.

Connolly, K. J. Perceptual processing in the neonate. Final report to the [British] Medical Research Council, 1970.

Crabtree, C. A. Effects of structuring on productiveness of children's thinking. In *Human Development,* hrsg. von I. J. Gordon. Chicago: Scott, Foresman, 1965.

Cravioto, J. Nutritional deficiencies and mental performance in childhood. In *Environmental Influences,* hrsg. von D. C. Glass. New York: Rockefeller University Press, 1968.

Crites, J. O. Measurement of vocational maturity in adolescence: I. Attitude test of the vocational development inventory. *Psychological Monographs,* 1965, 79, no. 2.

Crowell, D. H., Davis, C. M., Chun, B. J., & Spellacy, F. J. Galvanic skin reflex in newborn humans. *Science,* 1965, 148, 1108–1111.

Currie, G. A. The conceptus as an allograft: Immunological reactivity of the mother. *Proceedings of the Royal Society of Medicine,* 1970, 63, 61–64.

Curzen, P. The antigenicity of the human placenta. *Proceedings of the Royal Society of Medicine,* 1970, 63, 65–66.

Danielsson, B. *Lowe in the South Seas.* London: Allen & Unwin, 1956.

Darby, C. L., & Riopelle, A. J. Observational learning in the rhesus monkey. *Journal of Comparative and Physiological Psychology,* 1959, 52, 94–98.

Dart, F. E., & Pradhan, P. L. Cross-cultural teaching of science. *Science,* 1967, 155, 649–656.

Davis, A. E., & Bolin, T. D. Milk intolerance in southeast Asia. *Natural History,* Februar 1969, 54–55.

Davis, C. M. Results of the self-selection of diets by young children. *Canadian Medical Association Journal,* 1939, 41, 257–261.

Davis, H. V., Sears, R. R., Miller, H. C., & Brodbeck, A. J. Effects of cup, bottle, and breast feeding on oral activities of newborn infants. *Pediatrics,* 1948, 2, 549–558.

David, K. Final note on a case of extreme isolation. *American Journal of Sociology,* 1947, 52, 432–437.

Davis, R. C., Buchwald, A. M., & Frankman, R. W. Autonomic and muscular responses, and their relation to simple stimuli. *Psychological Monographs,* 1955, 69, no. 405.

Davis, R. C., Garafalo, L., & Kveim, K. Conditions associated with gastrointestinal activity. *Journal of Comparative and Physiological Psychology,* 1959, 52, 466–475.

Dawe, H. C. An analysis of two hundred quarrels of preschool children. *Child Development, 1934,* 5, 139–157.

Dayton, D. H. Early malnutrition and human development. *Children,* 1969, 16, 210–217.

Denenberg, V. H. Hudgens, G. A., & Zarrow, M. X. Mice reared with rats: Modification of behavior by early experience with another species. *Science,* 1963, 143, 380–381.

Denenberg, V. H., & Whimbey, A. E. Behavior of adult rats is modified by the experience their mothers had as infants. *Science,* 1963 a, 142, 1192–1193.

Denenberg, V. H., & Whimbey, A. E. Infantile stimulation and animal husbandry: A methodo-logical study. *Journal of Comparative and Physiological Psychology,* 1963 b, 56, 877–878.

Dennis, W. Animistic thinking among college and university students. *Scientific Monthly,* 1953, 76, 247–250.

Dennis, W. Racial change in Negro drawings. *Journal of Psychology,* 1968, 69, 129–130.

Dennis, W., & Najarian, P. Infant development under environmental handicap. *Psychological Monographs,* 1957, 71, no. 7.

De Vries, R. Constancy of generic identitiy in the years three to six. *Monographs of the Society for Research in Child Development,* 1969, 34, no. 3.

Douvan, E., & Adelson, J. *The Adolescent Experience.* New York: Wiley, 1966.

Doxiades, S., Valaes, T., Karaklis, A., & Stavrakakis, D. Risk of severe jaundice in glucose-6-phosphate-dehydrogenase deficiency of the newborn. *Lancet,* December 5, 1964, 1210–1212.

Drillien, C. M. *The Growth, and Development of the Prematurely Born Infant.* Baltimore: Williams & Wilkins, 1964.

Dubignon, J., & Campbell, D. Discrimination between nutriments by the human neonate. *Psychonomic Science,* 1969, 16, 186–187.

Dukes, W. F. N = 1. *Psychological Bulletin,* 1965, 64, 74–79.

Dumas, G. *Traite de Psychologie*. Paris: Alcan, 1923.

Dyer, H. S. Is testing a menace to education? *New York State Education*, 1961, 49.

Edwards, R. G., & Fowler, R. E. Human embryos in the laboratory. *Scientific American*, December 1960, 44–54.

Ehrman, L. Mating success and genotype frequency in *Drosophilia. Animal Behaviour*, 1966, 14, 332–339.

Eimas, P. D., Siqueland, E. R., Jusczyk, P., & Vigorito, J. Speech perception in infants. *Science*, 1971, 171, 303–306.

Eisenberg, L., & Kanner, L. Early infantile autism, 1943–55. *American Journal of Orthopsychiatry*, 1956, 27, 556–566.

Eisenberg, R. B. Auditory behavior in the human neonate: Functional properties of sound and their ontogenetic implications. *International Audiology*, 1969, 8, 34–45.

Eisenberg, R. B., Coursin, D. B., & Rupp, N. R. Habituation to an acoustic pattern as an index of differences among human neonates. *Journal of Auditory Research*, 1966, 6, 239–248.

Eleftheriou, B. E. unveröff. Doktorarbeit, Purdue University, 1961.

Eleftheriou, B., Bronson, F. H., & Zarrow, M. X. Interaction of olfactory and other environmental stimuli on implantation in the deer mouse. *Science*, 1962, 137, 764.

Elkind, D. *Children and Adolescence: Interpretative Essays on Jean Piaget*. New York: Oxford University Press, 1971.

Elkind, E., & Weiss, J. Studies in perceptual development, III: Perceptual exploration. *Child Development*, 1967, 38, 553–561.

Elmer, E. *Children in Jeopardy*. Pittsburgh: University of Pittsburgh Press, 1967.

Elmer, E., & Gregg, G. S. Developmental characteristics of abused children. *Pediatrics*, 1967, 40, 596–602.

Emde, R. N., & Koenig, K. L. Neonatal smiling, frowning, and rapid eye movement states: II. Sleep-cycle study. *Journal of the American Academy of Child Psychiatry*, 1969, 8, 637–656.

Emde, R. N., & Harmon, R. J. Endogenous and exogenous smiling systems in early infancy. *Journal of the American Academy of Child Psychiatry*, 1972, 11, 177–200.

Emde, R. N., Harmon, R. J., Metcalf, D., Koenig, K. L., & Wagonfeld, S. Stress and neonatal sleep. *Psychosomatic Medicine*, 1971, 33, 491–497.

Engen, T., Lipsitt, L. P., & Kaye, H. Olfactory responses and adaptation in the human neonate. *Journal of Comparative and Physiological Psychology*, 1963, 56, 73–77.

Erikson, E. H. *Childhood and Society*. (2. Aufl.) New York: Norton, 1963.

Escalona, S., & Heider, G. M. *Prediction and Outcome*. New York: Basic Books, 1959.

Essex, m. F. L. unveröff. Mitteilung.

Estes, W. K. *Learning Theory and Mental Development*. New York: Academic Press, 1970.

Evans, B. *The Natural History of Nonsense*. New York: Vintage, 1958.

Fagot, B. I., & Patterson, G. R. An in vivo analysis of reinforcing contingencies for sex-role behaviors in the preschool child. *Developmental Psychology*, 1969, 1, 563–568.

Fantz, R. L. Visual perception from birth as shown by pattern sensitivity. *Annals of the New York Academy of Sciences*, 1963, 118, 793–814.

Faust, M. S. Development maturity as a determinant in prestige of adolescent girls. *Child Development*, 1960, 31, 173–184.

Featherstone, J. *Schools Where Children Learn*. New York: Liveright, 1971 a.

Featherstone, J. Tempering a fad. *New Republic*, September 25, 1971 b, 17–21.

Fillenbaum, S. Impairment in performance with delayed auditory feedback as related to task characteristics. *Journal of Verbal Learning and Verbal Behavior*, 1963, 2, 136–141.

Fisher, C., Gross, J., & Zuch, J. A cycle of penile erections synchronous with dreaming (REM) sleep. *Archives of General Psychiatry*, 1965, 12, 29–45.

Flavell, J. H. *Development Psychology of Jean Piaget*. New York: Van Nostrand-Reinhold, 1963.

Forgays, D. G., & Forgays, J. W. The nature of the effect of free environmental experience in the rat. *Journal of Comparative and Physiological Psychology*, 1952, 45, 322–328.

Fowler, W. Cognitive learning in infancy and early childhood. *Psychological Bulletin*, 1962, 59, 116–152.

Freda, V. J., Gorman, J. G., & Pollack, W. Rh factor: Prevention of isoimmunization and clinical trial on mothers. *Science*, 1966, 151, 828–829.

Freedman, D. G. Remarks. In *Stimulation in Early Infancy*, hrsg. von [J.] A. Ambrose. New York: Academic Press, 1969.

Freedman, D. G., King, J. A., & Elliot, O. Critical period in the social development of dogs. *Science*, 1961, 133, 1016.

Freedman, M. B. As older sexual codes crumble on campus, a newer honesty takes their place. In *Young Americans*. New York: Time-Life Books, 1966.

Friedan, B. *The Feminine Mystique*. New York: Norton, 1963.

Friedenberg, E. Z. *The Vanishing Adolescent*. Boston: Beacon, 1959.

Friedman, S., Carpenter, G. C., & Nagy, A. N. Decrement and recovery of response to visual stimuli in the newborn human. *Proceedings of the 78th Annual Convention of the American Psychological Association*, 1970 a, 5, 273–274.

Friedman, S., Nagy, A. N., & Carpenter, G. C. Newborn attention: Differential response decrement to visual stimuli. *Journal of Experimental Child Psychology*, 1970 b, 10, 44–51.

Frisch, R. E., & Revelle, R. Height and weight at menarche and a hypothesis of critical body weights and adolescent events. *Science*, 1970, 169, 397–399.

Gaines, R. Children's selective attention to stimuli: Stage or set? *Child Development*, 1970, 41, 979–991.

Galambos, J. W. *A Guide to Discipline*. Washington, D. C.: National Association for the Education of Young Children, 1969.

Galambos, J. W. *Discipline and Self-Control*. Washington, D. C.: U.S. Government Printing Office, 1970.

Gallup, G. G. Chimpanzees: Self-recognition. *Science*, 1970, 167, 86–87.

Gardner, J., & Gardner, H. A note on selective imitation by a six-week-old infant. *Child Development*, 1970, 41, 1209–1213.

Gardner, R. A., & Gardner, B. T. Teaching sign language to a chimpanzee. *Science*, 1969, 165, 664–672.

Garraty, J. A. The interrelations of psychology and biography. *Psychological Bulletin*, 1954, 51, 569–582.

Geber, M., & Dean, R. F. A. The state of development of newborn African children. *Lancet*, 1957, 1, 1216–1219.

Gellert, E. Children's conceptions of the content and functions of the human body. *Genetic Psychology Monographs*, 1962, 65, 293–405.

German, J. Studying human chromosomes today. *American Scientist*, 1970, 58, 182–201.

Gesell, A. L. *The Mental Growth of the Preschool Child: A Psychological Outline of Normal Development from Birth to the Sixth Year, Including a System of Developmental Diagnosis*. New York: Macmillan, 1925.

Gesell, A., Thompson, H., & Amatruda, C. S. *The Psychology of Early Growth*. New York: Macmillan, 1938.

Ghent, L. Form and its orientation: A child's-eye view. *American Journal of Psychology*, 1961, 74, 177–190.

Gibson, E. J. The ontogeny of reading. *American Psychologist*, 1970, 25, 136–143.

Goethe, J. W. v. *Leiden des jungen Werthers*, 1774.

Goldberg, S., & Lewis, M. Play behavior in the year-old infant: Early sex differences. *Child Development*, 1969, 40, 21–31.

Goldfarb, W. Psychological privation in infancy and subsequent adjustment. *American Journal of Orthopsychiatry*, 1945, 15, 247–255.

Golding, W. *Lord of the Flies*. New York: Coward-McCann, 1954.

Goldstein, K. *The Organism*. New York: American Book, 1939

Goodman, M. E. Child's-eye view of the world of people. *Wheelock Alumnae Quarterly*, Winter 1965, 7–10.

Goodman, P. *Compulsory Mis-education*. New York: Horizon Press, 1964.

Goodman, P. Moral youth in an immoral society. In *Young Americans*. New York: Time-Life Books, 1966.

Goodman, P. No processing whatever. In *Radical School Reform*, hrsg. von R. Gross and B. Gross. New York: Simon & Schuster, 1969.

Goodnow, J. J. Effects of active handling, illustrated by uses for objects. *Child Development*, 1969, 40, 201–212.

Gordon, I. J. Early, child stimulation trough parent education. Hektographie, 1969.

Gottlieb, G., & Kuo, Z.-Y. Development of behavior in the duck embryo. *Journal of Comparative and Physiological Psychology*, 1965, 59, 183–188.

Graham, F. K. Behavioral differences between normal and traumatized newborns: I. The test procedures. *Psychological Monographs*, 1956, 70. no. 20.

Graham, F. K., Ernhard, C. B. Thurston, D., & Craft, M. Development three years after perinatal anoxia and other potentially damaging newborn experiences. *Psychological Monographs*, 1962, 76, no. 3.

Gratsch, G. A. study of the relative dominance of vision and touch in six month old infants. *Child Development*, 1972, 143, 615–623.

Grier, J. B., Counter, S. A., & Shearer, W. M. Prenatal auditory imprinting in chickens. *Science*, 1967, 155, 1692–1693.

Griffiths, C. *Hear*. New York: Exposition, 1966.

Griffiths, R. *The Abilities of Babies*. New York: McGraw-Hill, 1954.

Grose, R. F., & Birney, R. C. (Hrg.) *Transfer ofLearning*. Princeton, N. J.: Van Nostrand, 1963.

Grossberg, J. M. Behavior therapy: A review. *Psychological Bulletin*, 1964, 62, 73–88.

Guilford, J. P. Intelligence: 1965 model. *American Psychologist*, 1966, 21, 20–26.

Guilford, J. P. *The Nature of Human Intelligence*. New York: McGraw-Hill, 1967.

Gyorgy, P., Dhanamitta, S., & Steers, E. Protective effects of human milk in experimental staphylococcus infection. *Science*, 1962, 137, 338–340.

Haber, R. N., & Haber, R. B. Eidetic imagery: I. Frequency. *Perceptual and Motor Skills*, 1964, 19, 131–138.
Haber, W. B. Reactions to loss of limb: Physiological and psychological aspects. *Annals of the New York Academy of Sciences*, 1958, 74, 14–24.
Haeusserman, E. *Developmental Potential of Preschool children.* New York: Grune & Stratton, 1958.
Haggard, E. A., Brekstad, A., & Skard, A. G. On the reliability of the anamnestic interview. *Journal of Abnormal and Social Psychology*, 1960, 61, 311–318.
Hahn, E. A reporter at large: Washoese. *The New Yorker*, December 11, 1971, 54–98.
Haith, M. M. Visual scanning in infants. Paper presented at regional meetings of the Society for Research in Child Development, 1968.
Haith, M. M. Infrared television recording and measurement of ocular behavior in the human infant. *American Psychologist*, 1969, 24, 279–283.
Hall, E. T. *The Silent Language*. Garden City, N.Y.: Doubleday, 1959.
Hall, G. S. *Adolescence.* New York: Appleton, 1904. 2 vols.
Halpern, E. The effects of incompatibility between perception and logic in Piaget's stage of concrete operations. *Child Development*, 1965, 36, 491–497.
Hansley, C., & Busse, T. V. Perceptual exploration in Negro children. *Developmental Psychology*, 1969, 1, 446.
Harlow, H. F. The nature of love. *American Psychologist*, 1958, 13, 673–685.
Harlow, H. F. The heterosexual affectional system in monkeys. *American Psychologist*, 1962, 17, 1–9.
Harlow, H. F., & Kuenne, M. Learning to think. *Scientific American*, 1949, 181, 36–39.
Harlow, H. F., & Harlow, M. K. Social deprivation in monkeys. *Scientific American*, 1962, 207, 136–146.
Harper, L. V. The young as a source of stimuli controlling caretaker behavior. *Developmental Psychology*, 1971, 4, 73–88.
Hashmi, F. Immigrants and emotional stress. *Proceedings of the Royal Society of Medicine*, 1970, 63, 631–632.
Hatch, A., Balazs, T., Wiberg, G. S., & Grice, H. C. Long-term isolation stress in rats. *Science*, 1963, 56, 877–878.
Hayes, C. *The Ape in Our House*. New York: Harper, 1951.
Haynes, H., White, B. L., & Held, R. Visual accommodation in human infants. *Science*, 1965, 148, 528–530.
Hebb, D. O. Heredity and environment in mammalian behaviour. *British Journal of Animal Behaviour*, 1953, 1, 43–47.
Hebb, D. O., & Riesen, A. H. The genesis of irrational fears. *Bulletin of the Canadian Psychological Association*, 1943, 3, 49–50.
Heider, F., & Simmel, M. An experimental study of apparent behavior. *American Journal of Psychology*, 1944, 57, 243–259.
Hein, A., Held, R., & Gower, E. C. Development and segmentation of visually controlled movement by selective exposure during rearing. *Journal of Comparative and Physiological Psychology*, 1970, 73, 181–187.
Held, R., & Hein, A. Movement-produced stimulation in the development of visually-guided behavior. *Journal of Comparative and Physiological Psychology*, 1963, 56, 872–876.
Hellmuth, J. (Hrg.) *The disadvantaged Child.* Vol. 3. New York: Brunner/Mazel, 1970.
Hendry, C. E., Lippitt, R., & Zander, A. *Reality Practice as Educational Method.* New York: Beacon House, 1944.
Herrnstein, R. I.Q. *Atlantic*, September 1971, 43–64.
Hess, E. H. Imprinting in birds. *Science*, 1964, 146, 1128–1139.
Hess, R. D., & Shipman, V. C. Early experience and the socialization of cognitive modes in children. *Child Development*, 1965, 36, 869–886.
Hess, R. D., Shipman, V. C., Brophy, J. E., & Bear, R. M. *Cognitive Environments of Urban Preschool Children: Follow-up Phase*. Chicago: University of Chicago, Graduate School of Education, 1969.
Hewett, F. M. Teaching speech to an autistic child through operant conditioning. *American Journal of Orthopsychiatry*, 1965, 35, 927–936.
Hilgard, E. R., & Bower, G. H. *Theories of Learning*. New York: Appleton-Century-Crofts, 1966.
Hilton, I. Differences in the behavior of mothers toward first- and later-born children. *Journal of Personality and Social Psychology*, 1967, 7, 282–290.
Hindley, C. B., Filliozat, A. M., Klakenberg, G., Nicolet-Meister, D., & Sand, E. A. Differences in age of walking in five European longitudinal samples. *Human Biology*, 1966, 38, 364–379.
Hirsch, J. Behavior-genetic analysis and its biosocial consequences. *Seminars in Psychiatry*, 1970, 2, 89–105.
Hochberg, J., & Brooks, V. Pictorial recognition as an unlearned ability: A study of one child's performance. *American Journal of Psychology*, 1962, 75, 624–628.
Homans, G. C. Group factors in worker productivity. In National Research Council Committee

on Work in Industry, *Fatigue of Workers.* New York: Reinhold, 1941.

Horowitz, F. D. Infant learning and development: Retrospect and prospect. *Merrill-Palmer Quarterly,* 1968, 14, 101–120.

House, B. J., & Zeaman, D. Reward and nonreward in the discrimination learning of imbeciles. *Journal of Comparative and Physiological Psychology,* 1958, 51, 614–618.

Hughes, R. *A High Wind in Jamaica.* New York: New American Library, 1965.

Hunt, J. McV. An instance of the social origin of conflict resulting in psychoses. *American Journal of Orthopsychiatry,* 1938, 8, 158–164.

Hunt, J. McV. *Intelligence and Experience.* New York: Ronald Press, 1961.

Hunter, W. S. The delayed reaction in animals and children. *Behavior Monographs,* 1913, 2, no. 1.

Hunton, V. C. The recognition of inverted pictures by children. *Journal of Genetic Psychology,* 1955, 86, 281–288.

Hymes, D. Competence and performance in linguistic theory. In *Language Acquisition,* hrsg. von R. Huxley and E. Ingram. Longon and New York: Academic Press, 1971.

Igel, G. J., & Calvin, A. D. The development of affectional responses in infant dogs. *Journal of Comparative and Physiological Psychology,* 1960, 53, 302–305.

Illich, I. *Deschooling Society.* New York: Harper & Row, 1971.

Inhelder, B. Criteria of the stages of mental development. In *Discussions on Child Development,* vol. 1, hrsg. von J. M. Tanner and B. Inhelder. New York: International Universities Press, 1953.

Inhelder, B., & Piaget, J. *The Early Growth of Logic in the Child.* New York: Harper & Row, 1964.

Jenkins, J. J., & Palermo, D. S. Further changes in word association norms. *Journal of Personality and Social Psychology,* 1965, 1, 303–309.

Jenkins, J. J., & Russell, W. A. Systematic changes in word association norms: 1910–1952. *Journal of Abnormal and Social Psychology,* 1960, 60, 293–304.

Jensen, A. R. Learning abilities of Mexican-American and Anglo children. *California Journal of Educational Research,* 1961, 12, 147–159.

Jensen, A. R. How much can we boost IQ and scholastic achievement? *Harvard Educational Review,* 1969, 39, 1–123.

Jirari, C. Form perception, innate form preferences, and visually-mediated head-turning in the human neonate. Unveröff. Doktorarbeit, University of Chicago, 1970.

Johnson, E. W. *Love and Sex in Plain Language* Philadelphia: Lippincott, 1965.

Johnson, R. Murderers, in study, called victims of child abuse. *New York Times,* December 9, 1971, 74.

Johnson, R. C. Similarity in IQ of separated identical twins as related to length of time spent in same environment. *Child Development,* 1963, 34, 745–749.

Johnson, W., et al. A study of the onset and development of stuttering. *Journal of Speech and Hearing Disorders,* 1942, 7, 251–257.

Johnston, F. E., Malina, R. M., & Galbraith, M. A. Heigth, weight, and age at menarche and the "critical weight" Hypothesis. *Science,* 1971, 174, 1148.

Jones, M. C. Psychological correlates of somatic development. *Child Development,* 1965, 36, 899–911.

Jocy, J. *A Portrait of the Artist as a Young Man.* New York: Modern Library, 1928.

Kagan, J. Attention and psychological change in the young child. *Science,* 1970, 170, 826–832.

Kagan, J., & Moss, H. A. *Birth to Maturity.* New York: Wiley, 1962.

Kalish, R. A. The aged and the dying process: The inevitable decisions. *Journal of Social Issues,* 1965, 21, 87–96.

Kanner, L. Early infantile autism. *Journal of Pediatrics,* 1944, 25, 211–217.

Karnes, M. B., Teska, J. A., Hodgins, A. S., & Badger, E. D. Educational intervention at home by mothers of disadvantaged infants. *Child Development,* 1970, 41, 925–935.

Kasdorf, C. A., III, & Schnall, M. Developmental differences in the integration of picture series: Effects of variations in object-attribute relationships. *Human Development,* 1970, 13, 188–200.

Kavanau, J. L. Behavior of captive white-footed mice. *Science,* 1967, 155, 1623–1639.

Kawi, A. A., & Pasamanick, B. Prenatal and paranatal factors in the development of childhood reading disorders. *Monographs of the Society for Research in Child Development,* 1959, 24, no. 4.

Kay, H., & Oldfield-Box, H. A study of learning-sets in rats using 3-dimensional shapes. *Animal Behaviour,* 1965, 13, 19–23.

Kaye, K. Learning by imitation in infants and young children. Paper presented at meetings of the Society for Research in Child Development, 1971.

Keister, M. E. *The "Good Life" for Infants and Toddlers: Group Care of Infants.* Washington, D.C.: National Association for the Education of Young Children, 1970.

Keller, L., Cole, M., Burke, C. J., & Estes, W. K. Reward and information values of trial outcomes in paired-associate learning. *Psychological Monographs,* 1965, 79, no. 12.

Kendler, T. S., & Kendler, H. H. Reversal and noureversal shifts in kindergarten children. *Journal of Experimental Psychology,* 1959, 58, 56–60.

Keniston, K. *Young Radicals: Notes on Uncommitted Youth.* New York: Harcourt, Brace & World, 1968.

Kessler, J. W. *Psychopathology of Childhood.* Englewood Cliffs, N. J.: Prentice-Hall, 1966.

Kessler, S. The etiological question in mental illness. *Science,* 1969, 165, 1341–1342. (Review of Rosenthal and Kety, 1968.)

Kilbridge, J. E., Robbins, M. C., & Kilbride, P. L. The comparative motor development of Baganda, American white, and American black infants. *American Anthropologist,* 1970, 72, 1422–1428.

Kinsey, A. C., et al. *Sexual Behavior in the Human Male.* Philadelphia: Saunders, 1948.

Kirby, D. R. S. The egg and immunology. *Proceedings of the Royal Society of Medicine,* 1970, 63, 59–61.

Kirk, S. A. *Early Education of the Mentally Retarded.* Urbana: University of Illinois Press, 1958.

Kirk, S. A. *Educating Exceptional Children.* Boston: Houghton Mifflin, 1962.

Kirkendall, L. A., & Libby, R. W. Interpersonal relationship–crux of the sexual renaissance. *Journal of Social Issues,* 1966, 22, 45–59.

Kirschner Associates. *A National Survey of the Impacts of Head Start Centers on Community Institutions.* Washington, D.C.: U.S. Department of Health, Education, and Welfare, Office of Child Development, Project Head Start, 1970.

Klatskin, E. H., Jackson, E. B., & Wilkin, L. C. The influence of degree of flexibility in maternal child care practices on early child behavior. *American Journal of Orthopsychiatry,* 1956, 26, 79–93.

Klüver, H. The study of personality and the method of equivalent and non-equivalent stimuli. *Character and Personality,* 1936, 5, 91–112.

Knox, W. E. Inherited enzyme defects. *Hospital Practice,* November 1969, 33–41.

Koff, R. H. Systematic changes in children's word-association norms 1916–63. *Child Development,* 1965, 36, 299–305.

Kohlberg, L. The development of children's orientations toward a moral order: I. Sequence in the development of moral thought. *Vita Humana,* 1963, 6, 11–33.

Kohlberg, L. The development of moral character and moral ideology. In *Review of Child Development Research,* vol. 1, hrsg. von M. L. Hoffman and L. W. Hoffman. New York: Russell Sage Foundation, 1964.

Kohler, I. *On the Structuring and Transformation of the Perceptual World.* New York: International Universities Press, 1964.

Kohnstamm, G. A. Experiments on teaching Piagetian thought operations. In *Cognitive Studies,* vol. 1, hrsg. von J. Hellmuth. New York: Brunner/Mazel, 1970.

Korner, A. F. Neonatal startles, smiles, erections, and reflex sucks as related to state, sex, and individuality. *Child Development,* 1969, 40, 1039–1053.

Korner, A. F. State as variable, as obstacle and as mediator of stimulation in infant research. Paper presented at Merrill-Palmer Institute conference on infancy, 1971.

Korner, A. F., & Thoman, E. B. Visual alertness in neonates as evoked by maternal care. *Journal of Experimental Child Psychology,* 1970, 10, 67–78.

Krasner, L. Studies of the conditioning of verbal behavior, *Psychological Bulletin,* 1958, 55, 148–170.

Krasner, L. Behavior therapy. *Annual Review of Psychology,* 1971, 22, 483–532.

Kreezer, G., & Dallenbach, K. M. Learning the relation of opposition. *American Journal of Psychology,* 1929, 41, 432–441.

Kreutter, M. The teacher in the brown paper bag. *Urban Review,* May 1966.

Kron, R. E., Ipsen, J., & Goddard, K. E. Consistent individual differences in the nutritive sucking behavior of the human newborn. *Psychosomatic Medicine,* 1968, 30, 151–161.

Kugelmass, S., & Lieblich, A. Perceptual exploration in Israeli children. *Child Development,* 1970, 41, 1125–1131.

Kuo, Z-Y. *The Dynamics of Behavior Development.* New York: Random House, 1967.

LaBarba, R. C., White, J. L., Lazar, J., & Klein, M. Early maternal separation and the response to Ehrlich carcinoma in BALB/c mice. *Developmental Psychology,* 1970, 3, 78–80.

Labov, W. *The Study of Non-standard English.* Washington, D. C.: Center for Applied Linguistics, 1969.

Lacey, J. I. The evaluation of autonomic responses: Toward a general solution. *Annals of the New York Academy of Sciences,* 1956, 67, 123–164.

LaCrosse, E. R. Primary influences on the development of competence: The development of a maternal behavior scale. Paper presented at meetings of the Society for Research in Child Development, 1969.

Langness, L. L. *The Life History in Anthropological Science.* New York: Holt, Rinehart and Winston, 1965.

Lapouse, R. The epidemiology of behavior disorders in children. *American Journal of Diseases of Children,* 1966, 111, 594–599.

Lavatelli, C. B. *Piaget's Theory Applied to an Early Childhood Curriculum*. Boston: American Science and Engineering, 1970.

Leacock, E. At play in African villages. *Natural History*, December 1971, 60–65.

Lehr, S., & Rossetto, L., Jr. The new right credo-libertarianism. *New York Times Magazine*, January 10, 1971, 24–25, 86–88, 93–94.

Lenneberg, E. H. *Biological Bases of Language*. New York: Wiley, 1968.

Leon, M. A., & Moltz, H. Discrimination of a maternal pheromone by preweaning albino rats. Paper presented at meetings of the Eastern Psychological Association, 1971.

Leonard, M. F., Rhymes, J. P., & Solnit, A. J. Failure to thrive in infants. *American Journal of Diseases of Children*, 1966, 111, 600–612.

Levine, J., Fishman, C., & Kagan, J. Social class and sex as determinants of maternal behavior. Paper presented at meetings of the American Orthopsychiatric Association, 1967.

Levine, S. Psychophysiological effects of infantile stimulation. In *Roots of Behavior*, hrsg. von E. D. Bliss. New York: Harper, 1962.

Levine, S. Infantile stimulation: A perspective. In Stimulation in Early Infancy, hrsg. von [J.] A. Ambrose. New York: Academic Press, 1969.

Levine, S., & Mullins, R. F. Hormonal influences on brain organization in infant rats. *Science*, 1966, 152, 1585–1592.

Lévi-Strauss, C. *The Savage Mind*. Chicago: University of Chicago Press, 1966.

Levy, D. M. Experiments on the sucking reflex and social behavior in dogs. *American Journal of Orthopsychiatry*, 1934, 4, 203–224.

Levy, D. M. On instinct-satiation: An experiment on the pecking behavior of chickens. *Journal of Genetic Psychology*, 1938, 18, 327–348.

Levy, D. M. Psychic trauma of operations in children. *American Journal of Diseases of Children*, 1945, 69, 7–25.

Levy, D. M. Advice and reassurance. *American Journal of Public Health*, 1954, 44, 1113–1118.

Levy, D. M. The infant's earliest memory of inoculation: A contribution to public health procedures. *Journal of Genetic Psychology*, 1960, 96, 2–46.

Lewin, K. Behavior and development as a function of the total situation. In *Manual of Child Psychology*, hrsg. von L. Carmichael. New York: Wiley, 1954.

Lewin, K., Lippitt, R., & White, R. K. Patterns of aggressive behavior in experimentally created "social climates." *Journal of Social Psychology*, 1939, 10, 271–299.

Lewis, M. Infant attention: Response decrement as a measure of cognitive process, or what's new, Baby Jane? Paper presented at meetings of the Society for Research in Child Development, 1967.

Lewis, M. M. *How Children Learn to Speak*. New York: Basic Books, 1959.

Lipsitt, L. P., Engen, T., & Kaye, H. Developmental changes in the olfactory threshold of the neonate. *Child Development*, 1963, 34, 371–376.

Lipsitt, L. P., & Levy, N. Electrotactual thresholds in the neonate. *Child Development*, 1959, 30, 547–554.

Lipton, E. L., Steinschneider, A., & Richmond, J. B. Swaddling, a child care practice. *Pediatrics*, 1965, 35, 521–567.

Litman, F. Environmental influences on the development of abilities. Paper presented at meetings of the Society for Research in Child Development, 1969.

Lobb, H. Vision *versus* touch in form discrimination. *Canadian Journal of Psychology*, 1965, 19, 175–187.

Looft, W. R., & Charles, D. C. Modification of the life concept in children. *Developmental Psychology*, 1969, 1, 445.

Lorenz, K. *King Solomon's Ring*. New York: Crowell, 1952.

Lorenz, K. *On Aggression*. New York: Harcourt, Brace & World, 1966.

Lowie, R. H. Besprechung: *Die Feuerlander Indianer*, von M. Gusinde. *American Anthropologist*, 1938, 40, 495–503.

Lubs, H. A., & Ruddle, F. H. Chromosomal abnormalities in the human population: Estimation of rates based on New Haven newborn study. *Science*, 1970, 169, 495–597.

Lustman, S. L. Cultural deprivation. *Psychoanalytic Study of the Child*, 1970, 25, 483–502.

Lynd, H. M. Some questions raised by experiences of shame. Paper presented at meetings of the American Psychological Association, 1966.

Lyon, M. F. X-chromosome inactivation in mammals. In *Advances in Teratology*, vol. 1, hrsg. von D. H. M. Woollam. London and New York: Academic Press, 1966.

Maccoby, E. E., & Bee, H. L. Some speculations concerning the lag between perceiving and performing. *Child Development*, 1965, 36, 368–377.

Macfarlane, J., Allen, L., & Honzik, M. P. *A Developmental Study of the Behavior Problems of Normal Children between Twenty-one Months and Fourteen Years*. Berkeley and Los Angeles: University of California Press, 1954.

Machotka, P. The development of esthetic criteria in childhood: I. Justifications of preference. *Child Development*, 1966, 37, 877–885.

Maier, N. R. F. Reasoning in children. *Journal of Comparative Psychology*, 1936, 21, 357–366.

Maier, N. R. F. Maier's Law. *American Psychologist*, 1960, 15, 208–212.

Maltz, H. E. Ontogenetic changes in the meaning

of concepts as measured by the semantic differential. *Child Development*, 1963, 34, 667–674.

Maretzki, T. W. & Maretzki, H. *Taira: An Okinawan Village*. New York: Wiley, 1966.

Marler, P., & Tamura, M. Culturally transmitted patterns of vocal behavior in sparrows. *Science*, 1964, 146, 1483–1486.

Maslow, A. H. Self-actualizing people: A study of psychological health. *Personality Symposia*, 1950, 1, 11–34.

Mason, M. K. Learning to speak after years of silence. *Journal of Speech and Hearing Disorders*, 1942, 7, 295–304.

Masters, W. H., & Johnson, V. E. *Human Sexual Response*. Boston: Little, Brown, 1966.

McCall, R. B., & Kagan, J. Stimulus-schema discrepancy and attention in the infant. *Journal of Experimental Child Psychology*, 1967, 5, 381–390.

McClelland, D. *The Achieving Society*. Princeton, N. J.: Van Nostrand, 1961.

McCreary-Juhasz, A. How accurate are student evaluations of the extent of their knowledge of human sexuality? *Journal of School Health*, 1967, 37, 409–412.

McGaugh, J. L., Jennings, R. D., & Thompson, C. W. Effect of distribution of practice on the maze learning of descendants of the Tryon maze bright and maze dull strains. *Psychological Reports*, 1962, 9, 147–150.

McGinley, P. *Times Three*. New York: Viking, 1952.

Mead, M. *And Keep Your Powder Dry*. New York: Morrow, 1942.

Mears, D. R. Contributions of a ghetto culture to symptom formation. *Psychoanalytic Study of the Child*, 1970, 25, 209–230.

Mecklenburger, J. A., & Wilson, J. A. Learning C. O. D. Can the schools buy success? *Saturday Review*, September 18, 1971, 62–64, 76–79.

Medawar, P. H. *The Future of Man*. New York: Basic Books, 1959.

Meichenbaum, D. H. Implications of cognitive training research for educational television: Ways of improving Sesame Street. *Proceedings of the 79th Annual Convention of the American Psychological Association*, 1971, 195–196.

Meier, G. W. Other data on the effects of social isolation during rearing upon adult reproductive behaviour in the rhesus monkey (Macaca-Mulatta). *Animal Behaviour*, 1965, 13, 228–231.

Melson, W. H., & McCall, R. B. Attentional responses of five-month girls to discrepant auditory stimuli. *Child Development*, 1970, 41, 1159–1171.

Melzack, R., Penick, E., & Beckett, A. The problem of "innate fear" of the hawk shape. *Journal of Comparative and Physiological Psychology*, 1959, 52, 694–698.

Meredith, H. V. Body size of contemporary group of eight-year-old children studied in different parts of the world. *Monographs of the Society for Research in Child Development*, 1969 a, 34, no. 1.

Meredith, H. V. Body size of contemporary youth in different parts of the world. *Monographs of the Society for Research in Child Development*, 1969 b, 34, no. 7.

Merton, R. K. *On the Shoulders of Giants*. New York: Free Press, 1965.

Meyer, W. J., & Offenbach, S. I. Effectiveness of reward and punishment as a function of task complexity. *Journal of Comparative and Physiological Psychology*, 1962, 55, 532–534.

Michotte, A. *La Perception de la Causalité*. Louvain: Institut Supérieure de Philosophie, 1946.

Milgram, S. The experience of living in cities. *Science*, 1970, 167, 1461–1468.

Miller, G. A., Galanter, E., & Pribram K. H. *Plans and the Structure of Behavior*. New York: Holt, Rinehart and Winston, 1960.

Miller, L. Children and money. *Redbook*, November 1959, 39–41, 66, 68.

Miller, N. Psychosomatic effects of specific types of training. *Annals of the New York Academy of Sciences*, 1969, 159, 1025–1040.

Miller, W., & Ervin, S. The development of grammar in child language. In *The Acquisition of Language*, hrsg. von U. Bellugi and R. Brown. *Monographs of the Society for Research in Child Development*, 1964, 29, no. 1.

Mintz, B. (Hrg.) *Environmental Influences on Prenatal Development*. Chicago: University of Chicago Press, 1958.

Minuchin, P., & Biber, B. A child development approach to language in the preschool disadvantaged child. Paper presented at meetings of the Society for Research in Child Development, 1967.

Mischel, W., & Metzner, R. Preference for delayed reward as a function of age, intelligence, and length of delay interval. *Journal of Abnormal and Social Psychology*, 1962, 64, 425–431.

Moltz, H., & Stettner, L. J. The influence of patterned-light deprivation on the critical period for imprinting. *Journal of Comparative and Physiological Psychology*, 1961, 54, 279–283.

Mönks, F. Future time perspective in adolescents. *Human Development*, 1968, 11, 107–123.

Montagu, M. F. A. *The Direction of Human Development*. New York: Harper, 1955.

Montagu, M. F. A. *Prenatal Influences*. Springfield, Ill.: Thomas, 1962.

Montagu, [M. F.] A. (Hrg.) *Man and Aggression*. New York: Oxford, 1968.

Moore, A. U. Studies on the formation of the mother-neonate bond in sheep and goat. Paper presented at meetings of the American Psychological Association, 1960.

Moore, T., & Ucko, L. E. Night waking in early infancy. *Archives of Disease in Childhood,* 1957, 32, 333–342.

Moorehead, A. Our far-flung correspondents: It won't bite you. *The New Yorker,* November 19, 1966, 186–191.

Morgan, G. A., & Ricciuti, H. N. Infants' responses to strangers in the first year. In *Determinants of Infant Behaviour IV,* hrsg. von B. M. Foss. London: Methuen, 1969.

Moriarty, A. E., & Toussieng, P. W. Renewal without rebellion: A Midwest spectrum. Mimeographed, 1970.

Moss, H. A. Sex, age, and state as determinants of mother-infant interaction. *Merrill-Palmer Quarterly,* 1967, 13, 19–36.

Mowrer, O. H. *Learning Theory and the Symbolic Processes.* New York: Wiley, 1960.

Mumford, L. *The Myth of the Machine: The Pentagon of Power.* New York: Harcourt Brace Jovanovich, 1970.

Murphy, G. *Human Potentialities.* New York: Basic Books, 1958.

Murphy, L. B. *Social Behavior and Child Personality.* New York: Columbia University Press, 1937.

Murphy, L. B., & Mitarbeiter. *Personality in Young Children.* New York: Basic Books, 1956.

Neff, W. S. Socioeconomic status and intelligence: A critical survey. *Psychological Bulletin,* 1938, 35, 727–757.

Nelson, T. H. The Hypertext. *International Federation for Documentation: Abstracts, 1965 Congress,* S. 80.

Nelson, T. H. No more teachers' dirty looks. *Computer Decisions,* September 1970, 16–23.

Newman, H. H., Freeman, F. N., & Holzinger, K. J. *Twins.* Chicago: University of Chicago Press, 1937.

Nixon, R. *The Art of Growing.* New York: Random House, 1962.

O'Brien, J. S., Okada, S., Fillerup, D. L., Veath, M. L., Adornato, B., Brenner, P. H., & Leroy, J. G. Tay-Sachs disease: Prenatal diagnosis. *Science,* 1971, 172, 61–64.

Ogburn, W. F., & Bose, N. K. On the trail of the wolf-children. *Genetic Psychology Monographs,* 1959, 60, 117–193.

Ogilvie, D. M. Distinguishing social behaviors of competent and incompetent three to six year old children. Paper presented at meetings of the Society for Research in Child Development, 1969.

Olton, R. M., & Crutchfield, R. S. Developing the skills of productive thinking. in *Trends and Issues in Developmental Psychology,* hrsg. von P. H. Mussen, J. Langer, and M. Covington. New York: Holt, Rinehart and Winston, 1969.

Olum, V. Developmental differences in the perception of causality. *American Journal of Psychology,* 1956, 69, 417–423.

Opie, I., & Opie, P. *The Lore and Language of School Children.* Oxford: Clarendon, 1959.

O'Reilly, E., & Steger, J. A. Children's use of context in judgment of weight. *Child Development,* 1970, 41, 1095–1101.

Ortar, G. R. Classification of speech directed at children by mothers of different level of education and cultural background. Paper presented at meetings of the Eighteenth International Congress of Psychology, 1966.

Osgood, C. E. On understanding and creating sentences. *American Psychologist,* 1963, 18, 735–751.

Osgood, C. E., Suci, G. J., & Tannenbaum, P. H. *The Measurement of Meaning.* Urbana: University of Illinois Press, 1957.

Palermo, D. S., & Jenkins, J. J. Changes in word associations of fourth- and fifth-grade children from 1916 to 1961. *Journal of Verbal Learning and Verbal Behavior,* 1965, 4, 180–187.

Papousek, H. Conditioning during early postnatal development. In *Behavior in Infancy and Early Childhood,* hrsg. von Y. Brackbill and G. G. Thompson. New York: Free Press, 1967.

Parker, R. K., Ambron, S., Danielson, G. I., Halbrook M. C., & Levine, J. A. *Overview of Cognitive and Language Programs for 3, 4, and 5 Year Old Children.* New York: Center for Advanced Study in Education, o. J.

Parkin, J. M., & Warren, N. A comparative study of neonatal behaviour and development. Paper presented at the University of East Africa Social Science Conference, 1969.

Parloff, M. B. Group therapy and the small-group field: An encounter. *International Journal of Group Psychotherapy,* 1970, 20, 267–304.

Parry, W. H. Health and welfare of immigrants. *Proceedings of the Royal Society of Medicine,* 1970, 63, 633–636.

Pasamanick, B., & Knobloch, H. Early feeding and birth difficulties in childhood schizophrenia: An explanatory note. *Journal of Psychology,* 1963, 56, 73–77.

Pavenstedt, E. (Hrg.) *The Drifters: Children of Disorganized Lower-Class Families.* Boston: Little, Brown, 1967.

Piaget, J. Das Umdrehen des Gegenstandes beim Kind unter einem Jahr. *Psychologische Rundschau,* 1932, 4, 110–115.

Piaget, J. *The Moral Judgment of the Child.* Glencoe, Ill.: Free Press, 1948.

Piaget, J. *The Construction of Reality in the Child.* New York: Basic Books, 1954.

Platt, J. R. The step to man. *Science* 1965, 149, 607–613.

Polanyi, M. *Personal Knowledge*. Chicago: University of Chicago Press, 1958.

Porter, I. H. *Heredity and Disease*. New York: McGraw-Hill–Blakiston, 1968.

Postman, N., & Weingartner, C. *Teaching as a Subversive Activity*. New York: Delta, 1969.

Pratt, K. C. The neonate. In *Manual of Child Psychology*, hrsg. von L. Carmichael. New York: Wiley, 1954.

Prechtl, H. F. R. The directed head turning response and allied movements of the human baby. *Behaviour*, 1958, 13, 212–242.

Prechtl, H. F. R. Neurological findings im newborn infants after pre- and paranatal complications. In *Aspects of Praematurity and Dysmaturity*, hrsg. von J. H. P. Jonxis et al. Leiden: Kroese, 1968.

Premack, D. Language in chimpanzees? *Science*, 1971, 172, 808–822.

Provence, S., & Lipton, R. *Children in Institutions*. New York: International Universities Press, 1962.

Pyles, M. K., Stolz, H. R., & Macfarlane, J. S. The accuracy of mothers' reports on birth and developmental data. *Child Development*, 1935, 6, 165–176.

Querido, A., & Mead, M. Mental health and the flood in Holland. *World Mental Health*, 1953, 5, 34–38.

Rainwater, L. Some aspects of lower class sexual behavior. *Journal of Social Issues*, 1966, 22, 96–108.

Reich, C. J. *The Greening of America*. New York: Random House, 1970.

Rheingold, H. L. The social and socializing infant. In *Handbook of Socialization Theory and Research*, hrsg. von D. A. Goslin. New York: Rand McNally, 1969 a.

Rheingold, H. L. The effect of a strange environment on the behavior of infants. In *Determinants of Infant Behaviour IV*, hrsg. von B. M. Foss. London: Methuen, 1969 b.

Rheingold, H. L., & Eckerman, C. O. The infant's free entry into a new environment. *Journal of Experimental Child Psychology*, 1969, 8, 271–283.

Rheingold, H. L., & Samuels, H. R. Maintaining the positive behavior of infants by increased stimulation. *Developmental Psychology*, 1969, 1, 520–527.

Ribble, M. A. *The Rights of Infants*. New York: Columbia University Press, 1965.

Richards, M. P. M. Maternal behavior in the golden hamster: Responsiveness to young in virgin, pregnant, and lactating females. *Animal Behaviour*, 1966, 14, 310–313.

Richardson, C., & Church, J. A developmental analysis of proverb interpretations. *Journal of Genetic Psychology*, 1959, 194, 169–179.

Richter, C. P. Total self-regulatory functions in animals and human beings. *Harvey Lectures*, 1942–1943, 38, 63–103.

Rimland, B. *Infantile Autism*. New York: Appleton-Century-Crofts, 1964.

Ring, K., Lipinski, C. E., & Braginsky, D. The relationship of birth order to self-evaluation, anxiety reduction, and susceptibility to emotional contagion. *Psychological Monographs*, 1965, 79, Nr. 10.

Riopelle, A. J. Observational learning of a position habit by monkey. *Journal of Comparative and Physiological Psychology*, 1960, 53, 426–428.

Ripley, A. Birth defects in livestock linked to toxic weeds. *New York Times*, 31. Januar, 1971, 29.

Roberts, E. Thumb and finger sucking in relation to feeding in early infancy. *American Journal of Disease in Children*, 1944, 68, 7–8.

Roberts, K. E., & Schoellkopf, J. A. Eating, sleeping, and elimination practices of a group of two-and-one-half-year-old children. *American Journal of Diseases of Children*, 1951, 92, 121–152.

Robertson, J. *Young Children in Hospital*. (2. Aufl.) London: Tavistock, New York: Barnes & Noble, 1970.

Robinowitz, R. Learning the relation of opposition as related to scores on the Wechsler Intelligence Scale for Children. *Journal of Genetic Psychology*, 1956, 88, 25–30.

Robinson, A., & Puck, T. T. Sex chromatin in newborns: Presumptive evidence for external factors in human nondisjunction. *Science*, 1965, 148, 83–85.

Robinson, H. B. An experimental examination of the size-weight illusion in young children. *Child Development*, 1964, 35, 91–107.

Robson, K. S., Pedersen, F. A., & Moss, H. A. Developmental observations of diadic gazing in relation to the fear of strangers and social approach behavior. *Child Development*, 1969, 40, 619–627.

Rock, I., & Victor, J. Vision and touch: An experimentally created conflict between the two senses. *Science*, 1964, 143, 594–596.

Roffwarg, H. P., Muzio, J. N., & Dement, W. C. Ontogenetic development of the human sleep-dream cycle. *Science*, 1966, 152, 604–619.

Rosenblatt, J. S., Turkevitz, G., & Schneirla, T. C. Early socialization in the domestic cat as based on feeding and other relationships between female and young. In *Determinants of Infant Behavior*, hrsg. von B. M. Foss. New York: Wiley, 1961.

Rosenblith, J. F. The modified Graham behavior test for neonates: Test-retest reliability, normative data, and hypotheses for future work. *Biology of the Neonate,* 1961, 3, 174.

Rosenthal, D., & Kety, S. (Hrg.) *The Transmission of Schizophrenia.* New York: Pergamon, 1968.

Rosenzweig, M. R. Environmental complexity, cerebral change, and behavior. *American Psychologist,* 1966, 21, 321–332.

Rosenzweig, S., & Kogan, K. L. *Psychodiagnostics.* New York: Grune & Stratton, 1949.

Ross, J. B., & McLaughlin, M. M. (Hrg.) *A Portable Medieval Reader.* New York: Viking, 1949.

Rossi, E. L., & Rossi, S. I. Concept utilization, serial order and recall in nursery-school children. *Child Development,* 1965, 36, 771–778.

Roth, P. *Letting Go.* New York: Random House, 1962.

Rothbart, M. K., & Maccoby, E. E. Parents' differential reactions to sons and daughters. *Journal of Personality and Social Psychology,* 1966, 4, 237–243.

Rowan, C. T. Child development head refreshingly bold. *Washington Star,* July 5, 1970.

Rubenstein, J. Maternal attentiveness and subsequent exploratory behavior. *Child Development,* 1967, 38, 1089–1100.

Rubin, T. I. *Jordi.* New York: Macmillan, 1960.

Rudin, S. A. National motives predict psychogenic death reates 25 years later. *Science,* 1968, 160, 901–903.

Sackett, G. P. Effect of rearing conditions upon the behavior of rhesus monkeys. *Child Development,* 1965, 36, 855–868.

Salapatek, P., & Kessen, W. Visual scanning of triangles by the human newborn. *Journal of Experimental Child Psychology,* 1966, 3, 155–167.

Salinger, J. D. *The Catcher in the Rye.* Boston: Little, Brown, 1951.

Sampson, E. E. The study of ordinal position: Antecedents and outcomes. Hektographie, 1964.

Sander, L. W. Regulation and organization in the early infant-caretaker system. In *Brain and Early Behavior,* hrsg. von R. J. Robinson. New York: Academic Press, 1969.

Sanger, M. D. Language learning in infancy: A review of the autistic hypothesis and an observational study of infants. Unveröff. Doktorarbeit, Harvard University, 1955.

Sarason, S. B., Hill, K. T., & Zimbardo, P. G. A longitudinal study of the relation of test anxiety to performance on intelligence and achievement tests. *Monographs of the Society for Research in Child Development,* 1964, 29, no. 7.

Sayegh, Y., & Dennis, W. The effect of supplementary experiences upon the behavioral development of infants in institutions. *Child Development,* 1965, 36, 81–90.

Scarr-Salapatek, S. Unknowns in the IQ equation. *Science,* 1971 a, 174, 1223–1228.

Scarr-Salapatek, S. Race, social class, and IQ. *Science,* 1971 b, 174, 1285–1295.

Schaefer, E. S. A configurational analysis of children's reports of parent behavior. *Journal of Consulting Psychology,* 1965, 29, 552–557.

Schaefer, E. S. A home tutoring program. *Children,* March-April, 1969, 59–61.

Schaffer, H. R., & Emerson, P. The development of social attachments in infancy. *Monographs of the Society for Research in Child Development,* 1964, 29, no. 3.

Schaffer, H. R., & Emerson, P. Patterns of response to physical contact in early human development. *Journal of Child Psychology and Psychiatry,* 1965, 5, 1–13.

Schein, M. W., & Hale, E. B. The effect of early social experience on male sexual behavior of androgen-injected turkeys. *Animal Behaviour,* 1959, 7, 189–200.

Schiff, W. The perception of impending collision. A study of visually directed avoidant behavior. *Psychological Monographs,* 1965, 79, no. 11.

Schmidt, W. H. O., & Nzimande, A. Cultural differences in color/form preference and in classificatory behavior. *Human Development,* 1970, 13, 140–148.

Schnall, M. Age differences in the integration of progressively changing visual patterns. *Human Development,* 1968, 11, 287–295.

Scott, J. P. *Animal Behavior.* Chicago: University of Chicago Press, 1958.

Scott, J. P. Critical periods in behavioral development. *Science,* 1962, 138, 949–958.

Scott, J. P. Biology and human aggression. *American Journal of Orthopsychiatry,* 1970, 40, 568–576.

Scott, J. P., & Fuller, J. L. *Genetics and the Social Behavior of the Dog.* Chicago: University of Chicago Press, 1965.

Scrimshaw, N. S. Early malnutrition and central nervous system function. *Merrill-Palmer Quarterly,* 1969, 15, 375–388.

Searle, L. V. The organization of hereditary maze-brightness and maze-dullness. *Genetic Psychology Monographs,* 1949, 39, 279–325.

Shantz, C. U., & Watson, J. S. Spatial abilities and spatial egocentrism in the young child. *Child Development,* 1971, 42, 171–181.

Sherif, M., Harvey, O. J., White, B. J., Hood, W. R., & Sherif, C. W. *Intergroup Conflict and Cooperation.* Norman, Okla.: University Book Exchange, 1961.

Sherman, M. The differentiation of emotional responses. *Journal of Comparative Psychology,* 1927, 7, 265–284.

Sherwin, R. V. The law and sexual relationships. *Journal of Social Issues,* 1966, 22, 109–122.

Shesh, D. B. Measurement of aesthetic sense of children. *Psychologia,* 1966, 9, 236–238.

Sichel, J. L., and Chandler, K. A. The color-word

interference test: The effects of varied color-word combination upon verbal response latency. *Journal of Psychology*, 1969, 72, 219–231.

Sigel, I. E. How intelligence tests limit understanding of intelligence. *Merrill-Palmer Quarterly*, 1963, 9, 39–56.

Silberman, C. E. *Crisis in the Classroom*. New York: Random House, 1970.

Simmel, M. L. The absence of phantoms for congenitally missing limbs. *American Journal of Psychology*, 1961, 74, 467–470.

Simpson, G. G. The biological nature of man. *Science*, 1966, 152, 472–478.

Singer, J. L. *Daydreaming*. New York: Random House, 1966.

Siqueland, E. R. The development of instrumental exploratory behavior during the first year of human life. Paper presented at meetings of the Society for Research in Child Development, 1969.

Siqueland, E. R. Biological and experimental determinants of exploration in infancy. Paper presented at the First National Biological Conference, 1970.

Siqueland, E. R., & Lipsitt, L. P. Conditioned head-turning in human newborns. *Journal of Experimental Psychology*, 1966, 3, 356–376.

Skeels, H. M. Adult status of children with contrasting early life experiences. *Monographs of the Society for Research in Child Development*, 1966, 31, no. 3.

Skinner, B. F. *Walden Two*. New York: Macmillan, 1948.

Skinner, B. F. *Verbal Behavior*. New York: Appleton-Century-Crofts, 1957.

Skinner, B. F. Behaviorism at fifty. *Science*, 1963, 140, 951–958.

Skinner, B. F. *Beyond Freedom and Dignitiy*. New York: Knopf, 1971.

Smith, C. J. Mass action and early environment in the rat. *Journal of Comparative and Physiological Psychology*, 1959, 52, 154–156.

Smith, R. P. *"Where Did You Go?" "Out." "What Did You Do?" "Nothing."* New York: Norton, 1957.

Smith, R. P. *How to Do Nothing with Nobody, All Alone by Yourself*. New York: Norton, 1958.

Smith, S. M., Brown, H. O., Toman, J. E. P., & Goodman, L. S. The lack of cerebral effects of D-Tubocurarine. *Anesthesiology*, 1947, 8, 1–14.

Smith, W. M., McCrary, J. W., & Smith, K. U. Delayed visual feedback and behavior. *Science*, 1960, 132, 1013–1014.

Solomon, R. L. Punishment. *American Psychologist*, 1963, 18, 329–253.

Spears, W. C. Assessment of visual preference and discrimination in the four-month-old infant. *Journal of Comparative and Physiological Psychology*, 1964, 57, 381–386.

Spence, K. W. Cognitive factors in the extinction of the conditioned eyelid response in humans. *Science*, 1963, 140, 1224–1225.

Sperry, R. W. Summation. In *The Anatomy of Memory*, hrsg. von by D. P. Kimble. Palo Alto, Calif.: Science and Behavior Books, 1965.

Spiker, C. C., & McCandless, B. R. The concept of intelligence and the philosophy of science. *Psychological Review*, 1954, 61, 255–266.

Spiro, M. E. *Children of the Kibbutz*. Cambridge: Harvard University Press, 1958.

Spitz, R. A. The smiling response: A contribution to the ontogenesis of social relations. *Genetic Psychology Monographs*, 1946, 34, 57–125.

Spitz, R. A. The psychogenic diseases in infancy: An attempt at their etiologic classification. *Psychoanalytic Study of the Child*, 1951, 6, 255–275.

Spitz, R. A. Paper presented at meetings of the New York Psychoanalytic Society, March 1966.

Spock, B. *Baby and Child Care*. New York: Pocket Books, 1957.

Staats, A. W., & Butterfield, W. H. Treatment of nonreading in a culturally deprived juvenile delinquent: An application of reinforcement principles. *Child Development*, 1965, 36, 925–949.

Stanley, W. C., Bacon, W. E., & Fehr, C. Discriminated instrumental learning in neonatal dogs. *Journal of Comparative and Physiological Psychology*, 1970, 70, 335–443.

Staples, R. The responses of infants to color. *Journal of Experimental Psychology*, 1932, 15, 119–141.

Stechler, G. Newborn attention as affected by medication during labor. *Science*, 1964, 144, 315–317.

Sternglass, E. J. Cancer: Relation of prenatal radiation to development of the disease in childhood. *Science*, 1963, 140, 1102–1104.

Stevens, S. The "rat packs" of New York. *New York Times Magazine*, November 28, 1971, 29, 91–95.

Stevenson, H. W. The taxonomy of tasks. Paper presented at meetings of the International Society for the Study of Behavioral Development, 1971.

Stevenson, H. W., Hale G. A., Klein, R. E., & Miller, L. K. Interrelations and correlates in children's learning and problem solving. *Monographs of the Society for Research in Child Development*, 1968, 33, no. 7.

Stevenson, H. W., & McBee, G. The learning of object and pattern discrimination by children. *Journal of Comparative and Physiological Psychology*, 1958, 51, 752–754.

Stevenson, H. W., Williams, A. M., & Coleman, E. Interrelations among learning and performance tasks in disadvantaged children. *Journal of Educational Psychology*, 1971, 62, 179–184.

Stoddard, G. D. *The Meaning of Intelligence*. New York: Macmillan, 1943.
Stoller, A. Virus-chromosome interaction as a possible cause of cases of Down's syndrome (mongolism) and other congenital anomalies. In *Advances in Teratology*, vol. 3, hrsg. von D. H. M. Woollam. London and New York: Academic Press, 1968.
Stone, L. J. Unveröff. Mitteilung.
Stone, L. J. A critique of studies of infant isolation. *Child Development*, 1954, 25, 9–20.
Stone, L. J. Brief an den Herausgeber. *Science*, 1965, 148, 1173–1174.
Stone, L. J. A child's world. Hektographie, 1966.
Stone, L. J., Smith, H. T., & Murphy, L. B. (Hrg.). *The Compentent Infant: Readings and Commentary*. New York: Basic Books 1972.
Stone, L. J., & associates. *Incitement to Reading*. 16 mm. Sw.-Tonfilm, 37 min. New York University Film Library.
Stone, L. J., & associates. *Learning Is Searching: A Third Grade Studies Man's Early Tools*. 16 mm. Sw-Tonfilm. 30 min. New York University Film Library.
Stotland, E., & Dunn, R. E. Identification, "oppositeness," authoritarianism, self-esteem, and birth order. *Psychological Monographs*, 1962, 76, no. 9.
Stott, L. H., & Ball, R. S. Infant and preschool mental tests. *Monographs of the Society for Research in Child Development*, 1965, 30, no. 3.
Sullivan, W. Boys and girls are now maturing earlier. *New York Times*, 24. Januar, 1971, 1, 36.
Szasz, T. S. The uses of naming and the myth of mental illness American Psychologist, 1961, 16, 59–65.

Tauber, E. S., & Koffler, S. Optomotor response in human infants to apparent motion: Evidence of innateness. *Science*, 1966, 152, 382–383.
Taussig, H. B. The thalidomide syndrome. *Scientific American*, August 1962, 29–35.
Teicher, J. D., & Jacobs, J. Adolescents who attempt suicide. *American Journal of Psychiatry*, 1966, 11, 122.
Telfer, M. A., Baker, D., Clark, G. R. & Richardson, C. E. Incidence of gross chromosomal errors among tall criminal American males. *Science*, 1967, 159, 1249–1250.
Thiessen, D. D., & Rodgers, D. A. Population density and endocrine function. *Psychological Bulletin*, 1961, 58, 441–451.
Thoman, E. B., & Korner, A. F. Effects of vestibular stimulation on the behavior and development of infant rats. *Developmental Psychology*, 1971, 5, 92–98.
Thoman, E. B., Turner, A. M., Leiderman, P. H., & Barnett, C. R. Neonate-mother interaction: Effects of parity on feedings behavior. *Child Development*, 1970, 41, 1103–1111.
Thomas, A., Chess, S., Birch, H. G., Hertzig, M., & Korn, S. *Behavioral Individuality in Early Childhood*. New York: New York University Press, 1963.
Thompson, W. R. & Schaefer, T. Early environmental stimulation. In *Functions of Varied Experience*, hrsg. von D. W. Fiske and S. R. Maddi. Homewood, Ill.: Dorsey, 1961.
Thorpe, W. H. The development of song patterns by birds as evidence for sensitive periods in learning. *Acta Psychologica*, 1964, 23, 99–100.
Tiger, L. *Men in Groups*. New York: Random House, 1969.
Tiger, L., & Fox, R. *The Imperial Animal*. New York: Holt, Rinehart and Winston, 1971.
Tighe, T. J. Reversal and nonreversal shifts in monkeys. *Journal of Comparative and Physiological Psychology*, 1964, 58, 324–326.
Tinklepaugh, O. L. An experimental study of representative factors in monkeys. *Journal of Comparative Psychology*, 1928, 8, 197–236.
Torrance, E. P. *Guiding Creative Talent*. Englewood Cliffs, N. J.: Prentice-Hall, 1962.
Touwen, B. C. L., & Prechtl, H. F. R. The neurological examination of the child with minor nervous dysfunction. *Clinics in Developmental Medicine*, No. 38. London: Heinemann, and Philadelphia: Lippincott, 1970.
Tryon, R. C. Genetic differences in maze-learning ability in rats. *Thirty-ninth Yearbook of the National Society for the Study of Education*, 1940, 111–119.
Tuccille, J. *Radical Libertarianism*. Indianapolis: Bobbs-Merrill, 1970.
Tulkin, S. F. Mother-infant interaction in the first year of life. An inquiry into the influences of social class. Unveröff. Doktorarbeit,Harvard University, 1970.
Turkewitz, G., Birch, H. G., Moreau, T., Levy, L., & Cornwell, A. C. Effect of intensity of auditory stimulation on directional eye movements in the human neonate. *Animal Behaviour*, 1966, 14, 93–101.
Tyler, L. E. *Tests and Measurements*. Englewood Cliffs, N. J.: Prentice-Hall, 1963.
Tyler, L. E. *The Psychology of Human Differences*. New York: Appleton-Century-Crofts, 1965.

U. S. Department of Commerce, Bureau of the Census. *Statistical Abstract of the United States*. Washington, D. C.: U. S. Government Printing Office, 1968.
U. S. Department of Health, Education, and Welfare, Children's Bureau. *Infant Care*. Washington, D. C.: U. S. Government Printing Office.
U. S. Department of Health, Education, and Welfare. *Minimal Brain Dysfunction in Children*. Washington, D. C.: U. S. Government Printing Office, National Institute of Neurological Diseases and Blindness Monograph no. 3, 1966.

U. S. Department of Health, Education, and Welfare, Public Health Service, Health Services and Mental Health Administration. Height and weight of children in the United States, India, and the United Arab Republic. *Vital and Health Statistics,* Series 3, no. 14, 1970.

Uzgiris, I. C. Patterns of vocal and gestural imitation. Paper presented at meetings of the International Society for the Study of Behavioral Development, 1971.,

Valentine, C. W. The colour perception and colour preferences of an infant during its fourth and eight months. *British Journal of Psychology,* 1913–1914, 6, 363–386.

Van den Berg, J. H. *The Changing Nature of Man.* New York: Dell, 1964.

Verplanck, W. S. A glossary of some terms used in the objective science of behavior. *Psychological Review,* 1957, 64, Supplement 8.

Walk, R. D., & Dodge, S. H. Visual depth perception of a 10-month-old monocular human infant. *Science,* 1962, 137, 529–530.

Walk, R. D., & Gibson, E. J. A comparative and analytical study of visual depth perception. *Psychological Monographs,* 1961, 75, Nr. 15.

Wardrop, J. L., Goodwin, W. L., Klausmeier, H. J., Olton, R. M., Covington, M. V., Crutchfield, R. S., & Ronda, T. The development of productive thinking skills in 5th-grade children. *Journal of Experimental Education,* 1969, 37, 67–77.

Warfield, F. *Cotton in My Ears.* New York: Viking, 1948.

Warren, N. African infant precocity. *Psychological Bulletin,* 1972.

Watson, J. B. *Psychology from the Standpoint of a Behaviorist.* Philadelphia: Lippincott, 1919.

Watson, J. B. *Psychological Care of Infant and Child.* New York: Norton, 1928.

Watson, J. S. Smiling, cooing, and "the game." Paper presented at meetings of the American Psychological Association, 1970.

Weatherly, D. Self-perceived rate of physical maturation and personality in late adolescence. *Child Development,* 1964, 35, 1197–1210.

Weber, L. *The English Infant School and Informal Education.* Englewood Cliffs, N. J.: Prentice-Hall, 1971.

Weikart, D. P., & Lambie, D. Z. Early enrichment in infants. Paper presented at meetings of the American Association for the Advancement of Science, 1969.

Weiner, B., Frieze, I., Kukla, A., Reed, L., Rest, S., & Rosenbaum, R. M. Perceiving the causes of success and failure. In *Attribution: Perceiving the Causes of Behavior,* hrsg. von E. E. Jones, D. Kanouse, H. H. Kelley, R. E. Nisbett, S. Valins, and B. Weiner. Los Angeles: McCaleb-Seiler, 1971.

Weinreich, U. Travels through semantic space. *Word,* 1958, 14, 346–366.

Weinreich, U. On the semantic structure of language. In *Universals of Language,* hrsg. von J. H. Greenberg, Cambridge: M. I. T. Press, 1963.

Weir, M. W. Developmental changes in problem-solving strategies. *Psychological Review,* 1964, 71, 473–490.

Weir, R. H. *Language in the Crib.* The Hague: Mouton, 1962.

Wenger, M. A. The measurement of individual differences in autonomic balance. *Psychosomatic Medicine,* 1941, 3, 427–434.

Werner, H., & Kaplan, E. The acquisition of word meanings. *Monographs of the Society for Research in Child Development,* 1950, 25, Nr. 1.

Wertheimer, M. Psychomotor coordination of auditory and visual space at birth. *Science,* 1961, 134, 1962.

Westinghouse Learning Corporation. *The Impact of Head Start.* Athens, Ohio: Ohio University Press, 1969.

White, B. L. The development of perception during the first six months of life. Paper presented at meetings of the American Association for the Advancement of Science, 1963.

White, B. L., & Held, R. Plasticity of sensorimotor development in the human infant. In *The Causes of Behavior,* hrsg. von J. F. Rosenblith and W. Allinsmith. (2. Aufl.) Boston: Allyn & Bacon, 1966.

White, R. W. Motivation reconsidered: The concept of competence. *Psychological Review,* 1959, 66, 297–333.

White, R. W. Ego and reality in psychoanalytic theory. *Psychological Issues,* 1963, Monograph No. 11.

White, R. W. *Lives in Progress.* (2. Aufl.) New York: Holt, Rinehart and Winston, 1966.

Whiting, J. S. M., & Child, I. L. *Child Training and Personality.* New Haven, Conn.: Yale University Press, 1953.

Willerman, L., Naylor, A. F., & Myrianthopoulos, N. C. Intellectual development of children from interracial matings. *Science,* 1970, 170, 1329–1330.

Wilson, J. J., Wilson, B. C., & Swinyard, C. A. Two-point discrimination in congenital amputees. *Journal of Comparative and Physiological Psychology,* 1962, 55, 482–485.

Withers, C. *A Rocket in My Pocket.* New York: Holt, 1948.

Witkin, H. A., & Mitarbeiter. *Personality through Perception.* New York: Harper, 1954.

Wohlwill, J. F. The perception of size and distance relationships in perspective drawings. Paper presented at meetings of the Eastern Psychological Association, 1962.

Wohlwill, J. F., & Wiener, M. Discrimination of

form orientation in young children. *Child Development,* 1964, 35, 1113–1125.

Wolf, M. M., Risley, T., & Mees, H. Application of operant conditioning procedures to the behavior problems of an autistic child. *Behavior Research and Therapy,* 1964, 1, 305–312.

Wolfenstein, M. The emergence of fun morality. *Journal of Social Issues,* 1951, 7, 15–25.

Wolff, P. H. Observations on newborn infants. *Psychosomatic Medicine,* 1959, 21, 110–118.

Wolff, P. H. Observations on the early development of smiling. In *Determinants of Infant Behavior II,* hrsg. von B. M. Foss. London: Methuen, and New York: Wiley, 1963.

Wolff, W. *The Expression of Personality.* New York: Harper, 1943.

Woodcock, L. P. *Life and Ways of the Two-Year-Old.* New York: Dutton, 1941.

Yarrow, L. J., Goodwin, M. S., Manheimer, H., & Milowe, I. D. Infancy experiences and cognitive and personality development at ten years. Paper presented at meetings of the American Orthopsychiatric Association, 1971.

Yarrow, L. J., & Goodwin, M. S. The immediate impact of separation: Reactions of infants to a change in mother-figures. In *The Competent Infant,* hrsg. von L. J. Stone, H. T. Smith, and L. B. Murphy. New York: Basic Books.

Zamenhof, S., Mosley, J., & Schuller, E. Stimulation of the proliferation of cortical neurons by prenatal treatment with growth hormone. *Science,* 1966, 152, 1396–1397.

Zamenhof, S., Van Marthens, E., & Grauel, L. DNA (cell number) in neonatal brain: Second generation (F_2) alteration by maternal (F_0) dietary protein restriction. *Science,* 1971, 172, 850–851.

Zazzo, R. Le problème de l'imitation chez le nouveau-né. *Enfance,* 1957, 2, 135–152.

Zeigler, H. P., & Leibowitz, H. W. Apparent visual size as a function of distance for children and adults. *American Journal of Psychology,* 1957, 70, 106–107.

Sachverzeichnis